제12장 존재란 무엇인가 — 12처[六內外處] Ⅱ ........................... 184
제13장 존재란 무엇인가 — 18계(요소) ........................................ 200
제14장 어떻게 해탈 · 열반을 실현할 것인가 ................................ 209
제15장 괴로움의 발생구조와 소멸구조 — 12연기 Ⅰ .................... 225
제16장 괴로움의 발생구조와 소멸구조 — 12연기 Ⅱ ................... 253

**제3편 초기불교의 수행** ........................................................................ 273
제17장 초기불교의 수행법 개관 — 37보리분법 .......................... 275
제18장 네 가지 마음챙기는 공부[四念處] ................................. 278
제19장 들숨날숨에 마음챙기는 공부[出入息念] ........................ 292
제20장 네 가지 바른 노력[四正勤]과 선법 · 불선법 .................... 299
제21장 네 가지 성취 수단[四如意足] ......................................... 317
제22장 다섯 가지 기능[五根] ..................................................... 324
제23장 다섯 가지 힘[五力] ........................................................ 342
제24장 일곱 가지 깨달음의 구성요소[七覺支] ........................... 348
제25장 도란 무엇인가 — 팔정도 ................................................. 366

# 목차

**제1편 초기불교의 기본 주제** ........ 13

제1장 들어가는 말 ........ 15

제2장 초기불교의 기본 주제 — 행복의 추구 ........ 31

제3장 열반 — 초기불교의 궁극적 메시지 ........ 43

제4장 어떻게 열반을 실현할 것인가 ........ 54

제5장 법(法, dhamma, dharma): 초기불교의 핵심 ........ 69

**제2편 초기불교의 교학** ........ 85

제6장 초기불교의 진리 — 사성제 ........ 87

제7장 나는 누구인가 — 초기불교의 인간관, 오온 I ........ 109

제8장 나는 누구인가 — 초기불교의 인간관, 오온 II ........ 136

제9장 나는 누구인가 — 초기불교의 인간관, 오온 III ........ 149

제10장 인간이 가진 능력들 — 22근(기능) ........ 163

제11장 존재란 무엇인가 — 12처[六內外處] I ........ 168

∴

그분
부처님
공양 올려 마땅한 분
바르게 깨달으신 분께 귀의합니다.

Namo tassa Bhagavato Arahato Sammāsambuddhassa

# 초기불교이해

각묵스님 지음

# 초기 불교 이해

초기불전연구원

**제4편 초기불교의 주요 술어** ........ 387
제26장 사마타와 위빳사나(止觀) ........ 389
제27장 해탈이란 무엇인가 ........ 404
제28장 삼학과 오법온 ........ 430
제29장 일곱 가지 청정[七淸淨] ........ 459
제30장 불교와 윤회 ........ 466
제31장 족쇄를 푼 성자들(열 가지 족쇄와 네 부류의 성자) ........ 474

후 기 ........ 485
참고문헌 ........ 489
찾아보기 ........ 501

# 약어

| | |
|---|---|
| A. | Aṅguttara Nikāya(앙굿따라 니까야, 증지부) |
| AA. | Aṅguttara Nikāya Aṭṭhakathā = Manorathapūraṇī(증지부 주석서) |
| AAṬ. | Aṅguttara Nikāya Aṭṭhakathā Ṭīkā(증지부 복주서) |
| ApA. | Apadāna Aṭṭhakathā(아빠다나(譬喩經) 주석서) |
| Be | Burmese-scrip ed. of S.(미얀마 육차결집본) |
| BG. | Bhagavadgīta(바가왓 기따) |
| BHD | Buddhist Hybrid Sanskrit Dictionary |
| BHS | Buddhist Hybrid Sanskrit |
| BL | Buddhist Legends(Burlingame) |
| BPS | Buddhist Publication Society |
| BvA. | Buddhavaṁsa Aṭṭhakathā |
| CBETA | CBETA Chinese Electronic Tripitaka Collection: CD-ROM |
| CMA | A Comprehensive Manual of Abhidhamma(아비담맛타 상가하) |
| CPD | Critical Pāli Dictionary |
| C.Rh.D | C.A.F. Rhys Davids |
| D. | Dīgha Nikāya(디가 니까야, 장부) |
| DA. | Dīgha Nikāya Aṭṭhakathā = Sumaṅgalavilāsinī(장부 주석서) |
| DAṬ. | Dīgha Nikāya Aṭṭhakathā Ṭīkā(장부 복주서) |

| | |
|---|---|
| Dhp. | Dhammapada(법구경) |
| DhpA. | Dhammapada Aṭṭhakathā(법구경 주석서) |
| Dhs. | Dhammasaṅgaṇi(담마상가니, 法集論) |
| DhsA. | Dhammasaṅgaṇi Aṭṭhakathā = Aṭṭhasālinī(법집론 주석서) |
| DPL | A Dictionary of the Pali Language(Childers) |
| DPPN. | G. P. Malalasekera's *Dictionary of Pali Proper Names* |
| Dv. | Dīpavaṁsa(島史), edited by Oldenberg |
| DVR | A Dictionary of the Vedic Rituals, Sen, C. Delhi, 1978. |
| Ee | Roman-script ed. of S. (PTS본. 제1권의 Ee1: 1884년, Ee2: 1998년.) |
| EV1 | Elders' Verses I(장로게 영역, Norman) |
| EV2 | Elders' Verses II(장로니게 영역, Norman) |
| GD | Group of Discourse(숫따니빠따 영역, Norman) |
| It. | Itivuttaka(如是語) |
| ItA. | Itivuttaka Aṭṭhakathā(여시어 경 주석서) |
| Jā. | Jātaka(本生譚) |
| JāA. | Jātaka Aṭṭhakathā(본생담 주석서) |
| KhpA. | Khuddakapātha Aṭṭhakathā(쿳다까빠타 주석서) |
| KS | Kindred Sayings(상윳따 니까야 영역, Rhys Davids, Woodward) |
| Kv. | Kathāvatthu(까타왓투, 論事) |
| KvA. | Kathāvatthu Aṭṭhakathā(까타왓투 주석서) |
| LBD | Long Discouurse of the Buddha(디가 니까야 영역, Walshe) |
| M. | Majjhima Nikāya(맛지마 니까야, 중부) |

| | |
|---|---|
| MA. | Majjhima Nikāya Aṭṭhakathā(맛지마 니까야 주석서) |
| Mil. | Milindapañha(밀린다왕문경) |
| MLBD | Middle Length Discouurse of the Buddha(중부 영역, Ñāṇamoli) |
| Mvu. | Mahāvastu(북전 大事, Edited by Senart) |
| Mhv. | Mahāvaṁsa(大史), edited by Geiger |
| MW | Monier-Williams' Sanskrit-English Dictionary |
| Nd1. | Mahā Niddesa(大義釋) |
| Nd1A. | Mahā Niddesa Aṭṭhakathā (대의석 주석서) |
| Nd2. | Cūla Niddesa(소의석) |
| Netti. | Nettippakaraṇa(指道論) |
| NMD | Ven. Ñāṇamoli's *Pali-English Glossary of Buddhist Terms* |
| Pe. | Peṭakopadesa(藏釋論) |
| PED | *Pāli-English Dictionary* (PTS) |
| Pm. | Paramatthamañjūsā = Visuddhimagga Mahāṭīkā(청정도론 복주서) |
| Ps. | Paṭisambhidāmagga(무애해도) |
| Ptn. | Paṭṭhāna(發趣論) |
| PTS | Pāli Text Society |
| Pug. | Puggalapaññatti(人施設論) |
| PugA. | Puggalapaññatti Aṭṭhakathā(인시설론 주석서) |
| Pv. | Petavatthu (아귀사) |
| Rv. | Ṛgveda(리그베다) |
| S. | Saṁyutta Nikāya(상윳따 니까야, 상응부) |
| SA. | Saṁyutta Nikāya Aṭṭhakathā = Sāratthappakāsinī(상응부 주석서) |
| SAṬ. | Saṁyutta Nikāya Aṭṭhakathā Ṭīkā(상응부 복주서) |
| Se | Sinhala-scrip ed. of S.(스리랑카본) |
| Sk. | Sanskrit |

| | |
|---|---|
| Sn. | Suttanipāta(숫따니빠따, 경집) |
| SnA. | Suttanipāta Aṭṭhakathā(숫따니빠따 주석서) |
| SS | Ee에 언급된 S.의 싱할리어 필사본 |
| Thag. | Theragāthā(테라가타, 장로게) |
| ThagA. | Theragāthā Aṭṭhakathā(장로게 주석서) |
| Thig. | Therīgāthā(테리가타, 장로니게) |
| ThigA. | Therīgāthā Aṭṭhakathā(장로니게 주석서) |
| Ud. | Udāna(감흥어) |
| UdA. | Udāna Aṭṭhakathā(감흥어 주석서) |
| Uv | Udānavarga(북전 출요경, 出曜經) |
| VĀT | Vanarata, Āananda Thera |
| Vbh. | Vibhaṅga(위방가, 分別論) |
| VbhA. | Vibhaṅga Aṭṭhakathā = Sammohavinodanī(분별론 주석서) |
| Vin. | Vinaya Piṭaka(율장) |
| VinA. | Vinaya Piṭaka Aṭṭhakathā = Samantapāsādikā(율장 주석서) |
| Vis. | Visuddhimagga(청정도론) |
| *v.l.* | variant reading(이문, 異文) |
| VRI | Vipassanā Research Institute |
| VṬ | Abhidhammaṭṭha Vibhavinī Ṭīkā(위바위니 띠까) |
| Vv. | Vimānavatthu(천궁사) |
| VvA. | Vimānavatthu Aṭṭhakathā(천궁사 주석서) |
| Yam. | Yamaka(쌍론) |
| YamA. | Yamaka Aṭṭhakathā = Pañcappakaraṇa(야마까 주석서) |
| Ybhūś | Yogācārabhūmi Śarirārthagāthā(범본 유가사지론) |

보디 스님　*The Connected Discourses of the Buddha*(상윳따 니까야 영역본)
냐나몰리　*The Middle Length Discourses of the Buddha*(맛지마 니까야 영역본)
아비담마 길라잡이　대림스님/각묵스님 옮김, 초기불전연구원, 7쇄 2009년.
우드워드　*The Book of the Kindred Sayings*(상윳따 니까야 영역본)
육차결집본　Vipassana Research Institute(인도) 간행 육차결집 본
청정도론　대림 스님 옮김, 초기불전연구원, 2004, 3쇄 2009.

## 일러두기

(1) 삼장(Tipitaka)과 주석서(Aṭṭhakathā)들은 별다른 언급이 없는 한 모두 PTS본(Ee)임.
「디가 니까야 복주서」(DAṬ)를 제외한 모든 복주서(Ṭīkā)들은
미얀마 육차결집본(Be, 인도 Vipassana Research Institute 간행)이고,
「디가 니까야 복주서」(DAṬ)는 PTS본이며,「청정도론」은 HOS본임.
S12:15는「상윳따 니까야」제12 상윳따(S12)의 15번째 경을 뜻하고
S.ii.234는 PTS본(Ee)「상윳따 니까야」제2권 234쪽을 뜻함.
S12:15/ii.17은「상윳따 니까야」제12 상윳따(S12)의 15번째 경으로
「상윳따 니까야」제2권 17쪽에 나타남을 뜻함.

(2) 본문에 나타나는 문단번호는 PTS(Ee)본의 문단번호를 존중하여 역자가 임의로 붙인 것임.

(3) 「청정도론 복주서」(Pm)의 숫자는 미얀마 6차결집본(VRI)의 문단번호임.

(4) [ ] 안의 숫자는 제1권은 Ee1, 나머지는 모두 Ee의 페이지 번호임.

(5) { } 안의 숫자는 제1권은 Ee2, 나머지는 모두 Ee의 게송번호임.

(6) 빠알리어는 정체로 표기하였고 영어는 이탤릭체로 표기하였음.

제1편

# 초기불교의 기본 주제

# 제1장 들어가는 말

## (1) 초기불교냐 원시불교냐 근본불교냐

부처님은 정말 실존하셨던 분인가? 19세기 말에 서구 학자들 사이에는 의견이 분분했다고 한다. 그러나 부처님의 탄생지로 알려진 룸비니에서 아쇼카 대왕의 석주가 발견되고 여기에 적힌 문장을 읽으면서 이런 논란은 사라져버렸다.[1]

불교 2600년사의 흐름은 모두 이처럼 역사적으로 실존하셨던 석가모니 부처님 즉 고따마 싯닷타(Gotama Siddhatta, Sk. Gautama Siddhartha) 그분으로부터 출발한다. 후대의 모든 불교는 그분이 깨달으시고 45년간 설법하셨던 그 가르침을 뿌리로 해서 전개된다.[2] 그러므로 초기불교는

---

1) 여기에 대해서는 본장 (2)-①을 참조할 것.

2) 부처님은 몇 세 때 출가하셨을까? 부처님의 출가에 대한 경전적인 근거는 있는가? 있다. 이미 니까야에서 부처님은 여기에 대해서 직접 말씀하고 계신다.
세존의 마지막 행적을 담고 있는 「대반열반경」(D16 §5.27)에서 부처님께서는 임종하시기 직전에 부처님을 뵙고 당신의 마지막 출가 제자가 된 수밧다 유행승에게 이렇게 말씀하고 계신다.
"수밧다여, 29세가 되어 나는 무엇이 유익함인지를 구하여 출가하였노라. 수밧다여, 이제 51년 동안 출가 생활을 하면서 바른 방법과 법을 위해서 [여러] 지방에 머물렀나니 이밖에는 사문이 없다."(D16 §5.27)
즉 부처님께서는 29세에 출가하셨고, 6년간의 고행과 깨달음을 증득하신 뒤 45년간의 전법을 포함한 51년간 출가생활을 하셨으며, 그래서 80세에 반열반하신 것이다.

불교의 뿌리이다. 뿌리를 거부하고 나무가 살아남을 수 없듯이 이러한 부처님의 원음을 거부하고는 후대의 어떤 불교도 생존할 수 없다. 이것이 역사를 아는 이 시대 불교의 운명이기도 하다.

그러므로 초기불교의 중요성은 재삼 말할 필요가 없다. 그래서 마스타니 후미오 박사 같은 근세 일본의 불교학자들은 일본에 불교가 두 번 전래되었다고 강조한다. 한 번은 중국과 한국을 통한 한문불교의 전래였고 또 한 번은 근세에 빠알리와 산스끄리뜨를 통한 범어불교 특히 초기불교의 전래라고 그들은 말한다.[3] 이처럼 그들에게 초기불교와 범어불전은 충격이었다. 이렇게 중요한 이 불교를 부르는 술어 세 가지가 있으니 바로 초기불교, 원시불교, 근본불교이다.

일부 한문불교와 대승불교의 우월성에 물들어있던 일본의 학자들은 이러한 초기불교를 애써 원시불교라고 불렀다. 영어로는 *Primitive Buddhism*이 된다. 아무래도 제대로 체계를 갖추지 못한 원시의 모습, 미개 상태의 불교라는 뜻이 은연중에 함축되어 있는 표현이다. 그래서 한 노스님은 원시불교라는 말을 거부하고 원초불교라는 용어를 즐겨 쓰신다.

이에 반해 부처님의 원음이야말로 모든 불교의 근본이요 뿌리요 전부라는 것을 강조하는 학자나 불자들은 초기불교를 근본불교라 부른다. 영어로는 *Fundamental Buddhism*으로 표기한다. 초기불교야말로 근본이요 기본이요 필수요 가장 중요한 것이라는 의미이다.

이에 반해 초기에 부처님께서 설하신 가르침이라는 의미를 담고 있는

---

그리고 같은 경 §2.25에서 세존께서는 "아난다여, 이제 나는 늙어서 나이 들고 노후하고, 긴 세월을 보냈고 노쇠하여, 내 나이가 여든이 되었다. 아난다여, 마치 낡은 수레가 가죽 끈에 묶여서 겨우 움직이는 것처럼 여래의 몸도 가죽 끈에 묶여서 겨우 [살아] 간다고 여겨진다."(D16 §2.25)라고 말씀하고 계시기도 하다.

3) 『불교개론』 마스타니 후미오(增谷文雄) 지음, 이원섭 옮김, 개정 2판(서울: 현암사, 2001), pp. 5 참조.

술어가 초기불교이다. 영어로는 *Early Buddhism*이다. 원시불교라는 표현처럼 비하적인 의미도 없고 근본불교처럼 교조적인 의미도 없다. 그래서 저자는 초기불교라는 술어를 좋아하고 부처님의 원음을 말할 때는 항상 이 표현을 사용한다. 그리고 이것이 세계적인 추세이기도 하다. 저자는 앞으로 초기불교라는 용어를 사용하면서 본서를 통해 부처님의 원음, 저 금구성언(金口聖言)에 대해서 사유해 보고자 한다.

그러면 무엇을 두고 초기불교라 하는가?

### (2) **무엇이 초기불교인가?**

① 부처님 출생에 관한 학설

인도 역사를 판단하는 부동의 준거는 아쇼카 대왕[4]이다. 실증자료가 희박한 인도에서 그는 많은 석주와 비문을 남겼기 때문이다. 이러한 아쇼카 대왕의 석주는 부처님의 탄생년도를 결정짓는 중요한 근거가 된다. 네팔에 있는 룸비니는 부처님의 탄생지로 이름 높다. 이곳에 아쇼카 대왕은 부처님이 태어나신 성지임을 표시하는 거대한 석주를 세웠다. 석주에는 아쇼카 문자 93자로 된 다섯줄의 명문(銘文)이 새겨져 있는데 그 가운데는 다음과 같은 구절이 있다.

'석가족의 성자, 부처님, 여기서 탄생하셨도다.'

(hida budhe jāte Sākyamuni)

---

4) 아쇼카 대왕은 서기전 268년(일설 269년)에 즉위, 233년(일설 232년)에 몰하였다. 마우리야 왕조의 왕으로 인도 최초의 통일 왕국을 세운 대영주(大英主)이다. 불교에 귀의, 불법을 통치이념으로 선정을 베풀고, 인도 주변국들에게도 널리 사신을 보내 불교를 전파시켰다. 특히 그의 아들 마힌다 스님의 스리랑카 전교는 불교사상 매우 의의가 크다.
여기서 '아쇼카'는 산스끄리뜨 Aśoka를 음역한 것이다. 빠알리는 Asoka이며 아소까로 읽어야 한다. 그러나 우리나라에서 일반적으로 아쇼카로 통용되고 있어서 저자도 아쇼카로 통일해서 표기하고 있다.

이 거대한 석주는 지금도 볼 수 있다. 서기 7세기 중엽 중국의 구법승 현장 스님이 여기에 왔을 때는 석주는 이미 벼락으로 부러져 있었지만 '어제 깎은 듯 생생하다.'고 했다. 그 후 오랫동안 잊혀져 오던 룸비니 동산은 1896년 저명한 고고학자 커닝엄(Cunningham) 장군5)에 의해 발굴, 확인됨으로써 룸비니의 전설이 역사적 사실로 입증되었다.

BC 3세기에 각인된 아쇼카 석주에 새겨진 이 명문이야말로 부처님이 실존인물이었음을 밝혀주는 가장 명백한 사료가 될 뿐만 아니라 역사의식과 역사에 관계된 자료가 희박한 인도에서 모든 역사적 판단을 하는 기본 자료가 된다. 뿐만 아니라 부처님의 입멸시기를 결정하는 근거가 되기도 한다. 아쇼카 대왕의 즉위년도는 서기전(BC) 268년으로 보는 것이 정설이다.

인터넷에서 제공하는 브리태니커 사전과 『불타의 세계』(나까무라 하지메 지음, 김지견 옮김, 2005, 김영사)과 『인도불교사』 1(에띠엔 라모뜨 지음, 호진 옮김, 2006, 시공사) 등을 통해서 보면 부처님의 출생에 대한 학설로는 다음의 네 가지를 들 수 있다.

㉠ 기원전 543년 입멸 설

모든 남방 불교국가에서 전해 내려오는 설이다. 이것이 세계불교도우의회(WFB)의 정설이다. 그래서 올해 2010년은 불기로 2553년이 된다. 이 설에 의하면 아쇼카 대왕의 즉위년도는 불멸 275년 후가 되는데 역사적인 근거는 찾기가 어렵다. 우리나라와 인도는 BC 544년으로 계산

---

5) 커닝엄(Cunningham, 1814～1893)은 영국 웨스트민트 출생으로 인도 고고학의 아버지라 불린다. 원래 엔지니어였으나 1831년 이후 인도 고고학에 전념하였다. 1834～54년까지 마니칼라, 사르나트, 비슬라 등의 유적을 발굴하였다. 유적지 발굴을 통하여 불교역사를 재발견하게 되었다. 논문으로는 「캐시미르사원에 대한 일련의 저작」 외에 24권의 고고학 보고서가 있는데 인도역사가들에게는 귀중한 문헌이다.

해서 2010년을 2554년으로 표기한다.

ⓛ기원전 486년 입멸 설

중성점기설(衆聖點記說)이라고도 하는데 부처님의 입멸 후 매년 『율장』에 점을 하나씩 계속 찍었다고 하는 『역대삼보기』(歷代三寶紀)의 기록에 의거한 것이다.[6] 이에 의하면 세존의 입멸 연도는 BC 486년으로 계산된다. 일본의 불교학자들 사이에서는 이 설을 지지하는 사람이 많다고 한다.

ⓒ기원전 386년 혹은 383년 입멸 설

또 다른 일본학자들이 지지하는 설인데 아쇼카 대왕 즉위를 불멸 116년 후로 보는 캐시미르 지방의 전승을 유력한 자료로 삼은 계산이다.

ⓡ기원전 483년 입멸 설

스리랑카의 『도사』(島史, Dipavamsa)와 『대사』(大史, Mahavaṁsa)에 근거하여 불교학자 가이거(Gaiger, W)가 주장한 설이다. 이것은 아쇼카왕의 즉위를 불멸 후 218년으로 보는 스리랑카의 사료(史料)와도 관계가 있으며 붓다고사 스님이 집대성한 주석서 문헌에도 부처님이 열반에 드신 후 200년이 지나서 땀바빤니 섬(Tambapaṇṇi-dīpa, 스리랑카)에 불교가 전래된다고 나타나고 있기도 하다.(MA.ii.293)

그 외에도 우리나라에서 예로부터 쓰던 것으로 BC 1027년 갑인(甲

---

6) 중성점기(衆聖點記)란 큰스님들(衆聖)이 점을 찍어서 기록한 것(點記)이라 직역할 수 있다. 이 설에 의하면 부처님 입멸 후에 최초의 『율장』이 결집되었을 때 제1점을 찍기 시작한 후로 『율장』에 매년 한 점씩을 찍기 시작했는데, 승가발타라(僧伽跋陀羅, Saṅghabhadra)가 제(齊)나라의 영명(永明) 7년(AD 490)에 광동에 와서 『선견율비바사』(善見律毘婆沙, 상좌부 『율장 주석서』인 Samanta-pāsādika(사만따빠사디까)의 한역본임)를 번역할 때 그 수가 975점이 되었다고 한다. 이 설에 의하면 부처님 입멸년도는 BC 486년이 된다.

寅) 4월 8일에 탄생하여 BC 949년 임신(壬申) 2월 15일에 입멸하셨다고 보는 설 등의 여러 가지 설들이 있다. 그리고 많은 불전과 논서에서 전하는 아쇼카 대왕의 즉위 연대는 불멸 후 100~200년에 걸쳐 있기 때문에 어떠한 추정도 단정적인 것일 수는 없다. 그렇지만 연대에 무관심했던 인도의 상황을 고려할 때, 이만큼이나 상세하게 연도를 추정할 수 있다는 자체가 경탄할 만하다.

② 부처님과 직계제자들의 가르침이 초기불교다

초기불교라 함은 석가모니 부처님과 그의 직계제자들의 가르침을 말한다. 부처님 가르침 가운데 율(律, vinaya)은 일차결집(一次結集, Paṭhama-mahāsaṅgīti)에서 우빨리(Upāli) 존자가 읊어서 『율장』으로 결집되었다. 법(法, dhamma)은 부처님이 깨달음을 증득하시고 45년 동안 법을 설하신 가운데서 후반부 약24년 가량 부처님의 시자 소임을 보았던 아난다(Ānanda) 존자가 일차결집에서 외워서 『경장』으로 결집되었다.[7] 이처럼 빠알리 『율장』과 『경장』에 나타나는 부처님과 직계제자들의 가르침을 초기불교라 한다.

③ 초기불교는 삼차결집에서 결집이 완료된 가르침이다

조금 더 넓혀서 보면, 불멸 218년 후(스리랑카의 설) 혹은 불멸 116년 후(캐시미르의 전승)에 즉위한 아쇼카 대왕 때 거행된 삼차결집에서 결집이 완료된 가르침을 말한다. 상좌부의 『논장』인 칠론(七論)은 삼차결집 때 완성된 것으로 보여지기 때문이다.

④ 현존하는 빠알리 『삼장』(Ti-Piṭaka)에 전승되어오는 모든 가르침이 초기불교이다.

---

7) 『율장』과 『경장』의 결집에 대해서는 『디가 니까야』 제3권 부록 『디가 니까야 주석서』 서문 §§30~40을 참조할 것.

가장 넓게는 현존하는 빠알리『삼장』(Ti-Piṭaka) 즉 다섯 권의『율장』과 5부 니까야로 구성된『경장』과 일곱 권의『논장』에 전승되어 오는 모든 가르침이 초기불교이다.

⑤ 초기불교의 역사적인 근거는 니까야(Nikāya)와『아함』(阿含, āgama)이다.

역사적으로는 남방 상좌부에 전승되어 오는 니까야와 북방에서 한역되어 전승되어 오는『아함』이 초기불교의 분명한 전거(典據)가 된다.

'니까야(Nikāya)'는 ni(아래로)+√ci(*to gather*)에서 파생된 명사로 초기불전에서는 '모임, 회합, 무리'의 의미로 쓰이고 있다. 그러므로 '니까야'는 '모은(*collected*) [가르침]'이란 뜻이다. '아함(āgama)'은 ā(이쪽으로)+√gam(*to go*)에서 파생된 명사인데 이쪽으로 전해져 온 것이라는 일차적인 의미를 가지고 있으며 '전승된(*handed down*) [가르침]'이라는 뜻이다.

4부 니까야는『디가 니까야』(Dīgha Nikāya),『맛지마 니까야』(Majjhima Nikāya),『상윳따 니까야』(Saṁyutta Nikāya),『앙굿따라 니까야』(Aṅguttara Nikāya)(일본에서는 각각 장부(長部), 중부(中部), 상응부(相應部), 증지부(增支部)로 옮겼다.)이다. 이것을 위시한 빠알리『삼장』은 모두 부처님의 직설이거나 부처님의 직설에 가장 가까운 빠알리어로 전승되어 온 가르침이다. 그러므로 초기불교의 가장 중요한 자료이다.

여기에다『쿳다까 니까야』(Khuddaka Nikāya, 小部)의 운문으로 된 경들, 즉『숫따니빠따』(經集, Suttanipāta),『법구경』(法句經, Dhammapāda),『자설경』(自說經, Udāna),『여시어경』(如是語經, Itivuttaka),『장로게』(長老偈, Theragāthā),『장로니게』(長老尼偈, Therīgāthā),『본생담』(本生譚, Jātaka)의 7가지는 당연히 부처님과 직계제자들의 가르침인 초기불교의 영역에 포함되어야 한다. 오히려『숫따니빠따』는 4부 니까야보다 더 오래된 가르침으로 보는 것이 정설이다.

4아함(āgama)은 『장아함』(長阿含), 『중아함』(中阿含), 『잡아함』(雜阿含), 『증일아함』(增一阿含)이다. 이들은 한문으로 축약되어 번역되었기 때문에 이것만으로는 일차자료가 되기에는 불충분하다. 물론 니까야와 비교 가능하기 때문에 중요한 자료가 된다. 그리고 남방 북방으로 전혀 다른 경로로 전승되어 전혀 다른 문자로 지금까지 전승되어온 니까야와 『아함』이 서로 똑같은 기본 가르침을 담고 있다는 것은 놀라운 일이라 하겠다.

『율장』(Vinaya)은 승가의 계율과 승단의 규정을 모은 것이기 때문에 부처님의 가르침(Dhamma)을 살펴보는 본서에서는 다루지 않는다. 대신에 중요한 내용만 간단히 언급하고자 한다. 『율장』은 한역 오대광율과 상좌부 『율장』 등으로 오늘날까지 전승되어오지만 그 구조와 내용은 전체적으로 대동소이하다.

한역 『율장』은 다섯 가지가 잘 알려져 있다. 이를 중국에서는 오대광율(五大廣律)이라 불렀다. 그것은 『십송율』 61권(404~409년 불야다라, 구마라집 역), 『마하승기율』 40권(416~418년 불타발타라, 법현 역), 『사분율』 60권(410~412년 축불념 역), 『오분율』 30권(422~424년 불대집 역), 『근본설일체유부비나야』(701~713년 의정 역)이다. 그리고 상좌부 『율장』이 스리랑카와 미얀마와 태국 등의 남방에서 빠알리어로 지금까지 전승되고 있으며 잘 실천되고 있다. 그 외 산스끄리뜨 등으로 된 단편들이 다수 존재한다.

상좌부 『율장』(律藏, Vinaya-Pitaka)은 ① 『비구 위방가』(Bhikkhu-vibhaṅga, 비구 계목) ② 『비구니 위방가』(Bhikkhunī-vibhaṅga, 비구니 계목) ③ 『마하왁가』(Mahāvagga, 大品) ④ 『쭐라왁가』(Cullavagga, 小品)[8)]

---

8) 『마하왁가』와 『쭐라왁가』의 둘은 『칸다까』(Khandhaka, 犍度, 品)라고도 부른다.

⑤『빠리와라』(Parivāra, 補遺)의 다섯 부분으로 되어있는데 한역 오대광율도 같은 방법으로 되어 있다.

상좌부 『논장』(論藏, Abhidhamma-Pitaka)은 다음의 칠론(七論)으로 구성되어 있다.

그것은 『법집론』(法集論, Dhammasaṅgani), 『분별론』(分別論, Vibhaṅ-ga), 『계론』(界論, Dhātukathā), 『인시설론』(人施設論, Puggalapañña-tti), 『논사』(論事, Kathāvatthu), 『쌍론』(雙論, Yamaka), 『발취론』(發趣論, Paṭṭhāna)이다.

북방 설일체유부도 칠론을 가지고 있는데 그것은 『품류족론』(品類足論), 『식신족론』(識身足論), 『법온족론』(法蘊足論), 『시설족론』(施設足論), 『계신족론』(界身足論), 『집이문족론』(集異門足論)의 6족론과 가다연니자(Kātyāyaniputra)가 지은 『발지론』(發智論)이다. 그리고 『발지론』에 대한 광대하고 풍부한 주석서인 『대비바사론』(大毘婆沙論)도 중요하다.

규기 스님의 『이부종륜론 술기』(異部宗輪論述記)에 의하면 설일체유부는 BC 1세기에 캐시미르(빠알리어: Kasmīra) 지역에서 상좌부로부터 분파되었다고 하는데, 설일체유부에서도 이처럼 칠론을 갖추고 있다는 것은 부처님의 적통으로 자부하는 남방 상좌부에서 전승되어 온 칠론이 정통 『논장』임을 보여주는 하나의 증거가 된다 하겠다. 아니면 적어도 7이라는 숫자가 초기불교 시대에서부터 있었던 『논장』의 개수였음을 보여주고 있다.

### (3) 왜 초기불교인가?

저자는 초기불전인 빠알리 『삼장』의 완역을 발원하고 나름대로 번역불사를 진행하고 있다. 그러다 보니 많이 받는 질문이 '왜 하필이면 초기불교인가?'이다. 저자는 다음의 8가지로 정리해서 대답한다.

첫째, 초기불교는 불교의 시작점이다.

모든 나무에 뿌리가 있듯이 불교 2600년의 전개에도 그 뿌리가 있다. 뿌리를 거부하고 나무가 살아남을 수 없듯이 뿌리를 모르는 불교는 역사를 아는 이 시대의 외면을 받게 될 것이다.

둘째, 초기불교는 불교 만대의 기준이요 표준이며 잣대다.

무엇이 불교고 무엇이 불교가 아니냐는 판단을 위해서는 기준이 있어야 한다. 그 기준은 불교의 뿌리인 초기불교가 될 수밖에 없으며 그 핵심은 무상·고·무아·열반이다. 무상·고·무아는 초기불전 도처에서 삼특상(三特相)으로 강조되며, 열반은 초기불교가 제시하는 궁극적 행복이다. 북방에서는 무상·무아·열반을 삼법인(三法印)이라 하여 불교냐 아니냐를 구분짓는 잣대로 삼았고, 무상·고·무아·열반의 넷을 사법인이라 부르기도 한다.

부처님의 금구성언을 고스란히 담고 있는 초기불교는 불교 만대의 뿌리요 그래서 모든 불교의 표준이 될 수밖에 없다.

셋째, 초기불교의 가르침은 합리성과 체계성에 바탕하고 있으며 분석적이다. 이는 수학을 토대로 하여 전개되는 과학이라는 현대의 방법론과 일치한다.

5온·12처·18계·22근·4제·12연기와 37보리분법으로 잘 조직되어 있는 초기불교의 교학과 수행체계는 과학적 접근 방법이다. 그리고 나와 세상을 신·수·심·법(身·受·心·法)[9]으로 해체해서 살피는 수행태도는 과학자나 의사가 데이터나 환자를 객관화시켜서 잘 살펴보는 태도와 일치한다. 그래서 세계적인 불교수행지도자인 고엔까(S. N. Goen-ka) 거사님은 불교를 *Science*(과학)라고 역설한다.

넷째, 초기불전의 매개 언어인 빠알리어를 비롯한 범어는 격변화와

---

9) 여기에 대해서는 본서 제18장 (5)를 참조할 것.

동사곡용을 기본으로 하며, 이는 한글과 같은 언어체계이다. 그러므로 한문 경전과 달리 문법적 구조가 정확하다. 따라서 문장을 곡해하거나 왜곡하거나 잘못 이해할 소지가 현저히 줄어든다.

다섯째, 초기불교 경전에 대한 해석을 담고 있는 주석서가 있다.

이 주석서는 사리뿟따 존자 등 부처님의 직계제자들로부터 비롯된 것이다. 아쉽게도 북방의 아함에는 주석서가 남아있지 않다. 그러므로 빠알리로 기록된 초기불교는 불교에 대한 자의적 해석에서 탈피하여 불교 교리의 곡해가 제거될 것이다. 소설불교와 신변잡기불교에서 벗어날 수 있다. 현대과학의 방법론이 수학이듯이 주석서의 방법론은 아비담마(Abhidhamma, 對法, 법에 대해서)이다. 둘 다 분석적이라는 측면에서 같은 방법론이다.

여섯째, 한문으로 번역되거나 만들어진 『삼장』은 결국 2차 자료가 될 수밖에 없다.

불교는 인도에서 시작되었고 부처님은 빠알리어 혹은 빠알리어에 가장 근접한 언어로 말씀하셨으며 대승불교 전적은 모두 인도 표준어인 산스끄리뜨어로 기록되어 전승되어 왔다. 불교를 정확하게 이해하기 위해서는 결국 원전으로 돌아갈 수밖에 없을 것이다.

일곱째, 초기불교의 이해는 자주적인 진정한 한국불교를 구현할 수 있다.

부처님의 원음을 통해서 중국불교를 비판적인 시각에서 객관적으로 바라볼 수 있으며, 이를 통해 원효 스님 등이 추구했던 자주불교의 전통을 오늘에 구현할 수 있다.

여덟째, 교세가 위축되고 있는 한국불교가 딛고 일어서야할 바닥이요 발판이요 출발점이다.

초기불교는 뿌리이기에 가지인 대승불교를 거부하지 않는다. 가지를 거부하는 뿌리가 어디에 있는가. 오히려 초기불교는 대승불교를 살찌우는 뿌리이다. 뿌리를 통해서 자양분을 흠뻑 빨아들일 때 진정한 대승불교, 올바른 한국불교가 무럭무럭 자랄 것이다.

### (4) 초기불교의 핵심 — 해체해서 보기

초기불교의 핵심을 한 마디로 말해보라면 주저 없이 '해체해서 보기'라고 정리할 수 있다.

'해체'라는 용어는 이미 초기불전 가운데서 나타나고 있는데 부처님 제자들 가운데 영감이 가장 뛰어난 분으로 칭송되며 시작(詩作)에 능했던 왕기사 존자는 『상윳따 니까야』 「천 명이 넘음 경」(S8:8) {742}번 게송에서 부처님을 "부분들로 해체해서(bhāgaso pavibhajjaṁ) 설하시는 분"이라고 찬탄하고 있다. 주석서는 "마음챙김의 확립 등의 부분(koṭṭhā-sa)으로 법을 해체하는 것(dhammaṁ vibhajantaṁ)이라는 말이다."(SA.i.279)라고 설명하고 있다. 여기서 해체는 pavibhajja/vibhajja를 옮긴 것이다.

그리고 위밧자(vibhajja)라는 술어는 빠알리 『삼장』을 2600년 동안 고스란히 전승해온 상좌부 불교를 특징짓는 말이기도 하다. 그들은 스스로를 위밧자와딘(Vibhajja-vādin, 해체를 설하는 자들)이라고 불렀다. 이런 상좌부 불교를 일본학자들은 분별상좌부라 부른다. 분별이란 말이 사량분별이라는 용어에 익숙한 우리의 어감으로는 분명하게 다가오지 않아서 저자는 해체나 분석이라고 옮긴다. vi-는 분리접두어고 √bhaj는 *to divide*의 뜻이다.

물론 이러한 분석과 해체의 궁극적 지향점은 개념[施設, paññatti]의 해체이다. 존재하는 모든 것에 대한 명칭이나 말 즉 개념에 속게 되면 죽음의 굴레에 매이게 된다고 부처님께서는 초기경의 도처에서 강조하신다. 나라는 개념적 존재는 오온으로 해체해서 보고, 일체 존재는 12처로 해체해서 보고, 세계는 18계로 해체해서 보고, 생사문제는 12연기로 해체해서 보게 되면, 온·처·계·연 등으로 해체해서 설해지는 모든 존재[諸法, 유위법, sabbe dhammā]의 무상·고·무아가 극명하게 드러나게 된다. 그래서 이러한 무상이나 고나 무아를 통찰함으로 해서 염오하고 탐욕이 빛바래고[離欲] 그래서 해탈·열반·깨달음을 실현한다는 것이 초기불전의 도처에서 강조되고 있다. 특히 『상윳따 니까야』의 「무더기 상윳따」(S22)나 「감각장소 상윳따」(S35)나 「인연 상윳따」(S12) 등의 많은 경들은 이것을 강조하고 있다.

예를 들면 땅에 떨어진 머리칼을 보고 아무도 아름답다 하지 않는다. 그러나 머리라는 특정한 곳에서 특정한 색깔과 특정한 형태로 여인이라는 전체상과 얼굴이라는 부분상[10]에 묶여 있을 때 머리칼을 아름답다 하고 그것에서 애욕을 일으킨다. 그러므로 머리칼을 '단지 머리칼'로만 보면 그것은 애욕의 대상이 아니다. 천하일색 양귀비의 눈과 입술이 아무리 예쁘다할지라도 그것은 전체상을 이루고 있을 때 이야기다. 눈을 빼고 코를 분리하고 입술을 도려내어 알코올에 담가두었다면 아무도 그것에서 애욕을 일으키지 않을 것이다. 만일 애욕을 일으킨다면 그야말로 성도착증환자일 것이다. 그리고 머리칼, 눈, 입술 등은 땅, 물, 불, 바람이라는 네 가지 근본물질들의 조합으로 구성된 것일 뿐이다. 이들을 아름답다 여기는 것은 우리가 관념적으로 취하는 전체상과 부분상에 기인한 것이다. 이처럼 해체해서 보면 무상·고·무아가 극명하게 드러난다.

그러므로 명칭이나 말에 속지 않고, 이런 것들은 단지 오온이고 12처이고 18계이고 조건발생(연기)일 뿐임에 사무쳐서 존재하는 모든 것을

---

10) 전체상은 nimitta(표상)를 옮긴 것이고 부분상은 anubyañjana를 옮긴 것이다. 이 둘에 대한 설명은 『상윳따 니까야』 「불타오름에 대한 법문 경」(S35:235) §3의 주해를 참조할 것.

온・처・계・연으로 해체해서 보는 것이 수행의 핵심이다. 그래서 「대념처경」(D22) 등의 초기불전에 나타나는 수행 방법의 핵심도 나라는 존재를 몸・느낌・마음・심리현상들(신・수・심・법)로 해체해서 그 중의 하나에 집중(삼매, 사마타)하거나 그 중의 하나에 대해서 무상・고・무아를 통찰하는 것(반야, 위빳사나)이다. 해체해서 보지 못하면 그는 불교적 수행을 하는 자가 아니라고 해야 한다. 나와 존재와 세상과 생사문제를 이처럼 온・처・계・연으로 해체해서 보지 못하면 염오-이욕-소멸을 통해서 깨달음을 실현할 수 없다는 점을 다시 한 번 강조하고 싶다. 뭉쳐두면 속고 해체하면 깨닫는다.

부처님께서는 「대반열반경」(D22)에서 "법과 율이 그대들의 스승이 될 것이다."라는 유훈을 남기셨다. 초기불교의 법수는 전통적으로 온・처・계・근・제・연(5온・12처・18계・22근・4성제・12연기)과 37보리분법으로 정리가 된다.(『청정도론』 XIV.34) 전자는 교학의 핵심이 되는 법수이며 후자는 수행의 기본이 되는 가르침이다. 이 모든 가르침이 모두 해체해서 보기의 내용이라 할 수 있다. 이러한 초기불교의 법수에 대한 정확한 이해가 토대가 될 때 불교 2600년사를 통해서 전개되어온 후대 모든 불교의 가르침이 일목요연하게 파악된다고 생각한다.

세계를 공(空, śūnya)으로 보려는 것이 반야・중관의 직관적인 시각이고 세계를 깨달음의 입장에서 아름다운 꽃으로 장엄된 것[華嚴]으로 보려는 것이 화엄의 종합적인 시각일 것이다. 여기에 반해 초기불교는 세계를 법으로 해체해서 봐서 깨달음을 실현하려는 해체적인 시각이다. 아직 깨달음을 실현하지도 못한 범부중생이 세상을 해체해서 무상・고・무아를 통찰하려는 생각은 추호도 내지 못하면서 깨달은 체하여 세계를 찬미하고 찬탄하여 횡설수설한다면 이 어찌 슬픈 일이 아니겠는가. 직관이나 종합만을 강조해온 한국불교에는 초기불교의 해체적 시각이 반드시 필요하다고 강조하고 싶다.

### (5) 본서의 특징 몇 가지

이제 '들어가는 말'을 마무리하면서 본서의 특징 몇 가지를 적어본다.

첫째, 본서는 빠알리 『삼장』을 토대로 한 초기불교 개론서라고 강조하고 싶다. 본서는 중국에서 저술한 한문 자료나 한역된 것은 일차자료에서 제외시켰다. 한문 자료는 저자에게 익숙하지 않기 때문이기도 하고, 무엇보다도 범어 원전과 대조하지 않고 인용하는 한문 자료는 오해나 곡해의 소지가 많다고 보기 때문이다. 그러나 우리에게 익숙한 불교 한문 술어들은 본서 전체에서 많이 사용하고 있음을 밝힌다.

둘째, 더 구체적으로는 빠알리 『경장』 그 가운데서도 4부 니까야를 토대로 한 것이다. 초기불교의 토대는 니까야와 『아함』인데 저자는 철저히 니까야만을 근거로 하여 본서를 저술하였다. 이유는 첫째에서 밝힌 것과 같다.

그리고 니까야 가운데서도 4부 니까야와, 『쿳다까 니까야』 가운데서 4부 니까야와 같은 권위를 가진 『숫따니빠따』(經集, Suttanipāta) 등의 운문을 기본으로 하는 일곱 가지[11]를 토대로 하였다. 이 자료들이야말로 부처님의 원음과 직계제자들의 육성을 고스란히 담고 있는 가장 중요한 자료이기 때문이다.

셋째, 특히 본서는 부처님 가르침을 56가지 주제별로 모은 『상윳따 니까야』를 중심에 두고 있다. 『상윳따 니까야』는 5온·12처·18계·22근·4제·12연기와 37보리분법으로 잘 조직되어 있는 초기불교의 교학과 수행체계를 심도 깊게 다룬 경들을 주제별로 잘 모으고 있기 때문이다.[12] 그래서 본서는 저자가 전체 6권으로 완역한 『상윳따 니까야』 각 권의 해제에서 다루었던 내용들을 대부분 그대로 살려서 싣고 있

---

11) 이 일곱 가지는 본장 (1)-⑤를 참조할 것.

12) 여기에 대해서는 본서 제3장의 (5)를 참조할 것.

음을 밝힌다.

넷째, 본서는 초기불교에 대한 단순한 입문서가 아니라 초기불교에 대한 체계적이고 정확한 이해를 돕기 위해서 만든 본격적인 초기불교 교리서 혹은 초기불교 해설서라고 말하고 싶다.

다섯째, 초기불교에 대한 정확한 이해를 하기 위해서는 아무래도 초기불교에 대한 종합적인 해설서인 『청정도론』과 상좌부 아비담마의 핵심 요약인 『아비담맛타상가하』(아비담마 길라잡이)와 니까야에 대한 주석서 문헌들을 인용하지 않을 수 없다. 이러한 전통적인 권위에 의지하지 않게 되면 자칫 저자의 잘못된 이해와 독선에 빠질 위험이 많기 때문에 저자는 본서를 쓰면서 철저하게 『청정도론』과 『아비담마 길라잡이』와 주석서 문헌들을 의지하였음을 밝힌다.

여섯째, 그러다 보니 본서에는 빠알리 술어들과 한문 술어들이 많이 나타나서 전체적으로 딱딱하고 어렵게 느껴지기도 한다. 그리고 본서에는 너무 전문적인 내용을 다루는 부분도 적지 않다. 그러나 본서를 정독을 하게 되면 초기불교의 교학체계를 정확하게 파악할 수 있을 것이라고 감히 말하고 싶다.

일곱째, 원래는 본서 각 장의 말미에 '경전 공부'라는 항목을 만들어서 각 장의 주제와 관련된 경전을 전체적으로 약 50개 정도 실었다. 그러다 보니 전체적으로 700쪽이 넘게 되어버렸다. 그래서 500쪽 정도의 책으로 만들려던 원래 계획을 존중하기로 하고 대림 스님과 상의 하에 마지막 편집과정에서 '경전 공부' 항목을 과감하게 삭제하였다. 이 부분은 다음에 '가려뽑은 초기불전' 등의 제목을 달아서 단행본으로 출간하려 한다.

본서가 초기불교의 이해를 도와주는 조그만 노둣돌이 되기를 바라면서 들어가는 말을 접는다.

# 제2장 초기불교의 기본 주제 — 행복의 추구

(1) 불교의 목적: 행복의 실현(이고득락, 離苦得樂)

먼저 불교의 목적에 대해 음미해보면서 본장을 시작하고자 한다. 『상윳따 니까야』 「예류 상윳따」(S55)에서 보듯이 불교는 성자가 되는 것을 목적으로 한다. 그리고 『상윳따 니까야』 「진리 상윳따」(S56)에서 보듯이 불교는 괴로움의 소멸, 저 열반의 실현을 궁극적인 목적으로 한다. 이러한 궁극적 행복인 열반은 팔정도를 위시한 37보리분법을 닦아서 존재를 온・처・계・근・연으로 해체해서 이들의 무상・고・무아를 통찰하여 염오-이욕-해탈-구경해탈지 혹은 염오-이욕-소멸이 성취됨으로써 실현된다. 이처럼 불교는 통찰지(반야)를 강조하는 종교임이 분명하다. 그러나 『상윳따 니까야』 「예류 상윳따」(S55)에서 보듯이 믿음(saddhā)과 계(sīla)를 지니는 것이 성자가 되는 가장 기본이 되는 요소임은 더욱 분명하다. 불자들은 삼보에 대한 굳건한 믿음과 계를 지녀 금생에도 행복하고 내생에도 행복하며, 이를 토대로 통찰지를 증장하고 개발하여 해탈・열반의 궁극적 행복을 실현해야 할 것이다. 이제 불교에서 추구하는 행복이 무엇인지, 그리고 그 행복을 어떻게 실현할 것인지를 살펴보자.

인간은 행복을 추구한다. 경제행위, 정치행위, 문화행위, 철학행위, 의술행위, 종교행위 등 인간의 모든 행위는 행복해지기 위해서이다. 불교도 행복을 추구한다. 그래서 예부터 스님들은 불교의 목적을 이고득락(離苦得樂) 즉, 괴로움을 여의고 행복을 실현하는 것이라고 표현하였다.[13] 초기경에서 부처님께서는 다양한 행복을 말씀하셨다. 그것을 간추려보면 금생의 행복, 내생의 행복, 궁극적 행복이 된다.

세존께서는 『상윳따 니까야』 제1권 「알라와까 경」(S10:12)에서 이렇게 읊으신다.

> "믿음이 여기서 인간의 으뜸가는 재화이며
> 법을 잘 닦아야 행복을 가져오느니라.
> 진리가 참으로 가장 뛰어난 맛이며
> 통찰지를 [구족하여] 살아야 으뜸가는 삶이라 부르느니라."{847}

주석서와 복주서는 여기서 '법을 잘 닦는다.'는 것은 보시와 지계와 수행(dāna-sīla-bhāvanā-dhamma)을 말한다고 설명하고 있다.(SA.i.329) 그리고 계속해서 "'행복을 가져온다.'는 것은 이 법을 닦으면 인간의 행복(manussa-sukha = 금생의 행복)과 천상의 행복(dibba-sukha = 내생의 행복)과 궁극적으로는(pariyosāne) 열반의 행복(nibbāna-sukha = 궁극적 행복)을 가져온다는 뜻이다."(SA.i.329)라고 덧붙이고 있다. 이 가운데서 보시(dāna)와 지계(sīla)는 인간의 행복과 천상의 행복을 얻는 수단이며, 수행(bhāvanā) 즉 37보리분법으로 정리되고 팔정도로 귀결되는 도닦음(paṭipadā)은 궁극적 행복을 얻는 방법이다. 그리고 이 셋은 대승불교의 육바라밀과도 배대가 되는 것이다.[14]

초기불전에서 행복으로 옮겨지는 단어는 즐거움을 뜻하는 수카

---

13) 예를 들면 성철 스님의 『백일법문』 상 p.5.

14) 즉 보시는 보시 바라밀에, 지계는 지계 바라밀에, 수행은 나머지 인욕, 정진, 선정, 지혜의 네 바라밀에 배대가 된다.

(sukha)와 길상, 행복, 행운 등으로 옮기고 있는 망갈라(maṅgala)라는 술어이다. 이 망갈라라는 단어는 행복을 뜻하는 의미로 초기경에서 많이 나타나고 있으며 베다 문헌이나 대승불교 문헌에도 자주 나타나고 있다. 특히 이러한 행복을 강조하고 있는 경으로는 『숫따니빠따』 「마하망갈라 경」15)을 들 수 있다. 이 경에서 세존께서는 12개의 게송을 통해서 아주 다양한 행복을 말씀하시는데, 특히 금생의 행복을 여러 가지로 나열하신 뒤에

> "엄격한 삶을 살고 청정범행을 닦고
> [네 가지] 성스러운 진리를 보고
> 열반을 실현하는 것 –
> 이것이야말로 으뜸가는 행복이로다."{267}16)

라고 강조하고 계신다. 열반의 실현(nibbāna-sacchikiriyā)이야말로 궁극적 행복이기 때문이다.

이처럼 여러 경에서 인간의 행복, 천상의 행복, 열반의 행복, 혹은 금생의 행복, 내생의 행복, 궁극적 행복은 강조되고 있다. 따라서 불교는 괴로움을 여의고 행복을 얻는 것으로 정리할 수 있을 것이다. 중요한 것은 어떻게 하면 이러한 행복을 얻을 수 있는가, 그 방법은 무엇인가일 것이다. 그러면 어떻게 하면 이러한 세 가지 행복을 실현할 수 있을까?

① 금생의 행복

초기불전은 금생에 행복해지기 위해서는 특히 학문과 기술(sippa, vijjā, sikkha)을 익힐 것을 강조하고 있다. 자기 소질에 맞는 기술을 익혀서 그

---

15) Mahā-maṅgala-sutta(大吉祥經), Sn2:4/46~47.

16) tapo ca brahmacariyañca, ariyasaccāna dassanaṁ|
nibbānasacchikiriyā ca, etaṁ maṅgalamuttamaṁ||(Sn {267})

것으로 세상에 기여를 하고 급여를 받거나 이윤을 창출하여 금생에 행복하게 사는 것이 인간이 추구하는 중요한 행복이다.(D2 §14 참조)

그러나 기술만으로 금생의 행복은 얻어지지 않는다. 아무리 그 사람이 전문직종의 기술을 가지고 있다 하더라도 나쁜 인성을 가지고 있다면 그는 사회와 자신을 망가지게 한다. 바른 인성을 개발하기 위해서는 도덕적으로 건전하고, 이웃에 봉사하는 삶을 살아야 한다. 부처님께서는 이를 각각 지계(sīla)와 보시(dāna)로 강조하셨다. 그리고 이 둘은 대승불교 육바라밀의 첫째와 둘째인 보시바라밀(布施婆羅蜜, dāna-pāramitā)과 지계바라밀(持戒婆羅蜜, śīla-pāramitā)로 강조되고 있다. 이처럼 인간은 자기에게 맞는 기술을 익히고, 도덕적으로 건전하고, 봉사하는 삶을 살아감으로써 금생의 행복을 얻게 된다고 부처님께서는 강조하셨다.

그래서 『숫따니빠따』 「마하망갈라 경」에서도 많이 배움(bahu-sacca), 기술(sippa), 계율[律, vinaya], 잘 공부지음(susikkhita), 보시(dāna), 공덕을 쌓음(kata-puññatā) 등을 금생의 행복의 조건으로 나열하고 있다. 이를 정리하면 보시, 지계, 학문, 기술이 된다.

② 내생의 행복

인간이 짓는 종교행위는 기본적으로 내생의 행복을 위한 것이라 할 수 있다. 인간은 금생에 종교행위를 함으로써 사후에 인간이나 천상이나 극락세계에 태어나거나 천당에 가게 된다고 각 종교마다 이론은 다르지만 이구동성으로 사후세계의 행복을 말하고 있다.

불교에서는 인간이 짓는 의도적 행위(업)가 원인이 되어, 해로운 업(불선업)을 많이 지은 자는 지옥, 축생, 아귀의 삼악도에 태어나게 되고 유익한 업(선업)을 많이 지은 자는 인간과 천상에 태어나게 된다고 가르친다.[17] 초기불전에서 부처님께서는 인간이나 천상에 태어나는 방법으로

---

17) 초기불전에 나타나는 윤회의 가르침에 대한 설명은 본서 제30장 불교와 윤회와 『상윳따 니까야』 제2권 해제 §6, 즉 「시작을 알지 못함 상윳따」(S15)

보시와 지계를 말씀하셨다.[18] 한역 『아함경』에서는 이를 시·계·생천(施·戒·生天)이라고 옮겼다. 금생에 이웃에 봉사하고 승가에 보시하며, 도덕적으로 건전한 삶을 살면 내생에 천상에 태어나게 된다는 말씀이다. 특히 『디가 니까야』 「삼십이상경」(D30)에서는 세존께서 32상(相)의 각각을 갖춘 것은 아주 이전 생에서부터 보시를 하고 계를 호지하고 십선업을 짓고 포살일을 준수하는 등의 선업을 통해서 천상에 태어나 큰 행복을 누리신 뒤에 인간으로 태어나서 이러한 대인상(大人相)을 얻으셨다고 강조하고 있다.[19]

물론 불·법·승·계에 대한 믿음도 강조되고 있는데, 불·법·승에 대한 흔들림 없는 믿음과 계를 지님의 넷은 예류과를 얻은 자들이 갖추고 있는 구성요소로 강조되고 있다.[20]

그리고 『앙굿따라 니까야』의 많은 경들에서도 천상에 태어나는 방법으로 이러한 보시와 계의 구족과 믿음이 강조되고 있음은 주지의 사실이다.[21] 특히 「합리적인 행위 경」(A4:61)에서 세존께서는 급고독 장자에게 "믿음을 구족하고 계를 구족하고 보시에 대해 관대함을 구족하고 통찰지를 구족하면 … 금생에 법답게 재물을 얻고, 친척들과 스승들과 더불어 명성을 얻고, 오래 살고 긴 수명을 가진 뒤, 죽어서 몸이 무너진 다음에는 좋은 곳[善處], 천상 세계에 태어난다."고 가르치고 계신다.

그러므로 특히 재가자들은 이처럼 불·법·승 삼보에 대한 믿음과 보

---

에 대한 해제를 참조하기 바란다.

18) dānakathaṁ sīlakathaṁ saggakathaṁ(D3 §2.21 등)

19) 「삼십이상경」(D30) §1.4 이하 참조.

20) 여기에 대해서는 『상윳따 니까야』 「사리뿟따 경」 2(S55:5) §3의 주해와 「예류 상윳따」(S55)의 여러 경들을 참조할 것.

21) 예를 들면 『앙굿따라 니까야』 「공덕이 넘쳐흐름 경」 1(A4:51)과 「견해 경」(A4:212) 이하의 여러 경들을 들 수 있다.

시와 지계를 닦아서 금생에도 행복하고 내생에도 행복할 토대를 만들어야 할 것이다.

③ 궁극적 행복

부처님이 말씀하신 세 번째 행복은 궁극적 행복(parama-sukha, 至福)이며 이것은 열반이다. 불교가 궁극적으로 추구하는 깨달음, 해탈, 열반, 성불은 세상의 어떤 가치체계나 신념체계에서도 찾아볼 수 없는 불교만이 제시하는 고귀한 가르침이다. 스님들은 이러한 궁극적 행복을 위해서 출가하여 수행을 하며, 재가 신자들이 부처님의 가르침을 자신의 가치체계와 신념체계로 받아들이는 것도 궁극적으로는 이러한 행복을 실현하기 위해서이다.

아무튼 금생의 행복과 내생의 행복은 주로 재가자들에게 가르치셨으며 궁극적 행복은 출가자들에게 주로 가르치셨다. 니까야의 여러 곳에서 부처님께서는 재가자들에게 먼저 시·계·생천(施·戒·生天)을 말씀하시고, 그래서 인연이 성숙한 사람들에게 사성제를 토대로 한 법을 설하셨다는 다음과 같은 정형구가 나타나고 있다. 물론 역량이 되는 재가자들에게도 궁극적 행복을 도처에서 말씀하셨다.

"그러자 세존께서는 우빨리 장자에게 순차적인 가르침을 설하셨다. 보시의 가르침, 계의 가르침, 천상의 가르침, 감각적 욕망들의 재난과 타락과 오염원, 출리의 공덕을 밝혀주셨다.[22]

---

22) "'순차적인 가르침(ānupubbi-kathā)'이란 보시에 대해 설하신 다음 계에 대해, 계의 가르침 다음에 천상에 대해, 천상의 가르침 다음에 도에 대해, 이렇게 순차적으로 가르침을 설하신 것(anupaṭipāṭi-kathā)을 말한다.
'보시(dāna)'란 행복의 원인(nidāna)이고, 증득(sampatti)의 뿌리(mūla)이고, 부(富, bhoga)의 기반(patiṭṭhā)이고, 위험에 처한 자에게 기댈 곳(tāṇa)이 되고, 금생과 내생에서 보시와 같은 그런 의지처가 없다는 등으로 보시의 공덕에 대해 설하셨다. … 그 다음에 보시를 행할 때 계를 성취할 수 있으므로 계의 가르침에 대해 설하셨다.

세존께서는 우빨리 장자의 마음이 준비되고 마음이 부드러워지고 마음의 장애가 없어지고 마음이 고무되고 마음에 깨끗한 믿음이 생겼음을 아시게 되었을 때 부처님들께서 직접 얻으신 괴로움[苦]과 일어남[集]과 소멸[滅]과 도[道]라는 법의 가르침을 드러내셨다. 마치 얼룩이 없는 깨끗한 천이 바르게 잘 염색되는 것처럼 그 자리에서 '일어나는 법은 그 무엇이건 모두 멸하기 마련인 법이다[集法卽滅法]'라는 티 없고 때가 없는 법의 눈[法眼][23]이 우빨리 장자에게 생겼다.

그때 우빨리 장자는 법을 보았고,[24] 법을 얻었고, 법을 체득했고, 법을 간파했고, 의심을 건넜고, 혼란을 제거했고, 무외를 얻었고, 스승의 교법에서 다른 사람에게 의지하지 않게 되었다."(「우빨리 경」(M56), §18)

---

'계(sīla)'는 의지처(avassaya)이고, 기반(patiṭṭhā)이고, 대상(ārammaṇa)이고, 기댈 곳(tāṇa)이고, 귀의처(leṇa)고 행처(gati)고 피안(parāyaṇa)이라는 등으로 계의 공덕에 대해 설하셨다. … 그 다음에 이 계를 의지하여 천상에 태어날 수 있다는 것을 보여주시기 위해 천상의 가르침을 설하셨다.

'천상(sagga)'이란 원하는 것이고, 사랑스런 것이고, 마음에 드는 것이고, 항상 기쁨을 즐길 수 있고, 항상 행운이 가득하다는 등으로 천상의 공덕과 관련된 말씀을 하셨다. …

그리고 나서 이 천상도 무상한 것이니 거기에 탐욕을 갖지 말 것을 가르치시기 위해 "감각적 욕망은 달콤함이 적고 많은 괴로움과 많은 절망을 주고 거기에는 재난이 도사리고 있다."(M14 §4 등)라는 방법으로 '감각적 욕망의 재난과 타락과 오염원(kāmānaṁ ādīnavaṁ okāraṁ saṅkilesaṁ)'을 설하셨다. …

이와 같이 감각적 욕망의 재난으로 두려움을 일으키게 하신 뒤 '출리의 공덕(nekkhamme ānisaṁsa)'을 드러내셨다."(MA.iii.89~92)

23) "여기서 '법의 눈'이란 예류도(sotāpattimagga)를 얻은 것이다. 그리고 이러한 예류도가 생기는 모습을 보여 주기 위해서 '일어나는 법은 그 무엇이든 모두 멸하기 마련인 법이다.'라고 하셨다. 왜냐하면 이 멸이라는 무위법을 대상으로 하여서(asaṅkhatadhammārammaṇa – DAṬ.i.406) 그 역할에 따라 모든 형성된 것(유위법, saṅkhata)들을 꿰뚫기 때문이다."(DA.i.278)

24) 여기서 법은 본 문단에서 드러내신 사성제의 법(ariyasacca-dhamma)을 뜻한다고 주석서는 말한다. 즉 사성제의 법을 보았고 사성제의 법을 얻었고 등으로 적용해야 한다고 설명한다.(DA.i.278)

그렇기 때문에 『상윳따 니까야』 제1권 「알라와까 경」(S10:12)에 해당하는 주석서는 "재가자는 바른 직업을 가지고 삼귀의를 하고 보시와 공양을 하고 계를 구족하고 포살을 실천하는 재가자의 도닦음을 실천한다. 출가자는 이를 넘어서서 후회하지 않음을 행하는 계행을 갖추고[戒] 마음을 청정하게 함 등으로 구분되는 출가자의 도닦음을 닦고[定] 통찰지를 갖추어서[慧] 삶을 영위한다."(SA.i.330)고 적고 있다.

궁극적 행복을 실현하기 위해서는 개념적 존재[施設]를 해체해서 법(dhamma)으로 환원해서 보아야 하는데, 초기불전에서 부처님께서는 그 구체적인 방법으로 사성제의 통찰, 팔정도의 완성, 온·처·계의 무상·고·무아에 대한 철견(徹見), 12연기의 환멸문(還滅門) 등으로 말씀하셨다. 초기불전에서 보자면 이러한 세 가지 행복을 바르게 추구하는 방법은 37보리분법이며 이것은 팔정도로 귀결이 된다.

이렇게 하여 금생의 행복과 내생의 행복과 궁극적 행복을 추구하는 자야말로 진정한 불자이다.

이러한 세 가지 행복 가운데서 특히 궁극적 행복을 실현하는 것에 관한 가르침들이 집중적으로 나타나는 것이 『상윳따 니까야』이다. 물론 『상윳따 니까야』에도 금생의 행복과 내생의 행복에 대한 가르침이 없는 것은 아니지만 다른 니까야들과 비교해볼 때 현저하게 그 숫자가 줄어든다. 예를 들면 『앙굿따라 니까야』의 도처에는 금생의 행복과 내생의 행복에 대해서 강조하고 계신다. 그러나 『상윳따 니까야』는 그렇지 않다. 오히려 56개의 주제들 가운데 특정 존재들에게 설하신 몇몇 상윳따를 제외한, 법수를 중심으로 한 35개의 상윳따 등 대부분의 상윳따에서는 궁극적 행복과 이것을 실현하는 방법을 강조해서 설하고 계신다.

예를 들면 사성제는 56번째 상윳따(S56)에, 팔정도는 45번째(S45)에,

오온은 22번째(S22)에, 육처는 35번째(S35)에, 18계는 14번째(S14)와 35번째(S35)에, 연기는 12번째(S12)에, 37보리분법은 45부터 51번째 상윳따(S45~S51)에 나타나며 『상윳따 니까야』에서 가장 중요한 주제이다.

(2) 행복을 실현하는 토대

이러한 행복을 실현하는 토대로 『상윳따 니까야』「예류 상윳따」(S55)는 불·법·승 삼보에 대한 믿음과 계를 지니는 것을 강조하고 있다. 여기뿐만 아니라 초기불전의 도처에서 불자가 되는 기본 덕목으로 삼귀의와 오계를 들고 있기도 하다.「예류 상윳따」에서도 삼귀의와 계를 지니는 자는 천상에 태어난다고 분명히 말씀하고 계시듯이 다른 니까야들도 이것을 강조하고 있다. 특히 재가자들에게 하신 설법을 많이 담고 있는 『앙굿따라 니까야』에는 이것을 강조하는 경들이 많이 전승되어 온다.

① 부처님[佛, Buddha]에 대한 믿음은 세존의 사촌동생이었던 마하나마(Mahānāma)가 『상윳따 니까야』「고다 경」(S55:23 §13)에서 부처님께 확신을 가지고 말씀드리는 다음 구절이 그 본보기가 된다.

"세존이시여, 여기 법에 대한 어떤 문제가 발생할지도 모릅니다. 세존께서 한 쪽이 되고 비구 승가와 비구니 승가와 청신사와 청신녀와 마라와 범천을 포함한 신의 세상이나 혹은 사문·바라문과 신과 사람을 포함한 [인간] 세상이 다른 쪽이 되는 경우입니다. 그러면 저는 당연히 세존께서 택하신 쪽에 대해서 청정한 믿음을 가집니다. 세존께서는 제가 이렇다고 섭수하여 주십시오."

마하나마의 이런 말은 법에 관한한 부처님의 제자들과 신들을 포함한 천하의 모든 존재가 다 옳다고 인정하는 어떤 사실이 있다 하더라도 만일 세존께서 그것을 인정하지 않으시면 나도 세존의 말씀을 따라서 그것을 인정하지 않을 것이라고 세존께 절대적인 믿음을 표하는 말이다. 불제자라면 이 정도로 부처님께 대한 확신이 있어야 한다. 그래야 그가 진정한 부처님의 제자일 것이다.

② 법(法, dhamma)에 대한 믿음은 부처님의 가르침에 대한 확신이다. 부처님의 가르침에 대한 확신은 세상의 모든 존재를 온·처·계·근·제·연의 고유성질을 가진 법들로 해체해서 보면 무상·고·무아를 통찰하게 되고 그래서 염오-이욕-해탈-구경해탈지를 실현하게 되며 그 방법으로 팔정도를 위시한 37보리분법을 설하신 이러한 가르침에 대한 확신을 근본으로 한다. 다른 말로 하자면 존재를 법들로 해체해서 보아서 제법의 자상·공상[25]을 확인하여 해탈할 것을 말씀하신 부처님 가르침에 대한 확신이다.

③ 승(僧, saṅgha)에 대한 믿음은 승가는 궁극적 행복인 소멸, 무위, 열반를 실현하기 위해서 세속적인 행복이나 가치를 버린 집단이기에 일체 존재들에게 "공양받아 마땅하고, 선사받아 마땅하고, 보시받아 마땅하고, 합장받아 마땅하며, 세상의 위없는 복밭[福田, puñña-kkhetta]이시다."(S12:41 §5)라고 확신하고 절대적인 신뢰를 가지는 것을 말한다.

④ 계를 지니는 것은 "성자들이 좋아하며 훼손되지 않았고 뚫어지지 않았고 오점이 없고 얼룩이 없고 벗어나게 하고 지자들이 찬탄하고 [성취한 것에] 들러붙지 않고 삼매에 도움이 되는"(S12:41 §5) 오계 등을 받아 지니는 것을 말한다.

이처럼 불자들은 삼보에 대한 굳건한 믿음과 계를 지녀 금생에도 행복하고 내생에도 행복하며, 이를 토대로 해서 통찰지를 증장하게 하고 개발하여 해탈·열반의 궁극적 행복을 실현해야 할 것이다. 특히 『앙굿

---

25) 법의 자상(自相, sabhāva-lakkhaṇa)과 공상(共相, sāmañña-lakkhaṇa) 등에 대한 논의는 본서 제14장 어떻게 해탈·열반을 실현할 것인가의 (2)에 나타나고 있으니 그 부분을 참조하기 바란다.

따라 니까야』와 『상윳따 니까야』에 나타나는 여러 경들은 이것을 강조하고 있다.

『앙굿따라 니까야』의 「보시로 인한 태어남 경」(A8:35)을 인용하면서 제2장을 마무리한다.

### **보시로 인한 태어남 경**(A8:35)

Dānūpapatti-sutta

1. "비구들이여, 보시를 함으로써 여덟 가지로 [천상과 인간에] 태어남이 있다. 무엇이 여덟인가?"

2. "비구들이여, 여기 어떤 자는 사문이나 바라문에게 먹을 것과 마실 것과 입을 것과 탈것과 화환과 향수와 화장품과 침상과 숙소와 등불을 보시한다. 그는 보시한 것의 [결과를] 기대한다. 그는 부유한 끄샤뜨리야들이나 부유한 바라문들이나 부유한 장자들이 다섯 가닥의 감각적 욕망을 타고나며 소유하고 즐기는 것을 본다. 그러자 그에게 '오, 참으로 나는 몸이 무너져 죽은 뒤에 부유한 끄샤뜨리야들이나 부유한 바라문들이나 부유한 장자들의 일원으로 태어나리라.'라는 생각이 든다. 그는 그 마음을 확립하고 그 마음을 굳건히 하고 그 마음을 증장시킨다. 그의 마음은 낮은 곳으로 기울고 높은 [도·과를 위해] 닦지 않아 몸이 무너져 죽은 뒤에 부유한 끄샤뜨리야들이나 부유한 바라문들이나 부유한 장자들의 일원으로 태어난다.

그러나 이런 것은 계를 가진 자에게 해당하는 것이지 계행이 나쁜 자에게는 해당하지 않는다고 나는 말한다. 비구들이여, 계를 지닌 자는 청정하기 때문에 마음의 소원을 성취한다."

3. "비구들이여, 여기 어떤 자는 사문이나 바라문에게 먹을 것과 마실

것과 입을 것과 탈것과 화환과 향수와 화장품과 침상과 숙소와 등불을 보시한다. 그는 보시한 것의 [결과를] 기대한다. 그는 '사대왕천의 천신들은 …삼십삼천의 천신들은 … 야마천의 천신들은 … 도솔천의 천신들은 … 화락천의 천신들은 … 타화자재천의 천신들은 … 범중천의 천신들은 긴 수명을 가졌고 아름답고 아주 행복하다.'라고 듣는다. 그러자 그에게 '참으로 나는 몸이 무너져 죽은 뒤에 범중천의 천신들의 일원으로 태어나리라.'라는 생각이 든다. 그는 그 마음을 확립하고 그 마음을 굳건히 하고 그 마음을 증장시킨다. 그의 마음은 낮은 곳으로 기울고 높은 [도·과를 위해] 닦지 않아 몸이 무너져 죽은 뒤에 범중천의 천신들의 일원으로 태어난다.

그러나 이런 것은 계를 가진 자에게 해당하는 것이지 계행이 나쁜 자에게는 해당하지 않는다고 나는 말한다. 비구들이여, 계를 지닌 자는 청정하기 때문에 마음의 소원을 성취한다.

비구들이여, 보시를 함으로써 이러한 여덟 가지로 [천상과 인간에] 태어남이 있다."

# 제3장 열반 — 초기불교의 궁극적 메시지

## (1) 초기불교의 궁극적인 메시지, 열반

초기불교의 '궁극적인' 메시지를 하나로만 말해보라면 그것은 열반(涅槃, nibbāna)이라고 해야 할 것이다. 열반은 "모든 형성된 것들[行]이 가라앉음, 모든 재생의 근거를 놓아버림, 갈애의 멸진, 탐욕의 빛바램[離欲], 소멸, 열반이다."[26]로 표현되고 있고, "탐욕의 소멸, 성냄의 소멸, 어리석음의 소멸"[27]이라고도 설해지고 있으며, 이것은 다시 무위(無爲)라고도 정의된다.[28] 그리고 "염오, 이욕, 소멸, 고요함, 최상의 지혜, 바른 깨달음, 열반"[29]이라는 문맥에서도 많이 나타난다. 무엇보다도 『상윳따 니까야』의 도처에서 염오-이욕-소멸이나 염오-이욕-해탈-구경해탈지의 문맥에서 나타나는 소멸의 동의어요 해탈-구경해탈지와 같은 의미이기도 하다. 더구나 이 소멸이야말로 불교의 진리인 네 가지 성스러운 진리[四聖諦] 가운데 세 번째인 저 괴로움의 소멸의 성스러운 진리[苦滅聖諦]이다.[30]

---

26) 『상윳따 니까야』 제3권 「찬나 경」(S22:90) §5 등.

27) 『상윳따 니까야』 제4권 「열반 경」(S38:1) 등.

28) 『상윳따 니까야』 제5권 「무위 상윳따」(S43).

29) 『상윳따 니까야』 제5권 「염오 경」(S46:20) §3 등.

30) 소멸[滅, nirodha]과 열반에 대한 여러 논의는 본서 제6장 (7)과 『상윳따 니까야』 제3권 「할릿디까니 경」 2(S22:4) §4의 주해를 참조할 것.

그러므로 열반은 궁극적 행복이요 그 궁극적 행복은 바로 모든 괴로움이 소멸된 성스러운 경지인 것이다. 그래서 예부터 스님들은 불교의 목적을 이고득락(離苦得樂)이라고 표현하였으며 괴로움(dukkha)은 네 가지 성스러운 진리(사성제)의 첫 번째인 괴로움의 성스러운 진리(고성제)이며 이 괴로움이 소멸(nirodha)된 열반의 경지는 세 번째인 괴로움의 소멸의 성스러운 진리(고멸성제)인 것이다. 괴로움에도 원인이 있고 소멸에도 원인이 있다. 괴로움의 원인은 한마디로 하자면 갈애(taṇhā)요 괴로움의 소멸의 원인은 도(magga) 혹은 도닦음(paṭipadā)이다. 그래서 괴로움의 원인인 갈애는 사성제의 두 번째인 괴로움의 일어남의 성스러운 진리(고집성제)요 소멸의 원인인 도닦음은 네 번째인 괴로움의 소멸로 인도하는 도닦음의 성스러운 진리(고멸도성제)이다. 이렇게 하여 괴로움을 여의고 열반을 실현하는 불교의 궁극적 메시지인 사성제가 불교의 근본 진리로 자리잡게 된다.[31]

열반의 실현이야말로 초기경의 여러 곳에서 강조하고 있는 부처님의 간곡하신 말씀이다. 그래서 『상윳따 니까야』와 다른 니까야들의 여러 곳에서 열반의 실현(nibbāna-sacchikiriyā)은 강조되고 있으며,[32] 네 가지 마음챙기는 공부[四念處]는 이러한 열반을 실현하기 위한 것이라고 표현되기도 한다.[33] 『숫따니빠따』는 "열반을 실현하는 것(nibbāna-sacchi-kiriyā)이야말로 으뜸가는 행복"(Sn {267})이라 하여 열반의 실현을 궁극적 행복(parama-sukha)으로 부르고 있음을 본서 제2장에서 살펴보았다.

---

31) 네 가지 성스러운 진리(사성제)에 대한 자세한 설명은 본서 제6장 초기불교의 진리를 참조할 것.

32) 『상윳따 니까야』 제4권 「열반 경」(S38:1) §4 등.

33) 『상윳따 니까야』 제5권 「암바빨리 경」(S47:1) §3 등.

### (2) 어떻게 열반을 실현할 것인가

그러면 열반은 어떻게 해서 실현되는가? 만일 그 방법이 없이도 열반이 문득 실현된다고 한다면 그것은 사행심의 논리, 저 로또 복권의 논리이다.

열반은 당연히 수행을 통해서 실현된다. 수행을 초기불전에서는 바와나(bhāvanā)라는 술어로 총칭하고 있는데 초기불전의 도처에 나타나는 바와나(수행)는 팔정도를 근간으로 하는 '37가지 깨달음의 편에 있는 법들(37보리분법, 조도품)'로 정리된다.[34)]

그렇다면 무조건 37보리분법만 닦으면 열반을 실현하게 되는가? 그렇지는 않다고 해야 한다. 37보리분법을 닦기 위해서는 나[蘊]와 세상[處·界]과 진리[諦]와 괴로움의 발생구조와 소멸구조[緣起]에 대한 바른 이해가 반드시 선행되어야 한다.

사실 이러한 이해는 37보리분법의 근간이 되는 팔정도의 첫 번째인 정견의 내용이기도 하고, 칠각지의 택법각지이며, 오근·오력의 혜근·혜력(통찰지의 기능과 힘)이기도 하다. 나와 세상과 진리와 괴로움의 발생구조와 소멸구조에 대한 바른 이해가 없는 도는 더 이상 도가 아니며 그런 수행은 더 이상 수행이 아니어서, 산에 가서 물고기를 찾는 형국이 되고 말거나 단지 용만 쓰고 있는 것에 지나지 않을 것이다. 그러므로 이런 이해가 없이 37보리분법을 실천한다는 자체가 허망한 말에 지나지 않는다. 그리고 나와 세상과 진리와 괴로움의 발생구조와 소멸구조[緣起]에 대한 바르고도 완전한 이해가 바로 깨달음의 내용이기도 하다.

나와 세상과 진리와 괴로움의 발생구조와 소멸구조에 대한 바른 이해를 가르치고 있는 부처님 말씀을 우리는 부처님의 교학(pariyatti) 혹은 교법이라 부르며 이런 체계를 법(dhamma)이라 부른다.

---

34) 37가지 보리분법(菩提分法, bodhi-pakkhiyā dhammā)은 본서 제3편 초기불교의 수행 제17장부터 제25장에 설명되어 있다.

부처님께서는 '나는 누구인가'라는 가장 중요한 질문에 대해서는 '오온(五蘊, panca-kkhandha)'이라 말씀하셨다. 나라는 존재는 물질(몸뚱이, 色), 느낌[受], 인식[想], 심리현상들[行], 알음알이[識]의 다섯 가지 무더기[蘊]의 적집일 뿐이라는 것이다.[35] '세상이란 무엇인가'에 대해서는 12처(혹은 6내처와 6외처)와 18계로 말씀하셨다.[36] 나와 세상은 그냥 존재하지 않는다. 그리고 그것은 조물주니 절대자니 신이니 하는 어떤 힘센 존재가 만들어낸 것은 더더욱 아니다. 나와 세상은 조건발생이요 여러 조건[緣, paccaya]들이 얽히고설키어서 많은 종류의 괴로움을 일으킨다. 이러한 괴로움의 발생구조와 소멸구조를 구명(究明)하여 그 괴로움을 없애야 해탈·열반은 실현된다.

그래서 세존께서는 나와 세상에서 진행되는 괴로움의 발생구조와 소멸구조를 철저하게 밝히시는데 이것이 바로 연기의 가르침이다.[37] 이러한 나와 세상과 여기에 존재하는 괴로움의 발생구조과 소멸구조에 대한 연기적 관찰은 궁극적으로 진리[諦, sacca]라는 이름으로 체계화 되는데 그것을 네 가지 성스러운 진리, 저 사성제[38]라 부른다.

---

35) 여기에 대해서는 본서 제7장을 참조할 것.

36) 눈·귀·코·혀·몸·마노를 6내처(六內處, 여섯 가지 안의 감각장소들, ajjhattikā āyatanā)라 하고 여기에 대응되는 형색·소리·냄새·맛·감촉·법을 6외처(六外處, 여섯 가지 밖의 감각장소들, bhāhirā āyatanā)라 한다. 부처님께서는 세상이란 이처럼 안과 밖이 만나는 것 — 즉 눈이 형색과, 귀가 소리와, 코가 냄새와, 혀가 맛과, 몸이 감촉과, 마노가 법과 조우하고 부딪히는 것을 떠나서는 존재할 수 없다는 것을 12처의 가르침을 통해서 강조하고 계신다. 12처에 대해서는 본서 제11장과 12장을, 18계에 대해서는 본서 제14장을 참조하고, 『상윳따 니까야』 제4권 해제 §3을 참조할 것.

37) 연기(緣起, paṭiccasamuppāda)에 대해서는 본서 제15장과 제16장을 참조할 것.

38) 사성제(四聖諦, cattaro ariya-sacca) 즉 네 가지 성스러운 진리는 괴로움의 성스러운 진리[苦聖諦], 괴로움의 일어남(원인)의 성스러운 진리[苦集聖諦], 괴로움의 소멸의 성스러운 진리[苦滅聖諦], 괴로움의 소멸로 인도하는

이처럼 교학적인 이해를 바탕으로 한 37보리분법의 수행이 있어야 해탈 · 열반은 실현되는 것이다.

### (3) 불교의 인간관 · 세계관 · 진리관 · 연기관

한편 부처님은 붓다(Buddha)의 역어이며 붓다는 깨달은 분이라는 뜻이다. 그러므로 깨달음[菩提, 보리, bodhi]을 실현한 분의 가르침이 곧 불교(Buddha-sāsana, 부처님의 교법)이며 이러한 불교의 궁극적 메시지는 당연히 깨달음이라고 표현된다.

그러면 깨달음이란 무엇인가? 초기불전에는 크게 두 가지로 나타난다. 하나는 사성제를 깨달은 것으로, 다른 하나는 연기의 가르침을 통해서 무명 등의 연기의 구성요소가 빛바래어 소멸한 것으로 나타난다.[39]

---

도닦음의 성스러운 진리[苦滅道聖諦]이다. 여기에 대해서는 본서 제6장과 『상윳따 니까야』 제6권 해제 §8을 참조할 것.

39) 『상윳따 니까야』 제2권 「사까무니 고따마 경」(S12:10)에는 세존께서는 12연기의 유전문(流轉門)과 환멸문(還滅門)을 통해서 눈[眼], 지혜[智], 통찰지[慧], 명지[明], 광명[光]이 생긴 것으로 표현되어 있다. 부처님의 성도 과정과 성도 후의 일화를 담고 있는 『맛지마 니까야』 「성구경」(M26)에 해당하는 주석서(MA.ii.182)에도 "밤의 삼경(三更)에 연기에 대한 지혜(paṭiccasamuppāde ñāṇa)가 생겨서 윤회로부터 벗어나서 새벽 여명이 틀 때(aruṇodaye) 부처가 되셨다."라고 나타나고 있다.
그리고 『율장』의 『대품』에 의하면 세존께서는 초경 · 이경 · 삼경에 모두 12연기의 유전문과 환멸문(流轉門 · 還滅門, anuloma-paṭiloma)을 통찰하신 것으로 나타난다. 그런데 초경 · 이경 · 삼경에 세존이 읊으신 게송에는 각각 "원인을 갖춘 법을 꿰뚫어 알았다.(pajānāti sahetudhammaṁ)", "조건들의 멸진을 체득했다(khayaṁ paccayānaṁ avedi)", "마치 태양이 허공에서 빛나는 것과 같다.(sūriyova obhāsayamantalikkhaṁ)"라고 표현되어 있다.
그러나 『맛지마 니까야』 「두려움과 공포 경」(M4) §31 이하와 「두 가지로 생각함 경」(M19) §24와 세존의 성도과정을 담고 있는 「긴 삿짜까 경」(M36) §42 이하와 『앙굿따라 니까야』 「웨란자 경」(A8:11) §14 이하에는 사성제의 철견을 통해서 '번뇌를 소멸하는 지혜[漏盡通, āsavānaṁ

여기서 사성제의 세 번째 진리(멸성제)는 바로 열반을 뜻하고 이 열반의 실현이 사성제의 핵심이기 때문에, 사성제를 깨닫는 것은 열반을 실현하는 것과 같은 내용이 된다. 그리고 무명 등이 빛바래어 소멸함의 소멸은 여러 주석서에서 열반의 동의어로 나타나기도 하고, 아라한과의 실현으로 설명하기도 한다.[40] 물론 아라한과의 실현이야말로 탐·진·치가 완전히 해소된 열반의 실현이기도 하다. 그러므로 초기불교의 궁극적인 메시지를 '열반의 실현'이라고 표현하는 것은 아주 적절하다.

따라서 오온, 12처(6내외처), 사성제, 연기의 가르침은 불교의 인간관·세계관·진리관·연기관이고 이것은 해탈·열반을 실현하기 위해서 반드시 가져야 하는 기본적인 이해다. 이것을 교학이라 부른다.

이처럼 불교는 인간과 세계와 진리와 연기에 대한 교학체계를 토대로 37보리분법을 실천해서 무상·고·무아를 꿰뚫어 해탈·열반을 실현하는 체계이다. 상좌부 불교에서는 여기서 말하는 이러한 교학체계를 빠리얏띠(pariyatti, 배움)라 부르고, 37보리분법 등의 수행체계를 빠띠빳띠(paṭipatti, 도닦음)라 하고, 꿰뚫음을 빠띠웨다(paṭivedha, 통찰)라 칭하는데 이 셋을 불교의 근본주제라고 정리하고 있다.[41]

그리고 이러한 교학과 수행은 다시 최종적으로 네 가지 성스러운 진리로 귀결이 된다. 나와 세상에 대한 이해는 고성제의 내용이고, 나와 세상이 전개되고 그래서 괴로움을 일으키는 원인을 구명한 것이 고집성제이며, 이것은 갈애를 근본으로 한다. 갈애를 근본으로 하는 모든 번뇌

---

khayañāṇa]'를 완성해서 깨달으신 것으로 나타나고 있다.
물론 12연기의 유전문은 생과 노사로 대표되는 괴로움의 발생구조를 설명하는 것이므로 사성제의 고성제와 집성제에 배대되고, 환멸문은 괴로움의 소멸구조를 밝히는 것이기 때문에 사성제의 멸성제와 도성제에 배대된다. 그러므로 이 둘은 결국은 같은 내용이 된다.

40) 소멸[滅, nirodha]에 대한 여러 논의는 본서 제6장 (6)을 참조할 것.

41) 여기에 대해서는 『아비담마 길라잡이』 제9장 첫 번째 [해설]을 참조할 것.

혹은 속박, 족쇄, 폭류, 장애, 해로운 심리현상[不善法] 등이 해소되고 제거되고 소멸된 경지를 열반이라 하며, 이것은 세 번째 진리인 고멸성제이다. 열반을 실현하기 위해서는 수행을 해야 하는데 이것을 도닦음이라 하며, 이것이 바로 팔정도를 근본으로 하는 고멸도성제이다. 이처럼 불교의 교학과 수행체계는 네 가지 성스러운 진리로 번역되는 사성제로 귀결이 된다.

### (4) 초기불교의 교학과 수행: 온·처·계·근·제·연과 37보리분법

이처럼 초기불교의 교학과 수행은 온·처·연·제 혹은 온·처·계·근·제·연과 37보리분법으로 정리된다. 그래서 상좌부 불교의 근간이 되며 주석서 문헌들의 중심에 놓여 있는 『청정도론』 XIV.32에서 붓다고사 스님은 "여기서 무더기[蘊, khandha], 감각장소[處, āyatana], 요소[界, dhātu], 기능[根, indriya], 진리[諦, sacca], 연기[緣起, paṭiccasamuppāda] 등으로 구분되는 법들이 이 통찰지의 토양(paññā-bhūmi)이다."(Vis. XIV.32)라고 정의하여 불교교학의 근간을 온·처·계·근·제·연의 여섯으로 설명하고 있다. 한국불교에서 조석으로 독송되는 『반야심경』에도 기본교학은 온·처·계·제·연의 다섯으로 언급되고 있기도 하다.

그리고 초기불교의 수행은 초기불전의 도처에, 특히 『상윳따 니까야』에 주제별로 정리되어 나타나고 있는 37보리분법(菩提分法, bodhi-pakkhiyā dhammā)이다. 이 37보리분법은 『상윳따 니까야』 빠알리 원본 제5권의 S45부터 S51까지에서 도, 각지, 염처, 기능, 바른 노력, 힘, 성취수단의 일곱 상윳따로 나타나는데, 이들은 각각 팔정도, 칠각지, 사념처, 오근, 사정근, 오력, 사여의족의 7가지 주제이며 이것이 바로 37보리분법이다. 초기불교의 수행은 바로 이 37보리분법으로 정리된다.

이처럼 초기불교의 교학은 온·처·계·근·제·연 줄여서 온·처·

제·연으로 정리가 되고, 초기불교의 수행은 37보리분법으로 집약이 된다.

### (5) 『상윳따 니까야』와 온·처·계·근·제·연·37보리분법

『상윳따 니까야』는 부처님의 가르침 가운데서 그 주제가 분명한 것을 주제별로 함께 모아서(saṁyutta) 결집한 경전군이다. 본 니까야는 56가지의 주제를 선정하여 상윳따라는 이름으로 부르고 있으며, 이러한 주제에 해당되는 경들을 각각의 상윳따들에 담고 있다.

이러한 56가지 주제는 다시 크게 ① 교학과 수행의 주제 중심 ② 인물 중심 ③ 특정한 존재 중심 ④ 특정 부류의 인간 중심의 네 가지로 분류할 수 있다. 물론 이 가운데 ① 교학과 수행의 주제가 본 니까야의 핵심이며, 이것은 26가지 주제로 분류되어 나타난다. 그런데 ② 특정 인물을 주제로 삼은 상윳따 가운데 9개 상윳따는 모두 교학과 수행의 주제로 이루어져 있다. 그러므로 이들도 ① 교학과 수행의 주제 중심의 상윳따로 분류할 수 있다. 이렇게 되면 주제 중심의 상윳따는 모두 35개로 늘어난다. 이것은 전체 상윳따 주제의 70%에 가까운 것이다.

만일 이것을 경들의 숫자로 본다면, 『상윳따 니까야』의 전체 2904개의 경들 가운데 S1~S11과 S16, 21, 23, 29~32, 37, 41~42의 21개 상윳따에 포함된 614개의 경들을 제외한 2290개의 경들이 교학과 수행의 주제 중심으로 된 상윳따에 포함된다. 이렇게 되면 전체의 80%에 가까운 경들이 교학과 수행의 주제를 담고 있는 것이 된다.

그런데 교학과 수행의 주제 중심으로 분류할 수 있는 35개의 상윳따를 제외한 21개 다른 상윳따들에 포함된 대부분의 경들도 사실은 온·처·계·근·제·연과 37보리분법 중의 하나에 관계된 가르침을 담고 있는 것이 대부분이기 때문에, 『상윳따 니까야』의 경들의 핵심 주제는 모두 온·처·계·근·제·연의 여섯 가지 교학에 대한 가르침과 37보리분법으로 정리되는 수행에 대한 가르침으로 귀결된다고 결론지을 수 있다.

그러면 온·처·계·근·제·연·37보리분법과 『상윳따 니까야』와의 관계를 다시 한 번 정리해보자. 『청정도론』에서 온·처·계·근·제·연으로 정리한 초기불교의 교학 가운데 온(무더기)은 『상윳따 니까야』 「무더기 상윳따」(S22)와 「라다 상윳따」(S23)와 「견해 상윳따」(S24)와 「왓차곳따 상윳따」(S33)의 주제이다. 처(감각장소)는 「육처 상윳따」(S35)의 주제요, 계(요소)는 「육처 상윳따」(S35)와 「요소 상윳따」(S14)의 주제이다. 근(기능)은 「기능 상윳따」(S48)의 주제요, 제(진리)는 「진리 상윳따」(S56)의 주제이며, 연(조건발생)은 「인연 상윳따」(S12)의 주제이다.

그리고 「인연 상윳따」(S12)와 「무더기 상윳따」(S22)와 「육처 상윳따」(S35)와 「진리 상윳따」(S56)는 각각 빠알리어 원본 『상윳따 니까야』 제2권, 제3권, 제4권, 제5권의 핵심 주제이다. 이 가운데 특히 제2권과 제3권과 제4권은 책의 이름을 각각 『니다나 왁가』(Nidāna Vagga, 인연 품), 『칸다 왁가』(Khandha Vagga, 무더기 품), 『아야따나 왁가』(Āyata-na Vagga, 감각장소 품)라고 붙였는데 더 풀어서 말하면 각각 '인연의 가르침을 위주로 한 책', '오온의 가르침을 위주로 한 책', '여섯 감각장소의 가르침을 위주로 한 책'이 된다. 이처럼 이 셋은 각 권의 핵심 가르침으로 자리 잡고 있으며, 그 내용도 이들 세 권의 절반이나 절반 이상의 분량을 차지하고 있다.

그리고 37보리분법으로 정리한 초기불교의 수행은 모두 빠알리 원본 『상윳따 니까야』 제5권의 전반부인 S45부터 S51까지에서 기본 주제로 나타나고 있다.

이처럼 『상윳따 니까야』는 초기불교의 핵심 교학체계와 핵심 수행체계를 기본 주제로 하여 결집되었다.

『상윳따 니까야』의 「열반경」(S38:1)을 인용하면서 제3장을 마무리한다.

**열반 경**(S38:1)

Nibbāna-sutta

1. 이와 같이 나는 들었다. 한때 사리뿟따 존자는 마가다에서 날라까가마까42)에 머물렀다.

2. 그때 잠부카다까 유행승43)이 사리뿟따 존자에게 다가갔다. 가서는 사리뿟따 존자와 함께 환담을 나누었다. 유쾌하고 기억할 만한 이야기로 서로 담소를 한 뒤 한 곁에 앉았다. 한 곁에 앉은 잠부카다까 유행승은 사리뿟따 존자에게 이렇게 말했다.

3. "도반 사리뿟따여, '열반, 열반'이라고들 합니다. 도반이여, 도대체 어떤 것이 열반입니까?"

"도반이여, 탐욕의 소멸, 성냄의 소멸, 어리석음의 소멸 — 이를 일러

---

42) 날라까가마까(Nālaka-gāmaka) 혹은 날라까 마을은 사리뿟따 존자가 태어난 마을 이름이다. 『디가 니까야 주석서』(DA.ii.549)와 본서 제5권 「쭌다 경」(S47:13)과 주석서에 의하면 사리뿟따 존자는 이 날라까가마까에 있는 그의 고향집에 가서 어머니를 불교에 귀의하게 하고, 옛날 자기 방에서 세존보다 먼저 반열반(般涅槃)하였다고 한다. 그리고 이곳은 사리뿟따 존자 생전에도 그와 인연이 많았던 곳인데 특히 본 「잠부카다까 상윳따」(S38)의 모든 경들과, 다음의 「사만다까 상윳따」(S39)의 첫 번째 경을 제외한 모든 경들은 사리뿟따 존자가 이곳 날라까가마까에서 설한 경들이다.

43) "잠부카다까 유행승(Jambukhādaka paribbājaka)은 사리뿟따 존자의 조카(bhāgineyya)였으며 그는 옷을 입는 유행승(channa-paribbājaka)이었다." (SA.iii.88) 문자적으로는 잠부카다까는 '잠부 열매를 먹는 자'라는 뜻이다.

열반이라 합니다."[44]

4. "도반이여, 그러면 이러한 열반을 실현하기 위한 도가 있고 도닦음이 있습니까?"

"도반이여, 이러한 열반을 실현하기 위한 도가 있고 도닦음이 있습니다."

"도반이여, 그러면 어떤 것이 이러한 열반을 실현하기 위한 도이고 어떤 것이 도닦음입니까?"

"도반이여, 그것은 바로 여덟 가지 구성요소를 가진 성스러운 도[八支聖道=팔정도]이니, 바른 견해, 바른 사유, 바른 말, 바른 행위, 바른 생계, 바른 정진, 바른 마음챙김, 바른 삼매입니다.

도반이여, 이것이 열반을 실현하기 위한 도이고 이것이 도닦음입니다."

5. "도반 사리뿟따여, 열반을 실현하기 위한 이러한 도는 참으로 경사로운 것이고 이러한 도닦음은 참으로 경사로운 것입니다. 참으로 그대들은 방일하지 말아야겠습니다."

---

44) 열반에 대한 자세한 설명과 논의는 『청정도론』 XVI.67~74에 12가지로 나타나고 있다. 이러한 주석서적인 논의를 종합하면 열반은 출세간도를 체험하는 순간(magga-kkhaṇa)에 체득되는, 조건 지워지지 않은 상태(asaṅkhata)를 뜻한다. 이러한 조건 지워지지 않은 상태를 체득하는 순간에 번뇌가 멸진하기(kilesa-kkhaya) 때문에 열반은 '탐욕의 소멸, 성냄의 소멸, 어리석음의 소멸'이라 불리는 것이지, 단순히 탐·진·치가 없는 상태로 쇠약해지고 무기력해진 것이 열반은 아니다.(SA.iii.88 참조)

# 제4장 어떻게 열반을 실현할 것인가

(1) 들어가는 말

초기불전, 그 가운데서도 특히 『상윳따 니까야』의 중요한 특징 중의 하나는 궁극적 행복인 깨달음과 해탈·열반을 실현하는 방법을 정확하게 밝히고 있다는 점이다. 물론 불교는 깨달음의 종교이기 때문에 부처님 가르침은 모두 깨달음의 증득 혹은 궁극적 행복인 열반의 실현으로 귀결된다고 할 수 있다. 그런데 특히 『상윳따 니까야』는 부처님의 가르침을 주제별로 모으고 있기 때문에 어떻게 해서 깨달음을 실현하는가에 대한 분명하고도 명쾌한 가르침들을 56개의 중요한 주제를 담고 있는 상윳따들에서 지속적으로 말씀하고 계신다.

이제 『상윳따 니까야』를 위시한 니까야들에 나타나는 깨달음을 실현하는 방법을 몇 가지로 분류해서 살펴보자.

(2) 무상·고·무아의 통찰과 염오-이욕-해탈-구경해탈지를 통해서

『상윳따 니까야』 뿐만 아니라 초기불전에 나타나는 깨달음을 실현하는 방법 가운데서 가장 많이 나타나는 것은 무상·고·무아의 통찰을 통한 염오-이욕-해탈-구경해탈지 혹은 염오-이욕-소멸의 정형구이다.

「무더기 상윳따」(S22)에 나타나는 159개의 경들 가운데 77개의 경들은 모두 무상이나 고나 무아를 설하고 있는 경이다. 이렇게 본다면 이

상윳따에 포함된 거의 절반에 해당하는 경들이 오온의 무상·고·무아를 강조하고 있다.

「육처 상윳따」(S35) 가운데서 안과 밖의 감각장소의 무상·고·무아 셋 모두 나타나는 경은 43개이며, 무상만이 나타나는 것은 40개, 괴로움만이 나타나는 것은 35개, 무아만이 나타나는 것은 31개이다. 이렇게 하여 이 상윳따에 나타나는 248개 경 가운데 절반이 넘는 149개 정도의 경이 안의 감각장소나 밖의 감각장소의 무상이나 괴로움이나 무아를 천명하고 있다.

그리고 「라훌라 상윳따」(S18)의 22개 경들 가운데서 20개 경들도 온·처·계의 무상·고·무아를 설하고 있다. 「견해 상윳따」(S24)의 96개 경들과 「들어감 상윳따」(S25)의 10개의 경들과 그 외 다른 상윳따에 포함된 적지 않은 경들에서도 무상·고·무아는 강조되어 나타나고 있다.

이렇게 본다면 『상윳따 니까야』에는 적어도 400개 이상의 경들이 무상·고·무아를 강조하고 있으며 이런 가르침은 자연스럽게 염오-이욕-소멸이나 염오-이욕-해탈-구경해탈지로 연결된다. 주석서들은 한결같이 염오를 강한 위빳사나로, 이욕은 도(예류도부터 아라한도까지)로, 해탈은 과(예류과부터 아라한과까지)로, 구경해탈지는 반조의 지혜로 설명하고 있다.(SA.ii.53 등)

한편 『상윳따 니까야』 제2권의 「시작을 알지 못함 상윳따」(S15)에 포함된 20개의 경들 전부도 무상·고·무아의 정형구는 나타나지 않지만 "비구들이여, 그러므로 형성된 것들[諸行]은 모두 염오해야 마땅하며 그것에 대한 탐욕이 빛바래도록 해야 마땅하며 해탈해야 마땅하다."라고 강조하고 있다. 그러므로 여기에 포함시킬 수 있다.

이것을 다시 풀어서 살펴보면 다음과 같다.

첫째, 부처님께서는 나라는 존재나 세상이라는 존재 등의 존재일반을 법(dhamma)이라는 기준으로 해체해서 설하신다.[45] 그것은 본 니까야의 도처에 나타나며, 『청정도론』에서 정리하고 있는 5온, 12처, 18계, 12연기 등이다.

둘째, 이렇게 존재일반을 법들로 해체해서 보면 드디어 무상이 보이고 괴로움이 보이고 무아가 보인다. 이것이 두 번째 단계이다.

셋째, 이렇게 무상이나 고나 무아를 봄으로 해서 존재일반에 염오하게 되고, 존재일반에 대한 탐욕이 빛바래게 되고, 그래서 해탈하게 되고, 해탈하게 되면 태어남은 다했다는 해탈의 지혜가 생긴다. 혹은 염오하고 탐욕이 빛바래면 소멸로 정의되는 열반을 실현하게 된다.

이것이 초기경의 도처 특히 『상윳따 니까야』에서 중점적으로 설해지고 있는 해탈·열반을 실현하는 세 가지 교학적인 단계이다.[46]

그리고 또 중요한 것은 『상윳따 니까야』 제2권 「인연 상윳따」(S12)의 「설법자[法師] 경」(S12:16) §4 이하에서 "비구여, 만일 늙음·죽음을 염오하고 빛바래고 소멸하기 위해서 법을 설하면 그를 '법을 설하는 비구'라 부르기에 적당하다."[47]라고 하여 이 염오-이욕-소멸을 12연기의 구성요소들 각각에 적용시키고 있다는 점이다.

그리고 염오는 다음의 정형구에서도 중요하게 나타나고 있다.

---

45) 이러한 법을 아비담마에서는 "자신의 고유성질(sabhāva, 自性)을 가진 것(attano sabhāvaṁ dhārentīti dhammā. — DhsA.39)"으로 정의하고 있다. 『구사론』 등에서는 이것을 능지자성(能持自性)이나 임지자성(任持自性) 등으로 옮겼다.

46) 여기에 대한 자세한 설명은 본서 제14장 어떻게 해탈·열반을 실현할 것인가와 제9장 (1)-③ 등을 참조하기 바란다.

47) 『상윳따 니까야』 「설법자[法師] 경」(S12:16)을 참조할 것.
그리고 이 염오-이욕-소멸은 「되어있는 것 경」(S12:31) §5 이하와 「갈대다발 경」(S12:67) §8 이하에도 비슷한 문맥에서 나타나고 있다. S12:61~62 §3도 참조할 것.

"비구들이여, 만일 형색에 달콤함이 없다면 중생들은 형색에 집착하지 않을 것이다. 비구들이여, 형색에는 달콤함이 있다. 그래서 중생들은 형색에 집착한다. 비구들이여, 만일 형색에 위험이 없다면 중생들은 형색에 염오하지 않을 것이다. 비구들이여, 형색에는 위험이 있다. 그래서 중생들은 형색에 염오한다. 비구들이여, 만일 형색에서 벗어남이 없다면 중생들은 형색으로부터 벗어나지 못할 것이다. 비구들이여, 형색에는 벗어남이 있다. 그래서 중생들은 형색에서 벗어난다."[48)]

경들에서는 염오-이욕-소멸로 나타나기도 하고, 염오-이욕-해탈-구경해탈지로 나타나기도 한다. 그런데 여기서 해탈은 과의 실현을 뜻한다고 주석서는 설명하고 있다.(SA.ii.268) 그러므로 해탈과 소멸은 과의 증득이라는 같은 현상을 나타내는 술어이다. 그리고 「인연 상윳따」(S12)에서는 12연기 각지(各支)의 남김없이 빛바래어 소멸함으로 이욕과 소멸이 나타나고 있다.(아래 (3)을 참조할 것)

### (3) 연기의 이욕-소멸을 통해서

연기의 가르침은 『상윳따 니까야』 제2권 「인연 상윳따」(S12)의 주제이다. 본 상윳따에 포함된 93개의 경들은 모두 2지 연기부터 12지 연기까지의 다양한 연기의 가르침을 담고 있다.[49)] 「인연 상윳따」(S12)의 「도닦음 경」(S12:3)은 이렇게 설하고 있다.

"비구들이여, 그러면 어떤 것이 바른 도닦음인가?

무명이 남김없이 빛바래어 소멸하기 때문에 의도적 행위들[行]이 소멸하고, 의도적 행위들이 소멸하기 때문에 알음알이가 소멸하고, … 이

---

48) 「육처 상윳따」(S35) 「이것이 없다면 경」 1(S35:17) §3 등.

49) 여기에 대해서는 본서 제15장 (2)와 (3)과 『상윳따 니까야』 제2권 「인연 상윳따」(S12)의 해제를 참조하기 바란다.

와 같이 전체 괴로움의 무더기[苦蘊]가 소멸한다.

비구들이여, 이를 일러 바른 도닦음이라 한다."(「도닦음 경」(S12:3) §4)

그리고 '남김없이 빛바래어 소멸하기 때문에'는 「인연 상윳따」(S12)의 대부분의 경에서 괴로움의 소멸구조의 가르침으로 반복되어 나타나고 있다. 여기서 '남김없이 빛바래어 소멸하기 때문에'로 옮긴 것은 asesa-virāga-nirodhā를 직역한 것이다. 여기서 '빛바래어'로 옮긴 virāga는 염오-이욕-소멸의 정형구에 나타나는 이욕(탐욕의 빛바램)과 같은 단어이다. 문맥에 따라 여기서는 '탐욕이'를 빼고 그냥 '빛바래어'로 옮긴 것일 뿐이다. 소멸로 옮긴 nirodha는 당연히 염오-이욕-소멸의 소멸과 같은 단어이다. 이처럼 「무더기 상윳따」(S22)와 「육처 상윳따」(S35) 등의 400여 군데에서 깨달음의 실현방법으로 강조되어 나타났던 염오-이욕-소멸 혹은 염오-이욕-해탈-구경해탈지의 정형구는 연기의 가르침에서도 염오가 빠졌지만 이욕-소멸의 정형구로 똑같이 나타나고 있다.

이미 위에서 보았듯이 「인연 상윳따」(S12)의 「설법자[法師] 경」(S12:16) §4 이하에서는 "비구여, 만일 늙음·죽음을 염오하고 빛바래고 소멸하기 위해서 법을 설하면 그를 '법을 설하는 비구'라 부르기에 적당하다."라고 이 염오-이욕-소멸을 12연기의 구성요소들 각각에 적용시키고 있기도 하다.

이처럼 『상윳따 니까야』 「인연 상윳따」(S12)의 여러 주해들에서 밝히고 있듯이 온·처·계의 염오-이욕-소멸을 통해서도 아라한과를 증득하고 12연기 각지(各支)의 남김없이 빛바래어 소멸함(이욕-소멸)을 통해서도 아라한과를 증득하게 된다. 그리고 이 소멸(nirodha)은 바로 사성제의 세 번째 진리인 소멸의 진리(멸성제, nirodha-sacca) 즉 열반을 뜻한다.(「분석 경」(S12:2) §16의 주해 참조) 그러므로 온·처·계의 가르침과 사성제와 12연기와 팔정도(팔정도의 바른 견해는 사성제에 대한 지혜이므로)는

모두 궁극적으로는 소멸(nirodha = 열반)로 귀결된다고 할 수 있다.50)

『청정도론』 XIV.32와 4부 니까야 주석서들의 서문에서 붓다고사 스님이 강조하고 있듯이 온・처・계・근・제・연・37보리분법으로 대표되는 초기불교의 인간관・세계관・진리관・수행관은 서로 밀접한 관계가 있으며 이러한 기본 가르침을 정확하게 이해하지 못하면 불교적인 인생관과 실천관을 가진 불자라 할 수 없을 것이다.

### (4) 사성제의 통찰을 통해서

『상윳따 니까야』의 대미를 장식하고 있는 「진리 상윳따」(S56)는 사성제의 가르침을 모아서 강조하고 있는 곳이다. 삼매를 닦고 홀로 앉는 수행을 하는 이유는 사성제를 꿰뚫기 위해서이며(S56:1~2), 출가자가 되는 이유도 사성제를 있는 그대로 관통하기 위해서라고 경들은 밝히고 있다.(S56:3~4) 그뿐만 아니라 사색을 할 때나 말을 할 때도 항상 사성제를 사색하고 사성제에 대해서 말해야 한다고 강조하신다.(S56:5~6) 이처럼 「진리 상윳따」의 모든 경들은 사성제의 중요성을 역설하고 있다.

그리고 사성제를 완전하게 깨달았기 때문에 여래・아라한・정등각자라 부르며(S56:23) 아라한이라 부르며(S56:24) 사성제를 알고 보기 때문에 번뇌가 멸진한다(S56:25)고 강조하고 있기도 하다.

이처럼 깨달음은 사성제를 꿰뚫고 관통하고 알고 보아서 실현되는 것이라고 「진리 상윳따」의 경들은 강조하고 있다.

한편 다른 니까야에서는 육신통 가운데 맨 마지막이며 깨달음을 실현하는 정형구로 번뇌를 소멸하는 지혜[漏盡通]의 정형구가 많이 나타나고

50) 염오, 이욕, 소멸에 대해서는 본서 제8장 (2) ②(142~144쪽)을 참조할 것. 소멸에 대해서는 본서 제6장 (7)(100~102쪽)을 참조할 것. 그리고 해탈에 대해서는 본서 제27장을 참조할 것.

있다. 이 누진통의 정형구의 내용은 사성제의 통찰이다. 경을 인용하면 다음과 같다.

"그런 나는 마음이 삼매에 들고, 청정하고, 깨끗하고, 흠이 없고, 오염원이 사라지고, 유연하고, 활발발하고, 안정되고, 흔들림이 없는 상태에 이르렀을 때 모든 번뇌를 소멸하는 지혜[漏盡通]로 마음을 향하게 하고 기울였다.

나는 '이것이 괴로움이다.'라고 있는 그대로 꿰뚫어 안다. '이것이 괴로움의 일어남이다.'라고 있는 그대로 꿰뚫어 안다. '이것이 괴로움의 소멸이다.'라고 있는 그대로 꿰뚫어 안다. '이것이 괴로움의 소멸로 인도하는 도닦음이다.'라고 있는 그대로 꿰뚫어 안다.

'이것이 번뇌다.'라고 있는 그대로 꿰뚫어 안다. '이것이 번뇌의 일어남이다.'라고 있는 그대로 꿰뚫어 안다. '이것이 번뇌의 소멸이다.'라고 있는 그대로 꿰뚫어 안다. '이것이 번뇌의 소멸로 인도하는 도닦음이다.' 라고 있는 그대로 꿰뚫어 안다. 이와 같이 알고 이와 같이 보는 나는 감각적 욕망의 번뇌[慾漏]로부터 마음이 해탈한다. 존재의 번뇌[有漏]로부터 마음이 해탈한다. 무명의 번뇌[無明漏]로부터 마음이 해탈한다. 해탈했을 때 해탈했다는 지혜가 있다. '태어남은 다했다. 청정범행은 성취되었다. 할 일을 다 해 마쳤다. 다시는 어떤 존재로도 돌아오지 않을 것이다.'라고 꿰뚫어 안다."[51]

이처럼 누진통의 정형구는 사성제의 통찰을 통한 해탈-구경해탈지로 구성되어 있다. 이것은 오온·12처에 대한 염오-이욕-소멸이나 염오-이욕-해탈-구경해탈지의 정형구와, 12연기에 대한 이욕-소멸의 정형

---

51) 『디가 니까야』「사문과경」(D2) §97; 『앙굿따라 니까야』「웨란자 경」(A8:11) §14 등.
한편 『상윳따 니까야』에는 이 정형구가 나타나지 않는다. 대신에 『상윳따 니까야』에서는 모두 아래 (6)에서 언급하고 있는 심해탈과 혜해탈을 통한 누진통의 정형구가 육신통 가운데 누진통의 정형구로 나타나고 있다.

구와 궤를 같이 하고 있다. 결국은 소멸 혹은 해탈-구경해탈지로 귀결이 되기 때문이다.

⑸ 팔정도의 실현을 통해서

『상윳따 니까야』 제6권 「초전법륜 경」(S56:11)에서 세존께서는 중도를 완전하게 깨달았다고 천명하고 계신다. 경을 인용한다.

"비구들이여, 출가자가 가까이하지 않아야 할 두 가지 극단이 있다. 무엇이 둘인가?

그것은 저열하고 촌스럽고 범속하고 성스럽지 못하고 이익을 주지 못하는 감각적 욕망들에 대한 쾌락의 탐닉에 몰두하는 것과, 괴롭고 성스럽지 못하고 이익을 주지 못하는 자기 학대에 몰두하는 것이다.

비구들이여, 이러한 두 가지 극단을 의지하지 않고 여래는 중도를 완전하게 깨달았나니 [이 중도는] 안목을 만들고 지혜를 만들며, 고요함과 최상의 지혜와 바른 깨달음과 열반으로 인도한다.

비구들이여, 그러면 어떤 것이 여래가 완전하게 깨달았으며, 안목을 만들고 지혜를 만들며, 고요함과 최상의 지혜와 바른 깨달음과 열반으로 인도하는 중도인가?

그것은 바로 여덟 가지 구성요소로 된 성스러운 도[八支聖道]이니, 바른 견해, 바른 사유, 바른 말, 바른 행위, 바른 생계, 바른 정진, 바른 마음챙김, 바른 삼매이다.

비구들이여, 이것이 바로 여래가 완전하게 깨달았으며, 안목을 만들고 지혜를 만들며, 고요함과 최상의 지혜와 바른 깨달음과 열반으로 인도하는 중도이다."(「초전법륜 경」(S56:11) §§3~4)

이처럼 『상윳따 니까야』에서는 불교의 인간관인 오온과 세계관인 12처의 무상·고·무아를 통한 염오-이욕-해탈-구경해탈지를 설하고 있고, 연기관인 12연기의 이욕-소멸도 역설하고 있으며, 진리관인 사성제를 관통할 것도 간곡하게 말씀하고 계시며, 대표적인 수행·실천관이요 중도인 팔정도에 대해서도 말씀하고 계신다.

### (6) 37보리분법을 닦아서

교학의 토대가 되는 온·처·연·제의 가르침이 깨달음과 해탈·열반을 실현하기 위한 가르침이듯이, 37보리분법으로 정리되어 『상윳따 니까야』 제5권에 나타나는 수행의 가르침은 말할 필요도 없이 깨달음을 실현하기 위한 가르침이다. 위에서 팔정도는 깨달음의 내용이면서 깨달음으로 인도하는 수행임을 이미 살펴보았다.

이제 『상윳따 니까야』 「도 상윳따」(S45)부터 시작해서 「성취수단 상윳따」(S51)까지의 일곱 가지 주제와 「들숨날숨 상윳따」(S54)로 정리되고 있는 37보리분법의 구성요소들에 대해서 간단하게 살펴보자.[52]

#### ① 팔정도(八正道)

「도 상윳따」(S45)의 도처에서 팔정도는 "불사(不死)에 이르는 길"(S45:7)이요, "무명을 찌르고 명지를 일으키고 열반을 실현하는"(S45:9)도요, "괴로움의 멸진으로 인도하는 성스러운 도"(S45:33) 등으로 일컬어지고 있다. 그리고 세존께서는 팔정도를 "닦고 많이 [공부]지으면 열반으로 가게 되고 열반을 목적지로 하게 되고 열반을 귀결점으로 삼게 되고"(S45:10), "이 언덕에서부터 저 언덕에 도달하게 된다."(S45:34)는 등으로 강조하고 계신다.[53]

---

52) 자세한 것은 본서 제17장 이하의 초기불교의 수행 편을 보기 바란다.

53) 팔정도는 본서 제25장에서 자세하게 다루고 있으니 참조할 것.

② 칠각지(七覺支, 깨달음의 구성요소)

「깨달음의 구성요소 상윳따」(S46)에서는 일곱 가지 깨달음의 구성요소를 닦으면 "이 언덕에서부터 저 언덕에 도달하고"(S46:17), "염오, 탐욕의 빛바램, 소멸, 고요함, 최상의 지혜, 바른 깨달음, 열반으로 인도하고"(S46:20), "깨달음으로 인도한다."(S46:5, 21)고 강조하고 있다. 그리고 "갈애의 멸진으로 인도하는 도와 도닦음"(S47:26)이요, "갈애의 소멸로 인도하는 도와 도닦음(S46:27)"이라는 등으로 칠각지의 중요성은 이 상윳따의 도처에서 설해지고 있다.[54]

③ 오근 · 오력(五根 · 五力)

다섯 가지 기능을 닦음으로 해서 얻어지는 경지를 「기능 상윳따」(S48)는 이렇게 설명하고 있다.

"다섯 가지 기능의 달콤함과 위험함과 벗어남을 있는 그대로 분명히 안 뒤 취착 없이 해탈할 때, 이를 일러 성스러운 제자는 아라한이고 번뇌가 다했고 삶을 완성했으며 할 바를 다했고 짐을 내려놓았으며 참된 이상을 실현했고 삶의 족쇄를 부수었으며 바른 구경의 지혜로 해탈했다고 한다."(S48:4~5)

"다섯 가지 기능을 완전하게 하고 완성하기 때문에 아라한이 된다. 이보다 더 약하면 불환자가 되고, 이보다 더 약하면 일래자가 되고, 이보다 더 약하면 예류자가 되고, 이보다 더 약하면 법을 따르는 자가 되고, 이보다 더 약하면 믿음을 따르는 자가 된다."(S48:12)

그 외 「기능 상윳따」(S48)의 여러 경들은 오근을 닦아서 깨달음을 성취하는 것을 강조하고 있다.[55]

---

54) 칠각지는 본서 제24장에서 자세하게 다루고 있으니 참조할 것.

55) 오근 · 오력은 각각 본서 제22장과 제23장에서 자세하게 다루고 있으니 참조할 것.

④ 사념처(四念處)

세존께서는 네 가지 마음챙김의 확립을 자신의 고향동네라고 말씀하신다.

"자신의 고향동네인 행동의 영역에서 다녀라. 자신의 고향동네인 행동의 영역에서 다니는 자에게 마라는 내려앉을 곳을 얻지 못할 것이고 마라는 대상을 얻지 못할 것이다. 그러면 어떤 것이 자신의 고향동네인 행동의 영역인가? 바로 이 네 가지 마음챙김의 확립이다."(S47:6)

그리고 "이 도는 유일한 길이니, 중생들의 청정을 위하고, 근심과 탄식을 다 건너기 위한 것이며, 육체적 고통과 정신적 고통을 사라지게 하고, 옳은 방법을 터득하고, 열반을 실현하기 위한 것이다. 그것은 바로 네 가지 마음챙김의 확립이다."(S47:1)라고 사념처야말로 열반을 실현하기 위한 것이라고 강조하신다.

그리고 "들숨날숨에 대한 마음챙김을 닦고 많이 [공부]지으면 두 가지 결실 가운데 하나의 결실이 예상되나니, 지금·여기(금생)에서 구경의 지혜를 얻거나, 취착의 자취가 남아 있으면 다시는 돌아오지 않는 경지[不還果]가 예상된다."(S54:4)라고 「들숨날숨 상윳따」(S54)에서는 들숨날숨에 마음챙기는 공부를 중시하고 계신다.[56]

⑤ 사여의족(四如意足)

세존께서는 네 가지 성취수단[四如意足]도 해탈·열반에 이르는 길로 「성취수단 상윳따」(S51)에서 다음과 같이 설하신다.[57]

"네 가지 성취수단[四如意足, iddhi-pāda]을 닦고 많이 [공부]지으면 이

56) 사념처와 들숨날숨에 대한 마음챙김[出入息念]은 각각 본서 제18장과 제19장에서 자세하게 다루고 있으니 참조할 것.

57) 사여의족은 본서 제21장에서 자세하게 다루고 있으니 참조할 것.
그리고 사정근(四正勤, 네 가지 바른 노력)은 팔정도의 정정진 등과 같은 내용이기 때문에 여기서는 따로 언급하지 않는다.

언덕에서부터 저 언덕에 도달하게 된다."(S51:1)

"누구든지 네 가지 성취수단을 게을리 하면, 바르게 괴로움의 끝냄으로 인도하는 성스러운 도를 게을리 하는 것이다. 누구든지 네 가지 성취수단을 열심히 행하면, 괴로움의 끝냄으로 인도하는 성스러운 도를 열심히 행하는 것이다."(S51:2)

"네 가지 성취수단을 닦고 많이 [공부]지으면 그것은 염오로 인도하고, 탐욕의 빛바램으로 인도하고, 소멸로 인도하고, 고요함으로 인도하고, 최상의 지혜로 인도하고, 바른 깨달음으로 인도하고, 열반으로 인도한다."(S51:4)

### (7) 심해탈 · 혜해탈 · 양면해탈[58]을 통해서

그 외 다른 정형구들 몇 가지를 들 수 있는데 먼저 심해탈 · 혜해탈 · 양면해탈을 들 수 있다. 먼저 심해탈과 혜해탈을 통해서 번뇌가 다한 경지 즉 깨달음을 실현하는 다음의 정형구는 『상윳따 니까야』의 여러 곳에서 나타난다. 특히 『상윳따 니까야』에서는 앞의 (3)에서 인용한 누진통의 정형구 대신에 심해탈과 혜해탈을 통한 이 누진통의 정형구가 육신통 중의 누진통의 정형구로 나타난다.

"나는 원하는 만큼 모든 번뇌가 다하여 아무 번뇌가 없는 마음의 해탈[心解脫]과 통찰지를 통한 해탈[慧解脫]을 바로 지금 · 여기에서 스스로 최상의 지혜로 실현하고 구족하여 머문다."(S16:9 등)[59]

그리고 이와 관련해서 양면해탈(ubhato-bhāga-vimutti)도 언급해야 하는데, 요약하면 양면으로 해탈한 자(ubhato-bhāga-vimutta)는 무색계

---

58) 심해탈과 혜해탈과 양면해탈에 대해서는 본서 제27장 (1)-③에서 설명하고 있으니 그 곳을 참조하기 바란다.

59) 심해탈과 혜해탈에 대해서는 『상윳따 니까야』 제2권 「선(禪)과 최상의 지혜 경」(S16: 9) §17의 주해 참조.

삼매(공무변처부터 비상비비상처까지)와 더불어 아라한과를 증득한 자를 뜻하고, 통찰지로 해탈한 자(paññā-vimutta)는 무색계 삼매 없이 아라한과를 증득한 자를 말한다.

### (8) 계·정·혜·해탈·해탈지견[60]의 완성을 통해서

먼저 경들을 인용한다.

"내가 아직 완성하지 못한 계의 무더기[戒蘊]가 있다면 … 삼매의 무더기[定蘊]가 있다면 … 통찰지의 무더기[慧蘊]가 있다면 … 해탈의 무더기[解脫蘊]가 있다면 … 해탈지견의 무더기[解脫知見蘊]가 있다면 그것을 완성하기 위해서 다른 사문이나 바라문을 존경하고 존중하고 의지하여 머물러야 할 것이다. 그러나 나는 신과 마라와 범천을 포함한 세상에서, 사문·바라문과 신과 사람을 포함한 무리 가운데에서, 나보다도 더 계를 … 삼매를 … 통찰지를 … 해탈을 … 해탈지견을 잘 구족하여 내가 존경하고 존중하고 의지하여 머물러야 할 다른 어떤 사문이나 바라문도 보지 못한다."(S6:2)

"대왕이여, 그와 같이 어느 가문 출신의 사람이든 집에서 나와 출가하여서 다섯 가지 특징을 버렸고 다섯 가지 특징을 갖추었다면 그에게 하는 보시는 큰 결실이 있습니다.

그러면 그는 어떠한 다섯 가지 특징을 버렸습니까? 감각적 욕망에 대한 욕구를 버렸고, 악의를 버렸고, 해태와 혼침을 버렸고, 들뜸과 후회를 버렸고, 의심을 버렸습니다. 그는 이러한 다섯 가지 특징을 버렸습니다.

그러면 그는 어떠한 다섯 가지 특징을 가졌습니까? 그는 무학[61]의 계

---

60) 이 다섯 가지는 아라한만이 가지는 다섯 가지 법의 무더기[五法蘊, pañca dhamma-kkhandha]라 부른다. 다섯 가지 법의 무더기(오법온)에 대해서는 본서 제28장과 『상윳따 니까야』 「존중 경」(S6:2) §§3~7과 §7의 주해를 참조할 것. 여기서 보듯이 오온과 오법온은 내용상 서로 아무런 관련이 없다.

의 무더기를 가졌고, 무학의 삼매의 무더기를 가졌고, 무학의 통찰지의 무더기를 가졌고, 무학의 해탈의 무더기를 가졌고, 무학의 해탈지견의 무더기를 가졌습니다. 그는 이러한 다섯 가지 특징을 가졌습니다.

이러한 다섯 가지 특징을 버렸고 다섯 가지 특징을 갖춘 자에게 보시한 것은 큰 결실이 있습니다."[62] (S3:24)

"비구들이여, 성스러운 계(戒)를 깨닫지 못하고 꿰뚫지 못하였기 때문에 나와 그대들은 이처럼 긴 세월을 [이곳에서 저곳으로] 치달리고 윤회하였다. 비구들이여, 성스러운 삼매[定]를 깨닫지 못하고 꿰뚫지 못하였기 때문에 나와 그대들은 이처럼 긴 세월을 [이곳에서 저곳으로] 치달리고 윤회하였다. 비구들이여, 성스러운 통찰지[慧]를 깨닫지 못하고 꿰뚫지 못하였기 때문에 나와 그대들은 이처럼 긴 세월을 [이곳에서 저곳으로] 치달리고 윤회하였다. 비구들이여, 성스러운 해탈(解脫)을 깨닫지 못하고 꿰뚫지 못하였기 때문에 나와 그대들은 이처럼 긴 세월을 [이곳에서 저곳으로] 치달리고 윤회하였다.

비구들이여, 이제 성스러운 계를 깨닫고 꿰뚫었다. 성스러운 삼매를 깨닫고 꿰뚫었다. 성스러운 통찰지를 깨닫고 꿰뚫었다. 성스러운 해탈을 깨닫고 꿰뚫었다. 그러므로 존재에 대한 갈애는 잘라졌고, 존재에 [묶어 두는] 사슬은 부수어졌으며, 다시 태어남은 이제 더 이상 존재하지 않는다."(『앙굿따라 니까야』 「깨달음 경」(A4:1))

---

61) '무학(無學, asekha)'은 아라한과를 뜻한다.

62) 여기서 '다섯 가지 특징을 버림(pañcaṅga-vippahīna)'은 다섯 가지 장애[五蓋, 오개, pañca nīvaraṇa]를 버림을 뜻하고, '다섯 가지 특징을 갖춤(pañcaṅga-sammannāgata)'은 계·정·혜·해탈·해탈지견의 다섯 가지 법의 무더기[法蘊, dhamma-kkhanda]를 갖춤을 말한다.
다섯 가지 장애에 대한 자세한 설명은 『네 가지 마음챙기는 공부』 214~228쪽과 『상윳따 니까야』 제6권 「혼란스러움 경」(S54:12) §4의 주해를 참조하고, 다섯 가지 법의 무더기는 『상윳따 니까야』 제1권 「존중 경」(S6:2) §§3~7과 §7의 주해를 참조할 것.

계 · 정 · 혜를 삼학(三學, ti-sikkhā)이라 부르고 여기에다 해탈과 해탈지견을 더하면 오법온(五法蘊, pañca dhamma-kkhandhā)이라 부른다. 삼학과 오법온은 본서 제28장에서 다루고 있으니 그곳을 참조하기 바란다.

위의 여러 경우들을 통해서 살펴보았듯이 깨달음 혹은 해탈 · 열반은 오온과 12처 등의 무상 · 고 · 무아의 통찰을 통한 염오-이욕-소멸 혹은 염오-이욕-해탈-구경해탈지로 완성되기도 하고, 12연기의 이욕-소멸을 통해서도 성취되며, 사성제의 관통으로 실현되기도 하고, 팔정도를 포함한 37보리분법을 실천해서 이루어지기도 하며, 혜해탈과 양면해탈을 통해서도 성취된다. 그리고 이러한 깨달음의 실현은 『디가 니까야』 제1권에서는 계 · 정 · 혜의 실천을 통한 누진통의 성취(즉 사성제의 체득)로 귀결되고, 이것은 위에서 인용한 경들에서 보듯이 다시 계 · 정 · 혜를 통한 해탈-해탈지견의 완성으로 연결이 된다. 그러므로 깨달은 자는 최종적으로 이 다섯 가지 법의 무더기들[五法蘊]을 완성하는 것이다.

이상에서 살펴보았듯이 염오-이욕-소멸, 계-정-혜-해탈(혜해탈과 양면해탈 포함)-해탈지견은 서로 밀접하게 연결되어 있으며, 해탈 · 열반의 실현이나 깨달음의 체득과 불가분의 관계에 놓여 있다.

# 제5장 법(法, dhamma, dharma) — 초기불교의 핵심

(1) 초기경의 도처에서 부처님은 법을 강조하셨다.

불교는 법(法, dhamma)을 중심으로 하는 체계이다. 그래서 불법(佛法, buddha-dhamma)이라는 말은 우리에게도 아주 익숙하다. 이제 초기불전에서 법을 강조하시는 곳을 중심으로 법에 대해서 살펴보고자 한다.

① 법을 의지하여 머무르리라

"아무도 존중할 사람이 없고 의지할 사람이 없이 머문다는 것은 괴로움이다. 참으로 나는 어떤 사문이나 바라문을 존경하고 존중하고 의지하여 머물러야 하는가?"(A4:21)

『앙굿따라 니까야』 「우루웰라 경」 1(A4:21)에 나타나는 세존의 성찰이다. 세존께서는 깨달음을 성취하신 뒤 아직 아무에게도 자신의 깨달음을 드러내지 않으셨을 때에[63] 우루웰라의 네란자라 강둑에 있는 염소치기의 니그로다 나무 아래에 앉아서 과연 나는 누구를 의지할 것인가를 두고 진지하게 사유하셨다. 경에 의하면 세존께서는 자신이 의지할 자를 찾아서 신들을 포함하고 마라를 포함하고 사문·바라문을 포함한 하늘과 인간의 모든 세상 모든 존재를 다 살펴보셨지만, 세존께서 구족한 계(戒)와 삼매[定]와 통찰지[慧]와 해탈보다 더 잘 구족한 자를 그

63) 주석서에 의하면 세존께서 깨달음을 성취하신 뒤 다섯 번째 7일이라고 한다. — AA.iii.24.

누구도 그 어디에서도 보지 못했다고 한다. 그래서 마침내 세존께서는 이 문제에 대해서 이렇게 결론지으신다.

"참으로 나는 내가 바르게 깨달은 바로 이 법을 존경하고 존중하고 의지하여 머물리라."(A4:21)

② 법의 바퀴를 굴리다

이러한 법을 전개하시는 것을 불교에서는 전법륜(轉法輪, dhamma-cakka-pavattana)이라 하며 최초에 팔정도를 중심으로 중도를 천명하신 가르침을 「초전법륜 경」(S56:11)이라고 부르고 있다. 이처럼 세존께서는 법을 근본으로 하셨다.

그리고 "법을 의지하여 머물리라."는 이러한 부처님의 태도는 부처님이 전법과 교화를 하신 45년간 내내 "법을 의지처로 삼고[法歸依] 법을 섬[64]으로 삼아라[法燈明]."는 가르침과 "자신을 의지처로 삼고[自歸依] 자신을 섬으로 삼아라[自燈明]."는 가르침으로 이어지고 있음을 잘 알고 있다.(D16 §2.26 등) 우리는 또한 세존께서 반열반하시기 직전에 남기신 첫 번째 유훈도 바로 "법과 율이 그대들의 스승이 될 것"(D16 §6.1)이라는 것을 잘 알고 있다.

아난다 존자도 세존께서 반열반하신 지 얼마 뒤에 고빠까 목갈라나 바라문과 나눈 대화에서, 비구들은 법을 의지처로 한다(dhamma-paṭisaraṇa)고 바라문에게 분명하게 밝히고 있다.(M109/iii.9)

③ 법을 보는 자는 나를 본다

"왁깔리여, 그만 하여라. 그대가 이 썩어문드러질 이 몸을 봐서 무엇

---

64) '섬'은 dīpa의 역어이다. 빠알리 dīpa에 해당하는 산스끄리뜨는 dvīpa(섬, 洲)와 dīpa(등불, 燈明)가 있다. 상좌부에서는 이 문맥에 나타나는 dīpa를 모두 섬(Sk. dvīpa)으로 해석하고 있다. 그러나 북방에서는 등불(Sk. dīpa)로 이해를 하였고, 그래서 중국에서는 이 부분을 자등명(自燈明)과 법등명(法燈明)으로 옮겼다.

을 하겠는가? 왁깔리여, 법을 보는 자는 나를 보고 나를 보는 자는 법을 본다. 왁깔리여, 법을 볼 때 나를 보고 나를 볼 때 법을 보기 때문이다." (「왁깔리 경」(S22:87) §8)

그리고는 오온의 무상·고·무아를 설하시고 염오-이욕-해탈-구경해탈지를 설하셨다.

"바라문이여, 그분 세존께서는 일어나지 않은 도를 일으키신 분이고 생기지 않은 도를 생기게 하신 분이고 설해지지 않은 도를 설하신 분이고 도를 아시는 분이고 도를 발견하신 분이고 도에 정통하신 분이기 때문입니다. 지금의 제자들은 그 도를 따라가면서 머물고 나중에 그것을 구족하게 됩니다."(「고빠까 목갈라나 경」(M108) §5)

④ 마지막 유훈 — 법과 율이 그대들의 스승이 될 것이다.

"아난다여, 아마 그대들에게 '스승의 가르침은 이제 끝나버렸다. 이제 스승은 계시지 않는다.'라는 이런 생각이 들지도 모른다. 아난다여, 그러나 그렇게 생각해선 안 된다. 아난다여, 내가 가고 난 후에는 내가 그대들에게 가르치고 천명한 법과 율이 그대들의 스승이 될 것이다."(「대반열반경」(D16) §6.1)

이처럼 세존께서는 깨달음을 성취하신 직후에도 스스로 깨달은 법을 의지해서 머물리라고 하셨고, 45년간 제자들에게 설법하실 때에도 법을 강조하셨으며, 이제 사바세계에서 자취를 감추시는 반열반의 마지막 자리에서도 법이 그대들의 스승이 될 것이라 유훈하셨다. 그러므로 세존께서 반열반하고 계시지 않는 지금에 사는 우리가 뼈가 시리고 가슴이 사무치게 존중하면서 배우고 궁구하고 이해하고 실천해야 할 것은 바로 이 법(dhamma)이 아니고 그 무엇이겠는가?

부처님께서는 "법과 율이 그대들의 스승이 될 것이다."라고 하셨다.

그래서 결집에 참석한 500명의 아라한들은 일단 법의 바구니(Dhamma-Pitaka = Sutta-Pitaka, 經藏)와 율의 바구니(Vinaya-Pitaka, 律藏)라는 두 개의 바구니를 먼저 설정하였다. 그 가운데서 율의 바구니부터 먼저 채우기로 결의하였는데 합송에 참석한 아라한들은 "마하깟사빠 존자시여, 율은 부처님 교법의 생명(āyu)입니다. 율이 확립될 때 교법도 확립됩니다. 그러므로 율을 첫 번째로 합송해야 합니다."(DA.i.11)라고 결정하였기 때문이다.

이처럼 세존께서는 깨달음을 성취하신 그때부터 마지막 반열반에 드시는 순간까지 법을 생명으로 여기셨다. 그러므로 우리도 법을 생명으로 삼아야 한다.

### (2) 법이란 무엇인가?

법(法, dhamma, Sk. dharma)은 인도의 모든 사상과 종교에서 아주 중요하게 쓰이는 술어이며 또한 방대한 인도의 제 문헌들에 가장 많이 나타나는 술어 중의 하나라는 것은 너무나 잘 알려져 있다. 불교 문헌에서도 dhamma(Sk. dharma)는 가장 많이 나타나는 술어 중의 하나이다. 빠알리 『삼장』에 나타나는 담마(dhamma)의 여러 의미를 분류하여 설명하고 있는 것으로는 『담마상가니』(法集論)의 주석서인 『앗타살리니』(DhsA)에 나타나는 붓다고사 스님의 주석이 가장 잘 알려져 있다.

여기서 스님은 dhamma를 ① 빠리얏띠(pariyatti, 교학, 가르침) ② 헤뚜(hetu, 원인, 조건) ③ 구나(guṇa, 덕스러운 행위) ④ 닛삿따닛지와따(nissatta-nijjīvatā, 개념이 아닌 것)[65]의 넷으로 분류하고 있다.[66]

---

65) 닛삿따(nissatta)와 닛지와따(nijjīvata)는 각각 '중생'과 '영혼'을 뜻하는 satta(Sk. sattva)와 jīvata에 부정접두어 'nis-'가 붙어서 만들어진 술어이다. 그래서 '중생이 아닌 것'과 '영혼이 아닌 것'으로 직역이 된다. 여기서 중

계속해서 『앗타살리니』는 ① "경(經), 응송(應頌), 상세한 설명[記別, 授記], 게송(偈頌), 감흥어(感興語), 여시어(如是語), 본생담(本生譚), 미증유법(未曾有法), 문답[方等]이라는 [아홉 가지] 법"(A4:102 등)으로 표현되는 아홉 가지 구성요소를 가진 스승의 교법[九分敎, navaṅga-satthu-sāsana]이 교학으로서의 법이라고 설명하고 있다.

② 원인으로서의 법은 네 가지 무애해(無碍解, paṭisambhidā)의 두 번째인 법(dhamma)에 대한 무애해[法無碍解, dhamma-paṭisambhida]를 예로 들고 있다. 『청정도론』 XIV.21~26 등에서 "원인(hetu)에 대한 지혜를 '법에 대한 무애해'라 한다."고 설명하고 있기 때문이다.

③ 다시 "비법은 지옥으로 인도하고 법은 천상을 얻게 한다."(Theg. 35 {304})는 『장로게』의 게송을 구나(덕스러운 행위)의 예로 들고 있다.

④ 그리고 "그때에 법들이 있다."(Dhs 25)라는 『담마상가니』(法集論)의 구절과 "법에서 법을 관찰하며[法隨觀] 머문다."(『대념처경』(D22))는 가르침에 나타나는 법을 개념이 아닌 것의 예로 들고 있다. 이 네 번째는 아비담마에서 '고유성질을 가진 것'으로 정의하는 법을 뜻한다.

그리고 『맛지마 니까야 주석서』에서 붓다고사 스님은 '모든 법[諸法, 一切法, sabba-dhammā, sabbe dhammā]'을 설명하면서 법(dhamma)의 용처를 아래의 열 가지 경우로 설명하고 있다. 그리고 일체법(sabba-dhammā)으로서의 법은 아래 ⑥에 해당하는 고유성질[自性, sabhāva]을 말하며 그 뜻은 "자신의 특징을 가지기 때문에 법들이라 한다."라고 설명하고 있다.(MA.i.17)

---

생이나 영혼은 개념 혹은 개념적 존재[施設, paññatti]를 뜻하며, 그래서 닛삿따닛지와따(nissatta-nijjīvatā)는 개념이 아닌 '고유성질을 가진 법(dhamma)' 즉 아비담마에서 정의하는 법을 설명하는 술어로 주석서 문헌에 나타나고 있다.

66) dhamma-saddo panāyaṁ pariyatti-hetu-guṇa-nissattanijjīvatādīsu dissati — DhsA.38.

한편 "자신의 특징을 가지기 때문에 법들이라 한다.(attano lakkhaṇaṁ dhārentīti dhammā)"는 이 설명은 아비담마에서 "자신의 고유성질[自性]을 가졌다고 해서 법들이라 한다.(attano sabhāvaṁ dhārentīti dhammā)"(DhsA.39 등)라고 정의하는 것과 똑같은 표현이다. 그리고 한역 『구사론』 등에서는 이것을 능지자성(能持自性)이나 임지자성(任持自性) 등으로 옮겼다.

이 주석서의 핵심이 되는 부분을 중심으로 요약해서 옮겨보면 다음과 같다.

"'법(dhamma)'은 ① 성전을 배움(교학, pariyatti), ② 진리(sacca), ③ 삼매(samādhi), ④ 통찰지(paññā), ⑤ 자연적인 현상(pakati), ⑥ 고유성질(sabhāva), ⑦ 공성(suññatā), ⑧ 공덕(puñña), ⑨ 범계(犯戒, āpatti), ⑩ 알아야 할 것(ñeyya) 등을 나타낸다.

① "여기 비구는 경전과 게송의 법을 배운다."(A.iii.86)라는 등에서는 성전을 배움을 말하고, ② "여기 비구는 법을 보았고, 법을 경험했다."(Vin.i.12)라는 등에서는 진리를 말하고, ③ "그분 세존들께서는 이러한 법을 가지셨다."(D.ii.54)라는 등에서는 삼매를 말하고, ④ "원숭이여, 진실함과 법(통찰지)과 결심과 관대함의 네 가지 법을 갖춘 자는 적을 이긴다."(J.i.280)라는 등에서는 통찰지를 말하고, ⑤ "태어나기 마련인 법, 죽기 마련인 법."(M.i.162)이라는 등에서는 자연적인 현상을 말하고, ⑥ "유익한 법"(Dhs.1)이라는 등에서는 고유성질을 말하고, ⑦ "그때 법들이 있다."(Dhs.25)라는 등에서는 공성을 말하고, ⑧ "훌륭한 법은 행복을 가져온다."(Sn.182)라는 등에서는 공덕을 말하고, ⑨ "두 가지 결정되지 않은 법이 있다."(Vin.iii.187)라는 등에서는 범계를 말하고, ⑩ "모든 법들은 모든 측면에서 부처님·세존의 지혜의 영역에 들어온다."(Ps.ii.194)라는 등에서는 알아야 할 것을 말한다."(MA.i.17)

법에 대한 이러한 설명들은 다시 크게 둘로 나누어 볼 수 있는데 ① 부처님 가르침(교학, 진리, 덕행)으로서의 법과 ② 물・심의 현상으로서의 법(개념이 아닌 것) 혹은 존재를 구성하는 기본 단위(고유성질, 自性, sabhāva)이다. 이를 구분하기 위해서 요즘 서양학자들은 전자를 대문자 Dhamma로 후자를 소문자 dhamma로 표기한다. 자세한 것은 『아비담마 길라잡이』 서문 §3을 참조하기 바란다.

① 부처님 가르침으로서의 법(Dhamma)

ⓐ 교학으로서의 법

이미 살펴보았듯이 『청정도론』을 위시한 주석서들은 교학으로서의 법을 온・처・계・근・제・연(蘊・處・界・根・諦・緣)의 여섯으로 정리하였다. 이것은 본서 제2편의 제6장부터 제16장에서 자세하게 다루고 있다. 이 여섯 가지는 다음과 같다.

온(蘊, 무더기, khandha): 5온 = 물질[色, rūpa], 느낌[受, vedanā], 인식[想, saññā], 심리현상들[行, saṅkhārā], 알음알이[識, viññāṇa]의 다섯 가지 무더기이다.

처(處, 감각장소, āyatana): 12처 = 눈・귀・코・혀・몸・마음[眼・耳・鼻・舌・身・意]의 여섯 가지 감각장소[六內處]와 형색・소리・냄새・맛・감촉・법[色・聲・香・味・觸・法]의 여섯 가지 대상[六外處]인 12가지 감각장소이다.

계(界, 요소, dhātu): 18계 = 12처의 마음[意, 마노, mano]에서 여섯 가지 알음알이를 독립시켜서 모두 18가지가 된다. 즉 눈・귀・코・혀・몸・마음[眼・耳・鼻・舌・身・意]의 여섯 가지와 형색・소리・냄새・맛・감촉・법[色・聲・香・味・觸・法]의 여섯 가지와 눈의 알음알이[眼識], 귀의 알음알이[耳識], 코의 알음알이[鼻識], 혀의 알음알이[舌識], 몸의 알음알이[身識], 마노의 알음알이[意識]의 여섯을 합하여 18가지가 된다.

근(根, 기능, indriya): 22근 = 22근은 본서 제10장의 자료를 참조할 것.

제(諦, 진리, sacca): 4제 = 괴로움의 성스러운 진리[苦聖諦], 괴로움의 일어남의 성스러운 진리[苦集聖諦], 괴로움의 소멸의 성스러운 진리[苦滅聖諦], 괴로움의 소멸로 인도하는 도닦음의 성스러운 진리[苦滅道聖諦]의 네 가지 진리이다.

연(緣, 조건발생, paccaya, paṭiccasamuppāda): 12연기 = 괴로움의 발생구조와 소멸구조를 나타낸다. 본서 제15장과 제16장을 볼 것.

ⓑ 수행으로서의 법

주석서들은 37보리분법(菩提分法, 助道品, bodhipakkhiya-dhammā)을 들고 있다.

4념처(마음챙김의 확립), 4정근(바른 노력), 4여의족(성취수단), 5근(기능), 5력(힘), 7각지(깨달음의 구성요소), 8정도(여덟 가지 구성요소를 가진 성스러운 도, 八支聖道)의 일곱 가지로 분류되며 법수로는 모두 37가지가 된다.[67]

### ② 고유성질[自性]을 가진 법(dhamma)

불교에서는 초기불전에서부터 존재일반을 어떤 기준으로 일목요연하게 재구성해서 설명하였다. 위에서 살펴보았듯이 그 기준을 불교에서는 법(dhamma)이라고 한다. 불교학의 토대가 되는 아비담마・아비달마에서는 이러한 법을 '자신의 고유성질(sabhava)을 가진 것(sabhāvaṁ dhārenti)'이라고 정의한다.[68] 예를 들면 땅의 요소[地大]는 견고성을, 탐욕[貪]은 대상을 끌어당기는 성질을, 성냄[瞋]은 대상을 밀쳐내는 성질을 각각 고유성질로 가진다. 그래서 82법이니 75법이니 100법이니 하는 말은 이 세상의 존재일반은 모두 82가지나 75가지 혹은 100가지의 고유성질을 가진 법들로 구성되어 있다는 말이기도 하다.

---

67) 이들에 대해서는 본서 제3편의 제17장부터 제25장까지를 참조할 것.

68) attano sabhāvaṁ dhārentīti dhammā. — DhsA.39.

이러한 법들은 크게 몇 가지 범주로 무리 지어져 있는데 이 범주를 북방의 아비달마에서는 위(位)라고 부른다. 그래서 5위라는 말은 이러한 제법은 다섯 가지 큰 범주로 분류된다는 뜻인데, 그것은 마음[心, 心王, citta], 마음과 함께 일어나는 심리현상들[心所, cetasikā], 마음과 함께 하지 않는 현상들[心不相應行], 물질[色, rūpa], 무위(無爲, asaṅkhata) 혹은 열반의 다섯이다. 이 가운데 심, 심소, 색, 심불상응행은 유위법(有爲法, saṅkhata-dhamma)이라 하고 무위 혹은 열반을 무위법(無爲法, asaṅkhata-dhamma)이라 하며 유위법과 무위법을 통틀어서 일체법(一切法, 諸法, sabbe dhammā)이라 부른다. 한편 가장 오래된 체계인 상좌부 아비담마에서는 마음과 함께 하지 않는 현상들[心不相應行]이란 것을 인정하지 않는다. 그래서 4위가 된다.

이렇게 하여 설일체유부에서는 마음 1가지, 심리현상들 46가지, 마음과 함께 하지 않는 현상들 14가지, 물질 11가지, 무위법 3가지하여 모두 5위75법들을 인정하고, 비슷한 방법으로 유식에서는 5위100법을, 상좌부는 4위82법을 설한다. 그래서 5위100법이니 5위75법이니 하는 용어가 생긴 것이다. 비록 각 학파마다 일체법(一切法, 諸法)의 개수를 조금씩 다르게 설정하지만, 존재일반을 이처럼 여러 가지 법들로 분석하고 해체해서 통찰하는 것은 불교의 모든 학파에서 한결같다.

### (3) 법은 해체해서 보기이다

이처럼 불교에서는 존재를 온・처・계・근・제・연의 법들로 해체해서 설하고 있고, 고유성질의 차이에 따라서 82법, 75법, 100법 등으로 분류하고 있다. 그러므로 초기불교와 아비담마의 특징은 해체해서 보기이다.

해체라는 용어는 이미 초기불전 여러 곳에서 나타나고 있는데 부처님 제자들 가운데 영감이 가장 뛰어난 분으로 칭송되는 왕기사 존자는 부처님을 "부분들로 해체해서 설하시는 분"(S8:8)이라고 찬탄하고 있다. 여기서 해체는 위밧자(vibhajja)를 옮긴 것이다. 그리고 이 위밧자라는 술어는 빠알리 『삼장』을 2600년 동안 고스란히 전승해온 상좌부 불교를 특징짓는 말이기도 하다. 그래서 그들은 스스로를 위밧자와딘(vibhajja-vādin, 해체를 설하는 자들)이라 불렀다.

그러면 무엇을 해체하는가? 개념[施設, paññatti]을 해체한다. 그러면 무엇으로 해체하는가? 법들(dhammā)로 해체한다. 나라는 개념, 세상이라는 개념, 미인이라는 개념, 돈이라는 개념, 권력이라는 개념, 신이라는 개념을 법들로 해체한다. 이런 것들에 속으면 그게 바로 생사이기 때문이다. 그래서 명칭이나 언어 즉 개념에 속게 되면 죽음의 굴레에 매이게 된다고 부처님께서는 초기불전 도처에서 강조하셨다.

개념들을 법들로 해체해서 보는 중요한 경으로 『상윳따 니까야』 「와지라 경」(S5:10)을 들 수 있다. 본경에서 마라(Māra)가 와지라(Vajirā) 비구니 스님에게,

> "누가 중생을 창조하였는가?
> 중생을 창조한 자는 어디에 있는가?
> 중생은 어디에서 생겼는가?
> 중생은 어디에서 소멸하는가?" {552}

라고 다그치자 와지라 비구니는 다음과 같이 명쾌하게 대답한다.

> "왜 그대는 '중생'이라고 상상하는가?
> 마라여, 그대는 견해에 빠졌는가?
> 단지 형성된 것들[行]의 더미일 뿐

여기서 중생이라고 할 만한 것을 찾을 수 없도다. {553}

마치 부품들을 조립한 것이 있을 때
'마차'라는 명칭이 있는 것처럼
무더기들[蘊]이 있을 때 '중생'이라는
인습적 표현이 있을 뿐이로다.69) {554}

단지 괴로움70)이 생겨나고
단지 괴로움이 머물고 없어질 뿐이니
괴로움 외에 어떤 것도 생겨나지 않고
괴로움 외에 어떤 것도 소멸하지 않도다."71) {555}

---

69) 여기서 '중생'은 개념적 존재[施設, paññatti]이고 '형성된 것들[行]'과 무더기들[蘊]은 법들(dhammā)이다. '마차'는 개념적 존재의 보기이고 '부품들'은 법들의 보기이다.

70) "'괴로움(dukkha)'이란 오온의 괴로움(pañca-kkhandha-dukkha)이다." (SA.i.194)
이것은 위 {553}의 '단지 형성된 것들[行]의 더미(suddha-saṅkhāra-puñja)'라는 법들(dhammā)과 같은 것이다. 『상윳따 니까야』 제2권 「깟짜나곳따 경」(S12:15) §5에서도 자아는 존재하지 않으며 '단지 괴로움이 일어날 뿐이고, 단지 괴로움이 소멸할 뿐이다.'라고 나타나고 있다.
불교에서 '나'라는 개념적 존재[施設, paññatti]를 오온이라는 '법(dhamma)'으로 해체해서 보는 것은 이처럼 오온개고(五蘊皆苦)와 오온무아를 극명하게 드러내기 위한 것이다. 나라는 존재를 온·처·계·연 등의 법들로 해체해서 보지 못하면 염오-이욕-소멸이나 염오-이욕-해탈-구경해탈지를 통해서 깨달음을 실현할 수 없다는 점을 다시 한 번 강조하고 싶다.
『상윳따 니까야』 제5권 「마음챙김의 확립 상윳따」(S47)의 여러 경들이나 『디가 니까야』 「대념처경」(D22) 등의 초기불전에 나타나는 수행 방법의 핵심도 나라는 개념적 존재를 몸·느낌·마음·심리현상들(身·受·心·法)이라는 법들로 해체해서 그 중의 하나에 집중(삼매, 사마타)하거나, 그 중의 하나에 대해서 무상·고·무아로 그것을 해체해서 보는 것(위빳사나)이다. 법으로 해체해서 보지 못하면 그는 불교적 수행을 하는 자가 아니다. 개념적 존재로 뭉쳐두면 속는다. 해체해야 깨닫는다.

71) 본 게송에 나타나는 마차의 비유는 『밀린다빤하』(Mil.27~28)에 인용되어

이미 위의 주해들에서 밝혔듯이 여기서 '중생'은 개념적 존재[施設, paññatti]이고 '형성된 것들[行]'과 무더기들[蘊]은 법들(dhammā)이다. '마차'는 개념적 존재의 보기이고 '부품들'은 법들의 보기이다. 불교에서 '나'라는 개념적 존재[施設, paññatti]를 오온이라는 '법(dhamma)'으로 해체해서 보는 것은 이처럼 오온개고(五蘊皆苦)와 오온무아를 극명하게 드러내기 위한 것이다. 나와 세상 등을 온·처·계·연 등의 법들로 해체해서 보지 못하면 염오-이욕-소멸이나 염오-이욕-해탈-구경해탈지를 통해서 깨달음을 실현할 수 없다는 점을 다시 한 번 강조하고 싶다. 법으로 해체해서 보지 못하면 그는 불교적 수행을 하는 자가 아니다. 개념적 존재로 뭉쳐두면 속는다. 법들로 해체해야 깨닫는다. 뭉쳐두면 속고 해체하면 깨닫는다.

① 고정관념의 해체와 무상·고·무아의 통찰

중요한 것은 이렇게 해체해서 보는 이유이다. 그것은 첫째, 존재하는 모든 것을 이처럼 제법들로 분해하고 해체해서 보면, 자아[我]니 인간[人]이니 중생(衆生) 이니 영혼[壽者]이니 우주니 하는 무슨 변하지 않는 불변의 실체가 있다는 착각이나 고정관념을 척파할 수 있기 때문이다.(인무아) 둘째는 이렇게 법들로 해체하면, 이러한 법들의 찰나성[無常]이 극명하게 드러나고, 찰나를 봄으로 해서 제법이 괴로움[苦]일 수밖에 없음에 사무치게 되고, 제법은 모두가 독자적으로는 생길 수 없는 연기적 흐름[無我]이라는 사실이 극명하게 드러나기 때문이다.(법무아).

자아니 인간이니 하는 개념적 존재[施設, 빤낫띠, 산냐]로 뭉뚱그려두고는 그것의 무상이나 고나 무아를 철견한다는 것은 불가능이다. 그래서 아비담마·아비달마는 존재일반을 철저히 법들로 분해하고 해체해서

---

자세하게 설명되고 있다. 『청정도론』 XVIII.25~28도 본경의 두 게송을 인용하면서 정신·물질을 떠나 중생이라는 것이 따로 없음을 설명하고 있다.

제시하는 것이다. 아비담마에서는 법의 찰나성을 통찰한 깨달음을 무상(無相)해탈이라 하고, 괴로움과 무아를 철견한 깨달음을 각각 무원(無願)해탈과 공(空)해탈이라고 부르는데, 이것은 『화엄경』 등 대승경전에서도 나타나고 있다.

② 해체해서 보기는 초기불교의 생명

그래서 지금까지 살펴본 것처럼 나라는 개념적 존재는 5온으로 해체해서 보고, 일체 존재는 12처로 해체해서 보고, 세계는 18계로 해체해서 보고, 생사문제는 12연기로 해체해서 보게 되면, 온·처·계·연 등으로 설해지는 조건지워진 법들의 무상·고·무아가 극명하게 드러나게 된다. 이처럼 존재를 법들로 해체해서 그들의 무상이나 고나 무아를 통찰하여, 염오(厭惡, 넌더리, 역겨움, 구토, nibbidā)하고 탐욕이 빛바래고[離欲, virāga] 그래서 해탈·열반·깨달음을 실현한다는 것이 초기불전의 일관된 흐름이다.

불교적 인생관, 불교적 세계관, 불교적 신념을 가진 부처님 제자라면 해체라는 관문에 들어서지 않고 불교를 논해서는 안 될 것이다. 분석을 강조하는 아비담마·아비달마와 유식이건, 직관을 강조하는 반야·중관이건, 종합을 강조하는 화엄이건, 그것은 모두 불교적 방법론인 해체에 토대해야 하기 때문이다. 직관을 강조하는 반야부의 여러 경들조차 해체 끝에 드러나는 법의 고유성질[自性]을 강조하는 것을 보고 저자는 놀란 적이 있다.72) 이런 토대 위에서 그들은 무자성과 공의 직관을 다그치는 것이다.

어느 대통령은 '뭉치면 살고 흩어지면 죽는다.'라고 했다. 부처님은 말

---

72) 自相謂一切法自相。如變礙是色自相。領納是受自相。取像是想自相。造作是行自相。了別是識自相。如是等。若有爲法自相。若無爲法自相。是爲自相。共相謂一切法共相。如苦是有漏法共相。無常是有爲法共相。空無我是一切法共相。 - 『대반야바라밀다경』
여기에 대해서는 본서 제13장 (6)-②도 참조할 것.

씀하신다. "뭉쳐두면 속고 해체하면 깨닫는다." 법들로 해체해서 보자.

### (4) 담마[法] - 아비담마[對法], 위나야[律] - 아비위나야[對律]

잘 알려진 대로 부처님의 가르침은 『삼장』(三藏, Ti-piṭaka)으로 결집되어 전승되고 있다. 『삼장』은 『율장』·『경장』·『논장』의 세 가지를 말한다. 이 가운데서 『경장』(Sutta-piṭka)의 주제는 법(Dhamma, dhamma)이고 이러한 법들을 분석적이고 체계적으로 모으고 설명한 것이 『논장』(Abhidhamma-piṭaka)이다. 『논장』의 '논(論)'으로 옮긴 원어는 Abhidhamma인데 『경장』의 주제인 법(dhamma)에 대해서(abhi-)라는 일차적인 의미가 있다. 그래서 현장 스님은 『구사론』에서 아비담마의 산스끄리뜨인 아비다르마(Abhidharma)를 대부분 '대법(對法)'으로 직역하고 있다.

『율장』(Vinaya-piṭaka)은 율(vinaya)을 모은 것인데 두 가지 위방가(Sutta-vibhaṅga, 경의 분석) 즉 『비구 계목』과 『비구니 계목』을 뜻한다. 한편 이러한 『율장』의 내용을 분석적이고 체계적으로 설명하는 것을 아비위나야(Abhivinaya)라 부른다. 그런데 법에 대한 설명인 아비담마는 『논장』으로 독립시켜서 모았지만 아비위나야에 속하는 『대품』, 『소품』, 『부록(附錄)』의 셋은 『율장』에 포함시켜서 결집하였다. 이렇게 하여 4장(四藏)으로 결집하지 않고 3장(三藏)으로 결집한 것이다. 이를 정리해보면 다음과 같다.

① 담마(Dhamma, 법): 온·처·계·근·제·연과 37보리분법

② 아비담마(Abhidhamma, 對法, 勝法) = 아비담마 칠론: 『담마상가니』(Dhammasaṅgaṇī, 法集論), 『위방가』(Vibhaṅga, 分別論), 『다뚜까타』(Dhātukathā, 界論), 『뿍갈라빤냣띠』(Puggalapaññatti, 人施設論), 『까타왓투』(Kathāvatthu, 論事), 『야마까』(Yamaka, 雙論), 『빳타나』(Paṭṭhāna, 發趣論)

③ 위나야(Vinaya, 律): 두 가지 『위방가』(Sutta-vibhaṅga, 경의 분석, 『비구 계목』과 『비구니 계목』을 말함)

④ 아비위나야(Abhivinaya, 對律) = 『대품』, 『소품』, 『부록』(附錄): 주석서들과 복주서들에서는 이 셋을 아비위나야(Abhivinaya)라고 이름하기도 한다.[73]

아비담마[對法]와 아비위나야[對律]

아비담마(abhidhamma)와 아비위나야(abhivinaya)라는 술어는 이미 초기불전에 나타난다.[74] 주석서는 이렇게 설명한다.

"여기서 '아비담마(abhidhamma)와 아비위나야(abhivinaya)에 대해서'란 담마(法)와 아비담마(對法)와 위나야(律)와 아비위나야(對律)의 네 가지라고 알아야 한다. 이 가운데서 담마(法)는 『경장』이요, 아비담마(對法)는 칠론(七論)이요, 위나야(律)는 [『비구 계목』과 『비구니 계목』의] 두 가지 분별이고, 아비위나야(對律)는 칸다까(Khandhaka, 犍度, 건도, 『대품』과 『소품』의 내용)와 빠리와라(附錄, 補遺)이다. 혹은 『경장』과 『논장』이 담마(법)이고 도(道)와 과(果)는 아비담마(대법)이며, 모든 『율장』은 위나야(율)이고 오염원을 가라앉게 하는 것이 아비위나야(대율)이다. 이처럼 담마와 아비담마와 위나야와 아비위나야가 모두 여기에 해당된다."(DA.iii.1047)

아비담마는 법에 대한 것[對法]이란 뜻이고 아비위나야는 율에 대한 것[對律]이란 뜻이다. 주석서의 설명처럼 일반적으로 담마(법)는 『경장』을, 아비담마(대법)는 『논장』을, 위나야(율)는 『율장』의 『경분별』(즉 『비구 계목』과 『비구니 계목』)을, 아비위나야(대율)는 『율장』의 『대

73) abhivinayo ti khandhaka-parivārā(DA.iii.1047 등)

74) 『디가 니까야』「합송경」(D33) §3.3과 『앙굿따라 니까야』「망아지 경」(A3:137), 「망아지 경」(A9:22) 등.

품』과 『소품』과 『부록』을 말한다. 아비위나야는 따로 독립된 장으로 결집하지 않고 『율장』에 포함시켰다.

한편 법에 있어서 또 다른 중요한 개념으로는 선법(善法, 유익한 법, kusala-dhamma)과 불선법(不善法, 해로운 법, akusala-dhamma)이 있다. 여기에 대해서는 본서 제20장 (2) 무엇이 선법이고 무엇이 불선법인가를 참조하기 바란다.

제2편

# 초기불교의 교학

# 제6장 초기불교의 진리 — 사성제

## (1) 들어가는 말

불교의 진리는 네 가지 성스러운 진리[四聖諦]를 뜻하며 이것은 『상윳따 니까야』의 대미를 장식하고 있는 「진리 상윳따」(S56)의 주제이다. 「진리 상윳따」(S56)는 사성제의 가르침을 모은 것이다.

여기에 포함된 경들은 이렇게 강조하고 있다. 삼매를 닦고 홀로 앉는 수행을 하는 이유는 사성제를 꿰뚫기 위해서이며(S56:1~2), 출가자가 되는 이유도 사성제를 있는 그대로 관통하기 위해서라고 밝히고 있다.(S56:3~4) 그뿐만 아니라 사색을 할 때도 말을 할 때도 항상 사성제를 사색하고 사성제에 대해서 말해야 한다고 강조하신다.(S56:5~6) 이처럼 「진리 상윳따」의 모든 경들은 사성제의 중요성을 역설하고 있다.

그리고 사성제를 완전하게 깨달았기 때문에 여래, 아라한, 정등각자라 부르며(S56:23) 아라한이라 부르며(S56:24) 사성제를 알고 보기 때문에 번뇌가 멸진한다(S56:25)고 강조하고 있기도 하다.

이처럼 깨달음은 사성제를 꿰뚫고 관통하고 알고 보아서 실현되는 것이라고 「진리 상윳따」의 경들은 강조하고 있다.

## (2) 진리란 무엇인가

『상윳따 니까야』의 대미는 진리[諦, sacca]로 장식된다. 모든 생명들의 발자국들이 모두 코끼리 발자국에 총섭되듯이, 모든 유익한 법[善法]들은 모두 네 가지 성스러운 진리[四聖諦]에 총섭된다는 사리뿟따 존자의 설명처럼(M28 §2) 모든 부처님 말씀은 결국 진리의 실현으로 귀결되기 때문에 경을 결집한 장로들은 「진리 상윳따」(Sacca-saṁyutta, S56)를 가르침의 맨 마지막에 배대하였을 것이다.

그러면 진리란 무엇인가?

진리[諦]로 옮긴 sacca는 √as(*to be*)에서 파생된 중성명사이다. √as는 '있다, ~이다'를 뜻하는 영어 *be*동사와 똑같이 범어 일반에서 널리 사용되는 어근이다. 이것의 현재능동분사가 sat이고 여기에 가능분사를 만드는 어미 '-ya'를 첨가하여 satya라는 형용사를 만들었는데 이것의 빠알리 형태가 sacca이다. 그래서 형용사로 쓰이면 '존재하는, 진실한, 사실인' 등의 의미가 되고, 중성명사로는 '진실, 진리, 사실, 실제'란 의미로 쓰인다. 초기불교를 위시한 모든 불교에서는 고・집・멸・도의 네 가지 성스러운 가르침을 sacca(Sk. satya)라 부르고 있다. 한국에서는 진리(眞理)로 정착이 되고 있다.

한편, 범어 일반에서 많이 쓰이는 또 다른 *be*동사로 √bhū(*to be, to become*)가 있다. 빠알리 『삼장』에서 보면 *be*동사는 거의 대부분 hoti(√bhū의 3인칭 현재형)로 나타나는데, 이것은 √as(*to be*)의 삼인칭 현재형인 atthi보다 훨씬 많이 나타난다. 어원으로 살펴보면 √as는 '이다・아니다'나 '있다・없다'는 존재의 개념에 가깝고 √bhū는 '된다, 한다'는 의미로서 진행의 개념에 가깝다 할 수 있다. 그래서 모든 현상에 대해서 '이다・아니다'라거나 '있다・없다'라는 존재론적 사고를 피하는 불교에서는 기본적으로 진행이나 생성, 그리고 되어감의 개념을 나타내는 √bhū를 더 선호한다고 볼 수 있다. 수행이나 닦음을 뜻하는 bhāvanā도 이 어근에서 파생된 명사이다.

그러나 불교의 가장 근본 가르침인 사성제를 '되다'를 뜻하는 √bhū에서 파생된 술어를 사용하지 않고, '이다'나 '있다'를 뜻하는 √as에서 파생된 술어인 삿짜(sacca)로 표현한 것은 이러한 네 가지 진리는 바뀌는 것이 아니라 확정된 가르침이요 불교 만대의 표준이요 세상에서 확정된 최고의 가르침이라는 뜻을 담고 있다 하겠다.

한편 주석서는 여기서 '성스러운 진리'로 옮기고 있는 아리야삿짜니(ariya-saccāni, 聖諦)를 "성자들의 진리(ariyānaṁ saccāni — SA.iii.299)"로 설명하고 있는데 북방의 『구사론』도 이렇게 설명하고 있다.(권오민, 『아비달마 구사론』 제3권 995쪽 참조)

그러면 이제 사성제[75]에 대해서 정리해보자.

### (3) 모든 가르침은 사성제로 총섭된다

"도반들이여, 예를 들면 움직이는 모든 생명들의 발자국들은 모두 코끼리 발자국에 총섭되고 코끼리 발자국이야말로 그 크기로서 최상이라 불리는 것과 같습니다. 도반들이여, 그와 같이 어떤 유익한 법[善法]이든 그것들은 모두 네 가지 성스러운 진리에 총섭됩니다. 무엇이 넷입니까?

괴로움의 성스러운 진리, 괴로움의 일어남의 성스러운 진리, 괴로움의 소멸의 성스러운 진리, 괴로움의 소멸로 인도하는 도닦음의 성스러운 진리입니다."(『맛지마 니까야』「코끼리 발자국 비유경」(M28) §2)

한편 제4선을 토대로 해서 개발되는 여섯 가지 신통의 지혜(육신통) 가운데 맨 마지막은 번뇌를 소멸하는 지혜[漏盡通, 누진통]이고 그 내용은 사성제로 귀결이 된다. 그러므로 사성제는 깨달음의 내용이기도 하다. 누진통의 정형구는 다음과 같다.

"그는 모든 번뇌를 멸진하는 지혜[漏盡通]로 마음을 향하게 하고 기울게 한다. 그는 '이것이 괴로움이다.'라고 있는 그대로 꿰뚫어 안다. '이것

75) 사성제(四聖諦, 네 가지 성스러운 진리)는 『청정도론』 XVI.13~102와 『아비담마 길라잡이』 제7장 §38에서 자세히 설명되어 있으니 참조하기 바란다.

이 괴로움의 일어남이다.'라고 있는 그대로 꿰뚫어 안다. '이것이 괴로움의 소멸이다.'라고 있는 그대로 꿰뚫어 안다. '이것이 괴로움의 소멸로 인도하는 도닦음이다.'라고 있는 그대로 꿰뚫어 안다.

'이것이 번뇌다.'라고 있는 그대로 꿰뚫어 안다. '이것이 번뇌의 일어남이다.'라고 있는 그대로 꿰뚫어 안다. '이것이 번뇌의 소멸이다.'라고 있는 그대로 꿰뚫어 안다. '이것이 번뇌의 소멸로 인도하는 도닦음이다.'라고 있는 그대로 꿰뚫어 안다.

이와 같이 알고 이와 같이 보는 그는 감각적 욕망의 번뇌[慾惱]로부터 마음이 해탈한다. 존재의 번뇌[有惱]로부터 마음이 해탈한다. 무명의 번뇌[無明惱]로부터 마음이 해탈한다. 해탈했을 때 해탈했다는 지혜가 있다. '태어남은 다했다. 청정범행은 성취되었다. 할 일을 다 해 마쳤다. 다시는 어떤 존재로도 돌아오지 않을 것이다.'라고 꿰뚫어 안다."(『디가 니까야』「사문과경」(D2) §97 등)

아울러『상윳따 니까야』「가왐빠띠 경」(S56:30)은 이렇게 결론짓는다.

"비구들이여, 괴로움을 보는 사람은 괴로움의 일어남도 보고 괴로움의 소멸도 보고 괴로움의 소멸로 인도하는 도닦음도 본다. 비구들이여, 괴로움의 일어남을 보는 사람은 괴로움도 보고 괴로움의 소멸도 보고 괴로움의 소멸로 인도하는 도닦음도 본다. 비구들이여, 괴로움의 소멸을 보는 사람은 괴로움도 보고 괴로움의 일어남도 보고 괴로움의 소멸로 인도하는 도닦음도 본다. 비구들이여, 괴로움의 소멸로 인도하는 도닦음을 보는 사람은 괴로움도 보고 괴로움의 일어남도 보고 괴로움의 소멸도 본다."(S56:30 §4)

이 말씀은『청정도론』XXII.93에서 사성제를 설명하는 구절로 인용되어 잘 알려져 있다. 이제 사성제에 대해서 조금 더 구체적으로 살펴보자.

## (4) 사성제의 개관

사성제 즉 네 가지 성스러운 진리는 다음과 같다.

① 괴로움의 성스러운 진리[苦聖諦, dukkha ariya-sacca]: 사고·팔고(四苦·八苦)와 삼성(三性)으로 정리된다.

② 괴로움의 일어남[76]의 성스러운 진리[苦集聖諦, dukkha-samudaya-ariya-sacca]: 갈애(渴愛, taṇhā)를 말한다.

③ 괴로움의 소멸[77]의 성스러운 진리[苦滅聖諦, dukkha-nirodha ariya-sacca]: 열반(涅槃, nibbāna)을 말한다.

④ 괴로움의 소멸로 인도하는 도닦음[78]의 성스러운 진리[苦滅道聖諦, dukkha-nirodha-gāmini-paṭipadā ariya-sacca]: 여덟 가지 구성요소를 가진 성스러운 도[八支聖道] 즉 팔정도를 말한다.

여기서 보듯이 『디가 니까야』(長部) 등의 4부 니까야에서 사성제는 예외 없이 괴로움의 성스러운 진리[苦聖諦, dukkha ariya-sacca], 괴로움의 일어남의 성스러운 진리[苦集聖諦, dukkha-samudaya ariya-sacca], 괴로움의 소멸의 성스러운 진리[苦滅聖諦, dukkha-nirodha ariya-sacca], 괴로움의 소멸로 인도하는 도닦음의 성스러운 진리[苦滅道聖諦, dukkha-nirodhagāmini paṭipadā ariya-sacca]로 표현되어 나타난다. 이 이외의 축약된 표현은 없는 것으로 여겨진다. 그러나 『쿳다까 니까야』(小部)의

---

76) 여기서 '일어남'으로 옮긴 samudaya는 saṁ(함께) + ud(위로) + √i(가다, *to go*)에서 파생된 남성명사이다.

77) '소멸'로 옮긴 nirodha는 ni(아래로) + √rudh(방해하다, to obstruct)에서 파생된 남성명사이다. 소멸(nirodha)에 대한 논의는 본장의 아래 (7)을 참조할 것.

78) '도닦음'으로 옮긴 paṭipadā는 prati(~에 대하여) + √pad(가다, to go)에서 파생된 여성명사로 발로 실제 길 위를 걸어가는 실천적인 의미가 강하다. 중도(中道, majjhimā paṭipadā)의 도(道)도 이 술어를 옮긴 것이다. 초기불전연구원에서는 '도닦음'으로 통일해서 옮기고 있다. 본서 367쪽을 참조할 것.

『무애해도』와 『위방가』(分別論)를 위시한 『논장』의 여러 문헌들과 『청정도론』을 위시한 『삼장』의 모든 주석서 문헌들에는 dukkha-sacca[苦諦, 괴로움의 진리], samudaya-sacca[集諦, 일어남의 진리], niro-dha-sacca[滅諦, 소멸의 진리], magga-sacca[道諦, 도의 진리]로 즉 '고제', '집제', '멸제', '도제'로 축약해서 전문술어화 되어 나타나고 있다.

한편 CBETA로 검색을 해보면 한역 『아함』의 여러 경들에서도 모두 '고성제', '고집성제', '고멸성제', '고멸도성제'로 '고'를 넣어서 한역된 것으로 나타난다. 그러나 반야부의 경들을 위시한 대승불교의 여러 경들에서는 대부분이 '고'를 빼고 '집성제', '멸성제', '도성제'로 나타나고 있다. 그래서 요즘의 우리도 고성제, 집성제, 멸성제, 도성제, 즉 괴로움의 성스러운 진리, 일어남의 성스러운 진리, 소멸의 성스러운 진리, 도의 성스러운 진리로 부르고 있지, 고집성제, 고멸성제, 고멸도성제로는 부르지 않는다.

그리고 또 하나 주목할 점은 경에서 '괴로움의 소멸로 인도하는 도닦음(paṭipadā)의 성스러운 진리(고멸도성제)'로 정형화 된 것이 주석서 문헌에서는 '도(magga)의 진리(도제)'로 정착이 되었다는 것이다. 즉 '도닦음'이 '도'로 표현되고 있다. 주석서 문헌에서는 도닦음(paṭipadā)과 도(magga)는 거의 동의어로 쓰이지만 도닦음은 실천의 의미가 강하다.

한편 같은 구문은 초기불전의 여러 곳에서 loka(세상), loka-samudaya(세상의 일어남), loka-nirodha(세상의 소멸), loka-nirodha-gāmi-ni paṭipadā(세상의 소멸로 인도하는 도닦음) 등으로 나타난다. 이것은 'X와 그 집·멸·도의 구문'으로 부를 수 있다. 즉 X, X-samudaya, X-nirodha, X-nirodha-gāmini paṭipadā로 초기경의 도처에 나타나고 있다. 예를 들면, X 대신에 『상윳따 니까야』 제2권 「인연 상윳따」(S12)에서는 연기의 12가지 구성요소들이 들어가서 무명과 그 집·멸·도 등으로 나타나며(S12:13 등), 「요소 상윳따」(S14)에서는 X 대신에

지・수・화・풍 사대가 들어가서 땅과 그 집・멸・도 등으로 나타나기도 하고(S14:39), 제3권「무더기 상윳따」(S22)에서는 자기존재[有身]와 그 집・멸・도로 나타나기도 하는 등(S22:50 등) 초기불전의 도처에서 나타나고 있다.

본서 제4장에서 저자는 불교의 궁극적 행복인 열반을 실현하는 구체적인 방법으로 초기불전에 나타나는 가르침을 (1) 사성제의 관통을 통해서, (2) 팔정도의 실현을 통해서, (3) 온・처・계의 무상・고・무아를 통찰하여 염오-이욕-소멸을 통해서, (4) 12연기의 유전문・환멸문을 통해서 등의 일곱 가지로 정리하여 보았다. 그런데 이들은 궁극적으로 사성제로 귀결된다고 할 수 있다.

팔정도는 사성제의 네 번째인 도성제의 내용이다. 그러므로 팔정도는 사성제에 포함된다. 물론 팔정도의 처음인 바른 견해(정견)의 내용은 사성제를 아는 것이다. 오온・오취온은 사성제의 첫 번째인 고성제의 내용이다. 그러므로 온・처・계의 가르침은 사성제에 포함된다. 12연기의 유전문(流轉門, anuloma)은 사성제의 고성제와 집성제에 해당하고 환멸문(還滅門, paṭiloma)은 사성제의 멸성제와 도성제에 해당한다. 그러므로 12연기의 유전문과 환멸문은 사성제에 포함된다.

이처럼 불교의 모든 가르침은 사성제로 귀결이 되며 그래서 불교 2600년사에 전개되어온 모든 불교는 이 네 가지를 성스러운 진리[聖諦]라고 표방하고 있는 것이다. 그래서 『숫따니빠따』에서 부처님은 왜 자신이 깨달은 사람인가 하는 것을 이렇게 밝히신다.

> "나는 알아야 할 바(고성제)를 알았고,
> 닦아야 할 바(도성제)를 닦았고,
> 버려야 할 것(집성제)을 버렸다.
> 바라문이여, 그래서 나는 붓다, 깨달은 사람이다."(Sn. {558})

이제 사성제를 하나하나 살펴보도록 하자.

### (5) 고성제는 사고·팔고(四苦·八苦)와 삼성(三性)으로 정리된다

첫 번째 진리는 괴로움의 성스러운 진리이다. 불교는 무위법인 열반을 제외한 모든 것을 괴로움이라고 파악한다. 이것은 부처님의 직관이 담긴 선언이다. 초기불전은 크게 두 가지 이유로 일체가 괴로움임을 선언한다. 첫째는 세상에는 네 가지 괴로움과 여덟 가지 괴로움 즉 사고·팔고(四苦·八苦)가 있기 때문이요, 둘째는 괴로움에 대한 깊은 통찰에 바탕하였기 때문이다.

#### ① 사고·팔고(四苦·八苦)

"비구들이여, 이것이 괴로움의 성스러운 진리이다. 태어남도 괴로움이다. 늙음도 괴로움이다. 병도 괴로움이다. 죽음도 괴로움이다. 싫어하는 [대상]들과 만나는 것도 괴로움이다. 좋아하는 [대상]들과 헤어지는 것도 괴로움이다. 원하는 것을 얻지 못하는 것도 괴로움이다. 요컨대 취착의 대상이 되는 다섯 가지 무더기들[五取蘊] 자체가 괴로움이다."(「초전법륜 경」(S56:11) §5)

일반적으로 이것은 사고·팔고로 정의된다. 위의 경문에서 보듯이 사고는 생·노·병·사이다. 팔고는 이 사고에다 애별리고(愛別離苦)와 원증회고(怨憎會苦)와 구부득고(求不得苦)와 오취온고(五取蘊苦, 한역에서는 오음성고(五陰盛苦)로 옮겼음)의 넷을 더한 것이다. 이러한 사고·팔고를 정리하면 생사문제가 된다. 생사가 있기 때문에, 나고 죽음이 있기 때문에 괴로움이라는 것이다. 이것은 연기의 가르침의 결론인 "태어남을 조건으로 늙음·죽음과 근심·탄식·육체적 고통·정신적 고통·절망이 생긴다.(生緣老死憂悲苦惱)"로 표현이 되기도 한다. 당연히 출가는 이러한 생사문제의 해결, 즉 생사문제로 요약되는 괴로움의 해결을 위한 것이다.

② 괴로움의 세 가지 성질[三性]

한편 초기불전의 몇 군데에서는 괴로움의 세 가지 성질로서 존재가 괴로움임을 설명하고 있다.

"도반 사리뿟따여, '괴로움, 괴로움'이라고들 합니다. 도반이여, 도대체 어떤 것이 괴로움입니까?"

"도반이여, 세 가지 괴로움의 성질[苦性, dukkhatā]이 있습니다. 그것은 고통스런 괴로움의 성질[苦苦性], 형성된 괴로움의 성질[行苦性], 변화에 기인한 괴로움의 성질[壞苦性]입니다. 도반이여, 이러한 세 가지 괴로움의 성질이 있습니다."[79]

이 셋을 간단하게 정리해보면 다음과 같다.

고고성(苦苦性, dukkha-dukkhatā): 중생의 삶은 고통스럽기 때문에 괴로움이다.

괴고성(壞苦性, viparinnāma-dukkhatā): 아무리 큰 행복일지라도 끝내 변하고 말기 때문에 괴로움이다.

행고성(行苦性, saṅkhāra-dukkhatā): 본질적으로는 오온으로 형성되어 있는 것을 '나'라거나 '내 것'으로 취착하기 때문에(五取蘊) 괴로움이다.

이 세 가지는 『청정도론』 XVI:35에 다음과 같이 설명되어 있다.

"① 육체적이고 정신적인 괴로운 느낌은 고유성질로서도, 이름에 따라서도 괴롭기 때문에 고통스러운 괴로움[苦苦]이라 한다. ② 즐거운 느낌은 그것이 변할 때 괴로운 느낌이 일어날 원인이 되기 때문에 변화에 기인한 괴로움[壞苦]이라 한다. ③ 평온한 느낌과 나머지 삼계에 속하는 형성된 것들[行, saṅkhāra]은 일어나고 사라짐에 압박되기 때문에 형성된 괴로움[行苦]이라 한다."

즉 첫 번째는 고통스럽기 때문에 괴로움이라는 것이고, 두 번째는 세

79) 『상윳따 니까야』 제4권 「괴로움 경」(S38:14) §3. 본경은 사리뿟따 존자의 조카인 잠부카다까 유행승과 사리뿟따 존자의 대화로 구성되어 있다.

상의 모든 행복이나 즐거움은 아무리 큰 행복일지라도 마침내 변해버리기 때문에 괴로움일 수밖에 없다는 것이며, 세 번째는 평온한 것이나 모든 형성된 것은 생멸의 현상에 지배되기 때문에 괴로움일 수밖에 없다는 것이다.

혹자는 불교가 괴로움을 말하기 때문에 염세적이라고 비판할지도 모른다. 만일 불교가 전적으로 괴로움만을 말한다면 당연히 그런 비판을 받아야 마땅할 것이다. 그러나 불교가 이처럼 괴로움을 강조하는 것은 괴로움이 해결된 경지요, 궁극적 행복[至福, parama-sukha]으로 표현되는 열반을 실현하는 것을 너무도 중시하기 때문이다. 존재 자체가 괴로움임에 사무치지 못하는 자들은 결코 해탈·열반을 실현할 수가 없다. 괴로움이라는 맨땅에 넘어진 자는 이 괴로움이라는 맨땅을 처절하게 알아야 다시 이를 딛고 일어설 수 있기 때문일 것이다.

### (6) 집성제(集聖諦, 일어남의 성스러운 진리)는 갈애다

그러면 괴로움은 아무 원인도 없이 그냥 일어나는 것인가? 아니면 어떤 절대자가 있어서 존재를 괴롭도록 만드는 것인가? 만일 괴로움만 강조하고 괴로움의 원인을 설명하지 못하면 그것은 진리라고 표방할 수 없을 것이다. 세존께서는 초기불전의 여러 곳에서 괴로움의 원인을 강조해서 말씀하고 계시는데 그것은 갈애(渴愛, taṇhā)로 표현되고 있다.

#### ① 갈애(渴愛, taṇhā)

갈애로 옮기고 있는 taṇhā는 동사 √tṛṣ(*to be thirsty*)에서 파생된 명사이다. 문자적인 의미는 '목마름'이다. 그래서 중국에서도 이미 여러 경들에서 목마를 갈(渴)자를 넣어서 갈애(渴愛)로 옮겼다. 경들은 다음과 같이 갈애를 정의하고 있다.

"비구들이여, 이것이 괴로움의 일어남의 성스러운 진리이다. 그것은 바로 갈애이니, 다시 태어남[再有]을 가져오고 환희와 탐욕이 함께하며 여기저기서 즐기는 것이다. 즉 감각적 욕망에 대한 갈애[欲愛], 존재에 대한 갈애[有愛], 존재하지 않음에 대한 갈애[無有愛]가 그것이다."(『상윳따 니까야』「초전법륜 경」(S56:11) §6 등)

여기서 주목할 것은 갈애는 다시 태어남을 유발하는(ponobhavikā) 근본원인이라고 부처님이 설하신 것이다. 이 갈애가 근본원인이 되어 중생들은 끝 모를 생사윤회를 거듭하는 것이다. 물론 갈애만이 괴로움의 원인은 아니다. 무명과 성냄이나 질투, 인색 등의 불선법들은 모두 괴로움의 원인이 되고 생사윤회의 원인이 되지만 부처님께서는 갈애를 가장 대표적인 원인으로 들고 계시는 것이다. 그리고 "'환희와 탐욕이 함께하며'라는 것은 [갈애가] 환희와 탐욕과 뜻으로는 하나라는 뜻이다." (DA.iii.799)

② 욕애(欲愛), 유애(有愛), 무유애(無有愛)

위의 인용문에서 보듯이 세존께서는 갈애를 욕애·유애·무유애의 셋으로 말씀하셨다. 주석서는 다음과 같이 이 셋을 설명하고 있다.

욕애(欲愛[80]), kāma-taṇhā): 감각적 욕망에 대한 갈애 – "'감각적 욕망에 대한 갈애'란 다섯 가닥의 감각적 욕망[81])에 대한 탐욕의 동의어이

80) '욕애'에 대한 한자는 欲愛로도 표기할 수 있고 慾愛로도 표기할 수 있다. 그런데 CBETA로 검색해보면 한역 경들 특히 『아함경』에서는 거의 대부분이 欲愛로 나타나고 있어서 저자도 이를 따랐다. '이욕'도 거의 대부분 離慾이 아니라 離欲으로 나타나고 있어서 離欲으로 표기함을 밝힌다.

81) 초기불전의 여러 곳에서 '다섯 가닥의 감각적 욕망(pañca kāmaguṇā)'은 다음과 같이 정형화 되어 나타난다.
"어떤 것이 다섯 가닥의 감각적 욕망인가? 눈으로 인식되는 형색들이 있으니, 원하고 좋아하고 마음에 들고 사랑스럽고 감각적 욕망을 짝하고 매혹적인 것들이다. 귀로 인식되는 소리들이 있으니, … 코로 인식되는 냄새들이 있으니, … 혀로 인식되는 맛들이 있으니, … 몸으로 인식되는 감촉들이 있

다."(DA.iii.800)

유애(有愛, bhava-taṇhā): 색계·무색계에 대한 갈애 – "'존재에 대한 갈애'란 존재를 열망함에 의해서 생긴 상견(常見, sassata-diṭṭhi)이 함께 하는 색계와 무색계의 존재에 대한 탐욕과 禪(jhāna)을 갈망하는 것의 동의어이다."(DA.iii.800)

무유애(無有愛, vibhava-taṇhā): 존재하지 않음에 대한 갈애 – "'존재하지 않음에 대한 갈애'라는 것은 단견(斷見, uccheda-diṭṭhi)이 함께하는 탐욕의 동의어이다."(DA.iii.800)

즉 눈·귀·코·혀·몸을 통해서 인식되는 대상에 대해서 생기는 탐욕을 욕애라 하는데 욕계에 살고 있는 우리에게 매순간 일어나고 있는 것이다. 색계와 무색계는 순전히 禪 혹은 본삼매를 닦아서 태어난다. 그러므로 禪을 닦아서 태어나게 되는 이러한 색계(초선천부터 제4선천까지)와 무색계(공무변처부터 비상비비상처까지)의 존재에 대한 탐욕과 이러한 곳에 태어나기 위해서 선수행과 삼매에 대한 강한 갈망을 일으키는 것을 유애라 한다.

존재하는 것 자체에 염증을 느껴서 자살에 대한 충동을 일으키는 것 등을 무유애라 한다. 유명 연예인들에서부터 대기업의 총수까지도 자살을 하는 것을 우리는 목격했다. 복잡다단한 삶과 존재의 관계와 흐름에 대해서 염증과 절망을 일으키고 있는 현대인들에게 무유애가 더욱 많은 것이 아닌가 생각해 본다.

그러나 무유애 즉 비존재에 대한 갈애도 엄연히 갈애의 하나일 뿐이다. 어떤 종류의 갈애든 갈애가 있는 한 중생은 다시 태어난다. 그래서 갈애는 '다시 태어남을 유발하는 것(ponobhavikā)'이라고 부처님이 설파하신 것이다. 진정으로 다시 태어나고 싶지 않으면 욕애·유애·무유애

---

으니, 원하고 좋아하고 마음에 들고 사랑스럽고 감각적 욕망을 짝하고 매혹적인 것들이다. 나는 이러한 다섯 가닥의 감각적 욕망을 설하였다."(『상윳따 니까야』「웃띠야 경」(S45:30) 등)

로 정리되는 갈애가 남김없이 소멸된 경지 — 저 열반을 실현하는 것(nibbāna-sacchikiriya) 외에는 다른 방법이 없음을 우리는 명심해야 할 것이다.

③ 갈애의 일어남에 대한 연기적 고찰

"다시 비구들이여, 이 갈애는 어디서 일어나서 어디서 자리 잡는가? 세상에서 즐겁고 기분 좋은 것이 있으면 거기서 이 갈애는 일어나고 거기서 자리 잡는다. 그러면 세상에서 어떤 것이 즐겁고 기분 좋은 것인가?

① 눈은 세상에서 즐겁고 기분 좋은 것이다. 귀는 … 코는 … 혀는 … 몸은 … 마노[意]는 세상에서 즐겁고 기분 좋은 것이다. 여기서 이 갈애는 일어나고 여기서 자리 잡는다.

② 형색은 … 소리는 … 냄새는 … 맛은 … 감촉은 … 마음의 대상[法]은 세상에서 즐겁고 기분 좋은 것이다. 여기서 이 갈애는 일어나고 여기서 자리 잡는다.

③ 눈의 알음알이[識]는 … 마노의 알음알이는 세상에서 즐겁고 기분 좋은 것이다. 여기서 이 갈애는 일어나고 여기서 자리 잡는다.

④ 눈의 감각접촉[觸]은 … ⑤ 눈의 감각접촉에서 생긴 느낌[受]은 … ⑥ 형색에 대한 인식[想]은 … ⑦ 형색에 대한 의도[思]는 … ⑧ 형색에 대한 갈애[愛]는 … ⑨ 형색에 대한 일으킨 생각[尋]은 … ⑩ 형색에 대한 지속적인 고찰[伺]은 … 소리에 대한 지속적인 고찰은 … 냄새에 대한 지속적인 고찰은 … 맛에 대한 지속적인 고찰은 … 감촉에 대한 지속적인 고찰은 … 법에 대한 지속적인 고찰은 세상에서 즐겁고 기분 좋은 것이다. 여기서 이 갈애는 일어나고 여기서 자리 잡는다. 비구들이여, 이를 일러 괴로움의 일어남의 성스러운 진리라 한다."(『디가 니까야』「대념처경」(D22) §19)

이것을 정리하면 갈애는 6근-6경-6식-6촉-6수-6상-6사-6애-6심-6사(根·境·識·觸·受·想·思·愛·尋·伺)를 통해서 생긴다는 것이다.

한편 "눈은 세상에서 즐겁고 기분 좋은 것이다. 여기서 이 갈애는 일어나서 여기서 자리 잡는다. 귀는 … 코는 … 혀는 … 몸은 … 마노는 세상에서 즐겁고 기분 좋은 것이다. 여기서 이 갈애는 일어나서 여기서 자리 잡는다."라는 간단한 문장이 『상윳따 니까야』 제2권 「명상 경」(S12:66 §7)에도 나타나고 있다.

### (7) 멸성제(滅聖諦)는 소멸이요 소멸은 열반이다

여기서 '소멸'은 nirodha를 옮긴 것이다. 이 단어는 ni(아래로) + √rudh(*to obstruct*)의 명사이다. 그래서 소멸, 억압, 파괴 등의 뜻이 된다.

초기불전에서 nirodha(소멸)는 다음의 문맥에서 주로 나타난다.

첫째, 여기서처럼 사성제의 멸성제(滅聖諦, dukkha-nirodha ariya-sacca)로 나타난다. 주석서 문헌들에서는 주로 '멸제(滅諦, 소멸의 진리, nirodha-sacca)'라는 표현으로 나타나지만 이 술어는 니까야에서는 나타나지 않는다. 경에서는 항상 '괴로움의 소멸의 성스러운 진리[苦滅聖諦, dukkha-nirodha ariya-sacca]'로 나타나거나 '괴로움의 소멸[苦滅, dukkha-nirodha]'로만 나타난다.(위 §(2)의 후반부를 참조할 것) 이 경우의 소멸은 당연히 열반을 뜻한다.

둘째, 12연기의 구성요소들의 소멸로 나타난다. 『상윳따 니까야』 제2권 「인연 상윳따」(S12)의 도처에 12지 연기는 "무명이 남김없이 빛바래어 소멸하기 때문에 의도적 행위들[行]이 소멸하고, 의도적 행위들이 소멸하기 때문에 알음알이가 소멸하고, …"로 정형화되어 나타난다. 여기서 남김없이 빛바래어 소멸함은 asesa-virāga-nirodha를 옮긴 것인데 주석서는 당연히 열반의 동의어라고 설명하고 있다.(『상윳따 니까야』 제3권 「짐 경」(S22:22) §7의 주해 등 참조)

셋째, 염오-이욕-소멸(nibbidā-virāga-nirodha)의 정형구로도 많이 나타난다. 이 경우의 소멸도 아라한과나 열반을 뜻한다.[82]

넷째, 무엇보다 소멸은 초기불전에서 이미 "일체의 생존에 대한 집착을 포기함, 갈애의 멸진, 탐욕의 빛바램, 소멸, 열반이다."(『상윳따 니까야』 제1권 「권청 경」(S6:1) §2)라는 문맥에서 많이 나타난다. 그리고 "존재(오온)의 소멸이 열반이다."(『상윳따 니까야』 제2권 「꼬삼비 경」(S12:68) §5)라고도 나타난다. 그러므로 이 경우에도 소멸은 열반을 뜻한다.

다섯째, "떨쳐버림을 의지하고 탐욕의 빛바램을 의지하고 소멸을 의지하고 철저한 버림으로 기우는(viveka-nissitaṁ virāga-nissitaṁ nirodha-nissitaṁ vossagga-pariṇāmiṁ) 바른 견해 등을 닦는다. …" 등으로 『상윳따 니까야』 제5권에 정형화 되어서 많이 나타나고 있다. 『상윳따 니까야』 제5권 「비구 경」(S46:5)에 해당하는 복주서는 "'떨쳐버림을 의지하고 탐욕의 빛바램을 의지하고'라는 구문으로 모든 도의 역할과 과를 보이신 것이다. '소멸을 의지하고'라는 구문으로는 열반의 실현을 말씀하신 것이다."(SAṬ.ii.130)라고 설명하고 있다. 그러므로 이 경우의 소멸도 열반과 동의어이다.

이처럼 소멸은 대부분의 문맥에서 열반과 동의어로 쓰이고 있다.

한편 「아난다 경」 1(S36:15 §5)에는 anupubba-saṅkhārānaṁ nirodha(형성된 것들[行]이 차례로 소멸함)이라는 구절이 나타나는데, 이것은 초선에서부터 제4선까지 그리고 공무변처에서부터 비상비비상처까지 그리고 상수멸의 아홉 가지 단계의 삼매를 차례대로 닦아서, 거친 심리현상들을 차례차례 소멸해 가는 것을 뜻하고 있다. 이것은 『디가 니까야』 「합송경」(D33 §3.2 (6))과 『앙굿따라 니까야』 「차제멸 경」(A9:31)에서 아홉 가지 차례로 소멸함[九次第滅, nava anupubba-nirodhā]으로 나타나고 있다.

82) 여기에 대해서는 『상윳따 니까야』 제2권 「설법자[法師] 경」(S12:16) §5의 주해와 제3권 「과거·현재·미래 경」 1(S22:9) §3의 주해 등을 참조하기 바란다.

이제 열반에 대한 중요한 가르침에 대한 경과 주석서를 인용해보면 다음과 같다.

① 멸성제는 열반이다

"비구들이여, 이것이 괴로움의 소멸의 성스러운 진리(고멸성제)이다. 그것은 바로 그러한 갈애가 남김없이 빛바래어 소멸함, 버림, 놓아버림, 벗어남, 집착 없음이다."(「초전법륜 경」(S56:11) §7)

여기에 대해서 주석서는 이렇게 설명한다.

"여기서 '남김없이 빛바래어 소멸함'이라는 등은 모두 열반의 동의어들이다. 열반을 얻으면 갈애는 남김없이 빛바래고 소멸하기 때문이다. 그러므로 갈애가 남김없이 빛바래어 소멸함이라고 설하셨다.

열반은 하나이지만 그 이름은 모든 형성된 것들[行]의 이름과 반대되는 측면에서 여러 가지이다. 즉 남김없이 빛바램, 남김없이 소멸함, 버림, 놓아버림, 벗어남, 집착 없음, 탐욕의 소멸, 성냄의 소멸, 어리석음의 소멸, 갈애의 소멸, 취착 없음, 생기지 않음, 표상 없음, 원함 없음, 업의 축적이 없음, 재생연결이 없음, 다시 태어나지 않음, 태어날 곳이 없음, 태어나지 않음, 늙지 않음, 병들지 않음, 죽지 않음, 슬픔 없음, 비탄 없음, 절망 없음, 오염되지 않음이다."(DA.iii.801)

주석서는 이처럼 26가지 열반의 동의어를 언급하고 있다. 한편『상윳따 니까야』제5권「무위 상윳따」(S43)에는 32가지 무위 즉 열반의 동의어를 나열하고 있다.(『상윳따 니까야』제5권 해제 §3을 참조할 것) 그리고 14세기에 스리랑카에서 편집된 빠알리 사전인『아비다나 빠디삐까』(Abhidhānappadīpikā)는 모두 43가지 열반의 동의어를 들고 있다.

② 열반은 탐·진·치의 소멸이다

"도반 사리뿟따여, '열반, 열반'이라고들 합니다. 도반이여, 도대체 어떤 것이 열반입니까?"

"도반이여, 탐욕의 소멸, 성냄의 소멸, 어리석음의 소멸 – 이를 일러 열반이라 합니다."(『상윳따 니까야』 제4권 「열반 경」(S38:1) §3)

열반에 대한 자세한 설명과 논의는 『청정도론』 XVI.67~74에 12가지로 나타나고 있다. 이러한 주석서적인 논의를 종합하면 열반은 출세간도를 체험하는 순간에 체득되는, 조건 지워지지 않은 상태를 뜻한다. 이러한 조건 지워지지 않은 상태를 체득하는 순간에 번뇌가 소멸하기 때문에 열반은 '탐욕의 소멸, 성냄의 소멸, 어리석음의 소멸'이라 불리는 것이지, 단순히 탐·진·치가 없는 상태로 쇠약해지고 무기력해진 것이 열반은 아니다.(SA.ii.88 참조)

③ 갈애의 소멸에 대한 연기적 고찰

"다시 비구들이여, 그런 이 갈애는 어디서 없어지고 어디서 소멸되는가? 세상에서 즐겁고 기분 좋은 것이 있으면 거기서 이 갈애는 없어지고 거기서 소멸된다. 그러면 세상에서 어떤 것이 즐겁고 기분 좋은 것인가?

① 눈[眼]은 세상에서 즐겁고 기분 좋은 것이다. 귀는 … 코는 … 혀는 … 몸은 … 마노는 세상에서 즐겁고 기분 좋은 것이다. 여기서 이 갈애는 없어지고 여기서 소멸된다.

② 형색[色]은 … 소리는 … 냄새는 … 맛은 … 감촉은 … 마음의 대상[法]은 세상에서 즐겁고 기분 좋은 것이다. 여기서 이 갈애는 없어지고 여기서 소멸된다.

③ 눈의 알음알이[識]는 … 마노의 알음알이는 세상에서 즐겁고 기분 좋은 것이다. 여기서 이 갈애는 없어지고 여기서 소멸된다.

④ 눈의 감각접촉[觸]은 … ⑤ 눈의 감각접촉에서 생긴 느낌[受]은 … ⑥ 형색에 대한 인식[想]은 … ⑦ 형색에 대한 의도[思]는 … ⑧ 형색에 대한 갈애[愛]는 … ⑨ 형색에 대한 일으킨 생각[尋]은 … ⑩ 형색에 대한 지속적인 고찰[伺]은 … 소리에 대한 지속적인 고찰은 … 냄새에 대

한 지속적인 고찰은 … 맛에 대한 지속적인 고찰은 … 감촉에 대한 지속적인 고찰은 … 법에 대한 지속적인 고찰은 세상에서 즐겁고 기분 좋은 것이다. 여기서 이 갈애는 없어지고 여기서 소멸된다. 비구들이여, 이를 일러 괴로움의 소멸의 성스러운 진리라 한다."(『디가 니까야』「대념처경」(D22) §20)

이것을 정리하면 갈애는 6근-6경-6식-6촉-6수-6상-6사-6애-6심-6사(根·境·識·觸·受·想·思·愛·尋·伺)를 통해서 생기기도 하지만(위 (5) ③ 참조) 역시 6근-6경-6식-6촉-6수-6상-6사-6애-6심-6사를 통해서 소멸된다는 것이다. 즉 갈애가 어떤 구조를 통해서 발생하는가를 철저하게 꿰뚫어 봄으로써 갈애가 소멸되어 열반이 실현된다는 것이다.

### ④ 열반은 버려서 실현된다

이처럼 초기불교의 궁극적인 메시지를 하나로 말해보라면 그것은 열반이다. 둘로 표현해보라면 열반과 열반에 이르는 길이다. 부처님께서 특히 출가자에게 고구정녕하게 말씀하신 메시지는 바로 이것이다.

열반이 무엇인가? 한 마디로 말하자면 버림이다. 그래서 초기경의 도처에서 열반은 "모든 형성된 것들[行]이 가라앉음, 모든 재생의 근거를 놓아버림[放棄], 갈애의 소진, 탐욕의 빛바램[離欲], 소멸, 열반이다."(「아빠나 경」(S48:50) §6 등)로 표현되고 있고, "탐욕의 소멸, 성냄의 소멸, 어리석음의 소멸"(「열반 경」(S38:1) §3 등)이라고도 설해지고 있으며, "염오로 인도하고, 탐욕의 빛바램으로 인도하고, 소멸로 인도하고, 고요함으로 인도하고, 최상의 지혜로 인도하고, 바른 깨달음으로 인도하고, 열반으로 인도한다."(「사색 경」(S56:8) §5 등)라는 문맥에서도 많이 나타난다. 이처럼 열반은 한마디로 버려서 실현되는 것이다.

### ⑤ 열반은 삶에 대한 의미부여가 끝나야 드러난다

이처럼 열반은 온갖 종류의 삶에 대한 의미부여가 끝나야 드러나는 것이다. 그러나 절대다수의 인간들은 출가자든 재가자든 삶에 대한 무한한 의미부여를 하고 있다. 삶이 아닌 것은 허무요 끝장이라 생각하며 바들바들 떨어온 게 중생의 역사 아니던가? 물질문명의 극치를 구가하는 현대의 우리는 어느 시대보다 삶에 대한 강한 의미부여를 하고 있다. 그런데 삶에 대한 의미부여가 끝나야 열반이라니 이 무슨 해괴망측한 망발인가!

이런 인간들의 구미를 맞추려다보니 역사적으로 불교 안에서부터 가장 난도질당하고 곡해당해 온 것이 부처님 제일의 메시지인 이 열반이 아닌가 여겨진다. 그래서 열반은 무주처열반으로 이해되기 시작했고, 생사뿐만 아니라 열반마저도 허망하다고 이해되었고, 마침내 생사가 그대로 열반이라고 주장하게 되었으며, 탐·진·치 그대로가 열반이라는 말까지 서슴없이 내뱉어 왔다. 그런데 이런 말들의 이면에는 생사로 대표되는 삶에 대한 무한한 의미부여가 들어 있고, 이 삶 속에서 오래오래 단맛을 쪽쪽 빨아먹으리라는 간절한 소망이 도사리고 있다고 하면 너무 심한 표현일까?

혹자는 반박할 것이다. 생사를 떠난 열반이 따로 있다고 한다면 이분법적인 사고라고. 그에게 말하고 싶다. 그대는 이미 스스로가 이 삶에 의미부여를 하고 있기 때문에 그런 태도로는 절대로 열반을 알 수도 볼 수도 실현할 수도 없다고.

### ⑥ 스승의 말씀을 있는 그대로 받아들여야 한다

우리는 부처님 제자다. 제자가 자기 스승의 말씀에 대고 자신의 부질없는 생각으로 마구 황칠을 해대면 곤란하지 않은가? 부처님께서 세속에 넌더리치고 열반을 실현하라고 했으면 그렇게 하려고 노력하는 것이 바른 제자 아닌가? 세속문제는 세속의 정치인, 경제인, 지식인, 문화인, 의료인 등 세속전문가들에게 맡겨두면 된다. 출가자는 열반을 바르게 실현하고 드러내는 전문가가 되어야 하지 않는가? 그래야 이 세상의 진정한 복밭[福田, puññа-kkhetta]이 되지 않겠는가?

(8) 도성제는 팔정도다

도성제는 본서 제25장에서 자세하게 살펴볼 것이므로 여기서는 팔정도의 정의만 인용하고 넘어가려 한다.

"도반이여, 그러면 이러한 열반을 실현하기 위한 도가 있고 도닦음이 있습니까?"
"도반이여, 이러한 열반을 실현하기 위한 도가 있고 도닦음이 있습니다."
"도반이여, 그러면 어떤 것이 이러한 열반을 실현하기 위한 도이고 어떤 것이 도닦음입니까?"
"도반이여, 그것은 바로 여덟 가지 구성요소를 가진 성스러운 도[八支聖道]이니, 바른 견해, 바른 사유, 바른 말, 바른 행위, 바른 생계, 바른 정진, 바른 마음챙김, 바른 삼매입니다. 도반이여, 이것이 열반을 실현하기 위한 도이고 이것이 도닦음입니다."(『상윳따 니까야』 제4권 「열반 경」(S38:1) §4)

"비구들이여, 이것이 괴로움의 소멸로 인도하는 도닦음의 성스러운 진리이다. 그것은 바로 여덟 가지 구성요소를 가진 성스러운 도[八支聖道]이니, 즉 바른 견해[正見], 바른 사유[正思惟], 바른 말[正語], 바른 행위[正業], 바른 생계[正命], 바른 정진[正精進], 바른 마음챙김[正念], 바른 삼매[正定]이다."(「초전법륜 경」(S56:11) §8)

### (9) 사성제 종합

"괴로움의 성스러운 진리는 철저하게 알아야 한다.(pariññeyya) 괴로움의 일어남의 성스러운 진리는 버려야 한다.(pahātabba) 괴로움의 소멸의 성스러운 진리는 실현해야 한다.(sacchikātabba) 괴로움의 소멸로 인도하는 도닦음의 성스러운 진리는 닦아야 한다.(bhāvetabba)"(「철저히 알아야함 경」(S56:29) §5)

"바르게 그 스스로 모든 법들을 깨달으셨기 때문에 바르게 깨달으신 분(Sammā-sambuddha, 正等覺者)이라 한다. 그분은 모든 법을 바르게 그 스스로 깨달으셨다. 최상의 지혜로 알아야 할 법들(즉, 사성제)을 최상의 지혜로 알아야 한다고 깨달으셨고, 철저히 알아야 할 법들(즉, 고성제)을 철저히 알아야 한다고 깨달으셨고, 버려야 할 법들(즉, 고집성제)을 버려야 한다고 깨달으셨고, 실현해야 할 법들(즉, 고멸성제=열반)을 실현해야 한다고 깨달으셨고, 닦아야 할 법들(즉, 고멸도성제)을 닦아야 한다고 깨달으셨다. 그러므로 이와 같이 설하셨다.

> '나는 알아야 할 바(고성제)를 알았고,
> 닦아야 할 바(도성제)를 닦았고,
> 버려야 할 것(집성제)을 버렸다.
> 바라문이여, 그래서 나는 붓다, 깨달은 사람이다.'(Sn. {558}"
>
> — 『청정도론』 VII.26.

이것을 다시 정리해보면 다음과 같다.

① 사성제 – 최상의 지혜로 알아야 함 – abhiññeyya
② 고성제 – 철저하게 알아야 함 – pariññeyya
③ 집성제 – 버려야 함 – pahātabba
④ 멸성제 – 실현해야 함 – sacchikātabba

⑤ 도성제 – 닦아야 함 – bhāvetabba

마지막으로 「심사빠 숲 경」(S56:31)을 인용한다.

"비구들이여, 그와 같이 내가 최상의 지혜로 안 것들 가운데 내가 가르치지 않은 것이 훨씬 더 많다. 내가 가르친 것은 아주 적다.

비구들이여, 그러면 나는 왜 가르치지 않았는가? 비구들이여, 이것은 이익을 주지 못하고, 이것은 청정범행의 시작에도 미치지 못하고, 염오로 인도하지 못하고, 탐욕의 빛바램으로 인도하지 못하고, 소멸로 인도하지 못하고, 고요함으로 인도하지 못하고, 최상의 지혜로 인도하지 못하고, 바른 깨달음으로 인도하지 못하고, 열반으로 인도하지 못한다. 그래서 나는 이것을 가르치지 않았다.

비구들이여, 그러면 나는 무엇을 가르쳤는가? 비구들이여, 나는 이것은 괴로움이라고 가르쳤다. 나는 이것은 괴로움의 일어남이라고 가르쳤다. 나는 이것은 괴로움의 소멸이라고 가르쳤다. 나는 이것은 괴로움의 소멸로 인도하는 도닦음이라고 가르쳤다.

비구들이여, 그러면 왜 나는 이것을 가르쳤는가? 비구들이여, 이것은 참으로 이익을 주고, 이것은 청정범행의 시작이고, 염오로 인도하고, 탐욕의 빛바램으로 인도하고, 소멸로 인도하고, 고요함으로 인도하고, 최상의 지혜로 인도하고, 바른 깨달음으로 인도하고, 열반으로 인도하기 때문이다. 그래서 나는 이것을 가르쳤다."

이렇게 말씀하신 뒤에 『상윳따 니까야』의 「진리 상윳따」(S56)에서 고구정녕히 반복하고 계시는 다음의 정형구로 경을 마무리 지으신다.

"비구들이여, 그러므로 그대들은 '이것이 괴로움이다.'라고 수행해야 한다. '이것이 괴로움의 일어남이다.'라고 수행해야 한다. '이것이 괴로움의 소멸이다.'라고 수행해야 한다. '이것이 괴로움의 소멸로 인도하는 도닦음이다.'라고 수행해야 한다."(S56:31)

# 제7장 나는 누구인가 - 초기불교의 인간관, 오온 I

(1) 들어가는 말

인류가 있어온 이래로 인간이 자신에게 던진 가장 많은 질문은 아마 '나는 누구인가?'일 것이다. 인간과 신들의 스승이신 부처님께서도 당연히 이 질문에 대해서 대답하셨다. 중요한 질문이기에 아주 많이, 그것도 아주 강조해 말씀하셨다. 그러면 부처님께서는 이 질문에 어떻게 대답하셨을까? 부처님께서는 초기불전의 도처에서 간단명료하게 '나'는 '오온(五蘊, panca-kkhandha)'이라고 말씀하셨다. '나'라는 존재는 물질(몸뚱이, 色), 느낌[受], 인식[想], 심리현상들[行], 알음알이[識]의 다섯 가지 무더기[蘊]의 적집일 뿐이라는 것이다.

오온은 불교의 가장 기본이 되는 법수이다. 이처럼 나는 누구인가에 대한 가장 기본적인 질문에 대해서 부처님께서는 나라는 존재를 다섯 가지로 해체해서 설하고 계신다. 해체의 중요성은 아무리 강조해도 지나치지 않다. 해체(vibhajja)에 대해서는 『상윳따 니까야』 제1권 「왕기사 장로 상윳따」(S8)의 「천 명이 넘음 경」(S8:8)을 주목해야할 필요가 있다. 본경에서 존자는 부처님을 "부분들로 해체해서 [설하시는] 분"{742}이라고 칭송하고 있기 때문이다.

주석서는 "'부분들로 해체해서(bhāgaso pavibhajjaṁ)'란 마음챙김의 확립 등의 부분으로 법을 해체하는 것이라는 말이다. 혹은 철저하게 해체하는 것으로도 읽을 수 있는데, 여러 가지 구성요소들과 부분들로 해체하고(vibhajitvā) 해체해서라는 뜻이다."라고 설명하고 있다.

부분들로 해체한다는 것은 빠알리 『삼장』과 주석서와 복주서 전통을 고스란히 간직하고 있는 상좌부 불교를 위밧자와딘(Vibhajjavādin) 즉 해체를 설하는 [상좌부], 혹은 분별[상좌부]라 부르는 『율장 주석서』(VinA.i.61 = KvA.7)와 『청정도론』(XVII.25) 등의 입장과 그대로 일치하는 표현이다. 그래서 일본에서는 남방불교 혹은 상좌부불교를 '분별상좌부'라 부르기도 한다.

물론 이러한 분석과 해체의 궁극적 지향점은 개념(paññatti)의 해체이다. 개념적 존재를 해체할 때 온·처·계·근·제·연 등으로 설해지는 법(dhamma)의 무상·고·무아가 극명하게 드러나며, 이러한 무상이나 고나 무아를 통찰함으로 해서 염오하고 탐욕이 빛바래고 그래서 해탈·열반·깨달음을 실현한다는 것이 초기불전의 도처에서 강조되고 있다. 특히 『상윳따 니까야』 제3권 「무더기 상윳따」(S22)와 제4권 「육처 상윳따」(S35)의 많은 경들은 이것을 강조하고 있다. 여기에 대해서는 『상윳따 니까야』 제3권 「무상 경」(S22:12 §3)의 주해 등을 참조하기 바란다. 상좌부 불교가 스스로를 '해체를 설하는 상좌부'로 부른 데는 부처님 가르침의 핵심을 해체(vibhajja)라고 파악한 장로들의 혜안이 고스란히 들어 있는 것이다.

오온은 『상윳따 니까야』 「무더기 상윳따」(S22)의 주제이다. 그러면 오온에 대해서 살펴보자.

### (2) 무더기[蘊]란 무엇인가

「무더기 상윳따」는 Khandha saṁyutta를 옮긴 말이다. 본 상윳따에는 159개의 경들이 포함되어 있으며 모두 오온에 관계된 가르침을 담고 있는 경들이다.

무더기로 옮긴 원어는 khandha인데 이것은 산스끄리뜨 skandha에 상응하는 빠알리어이다. 오래된 산스끄리뜨 어원사전인 『우나디 수뜨라』(Uṇādi Sūtra, Uṇ.iv.206)는 이 단어를 √skand(*to leap, to jump*)에서 파생된 남성명사로 간주하는데, 위로 튀어 오른 부분이라는 기본적인 의미에서 몸의 상체부분이나 등짝 혹은 어깨 등을 뜻한다. 『아타르바베다』에서는 나무의 줄기 혹은 수간(樹幹) 부분을 뜻하는 단어로 쓰이고 있다고 한다.(MW) 산스끄리뜨 어근 사전인 빠니니(Pāṇini)의 『다뚜빠타』(Dhātupatha xxxv.84)에는 √skandh가 어근으로 나타나고 있으며, 이것을 모으다(*to collect*)의 뜻으로 설명하고 있다.

이런 의미는 초기불전에도 그대로 채용되어 『상윳따 니까야』 제1권 「인간 경」(S3:21 §5) 등에서는 코끼리의 몸통이나 등(hatthi-kkhandha)의 의미로도 쓰이고 있으며, 「수찌로마 경」(S10:3) {810}에서는 "니그로다 나무의 몸통에서 생긴(nigrodhasseva khandhajā)"으로 나타나고, 제4권 「세상의 끝에 도달함 경」(S35:116 §8)에서는 "큰 나무의 뿌리와 수간을 제쳐놓고(mūlam atikkamma khandhaṁ)"로도 나타난다. 이처럼 빠알리 khandha는 산스끄리뜨의 skandha와 같은 의미로 쓰이고 있다.

초기불전에서는 이러한 보통명사가 색·수·상·행·식의 다섯 가지를 뜻하는 전문술어로 채택이 되어서 이러한 다섯 가지들의 적집이나 무더기나 낟가리나 쌓임 등을 뜻하고 있다. 한편 빠알리 주석서들은 한결같이 "더미라는 뜻에서 무더기라 한다."83)고 설명하고 있다. 중국에서는 온(蘊)으로 정착이 되었다. 그리고 전문술어로 쓰이는 khandha는 서양에서 이미 영어 *aggregate*로 정착이 되었다. 그리고 위에서 봤듯이 『다뚜빠타』에는 이 단어를 √skand(*to leap, to jump*)에서 파생된

---

83) khandhānaṁ rāsaṭṭhaṁ – PsA.i.89.
rāsaṭṭhena khandho vutto – DhsA.141.
rāsaṭṭhena khandhabhāvo yujjati – VbhA.31
rūpaṁ rāsaṭṭhena khandhesu paviṭṭhaṁ – SA.ii.270 등.

것으로 보지 않고, 모으다(*to collect*)를 뜻하는 √skandh에서 파생된 것으로 설명하고 있다. 이런 점들을 참조하여 초기불전연구원에서는 이 술어를 '무더기'로 통일해서 옮기고 있다.

그리고 이 무더기(khandha)는 『상윳따 니까야』 「존중 경」(S6:2 §3) 등에는 계의 무더기[戒蘊, sīla-kkhandha], 삼매의 무더기[定蘊], 통찰지의 무더기[慧蘊], 해탈의 무더기[解脫蘊], 해탈지견의 무더기[解脫知見蘊]로도 나타나는데, 이 다섯 가지는 『디가 니까야』 「십상경」(D34 §1.6)에서 '다섯 가지 법의 무더기[五法蘊, dhamma-kkhandha]'라 부르고 있다. 그리고 계온, 정온, 혜온의 3온만 나타나는 곳도 있고(「수바 경」(D10) §10 등; 「섬겨야 함 경」(A3:26) 등) 계온, 정온, 혜온, 해탈온의 4온이 나타나는 곳도 있다.(「합송경」(D33) §1.11 (25); 「우루웰라 경」1(A4:21) 등)

### (3) 오온이란 무엇인가 — 오온 각지(各支)의 설명

이제 오온이 구체적으로 무엇을 말하는 것인지 『상윳따 니까야』 「무더기 상윳따」(S22)에서 정의하고 있는 것을 토대로 살펴보고자 한다.

#### ① 물질의 무더기[色蘊]란 무엇인가

경에서 물질의 무더기[色蘊, rūpa-kkhandha]는 다음과 같이 정의되어 나타난다.

"비구들이여, 그러면 왜 물질이라 부르는가?

변형(變形)된다고 해서 물질이라 한다. 그러면 무엇에 의해서 변형되는가? 차가움에 의해서도 변형되고, 더움에 의해서도 변형되고, 배고픔에 의해서도 변형되고, 목마름에 의해서도 변형되고, 파리, 모기, 바람, 햇빛, 파충류들에 의해서도 변형된다.

비구들이여, 이처럼 변형된다고 해서 물질이라 한다."(『상윳따 니까야』 「삼켜버림 경」(S22:79) §4)

"물질 등은 자아(attā)가 아니고 자아에 속하는 것(attaniyā)도 아니고 실체가 없고(asārā) 주인이 없다(anissarā). 그래서 이들은 공(suññā)하다. 이러한 그들의 성질(bhāva)을 공함[空性, suññatā]이라 한다. 이러한 공함의 특징을 '변형됨(ruppana)' 등을 통해서 '보여주시기 위해서'라는 뜻이다."(SA.ii.210)

"'변형된다(ruppati)'고 했다. 이것은 물질(rūpa)이라는 것은 차가움 등의 변형시키는 조건과 접촉하여 다르게 생성됨을 두고 말한 것이다." (SAṬ.ii.210)

여기서 변형(ruppana, ruppati)은 변화(viparinnāma)와 다르다는 것을 말하고 싶다. 변형(變形)은 형태나 모양이 있는 것이 그 형태나 모양이 바뀌는 것을 말한다. 이것은 물질만의 특징이다. 느낌, 인식, 심리현상들, 알음알이(수・상・행・식)와 같은 정신의 무더기들의 경우 변화는 있으되 형태나 모양이 없기 때문에 변형은 없다. 그래서 변형은 물질에만 해당된다.

"법들에는 보편적이고 개별적인 두 가지 특징(lakkhaṇa)이 있다. 이 둘 가운데서 물질의 무더기는 [변형되는 것이] 개별적 특징[自相, paccatta-lakkhaṇa = sabhāva-lakkhaṇa]임을 밝히셨다. [변형되는 것은] 물질의 무더기에만 있고 느낌 등에는 없기 때문에 개별적 특징이라 불린다. 무상・고・무아라는 특징은 느낌 등에도 있다. 그래서 이것은 보편적 특징[共相, sāmañña-lakkhaṇa]이라 불린다."[84](SA.ii.291~292)

---

84) 중국에서는 보편적 특징을 공상(共相)으로 개별적 특징을 자상(自相)으로 옮겼다. 이 자상(自相)과 공상(共相)은 법(dhamma)을 파악하고 구명하고 이해하고 정의하는 가장 중요한 방법론으로 아비담마/아비달마와 중관과 유식과 여래장 계열의 모든 논서에 적용되어 나타나고 있다. 그러므로 자상과 공상에 대한 이해가 없이는 불교교학을 논할 수가 없다 해도 과언이 아니다. 법의 자상(自相)과 공상(共相) 등에 대한 논의는 본서 제13장 어떻게 해탈・열반을 실현할 것인가에 나타나고 있으니 그 부분을 참조하기 바란다.

즉 변형(變形, *deformation*)은 형체를 가진 물질에만 적용되는 개별적이고 특수한 성질이다. 그래서 물질을 이런 변형이라는 물질에만 존재하는 개별적 특징을 가지고 설명하셨다는 뜻이다.

한편 상좌부 아비담마에서는 물질을 모두 28가지로 분류하고 있는데, 근본물질 4가지와 파생된 물질 24가지로 분류한 뒤에 파생된 물질을 다시 구체적 물질 14가지와 추상적 물질 10가지로 분류하여 설명하고 있다.[85]

한편 rūpa[色]는 『상윳따 니까야』 제1권 「다섯 왕 경」(S3:12) §3이나 제4권 「육처 상윳따」(S35)의 여러 경들에서 보듯이 눈의 대상을 뜻하기도 한다. 이 경우에는 형상을 의미하기도 하고 색깔을 의미하기도 한다. 초기불전에서부터 눈의 대상으로서의 루빠는 형상과 색깔 둘 다를 의미한다. 『아비달마 구사론』 등에서는 루빠[色]를 청황적백(靑黃赤白)과 장단방원(長短方圓) 등으로 설명하고 있는데(권오민, 『아비달마 구사론』 제1권 15쪽 참조), 전자는 색깔을 후자는 형상을 뜻하는 것으로 이해할 수 있다.

지금까지 초기불전연구원에서는 눈의 대상을 '형상'으로 옮겼는데, 색깔의 의미가 빠진 번역이라서 이번 『상윳따 니까야』 번역부터는 이 둘을 다 나타내는 '형색(形色)'으로 통일해서 옮기고 있다. 중국에서는 물질의 의미든 형색의 의미든 모두 색(色)으로 통일해서 옮겼다.

② 느낌의 무더기[受蘊]란 무엇인가

느낌[受, vedanā]은 감정적·정서적·예술적인 단초가 되는 심리현상이다. 느낌에 바탕을 두고 있는 심리현상들 예를 들면 즐거운 느낌을 주는 것을 끌어당기는 심리현상인 탐욕이나, 괴로운 느낌을 주는 대상을

---

85) 상좌부 아비담마에서 분류하여 설명하는 물질 전반에 대해서는 『아비담마 길라잡이』 제6장을 참조할 것.

밀쳐내는 심리현상인 성냄은 느낌의 영역에 속하지 않는다. 이들은 오온의 네 번째인 심리현상들의 무더기[行蘊]에 속한다. 그래서 느낌을 감정적・정서적인 '단초(端初)'가 되는 심리현상이라 표현한 것이다. 경들에 의하면 느낌에는 괴로운 느낌, 즐거운 느낌, 괴롭지도 즐겁지도 않은 느낌의 세 가지가 있다.

"비구들이여, 그러면 왜 느낌이라 부르는가?

느낀다고 해서 느낌이라 한다. 그러면 무엇을 느끼는가? 즐거움도 느끼고 괴로움도 느끼고 괴롭지도 즐겁지도 않은 것도 느낀다.

비구들이여, 이처럼 느낀다고 해서 느낌이라 한다."(「삼켜버림 경」(S22:79) §5)

이처럼 경에서 느낌은 대부분 괴로운 느낌[苦受], 즐거운 느낌[樂受], 괴롭지도 즐겁지도 않은 느낌[不苦不樂受]의 세 가지로 나타나고 있다. 그러나 『상윳따 니까야』 제4권 「느낌 상윳따」(S36)의 「빤짜깡가 경」(S36:19)에 의하면 목수 빤짜깡가는 세존께서는 괴로운 느낌과 즐거운 느낌의 두 가지만을 설하셨다고 주장하고 있으며, 세존께서도 어떤 경우에는 이런 두 가지 느낌만을 설하셨다고 말씀하고 계신다.

『상윳따 니까야』 제4권 「느낌 상윳따」(S36)의 몇몇 경에 의하면 괴롭지도 즐겁지도 않은 느낌[不苦不樂受]은 수승한 느낌이다. 그리고 여러 경에서 이 괴롭지도 즐겁지도 않은 느낌은 제4선의 특징으로 나타나고 있다. 이렇게 보자면 삼매 체험이 없는 일반사람들이 괴롭지도 즐겁지도 않은 느낌을 느끼기란 쉽지 않은 것으로 보인다.

그런데 아비담마에서는 이들 각각의 느낌에서 육체적인 것과 정신적인 것을 구분하여 육체적 즐거움[樂, sukkha], 육체적 괴로움[苦, dukkha], 정신적 즐거움[喜, somanassa], 정신적 괴로움[憂, domanassa], 평온[捨, upekkhā]의 다섯으로 분류하고 있다.(『아비담마 길라잡이』 제3장 §2를 참조할 것) 한편 이 다섯은 『상윳따 니까야』 제4권 「백팔 방편 경」(S36:22 §6)

에도 나타나고 있고, 제5권 「기능 상윳따」(S48)의 제4장 「즐거움의 기능 품」에 나타나는 열 개의 경들(S48:31~40)에서는 22가지 기능들 가운데 다섯 가지로 포함되어 나타난다. 이들의 차이점은 제5권 「분석 경」 1/2(S48:36~37)에서 설명되고 있다.

한편 주석서는 느낌에 대해서 이렇게 설명하고 있다.

"'느낀다(vedayati)'는 것은 여기서 오직 느낌이 느끼는 것이지 다른 중생(satta)이나 개아(puggala)가 느끼는 것이 아니다. 왜냐하면 느낌은 느끼는 특징을 가졌기 때문에 토대와 대상을 반연하여 느낌이 오직 느끼는 것이다. 이처럼 세존께서는 여기서도 [느낀다는] 느낌의 개별적 특징[自相, paccatta-lakkhaṇa]을 분석하신 뒤에 설하셨다."(SA.ii.292)

느낌은 『상윳따 니까야』 제4권에서 「느낌 상윳따」(S36)로 독립된 주제로 편집되어 나타나는데, 이 상윳따에는 31개의 경을 담고 있다. 한편 남·북방의 아비담마·아비달마와 유식에 의하면 느낌은 마음(心)과 항상 함께 일어나는 심리현상 즉 '반드시들[遍行心所]'에 속한다. 그러므로 생명체가 존재하는 한 그리고 그가 멸진정[86]에 들지 않는 한 그는 느낌으로부터 벗어날 수 없다. 이처럼 느낌은 피할 수 없는 것이다.

그래서 세존께서는 「느낌 상윳따」(S36)에 포함된 경들에서 특히 느낌의 순화와 안정과 행복의 증진을 위해서 삼매를 닦을 것을 강조해서

---

86) '멸진정(滅盡定)' 혹은 소멸의 증득은 nirodha-samāpatti를 옮긴 것이다. 중국에서는 멸정(滅定)이나 입멸정(入滅定) 등으로 옮기기도 하였다. 상수멸(想受滅, saññā-vedayita-nirodha)이 인식[想]과 느낌[受]으로 대표되는 모든 심리현상들과 알음알이가 소멸된 삼매라고 정의되듯이, 멸진정(niro-dha-samāpatti)도 주석서 문헌들에서는 "여기서 네 가지 무더기의 소멸이 멸진정이라고 알아야 한다."(SA.ii.135)라고 하여 이러한 수·상·행·식의 4온이 그치고 소멸된 경지라고 정의되고 있다. 그러므로 상수멸과 멸진정은 동의어이다. 「일곱 요소 경」(S14:11)도 이렇게 말하고 있으며, 『청정도론』 제23장(XXIII)을 비롯한 모든 주석서 문헌들도 마찬가지다.
상수멸에 대한 자세한 논의는 『상윳따 니까야』 제4권 「까마부 경」 2(S41:6) §§6~13까지를 참조할 것. 멸진정에 대해서는 『아비담마 길라잡이』 제9장 §42와 제4장 §22의 해설을 참조할 것.

설하고 계신다. 그래서 네 가지 선이 강조되어 나타나고 4선-4처-상수멸의 구차제멸 혹은 구차제정도 강조되고 있다.[87] 그리고 아래에서 인용하고 있듯이 세존께서는 두 번째 화살에 맞지 말라고 고구정녕하게 말씀하고 계신다.

"비구들이여, 그러면 어떤 것이 세 가지 느낌인가?
즐거운 느낌, 괴로운 느낌, 괴롭지도 즐겁지도 않는 느낌이다.
비구들이여, 이를 일러 세 가지 느낌이라 한다.
비구들이여, 그러면 어떤 것이 다섯 가지 느낌인가?
육체적 즐거움의 기능[樂根], 육체적 괴로움의 기능[苦根], 정신적 즐거움의 기능[喜根], 정신적 괴로움의 기능[憂根], 평온의 기능[捨根]이다.
비구들이여, 이를 일러 다섯 가지 느낌이라 한다."(『상윳따 니까야』 제4권 「백팔 방편 경」(S36:22) §§5~6)

"비구들이여, 즐거움을 느낄 때 탐욕의 잠재성향을 버려야 한다. 괴로움을 느낄 때 적의의 잠재성향을 버려야 한다. 괴롭지도 즐겁지도 않은 느낌의 경우 무명의 잠재성향을 버려야 한다."(「버림 경」(S36:3) §4)

"비구들이여, 예를 들면 어떤 사람이 화살에 꿰찔리고 연이어 두 번째 화살에 또다시 꿰찔리는 것과 같다. 그래서 그 사람은 두 화살 때문에 오는 괴로움을 모두 다 겪을 것이다.
비구들이여, 그와 같이 배우지 못한 범부는 육체적으로 괴로운 느낌을 겪을 때, 근심하고 상심하고 슬퍼하고 가슴을 치고 울부짖고 광란한다. 그래서 이중으로 느낌을 겪는다. 즉 육체적 느낌과 정신적 느낌이다." (「화살 경」(S36:6))

---

87) 구차제멸(九次第滅, nava anupubba-nirodhā) 혹은 구차제정(九次第定)에 대해서는 본서 제6장 (7)을 참조할 것.

"비구들이여, 비구가 이처럼 마음챙겨, 분명히 알아차리며, 방일하지 않고, 열심히, 스스로 독려하며 머무는 중에 괴로운 느낌이 일어나면 그는 이렇게 꿰뚫어 안다.

'지금 나에게 괴로운 느낌이 일어났다. 이것은 조건에 의해서 생겨난 것이며, 조건에 의해서 생겨나지 않은 것이 아니다. 무엇에 의해 조건 지워졌는가? 바로 이 몸에 의해 조건 지워졌다. 그런데 이 몸은 참으로 무상하고 형성되었고[有爲] 조건에 의해서 생겨난 것[緣而生]이다. 이렇듯 무상하고 형성되었고 조건에 의해서 생겨난 몸에 조건 지워진 이 괴로운 느낌이 어찌 항상할 수 있을 것인가?'

그는 몸에 대해 그리고 괴로운 느낌에 대해 무상을 관찰하며 머무르고, 사그라짐을 관찰하며 머무르고, 탐욕이 빛바램을 관찰하며 머무르고, 소멸을 관찰하며 머무르고, 놓아버림을 관찰하며 머무른다. 그가 몸에 대해 그리고 괴로운 느낌에 대해 무상을 관찰하며 머무르고, 사그라짐을 관찰하며 머무르고, 탐욕이 빛바램을 관찰하며 머무르고, 소멸을 관찰하며 머무르고, 놓아버림을 관찰하며 머물면 몸에 대한 그리고 괴로운 느낌에 대한 적의의 잠재성향이 사라진다.(즐거운 느낌과 평온한 느낌에 대해서도 같은 방법으로 설하심.)"(「간병실 경」1(S36:7) §7)

한편 오온의 문맥에서 나타나는 느낌[受]의 가르침 이외의 느낌에 대한 부처님 말씀은 대부분이 『상윳따 니까야』「느낌 상윳따」(S36)에 모아져 있다. 이처럼 부처님께서는 느낌에 대한 중요하면서도 많은 말씀을 하셨다.

### ③ 인식의 무더기[想蘊]란 무엇인가

느낌[受]이 예술적이고 정서적인 심리현상들[行]의 단초(端初)가 되는 것이라면, 인식[想, saññā]은 지식이나 철학이나 사상이나 이념과 같은 우리의 이지적인 심리현상들의 밑바탕이 되는 것이다. 인식은 이처럼 우리의 견해와 사상과 철학과 관계있다. 이것은 단박에 전환이 가능하고 유신견[88]과 관계있다. 상 · 락 · 아 · 정(常 · 樂 · 我 · 淨)이라는 인식의 전도에 빠져서 어리석음[癡]으로 발전된다. 그래서 어리석음이나 통찰지나 사견과 같은 심리현상은 인식을 토대로 한 것이지만 인식의 영역에 속하지 않고 오온의 네 번째인 심리현상들의 무더기[行蘊]에 속하는 것으로 분류된다. 한편 『청정도론』은 인식의 특징으로 "마치 목수들이 목재 등에 [먹줄로] 표시하는 것처럼, 인식할 수 있는 원인이 될 '표상을 만드는(nimitta-karaṇa) 역할'을 한다."(Vis.XIV.130)라고 설명하고 있다.

경은 인식을 다음과 같이 정의하고 있다.

"비구들이여, 그러면 왜 인식이라 부르는가?

인식한다고 해서 인식이라 한다. 그러면 무엇을 인식하는가? 푸른 것도 인식하고 노란 것도 인식하고 빨간 것도 인식하고 흰 것도 인식한다.

비구들이여, 이처럼 인식한다고 해서 인식이라 한다."(「삼켜버림 경」(S22:79) §6)

여기에 대해서 주석서는 이렇게 설명한다.

"'푸른 것도 인식하고'라는 것은 푸른 꽃이나 천에 대해서 준비단계(parikamma)의 [인식을] 만든 뒤에 근접단계나 본 단계의 [인식을] 얻으면서 인식한다. 여기서 인식이라는 것은 준비단계의 인식도 해당되고 근접단계(upacāra)의 인식도 해당되고 본 단계(appanā)의 인식도 해당된다. 그리고 푸른 것에 대해서 푸르다고 일어나는 인식도 해당된다. 이 방법은 노란 것 등에도 적용된다. 여기서도 세존께서는 인식하는 특징을 가진 인식의 개별적 특징[自相, paccatta-lakkhaṇa]을 분석하신 뒤에 설하셨다."(SA.ii.292)

---

88) '유신견(有身見, sakkāya-diṭṭhi)'에 대해서는 본서 제8장 (2)-①과 제30장 (1)의 주해와 제31장 (1)-① 등과 「나꿀라삐따 경」(S22:1) §§10~14 및 주해와 『아비담마 길라잡이』 7장 §7의 해설을 참조할 것.

여기에 나타나는 준비단계와 근접단계와 본 단계는 삼매 수행에도 적용되어서 설명되고 있다. 여기에 대해서는 『아비담마 길라잡이』 제9장 §4와 해설 등을 참조하기 바란다.

초기경에서 인식[想, 산냐, saññā]은 다양한 문맥에서 나타난다. 가장 많이 나타나는 경우가 오온의 세 번째인 인식의 무더기(想蘊)이다. 오온의 두 번째인 느낌[受, vedanā]이 우리의 예술적이고 정서적인 심리현상들[行]의 밑바탕이 되는 것이라면, 인식은 철학이나 사상과 같은 우리의 이지적인 심리현상들의 단초가 되는 것이라 할 수 있다.

한편 오온의 문맥에서 나타나는 느낌[受]의 가르침 이외의 느낌에 대한 부처님 말씀은 『상윳따 니까야』 「느낌 상윳따」(S36)에 모아져 전승되어 오지만 오온의 문맥에서 나타나는 인식[想]의 가르침 이외의 인식에 대한 부처님 말씀은 『상윳따 니까야』에 독립된 주제로 모아서 결집되지는 않았다. 대신에 다양한 종류의 인식은 『앙굿따라 니까야』에 모아져서 나타나고 있는데 아래 ⓒ 닦아야할 인식을 참조하기 바란다.

ⓐ 버려야 할 인식

인식은 대상을 받아들여 이름을 짓고 개념을 일으키는 작용이다. 그런데 이런 개념작용은 또 무수한 취착을 야기하고 해로운 심리현상들[不善法]을 일으키기 때문에 초기경의 여러 문맥에서 인식은 부정적이고 극복되어야 할 것으로 언급되어 있다. 그래서 최초기 가르침인 『숫따니빠따』 제4장에서도 인식은 견해(見)와 더불어 극복되어야 할 것으로 나타나며, 특히 '희론하는 인식(papañca-saññā)'을 가지지 말 것을 초기경들은 강조하고 있다. 그리고 버리고 극복되어야 할 대표적인 인식으로 『금강경』은 아상(我相, 我想, ātma-saṁjñā), 인상(人相, pudgala-saṁjñā), 중생상(衆生相, sattva-saṁjñā), 수자상(壽者相, jīva-saṁjñā), 즉 자아가 있다는 인식, 개아가 있다는 인식, 중생이 있다는 인식, 영혼이 있다는 인식을 들고 있음은 우리가 잘 알고 있다. 이러한 인식들은 단지 인식에만 머물지 않고 존재론적인 고정관념으로 고착된다고 이해한 구마라즙 스님은 『금강경』에서 이러한 인식을 상(想)으로 옮기지 않고 상(相)으로 옮겼다. 금강경을 한역한 여섯 분의 스님들 가운데 구마라즙 스님을 제외한 나머지 다섯 분들은 모두 상(想)으로 직역하였다.

ⓑ 인식의 전도[想顚倒, saññā-vipallāsa] — 4전도

무상·고·무아·부정인 것을 항상하고 즐겁고 자아이고 깨끗한 것(상·락·아·정, 常·樂·我·淨)으로 여기는 것을 인식의 전도라 하며, 북전 『반야심경』도 이러한 전도를 여의고 궁극적 행복인 열반을 실현할 것을 강조하고 있다.(원리전도몽상 구경열반, 遠離顚倒夢想 究竟涅槃)

이러한 인식의 전도는 이미 니까야에 다음과 같이 나타나고 있다.

"비구들이여, 네 가지 인식의 전도, 마음의 전도, 견해의 전도가 있다. 무엇이 넷인가?

비구들이여, 무상에 대해서 항상하다는 인식의 전도, 마음의 전도, 견해의 전도가 있다. 비구들이여, 괴로움에 대해서 행복이라는 인식의 전도, 마음의 전도, 견해의 전도가 있다. 비구들이여, 무아에 대해서 자아라는 인식의 전도, 마음의 전도, 견해의 전도가 있다. 비구들이여, 부정한 것에 대해서 깨끗하다는 인식의 전도, 마음의 전도, 견해의 전도가 있다.

비구들이여, 이러한 네 가지 인식의 전도, 마음의 전도, 견해의 전도가 있다."(『앙굿따라 니까야』 「전도 경」(A4:49) §1)

"무상하고, 괴로움이고, 무아고, 부정한 대상에 대해서 영원하고, 행복하고, 자아이고, 깨끗하다고 여기면서 일어나기 때문에 전도라 한다."(『청정도론』 XXII.53)

ⓒ 닦아야 할 인식

인식[想]도 느낌처럼 남·북방의 아비담마·아비달마와 유식에서는 마음(心)과 항상 함께 일어나는 심리현상 즉 '반드시들[遍行心所, sādhāra-na]'이라고 설명하고 있다. 그러므로 멸진정에 들지 않는 한 우리는 인식으로부터 벗어날 수 없다. 인식이 마음과 함께 일어나기 마련인 것이라면 해탈·열반에 방해가 되는 존재론적인 인식은 버리고 해탈·열반에 도움이 되는 인식들을 개발해야 할 것이다.

그래서 초기경에는 제거되어야 할 고정관념으로서의 인식만을 들고 있는 것이 아니라, 깨달음을 증득하고 해탈·열반을 실현하기 위해서 개발하고 닦아야 하는 인식도 나타나고 있다. 특히 『앙굿따라 니까야』에는 수행자들이 닦아야 할 여러 가지 조합의 인식들이 나타나고 있다. 『앙굿따라 니까야』 「다섯의 모음」(A5)에는 여러 가지 조합의 다섯 가지 인식이, 「여섯의 모음」(A6)에는 여섯 가지 인식이, 「일곱의 모음」(A7)에서는 일곱 가지 인식이, 「아홉의 모음」(A9)에는 아홉 가지 인식이, 그리고 최종적으로 「열의 모음」(A10)에는 열 가지 인식이 나타나고 있다. 이처럼 수행과 관계된 다양한 조합의 인식이 나타나고 있다. 이러한 인식들은 모두 수행을 통해서 얻어야 할 인식이며, 해탈·열반을 실현하는데 도움이 되는 인식으로 권장되고 있다.

『앙굿따라 니까야』에 나타나는 다양한 인식을 정리해보면 다음과 같다.

다섯 가지 인식1

"부정의 인식, 죽음에 대한 인식, 위험의 인식, 음식에 혐오하는 인식, 온 세상에 대해 기쁨이 없다는 인식."(A5:61)

다섯 가지 인식2

"무상(無常)의 인식, 무아의 인식, 죽음에 대한 인식, 음식에 혐오하는

인식, 온 세상에 대해 기쁨이 없다는 인식."(A5:62)

다섯 가지 인식3

"[오온에 대한] 무상(無常)의 인식, 무상한 [오온에 대한] 괴로움의 인식, 괴로움인 [오온에 대한] 무아의 인식, 버림의 인식, 탐욕이 빛바램의 인식."(A5:72)

여섯 가지 인식1

"여섯 가지 인식이 있나니 형색의 인식, 소리의 인식, 냄새의 인식, 맛의 인식, 감촉의 인식, 법의 인식."(A6:63)

여섯 가지 인식2

"[오온에 대해] 무상(無常)이라고 [관찰하는 지혜에서 생긴] 인식, 무상한 [오온에 대해서] 괴로움이라고 [관찰하는 지혜에서 생긴] 인식, 괴로움인 [오온에 대해서] 무아라고 [관찰하는 지혜에서 생긴] 인식, 버림의 인식, 탐욕이 빛바램의 인식, 소멸의 인식."(A6:123)

일곱 가지 인식

"부정(不淨)이라고 [관찰하는 지혜에서 생긴] 인식, 죽음에 대한 인식, 음식에 대해 혐오하는 인식, 온 세상에 대해 기쁨이 없다는 인식, [오온에 대해] 무상(無常)이라고 [관찰하는 지혜에서 생긴] 인식, 무상한 [오온에 대해] 괴로움이라고 [관찰하는 지혜에서 생긴] 인식, 괴로움인 [오온에 대해] 무아라고 [관찰하는 지혜에서 생긴] 인식."(A7:45/46)

아홉 가지 인식

"부정(不淨)을 [관찰하는 지혜에서 생긴] 인식, 죽음에 대한 인식, 음식에 혐오하는 인식, 온 세상에 대해 기쁨이 없다는 인식, [오온에 대해] 무상(無常)이라고 [관찰하는 지혜에서 생긴] 인식, 무상한 [오온에 대해]

괴로움이라고 [관찰하는 지혜에서 생긴] 인식, 괴로움인 [오온에 대해] 무아라고 [관찰하는 지혜에서 생긴] 인식(이상 일곱 가지 인식은 「인식 경」 1(A7:45)과 같다.), 버림을 [관찰하는 지혜에서 생긴] 인식, 탐욕이 빛바램을 [관찰하는 지혜에서 생긴] 인식."(A9:16)[89]

열 가지 인식1

"부정이라고 [관찰하는 지혜에서 생긴] 인식, 죽음에 대한 인식, 음식에 혐오하는 인식, 온 세상에 대해 기쁨이 없다는 인식, [오온에 대해서] 무상이라고 [관찰하는 지혜에서 생긴] 인식, 무상한 [오온에 대해] 괴로움이라고 [관찰하는 지혜에서 생긴] 인식, 괴로움인 [오온에 대해] 무아라고 [관찰하는 지혜에서 생긴] 인식,[90] 버림을 [관찰하는 지혜에서 생긴] 인식, 탐욕의 빛바램을 [관찰하는 지혜에서 생긴] 인식, 소멸을 [관찰하는 지혜에서 생긴] 인식."(A10:56)[91]

열 가지 인식2

"무상이라고 [관찰하는 지혜에서 생긴] 인식, [오온에 대해] 무아라고 [관찰하는 지혜에서 생긴] 인식, 죽음에 대한 인식, 음식에 혐오하는 인식, 온 세상에 대해 기쁨이 없다는 인식, [시체가] 해골이 된 것의 인식, 벌레가 버글거리는 것의 인식, 검푸른 것의 인식, 끊어진 것의 인식, 부푼 것의 인식."(A10:57)[92]

---

89) 이 아홉 가지 인식은 『디가 니까야』 제3권 「십상경」(D34) 2.2 (8)에도 나타난다.

90) 이상 일곱 가지 인식은 위에서 인용한 「인식 경」 1(A7:45)과 같다.

91) 소멸의 [관찰로 생긴] 인식을 제외한 아홉 가지는 위에서 인용한 「인식 경」(A9:16)과 같은 내용이다.

92) 뒤의 다섯 가지 인식은 『앙굿따라 니까야』 제1권 「하나의 모음」 「손가락 튀기기의 연속 품」(A1:20)의 §§88~92에도 나타나 있다. 상세한 것은 『청정도론』 VI장의 부정(不淨)의 명상주제(asubha-kammaṭṭhāna)를 참조

열 가지 인식3

"① [오온에 대해서] 무상이라고 [관찰하는 지혜에서 생긴] 인식 ② 무아라고 [관찰하는 지혜에서 생긴] 인식 ③ 부정이라고 [관찰하는 지혜에서 생긴] 인식 ④ 위험을 [관찰하는 지혜에서 생긴] 인식 ⑤ 버림을 [관찰하는 지혜에서 생긴] 인식 ⑥ 탐욕이 빛바램을 [관찰하는 지혜에서 생긴] 인식 ⑦ 소멸을 [관찰하는 지혜에서 생긴] 인식 ⑧ 온 세상에 대해 기쁨이 없다는 인식 ⑨ 모든 형성된 것들[諸行]에 대해서 무상이라고 [관찰하는 지혜에서 생긴] 인식 ⑩ 들숨날숨에 대한 마음챙김." (A10:60)

이처럼 부처님께서는 다양한 인식들을 숫자별로 모아서 주로 『앙굿따라 니까야』에서 정리하여 말씀하셨다. 그런데 이러한 인식들에 관한 경들은 대부분 그 내용 설명이 없이 다양한 인식들을 나열만 하고 있지만, 「인식 경」2(A7:46)는 이러한 인식들로 얻게 되는 이점을 구체적으로 설명하고 있고, 「기리마난다 경」(A10:60)은 열 가지 인식을 구체적으로 설명하고 있으니 관심 있는 분들의 일독을 권한다.

이처럼 경에서는 깨달음을 증득하고 해탈·열반을 실현하기 위해서 개발하고 닦아야 하는 인식도 열거하고 설명하고 있다. 그러므로 우리는 자아니 대아니 진아니 영혼이니 일심이니 하는 존재론적인 실체가 있다고 희론하는 인식(papañca-saññā)이나 고정관념을 여의고, 5온·12처·18계로 분류되는 존재일반이 모두 무상이요 고요 무아라는 등으로 인식하는 습관을 길러 필경에는 무상·고·무아를 꿰뚫는 통찰지(반야, 慧)를 완성해야 할 것이다. 이렇게 실천하는 자야말로 해탈·열반의 길을 가는 진정한 부처님의 제자일 것이다.

---

할 것.

### ④ 심리현상들의 무더기[行蘊]란 무엇인가

행온(行蘊, saṅkhāra-kkhandha)의 행은 '심리현상들'을 뜻한다. 오온의 행온은 항상 복수로 나타나는데 『청정도론』에서는 느낌과 인식을 제외한 50가지를 들고 있다. 그리고 느낌[受]과 인식[想]과 심리현상들[行]은 아비담마에서 "마음과 함께 일어나고 함께 멸하며 동일한 대상을 가지고 동일한 토대를 가지는"93) 심소법(心所法, cetasikā dhammā)으로 정리되어 있기도 하다.

경은 심리현상들을 다음과 같이 정의하고 있다.

"비구들이여, 그러면 왜 심리현상들[行]이라 부르는가?

형성된 것을 계속해서 형성한다고 해서 심리현상들이라 한다. 그러면 어떻게 형성된 것을 계속해서 형성하는가? 물질이 물질이게끔 형성된 것을 계속해서 형성한다. 느낌이 느낌이게끔 형성된 것을 계속해서 형성한다. 인식이 인식이게끔 형성된 것을 계속해서 형성한다. 심리현상들이 심리현상들이게끔 형성된 것을 계속해서 형성한다. 알음알이가 알음알이이게끔 형성된 것을 계속해서 형성한다.

비구들이여, 그래서 형성된 것을 계속해서 형성한다고 해서 심리현상들이라 한다."(「삼켜버림 경」(S22:79) §7)

여기서 보듯이 오온의 문맥에서 나타나는 행(상카라, 심리현상들)은 항상 복수 형태로 나타나고 있음에 유념해야 한다. 혹자들은 오온의 행온도 의도적 행위나 업형성[력] 등으로 이해하고 옮기는 경우가 있는데, 이것은 행온(심리현상들의 무더기)의 한 부분인 cetanā(의도)만을 부각시킨 역어이다. 행온에는 이 의도를 포함한 50가지 심리현상들(느낌과 인식을 제외한 모든 심리현상, 혹은 심소법들)을 다 포함한다는 것이 주석서와 복주서들을 비롯한 아비담마의 한결같은 설명이다.

---

93) 여기에 대해서는 『아비담마 길라잡이』 제2장 §1과 [해설]을 참조할 것.

### 상카라[行, saṅkhāra]의 네 가지 의미

초기불전에서 가장 많이 등장하는 단어 가운데 하나인 행(行, saṅkhāra)은 크게 네 가지 의미로 쓰인다. 옛날 중국에서 역경승들이 행(行)으로 옮긴 범어 상카라(saṅkhāra, Sk.saṁskara)는 saṁ(함께)+√kṛ(행하다, *to do*)에서 파생된 명사이다. 행한다는 의미를 지닌 어근 √kṛ의 의미를 적극적으로 살려서 중국에서 행(行)으로 정착시킨 것이다. 그러나 행이라는 한역 단어만을 가지고 초기불전의 다양한 문맥에서 나타나는 상카라의 의미를 제대로 파악한다는 것은 무리이다. 그 의미는 초기경들에 나타나는 문맥을 통해서 파악할 수밖에 없는데, 상카라는 크게 다음의 네 가지 문맥에서 나타난다.

첫째, 제행무상(諸行無常)과 제행개고(諸行皆苦)의 문맥에서 제행(諸行, sabbe saṅkharā)으로 나타나는데 항상 복수로 쓰인다. 이 경우의 제행은 유위법(有爲法, saṅkhata-dhamma)들을 뜻한다. 즉 열반을 제외한 물질적이고 정신적인 모든 유위법들을 행이라 불렀다. 이 경우에 행은 형성된 것들에 가까운 뜻이다. 초기불전연구원에서는 '형성된 것들'로 통일해서 옮기고 있다. 그 외 목숨의 상카라(ayu-saṅkhara), 존재의 상카라(bhava-saṅkhara), 생명의 상카라(jīvita-saṅkhāra) 등의 형태로 나타나기도 하는데, 이 경우도 '형성된 것'으로 이해하면 된다.

둘째, 오온의 네 번째인 행온(行蘊, saṅkhāra-kkhandha)으로 나타나는데, 이 경우에도 예외 없이 복수로 쓰인다. 오온 가운데서 색(色, 물질)은 아비담마의 색법이고 수·상·행(受·想·行)은 아비담마의 심소법(心所法)들이고 식(識)은 아비담마의 심법이다. 그러므로 오온에서의 행은 상좌부 아비담마의 52가지 심소법들 가운데서 느낌[受]과 인식[想]을 제외한 나머지 50가지 심소법들 모두를 뜻하는데, 감각접촉, 의도, 주의, 집중, 의욕과 유익한[善] 심리현상들 모두와 해로운[不善] 심리현상들 모두를 포함한다. 초기불전연구원에서는 이 경우의 행은 '심리현상들'로, 행온(行蘊)은 '심리현상들의 무더기'로 옮기고 있다.

셋째, 12연기의 두 번째 구성요소인 무명연행(無明緣行)으로 나타난다. 12연기에서의 행도 항상 복수로 쓰이는데, 『청정도론』에서 '공덕이 되는 행위, 공덕이 되지 않는 행위, 흔들림 없는 행위[94]'로 설명이 되듯이 이 경우의 행은 '업지음들' 혹은 '의도적 행위들'로 해석된다. 이 경우의 행은 업(karma)과 동의어이다. 그래서 서양에서도 *kamma-formations*(업형성들)로 이해하고 있다. 초기불전연구원에서는 '의도적 행위들'로 옮긴다.

넷째, 몸[身]과 말[口]과 마음[意]으로 짓는 세 가지 행위인 신행(身行, kāya-saṅkhāra)·구행(口行, vacī-saṅkhāra)·의행(意行, mano-saṅkhāra)으로 나타난다. 『상윳따 니까야』 제2권 「부미자 경」(S12:25) §§8~10과 『앙굿따라 니까야』 「상세하게 경」(A4:232 §3) 등에서 보듯이 이때의 행은 의도적 행위이다. 그리고 『청정도론』에서는 이 삼행도 12연기의 행처럼 업형성 즉 의도적 행위로 이해한다.(『청정도론』 XVII.61 참조) 그래서 신행·구행·의행은 각각 신업·구업·의업의 삼업(三業)과 동의어가 된다.

그런데 이 신·구·의 삼행은 상황에 따라 '작용'으로 이해해야 하는 곳도 있다. 예를 들면 몸의 상카라(신행)를 들숨날숨으로, 말의 상카라(구행)를 일으킨 생각[尋, vitakka]과 지속적인 고찰[伺, vicāra]로, 마음의 상카라(의행)를 느낌과 인식으로 설명하는 경이 몇 군데 있다.[95] 이 경우

94) "'공덕이 되는 행위(puñña-abhisaṅkhāra)'는 보시, 지계 등으로 생긴 여덟 가지 욕계의 유익한 의도(cetanā), 수행으로 생긴 다섯 가지 색계의 유익한 의도 등 13가지 의도이다. '공덕이 되지 않는 행위(apuñña-abhisaṅkhāra)'는 살생 등으로 생긴 12가지 해로운 의도이다. '흔들림 없는 행위(āneñja-abhisaṅkhāra)'는 수행으로 생긴 네 가지 무색계의 유익한 의도이다."(청정도론 XVII.60)

95) 『상윳따 니까야』 제4권 「까마부 경」 2(S41:6) §3이하를 참조할 것.

에 상카라는 '작용' 정도로 이해해야 한다고 본다. 들숨날숨이나 생각과 고찰이나 느낌과 인식은 결코 의도적 행위가 될 수 없기 때문이다.

이처럼 행(상카라)은 그 용처에 따라서 그 의미를 각각 다르게 이해해야 한다. 여기서 중요한 것은 이러한 모든 행을 아비담마에서는 '찰나적 존재'라고 강조하고 있다는 점이다.(『아비담마 구사론』 제2권 593쪽 참조) 법과 찰나에 대해서는 본서 222쪽 이하, 특히 223~224쪽을 참조하기 바란다.

그리고 상카라(saṅkhāra)에다 접두어 abhi-를 붙인 아비상카라(abhi-saṅkhāra)가 나타나는데 이 경우는 의도적 행위를 뜻한다. 특히 『청정도론』과 주석서 문헌에서는 거의 예외 없이 의도적 행위를 뜻한다고 여겨진다.[96] 그래서 『상윳따 니까야』에서 저자는 아비상카라를 '업형성'이나 '의도적 행위'로 옮기고 있다.

### ⑤ 알음알이의 무더기[識蘊]란 무엇인가

경은 알음알이[識, viññāṇa]를 다음과 같이 정의하고 있다.

"비구들이여, 그러면 왜 알음알이라 부르는가?

식별한다고 해서 알음알이라 한다.[97] 그러면 무엇을 식별하는가? 신 것도 식별하고 쓴 것도 식별하고 매운 것도 식별하고 단 것도 식별하고 떫은 것도 식별하고 떫지 않은 것도 식별하고 짠 것도 식별하고 싱거운 것도 식별한다.

비구들이여, 이처럼 식별한다고 해서 알음알이라 한다."(「삼켜버림 경」(S22:79) §8)

본경을 위시한 니까야들에서 알음알이는 단지 여섯 감각기능을 통해서 대상을 아는 작용을 뜻한다. 그래서 주석서 문헌에서 알음알이[識, viññāṇa]와 마음[心, citta]과 마노[意, mano]는 '대상을 아는 것'[98]으로 정

96) 『상윳따 니까야』 제2권 「부미자 경」(S12:25) §8의 주해를 참조할 것.

97) vijānātīti kho tasmā viññāṇaṁ.(S22:79) §8)

의되고 있다. 물론 이러한 아는 작용은 반드시 느낌과 인식과 심리현상들과 같은 심소법들의 도움이 있어야 한다고 아비담마는 덧붙이고 있다.[99]

ⓐ 마음의 정의: 대상을 아는 것

여러 초기경에서는 '식별(識別, 了別)한다고 해서(vijānāti) 알음알이라 한다.'고 알음알이[識]를 정의하고 있다. 그리고 알음알이가 일어나는 것을 "눈과 형색을 조건으로 눈의 알음알이가 일어난다."[100]는 등으로 경의 도처에서 표현하고 있다. 즉 알음알이는 감각장소와 대상을 조건으로 해서 발생하는 것이다. 그리고 다른 여러 경들에서는 "마노로 법을 안다."[101]라고도 설명하는 구절이 나타난다.

이를 종합해보면 '감각장소를 통해서 대상을 아는 것'을 알음알이라 한다는 것을 알 수 있다. 그래서 주석서 문헌에서는 마음(citta)을 "대상을 사량(思量)한다고 해서 마음이라 한다. [대상을] 안다는 뜻이다."[102]라는 등으로 정의하고 있다.

ⓑ 심·의·식(心·意·識)은 동의어이다

그리고 초기불전과 『청정도론』 등의 주석서 문헌뿐만 아니라 북방 아비달마와 유식에서도 심·의·식은 동의어라고 한결같이 설명되어 있다. 이미 초기불전의 몇 군데에서 "마음[心]이라고도 마노[意]라고도

---

98) ārammaṇaṁ vijānāti – ItA.ii.9.
ārammaṇaṁ cinteti – DhsA.63 등.

99) 『아비담마 길라잡이』 제2장 §1과 해설을 참조할 것.

100) cakkhuñ ca paṭicca rūpe ca uppajjati cakkhuviññāṇaṁ – 『상윳따 니까야』 「괴로움 경」(S35:106) §3.

101) manasā dhammaṁ vijānāti – 「우빠와나 경」(S35:70) §4/iv.42.

102) cittan ti ārammaṇaṁ cintetīti cittaṁ; vijānātīti attho – DhsA.63.

알음알이[識]라고도 부른 것"103)이라고 나타난다. 그리고 『청정도론』에서도 "마음과 마노와 알음알이[心·意·識]는 뜻에서는 하나이다."(Vis.XIV.82)라고 설명하고 있듯이 주석서 문헌들은 한결같이 이 셋을 동의어로 간주하고 있다.

그렇지만 이 세 술어가 쓰이는 용도는 분명히 차이가 난다. 우리의 마음을 나타내는 술어라는 점에서는 동일하지만 그 역할이나 문맥에 따라서 엄격히 구분되고 있다.

㉠ 알음알이[識, viññāṇa]는 안식·이식·비식·설식·신식·의식이라는 문맥과 오온의 다섯 번째로 대부분 나타난다. 안심·이심·비심·설심·신심·의심 등으로 심(心)이 들어간 합성어는 빠알리 『삼장』 어디에도 나타나지 않는다.

㉡ 마노[意, mano]는 대부분 안·이·비·설·신·의와 색·성·향·미·촉·법의 문맥에서만 나타난다. 특히 의는 법과 대(對)가 되어 나타난다. 그러므로 의는 특히 마음이 안·이·비·설·신을 토대로 하지 않고 직접적으로 대상 즉 법을 알 때 그 정신적인 토대가 되는 역할을 하는 것이다.

이것은 아비담마의 인식과정에서도 명백하다. 아비담마의 오문(五門) 인식과정에서 마노(의)는 두 번 나타나는데 바로 전오식(안식·이식·비식·설식·신식)의 앞과 뒤이다. 전오식의 앞에서는 마노가 잠재의식을 끊은 뒤에 대상으로 전향하는 전향의 역할을 하며(오문전향) 전오식의 뒤에서는 마노가 받아들이는 역할(받아들이는 마음)을 하여 뒤의 조사하는 마음(의식)으로 연결을 해 주고 있다.104)

---

103) yam kho vuccati cittam iti pi mano, iti pi viññāṇaṁ – 『상윳따 니까야』 제2권 「배우지 못한 자 경」 1(S12:61) §4와 주해 참조.

104) 『아비담마 길라잡이』 제4장 <도표 4.1 눈의 문에서의 인식과정(매우 큰 대

㉢ 마음[心, citta]은 마음을 나타내는 용어로 일반적인 문맥에서 주로 쓰인다. 마음은 가장 넓은 의미로는 몸에 반대되는 의미로 쓰이는데, 예를 들면 『상윳따 니까야』 「나꿀라삐따 경」(S22:1 §8)에서는 "몸도 병들고 마음도 병든 것"으로도 나타나고, "몸도 안정되고 마음도 안정된"(『상윳따 니까야』 제5권 「꾼달리야 경」(S46:6) §5)으로도 나타나며, "몸의 고요함과 마음의 고요함"(「몸 경」(S46:2) §15) 등으로 나타나고 있다.

특히 삼매[定, samādhi]는 마음[心, citta]이라는 제목으로도 자주 나타난다.[105] 삼매와 신통은 마음이 자유자재한 경지(vasitā)이기 때문이다. 그리고 이것은 초기경의 도처에서 높은 계를 공부짓고[增上戒學] 높은 마음을 공부짓고[增上心學] 높은 통찰지를 공부짓는 것[增上慧學]으로 나타나기도 한다. 그리고 삼매를 통한 해탈은 심해탈(ceto-vimutti)이라 부르며, 해탈한 마음(vimutta-citta)이라는 표현도 초기불전의 여러 곳에 나타나고 있다. 그리고 니까야에서부터 이미 삼매는 "마음이 한 끝에 집중됨(cittassa ekaggatā)"(『상윳따 니까야』 제5권 「삼매 경」(S45:28) §3 등)으로 정의되고 있으며, 『맛지마 니까야』 「짧은 방등경」(M44)에서는 "마음이 한 끝에 집중됨이 바로 삼매다."(M44 §12)라고 정의하고 있다.

「대념처경」(D22, M10) 등에 나타나는 마음챙기는 공부의 네 가지 주제는 신·수·심·법(身·受·心·法)인데 세 번째가 바로 마음이다. 여기서는 마음의 상태를 16가지로 분류해서 관찰하고 있다.

그리고 네 가지 삼매의 성취수단[如意足]인 열의, 정진, 마음(citta), 검증으로도 나타난다. 자애로운 마음(metta-citta)이나 자애를 통한 마음의 해탈(mettā cetovimutti)로도 나타나며(『상윳따 니까야』 제2권 「가마솥 경」(S20:4) §3), 다섯 가지 장애를 마음의 오염원(cittassa upakkilesā)이라고

---

상)>을 참조할 것.

105) 『상윳따 니까야』 제1권 「엉킴 경」(S1:23) §3과 『청정도론』 III.1 등을 참조할 것.

표현하기도 한다.(『상윳따 니까야』 제5권 「오염원 경」(S46:33) §4) 그 외에도 마음(citta)은 초기불전의 다양한 문맥에서 우리의 마음을 뜻하는 가장 넓은 의미의 술어로 쓰이고 있다.

그렇다고 해서 마음을 자아나 진아처럼 영속적이고 항구적인 것으로 받아들이면 결코 안 된다. 이미 『앙굿따라 니까야』 「하나의 모음」(A1)에서 세존께서는 마음의 찰나성을 "비구들이여, 이것과 다른 어떤 단 하나의 법도 이렇듯 빨리 변하는 것을 나는 보지 못하나니, 그것은 바로 마음(citta)이다. 비구들이여, 마음이 얼마나 빨리 변하는지 그 비유를 드는 것도 쉽지 않다."(A.i.9)라고 설파하고 계시기 때문이다.

아무튼 마음[心]과 마노[意]와 알음알이[識]는 동의어이며 역할이나 문맥에 따라서 다르게 쓰인다는 것이 초기불교와 아비담마의 일치된 의견이다. 이제 이러한 마음[心], 마노[意], 알음알이[識]에 대해서 유념해야 할 몇 가지를 적어보자.

첫째, 마음 혹은 알음알이는 조건발생이다. 감각장소와 대상이라는 조건이 없이 혼자 독자적으로 존재하거나 일어나는 마음은 절대로 존재할 수가 없다.

둘째, 마음은 단지 대상을 아는 것일 뿐이다. 이 이상도 이하도 아니다. 이것은 남·북 아비담마·아비달마와 유식에서도 마찬가지이다. 유식의 아뢰야식도 반드시 종·근·기(種·根·器, 종자와 신체와 자연계)[106]라는 대상을 가진다. 그러면 마음은 어떻게 대상을 아는가? 상좌부 아비담마는 이것을 인식과정으로 정교하게 설명해낸다. 여기에 대해서는 『아비담마 길라잡이』 제4장을 참조할 것.

---

106) 『유식삼십송론』의 {3}에는 집수(執受)와 처(處)가 아뢰야식의 대상[所緣]이라고 나타나는데, 『성유식론』은 이것을 종·근·기 즉 종자와 유근신(有根身, 안·이·비·설·신의 다섯 가지 감각기능, 혹은 이 다섯 가지 감각기능을 가진 몸)과 기세간(器世間)이라고 설명하고 있다. 여기에 대해서는 『주석 성유식론』 194~195쪽을 참조할 것.

셋째, 마음은 단지 오온 가운데 하나일 뿐이다. 마음을 절대화하면 절대로 안 된다. 마음을 절대화하면 즉시 외도의 자아이론[我相]이나 개아이론[人相]이나 영혼이론[壽者相]이나 진인이론으로 떨어지고 만다. 이것이 『금강경』에 나타나는 산냐의 이론이다. 이것은 우리 불교가 가장 유념하면서 고뇌해야 할 부분이기도 하다.

넷째, 마음은 무상하다. 그리고 실체가 없는 것(무아)이다. 특히 『상윳따 니까야』 「무더기 상윳따」(S22) 도처에서 알음알이를 위시한 오온의 무상은 강조되고 있다. 여기에 투철하고 사무쳐야 염오-이욕-소멸 혹은 염오-이욕-해탈-구경해탈지가 일어나서 깨달음을 성취하고 해탈·열반을 성취하고 성자가 된다. 그렇지 않고 마음을 절대화해버리면 결코 깨달음을 실현할 수 없다. 오온을 절대화하는 것을 부처님께서는 유신견이라 하셨고, 이것은 중생을 중생이게끔 얽어매는 열 가지 족쇄 가운데 첫 번째로 초기경의 도처에서 나타나며, 이러한 유신견이 있는 한 그는 결코 성자가 될 수 없다.

다섯째, 마음은 찰나생·찰나멸이다. 그래서 위에서 인용하였듯이 "비구들이여, 이것과 다른 어떤 단 하나의 법도 이렇듯 빨리 변하는 것을 나는 보지 못하나니, 그것은 바로 마음(citta)이다. 비구들이여, 마음이 얼마나 빨리 변하는지 그 비유를 드는 것도 쉽지 않다."(『앙굿따라 니까야』 「하나의 모음」, A.i.9)라고 강조하고 계신다. 이러한 가르침은 주석서와 아비담마에서 카나(khaṇa, 刹那, 찰나, 순간)로 정착이 된다. 찰나의 구명은 주석서 문헌을 통해서 이루어낸 아비담마 불교의 핵심이라 해도 과언이 아니다. 마음을 위시한 법들은 찰나생·찰나멸하는 일어나고 사라짐[起滅]의 문제이지, 있다·없다[有無]의 문제가 아니다. 그리고 주석서는 더 나아가서 이 찰나도 다시 일어나고 머물고 무너지는(uppāda-ṭṭhiti-bhaṅga) 세 아찰나(亞刹那, *sub-moment*)로 구성된다고 설명하여 자칫 빠질지도 모르는 찰나의 실재성마저 거부하고 있다.

여섯째, 마음은 흐름(상속, santati)이다. 마음이 찰나생·찰나멸이라면 지금·여기에서 생생히 유지되어가는 우리의 이 마음은 무엇인가? 이렇게 명명백백한데 어떻게 없다 할 수 있는가? 초기불교와 주석서에서는 지금·여기에서 생생히 전개되는 이 마음을 흐름으로 설명한다. 이를 주석서에서는 심상속(心相續, citta-dhāra, Sk. citta-srota)이나[107] 바왕가의 흐름(bhavaṅga-sota) 등으로 표현하고 있으며 남·북방 불교에서 공히 강조하고 있다. 마음은 마음을 일어나게 하는 근본원인인 갈애와 무명으로 대표되는 탐욕·성냄·어리석음(탐·진·치)이 다할 때까지 흐르는 것[相續]이다.

107) '마음의 흐름'이나 '심상속(心相續)'으로 옮긴 citta-dhāra는 『금강경』 18품에도 나타나는데 구마라즙 스님은 그냥 心으로 옮겼지만 현장스님은 心流注로 직역을 하였다. 저자가 옮긴 『금강경 역해』 343쪽을 참조할 것.

# 제8장 나는 누구인가 - 초기불교의 인간관, 오온 II

(1) 경들의 분류

이 정도로 오온의 각각에 대해서 살펴보고 이제 『상윳따 니까야』 「무더기 상윳따」(S22)에 포함되어 있는 159개 경들을 몇 가지 기준을 세워서 분류해보자. 이러한 분류는 초기불교의 이해를 돕고자 출판하는 본서에서 언급하기에는 너무 전문적인 내용일지도 모른다. 그러나 이렇게 오온의 가르침을 특정 기준을 세워서 정리해보면 오온의 가르침이 얼마나 중요한 가르침인가가 극명하게 드러날 것이기 때문에 여기서 다루고 있음을 밝힌다.

첫 번째 기준은 '오온'으로 나타나는가 '오취온(취착의 대상이 되는 다섯 가지 무더기)'으로 나타나는가이고, 두 번째 기준은 무상·고·무아가 어떻게 나타나는가 하는 것이며, 세 번째는 염오-이욕-해탈-구경해탈지 혹은 염오-이욕-소멸의 구문이 어떤 문맥에서 나타나고 있는가 하는 것이고, 네 번째는 무상·고·무아에 대한 문답의 정형구가 어느 경들에서 나타나고 있는가 하는 것이며, 다섯 번째 기준은 유신견이나 '내 것', '나', '나의 자아' 등의 구문이 나타나는 경들은 어떤 것인가 하는 것이다. 이런 기준을 세워서 다음과 같이 13가지로 분류를 해보았다.

① 오취온을 설하는 경: S22:22, 47, 89, 103~105, 107~110, 122~123의 12개 경.

② 오온과 오취온 둘 다를 설하는 경: S22:26~28, 48, 56, 79~80, 82, 85, 100의 10개 경.

③ 오온을 설하는 경: 위의 22개 경을 제외한 137개 경.

④ 무상만을 설하는 경: S22:9, 12, 18, 21, 40, 43, 51~52, 66, 78, 81, 96, 102, 137~139, 147.

⑤ 괴로움만을 설하는 경: S22:1, 2, 5, 10, 13, 19, 29, 30, 41, 60, 67, 140~142, 148.

⑥ 무아만을 설하는 경: S22:11, 14, 16(고・무아), 17, 20, 42, 68, 118, 143~145, 149.

⑦ 오온의 염오-이욕-소멸: S22:9, 10, 11, 58, 79, 97, 115~116.

⑧ 오온의 무상・고・무아를 설하는 경: S22:15, 26, 45~46, 49, 55, 59, 76~77, 79~80, 82~88, 90, 93, 95, 96, 97, 100, 150~159.

⑨ 무상・고・무아의 염오-이욕-해탈-구경해탈지: S22:12(무상), 13(고), 14(무아), 49, 59, 61, 76, 80, 82~88, 93, 95, 96(무상), 97, 150~159.[108)]

⑩ 무상・고・무아의 문답: S22:49, 59, 79~80, 82~88, 93, 97, 100, 150~159.[109)]

⑪ 오온에 대한 유신견: S22:1, 7, 43~44, 47, 55, 78, 81~82, 93, 99, 100, 117, 124~125, 155.

⑫ 오온은 '내 것', '나', '나의 자아'가 아님: S22:8, 15~17, 45~46, 49, 71~72, 76~77, 80, 91~92, 118~119, 124, 125, 151.

⑬ '나'라는 생각과 '내 것'이라는 생각과 자만의 잠재성향: S22:71~72, 82, 91~92, 124~125.

---

108) 136번 경에는 무상・고・무아가 나타나지 않음.

109) 문답으로 염오-이욕-소멸로 연결되는 79번 경을 제외한 나머지는 모두 염오-이욕-해탈-구경해탈지로 연결되어 나타남.

### (2) 각 분류의 개관

이러한 분류를 바탕으로 본 「무더기 상윳따」에 나타나는 오온의 가르침의 특징을 간단하게 살펴보자.

① 무상·고·무아를 설하는 가르침

많은 경들이 오온의 무상·고·무아를 설하고 있다. 오온의 무상·고·무아를 설하고 있는 경들은 모두 34개이다. 여기에 무상만이 나타나는 경들 17개와 고만이 나타나는 15개와 무아만이 나타나는 11개를 합하면 모두 77개의 경들이 된다. 이렇게 본다면 「무더기 상윳따」(S22)에 포함된 159개의 경들 가운데 거의 절반에 해당하는 경들이 오온의 무상·고·무아를 설하고 있다 하겠다.

한편 유신견은 오온의 각각에 대해서 ① 오온이 나다 ② 오온을 가진 것이 나다 ③ 내가 오온 안에 있다 ④ 오온이 내 안에 있다는 견해이기 때문에 자아가 있다는 이론이다. 16개의 경들이 이러한 유신견을 극복할 것을 설하고 있기 때문에 이 가르침은 오온무아와 상통한다. 그리고 오온이 내 것이 아니요, 내가 아니요, 나의 자아가 아니라는 19개 경들의 가르침도 오온무아와 상통한다. 그리고 '나'라는 생각과 '내 것'이라는 생각과 자만의 잠재성향을 설하는 7개의 경들도 그러하다. 그러므로 이들 42개의 가르침도 무상·고·무아의 영역에 넣을 수 있을 것이다.

이렇게 하면 159개의 경들 가운데 119개의 경들 즉 전체의 4분의 3에 가까운 경들이 오온의 무상·고·무아를 설하고 있다고 할 수 있다. 그리고 이 분류에 들어가지 않는 40개 경들도 그 내용은 오온의 실체 없음(무아)을 강조하는 경이라 할 수 있다. 그렇게 되면 「무더기 상윳따」(S22)의 모든 경들은 결국 오온무아를 강조하는 것으로 귀결된다 할 수 있을 것이다.

그리고 다음의 「라다 상윳따」(S23)에 포함된 46개 경들도 모두 오온을 주제로 하고 있으며 그 가운데 특히 12개 경들은 무상이나 고나 무아를 주제로 하고 있으므로 이 경우에 포함시켜도 무방하다. 나아가서 「견해 상윳따」(S24)에 포함된 96개의 경들은 모두 무상·괴로움·변하기 마련임을 주제로 하고 있기 때문에 이들 96개 경들도 모두 이 경우에 포함시켜야 한다. 그리고 「견해 상윳따」의 제4품에 포함된 26개 경들(S24:71~96)은 무상·고·변하기 마련임을 통한 염오-이욕-해탈-구경해탈지를 설하고 있기 때문에 다음 ②의 경우에 포함시켜야 한다. 그리고 「왓차곳따 상윳따」(S33)의 55개 경들도 모두 오온에 대한 가르침을 담고 있다.

이렇게 본다면 『상윳따 니까야』 제3권 전체에서 오온을 주제로 한 경들은 적어도 356개로 늘어나며, 그 가운데서 오온의 무상·고·무아를 설하는 경들은 227개가 된다 할 수 있다.

② 무상·고·무아를 통한 염오-이욕-해탈-구경해탈지

위에서 언급한 오온의 무상·고·무아를 설하는 경들 34개 가운데 28개의 경들이 무상·고·무아를 꿰뚫어 보아서 이것을 염오하고 이욕하고 그래서 해탈하고 구경해탈지가 생기는 정형구로 구성되어 있다. 이 정형구는 다음과 같다.

"비구들이여, 물질은 무상하고 느낌은 무상하고 인식은 무상하고 심리현상들은 무상하고 알음알이는 무상하다. 비구들이여, 이렇게 보는 잘 배운 성스러운 제자는 물질에 대해서도 염오하고, 느낌에 대해서도 염오하고, 인식에 대해서도 염오하고, 심리현상들에 대해서도 염오하고, 알음알이에 대해서도 염오한다.

염오하면서 탐욕이 빛바래고, 탐욕이 빛바래므로 해탈한다. 해탈하면 해탈했다는 지혜가 있다. '태어남은 다했다. 청정범행(梵行)은 성취되었다. 할 일을 다 해 마쳤다. 다시는 어떤 존재로도 돌아오지 않을 것이다.'

라고 꿰뚫어 안다."(「무상 경」(S22:12) §3 등)

본경을 위시한 28개 경들은 오온의 무상·고·무아를 통찰하여 오온에 대한 염오-이욕-해탈-구경해탈지를 설하는 전형적인 경이다. 이미 『상윳따 니까야』 제2권 「라훌라 상윳따」(S18) 「눈[眼] 경」(S18:1) §5의 주해 등에서도 누차 밝혔지만 여기서 염오-이욕-해탈-구경해탈지는 차례대로 강한 위빳사나-도-과-반조를 뜻한다. 주석서를 인용하면 다음과 같다.

"'염오(nibbidā)'란 염오의 지혜(nibbidā-ñāṇa)를 말하는데, 이것으로 강한 위빳사나(balava-vipassanā)를 드러내고 있다. 여기서 강한 위빳사나란 [10가지 위빳사나의 지혜[110] 가운데] ④ 공포의 지혜(bhayatūpaṭṭhāne ñāṇa) ⑤ 위험을 관찰하는 지혜(ādīnava-anupassane ñāṇa) ⑦ 해탈하기를 원하는 지혜(muñcitukamyatā-ñāṇa) ⑨ 상카라[行]에 대한 평온의 지혜(saṅkhār-upekkhā-ñāṇa)의 네 가지 지혜와 동의어이다."(SA.ii.53. 「의지처 경」(S12:23) §4에 대한 주석)

"'탐욕의 빛바램(이욕, virāga)'이란 도(magga, 즉 예류도, 일래도, 불환도, 아라한도)이다. '탐욕이 빛바래므로 해탈한다.'는 것은 탐욕의 빛바램이라는 도에 의해서 해탈한다라는 과(phala)를 설하셨다. '해탈하면 해탈했다는 지혜가 있다.'라는 것은 여기서 반조(paccavekkhaṇā)를 설하셨다."[111]

또 다른 주석서를 인용하자면 다음과 같다.

"'염오'는 강한 위빳사나이고 '탐욕의 빛바램'은 도이다. '해탈지견

110) '열 가지 위빳사나의 지혜(vipassanā-ñāṇa)'에 대해서는 『아비담마 길라잡이』 제9장 §25와 §§32~33과 『청정도론』 XXI와 XXII를 참조할 것.

111) virāgoti maggo, virāgā vimuccatīti ettha virāgena maggena vimuccatīti phalaṁ kathitaṁ. vimuttasmiṁ vimuttamiti ñāṇaṁ hotīti idha paccavekkhaṇā kathitā – MA.ii.115(『맛지마 니까야』 「뱀의 비유 경」(M22) §29에 대한 주석)

(vimutti-ñāṇadassana)'은 과의 해탈과 반조의 지혜를 뜻한다."(AA.iii.228)

이 주석서에서는 있는 그대로 알고 봄[如實知見]을 얕은 위빳사나[112] 라고 설명하고 있다.

한편 염오-이욕-소멸을 실현하는 것을 설하고 있는 「과거·현재·미래 경」1(S22:9) 등에 대한 주석서에서도 당연히 염오는 강한 위빳사나요, 이욕은 도요, 소멸은 아라한과라고 밝히고 있다. 여기에 대해서는 『상윳따 니까야』 제2권 「연기 경」(S12:1) §4의 주해와 특히 「의지처 경」(S12:23) §4의 주해들도 참조하기 바란다.

한편 『앙굿따라 니까야』 「열의 모음」(A10)의 「무슨 목적 경」(A10:1) §2에서 세존께서는 이렇게 결론지으신다.

"아난다여, 이와 같이 유익한 계들의 목적과 이익은 후회 없음이다. 후회 없음의 목적과 이익은 환희다. 환희의 목적과 이익은 희열이다. 희열의 목적과 이익은 고요함이다. 고요의 목적과 이익은 행복이다. 행복의 목적과 이익은 삼매다. 삼매의 목적과 이익은 있는 그대로 알고 봄[如實知見]이다. 있는 그대로 알고 봄의 목적과 이익은 염오(厭惡)와 탐욕의 빛바램[離欲]이다. 염오와 탐욕의 빛바램의 목적과 이익은 구경해탈지이다.

아난다여, 이와 같이 유익한 계들은 점점 으뜸으로 나아간다."(A10:1)

여기에 대해서 주석서는 이렇게 설명한다.

"'삼매의 목적은 있는 그대로 알고 보는 것이다.' 등에서 있는 그대로

---

112) "'얕은 위빳사나(taruṇa-vipassanā)'는 강한 위빳사나의 조건(paccaya)이 되기 때문이다. 여기서 얕은 위빳사나란 형성된 것들을 한정하는 지혜(saṅkhāra-paricchede ñāṇa), 의심을 제거함에 의한 지혜(kaṅkhā-vitaraṇe ñāṇa), 명상의 지혜(sammasane ñāṇa), 도와 도아님에 대한 지혜(maggāmagge ñāṇa)의 네 가지 지혜와 동의어이다."(SA.ii.53)
이 네 가지 지혜에 대해서는 『청정도론』 XVIII.2를 중심으로 살펴볼 것.

알고 봄(여실지견)은 얕은 위빳사나(taruṇa-vipassanā)를 말하고, 염오는 강한 위빳사나(balava-vipassanā)를, 탐욕의 빛바램은 도(magga)를, 해탈(vimutti)은 아라한과(arahatta-phala)를, 지견(ñāṇa-dassana)은 반조의 지혜(paccavekkhaṇa-ñāṇa)를 말한다. '으뜸으로 나아간다.(aggāya parenti)'는 것은 아라한과(arahatta)로 나아간다는 말이다."(AA.v.1)

이처럼 염오와 이욕과 소멸은 중요한 술어이다. 이들 술어에 대해서 조금 더 살펴보면 다음과 같다.

첫째, '염오'는 nibbidā를 옮긴 것이다. 이 술어는 nis(부정접두어) + √vid(*to know, to find*)에서 파생된 명사이다. 산스끄리뜨로는 nirvid 혹은 nirvidā인데 중국에서는 염(厭)이나 염리(厭離)로 옮겼다. 그래서 초기불전연구원에서는 염오(厭惡)로 정착시키고 있다. 역겨워함, 넌더리 침 등으로도 옮길 수 있다. 이것의 동사 nibbindati도 적지 않게 나타나는데, 이것은 모두 염오하다로 옮겼다. 온・처・계 등에 대해서 염오하는 것은 초기불교수행에서 가장 중요한 단계이다. 그래서 주석서는 이 염오를 강한 위빳사나라고 설명하고 있다. 염오가 일어나지 않으면 도와 과의 증득은 있을 수 없다. 그러므로 정형구에는 항상 염오-이욕-소멸 혹은 염오-이욕-해탈-구경해탈지 등으로 나타나는 것이다.

이미 인용했듯이 주석서는 "'염오'란 염오의 지혜를 말하는데 이것으로 강한 위빳사나(balava-vipassanā)를 드러내고 있다. 여기서 강한 위빳사나란 [10가지 위빳사나의 지혜 가운데] ④ 공포의 지혜(bhayatūpaṭṭhāne ñāṇa) ⑤ 위험을 수관하는 지혜(ādīnava-anupassane ñāṇa) ⑦ 해탈하기를 원하는 지혜(muñcitukamyatā-ñāṇa) ⑨ 상카라[行]에 대한 평온의 지혜(saṅkhārupekkhā-ñāṇa)의 네 가지 지혜와 동의어이다."113)라고 설명하고 있다.

---

113) SA.ii.53, 『상윳따 니까야』 제2권 「의지처 경」(S12:23) §4에 대한 주석.

그러면 염오는 무엇을 기반으로 하여 생겨나는가? 『상윳따 니까야』 제2권 「기반 경」(S12:23) §4에서는 염오가 생겨나는 기반으로 '있는 그대로 알고 봄[如實知見]'을 들고 있으며, 있는 그대로 알고 봄[如實知見]의 기반으로는 삼매를 들고 있으며, 그리고 계속해서 행복, 고요함, 희열, 환희, 믿음 등으로 연기적 고찰을 해나가고 있다. 그리고 「되어있는 것 경」(S12:31) §5에서는 염오의 조건으로 '이것은 되어있는 것(오온)'이라고 있는 그대로 바른 통찰지로 보는 것을 들고 있다.

둘째, '이욕(離欲)'114) 혹은 '탐욕의 빛바램'은 virāga를 옮긴 것이다. 이 술어는 vi(분리접두어) + rāga로 구성되었다. rāga는 물들인다는 동사 rañjati(√rañj, *to dye*)에서 파생되었다. 그러므로 rāga는 기본적으로 색깔이나 색조나 빛깔이나 물들임의 뜻이 있다. 그래서 마음이 물든 상태, 즉 애정, 애착, 애욕, 갈망, 집착, 탐욕, 욕망 등의 뜻으로 쓰인다. 『청정도론』에서는 이성(異性)을 대상으로 자애를 닦으면 애욕이나 애정이 일어난다는 문맥에서도 나타나고 있다.(Vis.IX.6) 중국에서도 애염·애욕·애착·욕·욕락·욕탐·탐애·탐욕·탐박(愛染·愛欲·愛著·欲·欲樂·欲貪·貪愛·貪欲·貪縛) 등으로 다양하게 옮겼다. 이러한 rāga에다 분리접두어인 vi가 첨가되어 이런 색깔이나 빛깔이 바래어가는 것을 뜻한다. 중국에서는 이구·이염·이욕·이탐(離垢·離染·離欲·離貪)으로 옮겼고 초기불전연구원에서는 '탐욕의 빛바램[離欲]'으로 옮기고 있다. 아비담마와 주석서에서는 이 탐욕의 빛바램의 단계를 도(예류도부터 아라한도까지)가 드러나는 단계라고 설명한다.

셋째, '소멸'은 nirodha를 옮긴 것이다. 이 단어는 ni(아래로) + √rudh

---

114) '이욕'에 대한 한자는 離欲으로도 표기할 수 있고 離慾으로도 표기할 수 있다. 그런데 CBETA로 검색해보면 한역 경들 특히 『아함경』에서는 거의 대부분이 離欲으로 나타나고 있어서 초기불전연구원에서는 본서부터 '離欲'으로 표기하고 있음을 밝힌다.

(*to obstruct*)의 명사이다. 그래서 소멸, 억압, 파괴 등의 뜻이 된다. 초기 불전에서 nirodha는 여러 문맥에서 나타나는데,[115] 기본적으로 사성제의 멸성제는 nirodha-sacca를 옮긴 것이다. 그러므로 열반과 동의어이다. 실제로 소멸은 "일체의 생존(upadhi)에 대한 집착을 포기함(paṭi-nissagga, 放棄), 갈애의 소진(khaya), 탐욕의 빛바램[離欲, virāga], 소멸(nirodha), 열반이다."(S6:1 §2 등)라는 문맥에서 많이 나타난다. 그리고 "존재(오온)의 소멸이 열반이다."(S12:68 §5)라고도 나타난다. 그리고 여기서처럼 염오-이욕-소멸의 정형구에서도 많이 나타나는데, 이 경우의 소멸을 과(果, phala) 특히 아라한과의 증득이라고 주석서는 밝히고 있다.[116]

### ③ 무상·고·무아의 문답

위에서 언급한 오온의 무상·고·무아를 설하는 경들 34개 가운데 14개의 경들은 무상·고·무아에 대한 교리문답의 정형구로 되어 있다. 이들 모든 경은 모두 염오-이욕-해탈-구경해탈지로 귀결이 되고 있다. 『상윳따 니까야』「삼켜버림 경」(S22:79)은 염오-이욕-소멸을 먼저 설한 뒤에(§9) 염오-이욕-해탈-구경해탈지를 설하고 있다.(§13) 물론 여기서 소멸은 열반을 뜻한다. 아무튼 이러한 교리문답을 통해서 소멸이나 해탈을 설한다.

부처님의 두 번째 설법이요, 이 법문을 듣고 5비구가 아라한이 된 『무아의 특징 경』(S22:59)에 나타나는 무상·고·무아의 문답을 통한 염오-이욕-해탈-구경해탈지의 정형구 전체를 인용해보면 다음과 같다.

"비구들이여, 이를 어떻게 생각하는가? 물질은 항상한가, 무상한가?"

---

115) '소멸[滅, nirodha]'에 대한 여러 논의는 본서 제6장 (6)과 『상윳따 니까야』 제3권 「할릿디까니 경」 2(S22:4) §4의 주해를 참조할 것.

116) 『상윳따 니까야』 제2권 「의지처 경」(S12:23) §4의 주해 참조.

"무상합니다, 세존이시여."

"그러면 무상한 것은 괴로움인가, 즐거움인가?"

"괴로움입니다, 세존이시여."

"그러면 무상하고 괴로움이고 변하기 마련인 것을 두고 '이것은 내 것이다. 이것은 나다. 이것은 나의 자아다.'라고 관찰하는 것이 타당하겠는가?"

"그렇지 않습니다, 세존이시여."

"비구들이여, 이를 어떻게 생각하는가? 느낌은 … 인식은 … 심리현상들은 … 알음알이는 항상한가, 무상한가?"

"무상합니다, 세존이시여."

"그러면 무상한 것은 괴로움인가, 즐거움인가?"

"괴로움입니다, 세존이시여."

"그러면 무상하고 괴로움이고 변하기 마련인 것을 두고 '이것은 내 것이다. 이것은 나다. 이것은 나의 자아다.'라고 관찰하는 것이 타당하겠는가?"

"그렇지 않습니다, 세존이시여."

"비구들이여, 그러므로 그것이 어떠한 물질이건, … 그것이 어떠한 느낌이건 … 그것이 어떠한 인식이건 … 그것이 어떠한 심리현상들이건 … 그것이 어떠한 알음알이건, 그것이 과거의 것이건 미래의 것이건 현재의 것이건 안의 것이건 밖의 것이건 거칠건 미세하건 저열하건 수승하건 멀리 있건 가까이 있건 '이것은 내 것이 아니요, 이것은 내가 아니며, 이것은 나의 자아가 아니다.'라고 있는 그대로 바른 통찰지로 보아야 한다."

"비구들이여, 이와 같이 보는 잘 배운 성스러운 제자는 물질에 대해서도 염오하고 느낌에 대해서도 염오하고 인식에 대해서도 염오하고 심리현상들에 대해서도 염오하고 알음알이에 대해서도 염오한다.

염오하면서 탐욕이 빛바래고, 탐욕이 빛바래기 때문에 해탈한다. 해탈하면 해탈했다는 지혜가 있다. '태어남은 다했다. 청정범행(梵行)은 성취되었다. 할 일을 다 해 마쳤다. 다시는 어떤 존재로도 돌아오지 않을 것이다.'라고 꿰뚫어 안다."(「무아의 특징 경」(S22:59) §§4~6)

이 정형구는 『상윳따 니까야』 제4권 「감각장소 상윳따」(S35) 등에도 많이 나타나고 있다. 본서 제11장(178~179쪽) 등을 참조하기 바란다.

④ 무상만 강조하는 경들

무상만 단독으로 강조하는 경들은 17군데에 나타나고 있다. 이 가운데 S22:9를 위시한 대부분의 경도 염오-이욕-해탈-구경해탈지의 구문이나 다른 구문을 통해서 해탈이나 소멸의 증득으로 귀결되고 있다.

⑤ 괴로움만 강조하는 경들

괴로움만 단독으로 강조하는 경들도 15군데에 나타나고 있다. 여기서 괴로움은 '근심·탄식·육체적 고통·정신적 고통·절망'으로도 나타나고 괴로움으로도 나타난다. 이러한 가르침에서도 괴로움으로부터의 해탈을 강조하고 계신다.

⑥ 무아만 강조하는 경들

무아만 단독으로 강조하는 경들도 12군데 정도에 나타나고 있다. 당연히 이러한 경들도 염오-이욕-해탈-구경해탈지나 다른 구문을 통해서 해탈이나 소멸의 증득을 강조하고 있다.

⑦ 오온의 염오-이욕-소멸을 설하는 경들

오온의 염오-이욕-소멸을 설하는 경들은 8군데 정도에 나타나고 있다. 대부분이 무상·고·무아의 통찰이 나타나지 않고 바로 염오-이욕-소멸이 나타나지만 「무아의 특징 경」(S22:59)에는 무상·고·무아가 다 나타나고 있다.

⑧ 유신견과 이의 극복을 설하는 경들

유신견은 오온의 각각에 대해서 ① 오온이 나다 ② 오온을 가진 것이 나다 ③ 내가 오온 안에 있다 ④ 오온이 내 안에 있다는 견해이기 때문에 자아가 있다는 이론이다. 16개의 경들이 이러한 유신견을 극복할 것을 설하고 있다. 유신견의 극복은 결국 오온무아와 같은 가르침이다. 유신견(有身見, sakkāya-diṭṭhi) 즉 [불변하는] 자신이 존재한다는 견해에 대해서는 본서 제8장 (2)-①과 제30장 (1)의 주해 등과 『상윳따 니까야』 「나꿀라삐따 경」(S22:1 §10)과 주해를 참조할 것.

⑨ '내 것' · '나' · '나의 자아'와 이의 극복을 설하는 경들

오온이 내 것이 아니요, 내가 아니요, 나의 자아가 아니라는 가르침을 담고 있는 경들은 19개 정도가 된다. 이 또한 오온무아와 같은 가르침이라 해야 한다.

⑩ '나'라는 생각 등을 설하는 경들

'나'라는 생각과 '내 것'이라는 생각과 자만의 잠재성향을 극복할 것을 설하는 경들이 7개가 있다.

결론적으로 말하자면 159개의 모든 경들이 결국은 오온의 무상이나 괴로움이나 무아를 강조하고 있으며 특히 오온이 무아임을 체득할 것을 강조하고 있다. 무상과 괴로움도 결국은 무아로 귀결되기 때문에 「무더기 상윳따」(S22)에 포함된 경들은 모두 오온무아를 강조하는 가르침이라고 결론지어도 무방할 것이다.

무아는 아무것도 없다는 말이 아니다. 주석서의 설명처럼 실체가 없다(nissāra, asāra)는 말이다.[117] 오온으로 해체해서 보지 않고 전체를 나

117) 여기에 대해서는 『상윳따 니까야』 「포말 경」(S22:95) §§4~8의 주해들을 참조할 것. 「포말 경」에 해당하는 주석서의 주요 부분(SA.ii.320~323)

라고 여기거나 내 것이라고 여기면 그것은 실체론이 되고 만다. 그러나 이것을 해체해서 보면 무상이 보이고, 고가 보이고, 실체 없음 즉 무아가 극명하게 드러난다. 무상·고·무아가 드러나면 이를 통해서 염오하고 이욕하고 해탈하고 구경해탈지를 증득하게 되거나, 염오하고 이욕하고 소멸하게 된다.

이것이 초기불전에서 해탈·열반의 실현을 위한 구체적인 방법으로 누누이 강조하고 있는 부처님의 말씀이라는 것을 저자는 거듭거듭 강조하고 싶다.

---

을 인용하면 다음과 같다.

"마치 포말덩이가 실체가 없듯이(nissāra), 이 물질(몸)도 항상한 실체와 견고한 실체와 자아라는 실체가 없기에(nicca-sāra-dhuva-sāra-atta-sāra-viraha) 실체가 없다(nissāra). …

그와 같이 느낌(수)도 항상하지 않고 견고하지 않아서 연약하고 잡을 수가 없다. 마치 거품이 조그마한 물에서 생겼다가는 사라지고 오래 가지 않듯이 느낌도 그와 같다. 손가락 한 번 튀기는 순간(eka-cchara-kkhaṇa)에 십만 꼬띠(koṭi, 1꼬띠는 천만임. 그러므로 십만 꼬띠는 1조가 됨.) 개의 느낌들이 일어나고 사라진다. …

인식(상)도 실체가 아님이라는 뜻(asārak-aṭṭha)에서 '신기루(marīcikā)'와 같다. …

마치 파초의 줄기가 많은 잎과 껍질 등으로 조합되어 있듯이 심리현상들의 무더기(행온)도 많은 법들로 조합(bahu-dhamma-samodhāna)되어 있다. …

알음알이도 역시 실체가 아님이라는 뜻(asārak-aṭṭha)에서 그리고 거머쥘 것이 없다는 뜻(agayhūpag-aṭṭha)에서 요술과 같다. …"(SA.ii.320~323)

# 제9장 나는 누구인가 - 초기불교의 인간관, 오온 III

(1) 오온에 대한 가르침의 특징

이상으로 제8장을 통해서 『상윳따 니까야』 「무더기 상윳따」(S22)의 159개의 경에 나타나는 오온에 대한 가르침을 여러 측면으로 나누어서 살펴보았다. 이를 토대로 초기불전에서 세존께서 설하신 오온의 가르침의 특징을 다시 한 번 정리해 보고자 한다.

① 오온은 동시발생이다.

앞의 두 장에서 오온을 색·수·상·행·식의 순서에 따라 개별적으로 살펴보았다고 해서 오온이 순차적으로 발생하는 것으로 이해하면 안 된다. 오온은 동시발생[俱生]이다.

불자들 가운데는 놀랍게도 오온이 순차적으로 발생하는 것으로 주장하는 분들이 의외로 많다. 즉 대상[色]을 받아들이고 난 뒤에[受] 그것을 인식하거나 생각하고[想] 그 다음에 이를 토대로 의도적 행위를 일으키고[行] 이것이 식에 저장된다[識]는 따위의 얼토당토 않는 설명을 당당하게 하는 분들을 많이 본다. 몇몇 불교입문서들조차 이렇게 설명하고 있다.

결론적으로 분명히 말하자면 오온은 절대로 순차적으로 하나씩 발생하는 것이 아니라 동시생기(同時生起)한다. 매순간 오온은 모두 함께 일어나고 함께 멸한다. 이것은 남·북방 아비담마·아비달마[118]와 대승

118) 북방 아비달마에서도 오온 혹은 유위법들의 동시발생[俱生]은 당연한 것으

아비달마인 유식에서는 상식적인 것이다. 물론 특정 순간에 오온 가운데 특정한 하나 혹은 몇몇이 더 강력하게 된다. 예를 들면 꽃을 볼 때는 느낌[受]이 강할 것이고 대상을 '꽃'이라고 인식할 때는 인식[想]이 더 강할 것이며 그 꽃을 갖고자하는 욕망이 일어날 때는 탐욕이라는 심리현상[行]이 더 강할 것이다.

느낌·인식·심리현상들[受·想·行]은 아비담마와 유식에서 공히 심소법(心所法, cetasikā – 마음과 함께 일어나고 멸하는 마음에 부속된 심리현상들)으로 설명되고 있는데, 마음 즉 알음알이와 함께 일어나고 함께 멸하고 같은 대상을 가지고 같은 토대를 가지기 때문에 심소법이라 부른다.119) 이것은 남·북방 아비담마·아비달마와 대승 아비달마인 유식에서는 상식적인 것이다. 그런데도 불교의 가장 기본적이고 중요한 가르침인 오온을 순차적으로 일어나는 것으로 잘못 이해하면 그때부터 불교가 아주 혼란스럽게 된다고 말하고 싶다.

먼저 오온의 첫 번째인 물질[色, rūpa]에 대해 살펴보자. 물질이 생기는 원인은 아비담마에서 네 가지를 들고 있는데 그것은 마음·업·온도·음식이다.120) 그 가운데 특정 순간의 마음이 일어나고 머물고 사라지는 매 찰나에 물질은 그 마음과 이전의 업을 원인으로 하여 마음과 함께 일어난다고 아비담마는 설명한다. 오온의 다섯 번째인 알음알이[識, viññāṇa]는 마음[心. citta]과 동의어로 간주되고 이러한 알음알이는 찰나

---

로 강조되고 있다. 권오민 역, 『아비달마 구사론』 155쪽 이하를 참조할 것.

119) "ekuppāda-nirodhā ca ekārammaṇa-vatthukā
cetoyuttā dvipaññāsa dhammā cesikā matā.
[마음과] 함께 일어나고 함께 멸하며
동일한 대상을 가지고 동일한 토대를 가지는
마음과 결합된 52가지 법을 마음부수들[心所]이라 한다."
『아비담마 길라잡이』 제2장 §1의 해설을 참조할 것.

120) 『아비담마 길라잡이』 제6장 §§9～13을 참조할 것.

생 · 찰나멸을 특징으로 한다. 그리고 이 알음알이는 일어나고 멸할 때 반드시 느낌 · 인식 · 심리현상들[受 · 想 · 行]과 함께 일어나고 함께 멸한다. 이러한 수 · 상 · 행은 아비담마 · 아비달마와 유식에서 심소법(心所法. cetasikā)으로 설명하고 있다. 이러한 52가지(상좌부 아비담마) 혹은 46가지(설일체유부 아비달마) 혹은 51가지(유식) 심소법들 가운데서 특히 감각접촉 · 주의 · 느낌 · 인식 · 의도[觸 · 作意 · 受 · 想 · 思]의 다섯은 모든 마음이 일어날 때 반드시 함께 일어나는 '반드시들(sādhārana)' 혹은 변행심소(遍行心所)라 부른다. 상좌부 아비담마에서는 여기에다 집중[定]과 생명기능[命根]의 둘을 더하여 모두 일곱 가지 '반드시들'을 설하고 있다.

각 부파마다 심소법의 종류는 조금씩 다르게 설명하고 있는데, 예를 들면 상좌부 아비담마에서는 52가지 심소법들을, 설일체유부 아비달마에서는 46가지 심소법들을, 유식에서는 51가지 심소법들을 들고 있지만 이들 심소법들이 매순간 마음 혹은 알음알이와 함께 일어나고 함께 멸하고 같은 토대를 가지고 같은 대상을 가져서 동시생기(同時生起)한다는 것은 모든 아비담마 · 아비달마와 유식에서 똑같다. 물론 이런 여러 가지 심소법들은 이미 초기경의 다양한 문맥에서 다양하게 나타나고 있는데 이를 각 문파에서 조금씩 다르게 분류하여 설명한 것에 지나지 않는다.

여기서 주목해야 할 점은 오온에서 색 · 수 · 상과 식은 항상 단수로 표현되지만, 행(상카라)은 예외 없이 '복수(複數. *plural*)'로 표현되고 있다는 것이다. 이처럼 부처님께서는 이미 초기경들에서 행을 수와 상 이외의 모든 심소법 혹은 심리현상들을 다 포함하는 복수의 술어로 정착을 시키셨다. 그리고 행에 속하는 여러 가지 심리현상들은 ① 모든 마음에 공통되는 심리현상 ② 유익한 심리현상[善法] ③ 해로운 심리현상[不善法]의 세 카테고리로 분류되고 있는데 다양한 조건에 따라 심리현상들은 무리 지어 마음과 함께 일어나고 멸한다고 아비담마의 제 문파와 유식에서 한결같이 설명하고 있다.

그리고 몇몇 분들은 아직도 오온의 행을 의도적 행위 하나로만 이해하려 하는데, 오온의 행은 반드시 '여러 가지 심리현상들'로 넓게 이해해야 한다. 오온은 매 순간순간 여러 조건이 화합해 함께 일어나고 함께 멸하며[緣起緣滅] 흘러가는 것이다. 이것을 우리는 오온의 상속(相續. santati)이라 하는데 상속이란 흐름이라는 말이다. '나'라는 존재를 다섯 가지의 무더기[蘊]로 해체해 설하는 이유는 이러한 오온의 찰나성[無常]과 고와 무아를 철견(徹見)해서 깨달음과 해탈・열반을 실현하기 위한 것이다.

오온은 동시생기 하는 것으로 분명하게 이해해야 한다. 오온이라는 불교의 가장 중요한 법수를 순차적으로 일어나는 것으로 잘못 이해하면 그때부터 불교가 아주 혼란스럽게 된다고 다시 한 번 강조한다.

② 오온은 '나는 누구인가'에 대한 부처님의 대답이다

세상에서 가장 귀중한 것은 나다. 그래서 『상윳따 니까야』 제1권 「말리까 경」(S3:8)에는 빠세나디 꼬살라 왕과 말리까 왕비의 다음과 같은 대화가 나타난다.

"말리까여, 그대 자신보다 더 사랑스런 자가 있습니까?"

"대왕이시여, 제게는 제 자신보다 더 사랑스런 자가 없습니다. 대왕이시여, 그런데 임금님께는 자기 자신보다 더 사랑스런 자가 있습니까?"

"말리까여, 나에게도 나 자신보다 더 사랑스런 자는 없습니다."

빠세나디 꼬살라 왕은 궁전을 나와서 세존께 다가가서 이 사실을 말씀드렸다. 그러자 세존께서는 그 뜻을 아시고 그 사실에 대해서 이 게송을 읊으셨다.

"마음으로 모든 방향으로 찾아보았건만
어느 곳에도 자신보다 사랑스러운 자 얻을 수 없네.
이처럼 다른 이들에게도 각자 자신이 사랑스러운 것
그러므로 자기의 행복을 원하는 자, 남을 해치지 마세."{392}

이 잘 알려진 게송은 『쿳다까 니까야』의 『자설경』(Ud.47)과 『청정도론』 IX.10에도 나타나고 있다. 자신이 가장 사랑스럽기 때문에 이기적이 되는 것이 아니라, 자신이 가장 사랑스러운 사람은 절대로 남을 해쳐서는 안 된다는 세존의 이 말씀은 진정한 자비가 무엇인지를 생각하게 해준다. 이처럼 세상의 모든 종교·철학·사상 등은 모두 자신의 문제로부터 출발하며 자신의 문제를 해결하기 위한 방법으로 생겨난 것이라 해야 할 것이다. 그리고 진정으로 자신의 문제를 해결하려는 사람이야말로 진정한 자비가 무엇인지를 아는 사람일 것이다.

이처럼 인류가 있어온 이래로 인간이 자신에게 던진 가장 많은 질문은 아마 '나는 누구인가?'일 것이다. 인간과 신들의 스승이신 부처님께서도 당연히 이 질문에 대해서 대답하셨다. 중요한 질문이기에 아주 많이, 그것도 아주 강조해 말씀하셨다. 그러면 부처님께서는 이 질문에 어떻게 대답하셨을까? 부처님께서는 초기경 도처에서 간단명료하게 '나'는 '오온(五蘊, panca-kkhandha)'이라고 말씀하셨다. 나라는 존재는 물질(몸뚱이, 色), 느낌[受], 인식[想], 심리현상들[行], 알음알이[識]의 다섯 가지 무더기[五蘊]의 적집일 뿐이라는 것이다.

그러면 왜 부처님께서는 다섯 가지로 해체해서 대답하셨을까? 그것은 '나' 혹은 자아(아뜨만)라는 고정불변하는 어떤 실체(sāra)가 있는 것이 아니라는 점을 분명히 하기 위해서이다. 영원불변하는 나를 찾아서 온갖 노력을 다 해봐도 그것은 얻어지는 것이 아니다. 얻어진 것처럼 여겨지는 인식(想, 산냐)이 있을 뿐이다. 그래서 우리의 소의경전인 『금강경』도 자아니 영혼(壽者)이니 하는 산냐의 척파를 외치지 않았던가.

③ 해체해서 보면 무상 · 고 · 무아가 보인다

부처님께서 '나는 누구인가?'에 대해서 '오온'이라고 말씀하신 더 중요한 이유가 있다. 나라는 존재를 몸뚱이와 느낌과 인식과 심리현상들과 알음알이로 해체해서 보게 되면 이들의 변화성과 찰나성 즉 무상(無常)이 극명하게 드러나기 때문이다. 그리고 무상하고 변화하는 것은 괴로움[苦]이다. 우리는 변하는 것을 가지고 행복이라 하지 않는다. 행복이란 것도 변하면, 즉시에 괴로움이 되고 만다. 그래서 부처님께서는 행복을 괴고성(壞苦性, 변하는 괴로움)이라고 분명히 말씀하셨다.

그리고 우리는 변하고 괴로운 것을 가지고 나라거나 나의 자아라고 하지 않는다.(無我) 이처럼 변화를 통찰할 때 괴로움과 무아도 꿰뚫게 된다. 그래서 초기불전에서 오온의 무상 · 고 · 무아는 도처에서 아주 강조되고 있는 것이다. 어디 초기불전뿐인가? 우리가 조석예불에서 정성을 다해서 외는 『반야심경』의 핵심도 오온무아를 통찰하는 것(조견오온개공, 照見五蘊皆空)이 아니던가. 그래서 저자는 『상윳따 니까야』의 해제들과 주해 도처와 본서의 여러 곳에서 해체(vibhajja)를 역설하고 있다.

④ 무상 · 고 · 무아를 통해 해탈한다

이처럼 나라는 존재를 오온으로 해체해서 보면 무상과 고와 무아가 극명하게 드러나고 이러한 무상이나 고나 무아를 철견할 때 불가능해보이던 중생의 해탈은 비로소 성취되는 것이다. 그래서 초기불전뿐만 아니라 대승경전에서조차 무상(無常)을 통한 해탈을 무상(無相)해탈이라 하고, 고를 통한 해탈을 무원(無願)해탈이라 부르며, 무아를 통한 해탈을 공(空)해탈이라 천명하고 있다.(『화엄경』「정행품」, 본서 427쪽 이하 참조) 실체 없는 자아에 계합하는 것이 해탈이 아니라 무상 · 고 · 무아에 사무쳐야 해탈이다. 불자가 이 사실을 잊어버리면 그 즉시 외도가 되어버린다.

연기의 가르침에는 12지의 구성요소들의 소멸로 전체 괴로움이 소멸한다고 나타나지만 구체적인 소멸방법은 나타나지 않는다. 그 구체적인 방법은 바로 이곳 즉 『상윳따 니까야』 제3권 「무더기 상윳따」(S22)와 제4권 「육처 상윳따」(S35)에서 무상·고·무아와 염오-이욕-해탈-구경해탈지로 나타나고 있다. 이것은 중요하다. 그래서 『디가 니까야』 「대전기경」(D14)에 해당하는 주석서도 연기각지(緣起各支)를 살피는 것은 낮은(얕은) 단계의 위빳사나(taruṇa-vipassanā)라고 분명하게 밝힌다.121) 연기의 가르침을 주요주제로 다루고 있는 「대전기경」(D14)에도 위빳시 보살은 오온의 일어나고 사라짐 즉 무상·고·무아를 통찰해서 "취착이 없어져서 번뇌들로부터 마음이 해탈하였다."(D14 §2.22)라고 분명하게 나타난다. 오온의 무상·고·무아야말로 소멸로 가는 구체적인 방법이요 사성제에서 보자면 갈애를 소멸하는 구체적인 방법인 것이다.

⑤ 진아란 없다

매년 여름과 겨울에 한국의 유서 깊은 명산대찰에서는 각종 수련회가 열린다. 몇몇 사찰에서는 아예 주제를 '나를 찾는 여행'으로 정하기도 하였다. 어디 그뿐인가. 교계 신문과 교계 라디오나 TV에서도 '참 나를 찾아서'라는 말을 공공연하게 쓰고 있다. 그러나 유감스럽게도 이러한 명산대찰이나 교계 언론매체에서 나는 누구인가에 대한 불교적 대답인 오온을 강조한 곳은 없었던 것으로 안다. 오히려 나를 진아로 추앙하고 대아나 주인공으로 경외하여 부르면서 이러한 영원불변하는 참 나를 찾는 것이야말로 진정한 불교수행이라고 공공연히 외쳐댔다.

'나는 누구인가?'라는 질문에 진아니 대아니 하는 대답이 나오는 한 그것은 불교가 아니다. 불자라면 나는 누구인가에 서슴없이 오온이라 답할 줄 알아야 하고, 나를 오온으로 해체해서 살펴보아 오온으로 이루

121) 여기에 대해서는 「대전기경」(D14) §§2.19~2.22와 주해들을 참조할 것.

어진 나라는 존재가 무상하고 고요 무아임을 통찰해서 오온에 대해 염오하고 이욕하여 해탈·열반을 실현해야 한다. 우리는 언제쯤 외도이기를 그만두고 진정한 부처님 제자가 될 것인가.

(2) 초기불교와 아비담마는 아공법유를 주장하는가

이처럼 나의 존재를 오온이라는 법으로 해체해서 보면 나라는 것은 단지 개념에 지나지 않음을 알 수 있다. 이러한 개념적 존재를 아비담마와 주석서들은 빤낫띠[施設, paññatti]라고 이름을 붙인다. 법으로 해체되지 않고 뭉쳐진 존재는 빤낫띠일 뿐 실체는 없다는 것이다. 사람이니 남자니 여자니 자아니 인간이니 중생이니 영혼이니 동물이니 자동차니 볼펜이니 컴퓨터니 산이니 강이니 하는 것 등등 우리가 이름지어 알고 있는 것은 모두 개념적 존재일 뿐이라는 것이다. 이것을 그대로 두면 무상·고·무아가 보이지 않고 무상·고·무아를 보지 못하면 염오-이욕-해탈-구경해탈지가 일어날 수 없다.

그래서 세존께서는 존재를 온·처·계·연 등의 법들로 해체하신 것이다. 해체하고 분석해서 보면 무상·고·무아가 극명하게 드러나기 때문이고 무상이나 고나 무아를 철견할 때 염오(강한 위빳사나)가 생기고 그래야 탐욕이 빛바래게 되고(이욕, 예류도부터 아라한도까지의 도) 그래서 소멸과 해탈(예류과부터 아라한과까지의 과)을 실현하기 때문이다. 이처럼 특히 『상윳따 니까야』 제3권 「무더기 상윳따」(S22)와 제4권 「육처 상윳따」(S35) 등에서는 나라는 존재와 세상이라는 존재를 각각 오온과 육내외입처(혹은 12처)의 법들로 해체해서 이들의 무상·고·무아를 철견해서 염오-이욕-소멸이나 염오-이욕-해탈-구경해탈지를 실현할 것을 거듭해서 설하고 계신다.

이렇게 설명하자 반야·중관을 추앙하는 자들은 이러한 아비담마의 입장을 아공(我空)은 설하지만 법공(法空)은 말하지 못하고 법유(法有)를 주창한다고 비난하며 그래서 아비담마를 소승이라고 폄하한다. 그러면 과연 아비담마는 법유를 말하는가? 이미 살펴보았지만 결코 그렇지 않다. 위에서 살펴보았듯이 초기불교와 아비담마에서 존재 특히 나라는 존재를 오온 등의 법으로 해체해서 보는 것은 법들의 무상과 고와 무아를 극명하게 밝히기 위해서이다. 모든 유위법들은 무상·고·무아라는 보편적 성질[共相]로부터 벗어날 수 없다. 그러므로 굳이 반야·중관적인 술어로 표현하자면 초기불교와 아비담마도 법공을 논리적으로 극명하게 드러내고 있다고 해야 한다. 분석적이고 논리적으로 제법을 명쾌하게 설명한다고 해서 이런 입장을 실유(實有)라고 해버리면 반야·중관이야말로 법의 법자도 모르는 악취공(惡臭空)에 빠진 자들이다. 반야·중관의 이러한 주장은 무엇보다도 불교의 뿌리요 불교의 출발점인 세존을 소승배로 취급하는 오만방자함을 드러낼 뿐이다.

그리고 법의 고유성질[自相]을 드러내는 최소단위인 찰나(khaṇa)도 일어남[生, uppāda]과 머묾[住, ṭhiti]과 무너짐[壞, bhaṅga]의 세 부분으로 이루어져 있다고 주석서들은 강조하고 있다.(본서 222쪽의 154번 주해와 『아비담마 길라잡이』 제4장 §6과 해설 참조) 서양에서는 이것을 *sub-moment*라고 옮기고 있고 초기불전연구원에서는 '아찰나(亞刹那)'라고 옮겼다. 이처럼 찰나도 이미 흐름일 뿐이다. 그러므로 불교사의 적통이라고 자부하는 상좌부에서의 찰나는 절대로 상주론이 아니다. 이렇게 되면 오히려 찰나는 아마 중관학파의 가유(假有)나 가법(假法)의 입장과 거의 같은 설명이 되어버릴 것이다.

법의 자상(自相)과 공상(共相) 등에 대한 논의는 본서 제14장 어떻게 해탈·열반을 실현할 것인가에 나타나고 있으니 그 부분을 참조하기 바란다.

법에 대한 반야・중관의 입장은 직관적(*intuitive*)이고 이것은 존중받아야 하고 충분한 의미가 있다. 그러나 이러한 직관적 입장은 초기불교와 아비담마의 분석적(*analytic*) 입장이 뒷받침될 때 의미가 있는 것이다. 초기불교와 아비담마는 존재를 해체하고 분석해서 제법의 무아를 천명한다. 과연 이러한 분석적인 방법이 없이 직관만으로 제법무아를 천명할 수 있는가? 저자는 그렇지 않다고 생각한다. 한국불교에서 난무하는 공에 대한 제멋대로의 해석이 그것을 증명한다. 분석이 없는 직관은 신비적(*mystic*)일 뿐이다. 법에 관한 한 부처님께서는 와서 보라는 것(ehi-pāsika, S16:21 등)이라고 당당하게 말씀하셨으며, 스승이 비밀스럽게 제자들에게 전수해 주는 스승의 주먹[師拳, ācariya-muṭṭhi]이란 것은 존재하지 않는다고 「대반열반경」(D16 §2.25)에서 강조하셨다. 그러므로 분석적인 방법론이 바탕이 될 때 직관적인 반야・중관의 입장은 더 명확하게 드러난다고 생각한다. 반야・중관은 독자적으로는 존재할 수가 없는 운명이 아닐까 생각해본다.

분명히 분석적이고 해체적인 방법은 최종적으로는 무상・고・무아의 직관으로 귀결되고 초기불전과 아비담마도 이것을 강조하고 있다. 그러므로 분석과 해체의 끝은 직관이라고 밖에 할 수 없을 것이다. 무상・고・무아를 통한 염오-이욕-해탈-구경해탈지는 통찰과 직관의 문제이지 분석만으로는 가능하지 않기 때문이다.

그렇지만 분석과 해체를 무시한 채로 반야・중관적인 직관이 극단으로 가면 부처님 원음까지도 부정해버리는 모순이 생긴다는 것을 거듭 지적하고 싶다. 분석과 직관이 서로를 보완하고 서로를 견제할 때 그것이 진정한 중도적 입장일 것이다. 직관만 강조하다 보면 그것은 옹졸하고 편협하고 과격하고 극단적인 도가 되어버린다고 감히 말하고 싶다.

### (3) 오온과 오취온의 차이와 중요 술어 몇 가지

마지막으로 살펴봐야 할 점은 「무더기 상윳따」(S22) 뿐만 아니라 초기불전의 도처에 나타나는 오온(五蘊, 다섯 가지 무더기)과 오취온(五取蘊, 취착의 [대상이 되는] 다섯 가지 무더기)의 차이이다.

「무더기 상윳따」(S22)만을 토대로 해서 살펴보면 오취온만을 설하는 경들은 S22:22 등의 12개가 나타나고 오온과 오취온 둘 다를 설하고 있는 경은 10개가 있다. 그러므로 오취온을 설하고 있는 경은 모두 22개 정도가 된다. 오온과 오취온의 차이는 무엇일까? 오취온은 pañca upādāna-kkhandha의 번역이다. 이것을 pañca(5) upādāna(취) khan-dha(온)로 직역한 것이다.

「무더기 상윳따」의 「무더기[蘊] 경」(S22:48)은 오온(pañcakkhandha)과 오취온(pañc-upādānakkhandha) 즉 다섯 가지 무더기와 취착의 [대상이 되는] 다섯 가지 무더기의 차이를 설명하는 경전적 근거로 『청정도론』 XIV.214~215에 인용되는 중요한 경이다. 본문에서 분명히 드러나듯이 오온(pañcakkhandha)과 오취온(pañc-upādānakkhandha)의 차이는 "번뇌와 함께하고 취착되기 마련인 것(sāsavam upādānīyaṁ)"이 나타나느냐 그렇지 않느냐는 것이다. 이 문장이 나타나지 않으면 그것은 오온이고 이 문장이 나타나면 그것은 오취온이다. 그래서 『청정도론』은 "그러면 이 둘의 차이점은 무엇인가? 무더기는 일반적으로 설하셨다. 취착의 [대상이 되는] 무더기는 번뇌가 있고 취착하기 쉬운 것으로 한정하여 설하셨다."(XIV.214)라고 정의하고 있다.

이런 기준을 가지고 살펴보면 순수한 오온은 번뇌와 취착이 없는 아라한에게 속하는 것으로 여겨진다. 과연 그런가? 먼저 이러한 기본 사항을 분명히 하고 몇 가지 논의를 진행해보자.

첫째, 일반적으로 살펴보면 오취온은 오온에 포함된다. 오온 가운데서 번뇌와 취착의 문제가 제기되는 것만을 오취온이라 부르기 때문에 오취온은 넓은 의미의 오온에 포함된다. 그래서 『청정도론』 XIV.215에서도 맨 마지막 문장에서 "그러나 느낌 등은 번뇌가 다한 것은 오직 무더기들 가운데서만 언급되고 번뇌의 대상이 될 때는 취착하는 무더기들 가운데서 언급된다. 여기서 취착하는 무더기란 '취착의 대상(gocara)인 무더기들이 취착하는 무더기들이다.'라고 그 뜻을 알아야 한다. 그러나 여기서는 이 모든 것을 한데 묶어 무더기라 한다고 알아야 한다."라고 하여 이 사실을 거론하고 있다.

둘째, "번뇌와 함께하고 취착되기 마련인 것(sāsavam upādānīyaṁ)"을 구체적으로 어떻게 이해해야 하는가 하는 것이다. 이것은 "번뇌와 취착의 대상이 되기 마련인 것"으로 해석해야 한다. 이것이 오취온을 이해하는 가장 중요한 포인트이다. 그래서 위에 인용한 주석서에서도 "번뇌들의 대상이 됨(ārammaṇa-bhāva)에 의해서 취착의 조건이 되는 것"이라고 나타나고, 『청정도론』은 "취온이란 취착의 대상이 되는 온"122)으로 설명하고 있다. 그래서 저자도 『상윳따 니까야』 전체에서 오취온을 '취착의 [대상이 되는] 다섯 가지 무더기'로 번역하고 있다. 즉 번뇌의 대상이 되고 취착의 대상이 되면 그것은 취온에 포함되고 그렇지 않으면 온에 포함된다.123)

셋째, 그런데 아비담마에 의하면 물질(rūpa)은 반드시 번뇌와 취착의 대상이 된다.124) 그러므로 물질은 기본적으로 모두 취온에 포함된다.

---

122) upādānakkhandhā ti c'ettha, upādānagocarā khandhā – Vis.XIV.215.

123) anāsavā va khandhesu vuttā, sāsavā upādānakkhandhesu – Vis.XIV.215.

124) 『담마상가니』(Dhs §1103, §1219)와 『아비담마 길라잡이』 제6장 §6의 해설 참조.

아라한의 몸(물질, 색)도 중생들에게는 취착의 대상이 될 수 있다. 그리고 정신의 무더기들(수·상·행·식)도 번뇌와 취착의 대상이 되면 그것은 취온에 포함되고, 그렇지 않으면 온에 포함된다.

넷째, 이런 기준을 가지고 보면 모든 범부의 오온은 오취온이 된다. 왜? 번뇌와 취착의 대상이 되기 때문이다. 아라한의 색온도 취온이 된다. 물질은 모두 취온에 속하기 때문이다. 그러나 더미(rasi)라는 뜻에서는 오온에도 포함된다고 『청정도론』은 적고 있다. 그리고 세간적인(즉 열반을 대상으로 하고 있지 않은) 아라한의 정신의 무더기들(수·상·행·식의 4온)도 취온이 된다. 왜? 이런 상태에 있는 아라한의 수·상·행·식은 남들의 취착의 대상이 되기 때문이다. 그러나 열반에 들어 있는 출세간 상태의 아라한의 4온은 남들의 취착의 대상이 될 수 없다.[125] 그러므로 이런 상태의 아라한의 4온이 엄밀한 의미에서 취온이 아닌 순수한 온이라고 할 수 있다.

요약하면, 모든 색·수·상·행·식은 더미(rāsi)라는 뜻에서는 모두 온(蘊, khandha)이라 불린다. 그러나 아라한이 열반을 대상으로 한(열반의 경지에 든) 경우의 수·상·행·식을 제외한 모든 오온은 모두 취착의 대상이 된다는 뜻에서 역시 오취온이 된다. 그러므로 아라한이 열반을 대상으로 혹은 열반의 상태에 들어 있는 경우를 제외하고 모든 오온은 오취온이다. 아라한이 열반의 상태에 들어 있는 경우 그때의 수·상·행·식은 취온이 될 수 없다.[126]

---

125) 남들이 그의 4온을 알 수 없기 때문이다.(DhsA.347 참조)

126) 더 자세한 논의는 보디 스님(Bodhi, Bhikkhu), "Aggregates and Clinging Aggregates"를 참조할 것.

### ⑷ 마음[心] 혹은 알음알이[識]를 절대화하면 절대로 안 된다

그리고 마지막으로 강조하고 싶은 것은 마음(심) 혹은 알음알이(식)를 절대화하여 마음을 창조주나 절대자로 만들어서는 안 된다는 점이다. 한국불교에는 마음 깨쳐 성불한다거나, 마음이 곧 부처[心卽是佛]라거나 마음 외에 부처란 없다[心外無佛]라거나, 일체는 마음이 만들어낸 것[一切唯心造]이라거나 하며 마음을 절대화하는 데 열을 올리는 분들이 많다. 물론 이러한 가르침을 나의 외부 저 밖에 창조주라거나 절대자라거나 하는 어떤 존재가 없다는 것을 강조하는 가르침으로 받아들이면 문제는 없어 보인다. 그러나 이러한 가르침을 가지고 마음을 절대화하여 마음이 우주의 모든 것을 만들어내는 창조주나 절대자인 양 받아들여 버린다면 이것은 큰 문제라 아니할 수 없다.

모든 불교에서 오온은 실체가 없다(오온무아)고 설한다. 그러므로 오온의 다섯 번째인 알음알이(식) 즉 마음도 실체가 없는 것이요 단지 찰나생・찰나멸의 흐름일 뿐이다. 나라는 존재를 오온으로 해체해서 보면 무상과 고와 무아가 극명하게 드러나고, 여기에 사무치면 존재에 넌더리치고(염오), 탐욕이 남김없이 빛바래고(이욕), 그래서 해탈하고, 구경해탈지가 일어나고, 열반을 실현하게 된다는 것이 초기불전의 도처에서 부처님이 강조하고 계신 가르침이다.

초기불전 그 어디에도 일체유심조 등으로 마음을 절대화하고 실체화하는 듯한 가르침은 나타나지 않는다. 오히려 마음은 실체가 없는 것(무아)인 줄 사무쳐서 궁극적 행복인 열반을 실현할 것을 초기불전은 도처에서 고구정녕하게 설하고 있다. 그러므로 한국불교도 이제는 더 이상 마음을 절대화하거나 실체화하는 데 매달리지 말고 오히려 마음의 실체없음(무아)에 사무쳐서 부처님이 분명하게 드러내신 열반의 행복을 실현하려 노력해야 한다고 감히 제언하면서 오온에 대한 설명을 마무리한다.

# 제10장 인간이 가진 능력들 — 22근(기능)

(1) 22가지 기능[根]

인간이 가진 능력이라 할 수 있는 22가지 기능은 『상윳따 니까야』 「기능 상윳따」(S48)의 주제이다. 이들에 대해서는 본서 제22장 다섯 가지 기능[五根]에서 좀 더 자세히 설명하고 여기서는 기본 정의를 중심으로 살펴보고자 한다.127)

「기능 상윳따」(Indriya-saṁyutta, S48)에는 178개의 경들이 포함되어 나타난다. 먼저 22가지 기능에 대해서 살펴보자.

일반적으로 기능[根, indriya]에는 모두 22가지가 포함되어 나타난다. 그것은 ① 눈의 기능[眼根] ② 귀의 기능[耳根] ③ 코의 기능[鼻根] ④ 혀의 기능[舌根] ⑤ 몸의 기능[身根] ⑥ 여자의 기능[女根] ⑦ 남자의 기능[男根] ⑧ 생명기능[命根] ⑨ 마노의 기능[意根] ⑩ 육체적 즐거움의 기능[樂根] ⑪ 육체적 괴로움의 기능[苦根] ⑫ 정신적 즐거움의 기능[喜根] ⑬ 정신적 괴로움의 기능[憂根] ⑭ 평온의 기능[捨根] ⑮ 믿음의 기능[信根] ⑯ 정진의 기능[精進根] ⑰ 마음챙김의 기능[念根] ⑱ 삼매의 기능[定根] ⑲ 통찰지의 기능[慧根] ⑳ 구경의 지혜를 가지려는 기능[未知當知根] ㉑ 구경의 지혜의 기능[已知根] ㉒ 구경의 지혜를 구족한 기능[具知根]이다.(『아비담마 길라잡이』 제7장 §18 참조)

---

127) 본장의 내용은 본서 제22장 다섯 가지 기능[五根]의 앞부분과 같음을 밝힌다.

(2) 기능[根]이란 무엇인가

'기능[根]'으로 옮긴 인드리야(indriya)는 문자적으로만 보면 √ind(*to be powerful*)에서 파생된 남성명사인 indra의 형용사 형태로서 '인드라(Indra)에 속하는'의 뜻이다. 여기서 말하는 인드라는 다름 아닌 신들의 왕[帝]을 말한다. 인드라는 막강한 힘을 가진 자라는 뜻에서 Sakka(Sk. Śakra, √śak, *to be able*)라고 불리는데 이 삭까가 釋(석)으로 음역되어 중국에서 제석(帝釋)이나 석제(釋帝桓因) 등으로 정착이 되어서 우리에게 알려진 인도의 신이다. 그래서 인드라는 힘의 상징이며 지배자, 통치자, 권력자를 뜻한다. 이러한 지배력을 가진 것이라는 의미에서 중성명사로 정착된 것이 인드리야 즉 기능[根]이다. 그래서 기능들은 각각의 영역에서 이들과 관계된 법들을 지배하는 정신적인 현상을 뜻한다.128) 기능은 모두 22가지로 정리되어 있다.129)

이 22가지는 『상윳따 니까야』 「기능 상윳따」(S48)에 모두 나타나고 있다. 물론 하나의 경에서 22가지가 모두 다 언급되는 경우는 없으며 「기능 상윳따」에서 주제별로 독립되어 나타나 있다. 이 22가지가 함께 언급되고 설명되는 것은 『논장』의 『위방가』(분별론)부터이다.

이 22가지 기능은 인간이라는 존재를 인간이 가진 기능이나 특수하고 고유한 능력의 측면에서 본 것이다. 이것은 다시 ⓐ 여섯 가지 감각기능과 ⓑ 다섯 가지 느낌과 ⓒ 믿음 등의 다섯 가지 기능과 ⓓ 남자, 여자, 생명의 세 가지 특수한 기능과 ⓔ 예류도부터 아라한과까지의 여덟

---

128) 북방 아비달마에서도 근(根)은 '증상력(增上力, 탁월하고 뛰어난 힘)'으로 정의되고 있다.(권오민 역, 『아비달마 구사론』 제1권 111쪽 참조)

129) 여기에 대해서는 『아비담마 길라잡이』 7장 §18과 『청정도론』 XVI장의 전반부를 참조할 것.

단계의 성자들이 가지는 세 가지 능력으로 크게 다섯 부분으로 나누어진다.

'여자의 기능[女根, itthindriya]'과 '남자의 기능[男根, purisindriya]'은 이 둘이 중요한 의미로 쓰이고 있는 『앙굿따라 니까야』 「속박 경」(A7:48/iv.57~59 §2) 이하와 『상윳따 니까야』 「생명기능 경」(S48:22)을 제외한 니까야에서는 거의 언급되지 않는다. 『논장』에서는 파생된 물질(upādā rūpa)에 포함되어 나타나는데, 『담마상가니』(법집론, Dhs §§633~634)와 『위방가』(분별론, Vbh.122~123)에서 정의되어 있으며 『담마상가니 주석서』(DhsA.321~323)와 『청정도론』 XIV.58에 설명되어 있다.

『상윳따 니까야』 「생명기능 경」(S48:22)에 해당하는 주석서는 "'여자의 기능'이란 여자의 상태(여자됨, itthi-bhāva, 즉 여자의 외관상의 표시, 속성, 활동, 자세 등)에 대한 통제를 하는 것(indaṭṭhaṁ karoti)을 말한다. '남자의 기능'이란 남자의 상태(남자됨, purisa-bhāva)에 대한 통제를 하는 것을 말한다."(SA.iii.237)라고 설명하고 있다.

'생명기능[命根, jīvitindriya]'은 함께 생겨난 정신과 물질들을 지탱하는 기능을 말한다. 『담마상가니』(Dhs §635)와 『위방가』(Vbh.123)에서 정의되고 『담마상가니 주석서』(DhsA.323)와 『청정도론』 XIV.59에서 설명되어 있다.

성자들이 가지는 세 가지 능력은 ⑳ 구경의 지혜를 가지려는 기능[未知當知根] ㉑ 구경의 지혜의 기능[已知根] ㉒ 구경의 지혜를 구족한 기능[具知根]으로 나타나고 있다. 여기에 대해서 주석서는 이렇게 설명한다.

"'구경의 지혜를 가지려는 기능'은 '나는 그 시작을 알지 못하는 윤회에서 전에 알지 못했던 법을 알게 될 것이다.'라고 도를 닦는 자가 예류도의 순간에 일어난 기능이다. '구경의 지혜의 기능'은 그렇게 법을 안 자들에게 속하는 예류과로부터 [아라한도까지의] 여섯 경우에 일어난 기능이다. '구경의 지혜를 구족한 자의 기능'은 구경의 지혜를 구족한 자들에게 속하는 아라한과의 법들에서 일어난 기능이다."(SA.iii.237)

(3) 다섯 가지 기능[五根]

이러한 22가지 기능이 모두 다 중요하지만 37보리분법에는 다섯 가지 기능[五根, pañc-indriya]과, 같은 다섯 가지가 힘으로 표현되고 있는 다섯 가지 힘[五力, pañca-bala]만이 포함되어 나타난다. 그러므로 이 둘에 대해서 조금 더 살펴볼 필요가 있다. 먼저 『상윳따 니까야』 「보아야 함 경」(S48:8)의 설명부터 인용한다.

"비구들이여, 다섯 가지 기능이 있다. 무엇이 다섯인가?

믿음의 기능[信根], 정진의 기능[精進根], 마음챙김의 기능[念根], 삼매의 기능[定根], 통찰지의 기능[慧根]이다.

비구들이여, 그러면 믿음의 기능은 어디서 봐야 하는가? 믿음의 기능은 여기 네 가지 예류자의 구성요소에서 봐야 한다. 비구들이여, 그러면 정진의 기능은 어디서 봐야 하는가? 정진의 기능은 여기 네 가지 바른 노력에서 봐야 한다. 비구들이여, 그러면 마음챙김의 기능은 어디서 봐야 하는가? 마음챙김의 기능은 여기 네 가지 마음챙김의 확립에서 봐야 한다. 비구들이여, 그러면 삼매의 기능은 어디서 봐야 하는가? 삼매의 기능은 여기 네 가지 禪에서 봐야 한다. 비구들이여, 그러면 통찰지의 기능은 어디서 봐야 하는가? 통찰지의 기능은 여기 네 가지 성스러운 진리에서 봐야 한다.

비구들이여, 이러한 다섯 가지 기능이 있다."(S48:8 §§3~4)

한편 주석서는 다음과 같이 설명을 덧붙이고 있다.

"믿음의 기능은 확신(adhimokkha)을 통해 일어난다. 정진의 기능은 분발(paggaha)을 통해 일어나고, 마음챙김의 기능은 확립(upaṭṭhāna)을 통해 일어나고, 삼매의 기능은 산란하지 않음(avikkhepa)을 통해 일어나고, 통찰지의 기능은 봄(dassana)을 통해 일어난다. 그리고 이 다섯 가지 기능들은 모두 열의(chanda, 즉 기능들을 일으키고자 하는 유익한 열의 – SAṬ)를 통해 일어나고, 마음에 잡도리함[作意, manasikāra, 즉 기능들의 힘이 미약(dubbala)할 때 이러한 전향을 생기게 하는 지혜롭게 마음에 잡도리함 – SAṬ]을 통해 일어난다."(SA.iii.232)

다섯 가지 기능에 대해서는 본서 제22장 다섯 가지 기능[五根]에서 좀 더 자세히 살펴볼 것이다.

# 제11장 존재란 무엇인가 — 12처[六內外處] I

(1) 육처란 무엇인가

오온이 '나는 누구인가?'에 대한 부처님의 대답이라면 12처 혹은 육내외처(六內外處)의 가르침은 '존재란 무엇인가, 세상이란 무엇인가, 일체란 무엇인가?'에 대한 부처님의 대답이다. 그래서 오온을 불교의 인간관이라 한다면 육내외처는 불교의 세계관을 담고 있는 가르침이라 할 수 있다.

육처(六處, saḷāyatana)는 여섯 감각장소로 직역이 되며, 이것은 다시 눈·귀·코·혀·몸·마노의 여섯 가지 안의 감각장소(ajjhattika āyatana)와 형색·소리·냄새·맛·감촉·법의 여섯 가지 밖의 감각장소(bāhira āyatana)로 구성되어 있다. 『상윳따 니까야』 제4권 「육처 상윳따」(S35)에는 이 두 가지 감각장소가 모두 다 포함되어 있다. 그래서 육처는 12처로 표현되고 서술되기도 한다. 본서 전체에서는 12처라고도 표기하고 육처라고도 표기하고 더 정확하게는 육내외처(六內外處)로 표기하기도 한다. 이러한 술어들을 모두 같은 내용을 지칭하는 동의어로 사용하고 있음을 밝힌다.

세존께서는 이 안의 감각장소[六內處 = 감각기능]와 밖의 감각장소[六外處 = 대상]를 일체라고 정의하고 계시며, 이 12가지 외에 다른 일체는 세울 수 없다고 하신다.(「일체 경」(S35:23)) 그리고 「세상 경」(S35:82)과

「세상의 끝에 도달함 경」(S35:116 §12)에서는 이 12가지야말로 세상이라고 말씀하고 계신다.

그러면 육처(六處)에 대해서 좀 더 자세히 살펴보자. 여기서 육처(六處, 여섯 감각장소)로 옮긴 원어는 saḷāyatana인데, 이것은 여섯을 뜻하는 saḷ과 장소[處]를 뜻하는 āyatana가 합성된 술어이다.

'saḷ-'은 숫자 여섯을 뜻하는 산스끄리뜨 ṣaṣ/ṣat가 합성어의 처음에 올 때 saḷ-로 바뀐 것이다. 산스끄리뜨 ṣaṣ(여섯)는 빠알리에서는 cha로 정착이 되었지만 이 경우만 특별히 'saḷ-'로 정착이 되었다. 예를 들면 육신통은 chaḷ-abhiññā이지 saḷ-abhiññā가 아니다.

그리고 처(處) 혹은 감각장소로 옮긴 원어 āyatana는 ā(이리로)+√yat(*to strech*)에서 파생된 것으로 이해되기도 하고 ā + √yam(*to move*)에서 파생된 것으로 이해되는 중성 명사이다. 불교 이전부터 인도 바라문교의 『제의서』(祭儀書, Brāhmaṇa) 문헌에 많이 나타나는 단어인데 거기서는 주로 제사 지내는 장소를 아야따나라 부르고 있다. 물론 동물들의 서식지를 아야따나로 부르기도 하였다. 『청정도론』 XV.5에 의하면 아야따나에는 ① 머무는 장소(nivāsa-ṭṭhāna) ② 광산(ākara) ③ 만나는 장소(samosaraṇa) ④ 출산지(sañjāti-desa) ⑤ 원인(kāraṇa)의 다섯 가지 의미가 있다고 한다.

중국에서는 이쪽으로 온다는 문자적인 의미를 중시하여 入(입)으로 번역하기도 하였고, 이 단어가 장소(*base, sphere*)의 의미로 쓰이므로 處(처)라고 옮기기도 하였다. 예를 들면 12연기의 다섯 번째 구성요소인 saḷ-āyatana는 六入(육입)으로 옮겼으며, 눈의 감각장소[眼處, cakkhu-āyatana] 등과 형색의 감각장소[色處, rūpa-āyatana] 등의 육내외처(12처)와, 공무변처(空無邊處 ākāsanañc-āyatana)부터 비상비비상처(非想非非想處, nevasaññānāsaññ-āyatana)까지의 4처는 處로 옮겼다. 초기불전연구원에서는 감각작용과 관계된 6입이나 12처는 '감각장소'로 옮기고 있으며 4처는 '장소'로 옮기고 있다.

안의 감각장소[內處, ajjhattika āyatana]와 밖의 감각장소[外處, bāhira āyatana]에서 '안[內]'은 ajjhattika를 옮긴 것이다. 이 술어는 adhi+atta+ika로 분석되는데 자신(atta)에 관계된(adhi) 것(-ika)이란 뜻이다. ajjhattika는 예외 없이 눈·귀·코·혀·몸·마노의 여섯 가지 안의 감각장소 혹은 감각기관[六內處]을 지칭하는 술어로만 쓰인다. 반대로 '밖[外]'은 bāhira를 옮긴 것이다. 이것은 '밖에'를 뜻하는 부사 bāhi(Sk. bahir, bahis)의 2차곡용어이다. 곡용이 되어 산스끄리뜨 bahir의 -r가 살아난 형태로 된 것이다. 이 술어는 예외 없이 형색·소리·냄새·맛·감촉·법의 여섯 가지 밖의 감각장소 혹은 감각대상[六外處]을 지칭하는 술어로만 쓰인다. 물론 여기서 법(dhamma)은 모든 의식의 대상과 모든 심소법들을 말하지만 마노의 대상이 된다는 의미에서 밖의 감각장소로 불린다.

여기서 여섯 감각장소[六處]로서의 ajjhattika-bāhira와 일반적인 안과 밖(나와 남)을 뜻하는 ajjhatta-bahiddhā는 구분되어야 한다. 예를 들면 다른 존재들의 눈 등의 감각기관은 안의 감각장소(ajjhattika)이지만 그것은 남의 것 혹은 밖의 것(bahiddhika)이고, 내 몸의 색깔, 목소리, 냄새 등은 밖의 감각장소(bāhira)이지만 그것은 나의 것 혹은 안의 것(ajjhatta)이다.

한편 주석서는 왜 안과 밖이라고 하는지를 다음과 같이 설명하고 있다.

"'안의 감각장소들[內入處/內處/內入, ajjhattikā āyatanā]'을 '안'이라고 하는 이유는 이것들에 대한 욕탐이 현저하게 강하기 때문이다. 왜냐하면 사람들은 여섯 가지 안의 감각장소들을 집의 내부로 여기고 여섯 가지 '밖의 감각장소들[外入處/外處/外入, bāhirā āyatanā]'을 집의 부근으로 여기기 때문이다.

마치 사람들이 집안에 있는 아들이나 아내나 재산이나 재물이나 공덕과 같은 것에 대한 욕탐이 아주 강하기 때문에 모르는 사람이 집 안으로 들어오는 것을 막고 나누어 가지자는 말만 들어도 거부하는 것처럼, 여섯 가지 안의 감각장소들에 대해서도 마찬가지이다. 그래서 이것들은 안의 것이라 불린다.

마치 사람들이 집의 부근에 있는 것에 대해서는 욕탐이 그렇게 강하지 않고 다른 사람들이 지나 다니는 것도 억지로 막지 않는 것처럼, 여섯 가지 밖의 감각장소들에 대해서도 그러하다. 그래서 이것들은 밖의 것이라 불린다."(SA.ii.356)

### (2) 「육처 상윳따」(S35)의 개관

육처 혹은 육내외처 혹은 12처가 부처님 가르침에서는 주로 어떤 문맥에서 나타나고 있는가를 제대로 살펴보려면 『상윳따 니까야』 「육처 상윳따」(S35)를 자세히 분석해볼 필요가 있다. 앞의 오온의 경우도 마찬가지였지만, 여기서 「육처 상윳따」(S35) 전체를 자세히 살펴보는 것은 초기불교의 이해를 돕고자 출판하는 본서에서 언급하기에는 너무 전문적인 내용이라는 것을 안다. 그러나 이렇게 육처의 가르침을 특정 기준을 세워서 정리해보면 육처의 가르침이 얼마나 중요한 가르침인가가 극명하게 드러날 것이기 때문에 여기서 다루고 있음을 밝힌다.

「육처 상윳따」(S35)에는 모두 248개의 경들이 포함되어 있는데, 이것은 모두 19개의 품으로 나누어져 있고, 이 19개의 품은 다시 네 개의 50개 경들의 묶음으로 분류되어 있다. 이것을 적어보면 다음과 같다.

I. 「기본 50개 경들의 묶음」

①「무상 품」 - 12개 경 ②「쌍 품」 - 10개 경 ③「일체 품」 - 10개 경 ④「태어나기 마련인 법 품」 - 10개 ⑤「무상 품」 - 10개 경

II. 「두 번째 50개 경들의 묶음」

⑥「무명 품」 - 10개 경 ⑦「미가잘라 품」 - 11개 경 ⑧「환자 품」 - 10개 경 ⑨「찬나 품」 - 10개 경 ⑩「여섯 품」 - 10개 경

III. 「세 번째 50개 경들의 묶음」

⑪「유가안은을 설하는 자 품」 - 10개 경 ⑫「세상과 감각적 욕망의 가닥 품」 - 10개 경 ⑬「장자 품」 - 10개 경 ⑭「데와다하 품」 - 12개 경 ⑮「새로운 것과 오래된 것 품」 - 10개 경

IV. 「네 번째 50개 경들의 묶음」

⑯「즐김의 소멸 품」 - 11개 경 ⑰「60가지의 반복 품」 - 60개 경 ⑱「바다 품」 - 10개 경 ⑲「독사 품」 - 10개 경

여기서 보듯이 제17장 「60가지의 반복 품」에는 「안의 무상에 대한 욕구 경」(S35:168)부터 「안의 감각장소들의 무아 경」(S35:227)까지의 비슷한 구문이 반복적으로 나타나는 짧은 분량의 60개 경들이 포함되어 있다. 그 외의 품은 다른 상윳따의 품들처럼 대부분 10개의 경들이 포함되어 있고 드물게 11개나 12개를 포함한 것도 있다. 이렇게 하여 모두 4개의 50개 경들의 묶음 속에 19개의 품이 들어 있고, 이들에는 다시 248개의 경들이 포함된 것으로 구성되어 있는 것이 「육처 상윳따」의 기본 구성이다.

### (3) 248개 경들의 분류

「육처 상윳따」의 248개 경들은 모두 안의 감각장소와 밖의 감각장

소에 대한 가르침을 담고 있다. 이것은 크게 다음의 셋으로 분류할 수 있다.

① 안의 감각장소만을 설하고 있는 경: 79개.

② 밖의 감각장소만을 설하고 있는 경: 64개.

③ 안팎의 감각장소를 다 설하고 있는 경: 105개.

저자는 이들 248개 경들을 다시 두 가지 기준으로 정리해보았다.

첫 번째 기준은 "태어남은 다했다. 청정범행(梵行)은 성취되었다. 할 일을 다 해 마쳤다. 다시는 어떤 존재로도 돌아오지 않을 것이다."로 정형화되어 있는 구경해탈지의 정형구가 나타나는가 아닌가 하는 것이다. 부처님 가르침은 근본적으로 해탈·열반을 실현하기 위한 것이다. 불교의 기본 교학인 연기의 가르침과 오온 등의 가르침에서도 이 '태어남은 다했다. …'라는 구경해탈지의 정형구는 강조되어 나타났다. 본 「육처 상윳따」도 예외는 아니다. 그래서 첫 번째로 이런 기준을 정한 것이다.

두 번째 기준은 무상·고·무아다. 앞의 오온의 가르침에서 「무더기 상윳따」(S22)를 통해서도 살펴봤지만 오온의 가르침은 무상·고·무아를 드러내기 위한 것이라고 해도 과언이 아닐 정도로 강조되고 있다. 이것은 「육처 상윳따」(S35)에서도 예외가 아니다. 그래서 무상·고·무아를 포함하고 있는 가르침이 몇 개나 되는가를 조사해 본 것이다.

이런 기준에서 248개 경들을 분류해 보면 아래와 같다. 물론 이러한 분류는 서로 중복되기도 한다. 예를 들면, 아래 분류에서 보듯이 ③ '내 것'·'나'·'나의 자아' 아님을 설하는 39개의 경들과 ④ 무상·고·무아를 설하는 경 43개와 ⑤ 무상만 설하는 38개 속에는 구경해탈지의 정형구가 나타나는 것도 포함되어 있다.

① 구경해탈지의 정형구를 설하는 경들: 118+2(이 정형구가 조금 다른

것) = 120 개

ⓐ 염오-이욕-해탈-구경해탈지의 정형구: 62개

㉠ 무상·고·무아를 통한 염오-이욕-해탈-구경해탈지: 30개 -2(구경해탈지의 정형구만 다름) =28개.

㉡ 무상·고·무아의 문답을 통한 염오-이욕-해탈-구경해탈지: S35:32, 62, 73~75, 86,89, 105, 108, 121, 150의 11개.

㉢ 무상·고·무아 없는 염오-이욕-해탈-구경해탈지: 23개. 이 가운데 S35:28, 29, 154, 155, 186~203, 235의 23개는 무상·고·무아 가운데 하나만 나타나고 있음.

ⓑ 사랑 없음과 취착 없음을 통한 구경해탈지: S35:30~31, 90~91의 4개

ⓒ '내 것'·'나'·'나의 자아' 아님을 통한 구경해탈지: S35:74~75, 204~221의 20개

ⓓ 바로 구경해탈지를 설함: 32개 = S35:64, 140~145(무상·고·무아 가운데 하나만 나타나고 바로 구경해탈지로), 153, 204~221(무상·고·무아 가운데 하나와 '내 것'·'나'·'나의 자아' 아님이 나타난 뒤에 바로 구경해탈지로), 222~227(무상·고·무아 가운데 하나만 나타나고 바로 구경해탈지로) = 1+6+1+18+6=32개

② 위의 정형구 없이 해탈을 설하거나 바른 견해-염오-이욕-즐김의 소멸-해탈을 설하는 경들: 12개 = S35:15~20, 60~61, 156~159

③ '내 것'·'나'·'나의 자아' 아님이 나타나는 경들: 39개 = S35:1~12, 30~31, 71~72, 74~75, 87, 90~91, 204~221

④ 무상·고·무아를 설하는 경들: 43개 = S35:1, 4, 7, 10, 32~52, 60~62, 73~75, 86, 89, 105, 108, 121, 150, 204~206, 213~215

⑤ 무상만을 설하는 경들: 38개 = S35:53, 54, 56, 58, 76, 79, 93, 99, 100, 140, 143, 147, 156~162, 165~170, 177~179, 182, 186~188, 195~197, 222, 225, 235

⑥ 괴로움만을 설하는 경들: 33개 = S35:19~22, 26~27, 67, 77, 81, 88, 94, 106, 111~113, 141, 144, 148, 152, 163, 171~173, 180~181, 189~191, 198~200, 223, 226

⑦ 무아만을 설하는 경들: 31개 = S35:3, 6, 12, 55, 57, 59, 78, 142, 145, 149, 164, 174~176, 183~185, 192~194, 201~203, 210~212, 219~221, 224, 227

⑧ 괴로움과 무아만을 설하는 경들: 11개 = S35:2, 5, 8, 9, 11, 207~209, 216~218

⑨ 6내처-6외처-6식-6촉-6수에 바탕한 세 가지 느낌으로 나타나는 경들: 71개 = S35:28~62, 76~86, 89~91, 99~102, 121, 129~130, 147~152, 160~167, 235

⑩ 여섯 가지 안팎의 감각장소가 바로 일체라고 설하는 경들: 28개 = 「일체 경」(S35:23), 「버림 경」1/2(S35:24~25)와 「불타오름 경」(S35: 28)부터 「무상 경」 등(S35:43~52)까지를 합한 28개 경들

⑪ 여섯 가지 안팎의 감각장소를 세상이라고 설하는 경들: 6개 = 「사밋디 경」4(S35:68), 「세상 경」(S35:82) 등

⑫ "눈과 형색을 조건으로 눈의 알음알이가 일어난다. …"로 나타나는 경들: 7개 = 「통달하여 철저하게 앎 경」(S35:60), 「종식 경」1(S35:61), 「쌍(雙) 경」2(S35:93), 「괴로움 경」(S35:106), 「세상 경」(S35:107), 「유심히 들음 경」(S35:113), 「우다이 경」(S35:234)

⑬ 여섯 가지 안팎의 감각장소의 달콤함·위험함·벗어남을 설하는 경들: 6개 = S35:13~18

⑭ 여섯 가지 안팎의 감각장소의 일어남·사라짐·달콤함·위험함·

벗어남을 설하는 경들: 4개 = S35:71~73, 103

(4) 각 분류의 특징

① 구경해탈지의 정형구

118+2=120개 경은 다시 태어나지 않음(키나자띠, khīṇa jāti)을 선언하는 구경해탈지의 정형구가 포함되어 있다. 본서 제8장 (2)의 ② 등에서 이미 살펴봤듯이 이 구경해탈지의 정형구는 "해탈하면 해탈했다는 지혜가 있다. '태어남은 다했다. 청정범행(梵行)은 성취되었다. 할 일을 다 해 마쳤다. 다시는 어떤 존재로도 돌아오지 않을 것이다.'라고 꿰뚫어 안다."이다. 그리고 「통달하여 철저하게 앎 경」(S35:60)과 「종식 경」1 (S35:61)의 두 경은 염오·이욕·해탈까지는 같고 다만 위 정형구 대신에 "해탈하면 '나는 취착을 통달하여 철저하게 알았다.'라고 꿰뚫어 안다."라고 나타나는 것만이 다르다. 그래서 이 두 개 경들도 여기에 포함시켰다.

② 무상·고·무아의 정형구

한편 안과 밖의 감각장소의 무상·고·무아 셋 다 나타나는 경은 43개이며, 무상만이 나타나는 것은 38개, 괴로움만이 나타나는 것은 33개, 무아만이 나타나는 것은 31개, 그리고 괴로움과 무아만 나타나는 것이 11개이다. 이렇게 하여 156개 정도의 경이 안의 감각장소나 밖의 감각장소의 무상이나 괴로움이나 무아를 천명하고 있다.

③ 무상·고·무아를 통한 염오-이욕-해탈-구경해탈지의 정형구

이 가운데 무상·고·무아를 통한 염오-이욕-해탈-구경해탈지의 정형구가 포함되어 나타나는 경은 모두 28개 정도가 있다. 경들에 나타나는 이 정형구는 다음과 같다.

"비구들이여, 이렇게 보는 잘 배운 성스러운 제자는 눈에 대해서도 염오하고 형색에 대해서도 염오하고 눈의 알음알이에 대해서도 염오하고 눈의 감각접촉에 대해서도 염오하고 눈의 감각접촉을 조건으로 하여 일어나는 즐겁거나 괴롭거나 괴롭지도 즐겁지도 않은 느낌에 대해서도 염오한다. …

마노[意]에 대해서도 염오하고 [마노의 대상인] 법에 대해서도 염오하고 마노의 알음알이에 대해서도 염오하고 마노의 감각접촉에 대해서도 염오하고 마노의 감각접촉을 조건으로 하여 일어나는 즐겁거나 괴롭거나 괴롭지도 즐겁지도 않은 느낌에 대해서도 염오한다.

염오하면서 탐욕이 빛바래고, 탐욕이 빛바래기 때문에 해탈한다. 해탈하면 해탈했다는 지혜가 있다. '태어남은 다했다. 청정범행(梵行)은 성취되었다. 할 일을 다 해 마쳤다. 다시는 어떤 존재로도 돌아오지 않을 것이다.'라고 꿰뚫어 안다."(「안의 무상 경」(S35:1) 등)

그리고 위의 정형구 앞에 "비구들이여, 눈은 무상하다. … 괴로움이다. … 무아다. 귀는 … 코는 … 혀는 … 몸은 … 마노[意]는 무상하다. … 괴로움이다. … 무아다."라는 등으로 안과 밖의 감각장소의 무상·고·무아와 무상이나 고나 무아를 설하는 경들이 S35:222를 위시하여 모두 28개 정도가 된다.

물론 이 정형구는 『상윳따 니까야』 제3권 「무더기 상윳따」(S22)의 도처에 나타나는 오온의 무상·고·무아를 통한 염오-이욕-해탈-구경해탈지의 정형구와도 같다. 다만 그곳에서는 오온이 나타나고 여기서는 육내외처가 나타나는 것만이 다르다.

### ④ 무상·고·무아의 문답 통한 염오-이욕-해탈-구경해탈지의 정형구

무상·고·무아의 문답을 통한 염오-이욕-해탈-구경해탈지의 정형구는 모두 11개 경들에서 나타난다. 이 정형구도 이미 『상윳따 니까야』 제3권 「무더기 상윳따」(S22)의 「소나 경」 1(S22:49 §5 이하) 등의 여러 곳에서 오온에 대한 무상・고・무아의 문답을 통한 염오-이욕-해탈-구경해탈지의 정형구로 많이 나타났다. 여기서는 육처에 대해서 적용되고 있는데 경을 인용해 보면 다음과 같다.

"비구들이여, 이를 어떻게 생각하는가? 눈은 … 형색은 … 눈의 알음알이는 … 눈의 감각접촉은 … 눈의 감각접촉을 조건으로 하여 일어나는 즐겁거나 괴롭거나 괴롭지도 즐겁지도 않은 느낌은 …

마노[意]는 … [마노의 대상인] 법은 … 마노의 알음알이[意識]는 … 마노의 감각접촉은 … 마노의 감각접촉을 조건으로 하여 일어나는 즐겁거나 괴롭거나 괴롭지도 즐겁지도 않은 느낌은 항상한가, 무상한가?"

"무상합니다, 세존이시여."

"그러면 무상한 것은 괴로움인가, 즐거움인가?"

"괴로움입니다, 세존이시여."

"그러면 무상하고 괴로움이고 변하기 마련인 것을 두고 '이것은 내 것이다. 이것은 나다. 이것은 나의 자아다.'라고 관찰하는 것이 타당하겠는가?"

"그렇지 않습니다, 세존이시여."

"비구들이여, 이렇게 보는 잘 배운 성스러운 제자는 눈에 대해서도 염오하고 형색에 대해서도 … 눈의 알음알이에 대해서도 … 눈의 감각접촉에 대해서도 … 눈의 감각접촉을 조건으로 하여 일어나는 즐겁거나 괴롭거나 괴롭지도 즐겁지도 않은 느낌에 대해서도 … 귀에 대해서도 … 코에 대해서도 … 혀에 대해서도 … 몸에 대해서도 … 마노[意]에 대해서도 … [마노의 대상인] 법에 대해서도 … 마노의 알음알이[意識]에 대해서도 … 마노의 감각접촉에 대해서도 … 마노의 감각접촉을 조건으로 하여 일어나는 즐겁거나 괴롭거나 괴롭지도 즐겁지도 않은 느낌에 대해서도 염오한다.

염오하면서 탐욕이 빛바래고, 탐욕이 빛바래므로 해탈한다. 해탈하면 해탈했다는 지혜가 있다. '태어남은 다했다. 청정범행(梵行)은 성취되었다. 할 일을 다 해 마쳤다. 다시는 어떤 존재로도 돌아오지 않을 것이다.' 라고 꿰뚫어 안다."(「환자 경」1(S35:74) §7 이하 등)

⑤ 무상·고·무아 없는 염오-이욕-해탈-구경해탈지의 정형구

한편 본 상윳따의 여러 경들에는 무상·고·무아가 없는 염오-이욕-해탈-구경해탈지의 정형구가 나타나고 있다.

부처님께서 행하신 세 번째 설법이요 가섭 삼형제의 제자들이었다가 가섭 삼형제와 함께 부처님 제자가 된 1000명의 비구들에게 설하신 가르침으로 잘 알려진 『상윳따 니까야』「불타오름 경」(S35:28)을 인용한다.

"비구들이여, 일체는 불타오르고 있다. 비구들이여, 그러면 어떤 일체가 불타오르고 있는가?

눈은 불타오르고 있다. 형색은 불타오르고 있다. 눈의 알음알이는 불타오르고 있다. 눈의 감각접촉은 불타오르고 있다. 눈의 감각접촉을 조건으로 하여 일어나는 즐겁거나 괴롭거나 괴롭지도 즐겁지도 않은 느낌은 불타오르고 있다. 그러면 무엇에 의해서 불타오르고 있는가? 탐욕과 성냄과 어리석음으로 불타오르고 있다. 태어남과 늙음과 죽음과 근심과 탄식과 육체적 고통과 정신적 고통과 절망으로 불타오르고 있다고 나는 말한다. …

마노[意]는 … 법은 … 마노의 알음알이는 … 마노의 감각접촉은 … 느낌은 불타오르고 있다. …

비구들이여, 이렇게 보는 잘 배운 성스러운 제자는 눈에 대해서도 염

오하고 … 마노의 감각접촉을 조건으로 하여 일어나는 즐겁거나 괴롭거나 괴롭지도 즐겁지도 않은 느낌에 대해서도 염오한다.

염오하면서 탐욕이 빛바래고, 탐욕이 빛바래기 때문에 해탈한다. 해탈하면 해탈했다는 지혜가 있다. '태어남은 다했다. 청정범행(梵行)은 성취되었다. 할 일을 다 해 마쳤다. 다시는 어떤 존재로도 돌아오지 않을 것이다.'라고 꿰뚫어 안다."(「불타오름 경」(S35:28) §§3~5)

⑥ 사량 않음과 취착 않음을 통한 구경해탈지의 정형구

"그는 일체를 사량(思量)하지 않고, 일체에서 사량하지 않고, 일체로부터 사량하지 않고, '일체는 나의 것이다.'라고 사량하지 않는다.

그는 이와 같이 사량하지 않기 때문에 세상에 대해서 어떤 것도 취착하지 않는다. 취착하지 않으면 갈증내지 않는다. 갈증내지 않으면 스스로 완전히 열반에 든다. '태어남은 다했다. 청정범행은 성취되었다. 할 일을 다 해 마쳤다. 다시는 어떤 존재로도 돌아오지 않을 것이다.'라고 꿰뚫어 안다."(「뿌리 뽑는데 어울림 경」(S35:30) 등)

⑦ '내 것' · '나' · '나의 자아' 아님을 통한 구경해탈지의 정형구

"비구들이여, 과거의 눈은 무상하였다.(S35:204) … 미래의 눈은 무상할 것이다.(S35:205) … 현재의 눈은 무상하다.(S35:206) … 과거의 귀는 … 코는 … 혀는 … 몸은 … 마노[意]는 무상하였다. … 미래의 귀는 … 코는 … 혀는 … 몸은 … 마노[意]는 무상할 것이다. … 현재의 귀는 … 코는 … 혀는 … 몸은 … 마노[意]는 무상하다. 무상한 것은 괴로움이요, 괴로움인 것은 무아다. 무아인 것은 내 것이 아니고 그것은 내가 아니고 그것은 나의 자아가 아니라고 있는 그대로 바른 통찰지로 봐야 한다.

비구들이여, 이렇게 보는 잘 배운 성스러운 제자는 눈에 대해서도 염오하고 … 염오하면서 탐욕이 빛바래고, 탐욕이 빛바래므로 해탈한다. 해탈하면 해탈했다는 지혜가 있다. '태어남은 다했다. 청정범행(梵行)은

성취되었다. 할 일을 다 해 마쳤다. 다시는 어떤 존재로도 돌아오지 않을 것이다.'라고 꿰뚫어 안다."(S35:204~206)

⑧ 벗어남, 해탈 등으로 나타나는 경들

이것은 위 (3)의 ⑬에서 열거한 경들에 해당한다.

"비구들이여, 그러나 중생들이 이와 같이 여섯 가지 안의 감각장소들[六內入處]의 달콤함을 달콤함이라고 위험함을 위험함이라고 벗어남을 벗어남이라고 있는 그대로 최상의 지혜로 알 때 중생들은 신과 마라와 범천을 포함한 세상으로부터, 사문·바라문과 신과 사람을 포함한 무리로부터 벗어나고 풀려나고 해탈하며 한계가 없는 마음으로 머물게 될 것이다."(「이것이 없다면 경」 1(S35:17))

"비구들이여, 그러나 내가 이와 같이 여섯 가지 밖의 감각장소들[六外入處]의 달콤함을 달콤함이라고 위험함을 위험함이라고 벗어남을 벗어남이라고 있는 그대로 최상의 지혜로 알았기 때문에 나는 신과 마라와 범천을 포함한 세상에서, 사문·바라문과 신과 사람을 포함한 무리 가운데에서 내 스스로 위없는 바른 깨달음을 실현하였다고 인정되었다.

그리고 나에게는 '나의 해탈은 확고부동하다. 이것이 나의 마지막 태어남이며, 이제 더 이상의 다시 태어남[再生]은 없다.'라는 지와 견이 일어났다."(「달콤함 경」 2(S35:16))

⑨ 6내처-6외처-6식-6촉-6수로 나타나는 경들

앞의 ④에서 인용한 「환자 경」 1(S35:74)과 ⑤에서 인용한 「불타오름 경」(S35:28) 등에서 보았듯이 본 상윳따의 71개 경들은 6내처-6외처-6식-6촉-6수의 순서로 여러 가지 법들을 설하고 있다. 이처럼 본 상윳따에는 안과 밖의 감각장소에 대한 가르침만 나타나는 것이 아니라, 6내처-6외처-6식-6촉-6수를 설하고 있는 경들도 무려 71개가 나타난다. 이들은 12처의 가르침이 그대로 18계(즉 6내처-6외처-6식)의 가르침과 연결되어 있음을 보여주는 좋은 보기이다.

⑩ 여섯 가지 안팎의 감각장소가 바로 일체다

"비구들이여, 그러면 무엇이 일체인가? 눈과 형색, 귀와 소리, 코와 냄새, 혀와 맛, 몸과 감촉, 마노[意]와 [마노의 대상인] 법, 이를 일러 일체라 한다."라고 설하시는 「일체 경」(S35:23)을 위시하여 「버림 경」 1/2(S35:24~25)와 「불타오름 경」(S35:28)부터 「무상 경」 등(S35:43~52)까지의 28개 경들에서는 여섯 가지 안의 감각장소와 여섯 가지 밖의 감각장소를 일체라 부르고 있다.

⑪ 여섯 가지 안팎의 감각장소가 바로 세상이다

「사밋디 경」 4(S35:68)와 「세상 경」(S35:82) 등의 여섯 개 경들에서는 여섯 가지 안팎의 감각장소를 세상이라 부르고 있다. 이러한 경들은 세상은 영원한가 등에 대한 부처님의 답변이라 할 수 있다. 이러한 경들도 세상을 12가지 등의 법들로 해체해서 보면 세상이란 자체는 개념[施設, paññatti]일 뿐이라고 강조하고 있다.

한편 『상윳따 니까야』 제3권의 「들어감 상윳따」(S25)와 「일어남 상윳따」(S26)와 「오염원 상윳따」(S27)에 포함되어 있는 30개 경들도 6내처와 6외처와 6식을 주제로 한 경들을 담고 있기 때문에 이 「육처 상윳따」(S35)와 같은 주제를 담고 있다고 할 수 있다. 그렇게 되면 육처를 주제로 한 경들은 모두 278개로 늘어난다고 할 수 있다.

그리고 『상윳따 니까야』 제2권의 「라훌라 상윳따」(S18)의 22개 경들 가운데서 처음 10개의 경들에서는 차례대로 6근, 6경, 6식, 6촉, 6수, 6상, 6의도, 6갈애(S18:1~8)와 6대(S18:9)와 오온(S18:10)의 무상·고·무아와 염오-이욕-해탈-구경해탈지를 설하고 계신다. 그리고 같은 순서의 가르침이 S18:11~20에도 그대로 나타나고 있다. 그러므로 이들 20개 경들도 육내처와 육외처의 무상·고·무아와 염오-이욕-해탈-구경해탈지를 중점적으로 설하는 본 상윳따에 포함시킬 수 있다.

거듭 말하지만 결국 육처의 가르침도 나와 세상을 각각 안의 여섯과 밖의 여섯으로 해체해서 보는 것을 강조하고 있고, 이렇게 해서 나와 세상이 무상·고·무아임을 체득하여 이들에 대해서 염오-이욕-소멸 혹은 염오-이욕-해탈-구경해탈지를 일으켜 해탈·열반을 실현하는 것으로 귀결된다. 뭉쳐두면 개념(paññatti)에 속고 법(dhamma)으로 해체하면 깨닫는다는 말은 이 「육처 상윳따」(S35)에도 그대로 적용된다.

# 제12장 존재란 무엇인가 — 12처[六內外處] II

(1) 육처에 대한 가르침의 특징

이러한 분류를 바탕으로 「육처 상윳따」(S35)에 나타나는 육처에 대한 가르침의 특징을 간단하게 살펴보자.

① 12처는 일체에 대한 부처님의 대답이다

오온이 나는 누구인가에 대한 부처님의 대답이라면 육처의 가르침은 존재란 무엇인가, 세상이란 무엇인가, 일체란 무엇인가에 대한 부처님의 대답이다. 그래서 오온을 불교의 인간관이라 한다면 육처는 불교의 세계관을 담고 있는 가르침이라 할 수 있다.

부처님께서는 세상이란 그리고 존재하는 모든 것(일체)이란 모두 안과 밖이 만나는 것 — 즉 눈이 형색과, 귀가 소리와, 코가 냄새와, 혀가 맛과, 몸이 감촉과, 마노가 법과 조우하고 부딪히는 것 — 을 떠나서는 존재할 수 없다는 것을 육처의 가르침을 통해서 강조하고 계신다. 세상이니 존재니 일체니 하는 것도 결국은 나의 문제를 떠나서는, 나라는 조건을 떠나서는 아무런 의미가 없다는 말씀이기도 하다. 세존께서는 일체 존재와 세상을 이렇게 안과 밖의 감각장소로 해체해서 간단명료하게 제시하시고 무아를 천명하신다.

그래서 본 상윳따의 여러 경들에서 세존께서는 육내외처가 일체라고 강조하신다.

"비구들이여, 그러면 무엇이 일체인가?

눈과 형색, 귀와 소리, 코와 냄새, 혀와 맛, 몸과 감촉, 마노[意]와 [마노의 대상인] 법 - 이를 일러 일체라 한다.

비구들이여, 어떤 사람이 말하기를, '나는 이런 일체를 버리고 다른 일체를 천명할 것이다.'라고 한다면 그것은 단지 말로만 떠벌리는 것일 뿐이다. 만일 질문을 받으면 대답하지 못할 뿐만 아니라 나아가서 더 큰 곤경에 처하게 될 것이다. 그것은 무슨 이유 때문인가? 비구들이여, 그것은 그들의 영역을 벗어났기 때문이다."(「일체 경」(S35:23) §§3~4)

주석서는 이렇게 덧붙이고 있다.

"'단지 말로만 떠벌리는 것일 뿐이다.'라는 것은 말로만 말하게 되는 토대가 될 뿐이라는 말이다. 이 12가지 감각장소들을 떠나서 또 다른 고유성질을 가진 법(sabhāva-dhamma)이 있다고 설할 수 없다는 뜻이다." (SA.ii.358)

그러므로 일체라는 것은 따로 존재하는 것이 아니고, 이러한 일체라는 개념을 구성하고 있는 고유성질을 가진 법인 육내외처 곧 12가지 감각장소들만 존재할 뿐이다.

다시 적어보면, 12가지 감각장소[十二處]는 (1) 눈의 감각장소 (2) 귀의 감각장소 (3) 코의 감각장소 (4) 혀의 감각장소 (5) 몸의 감각장소 (6) 마노의 감각장소 (7) 형색의 감각장소 (8) 소리의 감각장소 (9) 냄새의 감각장소 (10) 맛의 감각장소 (11) 감촉의 감각장소 (12) 법의 감각장소이다.

이러한 12가지 감각장소는 일체(sabba)라는 단어로 표현되는 존재일반을 나타내는 법들을 총칭하는 것이다. 세존께서는 이처럼 일체를 구성하고 있는 법들을 문(dvāra)과 마음의 대상의 측면에서 조망하고 계신다.

아비담마적으로 보자면 (1)~(5)의 감각장소는 다섯 가지 감성의 물질

(pasāda-rūpa)[130]과 일치하고 (7)~(11)의 감각장소는 다섯 가지 물질의 대상(gocara)과 일치한다. 그러나 (6) 마노[意]의 감각장소는 마노의 문(dvāra)보다는 더 큰 범위를 나타낸다. 이것은 89가지 형태의 마음 모두를 포함하는 알음알이의 무더기[識蘊] 전체와 일치한다. (12) 법의 감각장소[法處]는 법이라는 대상(dhamma-ārammaṇa)과 완전히 합치하지는 않는다. 이것은 처음의 다섯 가지 대상(gocara, (7)~(11))과 다섯 가지 감성(pasāda, (1)~(5))과 마노의 감각장소[意處, (6)]와 일치하는 마음(citta)을 제외한다. 그리고 이것은 개념(paññatti)도 제외한다. 감각장소[處, āyatana]라는 것은 오직 구경법, 즉 고유성질[自性, sabhāva]을 가진 것들에게만 적용되고 개념의 구조를 통해서만 존재하는 것들(paññatti)에 대해서는 적용되지 않기 때문이다. 그러므로 법의 감각장소[法處]는 52가지 마음부수법들과 16가지 미세한 물질들(sukhuma-rūpa)과 열반으로 구성된다.(『아비담마 길라잡이』 제7장 §36의 해설을 참조할 것.)

### ② 12처가 바로 세상이다

아울러 육내외처는 세상(loka)이란 무엇인가에 대한 부처님의 대답이기도 하다.

주석서에 의하면 초기불전에는 세상이라는 단어가 세 가지 의미로 쓰이고 있다. 『디가 니까야 주석서』는 "[눈에] 보이는 세상, 중생 세상,

---

130) '감성의 물질[感性色, 빠사다 루빠, pasāda-rūpa]'은 눈·귀·코·혀·몸의 다섯 가지 감각기관이 가지는 순수한 감각 작용, 즉 감각에 민감한 물질을 나타내는 아비담마의 전문술어이다. 감성(pasāda)은 그것의 토대가 되는 거친 감각기관과는 구별되어야 한다. 일반적으로 눈이라고 부르는 것은 아비담마에서는 [여러 물질적인 현상이] 혼합된 눈(sasambhāra-cakkhu)이라 한다. 그 중에서 감성은 빛과 색을 등록하고, 눈의 알음알이[眼識]의 물질적인 토대와 문의 역할을 하는, 망막 안에 있는 감각에 민감한 물질이다. 그런 의미에서 감성(感性)이라고 옮긴다. 그래서 이 감성은 각각의 감각기관에 위치한 특정한 물질을 뜻한다. 이처럼 감성과 감각기관은 다르다. 아비담마에 의하면 감성을 지탱하는 기능을 하는 것이 감각기관이다.

형성된 세상의 세 가지 세상이 있다."(DA.i.173)고 설명한다.

여기서 ① 보이는 세상은 보통 우리가 말하는 세상으로 눈에 보이는 물질적인 세상 즉 중국에서 기세간(器世間)으로 이해한 것을 말한다. ② 『상윳따 니까야』 제3권 「꽃 경」(S22:94 §3)에서 "비구들이여, 나는 세상과 다투지 않는다. 세상이 나와 다툴 뿐이다."라고 하신 세상은 바로 중생으로서의 세상을 뜻한다. 중국에서는 중생세간(衆生世間)으로 정착이 되었다. ③ 모든 형성된 것을 형성된 세상이라 한다. 물론 형성된 세상은 모든 유위법을 뜻하며 오취온으로 정리된다. 그리고 오취온은 고성제의 내용이기도 하다. 물론 『육처 상윳따』(S35)에서는 모두 형성된 세상의 측면에서 세상을 설명하고 있다.

한편 북방의 『대지도론』(大智度論)에는 오중세간(五衆世間, 오온), 중생세간(衆生世間), 국토세간(國土世間)의 세 가지 세상이 나타나는데 위의 『디가 니까야 주석서』의 설명과 일치한다. 그리고 당나라 청량징관(淸涼澄觀) 스님이 지은 『대방광불화엄경소』(大方廣佛華嚴經疏)에는 기세간(器世間)과 중생세간(衆生世間)과 지정각세간(智正覺世間)의 세 가지 세상이 나타나기도 한다.

『상윳따 니까야』 「세상 경」(S35:82)에서 어떤 비구와 세존께서는 이렇게 문답을 나누고 있다.

"세존이시여, '세상, 세상'이라고들 합니다. 도대체 왜 세상이라고 합니까?"

"비구여, 부서진다고 해서 세상이라 한다.

그러면 무엇이 부서지는가? 눈은 부서진다. 형색은 … 눈의 알음알이는 … 눈의 감각접촉은 … 눈의 감각접촉을 조건으로 하여 일어나는 즐겁거나 괴롭거나 괴롭지도 즐겁지도 않은 느낌은 부서진다. 귀는 … 코는 … 혀는 … 몸은 … 마노는 … [마노의 대상인] 법은 … 마노의 알음알이는 … 마노의 감각접촉은 … 마노의 감각접촉을 조건으로 하여 일어나는 즐겁거나 괴롭거나 괴롭지도 즐겁지도 않은 느낌은 부서진다.

비구여, 부서진다고 해서 세상이라 한다."(S35:82)

그리고 「세상의 끝에 도달함 경」(S35:116 §3)에서는 이렇게 설하신다.

"비구들이여, 나는 세상의 끝을 발로 걸어가서 알고 보고 도달할 수 있다고 말하지 않는다. 비구들이여, 그러나 나는 세상의 끝에 도달하지 않고서는 괴로움을 끝낸다고 말하지도 않는다."(S35:116 §3)

한편 이 문단은 『상윳따 니까야』 제1권 「로히땃사 경」(S2:26)에도 나타나는데 「로히땃사 경」의 핵심 내용이다. 이런 측면에서 볼 때 본경은 「로히땃사 경」(S2:26)의 주석이라고 할 수 있다. 세존께서 이렇게 말씀하고 들어가시자 비구들의 간청에 의해서 아난다 존자가 다음과 같이 설명하고 있다.

"도반들이여, 이 세상에서 세상을 인식하는 자와 세상을 지각하는 자는 그 어떤 것을 통해서 [인식하고 지각]합니다. 이런 것을 일러 성자의 율에서는 세상이라 말합니다."(S35:116 §12)

즉 여섯 감각장소를 통해서 인식되고 지각되는 것이 세상이지 다른 세상은 없다는 말씀이다. 달리 말하면 세상이란 경험된 세상일 뿐이다.131) 아난다 존자는 계속해서 말한다.

"도반들이여, 그러면 어떤 것을 통해서 이 세상에는 세상을 인식하는 자가 있고 세상을 지각하는 자가 있습니까?

도반들이여, 눈을 통해서 이 세상에는 세상을 인식하는 자가 있고 세상을 지각하는 자가 있습니다. 귀를 통해서 … 코를 통해서 … 혀를 통해서 … 몸을 통해서 … 마노를 통해서 이 세상에는 세상을 인식하는 자

---

131) 여기에 대해서는 특히 『상윳따 니까야』 제1권 「로히땃사 경」(S2:26) §4의 주해를 참조할 것.

가 있고 세상을 지각하는 자가 있습니다.

도반들이여, 이것을 일러 성자의 율에서는 세상이라 말합니다."(S35:116 §12)

여기에 대해서 주석서는 다음과 같이 부연하고 있다.

"눈은 세상에서 거부할 수 없는 것이다. 범부는 중생의 세상[衆生世間, satta-loka]과 우주로서의 세상[器世間, cakkavāḷa-loka]만을 두고 세상이라고 인식하고 지각한다. 그러나 눈 등의 12가지 감각장소를 떠나서 [세상이라는] 인식이나 지각은 일어나지 않는다. 그래서 '도반들이여, 눈을 통해서 이 세상에는 세상을 인식하는 자가 있고 세상을 지각하는 자가 있습니다.'라고 한 것이다. [세상의 끝을 향해서] 가는 것을 통해서 이 세상의 끝을 알거나 보거나 얻거나 할 수 없다. 무너진다는 뜻에서 눈 등의 부서짐인 세상의 끝 – 이것을 열반이라 부름 – 이것을 얻지 못하고서는 윤회의 괴로움을 끝내는 것은 존재하지 않는다고 알아야 한다." (SA.ii.389)

"눈이 있기 때문에 세상을 인식하는 자가 있다. 그것이 없으면 인식하는 자도 없다. 안의 감각장소가 없으면 세상이라는 명칭도 없기 때문이다."(SA.iii.25)

③ 세상이든 일체든 모두 조건발생[緣起, 緣而生]이다

「세상 경」(S35:107)에서 세존께서는 세상의 일어남과 사라짐 즉 발생과 소멸을 이렇게 말씀하신다.

"비구들이여, 그러면 무엇이 세상의 일어남인가?

눈과 형색을 조건으로 눈의 알음알이가 일어난다. 이 셋의 화합이 감각접촉이다. 감각접촉을 조건으로 하여 느낌이, 느낌을 조건으로 갈애가, 갈애를 조건으로 취착이, 취착을 조건으로 존재가, 존재를 조건으로 태어남이, 태어남을 조건으로 늙음·죽음과 근심·탄식·육체적 고통·

정신적 고통·절망이 생긴다. 비구들이여, 이것이 세상의 일어남이다. 귀와 소리를 조건으로 … 코와 냄새를 조건으로 … 혀와 맛을 조건으로 … 몸과 감촉을 조건으로 … 마노와 법을 조건으로 마노의 알음알이가 일어난다. 이 셋의 화합이 감각접촉이다. 감각접촉을 조건으로 하여 느낌이, 느낌을 조건으로 갈애가, 갈애를 조건으로 취착이, 취착을 조건으로 존재가, 존재를 조건으로 태어남이, 태어남을 조건으로 늙음·죽음과 근심·탄식·육체적 고통·정신적 고통·절망이 생긴다.

비구들이여, 이것이 세상의 일어남이다."(S35:107 §3)

그리고 같은 방법으로 세상의 사라짐을 설하신다. 이처럼 세상은 조건발생[緣起, 緣而生]임을 말씀하신다.[132]

④ 해체해서 보면 무상·고·무아가 보인다

그러면 왜 세상을 이렇게 설명하시는가? 「공한 세상 경」(S35:85)에서 세존께서는 이렇게 강조하고 계신다.

"아난다여, 자아나 자아에 속하는 것이 공하기 때문에 공한 세상이라 한다.

아난다여, 그러면 무엇이 자아나 자아에 속하는 것이 공한 것인가? 아난다여, 눈은 자아나 자아에 속하는 것이 공한 것이다. 형색은 … 눈의 알음알이는 … 눈의 감각접촉은 … 눈의 감각접촉을 조건으로 하여 일어나는 즐겁거나 괴롭거나 괴롭지도 즐겁지도 않은 느낌은 자아나 자아에 속하는 것이 공한 것이다. 귀는 … 코는 … 혀는 … 몸은 … 마노는 … [마노의 대상인] 법은 … 마노의 알음알이는 … 마노의 감각접촉은 … 마노의 감각접촉을 조건으로 하여 일어나는 즐겁거나 괴롭거나 괴롭

---

132) 조건발생 혹은 연기(緣起)는 『상윳따 니까야』 제2권 「인연 상윳따」(S12)의 주제이다. 제2권의 해제(특히 해제 §3-(3)-⑤)와 「괴로움 경」(S12:43)과 「조건 경」(S12:20)을 중심으로 살펴볼 것을 권한다.

지도 즐겁지도 않은 느낌은 자아나 자아에 속하는 것이 공한 것이다.

아난다여, 자아나 자아에 속하는 것이 공하기 때문에 공한 세상이라 한다."(S35:85 §4)

세존께서 세상을 12처로 간단명료하고 명쾌하게 설명하시는 것은 세상이란 고정불변하는 실체가 없음을 천명하시기 위해서이다. 12처로 해체해서 보면 세상은 공한 것이고 실체가 없는 것이다.

그래서 「육처 상윳따」(S35)의 절반이 훨씬 넘는 156군데나 되는 경들에서 세존께서는 육내외처의 무상·고·무아와 혹은 무상이나 고나 무아를 강조하시고 극명하게 드러내고 계신다. 육내외처로 해체해서 보면 세상이란 무상한 것이고 괴로운 것이고 무아인 것이고 공한 것이기 때문이다.

무상·고·무아뿐만 아니라 위에서 이미 살펴보았듯이 38개의 경들은 내것·나·나의 자아 아님을 역설하고 있으며 10군데 경들에서는 육내외처의 달콤함·위험함·벗어남 등을 설하고 있기도 한데, 이 모든 가르침은 결국 육내외처로 해체해서 보면 세상이란 무상한 것이고 괴로운 것이고 무아인 것이고 공한 것이고 내 것·나·나의 자아가 없는 것이고 그래서 위험한 것이라는 것을 강조하고 있는 것이다.

⑤ 무상·고·무아와 염오-이욕-해탈-구경해탈지

이처럼 세상이나 일체를 육내외처로 해체해서 살펴보면 무상·고·무아가 보이고, 이렇게 되어야 세상이나 일체에 대해서 염오-이욕-해탈-구경해탈지가 생겨서 해탈·열반을 성취하게 되는 것이다. 결국 육처의 가르침도 오온의 가르침에서처럼 무상·고·무아와 내 것·나·나의 자아 아님을 통해서 염오-이욕-해탈-구경해탈지를 설하시여 해탈·열반을 실현하는 분명한 도구로 말씀하신 것이다.

「육처 상윳따」(S35)의 첫 번째 가르침인 「안의 무상 경」(S35:1)과

「밖의 무상 경」(S35:4)을 인용한다.

"비구들이여, 눈은 무상하다. 무상한 것은 괴로움이요, 괴로움인 것은 무아다. 무아인 것은 내 것이 아니고 그것은 내가 아니고 그것은 나의 자아가 아니라고 있는 그대로 바른 통찰지로 봐야 한다.

귀는 … 코는 … 혀는 … 몸은 … 마노[意]는 무상하다. 무상한 것은 괴로움이요, 괴로움인 것은 무아다. 무아인 것은 내 것이 아니고 그것은 내가 아니고 그것은 나의 자아가 아니라고 있는 그대로 바른 통찰지로 봐야 한다.

비구들이여, 이렇게 보는 잘 배운 성스러운 제자는 눈에 대해서도 염오하고, 귀에 대해서도 염오하고, 코에 대해서도 염오하고, 혀에 대해서도 염오하고, 몸에 대해서도 염오하고, 마노에 대해서도 염오한다.

염오하면서 탐욕이 빛바래고, 탐욕이 빛바래므로 해탈한다. 해탈하면 해탈했다는 지혜가 있다. '태어남은 다했다. 청정범행(梵行)은 성취되었다. 할 일을 다 해 마쳤다. 다시는 어떤 존재로도 돌아오지 않을 것이다.'라고 꿰뚫어 안다."(「안의 무상 경」(S35:1) §§3~4)

"비구들이여, 형색은 무상하다. 무상한 것은 괴로움이요, 괴로움인 것은 무아다. 무아인 것은 내 것이 아니고 그것은 내가 아니고 그것은 나의 자아가 아니라고 있는 그대로 바른 통찰지로 봐야 한다.

소리는 … 냄새는 … 맛은 … 감촉은 … [마노의 대상인] 법은 무상하다. 무상한 것은 괴로움이요, 괴로움인 것은 무아다. 무아인 것은 내 것이 아니고 그것은 내가 아니고 그것은 나의 자아가 아니라고 있는 그대로 바른 통찰지로 봐야 한다."

"비구들이여, 이렇게 보는 잘 배운 성스러운 제자는 … 다시는 어떤 존재로도 돌아오지 않을 것이다.'라고 꿰뚫어 안다."(「밖의 무상 경」(S35:4) §§3~4)

이처럼 존재를 12가지로 한정짓고 이 열두 가지 각각이 무상·고·무아임을 천명하여 이들 각각에 대해서 염오-이욕-소멸 혹은 염오-이욕-해탈-구경해탈지를 성취하게 하려는 것이 12처 가르침의 핵심이다.

⑥ 12처와 18계의 특징 몇 가지

「육처 상윳따」(S35)에는 6내처-6외처-6식-6촉-6수로 나타나는 경들이 무려 71개나 된다. 이처럼 본 상윳따에는 여섯 가지 안과 밖의 감각장소에 대한 가르침만 나타나는 것이 아니라, 6내처-6외처-6식-6촉-6수의 순서로 설하고 있는 경들도 71개나 된다. 이들 12처의 가르침은 그대로 18계(즉 6내처-6외처-6식)의 가르침과 연결되어 있음을 보여주는 좋은 보기이다.

12처와 18계의 가르침의 중요성은 다음의 몇 가지로 요약할 수 있다.

첫째, 존재를 나를 중심으로 안과 밖으로 나누어서 살펴보신다. 법(dhamma)의 관점에서 보자면 안으로는 6내처, 밖으로는 6외처뿐이라고 하신다. 그 외의 세상이니 일체니 하는 것은 다 개념적 존재(paññatti)일 뿐이다.

둘째, 18계는 6내처에서 다시 6식을 독립시킨 것이다. 안의 감각장소 가운데서 마노의 감각장소 즉 의처(意處)를 나라고, 영원한 마음이라고 자칫 집착할까봐 이를 다시 6식과 의(意)의 7가지로 분류해낸 것이다.

셋째, 이처럼 12처에서는 여섯 가지 알음알이[六識]가 마노(mano, 意)에 포함되어 나타나고 18계에서는 마노와 여섯 가지 알음알이는 구분이 되고 있다. 물론 마노[意]는 여섯 번째 알음알이인 마노의 알음알이[意識]가 발생하는 토대나 감각장소의 역할을 하지만 마노는 물질이 아니고 정신이다. 그러므로 마음(심)이나 알음알이(식)와 같이 대상을 아는 것으로 설명될 수밖에 없고 그래서 이미 초기불전에서부터 이 셋 즉

심·의·식은 동의어로 여겨지고 있다.[133)]

그러면 알음알이(식)와 마노(의)의 차이는 무엇인가? 아비담마에 의하면 마노와 알음알이의 차이는 그 역할에 의해서 구분된다. 아비담마에서 마노의 역할은 두 가지이다. 첫째, 색·성·향·미·촉(형색·소리·냄새·맛·감촉) 외의 대상을 인지하는 정신적인 기관이다. 둘째, 전오식과 의식을 연결시켜주는 역할을 한다. 예를 들면 안식이 받아들인 대상이 무엇인지를 알려면 의식이 일어나서 이를 판단해야 하는데, 안식과 의식을 연결시켜주는 역할을 하는 것이 마노다. 아비담마의 인식과정에서 분명히 밝히고 있다.[134)]

넷째, 이렇게 살펴봄으로써 절대적이고 영원한 세상이라든지 절대적이고 영원한 우주라든지 절대적이고 영원한 존재라는 고정관념을 극복할 수 있다. 그렇지 않으면 세계라든지 우주라든지 일체라든지 존재라든지 하는 개념에 속게 된다. 이처럼 존재하는 모든 것을 안과 밖으로 해체해서 보는 것이 12처와 18계이다.

다섯째, 이처럼 존재하는 모든 것을 육내외처로 18계로 해체해서 보면 일체 모든 존재의 무상·고·무아가 명백하게 드러난다. 그리고 이러한 삼특상을 철견하면 염오-이욕-소멸이나 염오-이욕-해탈-구경해탈지를 성취하게 된다. 이것이 궁극적인 목적이다. 사실 「육처 상윳따」의 248개 경들 가운데 반 이상이 되는 156개 경들이 무상·고·무아를 설하고 있으며 39개 경들이 내 것·나·나의 자아 아님을 설하여 거의 80%에 해당하는 경들이 이것을 역설하고 있다. 그리고 그렇지 않은 경들도 존재일반이나 육내외처를 실재한다고 집착하는 것을 경계하기 위한 것이다.

『상윳따 니까야』의 「라훌라 경」(S35:121)을 인용하면서 본장을 마

133) 여기에 대해서는 본서 제7장 나는 누구인가, 오온I의 (3)-⑤를 참조할 것.

134) 『아비담마 길라잡이』 제4장 <도표 4.1>을 참조할 것.

무리한다.

**라훌라 경**(S35:121)[135)]

Rāhula-sutta

2. 그때 세존께서 한적한 곳에 가서 홀로 앉아계시는 중에 문득 이런 생각이 일어났다.

'라훌라의 해탈을 무르익게 할 법들[136)]이 성숙했다. 나는 라훌라에게 가서 그가 번뇌들을 멸진하도록 더 높이 인도하리라.'라고.

3. 그때 세존께서는 오전에 옷매무새를 가다듬고 발우와 가사를 수하시고 걸식을 위해서 사왓티로 들어가셨다. 사왓티에서 걸식을 하여 공양을 마치시고 걸식에서 돌아오셔서 라훌라 존자를 불러서 말씀하셨다.

"라훌라야, 자리를 가지고 오라. 낮 동안의 한거를 위해서 장님들의 숲으로 가자꾸나."

"그렇게 하겠습니다, 세존이시여."라고 라훌라 존자는 세존께 응답한

---

135) 본경은 『맛지마 니까야』 「짧은 라훌라 교계 경」(Cūḷarāhulovāda-sutta, M147)과 같다.

136) "'해탈을 무르익게 할 법들(vimuttiparipācaniyā dhammā)'이란 믿음의 기능[信根] 등 [다섯 가지 기능(오근 = 신·정진·염·정·혜)]을 청정하게 하는(visuddhi-karaṇa) 15가지 법들이라고 알아야 한다."(SA.ii.391)
15가지 법은 이 다섯 가지 기능[五根]을 갖추지 못한 자를 피하고, 갖춘 자를 가까이하고, 이 다섯 가지의 성숙을 고무하는 경(suttanta)들을 반조하는 것(paccavekkhata)이라고 주석서는 『무애해도』(Ps.ii.1~2)를 인용하여 밝히고 있다.
주석서는 다시 다른 방법으로 15가지를 설명하고 있다. 그것은 다섯 가지 기능과, 다섯 가지 꿰뚫음에 동참하는 인식(nibbedha-bhāgiyā saññā)인 무상의 인식, 괴로움의 인식, 무아의 인식, 버림(pahāna)의 인식, 탐욕의 빛바램(virāga)의 인식과, 메기야 존자에게 가르치신 다섯 가지 법들(『앙굿따라 니까야』 「메기야 경」(A9:3) 참조), 즉 좋은 친구를 가짐, 계를 지킴, 적절한 대화, 정진, 통찰지이다.(SA.ii.391~392)

뒤 자리를 가지고 세존의 뒤를 따라갔다.

4. 그 무렵 수천 명의 천신들이 '오늘 세존께서는 라훌라 존자에게 번뇌들을 멸진하도록 더 높이 인도하실 것이다.'라고 [생각하면서] 세존의 뒤를 따라갔다.137)

그때 세존께서는 장님들의 숲으로 들어가셔서 어떤 나무 아래에 자리를 마련하여 앉으셨다. 라훌라 존자도 세존께 절을 올리고 한 곁에 앉았다. 한 곁에 앉은 라훌라 존자에게 세존께서는 이렇게 말씀하셨다.

5. "라훌라여, 이를 어떻게 생각하는가? 눈은 항상한가, 무상한가?"

"무상합니다, 세존이시여."

"그러면 무상한 것은 괴로움인가, 즐거움인가?"

"괴로움입니다, 세존이시여."

"그러면 무상하고 괴로움이고 변하기 마련인 것을 두고 '이것은 내 것이다. 이것은 나다. 이것은 나의 자아다.'라고 관찰하는 것이 타당하겠는가?"

"그렇지 않습니다, 세존이시여."

6. "라훌라여, 이를 어떻게 생각하는가? 형색은 … 눈의 알음알이는 … 눈의 감각접촉은 … 눈의 감각접촉을 조건으로 하여 일어난 느낌에 포함된 것이나 인식에 포함된 것이나 심리현상들에 포함된 것이나 알음

---

137) 주석서에 의하면 이 천신들은 라훌라 존자가 빠두뭇따라(Padumuttara) 세존의 발아래서 [석가모니 부처님의 아들로 태어나겠다는] 서원(patthana)을 세울 때 함께 서원을 세웠던 신들인데 각각 다른 곳에 신으로 태어났다(nibbattā)고 한다. 그러나 이 날만은 그들은 모두 이 장님들의 숲에 모여들었다고 한다.(SA.ii.392)
빠두뭇따라 세존은 24불의 전통에 의하면 10번째 부처님이다. 석가모니 부처님의 제자들은 대부분 이 부처님 재세시에 석가모니 부처님의 제자가 되겠다고 서원을 세웠다고 한다.(DPPN *s.v.* Padumuttara 참조)

알이에 포함된 것은 항상한가, 무상한가?"

"무상합니다, 세존이시여."

"그러면 무상한 것은 괴로움인가, 즐거움인가?"

"괴로움입니다, 세존이시여."

"그러면 무상하고 괴로움이고 변하기 마련인 것을 두고 '이것은 내 것이다. 이것은 나다. 이것은 나의 자아다.'라고 관찰하는 것이 타당하겠는가?"

"그렇지 않습니다, 세존이시여."

7. "귀는 … 소리는 … 귀의 알음알이는 … 귀의 감각접촉은 … 귀의 감각접촉을 조건으로 하여 일어난 느낌에 포함된 것이나 인식에 포함된 것이나 심리현상들에 포함된 것이나 알음알이에 포함된 것은 항상한가, 무상한가?" …

8. "코는 … 냄새는 … 코의 알음알이는 … 코의 감각접촉은 … 코의 감각접촉을 조건으로 하여 일어난 느낌에 포함된 것이나 인식에 포함된 것이나 심리현상들에 포함된 것이나 알음알이에 포함된 것은 항상한가, 무상한가?" …

9. "혀는 … 맛은 … 혀의 알음알이는 … 혀의 감각접촉은 … 혀의 감각접촉을 조건으로 하여 일어난 느낌에 포함된 것이나 인식에 포함된 것이나 심리현상들에 포함된 것이나 알음알이에 포함된 것은 항상한가, 무상한가?" …

10. "몸은 … 감촉은 … 몸의 알음알이는 … 몸의 감각접촉은 … 몸의 감각접촉을 조건으로 하여 일어난 느낌에 포함된 것이나 인식에 포함된 것이나 심리현상들에 포함된 것이나 알음알이에 포함된 것은 항상한가, 무상한가?" …

11. "마노는 … 법은 … 마노의 알음알이는 … 마노의 감각접촉은 … 마노의 감각접촉을 조건으로 하여 일어난 느낌에 포함된 것이나 인식에 포함된 것이나 심리현상들에 포함된 것이나 알음알이에 포함된 것은 항상한가, 무상한가?"

"무상합니다, 세존이시여."

"그러면 무상한 것은 괴로움인가, 즐거움인가?"

"괴로움입니다, 세존이시여."

"그러면 무상하고 괴로움이고 변하기 마련인 것을 두고 '이것은 내 것이다. 이것은 나다. 이것은 나의 자아다.'라고 관찰하는 것이 타당하겠는가?"

"그렇지 않습니다, 세존이시여."

12. "라훌라여, 이렇게 보는 잘 배운 성스러운 제자는 눈에 대해서도 염오하고 형색에 대해서도 염오하고 눈의 알음알이에 대해서도 염오하고 눈의 감각접촉에 대해서도 염오하고 눈의 감각접촉을 조건으로 하여 일어난 느낌에 포함된 것이나 인식에 포함된 것이나 심리현상들에 포함된 것이나 알음알이에 포함된 것에 대해서도 염오한다.

귀에 대해서도 … 소리에 대해서도 … 귀의 알음알이에 대해서도 … 귀의 감각접촉에 대해서도 … 포함된 것에 대해서도 …

코에 대해서도 … 냄새에 대해서도 … 코의 알음알이에 대해서도 … 코의 감각접촉에 대해서도 … 포함된 것에 대해서도 …

혀에 대해서도 … 맛에 대해서도 … 혀의 알음알이에 대해서도 … 혀의 감각접촉에 대해서도 … 포함된 것에 대해서도 …

몸에 대해서도 … 감촉에 대해서도 … 몸의 알음알이에 대해서도 … 몸의 감각접촉에 대해서도 … 포함된 것에 대해서도 …

마노에 대해서도 염오하고 법에 대해서도 염오하고 마노의 알음알이에 대해서도 염오하고 마노의 감각접촉에 대해서도 염오하고 마노의 감각접촉을 조건으로 하여 일어나는 즐겁거나 괴롭거나 괴롭지도 즐겁지도 않은 느낌에 포함된 것이나 인식에 포함된 것이나 심리현상들에 포함된 것이나 알음알이에 포함된 것에 대해서도 염오한다.

염오하면서 탐욕이 빛바래고, 탐욕이 빛바래므로 해탈한다. 해탈하면 해탈했다는 지혜가 있다. '태어남은 다했다. 청정범행은 성취되었다. 할 일을 다 해 마쳤다. 다시는 어떤 존재로도 돌아오지 않을 것이다.'라고 꿰뚫어 안다."

13. 세존께서는 이렇게 말씀하셨다. 라훌라 존자는 마음이 흡족해져서 세존의 말씀을 크게 기뻐하였다. 이 상세한 설명[授記]이 설해졌을 때 라훌라 존자는 취착이 없어져서 번뇌들로부터 마음이 해탈하였다.

14. 그리고 수천 명의 천신들에게는 '일어나는 법은 그 무엇이건 모두 소멸하기 마련인 법이다[集法卽滅法].'라는 티 없고 때가 없는 법의 눈[法眼]이 생겼다.138)

---

138) "본경에서 '법의 눈[法眼, dhammacakkhu]'은 네 가지 도(magga)와 네 가지 과(phala) 모두를 뜻한다고 알아야 한다. 어떤 신들은 예류자가 되었고, 어떤 신들은 일래자가, 어떤 신들은 불환자가, 어떤 신들은 번뇌 다한 자(아라한)가 되었기 때문이다. 그리고 그 신들은 숫자로 제한하기에는 너무 많았기 때문이다."(SA.ii.392)

# 제13장 존재란 무엇인가 — 18계(요소)

## (1) 요소[界, dhātu]란 무엇인가

앞에서 살펴본 감각장소[處, āyatana, S35의 주제]는 제법을 6가지 감각기능[根, indriya]과 6가지 대상[境, ārammaṇa]의 12가지로 나눈 것이고, 요소[界]는 제법을 6가지 감각기능과 6가지 대상과 6가지 알음알이[識, viññāṇa]의 18가지로 분류한 것을 말한다. 여기에다 5가지 무더기[五蘊, pañca-kkhandha]를 포함해서 5온, 12처, 18계로 분류하는 것이 불교의 존재론이다. 이 온·처·계의 가르침은 초기불교-아비담마-반야-유식 등 불교의 제파에서 공히 인정하는 기본적인 존재론이기도 하다. 이처럼 초기불전에서 강조해서 설하고 있는 온·처·계의 기본 가르침은 모두 개념적 존재를 법으로 해체해서 무상·고·무아를 드러내어 염오-이욕-소멸 혹은 염오-이욕-해탈-구경해탈지를 통해서 아라한과를 증득하고 불사(不死)인 열반을 실현하기 위한 기본 법수가 되는 가르침이다.

그러면 요소[界, dhātu]의 의미부터 살펴보자. 요소로 옮긴 dhātu는 √dhā(*to put*)에서 파생된 여성명사로 문자적으로는 '놓아진 것'이란 뜻이며 구성요소, 원소를 뜻한다. 중국에서는 界로 옮겼고 영어에서는 *element*로 정착되었다.

『위바위니 띠까』는 이 요소(dhātu)들은 그들 자신의 고유성질을 지탱하고(dhārenti, √dhṛ, *to hold*) 있기 때문에 요소라고 부른다고 정의하고 있다. 『청정도론』은 "요소는 영혼이 아닌 것(nijjīva, 非命)의 동의어이다. 세존께서 "비구여, 이 사람은 여섯 개의 요소를 가졌다.(M140/iii.239)"라는 등에서 영혼이라는 산냐를 부수기 위해 요소[界]라는 가르침을 설하셨다."(Vis.XV.22)라고 설명하고 있다. 그리고 『상윳따 니까야 주석서』는 "'요소[界, dhātu]'란 중생이 없다(nissatta)는 뜻과 공함(suñña-tā)이라는 뜻으로 불리는 고유성질을 가진 것이라는 의미이다."(SA.ii.131)라고 설명하고 있다.

이런 주석서 문헌들을 통해서 보면, 자아니 개아니 중생이니 영혼이니 하는 개념적 존재[施設, paññatti]가 실체가 없는 것을 설하기 위해서 이러한 개념적 존재를 고유성질을 가진 요소(dhātu)들로 해체해서 설하신 것이라는 의미이다. 그런 의미에서 요소(dhātu)는 법(dhamma, 고유성질을 가진 것)과 같은 의미가 되는데 위의 『위바위니 띠까』의 설명에서 보듯이 일부 주석서 문헌에서는 dhātu를 dhamma와 같은 어근 √dhṛ (*to hold*)에서 파생된 것으로 설명하고 있기도 하다.

이처럼 중국에서 계(界)로 옮긴 dhātu는 그것이 드러내고자 하는 법들(즉 18계, 4대, 3계 등)이 중생이니 영혼이니 하는 실체가 없고 공함을 드러내기 위해서 붙여진 이름이라고 주석서들은 설명하고 있다. 그리고 이런 고유성질을 가진 법들은 하나가 아니라 다양하기 때문에 『상윳따 니까야』 「요소 상윳따」(S14)의 제1장 「다양함 품」에 포함된 10개의 경들(S14:1~10)에는 '요소들의 다양함(dhātu-nānatta)'이라는 표현이 나타난다. 중생이니 자아니 인간이니 하는 개념적 존재[施設, paññatti]를 다양한 요소들로 해체해서 보면 무상·고·무아가 드러나고 그래서 개념적 존재의 공성이 드러나게 된다는 것이 존재를 요소들로 해체해서 설하시는 가장 중요한 이유이다.

물론 위에서 언급한 18계뿐만 아니라 아래에서 설명하고 있듯이 『상윳따 니까야』 「요소 상윳따」(S14)에 나타나는 지・수・화・풍 4계(4대)나 출리 등의 요소 등도 모두 존재의 실체 없음과 공성을 드러내기 위한 것이라고 해야 할 것이다.

### (2) 18가지 요소[十八界]

18가지 요소는 "눈의 요소, 형색의 요소, 눈의 알음알이의 요소, 귀의 요소, 소리의 요소, 귀의 알음알이의 요소, 코의 요소, 냄새의 요소, 코의 알음알이의 요소, 혀의 요소, 맛의 요소, 혀의 알음알이의 요소, 몸의 요소, 감촉의 요소, 몸의 알음알이의 요소, 마노의 요소, 법의 요소, 마노의 알음알이의 요소이다."(S14:1)[139]

여기에 대해서 주석서는 다음과 같이 설명하고 있다.

"눈의 감성[140]이 '눈의 요소'이다. 형색[色]이라는 대상이 '형색의 요소'이다. 눈의 감성의 토대가 되는 마음이 '눈의 알음알이의 요소'이다. … '마노의 요소[意界]'란 세 가지 마노의 요소[141]이다. 느낌, 인식, 심리

---

139) "눈의 감성(cakkhu-pasāda)이 '눈의 요소(cakkhu-dhātu)'이다. 형색[色]이라는 대상(rūp-ārammaṇa)이 '형색의 요소'이다. 눈의 감성의 토대가 되는 마음(cakkhu-pasāda-vatthuka citta)이 '눈의 알음알이의 요소'이다. … '마노의 요소(mano-dhātu)'란 세 가지 마노의 요소이다. 느낌, 인식, 심리현상들(수/상/행)의 세 가지 무더기와 미세한 물질들(sukhuma-rūpāni)과 열반은 '법의 요소'이다. 모든 마노의 알음알이[意識]가 '마노의 알음알이의 요소'이다."(SA.ii.131)
"여기서 세 가지 마노의 요소란 두 가지 받아들이는 마음(sampaṭicchana)과 한 가지 작용만 하는 마음(오문전향의 마음)을 말한다."(SAṬ.ii.112)
이 술어들에 대해서는 『아비담마 길라잡이』 제3장과 제4장 §6의 해설 등을 참조할 것.

140) '감성(pasāda)의 물질'은 감각기관 혹은 감각장소에 깃들어 있는 감각에 민감한 물질을 말하는데 경에는 나타나지 않는다. 여기에 대해서는 『아비담마 길라잡이』 제6장 §3-2의 주해를 참조할 것.

현상들(수 · 상 · 행)의 세 가지 무더기와 미세한 물질들[142]과 열반은 '법의 요소'이다. 모든 마노의 알음알이[意識][143]가 '마노의 알음알이의 요소[意識界]'이다."(SA.ii.131)

『삼장』에 나타나는 18계에 대한 가장 오래된 정의는 『위방가』(Vbh.87~90)를 들 수 있다. 이것은 아비담마의 방법(Abhidhamma-bhājaniya)에만 나타나고 있다. 그러므로 『삼장』을 결집한 분들은 이 18계의 가르침을 경보다는 아비담마의 영역에 포함시키려 한 듯하다. 18계는 주석서 문헌인 『청정도론』 XV.17~48과 『위방가 주석서』(VbhA.76~82)에 상세하게 나타나고 있다. 『아비담마 길라잡이』 제7장 §37도 참조할 것. 그리고 북방 아비달마에서도 12처 대신에 18계가 강조되어 상세하게 설명되고 있다. 그래서 『아비달마 구사론』 「분별계품」은 18계에 초점을 맞추어 세상을 상세하게 설명하고 있다.[144]

요소의 가르침 가운데 가장 중요하게 취급되는 것이 바로 6내처-6외처-6식으로 구성되는 바로 이 18가지 요소 즉 18계의 가르침이다. 그러나 특이하게도 「요소 상윳따」(S14)에서 18계는 첫 번째 경 한 곳에만 나타나고 있다. 왜 그럴까? 그것은 이렇게 이해할 수 있을 것이다.

---

141) "여기서 세 가지 마노의 요소란 두 가지 받아들이는 마음(sampaṭicchana)과 한 가지 작용만 하는 마음(오문전향의 마음)을 말한다."(SAṬ.ii.112)
여기에 나타나는 이 술어들에 대해서는 『아비담마 길라잡이』 제3장과 제4장 §6의 [해설] 등을 참조할 것.

142) '미세한 물질들(sukhuma-rūpāni)'도 경에는 나타나지 않는데 6가지 대상과 6가지 감성의 물질을 제외한 나머지 16가지 물질을 말한다. 『아비담마 길라잡이』 제6장 §7의 주해를 참조할 것.

143) "여기서 마노의 알음알이[意識]에는 76가지가 있다."(SAṬ.ii.112)
이들 76가지 마노의 알음알이는 『아비담마 길라잡이』 제3장 §21의 해설 등을 참조할 것.

144) 권오민 역, 『아비달마 구사론』 54~110쪽 참조.

첫째, 『상윳따 니까야』 제3권의 「들어감 상윳따」(Okkanti-saṁyutta, S25)와 「일어남 상윳따」(Uppāda-saṁyutta, S26)와 「오염원 상윳따」(Kilesa-saṁyutta, S27)의 30개 경들은 6내처와 6외처와 6식 즉 18가지 요소[界]를 주제로 한 경들을 담고 있다. 그러므로 18계를 주제로 한 경들은 이처럼 다른 상윳따로 분리해 내고, 여기서는 18계 외의 다른 여러 요소들을 중심으로 경들을 모은 것이라고 이해할 수 있다.

둘째, 18계는 6내처와 6외처 즉 『상윳따 니까야』 제4권 「육처 상윳따」(S35)에서 모은 248개의 가르침과 연관이 있다. 특히 「육처 상윳따」(S35)에서 6내처-6외처-6식-6촉-6수로 나타나는 「불타오름 경」(S35:28) 등 71개 경들은 12처의 가르침이 그대로 18계(즉 6내처-6외처-6식)의 가르침과 연결되어 있음을 보여주는 좋은 보기이다. 그러므로 18계에 관계된 주제를 따로 모아서 독자적인 상윳따로 결집하지 않는 것으로 이해할 수 있다.

셋째, 이러한 18계의 가르침은 "눈과 형색을 조건으로 눈의 알음알이가 일어난다."145)는 등으로 다른 니까야들과 다른 상윳따들에 포함된 경들에서도 많이 언급되고 있기 때문에 『상윳따 니까야』에서는 따로 18계라는 주제를 설정하지 않은 것이라고 볼 수 있다.

### (3) 다양한 부류의 요소들에 대한 개관

이 18계 외에도 『상윳따 니까야』의 「요소 상윳따」(S14)에는 다양한 무리의 요소들이 나타나고 있다. 이제 「요소 상윳따」(S14)를 중심으로 해서 여러 가지 요소들에 대해서 살펴보자.

『상윳따 니까야』의 열네 번째 주제인 「요소 상윳따」(Dhātu-saṁyutta, S14)에는 모두 39개의 경들이 나타나고 있는데, 제1장 「다양함

---

145) 『상윳따 니까야』 제4권 「철저하게 앎 경」(S35:60) §3 등.

품」(Nānatta-vagga)과 제2장 「일곱 요소 품」(Sattadhātu-vagga)과 제3장 「업의 길 품」(Kammapatha-vagga)의 세 품으로 나누어져 있다. 각각의 품은 10개와 12개와 17개의 경들을 담고 있다. 여기에 포함된 경들은 다양하게 분류되는 요소[界, dhātu]들을 설하고 있기 때문에 「요소 상윳따」라 부르는 것이다.

여기 「요소 상윳따」에는 다음의 네 가지로 분류되는 요소들이 포함되어 나타난다.

① 18가지 요소 – 눈의 요소, 형색의 요소, 눈의 알음알이의 요소, 귀의 요소, 소리의 요소, 귀의 알음알이의 요소, 코의 요소, 냄새의 요소, 코의 알음알이의 요소, 혀의 요소, 맛의 요소, 혀의 알음알이의 요소, 몸의 요소, 감촉의 요소, 몸의 알음알이의 요소, 마노의 요소, 법의 요소, 마노의 알음알이의 요소(S14:1)

안·이·비·설·신·의를 요소로 들고 있는 S14:2~5의 네 개의 경과 색·성·향·미·촉·법을 요소로 들고 있는 S14:6~10의 다섯 개의 경들은 앞의 18가지 요소에 포함시켜 이해하면 되겠다.

② 일곱 가지 요소 – 특이하게도 S14:11은 빛, 아름다움,[146] 공(空), 알음알이[識], 무소유처, 비상비비상처, 상수멸의 일곱 가지 요소를 들고 있는데, 『삼장』의 다른 곳에서는 나타나지 않는다.

③ 세 가지 요소 – S14:12는 감각적 욕망, 악의, 해코지의 세 요소와 출리, 악의 없음, 해코지 않음의 세 요소를 들고 있다.

---

146) "'빛의 요소(ābhā-dhātu)'란 광명의 요소(āloka-dhātu)이다. 이것은 대상과 더불어 생긴(saha-arammaṇa) 禪, 즉 광명과 광명의 까시나(āloka-kasiṇa)에 대해서 준비단계(parikamma)의 [수행을] 지은 뒤에 생긴 禪에 대한 이름이다. '아름다움의 요소(subha-dhātu)'란 대상과 더불어 생긴 禪, 즉 아름다움의 까시나(subha-kasiṇa)에 대해서 생긴 禪을 말한다."(SA.ii.124)
까시나에 대해서는 『아비담마 길라잡이』 제9장 §6의 [해설]과 『청정도론』 IV.24 이하와 V.3 이하를 참조할 것.

④ 네 가지 요소 – S14:30~39의 열 개의 경은 지·수·화·풍의 네 가지 요소를 들고 있다.

한편 초기불전에 나타나는 법수들을 일목요연하게 정리하고 있는 『디가 니까야』 「합송경」(D33)에는 여덟 종류의 요소들을 들고 있는데 그것은 다음과 같다.

① 세 가지 해로운 요소 – 감각적 욕망에 대한 요소, 악의에 대한 요소, 해코지에 대한 요소(D33.1.10 (11))

② 세 가지 유익한 요소 – 출리에 대한 요소, 악의 없음에 대한 요소, 해코지 않음에 대한 요소(D33.1.10 (12))

③ 다른 세 가지 요소[三界] – 욕계, 색계, 무색계(D33.1.10 (13))

④ 또 다른 세 가지 요소 – 색계, 무색계, 멸계(滅界 = 열반)(D33.1.10 (14))

⑤ 또 다른 세 가지 요소 – 저열한 요소, 중간의 요소, 수승한 요소[147](D33.1.10 (15))

⑥ 네 가지 요소 – 땅의 요소, 물의 요소, 불의 요소, 바람의 요소(D33.1.10 (16))

⑦ 여섯 가지 요소 – 땅의 요소, 물의 요소, 불의 요소, 바람의 요소, 허공의 요소, 알음알이의 요소(D33.2.2. (16))[148]

⑧ 여섯 가지 벗어남의 요소(nissaraṇīyā dhātu) – 자애를 통한 마음의 해탈[慈心解脫], 연민을 통한 마음의 해탈[悲心解脫], 더불어 기뻐함을 통한 마음의 해탈[喜心解脫], 평온을 통한 마음의 해탈[捨心解脫], 표상 없음을 통한 마음의 해탈[無相心解脫, animittā cetovimutti], 내가 있다는

147) "'저열한 요소'란 12가지 해로운 마음(akusala-citta)의 일어남이다. 나머지 삼계에 속하는 법들(tebhūmaka-dhammā)이 '중간의 요소'이다. 아홉 가지 출세간법들(lokuttara-dhammā)이 '수승한 요소'이다."(DA.iii.987~88)

148) 이것은 『맛지마 니까야』 M112 §8, M115 §5, M140 §13, M143 §10 등에도 나타나고 있다.

자아의식(자만)을 뿌리 뽑음(D33.2.2 (17))

이러한 여덟 가지의 분류가 초기불전에 나타나는 요소에 대한 가장 자세한 분류라고 할 수 있다.

그리고 『논장』의 『위방가』(Vbh)에는 경에 의한 방법(Suttanata-bhā-janīya)에서 다음의 네 부류의 요소를 들고 있다.

① 여섯 가지 요소 – 땅의 요소, 물의 요소, 불의 요소, 바람의 요소, 허공의 요소, 알음알이의 요소

② 다른 여섯 가지 요소 – 육체적 고통, 육체적 즐거움, 정신적 고통, 정신적 즐거움, 평온, 무명

③ 또 다른 여섯 가지 요소 – 감각적 욕망에 대한 요소, 악의에 대한 요소, 해코지에 대한 요소, 출리에 대한 요소, 악의 없음에 대한 요소, 해코지 않음에 대한 요소

④ 18가지 요소 – 눈의 요소, 형색의 요소, 눈의 알음알이의 요소, 귀의 요소, 소리의 요소, 귀의 알음알이의 요소, 코의 요소, 냄새의 요소, 코의 알음알이의 요소, 혀의 요소, 맛의 요소, 혀의 알음알이의 요소, 몸의 요소, 감촉의 요소, 몸의 알음알이의 요소, 마노의 요소, 법의 요소, 마노의 알음알이의 요소

그런데 「요소 상윳따」(S14)의 「벽돌로 만든 강당 경」(S14:13)부터 「열 가지 구성 요소 경」(S14:29)까지의 17개 경들에 나타나는 요소(dhātu)라는 술어는 주석서에서 '성향(ajjhāsaya)'을 뜻한다고 밝히고 있듯이(SA.ii.138) 요소[界]라는 전문술어로 쓰인 것이 아니다.

특히 이 가운데 처음인 「벽돌로 만든 강당 경」(S14:13)을 제외한 「저열한 의향 경」(S14:14)부터 「열 가지 구성 요소 경」(S14:29)까지의 16개 경들에는 모두 공통적으로 "비구들이여, 중생들은 요소에 따라 함께 모이고 함께 어울린다."라는 문제제기가 나타나고, 바로 다음에 이어서

“X하는 자들은 X하는 자들과 함께 모이고 함께 어울린다. Y하는 자들은 Y하는 자들과 함께 모이고 함께 어울린다. … X하지 않는 자들은 X하지 않는 자들과 함께 모이고 함께 어울린다. Y하지 않는 자들은 Y하지 않는 자들과 함께 모이고 함께 어울린다.”는 구문으로 나타나고 있으며 22번째 경까지는 이것이 과거와 미래까지 확장되어 서술되고 있다. 이렇게 하여 여러 조합의 요소들 즉 인간의 성향들을 나열하고 있다.

그러나 이러한 인간의 성향을 나타내는 요소들은 전문술어가 아니기 때문에 교학적으로는 요소[界]라고 볼 수가 없다. 예를 들면 「다섯 가지 학습계목 경」(S14:25)에 나타나는 다섯 가지 요소는 오계의 항목에 속하고 「여덟 가지 구성 요소 경」(S14:28)에 나타나는 여덟 가지 요소는 바로 팔정도와 그 반대되는 전문술어로 이미 정착된 것이기 때문이다.

# 제14장 어떻게 해탈·열반을 실현할 것인가

(1) 세 가지 과정

이쯤에서 초기불전 특히 『상윳따 니까야』의 도처에서 특히 제4권 「육처 상윳따」(S35)와 제3권 「무더기 상윳따」(S22) 등에서 강조하고 있는 해탈·열반을 실현하는 방법에 대해서 다시 한 번 정리해보려 한다. 해탈·열반의 실현이야말로 불자들이 추구하는 궁극적 행복이라고 『상윳따 니까야』 등 니까야의 도처에서 강조되고 있기 때문이다. 니까야에 나타나는 해탈·열반과 깨달음을 실현하는 과정을 세 가지로 정리해보면 이러하다.

첫째, 부처님께서는 '나'라는 존재나 세상이라는 존재 등의 존재일반(paññatti)을 법(dhamma)이라는 기준으로 해체해서(vibhajja) 설하신다. 이 법은 초기경의 도처에서 설해지고 있을 뿐만 아니라 『청정도론』에서 정리하고 있고 4부 니까야의 주석서들의 서문에서 강조하고 있는 온·처·계·근·제·연의 여섯 가지 주제이다.

이것을 『상윳따 니까야』에 대입해보면 『상윳따 니까야』 제3권의 기본 주제인 오온과 제4권의 기본 주제인 12처와, 제2권 「요소 상윳따」(S14)와 제4권 「육처 상윳따」(S35)의 도처에 나타나는 18계 등의 여러 요소들[界]과, 제5권 「기능 상윳따」(S48)의 기본 주제인 22가지 기능들[根]과, 제2권의 기본 주제인 12연기와, 제6권에서 대미를 장식하는 「진리 상윳따」(S56)의 근본주제인 진리[諦]의 여섯 가지가 된다. 이것이야 말로 초기불교 교학의 근본주제이다.

둘째, 이렇게 존재일반을 법들로 해체해서 보면 드디어 무상이 보이고 괴로움이 보이고 무아가 보인다. 이것이 두 번째 단계이다.

셋째, 이렇게 무상이나 고나 무아를 봄으로써 존재일반에 염오하게 되고 존재일반에 대한 탐욕이 빛바래게 되고 그래서 해탈하게 되고 혹은 소멸로 정의되는 열반을 실현하게 되고 이렇게 되어서 "태어남은 다했다. …"로 정형화되어 나타나는 구경해탈지가 생기면서 생사문제라는 장부일대사가 해결되는 것이다.

이것이 초기경의 도처에서 설해지는 해탈·열반을 실현하는 세 가지 교학적인 단계이다. 좀 더 부연해서 설명하면 다음과 같다.

### (2) 고유성질(自相)

첫 번째 단계에서 존재일반을 해체해서 보는 기준이 법(法, dhamma)인데 이 법을 아비담마에서는 고유성질(自性, sabhāva)을 가진 것이라 부른다.149) 아비담마의 가장 큰 성과는 이처럼 고유성질을 기준으로 개념적 존재[施設, paññatti]를 법들로 해체해서 그것을 분명히 드러낸다는 것이다. 중국에서는 이러한 고유성질을 가진 개별적인 법들의 특징을 자상(自相, sabhāva-lakkhaṇa)이라고 옮겼으며, 이 자상은 아비담마를 바

---

149) "자신의 고유성질(自性)을 가졌다고 해서 법들이라 한다.(attano sabhāvaṁ dhārenti ti dhammā)"(DhsA.39 등)
『아비달마 구사론』은 "能持自相 故名爲法(고유성질을 가졌기 때문에 법이라 한다."라고 설명하고 있다.(권오민, 『아비달마 구사론』 제1권 4쪽 참조할 것.)
여기에 대해서 『구사론기』는 "位釋法名有二. 一能持自性. 謂一切法各守自性. 如色等性常不改變. 二軌生勝解. 如無常等生人無常等解　此文且據能持以釋。軌生勝解略而不存."라고 설명하고 있다.(위의 책, 4쪽 주해를 참조할 것.)

탕으로 하고 있는 주석서들에서도 자주 나타나고 있다.(『상윳따 니까야』 「삼켜버림 경」(S22:79) §4의 주해 참조)

물질과 정신이 왜 다른가? 탐욕과 성냄이 왜 다른가? 느낌과 인식이 왜 다른가? 그것은 한 마디로 각각의 법들 즉 물질, 정신, 탐욕, 성냄, 느낌, 인식 등등의 각 법들의 고유성질이 다르기 때문이다. 이것은 아주 합리적이고 과학적인 해석이다. 탐욕과 성냄이 둘이 아니라거나 탐욕과 성냄은 본래 없다는 등의 무책임한 말로는 현실을 설명해내지 못할 뿐만 아니라 해탈·열반의 도정도 절대로 밝히지 못한다.

현실을 설명해내지 못하고 열반을 실현하는 구체적인 방법을 드러내지 못하면 그것은 구세대비의 종교는 되지 못한다. 그리고 무엇보다도 자기 이론이나 주장이 없는 떠돌이 신세가 되기 마련이고 떠돌이는 곧 망하게 될 수밖에 없지 않겠는가? 교학과 수행체계를 튼튼히 갖춘 초기불교와 아비담마와 유식이라는 불교가 있기 때문에 불교는 2600여년을 빛을 발하고 있다고 저자는 판단한다. 이것은 직관만 다그치는 반야·중관 때문이 결코 아닐 것이다. 아무튼 아비담마에서는 자상 혹은 고유성질이라는 방법론을 도입해서 이렇게 멋지게 법들의 차이를 설명해내고 있다.

무엇보다도 부처님께서는 선법·불선법의 판단을 수행의 요체로 말씀하고 계신다는 점을 잊으면 안 된다. 37보리분법 가운데 포함되어 있는 일곱 가지 깨달음의 구성요소(칠각지) 가운데 두 번째 구성요소가 바로 법을 간택하는 깨달음의 구성요소[擇法覺支]이다. 경은 택법각지를 이렇게 설명하고 있다.

"비구들이여, 유익하거나 해로운 법들, 나무랄 데 없는 것과 나무라야 마땅한 법들, 받들어 행해야 하는 것과 받들어 행하지 말아야 하는 법들, 고상한 것과 천박한 법들, 흑백으로 상반되는 갖가지 법들이 있어 거기에 지혜롭게 마음에 잡도리하기를 많이 [공부]지으면 이것이 아직 일어나지 않은 법을 간택하는 깨달음의 구성요소를 일어나도록 하고 이미 일어난 법을 간택하는 깨달음의 구성요소를 늘리고 드세게 만들고 수행을 성취하는 자양분이다."(「몸 경」(S46:2) §12)

그리고 이러한 택법은 네 가지 바른 노력[四正勤]과 직결되고 이것은 팔정도의 여섯 번째인 정정진(正精進)의 내용이기도 하다. 부처님께서는 이렇게 말씀하신다.

"비구들이여, 네 가지 바른 노력[四正勤, sammappadhāna]이 있다. 무엇이 넷인가?

비구들이여, 여기 비구는 아직 일어나지 않은 사악하고 해로운 법[不善法]들을 일어나지 못하게 하기 위해서 열의를 생기게 하고 정진하고 힘을 내고 마음을 다잡고 애를 쓴다. 이미 일어난 사악하고 해로운 법들을 제거하기 위해서 열의를 생기게 하고 정진하고 힘을 내고 마음을 다잡고 애를 쓴다. 아직 일어나지 않은 유익한 법[善法]들을 일어나도록 하기 위해서 열의를 생기게 하고 정진하고 힘을 내고 마음을 다잡고 애를 쓴다. 이미 일어난 유익한 법들을 지속시키고 사라지지 않게 하고 증장시키고 충만하게 하고 닦아서 성취하기 위해서 열의를 생기게 하고 정진하고 힘을 내고 마음을 다잡고 애를 쓴다."(「동쪽으로 흐름 경」(S49:1) §3)

이처럼 법을 내안에서 정확하게 구분하여 아는 것이 바로 바른 노력이다. 이러한 노력도 없이 해탈·열반이 가능하다고 한다면 그것은 로또복권의 논리일 뿐이다.

물론 아비담마는 고유성질(sabhāva)이라는 새로운 용어를 도입하여 제법을 엄정하게 분석하고 분류하고 있지만, 법들의 성질의 차이에 따라 제법을 온·처·계·근·제·연 등으로 해체해서 설하신 분은 바로 우리 세존 부처님이시며, 위에서 지적했듯이 『상윳따 니까야』를 위시한 초기불전 도처에 나타나고 있다. 아비담마의 이러한 방법론은 초기불교에 그 뿌리를 튼튼히 내리고 있고 합리적이었기 때문에 불교 2600년사의 모든 학파에서 그대로 채용되었다. 북방 아비달마에서, 반야부에서, 유식에서 그리고 화엄에서도 강조하는 법들의 분류 기준이었다. 반야부에서도 자상은 강조되고 있다.150) 이것은 저자가 CBETA로 확인한 것이다.

(3) 해체해서 보기

이미 본서의 앞에서 여러 차례 강조했듯이 초기불교 교학과 수행의 핵심을 한 마디로 말해보라면 저자는 주저 없이 '해체해서 보기'라고 말한다. 해체라는 용어는 이미 초기불전 여러 곳에서 나타나고 있는데 부처님 제자들 가운데 영감이 가장 뛰어난 분으로 칭송되는 왕기사 존자는 부처님을 "부분들로 해체해서(bhāgaso pavibhajjaṁ) 설하시는 분"(S8:8 {742})이라고 찬탄하고 있다. 여기서 해체는 위밧자(vibhajja)를 옮긴 것이다. 그리고 이 위밧자라는 술어는 빠알리 『삼장』을 2600년 동안 고스란히 전승해온 상좌부 불교를 특징짓는 말이기도 하다. 그래서 그들은 스스로를 위밧자와딘(Vibhajjavādin, 해체를 설하는 자들)이라 불렀다. 게다가 초기불교의 기본 수행용어인 위빳사나(vipassanā)야말로 해체해서(vi) 보기(passanā)이다.

그러면 무엇을 해체하는가? 개념[施設, paññatti]을 해체한다. 나라는 개념, 세상이라는 개념, 돈이라는 개념, 권력이라는 개념, 신이라는 개념

---

150) 自相謂一切法自相。如變礙是色自相。領納是受自相。取像是想自相。造作是行自相。了別是識自相。如是等。若有爲法自相。若無爲法自相。是爲自相。共相謂一切法共相。如苦是有漏法共相。無常是有爲法共相。空無我是一切法共相。 - 『대반야바라밀다경』

을 해체한다. 이런 것들에 속으면 그게 바로 생사이기 때문이다. 그래서 명칭이나 언어 즉 개념에 속게 되면 죽음의 굴레에 매이게 된다고 부처님께서는 초기불전 도처에서 강조하셨다. 나라는 개념적 존재는 5온으로 해체해서 보고, 일체 존재는 12처로 해체해서 보고, 세계는 18계로 해체해서 보고, 생사문제는 12연기로 해체해서 보게 되면, 온·처·계·연 등으로 설해지는 조건 지어진 법들의 무상·고·무아가 극명하게 드러나게 된다. 이처럼 존재를 법들로 해체해서 무상이나 고나 무아를 통찰하여, 염오(厭惡)하고 탐욕이 빛바래고[離欲] 그래서 해탈·열반·깨달음을 실현한다는 것이 초기불전들의 일관된 흐름임을 이미 『상윳따 니까야』 도처에서 보아왔다.

한국불교에는 초기불전에서 가장 절실하게 말씀하시는 이 해체해서 보기가 빠져버린 듯하여 실로 유감이다. 우리 불교는 법으로 해체해서 보라는 부처님의 명령(sāsana)은 분별망상으로 치부하면서도, 초기불전 어디에도 나타나지 않는 불성과 여래장을 세우기에 급급하고, 본성자리를 상정한 뒤 그것과 하나 되려고 생짜배기로 용을 쓰고 있다. 해체하지 않고 무엇을 세우는 것은 비불교적인 발상이라 할 수밖에 없다. 설혹 해체해서 보지 않고 직관만으로 나와 세상을 공(空)이라 보았다 하더라도 그것을 드러내기 위해서는 결국 해체를 설하지 않을 수 없다. 그렇지 않으면 그것은 외도의 자아이론(아상)이나 진인이론(인상)이나 영혼이론(수자상)이 되고 말기 때문이다. 그러기에 부처님께서는 그토록 해체를 강조하신 것이다.

그러므로 아비담마·아비달마와 유식처럼 분석을 강조하든, 반야·중관처럼 직관을 강조하든, 화엄처럼 종합을 강조하든, 그것은 불교적 방법론인 해체에 토대해야 할 것이다. 해체의 토대를 튼튼히 한 뒤에 직관과 종합을 해도 늦지 않다. 해체의 기본기에는 아예 무지한 채 법계장

엄부터 하려드는 것은 아직 태어나지도 않은 아이를 장가부터 보내려는 조급하고도 어처구니없는 발상 아닌가. 위에서 밝혔듯이 직관을 강조하는 반야부의 여러 경들조차 해체 끝에 드러나는 법의 고유성질[自性 혹은 自相]을 강조한다. 이런 토대위에 그들은 법의 무자성과 공의 직관을 다 그치는 것이다. 어느 대통령은 '뭉치면 살고 흩어지면 죽는다.'고 했다. 부처님 말씀의 핵심은 '뭉쳐두면 속고 해체해야 깨닫는다. 법들로 해체해서 보라.'이다. 뭉쳐두면 개념(paññatti)에 속고 법(dhamma)으로 해체하면 깨닫는다.151)

### (4) 무상·고·무아가 드러남

그런데 중요한 것은, 이렇게 법들로 해체해서 보면 드디어 법들의 무상이나 고나 무아가 보인다는 점이다. 이것이 해탈·열반을 실현하는 두 번째 단계이다. 개념적 존재(paññatti)로 뭉뚱그려두면 이것이 보이지 않는다. 예를 들어 자아니 진인이니 영혼이니 중생이니 하는 개념적 존재로 그대로 두고 보면 영원불변하는 자아나 진인이나 영혼 등이 있는 것으로 보이지만 이들을 색·수·상·행·식이나 안·이·비·설·신·의와 색·성·향·미·촉·법과 안식·이식 … 등으로 해체해서 보면 무상이나 고나 무아가 보인다는 것이다.

어떤 법이든 유위법들은 모두 이 무상·고·무아라는 세 가지 공통되는 성질을 가진다는 것이 초기불교와 아비담마의 특징 중의 특징이다. 그래서 "모든 형성된 것은 무상하다.[諸行無常, sabbe saṅkhārā aniccā] 모든 형성된 것은 괴로움이다.[諸行皆苦, sabbe saṅkhārā dukkhā]. 모든 법들은 무아다.[諸法無我, sabbe dhammā anattā]"라고 『법구경』(Dhp.40

151) '(3) 해체해서 보기'는 저자가 불교신문 2472호(2008년 11월1일자)에 기고한 글을 조금 수정한 것임을 밝힌다.

{277~279})과 『앙굿따라 니까야』 「출현 경」(A3:134)과 『맛지마 니까야』 「짧은 삿짜까 경」(M35) 등은 강조하고 있으며, 괴로움 부분을 제외한 구절이 『상윳따 니까야』 「찬나 경」(S22:90)과 「자신을 섬으로 삼음 경」(S22:43)에도 나타나고 있다.

한편 이러한 법들의 무상·고·무아를 아비담마에서는 보편적 성질(sāmañña-lakkhaṇa)이라 부르고 이것을 중국에서는 공상(共相)으로 옮겼다. 그리고 북방 아비달마, 반야·중관, 유식과 화엄에서도 그대로 다 채용해서 즐겨 사용하고 있다는 것은 주지의 사실이다.

그리고 이러한 제법의 보편적 성질 즉 공상(共相)인 무상이나 고나 무아를 봄으로써 해탈·열반을 실현하고 깨달음을 실현한다는 것이 또한 모든 불교사 흐름의 공통되는 입장이기도 하다.

그러면 어떻게 해서 무상·고·무아를 볼 것인가? 초기불전에서는 팔정도를 위시한 37보리분법(조도품)을 강조한다. 이것은 『상윳따 니까야』 Ee, Be, Se의 제5권 즉 한글 번역본의 제5권과 제6권에 S45~S51로 나타나고 있다. 그리고 이것은 수행의 전문적 방법에 따라서 사마타[止]와 위빳사나[觀]로도 나눌 수 있고, 염·정·혜(念·定·慧, 마음챙김·삼매·통찰지)로도 나눌 수 있고, 계·정·혜 삼학으로도 나눌 수 있고, 더 확장하면 계·정·혜·해탈·해탈지견의 5법온으로도 나눌 수 있다.[152] 이것이 초기불전에서 강조하고 강조하는 구체적인 수행법들이다.

---

152) 사마타[止]와 위빳사나[觀]에 대해서는 본서 제25장을, 염·정·혜(念·定·慧, 마음챙김·삼매·통찰지)에 대해서는 본서 제22장을, 계·정·혜 삼학과 계·정·혜·해탈·해탈지견의 5법온에 대해서는 본서 제28장을 참조할 것.

### (5) 자상(自相)을 통한 공상(共相)의 확인

초기불전에서 세존께서 강조하고 계신 교학과 수행체계는 아비담마의 용어를 빌어서 설명하자면 자상-공상-해탈의 세 가지 단계로 정리가 된다. 거듭 강조하지만 자상-공상-해탈의 이러한 세 가지는 이미 초기불전의 중심 교학으로 튼튼히 자리잡고 있다. 아비담마에서부터 시작된 것이 결코 아니다. 오히려 이것을 빼버리면 초기불전에 남는 것은 덕담이나 도덕적인 삶이나 천상에 태어나는 등의 가르침 외에는 아무것도 없다고 할 정도로 초기불교 교학의 대부분을 차지하고 있다. 그리고 수행법으로는 37보리분법으로 도처에서 정리되어 나타난다. 이런 가르침이 있기 때문에 불교가 불교인 것이다. 그렇지 않으면 불교는 이미 인천교(人天敎)에 지나지 않을 것이다. 후대의 불교들도 강조점에는 차이가 나지만 모두 이런 교학과 수행 체계를 받아들여 계승하고 있기 때문에 그들을 불교라 부르는 것이기도 하다.

이 가운데 특히 남・북방 아비담마・아비달마는 '자상(自相)을 통한 공상(共相)의 확인'이라 정리된다. 고유성질의 특징(자상)에 따라서 법들을 분류하고 이들 가운데 특정 법의 무상이나 고나 무아(공상)를 통찰할 것을 강조하기 때문이다. 물론 아비담마・아비달마는 현장 스님이 『구사론』에서 대법(對法)이라 번역하였듯이 '법에 대해서'를 강조하기 때문에 제법의 자상에 따른 분류를 중시하고 강조한다. 그러나 이렇게 분류하는 것은 무상・고・무아의 공상을 확인하기 위한 것이라는 것을 기본에 깔고 있다. 그렇지 않으면 불교교학을 하는 이유와 목적이 없어져 버리기 때문이다. 특히 상좌부 아비담마는 여기에 투철하다.

물론 북방 아비달마 체계 가운데 가장 강력하였던 설일체유부(說一切有部, Sarvāstivādin)는 '모든 것은 존재한다[一切有, sarvāsti].'는 부파의 명칭이 보여주듯이 제법의 자상(고유성질)을 확인하는 것을 엄청나게 강조하였다. 북방 아비달마 체계뿐만 아니라 모든 북방 대승불교 교학의 도구서적이 되는 『아비달마 구사론』은 고·집·멸·도의 사성제의 입장에서 제법을 심도 깊게 설명하고 있는데, 특히 제법의 모습과 성질을 여실히 드러내는 고성제와 그 원인이 되는 집성제에 초점을 맞추어 제법의 자상 혹은 고유성질의 입장을 강조하고 있다. 그렇다고 해서 그들이 무상·고·무아의 보편적 성질 즉 공상(共相)을 무시했다고 한다면 이것은 천부당만부당한 말이다. 열반과 열반을 실현하는 도닦음(각각 멸성제와 도성제)도 매우 강조하고 있기 때문이다.

이처럼 강조점의 차이일 뿐이지 남·북 아비담마·아비달마는 모두 자상을 통한 공상의 확인으로 정리할 수 있다. 해탈·열반의 실현을 강조하지 않는 불교가 이 세상 어디에 존재할 수 있겠는가? 만일 이렇게 인정하지 않으려 한다면 그 사람은 무식한 사람이거나, 자기 학파의 논리만을 내세우는 옹졸한 사람일 뿐이고 상대를 형편없는 사람으로 보는, 정말 상식이 없는 무뢰배에 지나지 않는다고 한다면 저자가 너무 심한 표현을 한 것일까?

아비담마·아비달마 특히 『아비달마 구사론』에서 보듯이 북방 아비달마가 이처럼 제법의 자상의 입장을 너무 많이 강조했기 때문에 반야부 특히 용수 스님의 『중론』은 제법무아로 특징지어지는 공상(共相)을 치우쳐서 강조하고 있는 것이 분명하다. 그러나 위에서 살펴보았듯이 반야부의 경들에도 제법의 자상은 여러 곳에서 나타나고 있다. 자상을 말하지 않으면 우리는 법들의 구분이나 차이나 분류에 대해서는 입도 벙긋하지 못하기 때문이다. 반야·중관은 단지 공상을 훨씬 더 강조하고 있을 뿐이다. 특히 용수 스님의 『중론』은 공상의 입장을 엄청나게 강조하고 있다. 자상을 이야기하면 실유(實有)를 이야기하는 것이 되어 외도의 가르침이라는 듯이 극단적으로 말하고 있다. 이것은 아비달마가 자상을 많이 강조하고 있기 때문에 이를 비판하기 위함일 뿐이다.

중요한 것은 상좌부 아비담마에서는 자상을 실유라고는 절대로 이야기하지 않는다는 것이다. 그리고 초기불전 어디에도 법을 실유라고 설하지 않는다. 중관학파들이 초기불교와 아비담마·아비달마를 비하하고 스스로를 큰 가르침으로 격상시키기 위해서 자기들이 임의로 지어낸 이론일 뿐인 셈이다.

### (6) 가유(假有)나 실유(實有)라는 방법론으로 법을 봐서는 안 된다

초기불교부터 아비담마·아비달마에 이르기까지 부처님이나 직계제자들은 법을 가유니 실유니 하는 기준으로는 절대로 살펴보지 않았다. 아비담마에서는 법의 찰나생·찰나멸을 강조하였다. 오히려 찰나생이기 때문에 단견(斷見, 단멸론)이 아니고 찰나멸이기 때문에 상견(常見, 상주론)이 아니다. 이처럼 유위법들을 일어남과 사라짐의 입장에서 관찰하였지 결코 있다 없다는 관점에서 관찰하지 않았다. 『상윳따 니까야』 제2권 「깟짜나곳따 경」(S12:15)에서 세존께서는 이렇게 말씀하셨다.

"깟짜야나여, 세상의 일어남을 있는 그대로 바른 통찰지로 보는 자에게는 세상에 대한 없다는 관념이 존재하지 않는다. 깟짜야나여, 세상의 소멸을 있는 그대로 바른 통찰지로 보는 자에게는 세상에 대한 있다는 관념이 존재하지 않는다."(S12:15)

이처럼 일어남과 사라짐으로 세상과 제법을 보지 않으면 있다거나 없다는 유·무의 상견이나 단견에 빠지고 만다.

그리고 찰나생·찰나멸은 상속(相續, santati)한다. 제법의 상속을 말하지 않으면 이것은 또한 엄청난 단견이 되고 만다. 한 순간에 멸하고(찰나멸) 다시 일어나지 않는데 세상은 왜 존재하고 있는가? 이것은 어떻게 설명해야 하는가? 세상은 본래 존재하지 않는 것이라고? 허망한 것이라고? 부처님께서는 세상을 법으로 해체해서 보실 것을 강조하셨지 세상이 존재하지 않는다거나 허망하다고는 말씀하시지 않으셨다. 일부 초기 불전들을 이상하게 들이댈 수도 있겠지만 그것은 문맥을 무시한 인용일 뿐이다. 오히려 부처님께서는 『상윳따 니까야』 「육처 상윳따」(S35)의 「일체 경」(S35:23)과 「세상 경」(S35:82) 등의 도처에서 12처라는 법들을 일체(sabbe)라고 세상(loka)이라고 강조하고 계시지 않는가. 이 일체로 표현되는 혹은 온・처・계・근・제・연으로 설명되는 존재나 세상은 찰나생멸의 상속(흐름)이 아니고서는 불교적인 설명이 불가능하다. 이렇게 찰나생・찰나멸과 상속은 상식적인 것이고 과학적인 것이다. 그렇기 때문에 남・북방 아비담마・아비달마와 대승의 아비달마인 유식은 찰나와 상속을 강조하고 강조하는 것이다. 물론 이 기준은 무위법(열반)에는 적용되지 않는다.

거듭 강조하지만, 무위법에 적용되지 않는다고 해서 가법(假法)이나 가유(假有)라는 논리를 세워서 부정해버리면 그것은 현실을 설명해내지 못하고 현실을 설명해내지 못하면 구세대비의 종교는 되지 못한다. 무엇보다도 자기 이론이나 주장이 없는 떠돌이 신세가 되기 마련이고 떠돌이는 곧 망하게 될 수밖에 없을 것이다.

법으로 해체된 상태는 결코 가유나 실유라는 방법론으로 봐서는 안 된다. 그러나 대승에서는 법에다 아공법유(我空法有)니 아공법공(我空法空)이니 하는 기준과 잣대를 들이대어 법을 바라보고 이전 불교를 비판한다. 이것은 일부 대승에서 자신들의 입지를 구축하기 위해서 독창적으로 만들어낸 기준일 뿐이다. 만일 이런 기준을 가지고 이전 불교를 비판한다면 대승은 불교가 아니라고 할 수밖에 없다. 왜? 부처님이 말씀하시지도 않은 기준을 자기들 멋대로 만들어서 부처님까지도 소승이나 외도로 비판하는 우를 범하기 때문이다.

아무튼 중관을 비롯한 일부 대승에서 중도를 빙자하여 극단적인 이론을 전개하자 다시 유식이 등장하여 자상(고유성질)을 포용하고 있다. 이 입장은 아비담마·아비달마의 입장과 같다. 물론 유식에서는 제법의 개별성과 독자성을 인정하기보다는 시대정신의 반영이겠지만 제법을 아뢰야식이라는 마음의 현현(顯現)으로 설명하고 그래서 아뢰야식의 찰나생·찰나멸을 통한 전변(轉變, parināma)과 흐름을 통해서 무상·고·무아 특히 무아를 확인하려 한다. 그 확인방법으로 자량위(資糧位) 등의 다섯 단계의 수행법[153]을 제시하고 있음은 주지의 사실이다. 그러나 자상을 통한 공상의 확인이라는 아비담마의 입장은 잘 계승하고 있다.

거듭 강조하지만 법의 고유성질(자상)을 인정하지 않으면 불교는 전개되지 않는다. 오온의 서로 다른 점, 12처의 서로 다른 점, 12지 연기의 서로 다른 점, 제법의 서로 다른 점은 고유성질이 서로 다르기 때문인데 이것을 인정하지 않으면 법들을 명쾌하게 드러낼 수 없기 때문이다. 이런 상식적인 태도를 버려버린다면 그것은 너무 곤란하지 않은가?

그리고 누가 뭐라면 쁘라상기까(Prasaṅgika), 좋게는 귀류논증(歸謬論證)이지만 속된 말로 하자면 상대의 말꼬리를 잡고 물고 늘어지는 그런 논법으로 상대의 의견을 부정할 수밖에 없을 것이다. 그렇게 상대의 의견을 부정하면 내가 해탈이 되는가? 아니다. 괴로움을 말하면 중관적인 입장에서는 괴로움은 본래 없다고 말할 수밖에 없다. 부처님은 분명 괴로움을 강조하셨고, 고성제 안에 오온을 말씀하셨고, 모든 유위법들은 여기에 포함된다. 그런데 괴로움이 본래 없다는 말만 되풀이하면 괴로움이 없어지는가? 그러면 얼마나 좋겠는가? 저자부터 밖에 나가서 덩실덩실 춤이라도 출 것이다. 괴로움의 원인인 갈애와 무명을 말하면 이것도 본래 없다고 한다. 본래 없다는 말로 갈애와 무명이 해결되는가? 아

153) 『주석 성유식론』 853쪽 이하 참조

니다.

할 말은 많지만 이것으로 줄이려 한다. 강조하고 싶은 것은 부처님은 분명히 고·집·멸·도를 불교의 진리라고 말씀하셨다는 것이다. 이것이 방편설이라는 말씀은 초기불전 어디에도 나타나지 않는다. 개념적 존재(paññatti)가 아닌 법(dhamma)을 두고 방편이니 승의제(勝義諦)니 공(空)이니 가(假)니 중(中)이니 가유(假有)니 실유(實有)니 하는 희론(papañca)은 『중론』이나 반야부 스스로가 지어낸 정말 희론에 지나지 않는 관점이 아닐까 염려해 본다. 부디 이러한 후대의 일부 왜곡되고 변질된 편협한 입장으로 초기불전을 대하지 말라고 저자는 감히 말하고 싶다.

### (7) 찰나(刹那, khaṇa)란 무엇인가

마지막으로 찰나는 상주론도 아니고 단멸론도 아님을 살펴보자.

남방의 아비담마와 북방의 아비달마에서는 찰나(刹那, khaṇa)를 '법의 고유성질을 드러내는 최소단위의 시간'으로 이해한다.[154] 이미 찰나는 일어남[生, uppāda]과 머묾[住, ṭhiti]과 무너짐[壞, bhaṅga]의 세 부분으로 이루어져 있다고 주석서들은 말하고 있다.(『아비담마 길라잡이』 제4장 §6과 해설 참조) 서양에서는 이것을 *sub-moment*라고 옮기고 있고 초기불전연구원에서는 '아찰나(亞刹那)'라고 옮겼다.

그러나 이 아찰나라는 술어는 주석서의 그 어디에도 나타나지 않는다. 아찰나는 전문술어로 인정하지 않기 때문이다. 왜냐하면 이것은 고유성

154) 예를 들면, 설일체유부에서는 찰나를 "하나의 법이 지닌 온갖 상(즉 생·주·이·멸)의 작용이 모두 이루어질 때"라고 정의하기도 하고, "법(존재) 자체를 획득하고서 무간(無間)에 바로 소멸하는 것"라고 정의하기도 한다. (권오민 역, 『아비달마구사론』 251쪽, 244쪽, 593쪽 참조) 그래서 필자는 '법의 고유성질을 드러내는 최소단위의 시간'이라고 찰나를 풀어서 설명하고 있다.

질이 없기 때문이다. 찰나를 아찰나로 쪼갤 수는 있고, 아찰나를 다시 아아찰나로 아아찰나는 다시 아아아찰나로 … 이렇게 쪼갤 수는 있겠지만 이렇게 아찰나로 쪼개버리면 법이 가지는 고유성질을 드러낼 수 없기 때문에 이것을 전문술어로 표현하지 않는 것이다.

이것은 아주 중요한 관점이며 아비담마 논사들이 법을 대하는 엄정하고 치열한 자세이다. 그러므로 불교사의 적통이라고 자부하는 상좌부에서의 찰나는 절대로 상주론이 아니다. 찰나도 흐름일 뿐이다. 이렇게 되면 아마 중관학파의 가유나 가법의 입장과 거의 같은 입장이겠지만 상좌부에서는 이런 찰나생·찰나멸의 법들을 두고 가유니 실유니 하는 관점에서는 관찰하지 않는다. 그것은 무의미하기 때문이다.

그리고 이 찰나는 당연히 조건발생 즉 연이생(緣而生)이다. 그리고 전 찰나의 법이 멸하면 바로 다음 찰나의 법이 조건발생한다. 그러므로 단멸론도 절대로 될 수 없다. 이것을 남·북 아비담마·아비달마와 유식에서는 등무간연(等無間緣, samanantara-paccaya)이라 하여 아주 강조하고 있다. 이처럼 전찰나가 멸하면 후찰나로 흘러간다. 그러니 법은 단멸론도 상주론도 아니다. 아비담마는 이렇게 법들을 찰나(khaṇa, *Sk.* kṣaṇa)와 흐름[相續]으로 멋지게 설명해낸다.

찰나와 흐름(상속)은 모든 불교 특히 남·북방 아비담마·아비달마와 대승의 아비달마인 유식 교학의 양대 축이 된다. 특히 모든 북방불교의 교학적 토대가 되는 『아비달마 구사론』 전체에서 찰나와 상속은 아주 많이 나타나고 강조되고 있다. 그래서 "일체의 유위법은 모두 유찰나(有刹那) 즉 찰나적 존재"(『아비달마 구사론』 제2권 593쪽)라고 강조하고 있으며, "[찰나란] 법(존재) 자체를 획득하고서 무간(無間)에 바로 소멸하는 것을 말하니, 이와 같은 찰나(kṣaṇa)를 갖는 법을 '유찰나(kṣaṇika)'라고 이름한다."라고 찰나를 정의한다.(*Ibid*) 그래서 구사론의 역자는 "찰나적 존재를 설하는 유부에 있어 존재(즉 법(dhamma) — 저자의 첨언임)와 찰나는

동의어이다."라고 강조한다.(『아비달마 구사론』 제3권 925쪽)

그리고 찰나와 상속 특히 상속은 『아비달마 구사론』 제9품 「파집아품(破執我品)」에서 자아 등의 실체가 있다는 삿된 견해를 척파하는 기본적인 방법론으로 강조되고 있다. 그래서 '온의 상속', '제온의 상속', '오온의 상속', '유루온의 상속' '찰나생멸하는 제행의 불이(不異)의 상속'이라는 표현이 『아비달마 구사론』 제9품에는 적지 않게 나타나고 있다.(제4권 1340쪽 등과 특히 제4권 1379~1380쪽을 참조할 것.)

이처럼 찰나생·찰나멸하는 제행의 상속을 두고 상주론이니 단멸론이니 하는 양도논법으로 왈가왈부하려는 것은 초기불교부터 전개되는 불교교학의 기본입장에 대해서 전혀 무지한 오히려 극단적이고 외도들이나 좋아할 만한 방법론이라고 밖에는 할 수 없지 않을까 생각한다.

(8) 한국불교에 거는 기대

저자가 반야·중관의 입장을 조금 비판했다고 해서 일방적으로 반야·중관을 폄하한다고 생각하지는 말아줄 것을 당부하고 싶다. 저자는 반야·중관의 직관을 좋아하고 존중한다. 다만 무아의 천명이 없으면 그것은 불교가 아니기 때문이며, 지금 논의하고 있듯이 무상·고·무아를 통찰해야 염오-이욕-해탈-구경해탈지가 이루어져 해탈·열반을 성취하고 깨달음을 실현하기 때문이다.

불교교학의 기본전제를 무시한 '오직 직관'은 곤란하다고 본다. 저자는 오히려 초기불교의 맥을 그대로 계승하고 있는 상좌부 아비담마의 '자상을 통한 공상의 확인'을 불교의 교학체계와 수행체계에 대한 더 멋진 설명으로 본다. 한국불교가 이러한 자상의 입장을 더 분명히 수용할 때 반야·중관에 토대한 직관이 더욱 빛을 발하게 될 것이라고 저자는 확신한다.

# 제15장 괴로움의 발생구조와 소멸구조 — 12연기 I

## (1) 들어가는 말

연기(緣起, paṭicca-samuppāda)[155]의 가르침은 상좌부불교의 부동의 준거가 되는 『청정도론』에서 초기불교의 6개 기본 교학으로 강조하고 있는 온·처·계·근·제·연(蘊·處·界·根·諦·緣)가운데 맨 마지막인 연(緣)의 가르침을 말한다.

이러한 연기(緣起)는 『상윳따 니까야』 「인연 상윳따」(S12)의 주제이고 『청정도론』 제17장에서 상세하게 설명되고 있다. 연기의 가르침은 일반적으로 12연기로 정착이 되었다. 아래에서 살펴보겠지만 「인연 상윳따」에서 12지(十二支) 연기를 설하고 있는 경들은 그러나 전체의 반 정도에 지나지 않는다. 대신에 본 상윳따에는 연기의 가르침으로 2지 연기부터 12지 연기까지의 11가지나 되는 다양한 연기가 설해지고 있다.

『상윳따 니까야』의 제12주제인 「인연 상윳따」(Nidāna-saṁyutta,

---

155) '연기(緣起)'는 paṭicca-samuppāda를 중국에서 緣(paṭicca)-起(samuppāda)로 직역한 것이다. 여기서 paṭicca는 prati(~를 대하여)+√i(to go)의 동명사로서 문자적으로는 '[그것을] 향하여 가고 나서'이며 '의지하여'라는 뜻이다. samuppāda는 saṁ(함께)+ud(위로)+√pad(to go)에서 파생된 남성명사로 '함께 위로 간다.'는 문자적인 뜻에서 일어남 , 발생, 근원, 기원의 뜻을 나타낸다. 그래서 전체적으로 paṭicca-samuppāda는 '의지하여 일어남'을 뜻하며 중국에서 緣起로 정착되었다.
연기라는 술어에 대한 문자적인 상세한 설명은 『청정도론』 XVII.1 이하에 나타나고 있으니 참조하기 바란다.

S12)에 포함된 93개의 경들은 모두 연기의 가르침을 담고 있다. 그래서 연기(paṭiccasamuppāda)와 동의어인 인연(nidāna)이라는 술어를 사용하여 「인연 상윳따」라 부르고 있다. 이들 93개 경들은 모두 9개의 품으로 나누어져서 나타나는데, 『상윳따 니까야』 전체에서 가장 어렵고 심오한 가르침이다.

연기의 가르침은 세존께서 이미 『상윳따 니까야』 「인연 경」(S12:60) §4와 『디가 니까야』 「대인연경」(D15) 등에서 "심오한(gambhīra, 혹은 아주 어려운) 가르침"이라고 말씀하셨고, 이 연기의 가르침을 "깨닫지 못하고 꿰뚫지 못하기 때문에 이 사람들은 실에 꿰어진 구슬처럼 얽히게 되고 베 짜는 사람의 실타래처럼 헝클어지고 문자 풀처럼 엉키어서 처참한 곳, 불행한 곳, 파멸처, 윤회를 벗어나지 못한다."(S12:60; D15)고 말씀하셨다.

그래서 붓다고사 스님도 『청정도론』 가운데서 가장 난해하다고 평이 나있는 '연기의 해설(제17장)'에서 "전승된 가르침을 통달하거나 수행하여 법을 증득한 자가 아니면 연기의 주석은 불가능하다고 생각한다. 이제 오늘 나는 연기의 구조를 설명하려고 한다. 그러나 마치 깊은 바다 속으로 빠져든 사람처럼 [나는] 그 발판을 찾지 못하는구나."(Vis.XVII.25)라고 탄식하고 있다.

남·북방 아비담마·아비달마의 논서들은 연기의 가르침을 모두 12연기로만 정형화하여 설명하고 있지만 부처님 말씀을 담고 있는 『경장』의 가르침은 그렇지 않다. 『상윳따 니까야』 「인연 상윳따」(S12)에서 보듯이 본 상윳따에는 모두 93개의 경이 포함되어 있는데, 반복된 경들을 하나로 간주하면 모두 72개의 경들이 된다. 이 가운데 34개의 경들만 12지 연기를 설하고 있고 나머지 38개 경들은 2지 연기부터 11지 연기까지의 다양한 연기를 설하고 있다. 그럼 연기의 가르침을 『상윳따 니까야』「인연 상윳따」(S12)를 중심으로 살펴보자.

(2) 왜 인연(nidāna)인가

『상윳따 니까야』의 열두 번째 주제인「인연 상윳따」(S12)는 Nidāna Saṁyutta를 옮긴 말이다. 본 상윳따에는 93개의 경들이 제1장「부처님 품」, 제2장「음식 품」, 제3장「십력 품」, 제4장「깔라라캇띠야 품」, 제5장「장자 품」, 제6장「괴로움 품」, 제7장「대품」, 제8장「사문·바라문 품」, 제9장「뒷부분의 반복」으로 분류되어 나타나고 있다. 여기서 제1품부터 제7품까지에는 각각 열 개의 경들이, 제8품에는 11개의 경들이, 제9품에는 12개의 경들이 포함되어 있는데, 제7품에는 상대적으로 긴 경들이 포함되어 있다. 그리고 이 경들은 모두 12지 연기를 위주로 한 연기(緣起, paṭiccasamuppāda)를 설한 가르침들로 구성되어 있다. 그러면 연기(paṭiccasamuppāda) 상윳따라 부르지 않고 왜「인연(nidāna) 상윳따」라고 이름을 붙였을까?

'인연'으로 옮긴 니다나(nidāna)라는 술어는「인연 상윳따」(S12)에「인연 경」(Nidāna-sutta, S12:60)으로도 나타나며, 이 경이 확장된 것이『디가 니까야』의「대인연경」(Mahānidāna Sutta, D15)이다. 이「인연 경」은 애-취-유-생-노사의 5지 연기를 설하고 있고,「대인연 경」은 더 확장되어 식-명색-촉-수-애-취-유-생-노사의 9지 연기를 설하고 있다.

인연(nidāna)이라는 술어는 ni(아래로)+√dā(*to give*)에서 파생된 명사로 '아래에 놓음'이라는 문자적인 뜻에서 '기초, 기본, 원천, 근원' 등의 뜻으로 쓰인다.「대인연경」(D15 §4) 등에는 이 술어가 "hetu(원인), nidāna(근원), samudaya(기원), paccaya(조건)"으로 나열되어 나타나고 있는데,156) 『청정도론』과 『디가 니까야 주석서』에서 "조건, 원인, 이유, 근본, 근원, 기원 등은 글자만 다를 뿐 뜻으로는 하나이다."157)라고 설명하듯이 이 단어들은 모두 동의어다. 이런 배경에서 연기의 가르침은 전통적으로 모두 '인연'이라는 용어로 제목을 정하고 있으며, 그래서 연기의 가르침을 모은 본 상윳따도 「연기 상윳따」로 부르지 않고 「니다나 상윳따」로 즉 「인연 상윳따」로 이름을 붙인 것이다.

### (3) 경들의 분류

연기의 가르침을 제대로 근거를 가지고 정확하게 이해하기 위해서는 연기의 가르침을 집대성한 『상윳따 니까야』 「인연 상윳따」(S12)의 경들을 토대로 해서 체계적으로 접근하고 이해할 필요가 있다. 이제 「인연 상윳따」를 중심으로 연기의 가르침을 살펴보자.

「인연 상윳따」(S12)에 포함된 모두 93개의 경들 가운데서 12연기의 늙음·죽음[老死]과 그 일어남[集]과 소멸[滅]과 소멸로 인도하는 도닦음[道]을 하나의 주제로 삼고 있는 S12:71부터 의도적 행위[行]와 그 집·멸·도를 하나의 주제로 삼고 있는 S12:81까지를 하나의 가르침으로 취급하고, 같은 이유로 늙음·죽음부터 무명까지를 각각 하나의 경의 주제로 택하고 있는 S12:82~93까지의 경들도 모두 하나의 가르침으로 간주하면, 「인연 상윳따」에 포함된 93개의 경들은 모두 72개의 가르침으로 축약될 수 있다. 이렇게 해서 72개로 축약되는 이들 경에서 설해지고

---

156) 그러나 니다나라는 술어는 본 상윳따의 「음식 경」(12:11) §4와 「깔라라 경」(S12:32) §7 등에도 나타나고 있다. 각 경의 문맥에 따라서 근원으로도 옮기고 원인으로도 옮겼다. 그러나 정작 nidāna가 경의 제목으로 되어 있는 「인연 경」(S12:60)에는 nidāna가 경의 본문에는 나타나지 않고 있다.

157) paccayo, hetu, kāraṇaṁ, nidānaṁ, sambhavo, pabhavo ti ādi atthato ekaṁ, byañjanato nānaṁ.(Vis. XVII.68, DA.ii.498)

있는 연기의 가르침을 이들에 포함되어 있는 연기의 구성요소가 몇 개인가를 중심으로 분류해보면 다음과 같다.

① 12지 연기 34개 경: S12:1, 2, 3, 4, 5, 6, 7, 8, 9, 10, 15, 16, 17, 18, 20, 21, 22, 23, 27, 35, 36, 37, 41, 42, 46, 47, 48, 49, 50, 51, 61, 68, 69, 70[158]

② 11지 연기1 9개 경(행의 집(集)을 무명으로 간주하고 있음): S12:13, 14, 28, 29, 30, 33, 34, 71, 82.

11지 연기2 1개 경: S12:39

③ 10지 연기 4개 경: S12:12, 59, 65, 67

④ 9지 연기 2개 경: S12:11, 58

⑤ 8지 연기 4개 경: S12:24, 43, 44, 45

⑥ 7지 연기 1개 경: S12:64

⑦ 6지 연기 1개 경: S12:19

⑧ 5지 연기 8개 경: S12:32, 52, 53, 54, 55, 56, 57, 60

⑨ 4지 연기 3개 경: S12:38, 40, 66

⑩ 3지 연기 1개 경: S12:25

⑪ 2지 연기 4개 경: S12:26, 31, 62, 63

합계 72개 경

위의 분류에서 살펴보았듯이 놀랍게도 12지 연기를 설하고 있는 경들은 전체의 반 정도에 지나지 않는다. 그리고 본 상윳따에는 연기의 가르침으로 2지 연기부터 12지 연기까지의 11가지나 되는 다양한 연기가 설해지고 있다.

---

158) 이 가운데 노사 - 생 - … - 행 - 무명의 순서로 설하고 있는 경은 4, 5, 6, 7, 8, 9, 10, 16, 20, 68, 70의 11개의 경들이고 나머지 23개의 경들은 무명 - 행 - … - 생 - 노사의 순으로 설하고 있다.

그리고 또 살펴보아야 할 측면은 이 연기의 가르침에서 유전문(流轉門, anuloma), 즉 발생구조를 설하고 있는 가르침이 몇 군데에 나타나며, 환멸문(還滅門, paṭiloma), 즉 소멸구조를 설하고 있는 가르침이 몇 군데에 나타나고 있는가 하는 것이다.159) 72개의 가르침 가운데 괴로움의

159) 12연기로 대표되는 연기의 정형구는 크게 다음의 네 가지 형태로 나타난다. 편의상 한자 정형구로 적어보면 다음과 같다.
첫째, 무명연행 행연식 … 생연노사우비고뇌
둘째, 무명멸즉행멸 행멸즉식멸 … 생멸즉노사우비고뇌멸
셋째, 생연노사 유연생 … 행연식 무명연행
넷째, 생멸즉노사멸 유멸즉생멸 … 행멸즉식멸 무명멸즉행멸

이 가운데서 괴로움의 발생구조를 밝히고 있는 첫 번째 정형구를 주석서에서는 anuloma라는 술어로 정리하고 있다. 여기서 anu-는 접두어로 따르는 수순하는 등의 뜻이고 loma는 몸의 털을 뜻한다. 그래서 anuloma는 문자적으로 '털에 수순하는'이라는 뜻이며 그래서 형용사로 쓰여서 '수순하는, 바른 순서의, 타당한' 등의 의미로 쓰인다. 초기불전연구원에서는 중국불교에서 사용되던 유전문(流轉門)을 차용하여 유전문(流轉門)이라고 옮긴다. anuloma는 '수순하는'이라는 의미가 기본이기 때문에 이를 순관(順觀)으로 직역할 수 있다. 그래서 초기불전연구원에서는 지금까지 유전문과 순관을 동의어로 사용하여 왔다.
두 번째 정형구를 주석서에서는 paṭiloma라고 부른다. 여기서 paṭi-는 접두어로 거스르는, 대항하는 등의 뜻이다. 그래서 paṭiloma는 문자적으로 '털의 방향에 거스르는'이라는 뜻이며 그래서 형용사로 쓰여서 '거스르는, 대조되는, 반대의' 등의 의미로 쓰인다. 초기불전연구원에서는 중국불교에서 사용되던 환멸문(還滅門)을 차용하여 환멸문(還滅門)이라고 옮긴다. paṭiloma는 '거스르는'이라는 의미가 기본이기 때문에 이를 역관(逆觀)으로 직역할 수 있다. 그래서 초기불전연구원에서는 지금까지 환멸문과 역관을 동의어로 사용하여 왔다.

그런데 북방의 『아비달마대비바사론』(阿毘達磨大毘婆沙論)이나 『아비달마순정리론』(阿毘達磨順正理論) 등에서 순관(順觀)은 위의 첫째와 둘째를 뜻하고 역관(逆觀)은 위의 셋째와 넷째를 뜻하는 것으로 주로 나타나고 있어서 초기불전연구원에서 유전문(流轉門)과 순관(順觀)을 동의어로 간주하고 환멸문(還滅門)과 역관(逆觀)을 동의어로 간주하게 되면 혼란의 소지가 많다. 그래서 본서에서는 유전문 · 환멸문과 순관 · 역관이라는 표현을 북방불교의 용법에 따라서 적용하고 있음을 밝힌다.
북방불교의 입장에 따라 유전문(流轉門) · 환멸문(還滅門)과 순관(順觀) · 역관(逆觀)을 구분하여 적용하면 다음과 같다.

발생구조만을 설하고 있는 경은 2개(S12:20, 27)이고, 괴로움의 소멸구조만 설하고 있는 경은 4개(S12:16~18, 62)이며, 발생구조와 소멸구조를 다 설하고 있는 경은 52개 경이고, 나머지 14개의 경들은 이런 관점과는 큰 관련 없이 설해졌다고 할 수 있다.

그리고 우리가 연기의 정형구 혹은 공식으로 잘 알고 있는

"이것이 있을 때 저것이 있다.
이것이 일어날 때 저것이 일어난다.
이것이 없을 때 저것이 없다.
이것이 소멸할 때 저것이 소멸한다."160)는 가르침이 나타나는 경들은 모두 7개(S12:21, 22, 37, 41, 49, 61, 62)이다.

이 가운데서 62번 경을 제외한 나머지 경들은 이 정형구 바로 다음에 "즉, 무명을 조건으로 의도적 행위들[行]이, 의도적 행위들을 조건으로 알음알이가, … 이와 같이 전체 괴로움의 무더기[苦蘊]가 발생한다. 그러나 무명이 남김없이 빛바래어 소멸하기 때문에 의도적 행위들[行]이 소멸하고, 의도적 행위들이 소멸하기 때문에 알음알이가 소멸하고, … 이와 같이 전체 괴로움의 무더기[苦蘊]가 소멸한다."라는 식으로 12연기의 정형구가 나타난다. S12:62에는 이 정형구 다음에 감각접촉을 반연하여

---

① 무명연행 행연식 … 생연노사 ==> 유전문이면서 순관
② 무명멸즉행멸 행멸즉식멸 … 생멸즉노사멸 ==> 환멸문이면서 순관
③ 생연노사 유연생 … 행연식 무명연행 ==> 유전문이면서 역관
④ 생멸즉노사멸 유멸즉생멸 … 무명멸즉행멸 ==> 환멸문이면서 역관

160) imasmiṁ sati idaṁ hoti
imassuppādā idam uppajjati
imasmiṁ asati idaṁ na hoti
imassa nirodhā idaṁ nirujjhati.
중국에서는 "此有故彼有 此生故彼生 此無故彼無 此滅故彼滅"로 옮겼다. 이 가운데 처음의 두 구절인 此有故彼有 此生故彼生은 괴로움의 발생구조 즉 유전문을 나타내고, 다음의 두 구절인 此無故彼無 此滅故彼滅은 괴로움의 소멸구조 즉 환멸문을 나타낸다.

괴로운 느낌, 즐거운 느낌, 괴롭지도 즐겁지도 않은 느낌이 일어나고 소멸한다는 2지 연기가 나타나고 있다.

저자가 이것을 강조하는 이유는 이 "차유고피유(此有故彼有) …"의 정형구도 '괴로움의 발생구조와 소멸구조' 즉 유전문과 환멸문을 설하는 데에만 나타나지, 이 정형구는 우리가 별 생각 없이 내뱉는 것처럼 '제법(諸法)의 상호관계'를 설명하는 것으로 설해진 것이 결코 아니라는 것을 밝히고 싶어서이다.

### (4) 12지 연기 등 각 연기의 개관

이러한 분류를 바탕으로 각 연기의 가르침의 특징을 간단하게 살펴보자.

#### ① 12지 연기

먼저 12지 연기는 우리가 잘 아는 것처럼 다음의 가르침을 기본 정형구로 하고 있다.

"비구들이여, 무명(無明)을 조건으로 의도적 행위들[行]이, 의도적 행위들을 조건으로 알음알이[識]가, 알음알이를 조건으로 정신·물질[名色]이, 정신·물질을 조건으로 여섯 감각장소[六入]가, 여섯 감각장소를 조건으로 감각접촉[觸]이, 감각접촉을 조건으로 느낌[受]이, 느낌을 조건으로 갈애[愛]가, 갈애를 조건으로 취착[取]이, 취착을 조건으로 존재[有]가, 존재를 조건으로 태어남[生]이, 태어남을 조건으로 늙음·죽음[老死]과 근심·탄식·육체적 고통·정신적 고통·절망[憂悲苦惱]이 발생한다. 이와 같이 전체 괴로움의 무더기[苦蘊]가 발생한다.

그러나 무명이 남김없이 빛바래어 소멸하기 때문에 의도적 행위들[行]이 소멸하고, 의도적 행위들이 소멸하기 때문에 알음알이가 소멸하고, 알음알이가 소멸하기 때문에 정신·물질이 소멸하고, 정신·물질이 소멸하기 때문에 여섯 감각장소가 소멸하고, 여섯 감각장소가 소멸하기 때문에 감각접촉이 소멸하고, 감각접촉이 소멸하기 때문에 느낌이 소멸하고, 느낌이 소멸하기 때문에 갈애가 소멸하고, 갈애가 소멸하기 때문에 취착이 소멸하고, 취착이 소멸하기 때문에 존재가 소멸하고, 존재가 소멸하기 때문에 태어남이 소멸하고, 태어남이 소멸하기 때문에 늙음·죽음과 근심·탄식·육체적 고통·정신적 고통·절망이 소멸한다. 이와 같이 전체 괴로움의 무더기[苦蘊]가 소멸한다."(S12:1 등)

그러나 같은 12지 연기를 담고 있는 경들 가운데 S12:4, 5, 6, 7, 8, 9, 10, 16, 20, 68, 70의 11개의 경들은 '태어남을 조건으로 늙음·죽음이 있다.'부터 '무명을 조건으로 의도적 행위들이 있다.'까지로 노사부터 무명까지의 반대방향으로, 즉 북방불교에서 말하는 역관(逆觀)으로 12지 연기를 언급하고 있다. 그 외의 22개 경들은 모두 '무명을 조건으로 의도적 행위들이 있다.'부터 '태어남을 조건으로 늙음·죽음이 있다.'까지의 순서로, 즉 북방불교에서 말하는 순관(順觀)으로 나타나고 있다.

그리고 S12:20, 27은 괴로움의 발생구조 즉 유전문만을, S12:16~18은 괴로움의 소멸구조 즉 환멸문만을 다루고 있다.

② 11지 연기

11지 연기는 모두 8개의 경들에 나타나고 있는데, 모두 무명이 빠진 행부터 노사까지의 11개 구성요소가 나타난다. 그런데 이 가운데 7개 경들 즉 S12:13, 14, 28, 29, 30, 33, 34는 모두 늙음·죽음과 그 일어남(집, 원인)과 소멸(멸)과 소멸로 인도하는 도닦음(도)으로 나타나고 있다. 여기서 무명이 언급되지 않은 것은 의도적 행위들[行]의 일어남(집, 원인)이 무명이기 때문에 중복을 피하기 위해서 언급되지 않은 것이다. 위에서 밝힌 대로 S12:71~81까지의 11개 경들은 늙음·죽음부터 의도적 행위들까지의 구성요소들이 각각 하나의 경에 배대되어 모두 11개의 경들이 된 것이다. 그래서 이들을 모두 하나의 가르침으로 계산하였고,

S12:82~93의 12개 경들도 마찬가지여서 하나의 경으로 계산하였다.

그리고 S12:39도 의도적 행위부터 늙음·죽음까지의 11지를 다루고 있지만, 여기서는 의도적 행위들[行]이라는 술어 대신에 "어떤 것을 의도하고 어떤 것을 계속해서 사유하고 어떤 것에 대해서 잠재성향을 가지면 그것은 [업을 짓는] 알음알이가 머무는 조건이 된다."라고 나타나고 있다. 그러므로 엄밀하게 말해서 순수한 11지 연기를 설하는 가르침은 이 S12:39 하나뿐이라고 할 수 있다.

③ 10지 연기

10지 연기는 S12:12, 59, 65, 67의 네 곳에 나타나고 있다.

이것은 알음알이 - 정신·물질부터 태어남 - 늙음·죽음까지 즉 식연명색부터 생연노사까지의 10가지 구성요소를 가지고 있다.

이 가운데서 S12:12, 59의 두 개 경들은 알음알이부터 늙음·죽음까지의 순서로 나타나고 있다. 그런데 특이하게도 S12:12에서는 괴로움의 발생구조로는 10지를 들고 있지만 괴로움의 소멸구조로는 여섯 감각접촉의 장소[六觸處] - 감각접촉 - 느낌부터 늙음·죽음까지의 8가지 구성요소를 들고 있다. 여기에 대한 설명은 S12:12 §9의 주해를 참조할 것.

한편 S12:65와 67은 늙음·죽음부터 정신·물질 — 알음알이까지 역관으로 관찰해 올라와서 다시 알음알이의 조건으로 정신·물질을 들고 이렇게 해서 늙음·죽음까지 내려가면서 순관으로 관찰하고 있다. 이것은 『디가 니까야』 「대전기경」(D14 §§2.18~2.20)에 나타나는 위빳시 보살의 연기에 대한 천착과 일치한다.

④ 9지 연기

9지 연기는 S12:11, 58의 두 개의 경에 나타나고 있다.

S12:11에는 네 가지 음식[161] - 갈애 - 느낌 - 감각접촉 - 여섯 감각

장소 – 정신·물질 – 알음알이 – 의도적 행위 – 무명의 9가지 구성요소를 통해서 네 가지 음식의 근원(nidāna) 혹은 조건 혹은 인연을 구명해 들어가고 있다. 그리고 이렇게 해서 무명까지 역관으로 근원을 탐구해 올라간 뒤에 다시 무명부터 늙음·죽음까지의 순관으로 12연기의 유전문과 환멸문을 통해서 괴로움의 발생구조와 소멸구조를 드러내는 것으로 경은 마무리하고 있다.

그리고 S12:58에서는 정신·물질부터 늙음·죽음까지의 9가지 구성요소를 통해서 순관으로 괴로움의 발생구조와 소멸구조를 설하고 있다. 물론 한 생에서 정신·물질이 출현하는 조건으로 전생의 달콤함을 보는 것(주석서는 전생의 갈애라고 설명함)을 들고 있다.

⑤ 8지 연기

8지 연기는 S12:24, 43, 44, 45의 네 개 경에서 나타나고 있다.

S12:24는 늙음·죽음으로부터 시작해서 감각접촉 – 여섯 감각장소[六處]까지 역관으로 괴로움의 발생 원인을 관찰하고(유전문) 다시 여섯 감각접촉의 장소[六觸處] – 감각접촉에서부터 늙음·죽음까지 순관으로 8가지 구성요소로 괴로움의 소멸구조(환멸문)를 설하고 있다. 소멸구조에서는 여섯 감각장소 대신에 여섯 감각접촉의 장소가 나타나고 있다.[162]

S12:43~45의 세 개의 경은 괴로움의 발생구조(유전문)로는 여섯 가지 알음알이(안식부터 의식까지) – 감각접촉 – 느낌 – 갈애를 순관으로 든 뒤에 괴로움의 소멸구조(환멸문)로는 여섯 가지 알음알이(안식부터 의식까지) – 감각접촉 – 느낌 – 갈애 – 취착 – 존재 – 태어남 – 늙음·죽음의 8가지 구성요소를 순관으로 들고 있다. 그래서 8지 연기에 포함시켰다.

161) '네 가지 음식(cattāro āhārā)'에 대해서는 아래 ⑩ 2지 연기의 해당부분을 참조하고 자세한 것은 「음식 경」(S12:11)의 주해들을 참조할 것.

162) 그 이유에 대해서는 『상윳따 니까야』 S12:24 §13의 주해를 참조할 것.

물론 이 세 개의 경에서 여섯 가지 알음알이는 "눈과 형색을 조건으로 눈의 알음알이가 일어난다."로 나타나기 때문에 육내처와 육외처를 넣어서 10지 연기의 영역에 포함시킬 수도 있으며, 발생구조로 식–촉–수–애의 넷을 들고 있기 때문에 4지 연기에도 포함시킬 수 있다. 저자는 12지 연기에서 나타나는 식–촉–수–애–취–유–생–노사를 중시하여 여기 8지 연기에 포함시켰다.

⑥ 7지 연기

7지 연기는 S12:64 한 개의 경에 나타난다.

S12:64는 특이하게 네 가지 음식에 대한 갈애 – 알음알이 – 정신·물질 – 의도적 행위 – 다시 태어남의 발생 – 태어남[生] – 늙음·죽음의 7가지 구성요소를 통해서 괴로움의 발생구조(유전문)와 소멸구조(환멸문)를 설하고 있다.

⑦ 6지 연기

6지 연기는 S12:19의 한 개의 경에 나타난다.

본경은 무명·갈애 – 몸(알음알이와 함께한 몸)을 받음 – 밖의 정신·물질 – 감각접촉(여섯 감각접촉의 장소, 육촉처) – 느낌(즐거움과 괴로움) – 다시 몸을 받음의 6가지 구성요소를 들고 있다. 본경은 감각접촉에 바탕을 둔 느낌이 원인이 되어서 어리석은 자는 몸이 무너져 죽은 뒤에(kāyassa bhedā) 다시 몸을 받아서(kāyūpaga) 태어남과 늙음·죽음이 있다고 결론을 맺고 있으므로 6지 연기로 간주하였다. 물론 무명과 갈애를 제거한 현자는 다시 몸을 받지 않는다. 이렇게 하여 본경은 삼세양중인과를 설하는 튼튼한 경전적인 근거가 된다. 저자는 기본 구조를 중시해서 6지 연기로 분류하였다.

⑧ 5지 연기

5지 연기는 S12:32, 52, 53, 54, 55, 56, 57, 60의 여덟 개 경에 나타난다.

S12:52~57과 S12:60의 일곱 개 경은 "갈애를 조건으로 취착이, 취착을 조건으로 존재가, 존재를 조건으로 태어남이, 태어남을 조건으로 늙음·죽음과 근심·탄식·육체적 고통·정신적 고통·절망이 발생한다. 이와 같이 전체 괴로움의 무더기[苦蘊]가 발생한다. … 소멸한다. 이와 같이 전체 괴로움의 무더기[苦蘊]가 소멸한다."는 구조로 5가지 구성요소를 통해서 괴로움의 발생구조(유전문)와 소멸구조(환멸문)를 설하고 있다. 이것은 삼세양중인과를 설하는 12지 연기 가운데 금생의 원인과 내생의 결과를 설하는 후반부의 애-취-유-생-노·사의 다섯 만을 들고 있는 것이다.

S12:32에서 사리뿟따 존자는 태어남이 다했음의 정형구를 통해서 태어남 - 존재 - 취착 - 갈애 - 느낌의 5지 연기를 통해서 역관으로 태어남의 괴로움의 발생구조(유전문)를 세존께 말씀드리고 있다. 물론 이 느낌은 괴로운 느낌[苦受] 등의 셋이며 이들이 무상하고 괴로움인 것을 알기 때문에 느낌에 대해서 기뻐하지 않는다고 밝히고 있다.

⑨ 4지 연기

4지 연기는 S12:38, 40, 66의 세 개의 경에 나타나고 있다.

S12:38은 의도 - 알음알이 - [내생에] 다시 존재함[再有] - 늙음·죽음의 4가지 구성요소를 통해서 순관으로 괴로움의 발생구조(유전문)와 소멸구조(환멸문)를 설하고 있다.

그리고 S12:66은 늙음·죽음 - 재생의 근거 - 갈애 - 세상에서 즐겁고 기분 좋은 것이라 불리는 여섯 감각장소의 네 가지 구성요소를 통해서 역관으로 괴로움의 발생구조와 소멸구조를 각각의 구성요소에서 모두 설하고 있다.

⑩ 3지 연기

3지 연기는 S12:25 한 곳에 나타나고 있다.

S12:25에서 사리뿟따 존자는 부미자 존자에게 괴로움 – 감각접촉의 2가지 구성요소를 설하였고, 이를 아난다 존자로부터 전해들은 세존께서는 이것을 인정하신 뒤에 다시 괴로움 – 몸과 말과 마음의 의도적 행위 – 무명의 3가지 구성요소로 역관으로 연기를 설하신다. 저자는 세존께서 말씀하신 3가지 구성요소를 중시하여 3지 연기에 포함시켰다.

⑪ 2지 연기

2지 연기는 S12:26, 31, 62, 63의 네 개의 경에 나타나는데 각각 다른 연기를 들고 있다.

먼저 S12:26은 괴로움은 감각접촉에서 발생한다는 2가지로 괴로움의 발생구조(유전문)를 설하고 있다.

S12:31에서 사리뿟따 존자는 되어있는 것(bhūta, 즉 오온) – 네 가지 음식을 통해서 괴로움의 발생구조(유전문)와 소멸구조(환멸문)를 보고, 되어있는 것에 대해서 염오–이욕–소멸을 성취한다고 세존께 말씀드리고 있다.

S12:62는 감각접촉 – 느낌의 2가지 구성요소를 통해서 괴로운 느낌 등의 세 가지 느낌의 소멸구조(환멸문)를 설하고 있다.

S12:63은 ① 덩어리진 [먹는] 음식 – 다섯 가닥의 감각적 욕망, ② 감각접촉[觸]의 음식 – 세 가지 느낌, ③ 마음의 의도의 음식 – 세 가지 갈애, ④ 알음알이의 음식 – 정신·물질의 구조로 네 가지 음식을 철저하게 알 것을 설하였다. 합송자들은 네 가지 음식에 대한 이러한 가르침 각각을 연기의 가르침으로 파악하였을 것이다. 그렇기 때문에 본경이 여기 「인연 상윳따」에 포함된 것이지 그렇지 않으면 본 상윳따에 포함될 이유가 없다.

한편 S12:25에서 사리뿟따 존자는 부미자 존자에게 괴로움 – 감각접촉의 2가지 구성요소를 설하였고, 이를 아난다 존자로부터 전해들은 세존께서는 이것을 인정하신 뒤에 다시 괴로움 – 몸과 말과 마음의 의도적 행위 – 무명의 3가지 구성요소로 연기를 설하신다. 저자는 세존께서 말씀하신 3가지 구성요소를 중시하여 3지 연기에 포함시켰지만, 사리뿟따 존자의 설명은 이곳 2지 연기에 포함시킬 수 있다.

### (5) 12가지 연기의 구성요소들에 대한 정의

『상윳따 니까야』「인연 상윳따」(S12)의 첫 번째 경인 「연기(緣起)경」(S12:1)은 12연기를 다음과 같이 정형화하고 있다.

"비구들이여, 무명을 조건으로 의도적 행위들[行]이, 의도적 행위들을 조건으로 알음알이[識]가, 알음알이를 조건으로 정신·물질[名色]이, 정신·물질을 조건으로 여섯 감각장소[六入]가, 여섯 감각장소를 조건으로 감각접촉[觸]이, 감각접촉을 조건으로 느낌[受]이, 느낌을 조건으로 갈애[愛]가, 갈애를 조건으로 취착[取]이, 취착을 조건으로 존재[有]가, 존재를 조건으로 태어남[生]이, 태어남을 조건으로 늙음·죽음[老死]과 근심·탄식·육체적 고통·정신적 고통·절망[憂悲苦惱]이 발생한다. 이와 같이 전체 괴로움의 무더기[苦蘊]가 발생한다. 비구들이여, 이를 일러 연기라 한다.

그러나 무명이 남김없이 빛바래어 소멸하기 때문에 의도적 행위들이 소멸하고, 의도적 행위들이 소멸하기 때문에 알음알이가 소멸하고, 알음알이가 소멸하기 때문에 정신·물질이 소멸하고, 정신·물질이 소멸하기 때문에 여섯 감각장소가 소멸하고, 여섯 감각장소가 소멸하기 때문에 감각접촉이 소멸하고, 감각접촉이 소멸하기 때문에 느낌이 소멸하고, 느낌이 소멸하기 때문에 갈애가 소멸하고, 갈애가 소멸하기 때문에 취착이 소멸하고, 취착이 소멸하기 때문에 존재가 소멸하고, 존재가 소멸하기 때문에 태어남이 소멸하고, 태어남이 소멸하기 때문에 늙음·죽음과 근심·탄식·육체적 고통·정신적 고통·절망이 소멸한다. 이와 같이 전체 괴로움의 무더기가 소멸한다."(S12:1)

그리고 이들 12연기의 각각의 구성요소에 대한 설명은 바로 다음의 「분석 경」(S12:2)에서 다루어지고 있다. 이를 토대로 무명부터 노·사까지의 12개의 구성요소들을 살펴보겠다.

① 무명(無明, avijjā)

경에서 무명은 "괴로움에 대한 무지,[163] 괴로움의 일어남에 대한 무지, 괴로움의 소멸에 대한 무지, 괴로움의 소멸로 인도하는 도닦음에 대한 무지"(S12:2)로 정의되고 있다.

무명에 대한 본경의 이 정의에서 보듯이 삼계윤회의 근본원인이 되는 무명은 사성제에 대한 무지(aññāṇa)로 정의된다. 그리고 이와 반대로 사성제에 대한 지혜(ñāṇa)는 팔정도의 첫 번째인 바른 견해로 정의되고 있다.(『상윳따 니까야』 제5권 「분석 경」(S45:8) §4 등 참조) 이처럼 사성제와 팔정도와 12연기는 서로 연결되어 있다.

혹자는 자아가 있다는 견해(유신견)를 무명으로 설명하기도 하지만 엄밀히 말하면 그것은 잘못이다. 자아가 있다는 견해(유신견)는 갈애에 조건 지워진 네 가지 취착[取][164] 가운데 하나일 뿐이다. 그리고 『앙굿따라 니까야』 「갈애 경」(A10:62) §1에 의하면 이 갈애는 무명에 조건 지워져 있다. 이처럼 무명은 자아에 취착하는 것보다 훨씬 더 근원적인 것이다.

---

163) '무지'는 aññāṇa(지혜 없음)를 옮긴 것이다. 주석서는 "이것은 어리석음(moha)과 동의어이다."(SA.ii.17)라고 설명하고 있다.

164) '네 가지 취착[取, upādāna]'에 대해서는 본서 248쪽을 참조할 것.

10가지 족쇄의 측면에서 보더라도 예류과를 증득하면 유신견은 소멸된다. 그러나 무명은 예류과를 증득한다고 해서 모두 다 소멸되지 않는다. 사성제를 관통해서 아라한이 되어야만 무명은 모두 없어진다. 그러므로 진아니 대아니 불성이니 일심이니 주인공이니 여래장이니 하면서 유사 자아관을 가진 자들은 무명이 다하는 것은 고사하고 아직 유신견 혹은 취착의 문제도 해결하지 못하여 예류과도 증득하지 못한 자들이어서 범부라고 할 수밖에 없다. 열 가지 족쇄(saṁyojana)에 대해서는 본서 제31장과 『상윳따 니까야』 제1권 「얼마나 끊음 경」(S1:5 {8})의 주해 등을 참조하기 바란다.

② 의도적 행위들[行, saṅkhārā]

경에서 의도적 행위들[行]은 몸의 의도적 행위, 말의 의도적 행위, 마음의 의도적 행위의 세 가지 의도적 행위들165)을 들고 있다.(S12:2)

주석서는 "업형성(abhisaṅkharaṇa)을 특징으로 하는 것이 '의도적 행위[行, saṅkhāra]'이다."(SA.ii.17)라고 의도적 행위를 설명하고 있다. 한편 『청정도론』 XVII.46에서는 "삼계의 유익하거나 해로운 의도를 '업형성의 의도적 행위'라 부른다.(tebhūmika-kusala-akusala-cetanā pana abhi-saṅkharaṇaka-saṅkhāro ti vuccati)"라고 업형성의 의도적 행위를 정의

---

165) "'몸의 의도적 행위(kāya-saṅkhāra)'란 몸으로부터 전개되는 의도적 행위(kāyato pavatta-saṅkhāra)이다. 이것은 몸의 문에서 활동함(copana)에 의해서 전개되는(pavatta) 욕계의 유익한 것 8가지와 해로운 것 12가지로 모두 20가지 몸의 의도적 행위(kāya-sañcetana)들과 동의어이다.
'말의 의도적 행위(vacī-saṅkhāra)'란 말로부터 전개되는 의도적 행위이다. 말의 문에서 말의 구분에 의해서 전개되는 20가지 말의 의도적 행위(vacī-sañcetana)들과 동의어이다.
'마음의 의도적 행위(citta-saṅkhāra)'란 마음으로부터 전개되는 의도적 행위이다. 몸의 문과 말의 문에서 활동하지 않고 이를테면 홀로 앉아서 생각하는 자에게(raho nisīditvā cintentassa) 전개되는 세간적인 유익하고 해로운 것(lokiya-kusala-akusala)인 29가지(12+8+5+4) 마노[意]의 의도적 행위(mano-sañcetana)들과 동의어이다."(SA.ii.17)

하고 있다. 이러한 설명들을 볼 때 여기서 상카라(saṅkhāra)는 의도적 행위로 옮겨야 마땅하다.

여기서 '의도적 행위'로 옮기고 있고 중국에서 행(行)으로 옮긴 원어 상카라(saṅkhāra)는 초기불교에서 크게 네 가지 문맥에서 나타난다. 여기에 대해서는 본서 제7장 (3)-④와 『상윳따 니까야』 제3권 「나꿀라삐따 경」(S22:1) §13의 주해들과 「삼켜버림 경」(S22:79) §7의 주해를 참조하기 바란다.

③ 알음알이[識, viññāṇa]

경에서 알음알이[識]는 여섯 가지 알음알이의 무리[六識身, cha viññāṇa-kāyā] 즉 눈의 알음알이, 귀의 알음알이, 코의 알음알이, 혀의 알음알이, 몸의 알음알이, 마노의 알음알이로 설명된다.(S12:2)

주석서는 이렇게 설명하고 있다.

"'눈의 알음알이(cakkhu-viññāṇa)'란 눈에 있는(cakkhumhi) 알음알이, 혹은 눈으로부터 생긴(cakkhuto vā jātaṁ) 알음알이를 말한다. 귀의 알음알이 등도 같은 방법으로 설명된다. 그러나 오직 마노[意]가 알음알이라고 해서(mano yeva viññāṇan ti) 마노의 알음알이(mano-viññāṇa, 意識)이다. 이것은 한 쌍의 전오식을 제외한(dvi-pañca-viññāṇa-vajjita) 삼계의 모든 과보로 나타난 마음(tebhūmaka-vipāka-citta)과 동의어이다." (SA.ii.17)

한 쌍의 전오식은 『아비담마 길라잡이』 제1장 §8~9의 해설을 참조하기 바란다.

여기서 중요한 것은 연기구조에 나타나는 알음알이는 과보로 나타난 마음(vipāka-citta)이라고 주석서는 설명하고 있다는 점이다. 아비담마적으로 보면 전오식(pañca-viññāṇa)은 모두 과보로 나타난 마음이고 의(意, mano)와 의식(意識)에 속하는 나머지 79가지 마음들 가운데서 12연기의

식에 해당되는 것은 과보로 나타난 마음들뿐이라는 것이다. 이것은 아비담마가 12연기를 인과의 중복된 반복(양중인과, 兩重因果)으로 해석하는 것과 밀접한 관계가 있다. 여기에 대해서는 본서 제16장 (1)의 ⑤와 ⑥과 『아비담마 길라잡이』 제8장 §3 (2)의 해설과 『청정도론』 XVII.120~185를 참조할 것.

한편 알음알이[識]는 오온(S22)의 다섯 번째 구성요소이다. 알음알이에 대한 자세한 설명은 본서 제7장 (2)-⑤를 참조하기 바란다.

④ 정신・물질[名色, nāma-rūpa]

경은 느낌, 인식, 의도, 감각접촉, 마음에 잡도리함(주의)을 정신[名, nāma]이라 정의하고 네 가지 근본물질과 네 가지 근본물질에서 파생된 물질을 물질[色, rūpa]이라 정의하고 있다.(S12:2)

주석서는 이것을 다음과 같이 설명한다.

"이 가운데서 '느낌(vedanā)'은 느낌의 무더기[受蘊]이고 '인식(saññā)'은 인식의 무더기[想蘊]이고 '의도(cetanā)'와 '감각접촉(phassa)'과 '마음에 잡도리함[作意, 주의, manasikāra]'은 심리현상들의 무더기[行蘊]라고 알아야 한다. 그런데 심리현상들의 무더기(행온)에 속하는 다른 법들도 많은데 [왜 여기서는 이들 셋만을 언급하였는가?] 이들 셋은 마음이 가장 미약할 때에도(sabba-dubbalesu pi cittesu) 존재하기(santi) 때문이다. 그래서 여기서는 이들 셋을 통해서 심리현상들의 무더기를 보이신 것이다."(SA.ii.16~17)

한편 이 다섯은 유식에서 다섯 가지 반드시들[遍行心所]로 언급되고 있으며(『주석 성유식론』 490쪽 이하 참조) 북방 아비달마의 집대성인 『구사론』에서는 10가지 대지법(大地法) 가운데 처음 다섯으로 나타난다.(권오민 역, 『아비달마 구사론』 제1권 162쪽 참조) 상좌부에서는 이 다섯에다 집중[心一境, ekaggatā]과 정신적 생명기능[命根, jīvitindriya]을 넣어 일곱 가

지 반드시들을 설하고 있다.(『아비담마 길라잡이』 제2장 §2의 해설 참조)

일반적으로 정신[名, nāma]에는 알음알이[識]도 포함된다. 그래서 오온 가운데 수·상·행·식은 정신에 속하고 색은 물질이다.166) 그러나 연기의 문맥에서 정신·물질[名色]의 정신은 항상 수·상·행 3온만을 뜻한다고 설명된다. 왜냐하면 식은 이미 12연기의 세 번째 구성요소로 독립되어 나타나기 때문이다. 『위방가』(Vbh.147) 등의 『논장』에도 이렇게 정의되고 있다.

'네 가지 근본물질(사대, 四大, cattāro mahā-bhūtā)'은 땅의 요소[地界, pathavī-dhātu], 물의 요소[水界, āpo-dhātu], 불의 요소[火界, tejo-dhātu], 바람의 요소[風界, vāyo-dhātu]이다. 이 cattāro mahā-bhūtā는 중국에서 四大로 옮겨져 우리에게 익숙하다. 4대에 대한 자세한 설명은 『청정도론』 XI.87~93에 나타난다. 주석서도 『청정도론』을 참조하라고 말하고 있다.(SA.ii.17)

'파생된 물질'은 upādāya rūpa(upādā-rūpa)를 옮긴 것이다. 주석서는 이것을 "여기서는 네 가지 근본물질의 적집(samūha)을 취해서(upādāya) 존재하는 물질이라고 그 뜻을 알아야 한다. 아비담마에서는 눈의 감각장소 등으로 구분하여 모두 23가지라고 알아야 한다."(SA.ii.17)라고 설명하고 있다. 아비담마에서는 모두 24가지 파생된 물질을 들고 있는데, 본 주석서는 심장토대(hadaya-vatthu)를 제외한 23가지를 들고 있다. 왜냐하면 아비담마 7론에는 심장토대란 술어가 나타나지 않기 때문이다. 그러나 7론의 마지막인 『빳타나』(Paṭṭhāna, 발취론, 發趣論)에 "그 물질을 의지하여(yaṁ rūpaṁ nissāya)"(Ptn1.7)라고 언급되는 물질을 주석서 문헌에서는 심장토대라고 해석해서(SAṬ.ii.17) 상좌부 아비담마에서는 모두 24가지 파생된 물질을 최종적으로 확립하고 있다.

---

166) SA.i.50 = 『상윳따 니까야』 제1권 「엉킴 경」(S1:23) {58}의 주석; AA.ii.278 등.

정신 · 물질에 대한 더 자세한 설명은 『청정도론』 XVII.187(『아비담마 길라잡이』 제8장 §3의 해설에 인용되어 있음)을 참조하기 바란다.

⑤ 여섯 감각장소[六入, saḷ-āyatana]

경에서 여섯 감각장소[六入]는 눈의 감각장소, 귀의 감각장소, 코의 감각장소, 혀의 감각장소, 몸의 감각장소, 마노의 감각장소라고 정의된다.(S12:2)

주석서는 "'눈의 감각장소(cakkhāyatana)' 등으로 말씀하신 것은 『청정도론』 제14장 무더기의 해설(khandha-niddesa)과 제15장 감각장소의 해설(āyatana-niddesa)에서 이미 설명하였다."(SA.ii.16)라고 설명하고 있는데 이것은 『청정도론』 XIV.37~57과 XV.1~16에서 자세히 설명되고 있으니 참조하기 바란다. 그리고 여섯 감각장소[六入, 六處]는 본서 제11장과 제12장의 주제이므로 해당 부분을 정독할 것을 권한다.

⑥ 감각접촉[觸, phassa]

경에서 감각접촉[觸]은 형색에 대한 감각접촉, 소리에 대한 감각접촉, 냄새에 대한 감각접촉, 맛에 대한 감각접촉, 감촉에 대한 감각접촉, 법에 대한 감각접촉의 여섯 가지 감각접촉의 무리[六觸身, cha phassa-kāyā]로 정의된다.(S12:2)

⑦ 느낌[受, vedanā]

경에서 느낌[受]은 눈의 감각접촉에서 생긴 느낌, 귀의 감각접촉에서 생긴 느낌, 코의 감각접촉에서 생긴 느낌, 혀의 감각접촉에서 생긴 느낌, 몸의 감각접촉에서 생긴 느낌, 마노의 감각접촉에서 생긴 느낌의 여섯 가지 느낌의 무리[六受身, cha vedanā-kāyā]로 정의된다.(S12:2)

여기에 대해서 주석서는 이렇게 설명한다.

"'눈의 감각접촉에서 생긴 느낌(cakkhu-samphassajā vedanā)' 등으로

마치 '만따니의 아들 사리뿟따'라고 어머니 쪽을 취해서 이름을 붙이는 것(mātito nāmaṁ)처럼 [눈, 귀 … 마노라는] 토대를 취하여 이름을 붙인 것(vatthuto nāmaṁ)이 눈의 감각접촉에서 생긴 느낌이다. 이것은 '눈의 감각접촉에서 생긴 느낌은 유익한 것, 해로운 것, 이 둘로 설명할 수 없는 것(kusala-akusala-abyākata)이 있다.'(Vbh.15)라고 『위방가』에서 설하였듯이, 눈의 문 등에서 전개되는 유익하거나 해롭거나 중립적인 느낌을 말한다."(SA.ii.16)

느낌[受]은 오온(S22)의 두 번째 구성요소이고 『상윳따 니까야』 제4권 「느낌 상윳따」(S36)의 주제이기도 하다. 그리고 느낌에 대한 자세한 설명은 본서 제7장 (3)-②를 참조하기 바란다.

⑧ 갈애[愛, taṇhā]

경에서 갈애는 여섯 가지 갈애의 무리[六愛身, cha taṇhā-kāyā]로 설명되는데 그것은 형색에 대한 갈애, 소리에 대한 갈애, 냄새에 대한 갈애, 맛에 대한 갈애, 감촉에 대한 갈애, 법에 대한 갈애이다.(S12:2)

주석서는 다음과 같은 설명을 덧붙이고 있다.

"눈의 문(dvāra) 등에서 속행과정(javana-vīthi)에 의해서 전개되는 갈애의 이름이 '형색에 대한 갈애(rūpa-taṇhā)' 등이다. 이것은 마치 '장자의 아들, 바라문의 아들'이라고 아버지 쪽을 취해서 이름을 붙이는 것처럼 [형색, 소리, … 법이라는] 대상을 취해서 이름을 붙인 것(ārammaṇato nāmaṁ)이다. 여기서 형색을 대상으로 가진 갈애가 '형색에 대한 갈애'이다."(SA.ii.15)

한편 갈애는 사성제의 두 번째 진리 즉 괴로움의 일어남의 성스러운 진리(고집성제)이다. 그래서 경들에서는 "비구들이여, 이것이 괴로움의 일어남의 성스러운 진리이다. 그것은 바로 갈애이니, 다시 태어남[再有]을 가져오고 환희와 탐욕이 함께하며 여기저기서 즐기는 것이다. 즉 감각적 욕망에 대한 갈애[欲愛], 존재에 대한 갈애[有愛], 존재하지 않음에 대한 갈애[無有愛]가 그것이다."(『상윳따 니까야』 「초전법륜 경」(S56:11) §6 등)라고 정의되고 있다. 여기에 대해서는 본서 제6장 네 가지 성스러운 진리의 (4)를 참조하기 바란다.

주석서는 감각적 욕망에 대한 갈애[欲愛], 존재에 대한 갈애[有愛], 존재하지 않음에 대한 갈애[無有愛]를 다음과 같이 설명하고 있다.

"이러한 [갈애가] 감각적 욕망을 통해서 형색을 맛보면서(assādenti) 전개되는 것(pavattamānā)이 '감각적 욕망에 대한 갈애[欲愛, kāma-taṇhā]'이다. 상견(常見, sassata-diṭṭhi)과 함께하는 탐욕에 의해서 '물질은 항상하고 견고하고 영원하다.'라고 이와 같이 맛보면서 전개되는 것이 '존재에 대한 갈애[有愛, bhava-taṇhā]'이다. 단견(斷見, uccheda-diṭṭhi)과 함께하는 탐욕에 의해서 '물질은 부서지고 파멸하여 죽은 뒤에 존재하지 않는다.'라고 이와 같이 맛보면서 전개되는 갈애가 '존재하지 않음에 대한 갈애[無有愛, vibhava-taṇhā]'이다.

형색에 대한 갈애는 이와 같이 하여 세 가지가 된다. 이렇게 하여 소리에 대한 갈애 등까지 합하면 모두 18가지가 된다. 이것은 안의(ajjhatta) 형색 등에 대해서 18가지가 되고, 밖의(bahiddhā) 형색 등에 대해서 18가지가 되어 모두 36가지가 된다. 이렇게 하여 과거의 것(atītāni) 36가지, 미래의 것(anāgatāni) 36가지, 현재의 것(paccuppannāni) 36가지가 되어 모두 108가지 갈애의 분류(taṇhā-vicaritāni)가 있게 된다."(SA.ii. 15~16)

한편 『디가 니까야 주석서』는 세 가지 갈애를 다음과 같이 설명하고 있다.

"감각적 욕망에 대한 갈애란 다섯 가닥의 감각적 욕망에 대한 탐욕의 동의어이다. 존재에 대한 갈애란 존재를 열망함에 의해서 생긴 상견(常見)이 함께하는 색계와 무색계의 존재에 대한 탐욕과 禪을 갈망하는 것의 동의어이다. 존재하지 않음에 대한 갈애란 단견(斷見)이 함께하는 탐욕의 동의어이다."(DA.iii.800)

⑨ 취착[取, upādāna]

경에서 취착[取]은 감각적 욕망에 대한 취착, 견해에 대한 취착, 계율과 의례의식에 대한 취착, 자아의 교리에 대한 취착의 네 가지 취착으로 정의된다.(S12:2)

네 가지 '취착(upādāna)'에 대한 『청정도론』의 설명을 인용한다.

"① 대상(vatthu)이라 불리는 감각적 욕망을 취착하기 때문에 '감각적 욕망에 대한 취착[慾取, kām-upādāna]'이라 한다. 감각적 욕망 그 자체가 취착이기 때문에도 감각적 욕망에 대한 취착이라고 한다. 취착이라는 것은 강하게 거머쥐는 것(daḷha-ggahaṇa)이다.

② 마찬가지로 견해 그 자체가 취착이기 때문에 '견해에 대한 취착[見取, diṭṭh-upādāna]'이다. 혹은 견해를 취착하기 때문에 견해에 대한 취착이라고 한다. "자아와 세상은 영원하다(sassato attā ca loko ca, D1/i.14 §1. 31)."라는 데서는 뒤의 견해가 앞의 견해를 취착한다.

③ 마찬가지로 계와 의식을 취착하기 때문에 '계율과 의례의식에 대한 취착[戒禁取, sīlabbat-upādāna]'이라 한다. 계와 의례의식 그 자체가 취착이기 때문에 계율과 의례의식에 대한 취착이라고도 한다. 소처럼 행동하고 소처럼 사는 것이 청정이라고 국집하기 때문에 그 자체가 취착이다.

④ 그와 마찬가지로 이것을 통해 주장하기 때문에 교리(vāda)라 한다. 이것을 통해 취착하기 때문에 취착이다. 무엇을 주장하거나 취착하는가? 자아다. 자아의 교리를 취착하는 것이 '자아의 교리에 대한 취착(atta-vād-upādāna)'이다. 혹은 단지 자아의 교리가 자아고 그것을 통해 취착하기 때문에 자아의 교리에 대한 취착이다. 이것이 그들의 뜻에 대한 분석이다."(Vis.XVII.241)

더 자세한 설명은 『청정도론』 XVII.242 이하를 정독하기 바란다.

⑩ 존재[有, bhava]

경에서 존재[有]는 욕계의 존재, 색계의 존재, 무색계의 존재의 세 가지로 정의된다.(S12:2) 주석서는 다음과 같이 설명한다.

"'욕계의 존재(kāma-bhava)'란 업으로서의 존재[業有, kamma-bhava]와 재생으로서의 존재[生有, upapatti-bhava]이다. 여기서 업으로서의 존재라는 것은 욕계의 존재에 태어나게 하는 업(kāmabhav-ūpaga-kamma)을 말한다. 왜냐하면 업은 거기에 재생하는 존재의 원인이 되기 때문(kāraṇattā)에 [결과에 해당하는 존재라는 이름을 원인인 업에도 할당하여 붙인 것이다.] '부처님의 출현은 행복이다.'라거나 '사악함의 적집은 괴로움이다.'라는 등에서처럼 결과에 대한 인습적 표현(phala-vohāra)으로 [업의 존재라고] 존재[有, bhava]라는 표현을 썼을 뿐이지 [업으로서의 존재는 업 자체를 말한다.]

재생으로서의 존재란 그 업으로 받은(nibbatta) 오취온(취착의 대상이 되는 다섯 가지 무더기, upādiṇṇa-kkhandha-pañcaka)을 말한다. 왜냐하면 그것은 거기에 존재한다고 해서 존재라고 말하는 것이다. 모든 곳에서 이처럼 업으로서의 존재와 재생으로서의 존재 둘 다를 두고 욕계의 존재라고 한 것이다.

이 방법은 색계와 무색계(rūpa-arūpa-bhava)에도[167] 적용되어야 한다." (SA.ii.14)

업으로서의 존재[業有]와 재생으로서의 존재[生有]에 대한 자세한 설명은 『청정도론』 XVII.250~251을 참조하기 바란다.

다시 정리하면 이와 같다. 주석서는 '취착을 조건으로 해서 존재가 발생한다.'는 구절을 해석하면서 존재를 업으로서의 존재와 재생으로서의

167) 물론 무색계에는 물질이 존재하지 않기 때문에 무색계의 재생으로서의 존재는 색온을 제외한 4온만이 있다.

존재 둘로 해석한다. 취착이 있기 때문에 업도 생기고 다음 생도 있기 때문이다. 그렇지만 유념해야 할 점은 '존재를 조건으로 태어남이 발생한다.'에서의 존재는 업으로서의 존재만을 뜻한다는 것이다. 재생으로서의 존재 안에 이미 태어남이 포함되기 때문이다. 여기에 대해서는 『청정도론』 XVII.258~260과 XVII.270을 참조하기 바란다.

상좌부 불교의 준거가 되는 『청정도론』과 주석서들에서는 이처럼 존재[有]를 '업으로서의 존재[業有]와 재생으로서의 존재[生有]'의 둘로 이해하지만 북방 아비달마의 준거가 되는 『아비달마 구사론』에서 존재[有]는 '업으로서의 존재[業有]'만으로 이해되고 있으며 이를 '후유(後有)를 초래하는 업'이라고도 부르고 있다.168)

⑪ 태어남[生, jāti]

경에서 태어남[生]은 "이런저런 중생들의 무리로부터 이런저런 중생들의 태어남, 출생, 도래함, 생김, 탄생, 오온의 나타남, 감각장소[處]를 획득함"(S12:2)으로 정의되고 있다. 주석서는 이렇게 덧붙이고 있다.

"'태어남, 출생, 도래함, 생김, 탄생(jāti, sañjāti, okkanti, nibbatti, abhini-bbatti)'은 인습적 의미의 가르침이다. 오온의 나타남과 감각장소를 획득함은 궁극적 의미의 가르침이다."(SA.ii.11)

"'오온의 나타남(khandhānaṁ pātubhāvo)'이란 것은 궁극적 의미로 설한 것이다. 하나의 구성성분을 가진 것 등에서 하나(색)와 넷(수·상·행·식)과 다섯(색·수·상·행·식)의 구성성분으로 나누어지는 무더기(蘊)들이 나타난 것이지 사람이 [태어난 것이] 아니다. 그러나 이것이 있을 때 '인간이 태어났다.'라는 단지 일상생활에서 통용되는 인습적 표현(vohā-

---

168) "'취'를 연으로 삼아 여러 가지 후유(後有)를 초래하는 업을 적집하게 되니, 이것을 설하여 '유(有)'라고 이름한다. 즉 세존께서 아난타에게 고하시기를, "후유를 초래하는 업을 설하여 '유'라고 이름한다"고 말씀하신 바와 같다." (권오민 역, 『아비달마구사론』 454쪽, 「분별세품」 ②)

ra)이 있는 것이다."(DA.iii.798)

여기서 보듯이 태어남[生, jāti]은 한 생에 최초로 태어나는 것(*birth, re-birth* PED)을 말한다. 생(生)이라 한역하였다고 해서 이것을 생멸(生滅)의 생으로 이해하는 것은 무지의 극치라고 밖에 할 수 없다. 왜냐하면 생멸의 생은 '일어남'을 뜻하는 udaya 혹은 samudaya이지 jāti가 아니기 때문이다. jāti가 한 생에 최초로 태어나는 것을 의미하기 때문에 12연기는 존재[有]와 태어남[生] 사이에 현재생과 미래생이 개재되는 것으로 이해해야 한다. 『상윳따 니까야』 「우현 경」(S12:19) §6은 실제로 이렇게 설하고 있다. 그래서 유식에서는 12연기를 2세1중인과(二世一重因果)로 해석한다. 물론 초기불교와 남・북의 모든 아비담마・아비달마 불교에서는 의도적 행위[行]와 알음알이[識] 사이에도 하나의 생이 개재되는 것으로 이해해서 삼세양중인과(三世兩重因果)로 이해한다. 아무튼 초기불교와 아비담마・아비달마와 유식에서는 12연기의 존재[有]와 태어남[生] 사이에 한 생이 반드시 개재가 되는 것으로 이해하고 있다.

『상윳따 니까야』 「우현 경」(S12:19)과 「알음알이 경」(S12:59)과 『디가 니까야』 「대인연경」(D15) §21과 『앙굿따라 니까야』 「외도의 주장 경」(A3:61) §9와 「존재 경」(A3:76)과 『상윳따 니까야』 「몰리야 팍구나 경」(S12:12) §4 등에서 연기의 정형구에 나타나는 알음알이는 한 생의 최초에 어머니 모태에 드는 것으로 나타나기 때문에 12연기를 삼세양중인과로 이해하는 것은 이미 초기불전에 튼튼한 근거를 두고 있다고 해야 한다. 물론 주석서도 예외 없이 12연기의 식을 한 생의 최초에 일어나는 알음알이인 재생연결식(再生連結識, paṭisandhi-viññāṇa)으로 설명하고 있다.

⑫ 늙음・죽음[老死, jarā-maraṇa]

경에서는 늙음・죽음[老死]을 다음과 같이 정의하고 있다.

"이런저런 중생들의 무리 가운데서 이런저런 중생들의 늙음, 노쇠함,

부서진 [치아],169) 희어진 [머리털], 주름진 피부, 수명의 감소, 감각기능[根]의 쇠퇴 — 이를 일러 늙음이라 한다.

이런저런 중생들의 무리로부터 이런저런 중생들의 종말, 제거됨, 부서짐, 사라짐, 사망, 죽음, 서거,170) 오온의 부서짐,171) 시체를 안치함, 생명기능[命根]의 끊어짐172) — 이를 일러 죽음이라 한다."(S12:2)

---

169) "'늙음(jarā)'이란 고유성질을 설명한 것이다. '노쇠함(jīraṇatā)'이란 형태의 성질을 설명한 것이다. '부서짐(khaṇḍicca)' 등은 변화를 설명한 것이다. 젊은 시절에 치아는 희다. 그것이 나이가 들면서 점점 색깔도 변하고 여기저기가 빠진다. 이제 빠지고 남아있는 것과 비교해서 부서진 치아를 '부서진 것(pālicca)'이라 한다."(DA.iii.798)

170) "여기서 '종말(cuti)'이라는 것은 고유성질(sabhāva)에 따른 설명이다. '제거됨(cavanatā)'이란 것은 형태의 성질에 따른 설명이다. 죽음에 이른 무더기(蘊)들이 부서지고 사라지고 보이지 않게 되기 때문에 '부서짐(bheda)', '사라짐(antaradhāna)'이라 부른다. '사망, 죽음(maccu-maraṇa)'이란 것은 찰나적인 죽음[刹那死, khaṇika-maraṇa]이 아니다. '서거(kāla-kiriya)'라는 것은 죽어서 없어지는 것이다. 이 모든 것은 인습적 의미(sammuti)로서 설한 것이다."(DA.iii.798)

171) "'오온의 부서짐(khandhānaṁ bhedo)'이란 것은 궁극적 의미에서 설한 것이다. 하나의 구성성분을 가진 것 등에서 하나(색)와 넷(수·상·행·식)과 다섯(색·수·상·행·식)의 구성성분으로 나누어지는 무더기(蘊)들이 부서진 것이지 사람이 [죽은 것이] 아니다. 그러나 이것이 있을 때 '인간이 죽었다.'는 단지 일상생활에서 통용되는 언어가 있는 것이다."(DA.iii.798~799)

172) '생명기능의 끊어짐'은 Ee와 Be에는 나타나지 않는다. Se에는 나타나고 Be의 각주에 의하면 태국과 캄보디아 판에는 나타나는 것으로 되어 있다. 그런데 같은 구절이 『디가 니까야』 「대념처경」(D22)에 해당하는 주석서(DA.iii.799)에는 나타나고 있다. 그래서 저자는 이를 넣어서 옮겼다. 그런데 본경에 해당하는 주석서에서는 이 구절이 나타나지 않는다.
"'생명기능[命根]의 끊어짐(jīvitindriyassa upacchedo)'은 모든 측면에서 궁극적 의미(승의제, paramattha)의 죽음이다. 아울러 이것은 인습적 의미(세속제, sammuti)로서의 죽음이라고도 불린다. 왜냐하면 생명기능의 끊어짐을 두고 세상에서는 '띳사가 죽었다. 풋사가 죽었다.'고 말하기 때문이다."(DA.iii.799)

# 제16장 괴로움의 발생구조와 소멸구조 — 12연기 II

(1) 연기의 가르침의 특징

앞의 제15장에서 93개의 경에 나타나는 연기(緣起)의 가르침을 72개의 가르침으로 축약하여서 12지 연기부터 2지 연기까지로 나누어서 살펴보았다. 이를 토대로 「인연 상윳따」에 나타나는 경들을 통해서 초기불전에서 세존께서 설하신 연기의 가르침의 특징을 대략 10가지로 살펴보고자 한다.

① 괴로움의 발생구조와 소멸구조

먼저 분명히 하고 싶은 것은 연기는 괴로움의 발생구조와 소멸구조 즉 유전문(流轉門, anuloma)과 환멸문(還滅門, paṭiloma)을 설하는 것이라는 점이다. 한국불교에서는 연기라고 하면 우주의 구성원리부터 먼저 생각한다. 아니면 좀 더 불교식으로 고상하게 표현해서 제법의 상호관계로 이야기하기도 한다. 또 화엄에서 말하는 중중무진연기 혹은 법계연기를 떠올리고 육상원융(六相圓融)을 떠올린다.

그러나 초기불교에서 연기는 위에서 살펴보았듯이 괴로움의 발생구조(유전문)와 소멸구조(환멸문)일 뿐이다. 그리고 이것은 괴로움과 괴로움의 발생구조와 괴로움의 소멸구조와 괴로움의 소멸로 인도하는 도닦음으로 정리되는 사성제와 그대로 일치하는 것이기도 하다. 이것을 망각해버리고 저 밖으로 우주의 구성원리를 찾고 법계나 제법의 상호관계를 찾고 법계연기나 육상원융을 떠올린다면 연기의 가르침을 호도해도 너무 호도하는 것이 되고 만다.

여러 주석서들에서도 12연기를 주로 한 연기의 가르침의 유전문(流轉門)은 윤회의 발생구조(vaṭṭa)를 드러내는 것이고 12연기의 환멸문(還滅門)은 윤회로부터 벗어나는 구조(vivaṭṭa) 혹은 윤회의 소멸구조를 설하신 것이라고 한결같이 설명하고 있다. 이것이 12연기를 비롯한 모든 연기의 가르침의 핵심이다. 이런 기본적인 관점을 무시하고 연기를 더군다나 12연기를 중중무진연기로 이해해서 전우주의 상호관계로 이해하려 드는 것은 부처님의 근본입장을 호도하는 것이 된다. 물론 초기불전의 『논장』(Abhidhamma Piṭaka)에서는 24가지 조건[緣, paccaya]을 통해서 모든 법의 상호의존[paṭṭhāna] 혹은 상호관계를 밝히고 있고, 설일체유부에서는 6인-4연-5과로써, 유식에서는 10인-4연-5과로써 제법의 상호의존을 밝히고 있다. 화엄의 중중무진연기는 이러한 상호의존이 발달된 것이지 이것을 초기경의 12연기와 연관지어 해석하려드는 것은 아주 위험한 발상이라고 하겠다.

한편 「깟짜나곳따 경」(S12:15)과 「세상 경」(S12:44)과 「성스러운 제자 경」1(S12:49) 등에서 12연기를 세상의 일어남과 소멸이라고 설한 곳도 나타난다. 그러나 「깟짜나곳따 경」(S12:15)과 「세상 경」(S12:44)에서 세상의 일어남은 12연기를 통한 괴로움의 발생구조(유전문)로 설명되고 있고 세상의 소멸은 이러한 괴로움의 소멸구조(환멸문)로 설명되고 있다. 그러므로 12연기를 세상이나 우주의 생성원리로 이해하려는 것은 정작 부처님께서 고구정녕히 말씀하신 괴로움의 해결과 해탈·열반의 실현이라는 근본 메시지를 호도할 우려가 많다 하겠다.

### ② 괴로움이란 윤회의 괴로움이다

이처럼 12지 연기를 비롯한 모든 연기의 가르침은 12지 연기의 정형구에서 "… 태어남을 조건으로 늙음·죽음과 근심·탄식·육체적 고통·정신적 고통·절망이 발생한다. 이와 같이 전체 괴로움의 무더기[苦蘊]가 발생한다. … 태어남이 소멸하기 때문에 늙음·죽음과 근심·탄식·육체적 고통·정신적 고통·절망이 소멸한다. 이와 같이 전체 괴로움의 무더기[苦蘊]가 소멸한다."(S12:1 등)라고 말씀하셨듯이 태어남과 늙음·죽음으로 대표되는 괴로움의 발생구조와 소멸구조를 설하신 것이다. 태어남과 늙음·죽음은 한자로 생과 노사이며 줄이면 생과 사, 저 생사문제가 된다. 그러므로 괴로움은 생사문제로 대표되는 괴로움을 뜻한다.

여기서 태어남[生]으로 옮긴 jāti는 범어로 보면 한 생에 최초로 태어나는 것 이외의 뜻으로는 쓰이지 않는다. 절대로 생멸(生滅)한다는 의미의 생이 될 수가 없다. 생멸의 생은 일어남의 의미인 samudaya나 udaya이다. jāti는 태어남의 의미 외에는 없다. 그러므로 연기의 가르침에서 존재[有]와 태어남[生] 사이에는 한 생이 개재될 수밖에 없다.

그래서 「우현(愚賢) 경」(S12:19)에서는 "어리석은 자는 몸이 무너져 죽은 뒤에 [다른] 몸을 받게 된다. 그는 [다른] 몸을 받아서는 태어남, 늙음·죽음으로부터 해탈하지 못하고, 근심·탄식·육체적 고통·정신적 고통·절망으로부터 해탈하지 못하고, 괴로움으로부터 해탈하지 못한다고 나는 말한다."라고 말씀하신다. 당연히 주석서는 "'몸을 받음(kāyūpa-ga)'이란 다른 재생연결의 몸(paṭisandhi-kāya)을 받는다는 말이다."(SA.ii.40)라고 설명하고 있다.

### ③ 알음알이와 정신·물질의 출현

그리고 주목해야 할 곳이 의도적 행위들[行]-알음알이[識]-정신·물질[名色]의 부분이다. 물론 12지 연기에서는 알음알이를 위시한 이들이 구체적으로 설명되고 있지는 않다. 그러나 「우현 경」(S12:19)에서는 무명과 갈애가 원인이 되어서 어리석은 자의 몸이 생겨나고 이를 통해서 감각접촉과 느낌이 생기고 그래서 어리석은 자는 다시 몸이 무너진 뒤에 다른 몸을 받는다고 설하고 있다. 그러므로 주석서의 설명처럼 전자의 몸은 알음알이와 함께한 몸으로 간주할 수밖에 없다. 따라서 12지 연기에서의 알음알이도 한 생의 최초의 알음알이 즉 재생연결식으로 간주해야 한다. 특히 「알음알이 경」(S12:59)에는 "족쇄에 묶이게 될 법들에서 달콤함을 보면서 머무는 자에게 알음알이가 출현한다. 알음알이를 조건으로 정신·물질이, 정신·물질을 조건으로 여섯 감각장소가, … 이와 같이 전체 괴로움의 무더기[苦蘊]가 발생한다."(S12:59 §3)라고 나타난다.

여기서 '알음알이가 출현한다.'는 viññāṇassa avakkanti hoti를 옮긴 것이다. 그런데 『디가 니까야』 「대인연경」(D15)에 "아난다여, 만일 알음알이가 모태에 들지 않았는데도 정신·물질이 모태에서 발전하겠는가?"(D15 §21)라고 나타난다. 여기서 '모태에 들지 않았는데도'는 mātu-kucchiṁ na okkamissatha를 옮긴 것이다. okkamissatha는 okka-mati(ava+√kram, *to go*)의 조건법 3인칭 단수형이다. 이것은 「대인연경」(D15) 등에서 '출현'으로 옮기고 있는 명사 avakkanti(ava+√kram)와 같은 어원이다. 그러므로 여기서 알음알이의 출현은 바로 한 생의 최초의 알음알이가 모태에서 생기는 것으로 이해해야 한다. 이렇게 볼 때 이것은 전생의 갈애를 조건으로 해서 한 생의 최초의 알음알이가 모태에서 드는 것을 말하는 것으로 해석해야 한다. 물론 주석서는 이렇게 해석하고 있다.

그리고 '모태에 듦(gabbhassa avakkanti)'이라는 표현은 『맛지마 니까야』 「긴 갈애의 소멸 경」(M38/i.265 §28)과 「앗살라야나 경」(M93/ii.156 §18)과 『앙굿따라 니까야』 「외도의 주장 경」(A3:61/i.176 §9) 등에도 나타난다. 이 가운데 특히 「외도의 주장 경」(A3:61 §9)에는 "여섯 가지 요소에 의지하여 모태에 들어감이 있다. 듦이 있을 때 정신·물질[名色]이 있다."라고 나타난다. 이 구절과 「정신·물질 경」(S12:58)과 「알음알이 경」(S12:59)을 함께 놓고 보면 「알음알이 경」(S12:59)에 나타나는 알음알이의 출현은 한 생의 최초의 알음알이(재생연결식)가 어머니 모태에 드는 것 혹은 모태에서 생겨나는 것을 뜻한다고 볼 수밖에 없다. 그러므로 '알음알이가 출현함'은 '알음알이가 [모태에] 듦'으로도 옮길 수 있다.

이처럼 「알음알이 경」(S12:59)을 중심으로 한 여러 경들 특히 위에서 인용한 『디가 니까야』 「대인연경」(D15 §21)을 보면 이 알음알이는 주석서의 한결같은 설명처럼 한 생의 최초의 재생연결식으로밖에 해석할 수 없다.

그리고 '출현' 혹은 '모태에 듦'으로 옮겨지는 avakanti는 「의도 경」 2(S12:39 §3)와 「정신·물질 경」(S12:58 §3)과 「탐욕 있음 경」(S12:64 §4)에서는 '정신·물질의 출현(nāmarūpassa avakkanti)'이라고도 나타나고 있다. 알음알이가 언급되지 않는 「정신·물질 경」(S12:58)에서는 이것을 한 생의 최초로 모태에 드는 것으로 이해할 수밖에 없고 「의도 경」 2(S12:39)에서는 주석서의 설명처럼 알음알이를 업을 짓는 알음알이로 이해하고 정신·물질의 출현을 한 생의 최초로 모태에 드는 것으로 이해해야 한다. 「탐욕 있음 경」(S12:64)에도 "알음알이가 확립되고 증장하는 곳에 정신·물질이 출현한다."(S12:64 §4)고 나타나는데, 여기서도 같은 방법으로 이해해야 한다. 이처럼 정신·물질의 출현도 한 생의 최초의 정신·물질이 모태에 드는 것 혹은 생기는 것으로 이해해야 한다.

이렇게 보면 12지 연기에서 알음알이나 정신·물질은 한 생의 최초의 알음알이나 정신·물질로 해석해야 한다. 이것이 주석서로 들어가면 예외 없이 이 알음알이나 정신·물질을 재생연결식이나 모태에 드는 것으로 한결같이 해석하고 있다.

특히 무명과 의도적 행위[行]가 나타나지 않고 알음알이[識]로부터 시작하여 생-노사로 끝나는 10지 연기를 설하는 경들에 나타나는 알음알이는 재생연결식이라고 주석서는 설명하고 있는데, 문맥상으로도 그렇게 해석할 수밖에 없어 보인다. 10지 연기로 나타나는 S12:12, 59, 65, 67의 네 개 경들에 해당하는 주석서는 「몰리야팍구나 경」(S12:12)의 알음알이[識]를 재생연결식으로 설명하고 있고, 「알음알이 경」(S12:59)의 식은 모태에 드는 것으로, 「도시 경」(S12:65)과 「갈대 다발 경」(S12:67)의 식은 재생연결식이거나 위빳사나의 알음알이라고 설명하고 있다. 그러므로 주석서에 의하면 이 네 개의 경들은 모두 재생연결식을 공통적인 요소로 들고 있는 것이 된다.

이처럼 10지 연기로 오면 알음알이는 거의 전적으로 재생연결식이나 모태에 드는 것으로 해석되고 있다.

④ 내생에 다시 태어남을 일으키는 것

그리고 이 문맥에서 살펴봐야 할 술어가 다시 태어남[再有]으로 번역되는 punabbhava이다. 「몰리야팍구나 경」(S12:12)에는 "[재생연결식이라는] 알음알이의 음식은 내생에 다시 태어남[再生, 再有]을 일으키는 [정신·물질]의 조건이 된다."(S12:12 §4)라고 나타난다.

여기서 '내생에 다시 태어남[再生, 再有]을 일으키는 [정신·물질]'은 āyatiṁ punabbhava-abhinibbatti를 옮긴 것이다. āyati는 미래라는 뜻인데 문맥상 내생으로 옮겨야 마땅하다. 그리고 punabbhava는 문자 그대로 다시(punar)+존재함(bhava)을 뜻하며 초기경의 문맥에서는 다시 태어남을 뜻한다. 이 술어와 같은 의미의 술어로 ponobhavikā(다시 태어남[재생]을 가져오는 것)가 있는데, 이것은 갈애(taṇhā)의 동의어로 초기경의 여러 곳에서 나타나고 있다. abhinibbatti는 탄생이나 드러남이나 존재함으로 옮겨지는 술어이다.

그러므로 주석서는 "여기서 '알음알이의 음식'은 재생연결식(paṭi-sandhi-citta)이다. '내생에 다시 태어남[再生, 再有]을 일으키는 것'은 이 알음알이와 함께 일어난 정신·물질이다."(SA.ii.31)라고 설명하고 있다.

이 문맥에서 살펴봐야 할 가르침이 있다. 『앙굿따라 니까야』 「존재 경」(A3:76)에서 세존께서는 "이처럼 업은 들판이고 알음알이는 씨앗이고 갈애는 수분이다. 중생들은 무명의 장애로 덮이고 갈애의 족쇄에 계박되어 저열한 [욕]계에 … 중간의 [색]계에 … 수승한 [무색]계에 알음알이를 확립한다. 이와 같이 내생에 다시 존재[再有]하게 된다."(A3:76 §1)라고 천명하신다. 이것은 씨앗에 비유되는 알음알이가 알음알이의 음식의 역할을 하여 모태에서 금생의 최초의 재생연결식이 되고 이것이 음식이 되어 함께 일어나는 정신·물질[名色]을 생기게 한다는 말이다.

「몰리야팍구나 경」(S12:12)에서 주목할 점은 세존께서는 연기의 정형구에 나타나는 알음알이를 알음알이의 음식으로 말씀하고 계시며 주석서는 이것을 한 생의 최초의 알음알이인 재생연결식이라고 설명하고 있다는 점이다. 그리고 주석서는 내생에 다시 존재[再有]하게 되는 것을 정신·물질로 해석하고 있으며 이것은 재생연결식이라는 음식에 의해서 생긴 것이라고 설명하고 있다. 이처럼 연기의 정형구의 식과 명색을 한 생의 최초의 재생연결식과 그것과 함께 일어나는 명색으로 설명하고 있다.

'내생에 다시 태어남을 일으키는 [정신·물질]'을 중심으로 한, 같은 가르침이 「의도 경」 1(S12:38 §3)과 S12:64 §5에도 나타난다.

그러므로 이러한 출처를 통해서도 알음알이[識]와 정신·물질[名色]을 한 생의 최초에 모태에 드는 것으로 이해할 수밖에 없다.

⑤ 12연기는 삼세를 말한다

여기까지 따라온 독자들은 저자가 강조하고자 하는 바를 쉽게 알 수 있을 것이다. 12지 연기는 과거-현재-미래에 걸친 괴로움의 발생구조와 소멸구조 혹은 윤회의 발생구조와 소멸구조를 설하는 가르침이라는 남·북방 아비담마·아비달마의 정설을 인정해야 한다는 것이다. 남·북방 아비담마·아비달마에서는 무명·행과 애·취·유를 인(因)으로 이해하고 식·명색·육입·촉·수와 생·노사를 과(果)로 이해해서 삼세에 걸쳐서 이러한 인과 과가 두 번 반복된다고 해서 삼세양중인과(三世兩重因果)라고 말하고 있으며 이것을 12지 연기를 비롯한 연기의 가르침을 이해하는 정설로 삼고 있다.

특히 6지 연기로 분류할 수 있는 「우현(愚賢) 경」(S12:19)은 12연기를 네 개의 집합(catu-saṅkhepa)과 20가지 형태(vīsat-ākāra)를 토대로 하여 삼세양중인과(三世兩重因果)로 해석하는 전통적인 견해[173]의 단초가 되는 중요한 경이다.

한편 유식에서는 생과 노사만을 다른 생으로 이해하여 이세일중인과(二世一重因果)를 정설로 받아들이는데, 2세1중이 지속되면 이것이 삼세양중이 되기 때문에 2세1중으로 충분하다고 『성유식론』은 설명하고 있다.[174] 아무튼 초기불교-아비담마-유식에서 공히 12연기는 윤회의 발생구조와 소멸구조를 설하는 것으로 인정하고 있다.

⑥ 원인과 결과의 반복적 지속

12연기에서 가장 중요한 사실은 12연기는 '원인과 결과의 반복적 지속'을 나타낸다는 것이다. 이것을 간과해버리면 12연기는 그때부터 혼

---

173) 여기에 대해서는 『무애해도』(Ps.i.51~52)와 『청정도론』 XVII.288~298와 『아비담마 길라잡이』 제8장 §§4~8 등을 참조할 것.

174) 『주석 성유식론』 781~782쪽과 『성유식론』 327쪽을 참조할 것.

란스러워 진다. 12지 연기 가운데 ①무명-②행과 ⑧애-⑨취-⑩유는 원인의 고리이고 나머지 ③식-④명색-⑤육입-⑥촉-⑦수와 ⑪생-⑫노사우비고뇌는 결과(과보)의 연결고리이다. 이렇게 12연기는 원인의 연결고리와 결과의 연결고리가 반복적으로 연결되어서 괴로움의 발생구조를 중층적으로 드러내고 있다. 이것을 우리는 삼세양중인과(三世兩重因果)라고 설명한다. 이것은 남・북 아비담마・아비달마의 공통된 설명방법이다.

그러면 무명은 과거의 원인이기만 하고 갈애는 현재의 원인이기만 한가? 그렇지는 않다. 그래서 『청정도론』 XVII.291은 다음과 같이 읊고 있다.

> "① 과거의 원인이 다섯이고 ② 지금의 결과도 다섯이다.
> ③ 지금의 원인이 다섯이고 ④ 미래의 결과도 다섯이다."

그리고 §292에서는 이렇게 설명한다.

"① 과거의 원인이 다섯이라고 했다. 여기서 무명과 의도적 행위들[行]의 이 둘은 이미 설했다. 무지한 자가 갈증을 느끼고, 갈증을 느끼는 자가 취착하고, 취착을 조건으로 존재가 있다. 그러므로 갈애, 취착, 존재도 여기에 포함된다. 그래서 말씀하셨다. "이전의 업으로서의 존재에서 어리석음이 무명이요, 노력이 의도적 행위들[行]이며, 집착이 갈애요, 접근이 취착이며, 의도가 존재다. 이와 같이 이전의 업으로서의 존재에서 [있었던] 이 다섯 가지 법들이 금생의 재생연결의 조건이 된다."(Ps. i.52)"

다시 §296에서는 "③ 지금의 원인이 다섯이라고 했다. 이것은 갈애 등이다. 갈애, 취착, 존재가 성전에 전승되어온다. 존재가 포함될 때 그 존재에 선행하는 의도적 행위들[行]이나 혹은 그와 관련된 의도적 행위들[行]도 포함된다. 갈애와 취착이 포함될 때 그들과 관련된 무명도 — 이것 때문에 어리석은 자는 업을 쌓는다 — 포함된다. 이와 같이하여 다섯이다."라고 덧붙이고 있다.

이처럼 무명, 행, 애, 취, 유의 다섯은 과거 혹은 전생에 지은 원인도 되고 지금 혹은 금생에 짓는 원인도 된다. 그러나 무명과 행은 전생에 더 두드러진 원인이 되고 애와 취와 유는 금생에 더 두드러진 원인이라고 해석하는 것이다.175)

그리고 '② 지금의 결과도 다섯이다.'라고 한 것은 현재의 결과가 알음알이[識], 정신・물질[名色], 여섯 감각장소[六入], 감각접촉[觸], 느낌[受]의 다섯이기 때문이고 '④ 미래의 결과도 다섯이다.'라고 한 것은 미래의 결과인 태어남[生]과 늙음・죽음[老死]은 역시 미래의 알음알이, 정신・물질, 여섯 감각장소, 감각접촉, 느낌의 다섯이기 때문이다.

『아비담마 길라잡이』 제8장에 나타나는 도표(8.1 연기의 길라잡이)를 여기에 인용하면 264쪽의 도표와 같다.

⑦ 이세인과(二世因果)

물론 「인연 상윳따」(S12)에 나타나는 연기의 가르침이 모두 삼세양중인과만을 설하고 있는 것은 아니다. 위에서 설명한 10지 연기로 나타나는 S12:12, 59, 65, 67의 네 개 경들은 금생의 재생연결식부터 시작해서 내생의 생-노사로 연결되는 금생과 내생의 이세인과(二世因果)를 설하고 있다.

그리고 8지 연기를 설하는 S12:24, 43, 44, 45의 네 개 경도 금생과 내생의 이세인과를 설하고 있다. 특히 S12:43~45는 식-촉-수-애-취-유-생-노사의 8지 연기를 설하는데, 여기서 식은 재생연결식이 아니라 감각장소와 대상을 조건으로 해서 일어나는 6식으로 나타난다. 그러므

175) 『상윳따 니까야』 제2권 「도시 경」(S12:65) §4의 주해도 참조할 것.

로 이 8지 연기는 금생에 지금・여기에서 찰나생・찰나멸하는 식-촉-수가 조건이 되어서 애-취-유가 전개되고 이것이 원인이 되어서 내생의 생-노사가 상속된다고 설하고 있다.

특히 5지 연기를 설하고 있는 S12:52~57과 S12:60의 일곱 개 경은 삼세양중인과를 설하는 12지 연기 가운데 금생의 원인과 내생의 결과를 설하는 후반부의 애-취-유-생-노사의 다섯 만을 들고 있다. 그러므로 이것은 이세일중인과(二世一重因果)의 전형이라 할 수 있다. 금생의 원인인 애-취-유를 조건으로 해서 내생의 결과인 생-노사가 생기는 구조로 금생과 내생의 이세에 걸쳐서 인-과가 한번 거듭되는 구조의 연기의 가르침이기 때문이다.

그러면 한 생에서만 전개되는 연기의 가르침은 나타나지 않는가? 일단 12지 연기부터 3지 연기까지는 적어도 두 생이 개입되는 것이 분명하다. 특히 3지 연기를 설하는 S12:25에서 세존께서는 무명을 근본원인으로 말씀하셨고, 이것은 주석서의 설명처럼 윤회의 뿌리이기 때문에 무명이 나타난다는 것은 전생과 금생의 두 생이 개입되는 것으로 이해해야 할 것이다.

그런데 2지 연기를 설하고 있는 S12:26, 31, 62, 63의 네 개의 경은 한 생 내에서의 연기구조로 이해하는 것이 좋다고 생각된다. 감각접촉(촉)-괴로움(S12:26)과 감각접촉-느낌(S12:62)의 2지 연기와, 네 가지 음식과 그 원인을 설하는 S12:63의 2지 연기는 한 생 내에서의 연기구조로 이해하는 것이 합리적이라고 여겨지기 때문이다.

⑧ 연기에 대한 네 가지 해석

한편 경전에 나타나는 2지 연기부터 12지 연기까지의 다양한 형태의 연기의 가르침은 남・북방 아비담마・아비달마 논서들에서는 모두 12

## 삼세양중인과

| 삼 세 | 12 各 支 | 20형태 및 4 무리 |
|---|---|---|
| 과거 | 1. 무명<br>2. 의도적 행위들[行] | 다섯 과거의 원인들:<br>1, 2, 8, 9, 10 |
| 현재 | 3. 알음알이[識]<br>4. 정신 · 물질[名色]<br>5. 여섯 감각장소[六入]<br>6. 감각접촉[觸]<br>7. 느낌[受] | 다섯 현재의 결과: 3-7 |
| | 8. 갈애[愛]<br>9. 취착[取]<br>10. 존재[有] | 다섯 현재의 원인:<br>8, 9, 10, 1, 2 |
| 미래 | 11. 태어남[生]<br>12. 늙음 · 죽음[老死] | 다섯 미래의 결과: 3-7 |

세 가지 연결

1. 과거의 원인과 현재의 결과 (行과 識사이)
2, 현재의 결과와 현재의 원인 (受와 愛사이)
3. 현재의 원인과 미래의 결과 (有와 生사이)

세 가지 회전

1. 오염원들의 회전 (1.無明, 8.愛, 9.取)
2. 업의 회전 (2.行, 10.有(일부))
3. 과보의 회전 (3~7.識에서 受까지, 10.有(일부), 11.生, 12.老死 등)

두 가지 원인

1. 無明: 과거에서 현재로
2. 愛: 현재에서 미래로

지 연기로 정착이 된다.

이렇게 12지 연기로 정착이 되어 원인-결과의 중층적 고리로 설명이 되는 12연기는 이미 다양한 부파의 여러 대가들에 의해 다양하게 설명되어 왔다. 북방 아비달마를 총괄하고 있는 『아비달마 구사론』(줄여서 『구사론』이라 부름)에 의하면 아비달마에서는 연기의 가르침을 네 가지로 이해한다고 적고 있다.[176]

첫째, 한 찰나에 연기의 12지가 동시에 함께 일어난다는 주장인데 이것을 '찰나(刹那)연기'라 한다. 『구사론』은 탐욕으로 말미암아 살생을 행할 때 찰나에 12지가 모두 갖추어져 일어난다고 예를 들고 있다.

둘째, 12찰나에 걸쳐서 연속적으로 12지가 연이어서 상속(相續)한다는 것이 '연박(連縛)연기'이다.

셋째, 여러 생에 걸쳐서 시간을 건너뛰어서 12지가 상속한다는 것이 '원속(遠續)연기'이다.

넷째, 12지는 모두 오온을 본질로 하여 매순간 오온이 생멸하면서 상속하지만 특정 순간의 두드러진 상태[分位]에 근거하여[從勝立支名] 각각의 명칭을 설정한 것이 '분위(分位)연기'이다. 『구사론』에 의하면 설일체유부는 이 분위연기를 12연기 해설의 정설로 채택하고 있다.[177]

그리고 중요한 것은 『구사론』은 경(經, sūtra)은 오로지 번뇌를 끊어[斷惑] 해탈·열반을 실현하는 것을 목적으로 하여 설해졌기 때문에 연기의 가르침을 '유정'에만 한정시킨 반면, 논(論, abhidharma)은 법의 참된 모습 즉 법상(法相) 혹은 제법의 상호관계를 밝히는 것을 근본으로 하여 설하였기 때문에 분위로도 설하고 유정·비유정과 통하는 것으로도 설하였다고 밝히고 있다는 점이다.[178] 이런 이론은 이미 『대비바사

176) 권오민, 『아비달마 구사론』 제2권 430쪽 이하를 참조할 것.

177) 위의 책, 431쪽 참조. 그러나 경량부는 이를 인정하지 않는다.(442쪽 참조)

178) 위의 책, 432~433쪽 주62 참조.

론』(『한글대장경』118, p.516)에 나타나고 있는데, 분위와 원속은 오로지 유정에 국한되는 연기이고, 찰나와 연박은 비유정 즉 법에도 통하는 연기라고 한다. 이처럼 경에서는 유정 즉 중생의 괴로움의 발생구조와 소멸구조로 연기를 설하고 있지만 아비달마 즉 논의 가르침에서는 이러한 연기가 제법의 상호관계를 밝히는 것으로도 확장되었다는 것이다.

⑨ 이시적(異時的, 通時的)인가 동시적(同時的, 共時的)인가

연기각지들이 한 순간에 동시적으로 일어나는가 아닌가하는 것도 학자들의 관심거리다. 연기각지가 시간의 차이를 두고 일어난다는 것이 이시적 연기[179]이고 연기각지가 한 순간에 함께 일어난다는 것이 동시적 연기[180]이다. 물론 경에서는 특정 연기각지들의 관계가 이시적인가 동시적인가를 정확하게 밝히고 있지 않다.

그러나 상식적으로 보자면 인은 인끼리 과는 과끼리 동시적일 수도 있을 것이다. 예를 들면 무명과 행과 애와 취와 유라는 인은 이시적일 수도 있고 동시적일 수도 있을 것이다. 그리고 식과 명색과 육입과 촉과 수도 아비담마적으로 보자면 동시적일 수도 있고, 특정 순간에 어느 것이 더 강한가하는 측면에서는 이시적이 될 수 있다.

그렇지만 인과 과는 동시적으로 보면 곤란하다. 인과동시(因果同時)가 되기 때문이다. 그리고 적어도 유와 생, 생과 노사는 동시적일 수 없다.

---

179) '이시적 연기(異時的 緣起, *diachronic conditionality*)'는 통시적 연기(通時的 緣起)라고 부르기도 하는데 이것은 A와 B가 시간의 차이를 두고 일어나는 선후관계의 연기를 뜻한다.

180) '동시적 연기(同時的 緣起, *synchronic conditionality*)'는 공시적 연기(共時的 緣起)라고도 하는데 A와 B가 동시에 일어나는 동시관계의 연기를 뜻한다.
『상윳따 니까야』에서는 이시적 연기와 동시적 연기를 각각 '통시적 연기'와 '공시적 연기'로 표현하였지만 너무 어려운 표현이라는 의견을 수렴하여 본서에서는 이처럼 이시적 연기와 동시적 연기라는 더 쉬운 술어로 표현하고 있음을 밝힌다.

물론 찰나연기의 입장에서는 해석이 달라질 수 있을 것이다. 그리고 위에서 언급한 연박연기와 원속연기와 분위연기의 관점은 이시적이라 할 수 있고 찰나연기는 동시적인 관점이라 할 수 있다. 그리고 남방 『청정도론』과 북방 『구사론』은 각각 24연과 6인-4연-5과의 이론으로 12연기각지(緣起各支)의 이시성과 동시성을 잘 밝히고 있다.[181] 한편 『청정도론』에서는 식-명색(XVII.201), 명색-육입(XVII.207 등), 육입-촉(XVII.227), 촉-수(XVII.231), 애-취(XVII.248), 취-유(XVII.268~269)의 여섯 가지 등은 함께 생긴 조건[俱生緣], 즉 동시적 연기가 된다고 설명하고 있다.

⑩ 연기는 무아를 드러내는 강력한 수단이다

12연기를 비롯한 여러 각지의 연기의 가르침을 접하면서 우리가 명심해야 하는 더욱 중요한 사실은, 연기의 가르침은 자아니 진아니 대아니 주인공이니 하는 존재론적인 실체를 상정하고 그것과 하나 되는 것쯤으로 깨달음을 착각하지 말라고 단언한다는 것이다.

존재론적인 실체는 어느 시대 어느 불교에도 결코 발붙일 틈이 없다. 남・북 아비담마・아비달마에서 연기의 가르침을 제법의 상호관계로 승화시켜서 이해하려 한 것은 더욱더 그러하여 제법무아를 이론적으로 분명히 하기 위한 것이다.

그러므로 만일 여래장 계열에서 주창하는 여래장이나 진여나 불성을 존재론적인 실체로 이해해버린다면 그것은 불교가 아니다. 불교라는 깃발을 내걸고 외도짓거리를 하는 현양매구(懸羊賣狗)[182]일 뿐이다. 이것

181) 여기에 대해서는 『청정도론』 XVII장과 『구사론』 제6권의 2. 「분별근품」 ④-1(권오민, 『아비달마 구사론』 제1권 266쪽 이하) 등을 참조할 것.

182) '현양매구(懸羊賣狗)'는 중국 춘추시대 고전 『안자춘추(晏子春秋)』 등에서 유래한 것으로 현양두매구육(懸羊頭賣狗肉)의 준말이요, 직역하면 '양의 머리를 매달아 놓고 개고기를 판다.'는 뜻이다. 좋은 물건을 간판으로 내세우고 나쁜 물건을 팔거나, 표면으로는 그럴 듯한 대의명분을 내걸고 이면

이 교학적 측면에서 본 연기의 중요성일 것이다.

### (2) 12연기와 상호의존[緣]은 구분되어야 한다

그리고 꼭 강조하고 싶은 것은 이 연기(緣起, paṭiccasamuppāda)와 상호의존[緣, paccaya, paṭṭhāna]을 혼동하지 말아야 한다는 것이다.

불교는 이미 초기불교부터 상호의존 혹은 조건발생으로 존재일반을 설명해왔다. 이러한 조건은 초기 아비담마에서부터 24가지 조건으로 정리되었고, 『구사론』을 위시한 북방 아비달마에서는 6인-4연-5과로 특히 4연(四緣, 네 가지 조건)으로 정리가 되었으며, 이것은 유식에 고스란히 전승되어서 10인-4연-5과로 특히 4연으로 정리되어 설명되고 있다.

그러므로 괴로움 특히 윤회의 괴로움의 발생구조와 소멸구조를 설하는 12연기를 이러한 24연이나 4연과 혼동하지 말라는 것이다. 이 24연이나 4연이 발전하여 화엄에서 법계연기로 승화한 것이지 결코 12연기가 법계연기로 발전한 것이 아니다.

물론 위의 '⑧ 연기에 대한 네 가지 해석'에서 밝혔듯이 북방 아비달마는 제법의 법상을 밝히는 것을 중시하다보니 이미 연기의 가르침을 다양하게 이해하려 시도하였다.

상좌부 『논장』의 마지막인 『빳타나』에서는 상호의존(paṭṭhāna)의 방법으로 아래 24가지 조건을 들고 있다.

① 원인의 조건(hetupaccaya, 因緣)

② 대상의 조건(ārammaṇapaccaya, 所緣緣)

③ 지배의 조건(adhipatipaccaya, 增上緣)

④ 틈 없이 뒤따르는 조건(anantarapaccaya, 無間緣)

---

으로는 좋지 않은 본심이 내포되어 있는 것을 일컫는 말이다.
이 고사성어는 『벽암록』 등의 아주 많은 중국불교 선어록에서 잘못된 견해를 질타하는 것으로 나타나기도 한다.

⑤ 더욱 틈 없이 뒤따르는 조건(samanantarapaccaya, 等無間緣)
⑥ 함께 생긴 조건(sahajātapaccaya, 俱生緣)
⑦ 서로 지탱하는 조건(aññamaññapaccaya, 相互緣)
⑧ 의지하는 조건(nissayapaccaya, 依止緣)
⑨ 강하게 의지하는 조건(upanissayapaccaya, 親依止緣)
⑩ 먼저 생긴 조건(purejātapaccaya, 前生緣)
⑪ 뒤에 생긴 조건(pacchājātapaccaya, 後生緣)
⑫ 반복하는 조건(āsevanapaccaya, 數數修習緣)
⑬ 업의 조건(kammapaccaya, 業緣)
⑭ 과보의 조건(vipākapaccaya, 異熟緣)
⑮ 음식의 조건(āhārapaccaya, 食緣)
⑯ 기능[根]의 조건(indriyapaccaya, 根緣)
⑰ 禪의 조건(jhānapaccaya, 禪緣)
⑱ 도의 조건(maggapaccaya, 道緣)
⑲ 서로 관련된 조건(sampayuttapaccaya, 相應緣)
⑳ 서로 관련되지 않은 조건(vippayuttapaccaya, 不相應緣)
㉑ 존재하는 조건(atthipaccaya, 有緣)
㉒ 존재하지 않은 조건(natthipaccaya, 非有緣)
㉓ 떠나가 버린 조건(vigatapaccaya, 離去緣)
㉔ 떠나가 버리지 않은 조건(avigatapaccaya, 不離去緣)

그리고 북방의 『아비달마 구사론』에서는 제법의 상호관계를 6인-4연-5과의 관계로 설명하고 있는데 용어만 나열하면 다음과 같다.
① 6인: 능작인, 구유인, 상응인, 동류인, 변행인, 이숙인
② 4연: 증상연, 등무간연, 소연연, 인연
③ 5과: 증상과, 사용과, 등류과, 이숙과, 이계과[183)]

이렇게 남방불교의 핵심인 『청정도론』과 북방불교의 요체라 할 수 있는 『구사론』은 이러한 상호의존[緣]을 통해서 제법의 상호관계를 심도 깊게 설명해내고 있으며 이것은 대승 특히 화엄에서 계승·발전되어 법계연기나 육상원융 등으로 이해되었다.

아무튼 초기불전에서 설하시는 연기(緣起, paṭiccasamuppāda)와 아비담마·아비달마에서 이론화한 상호의존[緣, paccaya]은 엄격히 구분되어야 한다. 12연기를 제법의 상호의존 혹은 제법의 상호관계로만 너무 천착하다보면 자칫 생사문제를 해결하여 해탈·열반을 실현하는데 초점을 맞춘 세존의 고구정녕하신 메시지가 들어 있는 연기의 가르침을 너무 현학적으로 만들 소지가 다분하기 때문이다.

그러나 연기든 상호의존이든, 이러한 연이생(緣而生)의 가르침은 역사적으로 전개되어온 모든 불교를 불교이게 하는 핵심이 되는 것임은 자명하다.

### (3) 연기의 소멸구조는 온·처의 염오-이욕-소멸과 같은 가르침

『상윳따 니까야』 제2권 「인연 상윳따」(S12)의 「설법자[法師] 경」(S12:16 §4)과 「되어있는 것 경」(S12:31 §5)과 「배우지 못한 자 경」 1/2(S12:61~62 §3)와 「갈대 다발 경」(S12:67 §8)에 "만일 비구가 늙음·죽음에 대해서 … 태어남에 대해서 … 존재에 대해서 … 취착에 대해서 … 갈애에 대해서 … 느낌에 대해서 … 감각접촉에 대해서 … 여섯 감각장소에 대해서 … 정신·물질에 대해서 … 알음알이에 대해서 … 의도적 행위들에 대해서 … 무명에 대해서 염오하고 탐욕이 빛바래고 소멸하기 위해서 법을 설하면 그를 일러 법을 설하는 비구라 부르기에 적당

---

183) 6인-4연-5과에 대한 설명은 권오민, 『아비달마 불교』 106~121쪽을 참조할 것.

합니다."(S12:67 §8) 등으로 나타나듯이 연기의 소멸구조는 결국은 염오–이욕–소멸과 같은 말이다.

그리고 이것은 『상윳따 니까야』 제3권 「무더기 상윳따」(S22)와 제4권 「육처 상윳따」(S35) 등에서 반복해서 강조하고 있는 무상·고·무아를 통찰하여 염오–이욕–소멸이나 염오–이욕–해탈–구경해탈지를 성취하는 가르침과도 같은 맥락이다.

그러면 어떻게 해서 연기각지에 대해서 염오–이욕–소멸을 성취하여 고(苦)를 소멸할 것인가? 「인연 상윳따」(S12)에는 그 방법이 구체적으로 언급되어 있지 않은 것으로 보인다. 따라서 「무더기 상윳따」(S22)와 「육처 상윳따」(S35)와 「진리 상윳따」(S56) 등에서 강조하고 있는 무상·고·무아의 통찰이나 사성제의 관통이 필요할 것이며, 그 구체적인 방법은 『상윳따 니까야』 제5권에서 강조되고 있는 팔정도를 위시한 37보리분법일 것이다. 혹은 12연기각지와 그 집·멸·도를 아는 것이 그 대답이라고 봐야 한다.

여기서 또 하나 중요한 관점이 있다. 그것은 괴로움을 소멸하기 위해서는 연기각지 즉 12지 모두를 다 소멸시켜야 하는가라는 것이다. 여기에 대한 구체적인 언급은 「인연 상윳따」에는 나타나지 않는다. 주석서에도 그런듯하다.

그러나 상식적으로 보면 12지 가운데 어느 하나를 소멸하면 된다. 특히 인–과의 고리로 본다면 과의 고리, 그 중에서도 현재의 과[果]의 고리인 식–명색–육입–촉–수는 소멸시키지 못한다. 그러므로 인[因]의 고리를 제거, 소멸 혹은 부수어야 하는데, 12지로 보자면 무명과 행은 과거의 인으로 중시하고 있기 때문에 금생의 입장에서 보면 특히 갈애가 중점이다. 그래서 사성제에서도 괴로움의 원인으로 갈애를 들고 있으며 이 갈애가 남김없이 멸진된 경지를 열반이라 부르고 있다. 물론 "감각적 욕망에 대한 취착, 사견에 대한 취착, 계율과 의례의식에 대한 취착, 자아의 교리에 대한 취착"(「분석 경」(S12:2) §7)으로 정리되는 네 가지 취착을 없애는 것도 중요할 것이다.

그러면 어떻게 없앨 것인가? 사성제의 가르침에서 보듯이 팔정도로 대표되는 37보리분법을 닦아야 하며, 이 37보리분법은 『상윳따 니까야』 제5권에 모아져 전승되어 온다.

제3편

# 초기불교의 수행

# 제17장 초기불교의 수행법 개관 — 37보리분법

## (1) 37보리분법(bodhipakkhiyā dhammā)

한글 번역본 『상윳따 니까야』 제5권의 「도 상윳따」(Magga-saṁyutta, S45)부터 제6권의 처음에 싣고 있는 「성취수단 상윳따」(Iddhipāda-saṁ-yutta, S51)까지의 일곱 개 주제는 깨달음의 편에 있는 법들[菩提分法, bodhipakkhiyā dhammā]을 담고 있는데 이것은 우리에게 37보리분법(菩提分法)이나 37조도품(助道品)으로 잘 알려진 것이다. 이러한 깨달음의 편에 있는 법들은 ① 네 가지 마음챙김의 확립[四念處] ② 네 가지 바른 노력[四正勤] ③ 네 가지 성취수단[四如意足] ④ 다섯 가지 기능[五根] ⑤ 다섯 가지 힘[五力] ⑥ 일곱 가지 깨달음의 구성요소[七覺支] ⑦ 여덟 가지 구성요소를 가진 성스러운 도[八支聖道 = 八正道]의 모두 일곱 가지 주제로 되어 있으며, 이러한 주제에 포함된 법들을 다 합하면 37가지가 되기 때문에 전통적으로 이를 37보리분법이라 불렀다.

한문으로는 보리분법(菩提分法)으로도 옮겼고 조도품(助道品)으로도 옮겨져서 우리에게 잘 알려져 있다. 그런데 CBETA로 검색해보면 보리분법으로 옮긴 경우가 훨씬 더 많다.

그러면 보리분법 혹은 깨달음의 편에 있는 법들에 대한 주석서들의 설명을 살펴보자. 먼저 『청정도론』은 이렇게 설명한다.

"깨달음의 편[菩提分, bodhipakkhiya]에 있는 법이라 했다. ① 네 가지 마음챙김의 확립[四念處] ② 네 가지 바른 노력[四正勤] ③ 네 가지 성취수단[四如意足] ④ 다섯 가지 기능[五根] ⑤ 다섯 가지 힘[五力] ⑥ 일곱 가지 깨달음의 구성요소[七覺支] ⑦ 여덟 가지 구성요소를 가진 성스러운 도[八支聖道] — 이 37가지 법들은 깨달음의 편에 있다고 한다. 왜냐하면 깨달았다는 뜻에서 깨달음(bodhi)이라고 이름을 얻은 성스러운 도(ariya-magga, 예류도부터 아라한도까지)의 편(pakkha)에 있기 때문이다. 편에 있기 때문이라는 것은 '도와주는 상태(upakāra-bhāva)에 서 있기 때문'이라는 뜻이다."(Vis.XXII.33)

비슷한 설명이 『무애해도 주석서』(PsA.482)에도 나타나고 있다. 여기에 나타나고 있는 '도와주는 상태(upakāra-bhāva)'를 고려해서 중국에서는 조도품(助道品)으로도 옮긴 것이 아닌가 생각된다.

그리고 다른 주석서 문헌들은 이렇게 설명하고 있다.

"보리분이라고 했다. 깨달음이라는 뜻에서 보리(bodhi)라고 하는 이것을 얻은 성자나 혹은 도의 지혜를 가진 자의 편에 존재한다고 해서 보리분이라고 한다. 보리의 항목(bodhi-koṭṭhāsiyā)이라는 뜻이다."(ItA.73)

"보리라는 것은 도의(도를 얻은 자의) 바른 견해(magga-sammādiṭṭhi)이다. 그가 네 가지 성스러운 진리[四聖諦]를 깨달은 뒤에 고유성질(sabhāva)에 의해서 그 [깨달음의] 편에 존재한다고 해서 보리분이라고 하는데, [네 가지] 마음챙김과 [네 가지] 정진(바른 노력) 등의 법들을 말한다. 이것이 보리분이다."(DAṬ.iii.63)

"보리분법이란 네 가지 진리[四諦]를 깨달았다고 말해지는 도의(도를 얻은 자의) 지혜의 편에 존재하는 법들이다."(VbhA.347)

이처럼 여기서 보리(菩提, bodhi)라는 것은 사성제를 깨닫거나 도를 얻은 성자(예류부터 아라한까지)의 지혜나 바른 견해를 뜻하고 보리분법(菩提分法)들 즉 깨달음의 편에 있는 법들은 이러한 깨달음을 성취한 자들의 편에 있으면서 깨달음을 도와주고 장엄하는 37가지 법들을 말한다. 당연히 아직 성자가 되지 못한 사람들은 이러한 37가지 보리분법들을 닦아서 성자가 되는 것이며, 이미 성자의 지위를 증득한 분들은 이 37가지 보리분법들을 구족하여 깨달음을 드러내는 것이다.

그런데 위의 인용들에서 보듯이 주석서 문헌들은 모두 이 37보리분법들을 깨달음을 얻은 성자들이 구족하는 출세간적인 것으로 설명하고 있는데, 이것이 아비담마나 주석서 문헌들의 입장이다. 아비담마는 실참수행보다는 법수들을 정확하게 정의하고 이러한 법들이 어디에 속하는가를 밝히고 정의하는 것을 생명으로 삼기 때문에 그런 입장에서 보면 이러한 법들은 이미 그 주제어가 깨달음의 편에 속하는 법들이고 깨달은 자들이 구족하는 법들이라서 이렇게 설명할 수밖에 없을 것이다.

그러나 아직 깨달음을 성취하지 못하였으며, 부처님 가르침을 수행해서 깨달음을 실현하려는 우리들의 입장에서 보면 이 37보리분법들은 깨달음을 실현하도록 도와주는 법들로 이해하고 받아들일 수밖에 없다. 그래야 실참수행을 하려는 불자들에게 도움이 되고 의미가 있는 것이다. 그리고 『상윳따 니까야』에 모은 37보리분법에 대한 가르침(S45~S51)에서도 이런 측면이 절대적으로 강조되고 있다.

한편 『청정도론』 XXII.39에 의하면 "성스러운 도가 일어나기 전에 세간적인 위빳사나가 일어날 때 이 [37가지 깨달음의 편에 있는 법]들은 여러 가지 마음들에서 발견되지만 … 이 네 가지 [도의] 지혜 가운데 어느 하나가 일어날 때 이 [37가지 깨달음의 편에 있는 법]들은 하나의 마음에서 모두 다 발견된다."라고 적고 있다.

37보리분법에 대한 설명은 『청정도론』 XXII.33~43과 『아비담마 길라잡이』 제7장 §24이하에 잘 나타나고 있으니 참조하기 바란다.

# 제18장 네 가지 마음챙기는 공부[四念處]

(1) 마음챙김이란 무엇인가

37보리분법(菩提分法) 혹은 37조도품(助道品) 가운데 항상 제일 먼저 나타나는 가르침은 '네 가지 마음챙김의 확립[四念處, cattaro satipaṭṭhānā]'이다. 먼저 저자가 항상 가슴에 품고 있는 초기불전 한 구절부터 소개한다.

"세존이시여, 저희들은 어떻게 여인을 대처해야 합니까?"
"아난다여, 쳐다보지 말라."
"세존이시여, 쳐다보게 되면 어떻게 대처해야 합니까?"
"아난다여, 말하지 말라."
"세존이시여, 말을 하게 되면 어떻게 대처해야 합니까?"
"아난다여, 마음챙김을 확립해야 한다." (「대반열반경」(D22) §5.9)

네 가지 마음챙김의 확립[四念處]은 『상윳따 니까야』 「마음챙김의 확립 상윳따」(S47)의 주제이다.

여기서 '마음챙김의 확립'으로 옮긴 원어는 sati-paṭṭhāna이다. 이 술어는 마음챙김의 확립으로도 옮길 수 있고 마음챙김의 토대로도 옮길 수 있다. 그러면 왜 저자는 마음챙김의 확립으로 정착시켰는가?

'마음챙김의 확립'으로 옮긴 sati-paṭṭhāna는 주석서에서 두 가지로 해석된다. 첫째는 sati+upaṭṭhāna이고 둘째는 sati+paṭṭhāna이다. 전자는 마음챙김의 확립으로 옮겨지고 후자는 마음챙김의 토대로 옮겨진다. 전자는 마음챙김을 일으키는 행위를 강조하고 후자는 마음챙김의 대상을 강조한다. 주석서들은 다분히 후자의 의미를 의지하지만 전자의 의미가 더 원래적이라 할 수 있다. 왜냐하면 sati+upaṭṭhāna로 이해한 것이 이미 초기불전 등에 나타나고 있기 때문이다.

예를 들면 upaṭṭhita-sati(마음챙김을 확립한, S54:13/v.331 등)와 parimukhaṁ satiṁ upaṭṭhapetvā(전면에 마음챙김을 확립하고, S54:1/v.311 등) 등의 표현이 경에서 드물지 않게 나타나고, 『무애해도』(Ps)에서 sati와 upaṭṭhāna가 계속해서 같이 설명되고 있으며, 산스끄리뜨 문헌에 smṛty-upasthāna로 나타나고 있다. 그래서 저자는 마음챙김의 확립으로 옮기고 있다.

한편 『청정도론』은 다음과 같이 네 가지 마음챙김의 확립을 설명하고 있다.

"각각의 대상들에 내려가고 들어가서 확립되기 때문에(upaṭṭhānato) 확립(paṭṭhāna)이라 한다. 마음챙김 그 자체가 확립이기 때문에(sati yeva paṭṭhānaṁ) 마음챙김의 확립[念處]이라고 한다. 몸과 느낌과 마음과 법[身·受·心·法]에서 그들을 각각 더러움[不淨, asubha], 괴로움, 무상, 무아라고 파악하면서, 또 깨끗함, 행복, 항상함, 자아라는 인식(saññā)을 버리는 역할을 성취하면서 일어나기 때문에 네 가지로 분류된다. 그러므로 네 가지 마음챙김의 확립[四念處]이라 한다."(Vis.XXII.34)

그리고 네 가지 마음챙김의 확립은 『디가 니까야』 「대념처경」(D22)과 『맛지마 니까야』 「염처경」(M10)에서 완성된 형태로 나타나고 있으며, 『디가 니까야 주석서』(DA.iii.741~764)와 『맛지마 니까야 주석서』(MA.ii.244~266)에 자세히 설명되어 있다. 그리고 「대념처경」(D22)과 여기에 해당되는 주석서는 저자가 『네 가지 마음챙기는 공부』(개정판 3쇄, 2008, 초기불전연구원)로 번역하여 출간하였다.

『상윳따 니까야』의 47번째 주제인「마음챙김의 확립 상윳따」(Sati-paṭṭhāna-saṁyutta, S47)에는 모두 104개의 경들이 담겨 있다. 그러나 이「마음챙김의 확립 상윳따」(S47)에 해당하는 주석서에는 설명이 축약된 형태로 나타나고 있기 때문에 이를 토대로 하여 마음챙김을 설명하기에는 무리가 따른다. 그래서 저자는 저자가『디가 니까야』「대념처경」(D22)과 여기에 해당하는『디가 니까야 주석서』(DA.iii. 741~764)를 함께 번역하여 출간한『네 가지 마음챙기는 공부』를 참조하여 본장에서 마음챙김에 대한 설명을 진행하고 있음을 밝힌다.

(2) **수행삼경**(修行三經)

부처님의 육성이 생생히 살아있는 초기경들 가운데서 실참(實參) 수행법을 설하신 경들을 들라면『디가 니까야』「대념처경」(大念處經, Mahāsatipaṭṭhāna sutta, D22)과『맛지마 니까야』「들숨날숨에 마음챙기는 경」[出入息念經, Ānāpānasati sutta, M118]과「몸에 마음챙기는 경」[念身經, Kāyagatasati sutta, M119]의 셋을 들 수 있다. 그리고 주제별로 경들을 모은『상윳따 니까야』의「마음챙김의 확립 상윳따」(S47)와「들숨날숨 상윳따」(S54)를 들 수 있다.

이 가운데「대념처경」(D22)은『맛지마 니까야』에「염처경」(念處經, Satipaṭṭhāna Sutta, M10)으로도 나타나는데, 이것은 초기불교 수행법을 몸[身]·느낌[受]·마음[心]·법[法]의 네 가지 주제 하에 집대성한 경으로 초기수행법에 관한한 가장 중요한 경이며, 그렇기 때문에 가장 유명한 경이기도 하다. 마음챙김[念, sati]으로 대표되는 초기불교 수행법은 이 경을 토대로 지금까지 전승되어오고 있으며, 남방의 수행법으로 알려진 위빳사나 수행법은 모두 이 경을 토대로 하여 가르쳐지고 있다 해도 과언이 아니다.

### (3) 마음챙김의 주석서적 의미

그럼 마음챙김[念, sati]에 대해서 살펴보자. 마음챙김은 빠알리어 sati(Sk. smṛti, 念, 기억)의 역어인데 이것은 √smṛ(*to remember*)에서 파생된 추상명사로 사전적인 의미는 기억 혹은 억념(憶念)이다. 그러나 초기불전에서 사띠(sati)는 거의 대부분 기억이라는 의미로는 쓰이지 않는다. 기억이라는 의미로 쓰일 때는 주로 접두어 'anu-'를 붙여 'anussati'라는 술어를 사용하거나 √smṛ에서 파생된 다른 명사인 'saraṇa'라는 단어가 쓰인다. 물론 수행과 관계없는 문맥에서 sati는 기억이라는 의미로 쓰이기도 한다.

『청정도론』 등의 주석서 문헌에서 마음챙김은 다음의 다섯 가지로 설명되고 있다.

첫째, 마음챙김은 대상에 깊이 들어가는 것(apilāpana)이다. 『청정도론』은 말한다.

"마음챙김은 [대상에] 깊이 들어가는 것을 특징으로 한다. 잊지 않는 것(asammosa)을 역할로 한다. 보호하는 것(ārakkha)으로 나타난다. 혹은 대상과 직면함(visayābhimukha-bhāva)으로 나타난다. 강한 인식이 가까운 원인이다. 혹은 몸 등에 대한 마음챙김의 확립이 가까운 원인이다. 이것은 기둥처럼 대상에 든든하게 서 있기 때문에, 혹은 눈 등의 문을 지키기 때문에 문지기처럼 보아야 한다."(Vis.XIV.141)

둘째, 위의 『청정도론』의 인용문에 나타나는 것처럼 마음챙김은 문지기(dovārika)와 같다. 이 문지기의 비유는 『청정도론』 VIII.200에서 들숨날숨에 마음챙기는 공부를 설명하는 문맥에서도 나타나고 있다. 그곳에 나타나는 문지기의 비유는 이러하다.

"문지기가 도시의 안과 밖에 사는 사람들을 상대로 [돌아다니면서]

일일이 '당신은 누구십니까? 어디서 왔습니까? 어디 갑니까? 당신의 손에 있는 것은 무엇입니까?'라고 조사하지 않는다. 왜냐하면 그 도시 안팎에 사는 사람들은 그 문지기의 소관이 아니기 때문이다. 그러나 문에 도착하는 사람들은 낱낱이 조사한다. 이와 같이 안으로 들어간 들숨과 밖으로 나간 날숨은 이 비구의 소관이 아니다. 그러나 문에 도착하는 것은 모두 관여한다. 이것이 문지기의 비유이다."(Vis.VIII.200)

이처럼 마음챙김은 문지기가 되어서 불선법이 일어나는 것을 막는다. 그래서 아비담마에서 마음챙김은 모든 유익한 심소법들이 일어날 때 반드시 함께 일어나는 아름다움에 공통되는 마음부수법들 19가지에 포함되어 나타난다.(아비담마 길라잡이 제2장 §5를 참조할 것)

셋째, 마음챙김이란 대상을 거머쥐는 것(pariggahaka, 把持, 把握)이다. 그래서 『대념처경 주석서』에는 "마음챙기는 자(satimā)라는 것은 [몸을] 철저하게 거머쥐는 마음챙김을 구족한 자라는 뜻이다. 그는 이 마음챙김으로 대상을 철저하게 거머쥐고 통찰지(반야)로써 관찰한다. 왜냐하면 마음챙김이 없는 자에게 관찰이 있을 수 없기 때문이다."(DA.iii.758)라고 나타난다.

넷째, 마음챙김은 대상에 대한 확립(upaṭṭhāna)이다. 『청정도론』은 말한다.

"각각의 대상들에 내려가고 들어가서 확립되기 때문에 확립이라 한다. 마음챙김 그 자체가 확립이기 때문에 마음챙김의 확립이라고 한다. 몸과 느낌과 마음과 법[身·受·心·法]에서 그들을 더러움[不淨], 괴로움, 무상, 무아라고 파악하면서, 또 깨끗함, 행복, 항상함, 자아라는 인식을 버리는 역할을 성취하면서 일어나기 때문에 네 가지로 분류된다. 그러므로 네 가지 마음챙김의 확립[四念處]이라 한다."(Vis.XXII.34)

다섯째, 마음챙김은 마음을 보호(ārakkha)한다. 그래서 『청정도론』은 "그의 마음이 수승한 마음챙김으로 보호될 때"(Vis.XVI.83)라고 하였다.

### (4) 왜 마음챙김으로 옮겼나

먼저 경을 인용한다.

"바라문이여, 이처럼 다섯 가지 감각기능은 각각 다른 대상과 각각 다른 영역을 가져서 서로 다른 대상과 영역을 경험하지 않는다. 이들 다섯 가지 감각기능은 마노[意]를 의지한다. 마음이 그들의 대상과 영역을 경험한다."

"고따마 존자시여, 그러면 마노[意]는 무엇을 의지합니까?"

"바라문이여, 마노[意]는 마음챙김을 의지한다."

"고따마 존자시여, 그러면 마음챙김은 무엇을 의지합니까?"

"바라문이여, 마음챙김은 해탈을 의지한다."

"고따마 존자시여, 그러면 해탈은 무엇을 의지합니까?"

"바라문이여, 해탈은 열반을 의지한다."

"고따마 존자시여, 그러면 열반은 무엇을 의지합니까?"

"바라문이여, 그대는 질문의 범위를 넘어서버렸다. 그대는 질문의 한계를 잡지 못하였구나. 바라문이여, 청정범행을 닦는 것은 열반으로 귀결되고 열반으로 완성되고 열반으로 완결되기 때문이다."(「운나바 바라문경」(S48:42) §§4~8)

이처럼 마음챙김은 마음을 해탈과 연결시켜주는 중요한 기능을 한다. 그래서 마음챙김으로 옮겼다. 그리고 2세기(후한 시대)에 안세고(安世高) 스님이 옮긴 『불설대안반수의경』(佛說大安般守意經)이라는 경의 제목을 주의해볼 필요가 있다. 여기서 안세고는 아나빠나(ānāpāna, 出入息, 들숨날숨)를 안반(安般)으로 음사하고 있으며, 사띠는 염(念)이 아닌 수의(守意) 즉 마음(意, mano)을 지키고 보호(守)하는 기능으로 의역하고 있다. 이처럼 이미 중국에 불교가 전래되던 최초기에 마음챙김은 보호로 이해

되어 왔다. 이런 것을 참조해서 사띠를 '마음챙김'으로 옮겼다.184)

### (5) 마음챙김은 대상을 챙기는 것이다

마음챙김은 일견 '마음을 챙김'으로 이해할 수 있겠지만 그 구체적인 의미는 "마음이 대상을 챙김"이다. 이처럼 마음챙김은 마음이 대상을 챙기는, 수행에 관계된 유익한 심리현상이다. 그래서 『디가 니까야 주석서』(DA)에서는

> "여기서 마치 송아지 길들이는 자가
> [송아지를] 기둥에 묶는 것처럼
> 자신의 마음을 마음챙김으로써
> 대상에 굳게 묶어야 한다."185)

라고 옛 스님의 경책의 말씀을 인용하고 있는데 마음챙김에 관한 가장 요긴한 설명이라 할 수 있다.

이처럼 마음챙기는 공부에서 가장 중요한 것은 대상이다. 주석서의 설명을 종합해보면 마음챙김은 대상에 깊이 들어가고, 대상을 거머쥐고, 대상에 확립되어 해로운 표상이나 해로운 심리현상들이 일어나지 못하도록 마음을 보호하는 역할을 한다. 마음챙김이 이처럼 중요하기 때문에 부처님께서는 『상윳따 니까야』 「새매 경」(S47:6)에서 "비구들이여, 자신의 고향동네인 행동의 영역에서 다녀라. 자신의 고향동네인 행동의 영역에서 다니는 자에게 마라는 내려앉을 곳을 얻지 못할 것이고 마라

184) 한국에서 'sati(Sk. smṛti, 念)'를 마음챙김으로 제일 먼저 정착시킨 분은 고요한 소리의 고문이신 활성 스님이시다. 활성 스님께서 이렇게 옮기자 저자를 비롯한 한국의 대부분의 후학들이 이를 채용해서 쓰고 있다.

185) 『청정도론』 VIII.154; DA.iii.763 = 『네 가지 마음챙기는 공부』 119~120.

는 대상을 얻지 못할 것이다. 비구들이여, 그러면 어떤 것이 자신의 고향동네인 행동의 영역인가? 바로 이 네 가지 마음챙김의 확립이다."(§7) 라고 강조하셨다.

마음챙김이란 마음이 대상을 챙기는 것이요, 마음챙기는 공부는 마음이 대상을 거듭해서 챙기는 공부요, 마음챙김의 확립은 마음이 정해진 대상에 확립되는 것이다. 이처럼 마음챙김은 그 대상이 중요하다.

「대념처경」(D22)에서 설명되고 있는 마음챙김의 대상을 정리해보면 다음과 같다.

(1) 몸(kāya, 身): 14가지

① 들숨날숨

② 네 가지 자세

③ 네 가지 분명히 알아차림

④ 32가지 몸의 형태

⑤ 사대(四大)를 분석함

⑥~⑭ 아홉 가지 공동묘지의 관찰

(2) 느낌(vedanā, 受): 9가지

① 즐거운 느낌 ② 괴로운 느낌 ③ 괴롭지도 즐겁지도 않은 느낌

④ 세속적인 즐거운 느낌 ⑤ 세속적인 괴로운 느낌 ⑥ 세속적인 괴롭지도 즐겁지도 않은 느낌

⑦ 세속을 여읜 즐거운 느낌 ⑧ 세속을 여읜 괴로운 느낌 ⑨ 세속을 여읜 괴롭지도 즐겁지도 않은 느낌

(3) 마음(citta, 心): 16가지

① 탐욕이 있는 마음 ② 탐욕을 여읜 마음

③ 성냄이 있는 마음 ④ 성냄을 여읜 마음

⑤ 미혹이 있는 마음 ⑥ 미혹을 여읜 마음

⑦ 위축된 마음 ⑧ 산란한 마음
⑨ 고귀한 마음 ⑩ 고귀하지 않은 마음
⑪ 위가 남아있는 마음 ⑫ [더 이상] 위가 없는 마음
⑬ 삼매에 든 마음 ⑭ 삼매에 들지 않은 마음
⑮ 해탈한 마음 ⑯ 해탈하지 않은 마음

(4) 법(法, dhamma): 5가지

① 장애[蓋]를 파악함
② 무더기[蘊]를 파악함
③ 감각장소[處]를 파악함
④ 깨달음의 구성요소[覺支]를 파악함
⑤ 진리[諦]를 파악함

「대념처경」은 이렇게 모두 44가지로, 혹은 느낌과 마음을 각각 한 가지 주제로 간주하면 21가지로, 마음챙김의 대상을 구분하여 밝히고 있다.

### (6) 마음챙기는 공부의 요점 몇 가지

이제 본 「마음챙김의 확립 상윳따」(S47)와 「대념처경」(D22) 등에 나타나는 마음챙기는 공부의 요점 몇 가지를 적어보자.

첫째, 마음챙김의 대상은 '나' 자신이다. 내 안에서(ajjhattaṁ) 벌어지는 현상을 챙기는 것이 중요하다. 내 밖은 큰 의미가 없다. 왜? 해탈·열반은 내가 성취하기 때문이다. 그래서 『디가 니까야』「범망경」(D1) 등에서도 부처님께서는 "바로 내 안에서 완전한 평화(nibbuti)를 분명하게 안다."(D1 §1.36 등)고 하셨다. 위에서 살펴보았듯이, 「대념처경」에서는 이러한 나 자신을 몸, 느낌, 마음, 심리현상으로 나눈 뒤, 이를 다시 몸은

14가지, 느낌은 9가지, 마음은 16가지, 법은 5가지로 더욱더 구체적으로 세분해서, 모두 44가지 대상으로 나누어서 그 중의 하나를 챙길 것을 말하고 있다.

물론 이런 바탕 하에서 때로는 밖의(bahiddhā) 즉 남의 신·수·심·법에 마음을 챙기라고도 하시며 때로는 나와 남 둘 다의 신·수·심·법에도 마음챙기라고도 설하고 계신다.(D22 §5 등) 그러나 그 출발은 항상 나 자신이다.

둘째, 무엇보다도 개념적 존재[施設, paññatti]의 해체가 중요하다. 이것이 「대념처경」(D22)이나 「마음챙김의 확립 상윳따」(S47) 등에서 마음챙김의 대상을 신·수·심·법으로 해체해서 제시하시는 가장 중요한 이유라고 저자는 파악하고 있다. 나니 내 것이니 남이니 산이니 강이니 컴퓨터니 자동차니 우주니 하는 개념적 존재를 해체할 때 무상·고·무아를 보편적 특징[共相, sāmañña-lakkhaṇa]으로 하는 법(dhamma)이 분명하게 드러난다. 그러면 더 이상 개념적 존재를 두고 갈애와 무명을 일으키지 않게 된다.

그래서 해체는 중요하다. 해체의 중심에는 나라는 존재가 있다. 중생들은 무언가 불변하는 참 나를 거머쥐려 한다. 이것이 모든 취착 가운데 가장 큰 취착이다. 「대념처경」에서 나라는 존재를 신·수·심·법으로 해체하고 다시 이를 21가지나 44가지로 더 분해해서 마음챙김의 대상으로 제시하신 것은 이렇게 중요한 의미를 가지고 있다. 해체하지 못하면 개념적 존재(paññatti)에 속는다. 해체하면 법(dhamma)을 보고 지금·여기에서 해탈·열반을 실현한다. 어느 대통령은 뭉치면 살고 흩어지면 죽는다고 했다. 그러나 저자는 '뭉쳐두면 속고 해체해야 깨닫는다.'라고 거듭 거듭 말하고 싶다.[186)]

186) '해체'에 대해서는 이미 본서 전체에서 많이 강조하였다. 여기에 대해서는 본서 제1장 (4)와 제5장 (3)과 제13장 (3) 등을 참조할 것.

셋째, 다시 강조하지만 마음챙김은 대상이 중요하다. 이것은 입만 열면 주객을 초월하는 것이 수행이라 얼버무리는 우리 불교가 깊이 새겨봐야 할 점이다. 「대념처경」 등은 거친 대상으로부터 시작해서 점점 미세한 대상으로 참구의 대상을 나열하여 들어간다. 그러나 「대념처경」 등에서 나타나는 순서대로 21가지 혹은 44가지 대상을 모두 다 챙기고 관찰하는 것은 아니다.

넷째, 마음챙김으로 사마타와 위빳사나를 통합하고 있다. 불교수행법은 크게 사마타수행과 위빳사나수행으로 구분된다. 전자는 지(止)로 한역되었고 후자는 관(觀)으로 한역되었으며 지관수행은 중국불교를 지탱해 온 수행법이기도 하다. 그리고 사마타는 삼매[定]수행과 동의어이고 위빳사나는 통찰지[慧, 반야]수행과 동의어이다.

「마음챙김의 확립 상윳따」(S47) 등은 마음챙김을 통해서 이러한 사마타와 위빳사나 수행을 하나로 통합하고 있다. 사실 그것이 집중[止]이든 관찰[觀]이든 마음챙김이 없이는 불가능하다. 사마타는 찰나생·찰나멸하는 법을 대상으로 하는 것이 아니라 표상(nimitta)이라는 개념적 존재(paññatti)를 대상으로 하고, 위빳사나는 찰나생·찰나멸하는 법(dham-ma)을 대상으로 한다. 그러나 그 대상이 어떤 것이든 마음챙김이 없이는 표상에 집중하는 사마타도, 법의 무상·고·무아를 통찰하는 위빳사나도 있을 수 없다. 그래서 마음챙김은 이런 두 종류의 수행에 공통적으로 중요한 심리현상이다.

다섯째, 「마음챙김의 확립 상윳따」와 「대념처경」은 사성제를 관찰해서 구경의 지혜(aññā)를 증득하는 것으로 결론 맺고 있다. 다시 말하면 무상·고·무아의 삼특상 가운데서 고(苦)의 특상과 그 원인과 소멸과 소멸에 이르는 길을 꿰뚫어 아는 것으로 해탈·열반의 실현을 설명하고 있다.

『청정도론』에 의하면 해탈에는 세 가지 관문이 있다. 그것은 무상·고·무아이다. 무상을 꿰뚫어 알아서 체득한 해탈을 표상 없는(無相) 해탈이라 하고, 고를 꿰뚫어 알아 증득한 해탈을 원함 없는(無願) 해탈이라 하고, 무아를 꿰뚫어 알아 요달한 해탈을 공(空)한 해탈이라 한다.[187] 그러므로 마음챙기는 공부는 고를 통찰하는 원함 없는(無願) 해탈로 결론짓는다고 할 수 있다. 물론 이렇게 사성제를 철견하는 것이야말로 초기경에서 초지일관되게 설명하고 있는 깨달음이요 열반의 실현이다.

"비구들이여, 네 가지 마음챙김의 확립을 닦고 많이 [공부]지으면 그것은 염오로 인도하고, 욕망이 빛바램으로 인도하고, 소멸로 인도하고, 고요함으로 인도하고, 최상의 지혜로 인도하고, 바른 깨달음으로 인도하고, 열반으로 인도한다."(「욕망의 빛바램 경」(S47:32) §3)

### (7)「마음챙김의 확립 상윳따」(S47)의 개관

이제『상윳따 니까야』제5권「마음챙김의 확립 상윳따」(S47)를 전체적으로 개관해보자.

본 상윳따에는 모두 104개의 경들이 포함되어 있으며 모두 네 가지 마음챙김의 확립[四念處]에 관한 경들이다. 이들은 전체 10개 품 혹은 장들로 나뉘어져 있다. 본 상윳따에서도 제6장부터 제10장까지의 다섯 개 품들에는「도 상윳따」해제 §5-(2)-③과「깨달음의 구성요소 상윳따」해제 §6-(3)-②에서 설명한 다섯 개 품들에 포함된 54개 경들이 반복되어 나타나고 있다. 그러므로 본「마음챙김의 확립 상윳따」도 ① 각 품에 10개씩 전체 50개 경들을 포함하고 있는 제1장부터 제5장까지와

187) 여기에 대해서는『청정도론』XXI.70 이하와,『상윳따 니까야』「병 경」(S47:9) §7과 주해와,『상윳따 니까야』제4권「표상 없음 경」(S40:9) §3의 주해도 참조할 것.

② 전체 54개의 경들을 포함하고 있는 제6장부터 제10장까지의 두 부분으로 구분할 수 있다.

① 제1장부터 제5장까지

제1장 「암바빨리 품」, 제2장 「날란다 품」, 제3장 「계와 머묾 품」, 제4장 「전에 들어보지 못함 품」, 제5장 「불사 품」까지의 전반부 다섯 개 품들에는 각각 10개씩의 경들이 포함되어 있다.

이들 50개 경들은 다양한 문맥에서 어떤 경이 특히 중요하다고 강조할 수 없을 정도로 네 가지 마음챙김의 확립을 강조하고 마음챙김의 중요성을 역설하고 있다.

「암바빨리 경」(S47:1) 등에서 사념처는 유일한 도라 불리고 있으며, 「유익함 덩어리 경」(S47:5)과 「유익함 덩어리 경」(S47:45)에서 사념처는 유익함 덩어리라 불리고 있다. 「비구 경」(S47:3)과 「바히야 경」(S47:15)과 「빠띠목카 경」(S47:46)과 「나쁜 행위 경」(S47:47)에서는 "계를 의지하고 계에 굳게 서서 네 가지 마음챙김의 확립을 닦아야 한다."라고 강조하고 있으며, 「요리사 경」(S47:8)과 「비구니 거처 경」(S47:10)과 「날란다 경」(S47:12)과 「쭌다 경」(S47:13)과 「욱까쩰라 경」(S47:14)과 「경국지색 경」(S47:20) 등에서는 비유로써 사념처를 강조하고 있기도 하다.

「대인 경」(S47:11)에서는 대인(大人)이 되는 것도, 「부분적으로 경」(S47:26)에서는 유학이 되는 것도, 「완전하게 경」(S47:27)과 「구경의 지혜 경」(S47:36)에서는 무학(아라한)이 되는 것도, 「욕구 경」(S47:37)과 「철저히 앎 경」(S37:38)과 「불사(不死) 경」(S47:41)에서는 불사를 실현하는 것도, 「성스러움 경」(S47:17)과 「게을리함 경」(S47:33)에서 괴로움을 소멸하는 것도, 「닦음 경」(S47:34)에서 저 언덕에 도달하는 것도, 「세상 경」(S47:28)에서는 신통의 지혜를 얻는 것도 사념처를 닦았기 때문이라고 설하고 있다.

「오래 머묾 경」(S47:22)과 「쇠퇴 경」(S47:23)과 「바라문 경」(S47:25)에서는 정법이 오래 머무는 것도, 「병 경」(S47:9)과 「시리왓다 경」(S47:29)과 「마나딘나 경」(S47:30) 등에서는 병고를 이겨내는 것도 모두 네 가지 마음챙김을 닦기 때문이라고 강조하고 있다.

그리고 「느낌 경」(S47:49)에서는 세 가지 느낌을 철저히 알고, 「번뇌 경」(S47:50)에서는 세 가지 번뇌를 철저히 알기 위해서 사념처를 닦아야 한다고 강조한다.

그리고 「마음챙김 경」(S47:2)과 「비구니 거처 경」(S47:10)과 「마음챙김 경」(S47:35)과 「마음챙김 경」(S47:44)에서는 "비구는 [사념처에] 마음챙기면서 머물러야 한다. 이것이 그대들에게 주는 나의 간곡한 당부이다."라고 간절하게 말씀하신다.

무엇보다도 「욕망의 빛바램 경」(S47:32)에서는 "네 가지 마음챙김의 확립을 닦고 많이 [공부]지으면 그것은 염오로 인도하고, 탐욕의 빛바램으로 인도하고, 소멸로 인도하고, 고요함으로 인도하고, 최상의 지혜로 인도하고, 바른 깨달음으로 인도하고, 열반으로 인도한다."(S47:32 §3)고 강조하고 계신다. 그리고 신·수·심·법의 네 가지의 일어남과 소멸을 정의하고 있는 「일어남 경」(S47:42)도 관심을 가지고 살펴봐야 할 경이다.

② 제6장부터 제10장까지

제6장부터 제10장까지는 (1) 「강가 강의 반복」 (2) 「불방일 품」 (3) 「힘쓰는 일 품」 (4) 「추구 품」 (5) 「폭류 품」의 다섯 개 품들로 되어 있다. 이들 품에는 모두 54개의 경들이 포함되어 있는데, 여기에 대해서는 『상윳따 니까야』 제5권 「도 상윳따」(S45) 해제 §5-(2)-③과 「깨달음의 구성요소 상윳따」(S46) 해제 §6-(3)-②의 설명을 참조하기 바란다.

# 제19장 들숨날숨에 마음챙기는 공부[出入息念]

## (1) 들숨날숨에 마음챙기는 공부란 무엇인가

### ① 개요

『상윳따 니까야』 쉰 네 번째 주제인 「들숨날숨 상윳따」(Ānāpāna-saṁyutta, S54)에는 20개의 경들이 포함되어 있는데, 제1장 「하나의 법 품」과 제2장 「두 번째 품」으로 나누어져서 각각에 10개씩의 경들을 담고 있다.

앞 장의 마음챙김의 확립의 설명에서 살펴보았듯이 마음챙김의 대상은 몸·느낌·마음·법[身·受·心·法]의 네 가지이다. 그래서 네 가지 마음챙김의 확립[四念處]으로 정형화되어서 경의 도처에 나타난다. 이 가운데 몸이라는 마음챙김의 대상은 다시 14개로 구성이 되어 있는데, 그것은 ① 들숨날숨 ② 네 가지 자세 ③ 네 가지 분명히 알아차림 ④ 32가지 몸의 형태 ⑤ 사대(四大)를 분석함 ⑥~⑭ 아홉 가지 공동묘지의 관찰이다. 이 가운데 첫 번째가 바로 들숨날숨이다.

부처님 재세시부터 지금까지 이 들숨날숨은 마음챙김의 아주 중요한 대상으로 여겨졌다. 그래서 이미 『맛지마 니까야』에 「들숨날숨에 대한 마음챙김 경」(出入息念經, M118)이 따로 독립되어 나타나고 있기도 하다. 이런 배경에서 37보리분법을 위주로 한 초기불교의 수행에 대한 가르침을 담고 있는 빠알리어 원본 『상윳따 니까야』 제5권에서도 들숨날숨에 대한 마음챙김을 따로 분리해서 「들숨날숨 상윳따」(S54)로 편성하였을 것이다.

② 들숨날숨에 마음챙기는 공부의 중요성

부처님께서는 어떤 수행법을 통해서 깨달음을 얻으셨을까? 만일 부처님께서 직접 행하신 수행법이 있다면 그것은 무엇일까? 많은 불자들이 가지는 관심 중의 하나이다. 여기에 대해서 초기불전들은 별다른 언급을 하고 있지 않다. 그러나 부처님의 성도과정을 언급하고 있는 『맛지마 니까야』「긴 삿짜까 경」(Mahāsaccaka sutta, M36)에 해당하는 주석서는 부처님께서는 들숨날숨에 대한 마음챙김(ānapānasati, 出入息念)을 통해서 증득한 초선이 깨달음을 얻는 길이라고 판단하셨다고 언급하고 있다.[188]

『맛지마 니까야』「들숨날숨에 마음챙기는 경」(Ānāpānasati sutta, 出入息念經, M118)에서 부처님께서는 해제를 늦추시면서까지 여러 비구들에게 들숨날숨에 마음챙기는 공부를 독려하고 계시며, 역시 『맛지마 니까야』「긴 라훌라 교계경」(Mahārahulovāda Sutta, M62)에서 부처님께서는 당신의 외아들인 라훌라 존자에게도 이 들숨날숨에 마음챙기는 공부를 가르치고 계신다. 여러 주석서들도 아난다 존자 등 중요한 직계 제자들도 들숨날숨에 마음챙기는 공부를 통해서 아라한과를 얻었다고 언급하고 있다.

그리고 『디가 니까야 주석서』(DA)는 들숨날숨에 대한 마음챙김의 확립은 "모든 부처님과 벽지불과 성문들이 특별함을 증득하여 지금 · 여기서 행복하게 머무는 기초가 된다."고 설명하고 있다.[189] 이처럼 들숨날숨에 대한 마음챙김은 불교 수행에서 각별한 위치를 차지하고 있다.

상좌부불교의 부동의 준거가 되는 『청정도론』에서도 들숨날숨에 대

---

188) siyā nu kho eso maggo bodhāyāti bhaveyya nu kho etaṁ ānāpānassatipaṭhamajjhānaṁ bujjhanatthāya maggoti.(MA.ii.291)

189) DA.iii.763; 『네 가지 마음챙기는 공부』 120쪽 참조.

한 마음챙김은 아주 상세하게 설명되어 있다. 『청정도론』은 특히 「들숨날숨 상윳따」의 모든 경들에서 나타나고 있는 열여섯 단계의 정형구를 토대로 해서 들숨날숨에 마음챙기는 공부를 설명하고 있으며 이것을 다시 네 개씩 조를 짜서 네 가지로 나누어서 설명하고 있다.

③ 16단계의 정형구

「들숨날숨 상윳따」(S54)의 모든 경들에서 나타나고 있는 들숨날숨에 마음챙기는 공부의 열여섯 단계는 다음과 같다.

① 길게 들이쉬면서는 '길게 들이쉰다.'고 꿰뚫어 알고(pajānāti), 길게 내쉬면서는 '길게 내쉰다.'고 꿰뚫어 안다.

② 짧게 들이쉬면서는 '짧게 들이쉰다.'고 꿰뚫어 알고, 짧게 내쉬면서는 '짧게 내쉰다.'고 꿰뚫어 안다.

③ '온몸을 경험하면서 들이쉬리라.'며 공부짓고(sikkhati), '온몸을 경험하면서 내쉬리라.'며 공부짓는다.

④ '몸의 작용[身行]을 편안히 하면서 들이쉬리라.'며 …

⑤ '희열을 경험하면서 들이쉬리라.'며 …

⑥ '행복을 경험하면서 들이쉬리라.'며 …

⑦ '마음의 작용을 경험하면서 들이쉬리라.'며 …

⑧ '마음의 작용을 편안히 하면서 들이쉬리라.'며 …

⑨ '마음을 경험하면서 들이쉬리라.'며 …

⑩ '마음을 기쁘게 하면서 들이쉬리라.'며 …

⑪ '마음을 집중하면서 들이쉬리라.'며 …

⑫ '마음을 해탈케 하면서 들이쉬리라.'며 …

⑬ '무상을 관찰하면서 들이쉬리라.'며 …

⑭ '탐욕이 빛바램을 관찰하면서 들이쉬리라.'며 …

⑮ '소멸을 관찰하면서 들이쉬리라.'며 …

⑯ '놓아버림을 관찰하면서 들이쉬리라.'며 공부짓고 '놓아버림을 관찰하면서 내쉬리라.'며 공부짓는다.

『상윳따 니까야』「낌빌라 경」(S54:10) §§7~10에도 나타나지만 이 16단계는 다시 네 개의 무리로 분류되어 네 가지 마음챙김의 확립의 각각에 배대된다. 이것은『맛지마 니까야』「들숨날숨에 마음챙기는 경」(M118)에도 나타난다. 이러한 경들에서 세존께서는 ①~④의 넷을 사념처의 신념처(身念處, 몸에 대한 마음챙김의 확립)에 해당한다고 설하시고, ⑤~⑧은 수념처(受念處, 느낌에 대한 마음챙김의 확립)에, ⑨~⑫는 심념처(心念處, 마음에 대한 마음챙김의 확립)에, ⑬~⑯은 법념처(法念處, 법에 대한 마음챙김의 확립)에 해당한다고 설하고 계신다.

『청정도론』에서도 이 가운데서 첫 번째 네 개조(①~④)는 초심자를 위한 가장 기본이 되는 명상주제이며, 나머지 세 개의 네 개조(⑤~⑯)는 ①~④를 통해서 삼매를 증득한 자를 위해서 각각 느낌[受], 마음[心], 법(法)의 관찰로써 설한 것이라고 설명하고 있다.[190] 그래서『청정도론』은 이 들숨날숨에 마음챙기는 공부를 통해서 제4선을 얻고 그것을 바탕으로 위빳사나를 하여 무애해를 겸한 아라한과를 얻기를 원하는 수행자를 위해서 설한 것이 바로 이 열여섯 단계의 들숨날숨에 마음챙기는 공부법이라고 적고 있다.[191]

특히『청정도론』에서는 이 공부법을 ① 헤아림(gaṇanā) ② 연결(anu-bandhanā) ③ 닿음(phusanā) ④ 안주함(ṭhapanā) ⑤ 주시(sallakkhaṇā) ⑥ 환멸(還滅, vivaṭṭanā) ⑦ 두루 청정함(pārisuddhi) ⑧ 되돌아 봄(paṭi-passanā)의 여덟 단계로 설명하는데[192] 아주 요긴한 가르침이므로『청

190) 『청정도론』 VIII.186.

191) *Ibid.*

정도론』의 해당부분을 정독할 것을 권한다. 그리고 이것은 안세고(安世高) 스님이 옮긴 『불설대안반수의경』(佛說大安般守意經)에 '마음챙김의 여섯 가지 경우[守意六事]'로 나타나는 수·수·지·관·환·정(數·隨·止·觀·還·淨)의 여섯 단계의 수행과 일맥상통하는 가르침이고, 구마라즙 스님이 옮긴 『좌선삼매경』(坐禪三昧經)에서 '들숨날숨을 통한 삼매의 6종문 16분[阿那般那三昧六種門十六分]'에 나타나는 수·수·지·관·전관·청정(數·隨·止·觀·轉觀·淸淨)과도 비교가 되는 중요한 가르침이다. 그리고 이 여섯 가지는 『구사론』에도 수·수·지·관·전·정(數·隨·止·觀·轉·淨)으로 비교적 자세히 설명되고 있다.(권오민 역, 『아비달마 구사론』 제3권 1027쪽 이하 참조)

아울러 우리가 주목해야 할 점은 『청정도론』에서는 들숨날숨을 챙기는 것을 '숨이 계속해서 닿는 부분에 마음챙김을 두고'193)라고 구체적으로 설명하고 있다는 것이다. 이것은 들숨날숨에 마음챙기는 공부에 대한 가장 중요한 설명으로 남방 스님들이 많이 인용하는 구문이다. 『청정도론』의 이런 설명은 지금 미얀마에서 가르치고 있는 마하시 스님(Mahasi Sayadaw) 계열의 수행법과 인도 등지에서 가르치고 있는 고엔까(Goenka) 수행법의 논리적인 근거가 되는 것이므로 우리가 정독해서 음미해봐야 할 부분이다.194)

---

192) 『청정도론』 VIII.189 이하를 참조할 것.

193) phuṭṭha-phuṭṭha-okāse satiṁ ṭhapetvā – Vis.VIII.194.

194) 이상 대림 스님의 『들숨날숨에 마음챙기는 공부』 '들어가는 말'의 해당 부분을 인용하였다.

## (2) 「들숨날숨 상윳따」(S54)의 개관

『상윳따 니까야』 「들숨날숨 상윳따」에 포함된 20개의 경들은 모두 16단계로 된 들숨날숨에 마음챙기는 공부의 정형구를 포함하고 있다.

우선 「하나의 법 경」 등(S54:1~5) 다섯 개 경들과 「등불 비유 경」(S54:8)과 「낌빌라 경」(S54:10)에서는 "들숨날숨에 대한 마음챙김을 닦고 많이 [공부]지으면 큰 결실이 있고 큰 이익이 있다."고 설한다. 그리고 그 결실로는 아라한과와 불환과 등과 지금·여기에서 구경의 지혜를 성취함부터 더 높은 세계로 재생하여 색구경천에 이르는 자가 되는 일곱 가지 결실과 이익과 4선-4처-상수멸의 증득 등을 들고 있다. 「잇차낭갈라 경」(S54:11)도 여기에 포함시킬 수 있다.

그리고 「아난다 경」 1/2(S54:13~14)와 「비구 경」 1/2(S54:15~16)에서는 들숨날숨의 한 가지 법을 닦고 많이 [공부]지으면 네 가지 마음챙김의 확립이라는 네 가지 법을 가득 채우게 되고, 네 가지 법을 닦고 많이 [공부]지으면 일곱 가지 깨달음의 구성요소라는 일곱 가지 법을 가득 채우게 되고, 일곱 가지 법을 닦고 많이 [공부]지으면 명지와 해탈이라는 두 가지 법을 가득 채우게 된다고 설한다.

또한 「족쇄 경」 등(S54:17~20)의 네 개 경에서는 들숨날숨에 대한 마음챙김을 통한 삼매를 닦고 많이 [공부]지어서 족쇄를 제거하고 잠재성향을 뿌리 뽑고 도정을 철저히 알게 되고 번뇌들을 멸진한다고 설하고 있다.

한편 「웨살리 경」(S54:9)은 생소한 일화를 담고 있다. 세존께서 여러 가지 방법으로 부정(不淨)에 관한 말씀을 하시고 보름 동안 홀로 칩거하신 뒤에 대중들이 많이 줄어든 것을 보시게 된다. 그 이유가 세존께서 부정관을 칭송하셨기 때문에 비구들 몇 십 명이 칼로 자결한 것임을 아시고 대중들에게 이 들숨날숨에 마음챙기는 수행을 가르치셨다고 본경은 적고 있다. 세존께서는 이렇게 말씀하신다.

“들숨날숨에 대한 마음챙김을 통한 삼매를 닦고 많이 [공부]지으면 고요하고 수승하고 순수하고 행복하게 머물고, 나쁘고 해로운 법[不善法]들이 일어나는 족족 즉시에 사라지게 하고 가라앉게 한다.”(S54:9 §8)

이런 이유 등으로 세존께서는 비구들에게 들숨날숨에 마음챙기는 수행을 많이 장려하셨다. 경과 주석서에 의하면 세존의 외동아들인 라훌라 존자도, 세존의 사촌 동생이면서 오랫동안 시자소임을 보았고 『경장』 결집의 주역이었던 아난다 존자도 모두 이 들숨날숨에 마음챙기는 공부를 통해서 아라한이 되었다.

# 제20장 네 가지 바른 노력[四正勤]과 선법 · 불선법

## (1) 바른 노력[正勤]이란 무엇인가

네 가지 바른 노력[四正勤, sammappadhāna]은 『상윳따 니까야』 「바른 노력 상윳따」(S49)의 주제이다. 바른 노력을 언급하면서 반드시 함께 살펴봐야하는 것이 선법과 불선법의 문제이다. 본장에서는 이러한 중요한 문제를 살펴보고자 한다.

### ① 네 가지 바른 노력의 정의

그러면 무엇이 네 가지 바른 노력[四正勤, sammappadhāna]인가? 먼저 『상윳따 니까야』에 나타나는 네 가지 바른 노력의 정의부터 살펴보자.

"비구들이여, 네 가지 바른 노력[四正勤]이 있다. 무엇이 넷인가?

비구들이여, 여기 비구는 아직 일어나지 않은 사악하고 해로운 법[不善法]들을 일어나지 못하게 하기 위해서 열의를 생기게 하고 정진하고 힘을 내고 마음을 다잡고 애를 쓴다.

이미 일어난 사악하고 해로운 법들을 제거하기 위해서 열의를 생기게 하고 정진하고 힘을 내고 마음을 다잡고 애를 쓴다.

아직 일어나지 않은 유익한 법[善法]들을 일어나도록 하기 위해서 열의를 생기게 하고 정진하고 힘을 내고 마음을 다잡고 애를 쓴다.

이미 일어난 유익한 법들을 지속시키고 사라지지 않게 하고 증장시키고 충만하게 하고 닦아서 성취하기 위해서 열의를 생기게 하고 정진하

고 힘을 내고 마음을 다잡고 애를 쓴다."(「동쪽으로 흐름 경」(S49:1) §3)

그리고 이 네 가지 바른 노력[四正勤]은 팔정도의 여섯 번째인 바른 정진[正精進]의 내용이고, 오근·오력의 두 번째인 정진의 기능[精進根]과 정진의 힘[精進力]의 내용이며, 칠각지의 세 번째인 정진의 깨달음의 구성요소[精進覺支]의 내용이기도 하다.

② 바른 노력은 선법과 불선법의 판단으로부터

바른 노력에서 가장 중요한 것은 위의 경전 인용에서 보았듯이 선법(善法, kusala-dhamma, 유익한 법)과 불선법(不善法, akusala-dhamma, 해로운 법)의 판단이다. 이것이 없으면 바른 노력도 아니요 바른 정진도 아니다. 그래서 칠각지에는 두 번째인 법을 간택하는 깨달음의 구성요소(택법각지) 다음에 정진의 깨달음의 구성요소(정진각지)가 나타나는 것이다. 한편 경에서 택법각지는 다음과 같이 정의되고 있다.

"비구들이여, 유익하거나 해로운 법들, 나무랄 데 없는 것과 나무라야 마땅한 법들, 받들어 행해야 하는 것과 받들어 행하지 말아야 하는 법들, 고상한 것과 천박한 법들, 흑백으로 상반되는 갖가지 법들이 있어 거기에 지혜롭게 마음에 잡도리하기를 많이 [공부]지으면 이것이 아직 일어나지 않은 법을 간택하는 깨달음의 구성요소를 일어나도록 하고 이미 일어난 법을 간택하는 깨달음의 구성요소를 늘리고 드세게 만들고 수행을 성취하는 자양분이다."(「몸 경」(S46:2) §12)

주석서는 여기에 나타나는 쌍들 가운데 첫 번째는 모두 유익한 법(선법)과 동의어이고 두 번째는 모두 해로운 법(불선법)과 동의어라고 설명하고 있다.(SA.iii.141)

### (2) 무엇이 선법이고 무엇이 불선법인가

그러면 무엇이 선법(유익한 법)이고 무엇이 불선법(해로운 법)인가? 주석서들은 다음과 같이 설명한다.

"해로운 법이란 능숙하지 못함에서 생긴 탐욕 등의 법이다."(AA.ii.44)

"유익함(kusala)이란 능숙함에서 생겼으며(kosalla-sambhūta) 비난받을 일이 없는 행복한 과보를 가져오는 것이다. 해로움(akusala)이란 능숙하지 못함에서 생겼으며 비난받을 괴로운 과보를 가져오는 것이다."(SA.iii.141 등)

"능숙함(kosalla)은 통찰지(paññā)를 말한다."(SAṬ.ii.126)

"능숙함은 지혜(ñāṇa)를 말한다. 이것과 결합된 것을 유익함이라 한다. 그래서 유익함은 지혜를 갖춘 것이다."(DAṬ.ii.223)

그러면 해로운 법(불선법)과 유익한 법(선법)에는 구체적으로 어떤 것이 있는가? 주석서들은 이렇게 설명한다.

"열 가지 유익한 업의 길[十善業道]이 '법(dhamma)'이고 열 가지 해로운 업의 길[十不善業道]이 '비법(adhamma)'이다. 그와 같이 사념처, 사정근, 사여의족, 오근, 오력, 칠각지, 팔정도로 구성된 37가지 보리분법이 법이다. … 네 가지 취착, 다섯 가지 장애, 일곱 가지 잠재성향, 여덟 가지 삿됨(바르지 못한 도)은 비법이다."(AA.i.85)

"여기서 '법(dhamma)'이란 열 가지 유익한 업의 길[十善業道, dasa-kusalakamma-patha]이라는 법이다."(AA.ii.178)

이처럼 주석서들은 불선법을 ① 10불선업도(살생, 도둑질, 삿된 음행, 망어, 기어, 양설, 악구, 탐욕, 악의, 삿된 견해, DA.ii.644, MA.i.197 등) ② 12가지 해로운 마음과 함께 일어난 [14가지 해로운 마음부수]법들(DA.iii.843)로 설명하고 있다. 물론 다섯 가지 장애(MA.iii.145) 등도 모두 14가지 해로운 마음부수법들에 포함된다.

아비담마에 의하면 14가지 해로운 마음부수법들은 ① 어리석음[痴, moha] ② 양심 없음[無慚, ahirika] ③ 수치심 없음[無愧, anottappa] ④ 들뜸[掉擧, 도거, uddhacca] ⑤ 탐욕[貪, lobha] ⑥ 사견[邪見, diṭṭhi] ⑦ 자만[慢, māna] ⑧ 성냄[嗔, dosa] ⑨ 질투[嫉, issā] ⑩ 인색[慳, macchariya] ⑪ 후회[惡作, kukucca] ⑫ 해태(懈怠, thiina) ⑬ 혼침(昏沈, middha) ⑭ 의심[疑, vicikicchā]이다. 이들 14가지 해로운 마음부수법들에 대한 상세한 설명은 『아비담마 길라잡이』 제2장 §4의 해설 9와 10을 참조하기 바란다. 한편 선법은 『디가 니까야』 「확신경」(D28 §3) 등과 주석서들에서 37보리분법 등으로 설명하고 있다.

결론적으로 말하자면, 비난받을 일이 없는 행복한 과보를 가져오며, 궁극적 행복[至福, parama-sukha]인 해탈·열반에 도움이 되는 37보리분법 등은 선법이고 그렇지 못한 10불선업도나 14가지 해로운 마음부수법들은 불선법이다.

선법은 10선업도와 37보리분법으로 정리되는데 37보리분법은 본서 17장부터 25장에서 자세하게 언급되고 있으니 그 곳을 참조하기 바란다. 여기서는 『경장』과 『논장』에 나타나는 불선법들을 중심으로 살펴보고자 한다.

먼저 십불선법과 십선법 즉 열 가지 해로운 업의 길과 열 가지 유익한 업의 길을 살펴보자. 『디가 니까야』 「합송경」(D33)과 「십상경」(D34)에서는 다음과 같이 정리하고 있다.

"열 가지 해로운 업의 길[十不善業道, akusala-kammapatha] — 생명을 죽임, 주지 않은 것을 가짐, 삿된 음행, 거짓말, 중상모략, 욕설, 잡담, 탐욕, 악의, 삿된 견해

열 가지 유익한 업의 길[十善業道, kusala-kammapatha] — 생명을 죽이는 것을 금함, 주지 않은 것을 가지는 것을 금함, 삿된 음행을 금함, 거

짓말을 금함, 중상모략을 금함, 욕설을 금함, 잡담을 금함, 탐욕 없음, 악의 없음, 바른 견해"(D33 §3.3 (3)~(4) = D34 §2.3 (6)~(7))

### (3) 극복해야 될 해로운 법[不善法]들의 모둠

『논장』의 『담마상가니』에는 hetu-gocchaka(원인의 모둠), āsava-gocchaka(번뇌의 모둠), saṁyojana-gocchaka(족쇄의 모둠), gantha-gocchaka(매듭의 모둠), ogha-gocchaka(폭류의 모둠), yoga-gocchaka(속박의 모둠), nīvaraṇa-gocchaka(장애의 모둠), parāmāsa-gocchaka(고수(固守)의 모둠), upādāna-gocchaka(취착의 모둠), kilesa-gocchaka(오염원의 모둠)라는 10가지 모둠(곳차까, gocchaka)으로 표현된 불선법들의 모둠이 나타나고 있다. 불선법들은 일어날 때 무리지어서 모둠으로 일어나기 때문에 이렇게 그룹별로 불선법들을 나타내는 듯하다. 저자는 곳차까를 '모둠'으로 옮긴다. 그리고 이들 곳차까들은 『담마상가니』에서 잘 나열되어 있고 『담마상가니 주석서』(앗타살리니)에 잘 설명되어 있다.

그리고 『아비담맛타 상가하』(아비담마 길라잡이) 7장 §§3~12에는 『논장』에 나타나는 이러한 불선법들의 모둠과 니까야에 나타나는 불선법들에 대한 가르침을 모두 10개의 모음으로 정리하고 있다. 그 10가지 모음은 ① 번뇌(āsava), ② 폭류(ogha), ③ 속박(yoga), ④ 매듭(gantha), ⑤ 취착(upādāna), ⑥ 장애(nīvaraṇa), ⑦ 잠재성향(anusaya), ⑧ 족쇄(saṁyojana, 숫딴따(경)의 방법에 따라), ⑨ 족쇄(saṁyojana, 아비담마의 방법에 따라), ⑩ 오염원(kilesa)이다.

이들 열 가지는 초기불교의 이해를 기본 주제로 하는 본서에서 다루기에는 조금 전문적인 내용이기는 하나 이러한 해로운 법들의 모음을 읽고 음미하는 자체만으로도 나 자신에게서 일어나는 해로운 심리현상들을 바르게 파악하는데 큰 도움이 된다고 판단해서 『아비담마 길라잡이』의 방법론을 따라서 하나하나 살펴보고자 한다. 어렵거나 딱딱하게 느껴지는 분들은 아래 설명을 건너뛰어도 무방할 것이다.

① 번뇌(āsava)

"네 가지 번뇌가 있으니 ① 감각적 욕망의 번뇌 ② 존재의 번뇌 ③ 사견의 번뇌 ④ 무명의 번뇌이다."[195]

그런데 경에서 번뇌는 감각적 욕망의 번뇌, 존재의 번뇌, 무명의 번뇌의 셋으로 나타난다.[196] 한편 아비담마에서는 여기에다 사견의 번뇌를 더하여 네 가지 번뇌로 정착이 되었으며(Dhs.195 {1096}) 그래서 『아비담마 길라잡이』에서도 위의 인용처럼 4가지로 나타난다. 아래에서 보듯이 똑같은 4가지가 경에서는 4가지 폭류와 4가지 속박으로도 나타나는데 그래서 『논장』에서는 이 네 가지를 다 번뇌라고 분류하는 듯하다. 이 넷에 대한 주석서적인 설명은 아래 ② 폭류와 ③ 속박 편에 나타나는 주석서의 인용을 참조하기 바란다.

'번뇌'로 옮긴 아사와(āsava)는 ā(향하여)+√sru(*to flow*)에서 파생된 남성명사이다. '흐르는 것'이라는 문자적인 뜻에서 원래는 종기에서 흘러나오는 고름이나 오랫동안 발효된 술(madira) 등을 뜻했다고 주석가들은 말한다.(DhsA.48) 이것이 우리 마음의 해로운 상태를 나타내는 말로 정착된 것이며 중국에서는 煩惱(번뇌)라고 옮겼다. 이런 마음상태들을 아사와(āsava, 흘러나오는 것)라고 부르는 이유는 이것도 흘러나오는 고름이나 악취나는 술과 같기 때문이다. 주석가들이 불교식으로 해석하

---

195) kāmāsavo, bhavāsavo, diṭṭhāsavo, avijjāsavo.

196) 「합송경」(D33 §1.10 (20)), 「제번뇌단속 경」(M2 §6), 「띠깐나 경」(A3:58), 「번뇌 경」(S38:8) 등.

여 이것을 아사와(흘러나오는 것)라 부르는 이유는 이것이 공간으로서는 최고로 높은 존재 즉 비상비비상처까지 흘러가고, 법(dhamma)으로는 고뜨라부(種姓, 길라잡이 9장 §34를 참조)의 영역에까지 흘러들기 때문이라고 설명한다.(DhsA.48)

주석서는 다음과 같이 번뇌를 설명한다.

"오랫동안 격리되었다(pārivāsiya)는 뜻에서, 혹은 흐른다(āsavana)는 뜻에서 번뇌[漏, 루]이다. '비구들이여, 그 이전에는 없었고 그 이후에 생겼다라고 하는 무명의 첫 시작(koṭi)은 꿰뚫어 알아지지 않는다.'(A.v.113) 혹은 '비구들이여, 존재에 대한 갈애와 존재에 대한 사견 이전의 첫 시작은 알아지지 않는다. 그 이전에는 존재에 대한 갈애가 없었고 그 이후에 존재에 대한 갈애가 생겼다.'라고 이렇게 오랫동안 격리되었다는 뜻에서 번뇌라 한다고 알아야 한다. '눈으로부터 형상으로 흐른다, 흘러간다, 굴러간다, 귀로부터 소리로 … 마노로부터 법으로 흐른다, 흘러간다, 굴러간다고 해서 흐른다는 뜻에서 번뇌[漏]이다."(DA.iii.988~89)

② 폭류(ogha)

"네 가지 폭류가 있으니 ① 감각적 욕망의 폭류 ② 존재의 폭류 ③ 사견의 폭류 ④ 무명의 폭류이다."197)

폭류로 옮긴 오가(ogha)는 √vah(*to carry*)에서 파생된 남성명사로 간주한다. 실어가 버리는 것이란 의미에서 홍수나 거센 물결을 뜻하는 용어로 베다에서부터 나타나는 말이다.

주석서는 다음과 같이 설명한다.

"윤회(vaṭṭa)에 끌려든다, 가라앉게 한다(ohananti osīdāpenti)고 해서

197) kāmogho, bhavogho, diṭṭhogho, avijjogho — 「합송경」(D33) §1.11 (31), 「십상경」(D34) §1.5 (1), 「독사 경」(S35:238) §16, 「폭류 경」(S38:11), 「폭류 경」(S45:171) 등.

폭류라 한다.(=DhsA.49) 여기서 다섯 가닥의 감각적 욕망으로 된 것이 '감각적 욕망의 폭류(kām-ogha)'이다. 색계와 무색계의 존재에 대한 욕탐이 '존재의 폭류(bhav-ogha)'이니 禪을 갈구하는 것(jhāna-nikanti)이다. 영원하다는 견해[常見, sassata-diṭṭhi]와 함께하는 욕망과 62가지 견해가 '사견의 폭류(diṭṭh-ogha)'이다. 사성제를 알지 못하는 것이 '무명의 폭류(avijj-ogha)'이다."(SA.iii.137; DA.iii.1023)

즉 이들 네 가지는 중생들을 윤회의 바다로 휩쓸어 가 버리기 때문이며 쉽게 건널 수 없기 때문에 폭류라고 부른다는 설명이다.

③ 속박(yoga)

"네 가지 속박이 있으니 ① 감각적 욕망의 속박 ② 존재의 속박 ③ 사견의 속박 ④ 무명의 속박이다."198)

속박으로 옮긴 요가(yoga)는 √yuj(*to yoke*)에서 파생된 남성명사로서 매다, 멍에를 메다는 문자적인 뜻에서 속박, 구속, 얽맴, 족쇄를 뜻한다. 초기 경에서 √yuj에서 파생된 단어들은 거의 예외 없이 모두 이런 정신적인 구속, 속박, 족쇄의 의미로 쓰이고 있다. 예를 들면 [10가지] 족쇄로 옮기는 saṁyojana도 saṁ+√yuj인데 이 어원도 바로 √yuj이다. 요가학파에서 설하는 수행의 의미로 쓰이는 것은 주석서에서부터이다. 예를 들면 수행자를 뜻하는 요가짜라(yogācāra)라는 단어는 『청정도론』에서도 많이 나타난다.

"윤회에 속박시킨다(yojenti)고 해서 속박이라 한다.(DhsA.49) 여기서 다섯 가닥의 감각적 욕망으로 된 것이 '감각적 욕망의 속박(kāma-yoga)'이다. 색계와 무색계의 존재에 대한 욕탐이 '존재의 속박(bhava-yoga)'

---

198) kāmayogo, bhavayogo, diṭṭhiyogo, avijjāyogo —「합송경」(D33) §1.11 (32),「십상경」(D34) §1.5 (2),「속박 경」(S45:172)

이니 禪을 갈구하는 것(jhāna-nikanti)이다. 영원하다는 견해[常見, sassata-diṭṭhi]와 함께하는 욕망과 62가지 견해가 '사견의 속박(diṭṭhi-yoga)'이다. 사성제를 알지 못하는 것이 '무명의 속박(avijjā-yoga)'이다."(AA.iii.13)

위에서 번뇌라고 부르기도 하고 폭류라고 부르기도 한 이 네 가지는 다시 속박(yoga)이라고 부르고 있는데 이들은 중생들을 괴로움에 속박시켜 도망치지 못하게 하기 때문이다.

④ 매듭(gantha)

"네 가지 매듭이 있으니 ① 간탐의 몸의 매듭 ② 악의의 몸의 매듭 ③ 계율과 의식에 대한 집착의 몸의 매듭 ④ 이것만이 진리라고 천착하는 몸의 매듭이다."199)

매듭으로 옮긴 간타(gantha)는 √grath/granth*(to tie)*에서 파생된 남성명사로 묶은 것을 나타낸다. 매듭, 묶음을 뜻하며 초기경에서부터 거의 대부분 kāya-gantha, 즉 몸에 얽어매는 것이란 합성으로 나타난다. 주석서와 산스끄리뜨(grantha)에서는 [실로] 묶은 것 = 책 = 경전이란 의미로도 많이 쓰인다. 여기서 이 넷을 몸의 매듭(kāya-gantha)이라 부르는 이유는 이들이 마음을 몸에 얽어매고 현재의 몸을 미래의 몸에 얽어매기 때문이다. 여기서 몸(kāya)이라는 것은 정신적이거나 육체적인 몸에 다 적용되며 그래서 오온을 뜻한다고 보면 된다.

이들 네 가지 매듭에 대한 설명은 『아비담마 길라잡이』 7장 §6의 [해설]을 참조할 것.

---

199) abhijjhā kāyagantho, vyāpādo kāyagantho, sīlabbataparāmāso kāya-gantho, idaṁsaccābhiniveso kāyagantho — 「합송경」(D33) §1.11(33), 「매듭 경」(S45:174)

주석서는 다음과 같이 설명하고 있다.

"죽음과 재생연결(cutipaṭisandhi)을 통해서 윤회에 얽어맨다(ganthenti ghaṭenti)고 해서 매듭이라 한다."(DhsA.49)

"'몸의 매듭(kāya-gantha)'이란 정신적인 몸(nāma-kāya)의 매듭이니 매듭짓고 얽어매는 오염원(ganthana-ghaṭana-kilesa)을 말한다."(SA.iii.137)

"매듭짓고 얽어매는 오염원(ganthana-ghaṭana-kilesa)이란 원인(hetu)을 결과(phala)에 얽어매고 업의 회전(kamma-vaṭṭa)을 과보의 회전(vipāka-vaṭṭa)에 얽어매어서 괴로움에 묶어버리는 것이라고 알려진 것(dukkha-ppabandha-saññita)을 뜻한다."(SAṬ.iii.121)

⑤ 취착(upādāna)

"네 가지 취착이 있으니 ① 감각적 욕망에 대한 취착 ② 사견에 대한 취착 ③ 계율과 의식에 대한 취착 ④ 자아의 교리에 대한 취착이다."[200)]

취착으로 옮긴 우빠다나(upādāna)는 upa(위로)+ā(향하여)+√dā(*to give*)에서 파생된 중성명사로 받아들임, 받아들인 것이라는 문자적인 뜻에서 거머쥠, 취착의 뜻으로 정착되었다. 이것은 12연기에서 갈애에 조건지워진 것으로 나타나며[愛緣取, taṇhāpaccaya upādāna] 중국에서는 取(취)로 옮겼다.

"아주 강하게 거머쥔다(bhusaṁ ādiyanti, daḷhaggāhaṁ gaṇhanti)고 해서 취착이라 한다."(DhsA.50)

네 가지 취착(upādāna)에 대한 『청정도론』의 설명을 인용한다.

"① 대상(vatthu)이라 불리는 감각적 욕망을 취착하기 때문에 '감각적

---

200) kāmupādānaṁ, diṭṭhupādānaṁ, sīlabbatupādānaṁ, attavādupādānaṁ —「정견 경」(M9) §24,「짧은 사자후 경」(M11) §10,「분석 경」(S12:2) §7,「취착 경」(S38:12),「취착 경」(S45:173))

욕망에 대한 취착[慾取, kām-upādāna]'이라 한다. 감각적 욕망 그 자체가 취착이기 때문에도 감각적 욕망에 대한 취착이라고 한다. 취착이라는 것은 강하게 거머쥐는 것(daḷha-ggahaṇa)이다.

② 마찬가지로 사견 그 자체가 취착이기 때문에 '사견에 대한 취착[見取, diṭṭh-upādāna]'이다. 혹은 사견을 취착하기 때문에 사견에 대한 취착이라고 한다. "자아와 세상은 영원하다.(sassato attā ca loko ca, D1/i.14 §1.31)"라는 데서는 뒤의 사견이 앞의 사견을 취착한다.

③ 마찬가지로 계와 의식을 취착하기 때문에 '계율과 의례의식에 대한 취착[戒禁取, sīlabbat-upādāna]'이라 한다. 계와 의식 그 자체가 취착이기 때문에 계율과 의례의식에 대한 취착이라고도 한다. 소처럼 행동하고 소처럼 사는 것이 청정이라고 국집하기 때문에 그 자체가 취착이다.

④ 그와 마찬가지로 이것을 통해 주장하기 때문에 교리(vāda)라 한다. 이것을 통해 취착하기 때문에 취착이다. 무엇을 주장하거나 취착하는가? 자아다. 자아의 교리를 취착하는 것이 '자아의 교리에 대한 취착(attavādupādāna)'이다. 혹은 단지 자아의 교리가 자아고 그것을 통해 취착하기 때문에 자아의 교리에 대한 취착이다. 이것이 그들의 뜻에 대한 분석이다."(Vis.XVII.241)[201]

⑥ 장애(nīvaraṇa)

"여섯 가지 장애가 있으니 ① 감각적 욕망에 대한 욕구의 장애 ② 악의의 장애 ③ 해태와 혼침의 장애 ④ 들뜸과 후회의 장애 ⑤ 의심의 장애 ⑥ 무명의 장애이다."[202]

---

201) 더 자세한 설명은 『청정도론』 XVII.242 이하를 참조할 것.

202) kāmacchandanīvaraṇaṁ, vyāpādanīvaraṇaṁ, thinamiddhanīvaraṇaṁ, uddhaccakukkuccanīvaraṇaṁ, vicikicchānīvaraṇaṁ, avijjānīvaraṇaṁ) — 『법집론』 (Dhs.204) {1152}

'장애'로 옮긴 니와라나(nīvaraṇa)는 nis(밖으로)+√vṛ(*to cover*)에서 파생된 중성명사로 덮어버림이란 문자적인 뜻에서 장애로 옮기며 문자적인 뜻을 살려 蓋(개)로 한역되었다. 주석서에서는 이들이 천상의 길과 열반의 길을 방해하기 때문에 장애라 한다고 덧붙인다. 주석가들은 장애를 아직 일어나지 않은 유익한 법들을 일어나지 못하게 막고 이미 일어난 유익한 법들을 지속하지 못하게 막는 정신적인 요인이라고 설명한다. 경에서는 항상 처음의 다섯 가지만 언급되며 그래서 다섯 가지 장애[五蓋, pañca-nīvaraṇa]로 정형화되어 있는데 아비담마에서는 무명을 더하고 있다.(Dhs.204 {1152}) 처음 다섯은 禪을 증득하지 못하게 하는 주 장애요소들이고 무명은 통찰지가 일어나는 것을 방해하는 장애이다.

『논장』에서 여섯 가지 장애로 나타나는 것은 『경장』에 그 근거가 있는 듯하다. 「풀과 나무 경」(S15:1) 등 『상윳따 니까야』 제2권 「시작을 알지 못함 상윳따」(S15)의 여러 경들에서 "그 시작을 알 수 없는 것이 바로 윤회다. 무명에 덮이고 갈애에 묶여서 치달리고 윤회하는 중생들에게 [윤회의] 처음 시작점은 결코 드러나지 않는다."라는 정형구가 나타난다. 그리고 "중생들은 무명에 덮이고 갈애의 족쇄에 계박되어 저열한 [욕]계에 알음알이를 확립한다."(「존재 경」(A3:76) 등)는 정형구도 나타나는데, 여기서 '무명에 덮이고'로 옮긴 원어가 바로 avijjā-nīvaraṇa이고 이것을 술어로 옮기면 무명의 장애가 된다. 이런 이유 때문에 『논장』에서는 이것을 무명의 장애로 포함시켜서 모두 여섯 가지 장애로 정착이 된 듯하다.

주석서는 "마음을 장애한다, 덮어버린다(nīvaranti pariyonandhanti)고 해서 장애라 한다."(DhsA.49)와 "덮는다는 뜻에서 '덮개(āvaraṇa)'이다. 이것은 선법(善法)이 일어나는 것을 처음부터 방해한다는 뜻이다. 막는다는 뜻에서 '장애(nīvaraṇa)'이다. 이것은 남김없이 모두 제지한다는 뜻이다."(AAṬ.iii.22) 등으로 설명하고 있다.

한편 경에서는 "비구들이여, 다섯 가지 장애는 어둠을 만들고 안목을 없애버리고 무지를 만들고 통찰지를 소멸시키고 곤혹스러움에 빠지게 하고 열반으로 인도하지 못한다."(「장애 경」(S46:40))로 강조하고 있는데, 일곱 가지 깨달음의 구성요소(칠각지)를 닦음으로써 이런 장애를 제거하고 열반으로 인도하게 된다고 「장애 경」(S46:40) 등 S46의 여러 경들은 강조하고 있다.

그리고 중요한 것은 「사문과경」(D2 §75) 등의 초선 등의 정형구에서 보듯이 바른 삼매 혹은 선(禪)의 경지에 들기 위해서는 이러한 다섯 가지 장애[五蓋]를 반드시 제거해야 한다는 것이다. 이러한 장애들이 극복되어 마음의 행복과 고요와 평화가 가득한 경지를 순차적으로 정리한 것이 네 가지 선(禪)이며 이를 바른 삼매라 하는 것이다.

⑦ 잠재성향(anusaya)

"일곱 가지 잠재성향이 있으니 ① 감각적 욕망의 잠재성향 ② 존재에 대한 욕망의 잠재성향 ③ 적의의 잠재성향 ④ 자만의 잠재성향 ⑤ 사견의 잠재성향 ⑥ 의심의 잠재성향 ⑦ 무명의 잠재성향이다."[203)]

'잠재성향'으로 옮긴 아누사야(anusaya)는 anu(따라서)+√śī(*to lie*, 눕다)에서 파생된 남성명사로 따라 누운이라는 문자적인 뜻에서 성향, 성벽의 뜻이며 영어로는 *underlying tendency*로 정착되어 간다. 중국에서는 使, 惑, 眠, 隨眠, 隨逐, 結使, 習氣(사, 혹, 면, 수면, 수축, 결사, 습기) 등으로 한역되었다. 주석가들은 이들이 자기가 속해 있는 정신적인 흐름(santāna)을 따라 누워 있다가(anuseti) 적당한 조건들을 만나면 표면

203) kāmarāgānusayo, bhavarāgānusayo, paṭighānusayo, mānānusayo, diṭṭhānusayo, vicikicchānusayo, avijjānusayo — 「합송경」(D33) §2.3 (12), 「십상경」(D34) §1.8 (4)

으로 드러나서 오염원(kilesa)으로 작용한다고 설명한다. 여기서 잠재성향이라는 술어는 출세간의 도에 의해 번뇌가 박멸되지 않는 한 언제든지 다시 일어날 수 있다는 점을 강조하고 있다. 모든 종류의 정신적인 해로운[不善] 법들은 이 잠재성향에 포함된다. 그 중에서도 여기서 언급되고 있는 일곱 가지가 가장 두드러진 것이다. 감각적 욕망과 존재에 대한 욕망은 마음부수 가운데서 탐욕(lobha)의 형태이고 나머지는 그 각각의 마음부수법들이다. 그러므로 모두 여섯 가지 마음부수법들이 잠재성향의 기능을 한다.

그런데 이 일곱 가지 잠재성향(anusaya)은 『논장』에서 『담마상가니』(法集論, Dhs)에는 나타나지 않고 『위방가』(分別論, Vbh)와 『까타왓투』(論事, Kv)등에 나타나고 있다.

"비구들이여, 일곱 가지 잠재성향이 있다. 무엇이 일곱인가? 감각적 욕망의 잠재성향, 적의(敵意)의 잠재성향, 자만의 잠재성향, 사견(邪見)의 잠재성향, 의심의 잠재성향, 존재에 대한 탐욕의 잠재성향, 무명의 잠재성향이다. 비구들이여, 이러한 일곱 가지 잠재성향이 있다.

비구들이여, 이러한 일곱 가지 잠재성향을 최상의 지혜로 알기 위해서는 … 철저히 알기 위해서는 … 철저하게 멸진하기 위해서는 … 제거하기 위해서는 여덟 가지 구성요소를 가진 성스러운 도를 닦아야 한다. …"(「잠재성향 경」(S45:175), 「잠재성향 경」 1(A7:11))

"이것은 조건을 얻으면(sati paccaya-lābhe) 생겨날 수 있기 때문에 [정신적] 흐름에 잠재해 있다(santāne anuseti)고 해서 잠재성향이라 한다."(SAṬ.iii.121)

⑧ 족쇄(saṁyojana, 경의 방법에 따라)

"열 가지 족쇄가 있으니 ① 유신견 ② 의심 ③ 계율과 의례의식에 대한 집착 ④ 감각적 욕망에 대한 욕구 ⑤ 악의 ⑥ 색계에 대한 탐욕 ⑦ 무색계에 대한 탐욕 ⑧ 자만 ⑨ 들뜸 ⑩ 무명이다."204)

열 가지 족쇄가 하나의 경에 모두 다 나타나는 것은 『앙굿따라 니까야』 「족쇄 경」(A10:13)이다. 그리고 『디가 니까야』 「합송경」(D33) §2.1에는 각각 다섯 가지 낮은 단계의 족쇄[下分結] 즉, 유신견(有身見), 의심, 계율과 의식에 대한 집착, 감각적 욕망, 악의와, 다섯 가지 높은 단계의 족쇄[上分結] 즉, 색계에 대한 탐욕, 무색계에 대한 탐욕, 자만, 들뜸, 무명으로 나누어서 나타나며 이것은 『상윳따 니까야』 「낮은 단계의 족쇄 경」(S45:179)과 「높은 단계의 족쇄 경」(S45:180)으로 나누어서 나타나고 있다. 『앙굿따라 니까야』 「족쇄 경」(A10:13)에도 10가지 족쇄가 다 나타나는데 여기서도 상분결과 하분결로 구분해서 나타나고 있다.

「족쇄 경」(A10:13)을 인용한다.

1. "비구들이여, 열 가지 족쇄가 있다. 무엇이 열인가?"

2. "다섯 가지 낮은 단계의 족쇄[下分結]와 다섯 가지 높은 단계의 족쇄[上分結]이다."

3. "무엇이 낮은 단계의 족쇄인가? 유신견, 의심, 계율과 의례의식에 대한 집착, 감각적 욕망에 대한 욕구, 악의이다. 이것이 다섯 가지 낮은 단계의 족쇄이다."

4. "무엇이 높은 단계의 족쇄인가? 색계에 대한 탐욕, 무색계에 대한 탐욕, 자만, 들뜸, 무명이다. 이것이 다섯 가지 높은 단계의 족쇄이다. 비구들이여, 이러한 열 가지 족쇄가 있다."(A10:13)

족쇄로 옮긴 삼요자나(saṁyojana)는 saṁ(함께)+√yuj(*to yoke*)에서

---

204) sakkāyadiṭṭhi, vicikicchā, sīlabbataparāmāsa, kāma-cchanda, vyāpā-da, rūparāga, arūparāga, māna, uddhacca, avijjā.

파생된 중성명사이다. 함께 묶는다는 문자적인 뜻에서 족쇄라고 옮겼다.(위의 §5 속박의 해설을 참조할 것) 족쇄는 중생들을 윤회에 묶는 정신적 요인이다. 경에서는 존재(bhava)에 대한 욕망이 색계의 존재와 무색계의 존재에 대한 욕망의 둘로 나뉘어져 나타나고 들뜸이 포함되어 모두 열 가지로 나타난다. 그러나 아비담마에서 설하는 족쇄에는 아래에서 보듯이 하나의 존재에 대한 욕망이 나타나고 들뜸 대신에 질투와 인색이 포함되어 열 가지가 된다.

초기불교에서는 깨달음을 실현한 예류자, 일래자, 불환자, 아라한의 성자(ariya)들을 10가지 족쇄(saṁyojana)를 얼마나 많이 풀어내었는가와 연결 지어서 설명한다. 10가지 족쇄 각각에 대한 설명과 성자와 족쇄와의 관계에 대해서는 본서 제31장 족쇄를 푼 성자들 편을 참조하기 바란다.

⑨ 족쇄(아비담마의 방법에 따라)

아비담마에 의하면 다른 열 가지 족쇄가 있으니 그것은 "① 감각적 욕망 ② 존재에 대한 욕망 ③ 적의 ④ 자만 ⑤ 사견 ⑥ 계율과 의식에 대한 집착 ⑦ 의심 ⑧ 질투 ⑨ 인색 ⑩ 무명이다."205)

아비담마에는 이러한 열 가지 족쇄가 나타나고 있다. 경에 나타나는 열 가지 족쇄 가운데서 ⑨ 들뜸의 족쇄가 빠졌고, ⑥ 색계에 대한 탐욕의 족쇄와 ⑦ 무색계에 대한 탐욕의 족쇄가 ② 존재에 대한 욕망의 족쇄 하나로 묶어졌다. 그리고 ⑧ 질투의 족쇄와 ⑨ 인색의 족쇄가 첨가되었다. 이렇게 해서 열 가지가 된 것이다.

그런데 "질투와 인색에 속박되어(issā-macchariya-saṁyojanā)"라는 표현이 『디가 니까야』 「제석문경」(帝釋問經, D21) §2.1에 나타나는데

205) kāmarāga, bhavarāga, paṭigha, māna, diṭṭhi, sīlabbataparāmāsa, vicikicchā, issā, macchariya, avijjā — 「법집론」(Dhs.197) {1113}

이것은 질투와 인색의 족쇄로도 읽을 수 있다. 이런 것을 고려하여 『논장』에서는 이 둘을 열 가지 족쇄에 포함시킨 듯하다. 무엇보다도 중요한 것은 이렇게 질투와 인색을 포함시킴에 의해서 아비담마에서 정리하는 14가지 해로운 마음부수들이 모두 이 해로운 법들의 모음에 다 포함되기도 하기 때문일 것이다. 이것도 『논장』에서 이 둘을 열 가지 족쇄 가운데 포함시킨 가장 중요한 이유가 아닌가 생각된다.

⑩ 오염원(kilesa)

"열 가지 오염원이 있으니 ① 탐욕 ② 성냄 ③ 어리석음 ④ 자만 ⑤ 사견 ⑥ 의심 ⑦ 해태 ⑧ 들뜸 ⑨ 양심 없음 ⑩ 수치심 없음이다."206)

'오염원'으로 옮긴 낄레사(kilesa)는 √kliś(*to distress*)에서 파생된 남성 명사이다. 주석가들은 마음을 성가시게 하고(kilissati) 들볶고(upatappati) 중생들을 더럽히고 타락하게 하는 상태로 끌고 내려가기 때문에 오염원이라 한다고 설명하고 있다.

그런데 니까야에는 열 가지 오염원이 나타나지 않는다. 『논장』에만 나타나고 있다. 『상윳따 니까야』 「오염원 상윳따」(Kilesa-saṁyutta, S27)에 포함된 10개의 경들에는 각각 육내처-육외처-육식-육촉-육수-육애-육의도-육대(지 · 수 · 화 · 풍 · 공 · 식)-오온이 언급될 뿐 여기서 언급하는 열 가지 오염원은 나타나지 않는다. 그리고 『상윳따 니까야』 「오염원 경」(S46:33)과 『앙굿따라 니까야』 「오염원 경」(A5:23)에는 삼매를 방해하는 다섯 가지 장애 즉 감각적 욕망에 대한 욕구, 악의, 해태와 혼침, 들뜸과 후회, 의심을 다섯 가지 마음의 오염원(cittassa upakkilesa)이라 부르고 있는데 이것은 여기서 말하는 열 가지 오염원과는 거리가 멀다.

---

206) dasa kilesā: lobho, doso, moho, māno, diṭṭhi, vicikicchā, thinaṁ, uddhaccaṁ, ahirikaṁ, anottappaṁ — 「법집론」(Dhs.214) {1229}

10가지 오염원은 『논장』에서 정리되어 나타나는 법수이다. 그리고 kilesa는 saṁkilesa와 같은 의미로 받아들이고 있다.(DhsA.50)

주석서는 "성가시게 하고 억누른다, 들볶는다(kilissati vibādhati, upatāpeti)는 뜻에서 오염원이라 한다."(DhsA.42)라고 설명하고 있다.

이상으로 열 가지 불선법들의 모둠을 살펴보았다.

그런데 앞에서 열거한 『담마상가니』와 『빳타나』에 나타나는 10가지 모둠(곳차까) 가운데 parāmāsa-gocchaka(고수(固守)의 모둠)는 특별한 내용이 포함되어 있지 않는듯하다.(DhsA.49 참조) 그래서 여기서는 제외하였다.

그리고 10가지 곳차까 가운데 첫 번째인 원인의 모둠(hetu-gocchaka)은 탐·진·치와 불탐·부진·불치의 6가지이다. 이처럼 원인의 모둠에는 삼독으로 중국에서 표현하는 탐·진·치라는 대표적인 불선법이 포함되어 있다. 그러나 여기에는 불탐·부진·불치라는 선법도 포함되고 있기 때문에 원인의 모둠(헤뚜곳차까)은 불선법의 모음으로 볼 수가 없다. 그래서 이것은 『아비담마 길라잡이』 7장 §15에서 혼합된 [범주의] 길라잡이에 포함되어서 "원인(hetu) — 혼합된 [범주의] 길라잡이에 여섯 가지 원인이 있으니 (1) 탐욕 (2) 성냄 (3) 어리석음 (4) 탐욕없음 (5) 성냄없음 (6) 어리석음없음이다."라고 나타난다.

그래서 『아비담맛타 상가하』(아비담마 길라잡이)에서는 이 헤뚜곳차까와 빠라마사곳차까(고수의 모둠)를 뺀 8가지 불선법의 모음에다 경에서 설하는 10가지 족쇄와 논(아비담마)에서 설하는 열 가지 족쇄의 두 항목을 넣어서 모두 10가지의 불선법의 모음으로 정리하고 있다. 본서에서는 이러한 『아비담마 길라잡이』의 방법론을 채택해서 설명하였다.207)

---

207) '원인의 모둠(헤뚜곳차까)'에 대해서는 『아비담마 길라잡이』 2장의 마음부수들의 [해설]들을 참조하고 3장 §5의 [해설]도 참조할 것.

# 제21장 네 가지 성취수단[四如意足]

## (1) 성취수단[如意足]이란 무엇인가

성취수단[如意足]의 의미에 대해서 살펴보자. 성취수단은 iddhi-pāda를 성취-수단으로 직역한 것이며 중국에서는 如意足(여의족)으로 옮겼다.

성취로 옮긴 iddhi(Sk. ṛddhi)는 √ṛdh(*to prosper*)에서 파생된 여성명사로 번영, 번창, 향상, 성공, 성취를 뜻하며 베다에서부터 나타나고 있다. 몇몇 초기불전에서는 여러 가지 세속적인 번영이 언급되고 있다. (D17/ii.177; M129/iii.176 등) 예를 들면 『디가 니까야』 「마하수닷사나 경」(D17 §§1.18~21)에는 용모, 긴 수명, 병 없음, 호감의 넷을 마하수닷사나 왕이 이룬 네 가지 성취로 들고 있는데 이 넷은 대표적인 세속적 성취라 할 수 있다. 그리고 『디가 니까야』 「대반열반경」(D16 §4.25)과 여러 경들에서는 큰 신통과 큰 위력(mahiddhikatā mahānubhāvatā)이라는 문맥으로도 나타나고 있다.

『청정도론』 XII.20~21은 세 가지로 iddhi를 정의하는데 ① 성공과 획득의 성취(XII.20)와 ② 수단의 구족(XII.21)과 ③ 신통(XII.22)이다.

이미 초기불전에서부터 iddhi는 두 가지 전문술어로 나타나고 있는데, 그것은 ① 신통변화[神足通]로 옮기는 iddhi-vidha와, 「성취수단 상윳따」(S51)의 모든 경들에 나타나는 ② 성취수단[如意足]으로 옮기고 있는 iddhi-pāda이다. 이 둘에 대해서 살펴보자.

① 신통변화(iddhi-vidha)

이 가운데 신통변화는 육신통(六神通) 가운데 첫 번째 신통으로, 『상윳따 니까야』 「이전 경」(S51:11 §8)과 『상윳따 니까야』 제2권 「수시마 경」(S12:70 §9) 등에서 "하나인 채 여럿이 되기도 하고 여럿이 되었다가 하나가 되기도 한다. 나타났다 사라졌다 하고 벽이나 담이나 산을 아무런 장애 없이 통과하기를 마치 허공에서처럼 한다. 땅에서도 떠올랐다 잠겼다 하기를 물속에서처럼 한다. 물 위에서 빠지지 않고 걸어가기를 땅 위에서처럼 한다. 가부좌한 채 허공을 날아가기를 날개 달린 새처럼 한다. 저 막강하고 위력적인 태양과 달을 손으로 만져 쓰다듬기도 하며 심지어는 저 멀리 범천의 세상에까지도 몸의 자유자재함을 발한다."로 정형화 되어 나타난다. 중국에서는 신족통(神足通)으로 옮겼다.

그리고 「께왓다 경」(D11 §1) 등에는 '신통의 기적'으로 옮기고 있는 iddhi-pāṭihāriya라는 술어가 나타난다. 그곳 §4에서 보듯이 이것은 6신통 가운데 첫 번째인 위의 신통변화[神足通, iddhi-vidha]와 같은 뜻으로 쓰인다.[208]

한편 『청정도론』 XII.21 이하에서는 『무애해도』에 나타나는 열 가지 신통을 든 뒤에 XII장 전체에서 설명하고 있다. 그것은 다음과 같다.

"① 결의에 의한 신통 ② 변형의 신통 ③ 마음으로 [다른 몸을] 만드는 신통 ④ 지혜가 충만함에 의한 신통 ⑤ 삼매가 충만함에 의한 신통 ⑥ 성자들의 신통 ⑦ 업의 과보로 생긴 신통 ⑧ 공덕을 가진 자의 신통 ⑨ 주술에 의한 신통 ⑩ 각각 바른 노력을 조건으로 성취한다는 뜻에서의 신통"(Ps.ii.205)이다.

② 성취수단[如意足, iddhi-pāda]

그리고 두 번째가 『상윳따 니까야』 「성취수단 상윳따」(S51)의 주제

208) 『상윳따 니까야』 「탑묘 경」(S51:10) §8의 해당 주해를 참조할 것.

요 '성취수단'으로 옮기고 있는 iddhi-pāda이다. 여기서 pāda는 √pad (*to go*)에서 파생된 남성 혹은 중성명사인데 다리[足]를 뜻한다. 그래서 이 전체를 중국에서는 如意足(여의족)으로 옮겼다. 주석서는 ① 성취를 위한 수단(iddhiyā pādaṁ)과 ② 성취가 된 수단(iddhi-bhūtaṁ pādaṁ)의 두 가지로 '성취수단(iddhi-pāda)'을 설명하고 있다.(SA.iii.250) 성취수단에는 네 가지가 있는데 그것은 열의(chanda), 정진(viriya), 마음(citta), 검증(vīmaṁsa)이다.

경에서 성취수단의 정형구는 다음과 같이 정형화 되어서 나타난다.

"여기 비구는 열의를 [주로 한] 삼매와 노력의 의도적 행위[行]를 갖춘 성취수단을 닦는다. 정진을 [주로 한] 삼매와 노력의 의도적 행위를 갖춘 성취수단을 닦는다. 마음을 [주로 한] 삼매와 노력의 의도적 행위를 갖춘 성취수단을 닦는다. 검증을 [주로 한] 삼매와 노력의 의도적 행위를 갖춘 성취수단을 닦는다."(「이 언덕 경」(S51:1) 등)

이 성취수단의 정형구에서 보듯이 성취수단의 정형구에는 ① 삼매(samādhi) ② 노력의 의도적 행위(padhāna-saṅkhāra) ③ 삼매를 낳는데 필요한 네 가지 특별한 요소들 즉 열의(chanda), 정진(viriya), 마음(citta), 검증(vīmaṁsa)의 세 가지 요소들이 포함되어 나타난다.

여기서 보듯이 네 가지 성취수단에서의 성취(iddhi)는 특히 삼매의 성취를 말한다. 물론 이러한 삼매 특히 제4선에 자유자재해야 신통(iddhi)도 성취된다고 주석서들은 말한다. 그래서 제4선을 신통의 토대가 되는 禪(padaka-jjhāna)이라고 한다. 그래서 iddhi는 문맥에 따라서 성취로도 옮기고 신통으로도 옮기는 것이다.

그래서 부처님께서는 성취수단을 닦은 사람은 원하기만 하면 일 겁도 머물 수 있고 겁이 다하도록 머물 수도 있다고 「탑묘 경」(S51:10 §5 = 『디가 니까야』「대반열반경」(D16) §3.3)에서 말씀하셨다.

네 가지 성취수단[四如意足]의 정형구와 여기에 관계된 중요한 구절 몇 가지를 인용하면 다음과 같다.

"비구들이여, 만일 비구가 열의를 의지하여 삼매를 얻고 마음이 한 끝에 집중됨[心一境性]을 얻으면 이를 일러 열의를 주로 한 삼매라 한다. … 비구들이여, 만일 비구가 정진을 의지하여 … 비구들이여, 만일 비구가 마음을 의지하여 … 비구들이여, 만일 비구가 검증을 의지하여 삼매를 얻고 마음이 한 끝에 집중됨[心一境性]을 얻으면 이를 일러 검증을 주로 한 삼매라 한다."(「열의를 주로 한 삼매 경」(S51:13) §§3~6)

"비구들이여, 과거에 … 미래에 … 현재에 크나큰 신통력과 크나큰 위력이 있는 사문들이나 바라문들은 누구든지 네 가지 성취수단을 닦고 많이 [공부]짓는 자들이다."(「사문·바라문 경」1(S51:16) §3)

"비구들이여, 네 가지 성취수단을 게을리하는 사람들은 누구든지 바르게 괴로움의 끝냄으로 인도하는 성스러운 도를 게을리하는 것이다. 비구들이여, 네 가지 성취수단을 열심히 행하는 자들은 누구든지 괴로움의 끝냄으로 인도하는 성스러운 도를 열심히 행하는 것이다."(「게을리함 경」(S51:2) §3)

"비구들이여, 네 가지 성취수단을 닦고 많이 [공부]지으면 그것은 염오로 인도하고, 탐욕의 빛바램으로 인도하고, 소멸로 인도하고, 고요함으로 인도하고, 최상의 지혜로 인도하고, 바른 깨달음으로 인도하고, 열반으로 인도한다."(「염오 경」(S51:4) §3)

이처럼 초기불전의 여러 경들을 종합해보면, 네 가지 성취수단은 니까야에서 ① 삼매를 성취하는 수단도 되고 ② 신통을 성취하는 수단도 되며 ③ 깨달음과 열반을 성취하는 수단도 된다고 세 가지 경우로 나타나고 있다.

(2) 「성취수단 상윳따」(S51)의 개관

이제 『상윳따 니까야』 「성취수단 상윳따」(S51)를 전체적으로 개관해보자.

「성취수단 상윳따」에는 86개 경들이 여덟 개 품으로 나누어져서 나타나고 있다. 이들은 모두 네 가지 성취수단[四如意足]에 관한 경들을 담고 있다. 그리고 본 상윳따에서도 제4장부터 제8장까지의 다섯 품은 『상윳따 니까야』 제5권 「도 상윳따」(S45) 해제 §5-(2)-③과 「깨달음의 구성요소 상윳따」(S46) 해제 §6-(3)-② 등에서 설명한 다섯 개 품들의 54개 경들이 반복되어 나타나고 있다. 그러므로 본 「성취수단 상윳따」도 ① 32개 경들을 포함하고 있는 제1장부터 제3장까지와 ② 54개의 경들을 포함하고 있는 제4장부터 제8장까지의 두 부분으로 구분할 수 있다.

① 제1장부터 제3장까지

제1장 「짜빨라 품」과 제2장 「강당을 흔듦 품」은 각각 10개씩의 경들을 담고 있고 제3장 「철환(鐵丸) 품」은 12개의 경들을 담고 있다. 이들 32개의 경들은 서로에 반복되는 구절이 없이 성취수단의 중요성을 설하고 있다. 32개 경들이 다 중요하지만 특히 「분석 경」(S51:20)은 네 가지 성취수단의 각 항목인 열의·정진·마음·검증을 자세하게 설명하고 있으니 정독할 것을 권한다.

한편 『상윳따 니까야』 S51:5~6, 11~12, 14, 16~17, 19~22, 27~33 등의 18개 경들은 육신통을 비롯한 여러 가지 신통들이 모두 네 가지 성취수단(사여의족)을 닦아서 성취된다고 밝히고 있다. 이처럼 신통변화를 비롯한 육신통과 사여의족은 밀접한 관계가 있다.

그리고 「이 언덕 경」 등(S51:1~4)은 네 가지 성취수단에 의해서 이 언덕에서부터 저 언덕에 도달하고 괴로움을 끝내고 염오-이욕-소멸-열반으로 인도한다고 설하고 있으며, 「비구 경」 등(S51:7~9)과 「큰 결실 경」(S51:12)과 「비구 경」(S51:18)과 「비구 경」(S51:23)과 「결실 경」 1/2(S51:25~26)는 이 네 가지에 의해서 부처님이 되고 아라한과 불환자가 되고 심해탈과 혜해탈을 얻고 안·지·혜·명·광(眼·智·慧·明·光) 즉 눈·지혜·통찰지·명지·광명이 생긴다고 적고 있다.

「부분적으로 경」(S51:5)과 「완전하게 경」(S51:6)에서는 과거·현재·미래의 사문·바라문들은 네 가지 성취수단을 닦고 많이 [공부]지어서 신통변화를 나툰다고 적고 있으며, 「목갈라나 경」(S51:14)과 「사문·바라문 경」 1/2(S51:16~17)와 「도 경」(S51:21)과 「철환 경」(S51:22)과 「목갈라나 경」(S51:31)은 사여의족의 힘으로 육신통 등을 구족하게 된다고 설하고 있다.

한편 본 상윳따의 첫 번째인 「이 언덕 경」(S51:1 §5)과 「게을리함 경」(S51:2 §3) 등에는 "네 가지 성취수단을 열심히 행하는 자들은 누구든지 괴로움의 멸진으로 인도하는 성스러운 도를 열심히 행하는 것"이라고 나타나고 있다. 그리고 「가르침 경」(S51:19)과 「아난다 경」 1 등(S51:27~30)은 팔정도를 닦아서 성취수단을 얻게 된다고 설명하고 있다. 그러므로 네 가지 성취수단은 결국 팔정도를 닦아서 얻어지는 것이며 아울러 이것은 모든 수행의 최종적인 결실인 괴로움의 소멸 즉 열반의 실현으로 귀결이 된다. 이처럼 사여의족은 궁극적으로는 육신통의 마지막인 누진통을 통해서도 해탈·열반을 실현하고 사여의족 그 자체로도 해탈·열반을 실현하는 구조로 설해지고 있다.

경에 나타나는 여러 가지 iddhi(신통, 성취)에 대한 자세한 논의는 『무애해도』(Ps.205~214)에 나타나고 있다.

② 제4장부터 제8장까지

그리고 본 상윳따의 제4장부터 제8장까지의 다섯 개 품들에는 모두 54개의 경들이 포함되어 나타나는데, 이들은 『상윳따 니까야』 제5권의 「바른 노력 상윳따」(S49) 해제 §9-(1)에서 설명한 것과 같이 다섯 가지 반복되는 품들로 구성되어 있다. 여기에 대한 설명은 「바른 노력 상윳따」(S49) 해제 §9-(1)를 참조하기 바란다.

# 제22장 다섯 가지 기능[五根]

## (1) 기능[根]이란 무엇인가

다섯 가지 기능으로 옮기는 5근과 다섯 가지 힘으로 옮기는 5력은 각각 『상윳따 니까야』 「기능 상윳따」(S48)와 「힘 상윳따」(S50)의 주제이다.

### ① 개요

일반적으로 기능[根, indriya]에는 모두 22가지가 포함되어 나타난다. 그것은 ① 눈의 기능[眼根] ② 귀의 기능[耳根] ③ 코의 기능[鼻根] ④ 혀의 기능[舌根] ⑤ 몸의 기능[身根] ⑥ 여자의 기능[女根] ⑦ 남자의 기능[男根] ⑧ 생명기능[命根] ⑨ 마노의 기능[意根] ⑩ 육체적 즐거움의 기능[樂根] ⑪ 육체적 괴로움의 기능[苦根] ⑫ 정신적 즐거움의 기능[喜根] ⑬ 정신적 괴로움의 기능[憂根] ⑭ 평온의 기능[捨根] ⑮ 믿음의 기능[信根] ⑯ 정진의 기능[精進根] ⑰ 마음챙김의 기능[念根] ⑱ 삼매의 기능[定根] ⑲ 통찰지의 기능[慧根] ⑳ 구경의 지혜를 가지려는 기능[未知當知根] ㉑ 구경의 지혜의 기능[已知根] ㉒ 구경의 지혜를 구족한 기능[具知根]이다.(『아비담마 길라잡이』 제7장 §18 참조)

### ② 설명

기능[根]으로 옮긴 인드리야(indriya)는 문자적으로만 보면 √ind(*to be powerful*)에서 파생된 남성명사인 indra의 형용사 형태로서 '인드라

(Indra)에 속하는'의 뜻이다. 여기서 말하는 인드라는 다름 아닌 신들의 왕으로 우리에게 제석이나 석제로 알려진 인도의 신이다. 그래서 인드라는 힘의 상징이며 지배자, 통치자, 권력자를 뜻한다. 이러한 지배력을 가진 것이라는 의미에서 중성명사로 정착된 것이 인드리야 즉 기능[根]이다. 그래서 기능들은 각각의 영역에서 이들과 관계된 법들을 지배하는 정신적인 현상을 뜻한다. 기능은 모두 22가지로 정리되어 있다.[209)]

이 22가지는 『상윳따 니까야』 「기능 상윳따」(S48)에 모두 나타나 있다. 「기능 상윳따」(Indriya-saṁyutta, S48)에는 178개의 경들이 포함되어 있는데, 한 경에서 22가지가 모두 다 언급되고 있는 경우는 없으며 「기능 상윳따」에서 주제별로 독립되어 나타나고 있다. 이 22가지가 함께 언급되고 설명되는 것은 『논장』의 『위방가』(분별론)부터이다.

이 22가지 기능은 인간이라는 존재를 인간이 가진 기능이나 특수하고 고유한 능력의 측면에서 해체해서 보는 것이다. 이것은 다시 ⓐ 여섯 가지 감각기능과 ⓑ 다섯 가지 느낌과 ⓒ 믿음 등의 다섯 가지 기능과 ⓓ 남자, 여자, 생명의 세 가지 특수한 기능과 ⓔ 예류도부터 아라한과까지의 여덟 단계의 성자들이 가지는 세 가지 능력으로 크게 다섯 부분으로 나누어진다.

'여자의 기능[女根, itthindriya]'과 '남자의 기능[男根, purisindriya]'은 이 둘이 중요한 의미로 쓰이고 있는 『앙굿따라 니까야』 「속박 경」(A7:48/iv.57~59 §2) 이하와 『상윳따 니까야』 「생명기능 경」(S48:22)을 제외한 니까야에서는 거의 언급되지 않는다. 『논장』에서는 파생된 물질(upādā rūpa)에 포함되어 나타나는데, 『담마상가니』(법집론, Dhs §§633~634)와 『위방가』(분별론, Vbh.122~123)에서 정의되고 있으며 『담

---

209) 여기에 대해서는 『아비담마 길라잡이』 7장 §18과 『청정도론』 XVI장의 전반부를 참조할 것.

마상가니 주석서』(DhsA.321~323)와 『청정도론』 XIV.14:58에 설명되어 있다.

「생명기능 경」(S48:22)에 해당하는 주석서에는 "'여자의 기능'이란 여자의 상태(여자됨, itthi-bhāva, 즉 여자의 외관상의 표시, 속성, 활동, 자세 등)에 대한 통제를 하는 것을 말한다. '남자의 기능'이란 남자의 상태(남자됨, purisa-bhāva)에 대한 통제를 하는 것을 말한다."(SA.iii.237)라고 설명하고 있다.

'생명기능[命根, jīvitindriya]'은 함께 생겨난 정신과 물질들을 지탱하는 기능을 말한다. 이것도 앞의 두 기능과 같이 『담마상가니』(Dhs §635)와 『위방가』(Vbh.123)에서 정의되고 『담마상가니 주석서』(DhsA.323)와 『청정도론』 XIV.59에서 설명되고 있다.

성자들이 가지는 세 가지 능력은 ⑳ 구경의 지혜를 가지려는 기능[未知當知根] ㉑ 구경의 지혜의 기능[已知根] ㉒ 구경의 지혜를 구족한 기능[具知根]으로 나타나고 있다. 여기에 대해서 주석서는 이렇게 설명한다.

"'구경의 지혜를 가지려는 기능'은 '나는 그 시작을 알지 못하는 윤회에서 전에 알지 못했던 법을 알게 될 것이다.'라고 도를 닦는 자가 예류도의 순간에 일어난 기능이다. '구경의 지혜의 기능'은 그렇게 법을 안 자들에게 속하는 예류과로부터 [아라한도까지의] 여섯 경우에 일어난 기능이다. '구경의 지혜를 구족한 자의 기능'은 구경의 지혜를 구족한 자들에게 속하는 아라한과의 법들에서 일어난 기능이다."(SA.iii.237)

③ 다섯 가지 기능[五根]

이러한 22가지 기능이 모두 다 중요하지만 37보리분법에는 다섯 가지 기능[五根, pañc-indriya]과, 같은 다섯 가지가 힘으로 표현되고 있는 다섯 가지 힘[五力, pañca-bala]만이 포함되어 나타난다. 그러므로 이 둘에 대해서 조금 더 살펴볼 필요가 있다. 먼저 경의 설명부터 인용한다.

"비구들이여, 다섯 가지 기능이 있다. 무엇이 다섯인가?

믿음의 기능[信根], 정진의 기능[精進根], 마음챙김의 기능[念根], 삼매의 기능[定根], 통찰지의 기능[慧根]이다.

비구들이여, 그러면 믿음의 기능은 어디서 봐야 하는가? 믿음의 기능은 여기 네 가지 예류자의 구성요소에서 봐야 한다.

비구들이여, 그러면 정진의 기능은 어디서 봐야 하는가? 정진의 기능은 여기 네 가지 바른 노력에서 봐야 한다.

비구들이여, 그러면 마음챙김의 기능은 어디서 봐야 하는가? 마음챙김의 기능은 여기 네 가지 마음챙김의 확립에서 봐야 한다.

비구들이여, 그러면 삼매의 기능은 어디서 봐야 하는가? 삼매의 기능은 여기 네 가지 禪에서 봐야 한다.

비구들이여, 그러면 통찰지의 기능은 어디서 봐야 하는가? 통찰지의 기능은 여기 네 가지 성스러운 진리에서 봐야 한다.

비구들이여, 이러한 다섯 가지 기능이 있다."(「보아야함 경」(S48:8) §§3~4)

이 다섯 가지 기능의 각각에 대한 정의는 본장의 마지막에 인용하고 있는 「분석 경」2(S48:10) §§3~9와 해당 주해들을 참조하기 바란다.

한편 주석서는 다섯 가지 기능 각각에 대해서 다음과 같이 설명을 덧붙이고 있다.

"믿음의 기능은 확신(adhimokkha)을 통해서 전향하여 일어난다. 정진의 기능은 분발(paggaha)을 통해서 전향하여 일어나고, 마음챙김의 기능은 확립(upaṭṭhāna)을 통해서 전향하여 일어나고, 삼매의 기능은 산란하지 않음(avikkhepa)을 통해서 전향하여 일어나고, 통찰지의 기능은 봄

(dassana)을 통해서 전향하여 일어난다. 그리고 이 다섯 가지 기능들은 모두 열의(chanda, 즉 기능들을 일으키고자 하는 유익한 열의 – SAṬ)를 통해서 전향하여 일어나고, 마음에 잡도리함[作意, manasikāra, 즉 기능들의 힘이 미약(dubbala)할 때 이러한 전향을 생기게 하는 지혜롭게 마음에 잡도리함 – SAṬ]을 통해서 전향하여 일어난다."(SA.iii.232)

④ 다섯 가지 기능을 조화롭게 닦음

다섯 가지 기능을 조화롭게 닦는 것이 중요하다. 『청정도론』(IV.45~49)은 이렇게 말한다.

"기능[根]을 조화롭게 유지함이란 믿음 등의 기능들을 조화롭게 만드는 것이다. 만약 그에게 믿음의 기능이 강하고 나머지 기능들이 약하면 정진의 기능이 분발하는 역할을 할 수 없고, 마음챙김의 기능이 확립하는 역할을 할 수 없고, 삼매의 기능이 산만하지 않는 역할을 할 수 없고, 통찰지의 기능이 [있는 그대로] 보는 역할을 할 수 없다. 그러므로 그 믿음의 기능은 법의 고유성질[自性]을 반조함에 의해서 조절해야 한다. 만약 마음에 잡도리할 때 그것이 강해진다면 마음에 잡도리하지 않음에 의해서 조절해야 한다.

만약 정진의 기능이 강하면 믿음의 기능이 확신하는 역할을 실행할 수 없고, 나머지 기능들도 각자의 기능을 실행할 수 없다. 그러므로 고요함[輕安] 등을 수행하여 그 정진의 기능을 조절해야 한다.

여기서 특별히 믿음과 통찰지의 균등함(samatā)과 삼매와 정진의 균등함을 권한다. 믿음이 강하고 통찰지가 약한 자는 미신이 되고, 근거 없이 믿는다. 통찰지가 강하고 믿음이 약한 자는 교활한 쪽으로 치우친다. 약으로 인해 생긴 병처럼 치료하기가 어렵다. 두 가지 모두 균등함을 통해서 믿을 만한 것을 믿는다. 삼매는 게으름으로 치우치기 때문에 삼매가 강하고 정진이 약한 자는 게으름에 의해 압도된다. 정진은 들뜸으로 치우치기 때문에 정진이 강하고 삼매가 약한 자는 들뜸에 의해 압도된다. 삼매가 정진과 함께 짝이 될 때 게으름에 빠지지 않는다. 정진이 삼매와 함께 짝이 될 때 들뜸에 빠지지 않는다. 그러므로 그 둘 모두 균등해야 한다. 이 둘이 모두 균등하여 본삼매를 얻는다.

다시 삼매를 공부하는 자에게 강한 믿음이 적당하다. 이와 같이 믿고 확신하면서 본삼매를 얻는다. 삼매[定]와 통찰지[慧] 가운데서 삼매를 공부하는 사람에게 [마음의] 하나됨(ekaggatā)이 강한 것이 적당하다. 이와 같이하여 그는 본삼매를 얻는다. 위빳사나를 공부하는 자에게 통찰지가 강한 것이 적당하다. 이와 같이 그는 [무상·고·무아의 세 가지] 특상에 대한 통찰(paṭivedha)을 얻는다. 그러나 둘이 모두 균등하여 본삼매를 얻는다.

마음챙김은 모든 곳에서 강하게 요구된다. 마음챙김은 마음이 들뜸으로 치우치는 믿음과 정진과 통찰지로 인해 들뜸에 빠지는 것을 보호하고, 게으름으로 치우치는 삼매로 인해 게으름에 빠지는 것을 보호한다. 그러므로 이 마음챙김은 모든 요리에 맛을 내는 소금과 향료처럼, 모든 정치적인 업무에서 일을 처리하는 대신처럼 모든 곳에서 필요하다. 그래서 말씀하였다. "마음챙김은 모든 곳에서 유익하다고 세존께서는 말씀하셨다. 무슨 이유인가? 마음은 마음챙김에 의지하고, 마음챙김은 보호로 나타난다. 마음챙김이 없이는 마음의 분발(paggaha)과 절제(niggaha)란 없다"라고."(『청정도론』 IV.45~49)

### (2) 「기능 상윳따」(S48)의 개관

이제 『상윳따 니까야』 「기능 상윳따」(S48)를 전체적으로 개관해 보자.

이미 살펴보았듯이 「기능 상윳따」에 포함된 178개의 경들은 37보리분법에 포함되는 다섯 가지 기능[五根]뿐만 아니라 우리에게 22근(根)으로 종합되어서 알려진 22가지 기능 전부에 관련된 경들을 담고 있다. 이들은 전체 17개 품 혹은 장들로 나뉘어져 있다. 본 상윳따에서도 제8장부터 제17장까지의 열 개 품들에는 모두 108개의 경들이 포함되어 나타나는데, 이들은 앞의 「깨달음의 구성요소 상윳따」(S46) 해제 §6-(3)-②에서 설명한 것과 같은 방법으로 나타나고 있다. 즉 여기서도 「도 상윳따」(S45) 해제 §5-(2)-③에서 설명한 다섯 가지 반복되는 품들이 모두 두 번 나타나기 때문에 전체가 10장이 되고 경의 수도 54×2=108이 된 것이다. 자세한 것은 「깨달음의 구성요소 상윳따」(S46) 해제 §6-(3)-②의 설명을 참조하기 바란다.

그러므로 「기능 상윳따」도 ① 각 품에 10개씩 전체 70개 경들을 포함하고 있는 제1장부터 제7장까지와 ② 전체 108개의 경들을 포함하고 있는 제8장부터 제17장까지의 두 부분으로 구분할 수 있다.

① 제1장부터 제7장까지

먼저 「기능 상윳따」(S48) 제1장부터 제7장에 나타나는 전반부 70개의 경들을 개관해보자.

기능[根, indriya]은 인간이라는 존재를 인간이 가진 기능이나 특수하고 고유한 능력의 측면에서 해체해서 보는 것이다. 일반적으로 22가지 기능으로 불리는 기능은 크게 다섯 부분으로 나누어지는데 그것은 다음과 같다.

ⓐ 다섯 가지 기능[五根] – ⑮ 믿음의 기능[信根] ⑯ 정진의 기능[精進根] ⑰ 마음챙김의 기능[念根] ⑱ 삼매의 기능[定根] ⑲ 통찰지의 기능[慧根]

ⓑ 여섯 가지 감각기능[六根] – ① 눈의 기능[眼根] ② 귀의 기능[耳

根] ③ 코의 기능[鼻根] ④ 혀의 기능[舌根] ⑤ 몸의 기능[身根] ⑨ 마노의 기능[意根]

ⓒ 다섯 가지 느낌[五受] – ⑩ 육체적 즐거움의 기능[樂根] ⑪ 육체적 괴로움의 기능[苦根] ⑫ 정신적 즐거움의 기능[喜根] ⑬ 정신적 괴로움의 기능[憂根] ⑭ 평온의 기능[捨根]

ⓓ 세 가지 특수한 기능 – ⑥ 여자의 기능[女根] ⑦ 남자의 기능[男根] ⑧ 생명기능[命根]

ⓔ 세 가지 성자의 기능 – ⑳ 구경의 지혜를 가지려는 기능[未知當知根] ㉑ 구경의 지혜의 기능[已知根] ㉒ 구경의 지혜를 구족한 기능[具知根]이다.(『아비담마 길라잡이』 제7장 §18 참조)

「기능 상윳따」(S48)의 제1장 「간단한 설명 품」, 제2장 「더 약함 품」, 제3장 「여섯 가지 감각기능 품」, 제4장 「즐거움의 기능 품」, 제5장 「늙음 품」, 제6장 「멧돼지 동굴 품」, 제7장 「보리분 품」의 전반부 일곱 개 품에는 각각 10개의 경들이 포함되어 모두 70개의 경들이 나타나고 있다.

이들 70개 경들에는 위에서 분류해 본 다섯 가지 구분이 모두 다 나타나고 있는데, ⓑ 여섯 가지 감각기능은 S48:25~30과 S48:41~42의 8개 경들에서 나타나고, ⓒ 다섯 가지 느낌은 S48:31~40의 열 개의 경에서, ⓓ 세 가지 특수한 기능은 S48:22의 한 곳에서, ⓔ 세 가지 성자의 기능은 S48:23 한 곳에서 나타난다. 그리고 70개의 경들 가운데서 이러한 20곳을 제외한 50개 경에는 ⓐ 믿음 · 정진 · 마음챙김, · 삼매 · 통찰지의 다섯 가지 기능(오근)이 나타나고 있다.

그런데 「기능 상윳따」(S48)를 제외하고 이러한 22가지 기능이 완전하게 나타나는 곳은 『경장』이 아니라 『논장』의 『위방가』(Vbh.122)인데 『위방가 주석서』(VbhA.125~128)에 설명되어 있다. 그리고 이것은

『청정도론』 XVI.1~12에서 설명되고 있으며, 『아비담마 길라잡이』 제7장 §18에서 정리되어 있다. 『위방가』에서 법을 설명할 때는 아비담마의 분류법(Abhidhamma-bhājanīya)과 경에 따른 분류법(Suttanta-bhāja-nīya)의 두 가지를 사용하고 있다. 그런데 흥미로운 것은 이 22가지 기능의 분류는 『위방가』의 아비담마의 분류법(Abhidhamma-bhājanīya)에 나타나고 있다는 점이다. 이 22가지 기능은 『위방가』의 경에 따른 분류법에는 나타나지 않고 있다.

이런 측면에서 보자면 22가지 기능은 경에 따른 분류법이라기보다는 아비담마 즉 『논장』의 분류법에 속하는 것이다. 그러므로 「기능 상윳따」에는 원래 신·정진·염·정·혜의 다섯 가지 기능만이 포함된 것으로 생각할 수도 있다. 왜냐하면 이 상윳따가 『경장』에 속하고, 더군다나 37보리분법 혹은 조도품을 중심으로 설하고 있는 『상윳따 니까야』에 포함되어 있기 때문에 원래는 37보리분법에 포함되어 있는 다섯 가지 기능만이 포함된 것이라고 보는 것이 더 타당한 것으로 여겨지기 때문이다.

그러나 『논장』과 주석서 문헌들을 제외한 4부 니까야에서만 보자면 다섯 가지 느낌은 이미 『상윳따 니까야』 제4권 「백팔 방편 경」(S36:22) §6에 나타나고 있으며, 『디가 니까야』 제3권 「합송경」(D33) §2.1 (22)에도 나타나고 있다. 그리고 구경의 지혜를 가지려는 기능[未知當知根] 등의 세 가지 성자의 기능은 『디가 니까야』 제3권 「합송경」(D33) §1.10 (45)로 나타나고 있다. 한편 남자의 기능과 여자의 기능은 『앙굿따라 니까야』 「속박 경」(A7:48 §§2~3)에 나타나고 있으며, 생명기능은 『상윳따 니까야』 제2권 「분석 경」(S12:2 §4)과 『디가 니까야』 「대념처경」(D22 §18)과 『맛지마 니까야』 「바른 견해 경」(M9 §22)과 「진리의 분석 경」(M141 §13) 등에서 "이런 저런 중생들의 무리로부터 이런

저런 중생들의 사라짐, 제거됨, 부서짐, 없어짐, 종말, 죽음, 서거, 오온의 부서짐, 시체를 안치함, 생명기능[命根]의 끊어짐 – 이를 일러 죽음이라 한다."라는 문맥에서 나타나고 있다. 이를 다섯 번째 니까야인 『쿳다까 니까야』까지 확장하면 그 출처는 훨씬 많아진다.

이렇게 볼 때 「기능 상윳따」가 37보리분법 혹은 조도품을 설하는 곳에 포함되어 나타나고 있기 때문에 원래는 다섯 가지 기능만이 포함된 것이 아닌가 생각할 수도 있지만 그렇다고 해서 『경장』의 다른 곳에도 나타나고 있는 이러한 다섯 가지 느낌과 세 가지 특수한 기능과 세 가지 성자의 기능을 꼭 아비담마의 가르침으로만 보는 것도 무리가 따른다고 여겨진다. 그러므로 저자는 22가지 기능이 『논장』의 가르침이라는 이러한 주장에 적극적으로는 동의하고 싶지 않다.

이제 50개 경들에서 나타나는 믿음·정진·마음챙김·삼매·통찰지의 다섯 가지 기능에 대해서 살펴보자. 이들도 다양한 문맥에서 나타나고 있는데 그 특징을 몇 가지 적어보면 다음과 같다.

「분석 경」 1/2(S48:9~10)와 「얻음 경」(S48:11)은 다섯 가지 기능 각각을 정의하고 있다. 「예류자 경」 1(S48:2), 「아라한 경」 1(S48:4), 「사문·바라문 경」 2(S48:7)에는 오근의 달콤함·위험함·벗어남을 여실히 꿰뚫어 아는 것이 나타나고, 「예류자 경」 2(S48:3), 「아라한 경」 2(S48:5), 「사문·바라문 경」 1(S48:6), 「다시 태어남[再生] 경」(S48:21)에는 오근의 일어남·사라짐·달콤함·위험·벗어남을 여실히 꿰뚫어 아는 것이 나타나고 있다. 그리고 「예류자 경」 등(S48:26~30)의 다섯 개 경은 여섯 감각기능의 일어남·사라짐·달콤함·위험함·벗어남을 여실히 꿰뚫어 아는 것이, 「예류자 경」 등(S48:32~35)의 네 개 경은 다섯 가지 느낌의 일어남·사라짐·달콤함·위험함·벗어남을 여실히 꿰뚫어 아는 것이 나타나고 있다.

한편 S48:45~46, 51~52, 54~55, 67~70 등에는 오근 가운데 혜근(통찰지의 기능)을 으뜸으로 언급하고 있으며, 「일어남 경」 1/2(S48:59~60)에는 여래가 출현해야 다섯 가지 기능이 일어난다고 나타나고 있다.

「간략하게 경」 1(S48:12)부터 「도닦음 경」(S48:18)까지의 일곱 개 경들과, 「번뇌 다함 경」(S48:20)과 「한 번만 싹 트는 자 경」(S48:24)과 「유학 경」(S48:53)과 「일곱 가지 이익 경」(S48:66) 등에는 다섯 가지 기능을 닦아서 실현되는 경지를 아라한, 불환자, 일래자, 한 번만 싹 트는 자, 성스러운 가문에서 성스러운 가문으로 가는 자, 최대로 일곱 번만 다시 태어나는 자, 법을 따르는 자, 이보다 더 약하면 믿음을 따르는 자 등으로 언급하고 있다. 그리고 「멧돼지 동굴 경」(S48:58 §4)은 다섯 가지 기능을 위없는 유가안은[210]이라고 표현하고 있다.

그리고 중요한 점은 「사께따 경」(S48:43)에서 "다섯 가지 기능이 다섯 가지 힘이 되고 다섯 가지 힘이 다섯 가지 기능이 된다."고 비유와 더불어 나타나고 있다는 것이다.

이러한 말씀은 기능[根, indriya]들과 힘[力, bala]들 사이에는 근본적인 차이점이 없다는 것을 인정하는 것이 된다. 여기에 대해서는 앞 (1)-④에서 이미 다루었다.

② 제8장부터 제17장까지

그리고 본 상윳따의 제8장부터 제17장까지의 열 개 품들에는 모두 108개의 경들이 포함되어 있는데, 이것은 앞의 「깨달음의 구성요소 상윳따」(S46) 해제 §6-(3)-②에서 설명한 것과 같은 방법으로 나타나는

210) "'유가안은(瑜伽安隱, yoga-kkhema)'이란 속박으로부터 안은함(yogehi khematta)이기 때문에 열반을 뜻한다."(SA.i.255)
유가안은에 대해서는 『상윳따 니까야』 제4권 「유가안은을 설하는 자 경」(S35:104) §2의 주해를 참조할 것. 네 가지 속박(yoga)은 네 가지 폭류(ogha)와 같은데 폭류와 속박에 대해서는 본서 제20장 (3)-②와 ③을 참조할 것.

것이다. 즉 여기서도 「도 상윳따」(S45) 해제 §5-(2)-③에서 설명한 다섯 가지 반복되는 품들(아래 바른 「노력 상윳따」(S49)의 해제를 참조할 것)이 모두 두 번 나타나기 때문에 전체가 10장이 되고 경의 수도 54×2=108이 된 것이다. 자세한 것은 「깨달음의 구성요소 상윳따」(S46) 해제 §6-(3)-②의 설명을 참조하기 바란다.

『상윳따 니까야』의 「분석 경」 2(S48:10)를 인용하면서 본장을 마무리한다.

**분석 경**2(S48:10)

3. "비구들이여, 다섯 가지 기능이 있다. 무엇이 다섯인가?

믿음의 기능, 정진의 기능, 마음챙김의 기능, 삼매의 기능, 통찰지의 기능이다."

4. "비구들이여, 그러면 어떤 것이 믿음의 기능인가?

비구들이여, 여기 성스러운 제자는 믿음을 가졌다. 그는 여래의 깨달음을 믿는다. '이런 [이유로] 그분 세존께서는 아라한[應供]이시며, 완전히 깨달은 분[正等覺]이시며, 명지와 실천을 구족한 분[明行足]이시며, 피안으로 잘 가신 분[善逝]이시며, 세간을 잘 알고 계신 분[世間解]이시며, 가장 높은 분[無上士]이시며, 사람을 잘 길들이는 분[調御丈夫]이시며, 하늘과 인간의 스승[天人師]이시며, 깨달은 분[佛]이시며, 세존(世尊)이시다.'라고.

비구들이여, 이를 일러 믿음의 기능이라 한다."

5. "비구들이여, 그러면 어떤 것이 정진의 기능인가?

비구들이여, 여기 성스러운 제자는 열심히 정진하며 머문다. 그는 해로운 법[不善法]들을 버리고 유익한 법[善法]들을 구족하기 위해서 굳세고 크게 분발하며 유익한 법들에 대한 임무를 내팽개치지 않는다.

그는[211] 아직 일어나지 않은[212] 사악하고 해로운 법[不善法]들을 일어나지 못하게 하기 위해서 열의[213]를 생기게 하고[214] 정진하고 힘을

---

211) 이하 본 문단에 나타나고 있는 정형구는 여기서처럼 다섯 가지 기능[五根, pañca-indriya]과 다섯 가지 힘[五力, pañca-bala, 아래 제23장 참조]의 두 번째인 정진(精進, viriya)의 내용이면서, 팔정도의 여섯 번째인 바른 노력[正精進, sammā-vāyāma, 아래 제25장 (3)의 여섯째 참조]의 내용이기도 하며, 네 가지 바른 노력[四正勤, sammap-padhāna, 위 제20장 참조]의 내용이기도 하다.

212) "'아직 일어나지 않은(anuppanna)'이라는 것은 '하나의 존재에 대해서나 그와 같은 대상에 대해서 아직 자신에게 일어나지 않은'이란 말이다. 남에게서 일어나는 것을 보고서 '오, 참으로 나에게는 이런 사악하고 해로운 법들이 일어나지 않기를'이라고 이와 같이 아직 일어나지 않은 사악한 해로운 법들을 일어나지 않게 하기 위해서 [열의를 생기게 한다.]"(DA.iii.803)

213) 여기서 '열의'로 옮긴 단어는 chanda이다. 초기불전연구원에서 출간한 기존의 책에서 chanda는 대부분 열의로 옮겼다. 예를 들면 아비담마의 공통되는 심소법들 가운데 '때때로들' 여섯 가지에 나타나는 chanda도 열의로 옮겼으며, 네 가지 성취수단[四如意足, iddhi-pāda, 『상윳따 니까야』 제6권 「성취수단 상윳따」(S51) 참조]에 나타나는 chanda도 마찬가지이다. 그러나 '의욕'으로 옮긴 경우도 있다. 특히 여기에 나타나는 정진 혹은 정정진 혹은 사정근의 정형구에서는 '의욕을 생기게 하고(chandaṁ jāneti)'로 통일해서 옮겼다. 그러나 『상윳따 니까야』에서는 이런 경우에는 모두 '열의'로 통일해서 옮기고 있음을 밝힌다.
그리고 그 외에 특히 chanda가 해로운 의미로 쓰일 때나 위의 정형구에 나타나지 않을 때는 대부분 '욕구'로 옮기고 있다. 『상윳따 니까야』 제1권 「사슴 장딴지 경」(S1:30) {77}의 주해와 제4권 「류트 비유 경」(S35:246) §3의 주해를 참조할 것.
한편 초기불전에서 chanda는 chanda-rāga라는 합성어로도 많이 나타나는데 이 경우에는 문맥에 따라서 욕망과 탐욕이나 욕탐이나 열렬한 욕망 등으로 옮겨왔다. 『상윳따 니까야』에서는 대부분 욕탐으로 통일해서 옮기고 있다. 여기에 대해서는 『상윳따 니까야』 제3권 「데와다하 경」(S22:2) §7의 주해를 참조할 것.
그리고 초기불전에 자주 나타나는 단어로 까마찬다(kāma-cchanda)가 있다. 이 단어는 거의 대부분 다섯 가지 장애[五蓋]의 문맥에서 나타나고 있다. 그간 초기불전연구원에서는 이것을 '감각적 욕망'으로만 옮겨왔는데 이것은 chanda(욕구, 열의)의 의미를 제외한 번역이다. 문자대로 옮기면 감각적 욕

내고 마음을 다잡고 애를 쓴다.215) 이미 일어난216) 사악하고 해로운 법들을 제거하기 위하여 열의를 생기게 하고 정진하고 힘을 내고 마음을 다잡고 애를 쓴다. 아직 일어나지 않은 유익한217) 법[善法]들을 일어나게 하기 위해서 열의를 생기게 하고 정진하고 힘을 내고 마음을 다잡고 애를 쓴다. 이미 일어난218) 유익한 법들을 지속시키고219) 사라지지 않게 하고 증장시키고 충만하게 하고 닦아서 성취하기 위해서 열의를 생기게 하고 정진하고 힘을 내고 마음을 다잡고 애를 쓴다.

비구들이여, 이를 일러 정진의 기능이라 한다."

6. "비구들이여, 그러면 어떤 것이 마음챙김의 기능인가?

비구들이여, 여기 성스러운 제자는 마음챙기는 자이다. 그는 최상의 마음챙김과 슬기로움220)을 구족하여 오래 전에 행하고 오래 전에 말한

---

망(kāma)에 대한 욕구(chanda, 열의)인데, 이것은 감각적 욕망에 대한 탐욕(kāma-rāga), 감각적 욕망을 즐김(kāma-nandī), 감각적 욕망에 대한 갈애(kāma-taṇhā)와 동의어로 나타난다.(Dhs.195) 그래서 『상윳따 니까야』에서는 chanda의 의미를 적극적으로 살려서 kāma-cchanda를 '감각적 욕망에 대한 욕구'로 통일해서 옮기고 있음을 밝힌다.

214) "'열의를 생기게 하고(chandaṁ janeti)'라는 것은 그들을 일어나지 않도록 하는 도닦음을 성취하는 정진의 열의를 생기게 한다는 말이다."(DA.iii.803)

215) "'애를 쓴다(padahati).'는 것은 '피부와 힘줄과 뼈만 남은들 무슨 상관이랴.'라고 생각하면서 노력하는 것이다."(DA.iii.803)

216) "'이미 일어난(uppanna)'이란 습관적으로 자신에게 이미 일어난 것이다. 이제 이런 것들을 일어나게 하지 않으리라고 생각하면서 이들을 버리기 위해서 열의를 생기게 한다."(DA.iii.803)

217) "'아직 일어나지 않은 유익한(anuppanna kusala)'이란 것은 아직 얻지 못한 초선(初禪) 등을 말한다."(DA.iii.803)

218) "'이미 일어난(uppanna)'이란 것은 이들을 이미 얻은 것이다."(DA.iii.803)

219) "'지속시키고(ṭhiti)'라는 것은 계속해서 일어나게 하여 머물게 하기 위해서라는 뜻이다."(DA.iii.803)

것일지라도 모두 기억하고 생각해낸다.221)

그는 몸에서 몸을 관찰하며 머문다. 세상에 대한 욕심과 싫어하는 마음을 버리면서 근면하게, 분명히 알아차리고 마음챙기며 머문다. 느낌에서 … 마음에서 … 법에서 법을 관찰하며 머문다. 세상에 대한 욕심과 싫어하는 마음을 버리면서 근면하게, 분명히 알아차리고 마음챙기며 머문다.

비구들이여, 이를 일러 마음챙김의 기능이라 한다."

7. "비구들이여, 그러면 어떤 것이 삼매의 기능인가?

비구들이여, 여기 성스러운 제자는 철저한 버림을 대상으로 삼아222) 삼매를 얻고 마음이 한 끝에 집중됨[心一境性]을 얻는다.

---

220) "'마음챙김과 슬기로움(sati-nepakka)'이라고 하였다. 여기서 슬기로움이란 통찰지[慧, 般若, paññā]의 다른 말이다. 그러면 왜 마음챙김의 설명에서 통찰지가 언급되는가? 마음챙김의 힘이 강함을 보여주기 위해서(balava-bhāva-dassan-attha)이다. 여기서 뜻하는 것은 강한 마음챙김(balava-sati)인데 그것은 통찰지와 함께할 때 강하게 되기 때문이다. 그래서 통찰지와 함께한 마음챙김(paññā-sampayutta-sati)을 보여주시면서 이와 같이 말씀하신 것이다."(SA.iii.234)

221) 여기서 마음챙김의 기능은 알아차림을 강조하는 마음챙김의 측면보다는 기억의 측면을 강조하여 설명하고 있다. sati의 어근 √smṛ(*to remember*)는 기억하다의 뜻이다. 여기에 대해서는 『상윳따 니까야』 「계(戒) 경」(S46:3) §6의 주해를 참조할 것.

222) "'철저한 버림을 대상으로 삼아(vossagg-ārammanaṁ karitvā)'란 열반을 대상으로 삼아서라는 말이다."(SA.iii.234)
"'철저한 버림(vossagga)'이란 열반(nibbāna)이다."(AA.ii.38)
그리고 본경에 나타나는 '철저한 버림을 대상으로 삼는(vossagg-ārammaṇaṁ karitvā) 삼매'는 "위빳사나를 먼저 닦고 사마타를 닦는(vipassanā-pubbaṅgamaṁ samathaṁ bhāveti)" 경우의 설명으로 『무애해도』(Ps.ii.96)와 그 주석서(PsA.iii.586~587)에 나타나고 있다. 그래서 본경에 해당하는 주석서는 "삼매의 기능은 전적으로 출세간적인 것(nibbattita-lokuttara)으로 설하셨다."(SA.iii.234)라고 설명하고 있다. 본경에서는 삼매를 열반을 대상으로 한 것으로 정의하기 때문이다.

그는 감각적 욕망들을 완전히 떨쳐버리고 해로운 법[不善法]들을 떨쳐버린 뒤, 일으킨 생각[尋]과 지속적인 고찰[伺]이 있고, 떨쳐버렸음에서 생긴 희열[喜]과 행복[樂]이 있는 초선(初禪)에 들어 머문다.[223]

---

223) "떨쳐버렸음에서 생긴 희열[喜]과 행복[樂]이 있는 초선(初禪)에 들어 머문다."로 옮긴 원어는 vivekajaṁ pītisukhaṁ paṭhamaṁ jhānaṁ upasam-pajja viharati이다. 그런데 『청정도론』과 『디가 니까야』와 『앙굿따라 니까야』 등 기존의 초기불전연구원 번역물에서는 이것을 모두 "떨쳐버렸음에서 생겼으며, 희열[喜]과 행복[樂]이 있는 초선(初禪)에 들어 머문다."로도 옮겼다. 이 부분을 대역을 해보면, "viveka-jaṁ(떨쳐버렸음에서 생긴) pīti-sukhaṁ(희열과 행복) paṭhamaṁ(初) jhānaṁ(禪을) upasampajja (구족하여서) viharati(머문다)."이다. 여기서 기본 목적어는 jhānaṁ인데 이것은 jhāna의 목적격(*Accusative*)이다. 그래서 "禪을 구족하여 머문다."가 기본 문장이 되고, 이 jhānaṁ에 걸리는 수식어가 vivekajaṁ과 pīti-sukhaṁ이다.

그런데 여기서 문제가 되는 부분은 이 vivekajaṁ(떨쳐버렸음에서 생긴)이 pītisukhaṁ(희열과 행복)을 수식하는 것으로 해석해야 하는가, 아니면 jhānaṁ(禪)을 수식하는 것으로 해석해야 하는가 하는 것이다. "떨쳐버렸음에서 생겼으며, 희열[喜]과 행복[樂]이 있는 초선(初禪)에 들어 머문다."로 옮기면 이것은 vivekajaṁ이 jhānaṁ을 수식하는 것으로 해석한 것이고, "떨쳐버렸음에서 생긴 희열[喜]과 행복[樂]이 있는 초선(初禪)에 들어 머문다."로 옮기면 viviekajaṁ이 pītisukhaṁ을 수식하는 것으로 이해한 것이 된다.

위에서 밝혔듯이 초기불전연구원에서는 이때까지는 모두 vivekajaṁ이 jhānaṁ을 수식하는 것으로 해석하여 "떨쳐버렸음에서 생겼으며, 희열[喜]과 행복[樂]이 있는 초선(初禪)에 들어 머문다."로 옮겼다. 그 이유는 『청정도론』 주석서인 『빠라맛타만주사』(Paramatthamañjūsā)가 "vivekajanti jhānaṁ vuttaṁ"(Pm.169)으로, 즉 "여기서 떨쳐버렸음에서 생긴이란 것은 禪을 두고 한 말이다."로 설명하여서 이것을 기본 설명으로 삼고 있기 때문이다. 그래서 vivekajaṁ이 jhānaṁ을 수식하는 것으로 이해하여 지금까지는 "떨쳐버렸음에서 생겼으며, 희열[喜]과 행복[樂]이 있는 초선"으로 옮긴 것이다. 물론 두 번째 선택에서 "바로 그 떨쳐버렸음에서 생긴 희열과 행복(dutiye pītisukhameva vivekajaṁ)"(*Ibid.*)으로 설명하여 viviekajaṁ이 pītisukhaṁ을 수식하는 것으로 볼 수도 있다고도 나타난다. 그리고 몇몇 복주서에도 똑같은 설명이 나타나고 있다.(DhsMṬ.101 등)

그런데 『상윳따 니까야』의 번역에서는 모두 "떨쳐버렸음에서 생긴 희열[喜]과 행복[樂]이 있는 초선(初禪)"으로 통일해서 옮겼다. 왜냐하면 결정

일으킨 생각과 지속적인 고찰을 가라앉혔기 때문에 [더 이상 존재하지 않으며], 자기 내면의 것이고, 확신이 있으며, 마음의 단일한 상태이고, 일으킨 생각과 지속적인 고찰은 없고, 삼매에서 생긴 희열과 행복이 있는 제2선(二禪)에 들어 머문다.

희열이 빛바랬기 때문에 평온하게 머물고, 마음챙기고 알아차리며 몸으로 행복을 경험한다. 이 [禪 때문에] '평온하고 마음챙기며 행복하게 머문다.'고 성자들이 묘사하는 제3선(三禪)에 들어 머문다.

행복도 버리고 괴로움도 버리고, 아울러 그 이전에 이미 기쁨과 슬픔이 소멸되었으므로 괴롭지도 즐겁지도 않으며, 평온으로 인해 마음챙김이 청정한[捨念淸淨] 제4선(四禪)에 들어 머문다.

비구들이여, 이를 일러 삼매의 기능이라 한다."

8. "비구들이여, 그러면 어떤 것이 통찰지의 기능인가?

비구들이여, 여기 성스러운 제자는 통찰지를 가졌다. 그는 성스럽고,

---

적으로 『맛지마 니까야』 「몸에 마음챙기는 경[念身經]」(M119) §18과 『디가 니까야』 「사문과경」(D2) §75 등의 몇몇 경전의 초선을 설명하는 구절에서, "so imameva kāyaṁ vivekajena pītisukhena abhisandeti parisandetiparipūreti parippharati(그는 이 몸을, 떨쳐버렸음에서 생긴 희열과 행복으로 흠뻑 적시고, 두루 채우고 충만시키고 고루 배게 한다.)"로 나타나기 때문이다. 이 경문에서 보듯이 분명히 vivekajena pītisukhena (떨쳐버렸음에서 생긴 희열과 행복)로 vivekaja(떨쳐버렸음에서 생긴)가 pītisukha(희열과 행복)를 수식하는 것으로 나타나고 있다. 이것은 대림 스님이 밝혀낸 것이다.

이런 이유로 초기불전연구원의 『상윳따 니까야』 번역본에서는 전부 이 부분을 "떨쳐버렸음에서 생긴 희열[喜]과 행복[樂]이 있는 초선"으로 통일해서 옮기고 있음을 밝힌다. 물론 "떨쳐버렸음에서 생겼으며, 희열[喜]과 행복[樂]이 있는 초선"으로 옮겨도 문법상으로는 아무 하자가 없으며, 주석서 문헌의 뒷받침도 받게 된다. 그러나 「염신경」(M119)이라는 경전 안에서 vivekaja가 pītisukha를 수식하는 것으로 나타나기 때문에 "떨쳐버렸음에서 생긴 희열[喜]과 행복[樂]이 있는 초선"으로 옮기는 것이 더 좋다고 생각해서이다. 그리고 이렇게 옮기면 제2선의 정형구에 나타나는 "삼매에서 생긴 희열과 행복이 있는 제2선(二禪)"과도 더 잘 조화가 되기도 한다.

꿰뚫음을 갖추었으며,224) 괴로움의 멸진으로 바르게 인도하는, 일어나고 사라짐으로 향하는225) 통찰지를 구족했다.

그는 '이것이 괴로움이다.'라고 있는 그대로 꿰뚫어 안다. '이것이 괴로움의 일어남이다.'라고 있는 그대로 꿰뚫어 안다. '이것이 괴로움의 소멸이다.'라고 있는 그대로 꿰뚫어 안다. '이것이 괴로움의 소멸로 인도하는 도닦음이다.'라고 있는 그대로 꿰뚫어 안다.

비구들이여, 이를 일러 통찰지의 기능이라 한다."

9. "비구들이여, 이러한 다섯 가지 기능이 있다."226)

---

224) '꿰뚫음을 갖추었으며'로 옮긴 원어는 nibbedhika이다. 주석서는 통찰지를 통해서 이전에 꿰뚫지 못했던 탐·진·치를 꿰뚫는 것이라고 설명하고 있다.(AA.iii.223)

225) '일어나고 사라짐으로 향하는'은 udayattha-gāminiyā를 옮긴 것인데 주석서는 이 합성어를 일어나고 사라짐으로 가는(udayañ ca atthañ ca gacchantiyā)으로 분석하고 있으며, "일어남과 사라짐을 파악하는 것이라는 뜻이다(udayabbaya-pariggahikāyā ti attho)."(SA.iii.234)로 설명하고 있다.

226) "본경에서 믿음과 마음챙김과 통찰지의 기능은 이전단계(pubba-bhāga, 즉 출세간도를 일어나게 하는 예비단계)이고, 정진의 기능은 혼합된 것(missaka, 예비단계와 출세간도의 혼합)이며, 삼매의 기능은 전적으로 출세간적인 것(nibbattita-lokuttara)으로 설하셨다."(SA.iii.234)
그러면 왜 삼매의 기능은 전적으로 출세간적인 것인가? 본경에 나타나는 이 삼매의 정형구는 "비구들이여, 여기 성스러운 제자는 철저한 버림을 대상으로 삼아 삼매를 얻고 마음이 한 끝에 집중됨[心一境性]을 얻는다."라고 되어있다. 앞의 주해에서 밝혔듯이 여기서 철저한 버림(vossagga)은 바로 열반을 뜻하기 때문에 여기 오근의 삼매는 전적으로 출세간적인 것이라고 복주서는 설명하고 있다.(SAṬ.ii.191)

# 제23장 다섯 가지 힘[五力]

## (1) 들어가는 말

제22장의 다섯 가지 기능[五根, pañc-indriya]과 본장의 다섯 가지 힘[五力, pañca-bala]은 각각 『상윳따 니까야』 「기능 상윳따」(S48)와 「힘 상윳따」(S50)의 기본 주제이다. 이미 제22장에서 살펴보았듯이 여기서 다섯 가지 힘은 "믿음의 힘, 정진의 힘, 마음챙김의 힘, 삼매의 힘, 통찰지의 힘이다."(S50:1) 이처럼 같은 다섯 가지 구성요소들이 기능으로도 나타나고 힘으로도 나타난다. 그러면 이 둘의 차이는 무엇인가?

## (2) 다섯 가지 기능[五根]과 다섯 가지 힘[五力]의 차이

이미 『상윳따 니까야』 「기능 상윳따」 「사께따 경」(S48:43)에서 세존께서는 이렇게 말씀하고 계신다.

"믿음의 기능이 곧 믿음의 힘이고 믿음의 힘이 곧 믿음의 기능이다. 정진의 기능이 곧 정진의 힘이고 정진의 힘이 곧 정진의 기능이다. 마음챙김의 기능이 곧 마음챙김의 힘이고 마음챙김의 힘이 곧 마음챙김의 기능이다. 삼매의 기능이 곧 삼매의 힘이고 삼매의 힘이 곧 삼매의 기능이다. 통찰지의 기능이 곧 통찰지의 힘이고 통찰지의 힘이 곧 통찰지의 기능이다."(S48:43 §5)

이러한 말씀은 기능들과 힘들 사이에는 근본적인 차이점이 없다는 것을 인정하는 것이 되고, 기능들과 힘들은 단지 다른 두 각도에서 같은 요소들을 쳐다보는 차이에 지나지 않는다는 것이 된다.

주석서는 다음과 같이 설명하고 있다.

"확신(adhimokkha)을 특징으로 하는 것에 대해서 통제를 한다는 뜻에서 '믿음의 기능'이라 하고, 불신에 의해서 흔들리지 않기 때문에 '믿음의 힘'이라 한다. 나머지들은 각각 분발(paggaha)과 확립(upaṭṭhāna)과 산란하지 않음(avikkhepa)과 꿰뚫어 앎(pajānana)을 특징으로 하는 것에 대해서 통제를 한다는 뜻에서 '기능[根]'이 되고, 각각 게으름(kosajja)과 마음챙김을 놓아버림(muṭṭha-sacca)과 산란함(vikkhepa)과 무명(avijjā)에 의해서 흔들리지 않기 때문에 '힘'이 된다고 알아야 한다."(SA.iii.247)

다시 정리해보면, 믿음은 확신 등의 측면에서 보면 믿음의 기능이 되고 불신에 흔들리지 않는 측면에서 보면 믿음의 힘이 된다. 정진은 분발하는 측면에서 보면 정진의 기능이 되고 게으름에 흔들리지 않는 측면에서 보면 정진의 힘이 된다. 같이하여 확립과 마음챙김을 놓아버림에 흔들리지 않는 측면에서 각각 마음챙김의 기능과 마음챙김의 힘이 되고, 산란하지 않음과 산란함에 흔들리지 않는 측면에서 각각 삼매의 기능과 삼매의 힘이 되고, 꿰뚫어 앎과 무명에 흔들리지 않는 측면에서 통찰지의 기능과 통찰지의 힘이 된다. 이렇게 기능과 힘을 구분하는 것이 아비담마의 정설이다.

그래서 『아비담마 길라잡이』 제7장 §28에서는 "기능[根]들은 그 각각의 영역에서 지배하는(issara) 요소들이고 힘[力]들은 반대되는 것들에 의해서 흔들리지 않고 이들과 함께하는 법들을 강하게(thirabhāva) 만드는 요소"라고 설명하고 있다. 여기에 대해서는 『청정도론』 XXII.37과 특히 『아비담마 길라잡이』 제7장 §28을 참조할 것. 그러므로 굳이 이 다섯 가지 힘(오력)을 독립된 주제(상윳따)로 따로 모으지 않아도 되지만 다섯 가지 힘은 불교 수행법을 모두 담고 있는 37가지 깨달음의 편에 있는 법(보리분법)에 포함되어서 초기불전의 여러 곳에 나타나고 있기 때문에 『상윳따 니까야』에서 별도의 상윳따로 편집한 것으로 이해하면 될 것이다.

### (3) 간화선과 오근・오력[227)]
### – 오근・오력(信・精進・念・定・慧)과 대신근・대분지・대의정

예로부터 간화선 수행에 있어서는 대신근(大信根), 대분지(大憤志), 대의정(大疑情)의 세 가지가 필수적인 요소로 언급되었다.[228)] 이것은 솥의 세발과 같아서 이 셋이 튼튼하게 갖추어지지 않으면 결코 화두는 타파될 수 없고 견성이란 불가능하며 간화선은 의리선이 될 수밖에 없다. 이 셋을 간략하게 분석해보자.

첫째, 대신근(大信根)은 화두 자체를 믿음과 함께 화두를 제시해 준 스승의 가르침을 믿는 것이다. 그래서 『육조단경』에는 '능히 자성을 깨치지 못하면 모름지기 선지식의 지도를 받아서 자성을 보라.'[229)]고 말하고 있다. 그 다음이 중생의 마음이 그대로 본자청정한 심진여(心眞如)임을 믿는 것이다. 그래서 대혜 스님은 '이 마음이 있다면 부처가 되지 못할 자가 없습니다. 사대부가 도를 배우되 대다수 스스로가 걸림돌을 만드는 것은 굳센 믿음이 없기 때문입니다.'[230)]라고 말하고 있다. 나아가

227) 이하 본품의 글은 저자가 2003년 2월에 열린 선우논강 제7회에서 발제문으로 발표한 「간화선과 위빳사나 무엇이 같고 다른가」(『선우도량』 제3호 2003)의 "4-4. 대신심・대분지・대의정과 오근/오력(信・精進・念・定・慧)"를 조금 수정하여 실은 것이다.

228) "一有大信根 二有大憤志 三有大疑情" — 『禪家龜鑑』, 『高峰大師語錄』 등.

229) 『敦煌本壇經』 178.

서 자신이 화두 수행을 통해서 반드시 깨달음에 이른다는 사실과, 화두 수행을 이루어낼 수 있다는 자기 자신을 통째로 믿는 것이다.

둘째, 대분지(大憤志)는 화두참구를 줄기차게 진행시켜 나아가는 정진이다. 해태하는 마음이나 그 외 불선법들이 마음에 일어나더라도 그것에 지배당하지 않고 간단없이 화두를 챙기려는 노력이다. 이 세상에 한 번 태어나지 않은 셈치고 화두를 들다가 죽을지언정 화두에서 물러나지 않으려는 간절한 노력이다.

셋째, 그러면 무엇이 대의정(大疑情)인가. 화두에 강력한 의정을 일으켜서 나아갈래야 나아갈 수도 물러설래야 물러설 수도 없는 의단독로(疑團獨露)를 말한다. 대혜 스님은 昏沈·忘懷·默照(혼침·망회·묵조) 등과 掉擧·著意·管帶(도거·저의·관대) 등 두 가지의 선병(禪病)을 극복하지 못하면 생사윤회의 미혹으로부터 벗어나지 못한다고 지적하고 있다.[231] 대혜 스님이 간화선을 주창하게 된 근본이유 중의 하나가 화두를 참구하는 것은 혼침과 도거(들뜸)를 제거하는 가장 강력한 수단이기 때문이다. 혼침은 거듭거듭 화두를 제기함으로 극복되며 이런 화두의 제기는 바로 지혜[慧]의 기능이다. 도거는 적정처에서 면밀하게 화두를 듦에 의해서 극복되는데 이런 주도면밀함은 다름 아닌 고요함(선정, 定)을 말한다. 그래서 성적등지(惺寂等持), 적적성성(寂寂惺惺), 정혜쌍수(定慧雙修)를 주창하는 것이다. 한편 이런 화두를 면밀하게 제기하는 것을 우리는 화두를 챙긴다고 표현하고 있다. 여기서 챙긴다는 것은 마음이 화두를 물샐틈없이 들고 있는 것을 말하며 이런 심리현상을 초기불교에서는 사띠(마음챙김, 念)로 표현하고 있다.

여기서 보듯이 우리는 화두에 의정을 일으키는 현상에는 화두를 간단

---

230) 『大慧語錄』 大47.

231) 『大慧普覺禪師書』 卷第二十五.

없이 챙기는 심리현상(사띠, 念)과 그런 화두에 대해서 덤벙대거나 성급하거나 조급함 등의 육단심을 내지 않고 고요하면서도 면밀하게 덤벙대지 않는 심리현상[定]과 나아가서 화두라는 언어와 일체 상대적인 분별을 뛰어넘으려는 심리현상[慧]이 함께 작용하고 있음을 알 수 있다. 물론 이런 지혜는 의정의 대표적인 심리현상이라 해야 할 것이다. 의정을 의혹이나 사량분별로 이해해서는 안 된다는 점은 간화선에서 제일 강조하는 요점이다.

물론 화두공부에는 이 이외에도 평온[捨, *upekkhā*], 희열(*pīti*), 행복(*sukha*) 등의 유익한 심리현상도 함께 작용하겠으나 자성청정심과 선지식을 신뢰하는 심리현상[信], 분발하는 심리현상[精進], 화두를 챙기는 심리현상[念], 고요함[定], 그리고 제일 중요한 분별경계를 뛰어넘는 심리현상[慧]이라는 다섯 가지를 대표적인 것으로 들 수 있을 것이다.

저자가 이렇게 논지를 전개하면 이미 영리한 분들은 저자가 대신근·대분지·대의단을 초기불교의 믿음·정진·마음챙김·삼매·통찰지[信·精進·念·定·慧]의 오근·오력(五根·五力)과 동일한 것으로 간주하고 있다고 알 것이다. 초기불교의 수행에 관계된 37조도품 모두가 중요한 것이겠으나 실참의 심리현상을 제일 적극적으로 묘사한 것은 오근·오력이라 할 수 있다. 수행의 기본 요소가 되는 심리현상이라 해서 근(根, indriya, 기능, 능력)이란 술어를 사용하며 이 근이 실참에 작용할 때 수행은 큰 힘을 가지게 된다고 해서 오력이라고 표현하는 것으로 이해하면 된다.

한편 이 다섯 가지 기능들은 그들의 영역에서 각각 확신하고(adhimokkha), 분발하고(paggaha), 확립하고(upaṭṭhāna), 산만하지 않고(avikkhepa), 판별하는 기능을 수행한다(dassana). 이렇게 하면서 이와 반대되는 법들, 즉 우유부단함, 게으름, 부주의함, 동요, 미혹함을 극복한다고

『청정도론』 IV.47～49는 자세하게 설명하고 있다.

이처럼 간화선의 기본인 신심 · 분심 · 의심은 초기불교의 오근 · 오력 즉 신 · 정진 · 염 · 정 · 혜(信 · 精進 · 念 · 定 · 慧)와 같은 내용임을 알 수 있다. 특히 간화선의 의정(疑情)은 초기불교와 남방불교에서 강조하는 염(念, 마음챙김) · 정(定, 선정) · 혜(慧, 지혜)의 세 가지 심리현상이 극대화된 상태라고 설명할 수 있다.

간화선도 불교수행법인 이상 부처님의 가르침 특히 초기불전에서 그 이론적인 출처를 찾을 필요가 있다. 그렇지 못한 간화선은 정통 수행법으로 인정받기가 어려울 것이다. 특히 간화선에서 제일 강조하는 의정을 일으킨다는 것을 불교 교학적으로 어떻게 이해해야할 것인가는 중요한 문제이다. 의정을 초기불교 수행법의 핵심이라 할 수 있는 염 · 정 · 혜(念 · 定 · 慧) 즉 마음챙김 · 삼매 · 통찰지의 셋이 조화롭게 개발되는 것이라고 설명하는 저자의 관점은 앞으로 분명히 주목을 받을 것이다. 본서 제18장에서 설명하고 있는 마음챙김과 본서 제28장에서 설명하고 있는 삼매와 통찰지를 음미해보면 의정을 염 · 정 · 혜와 배대시키고 있는 저자의 이러한 시도는 분명히 평가를 받지 않을까 생각해본다.

# 제24장 일곱 가지 깨달음의 구성요소[七覺支]

(1) 깨달음의 구성요소란 무엇인가

일곱 가지 깨달음의 구성요소[七覺支, satta bojjhaṅga]는 『상윳따 니까야』 「깨달음의 구성요소 상윳따」(S46)의 주제이다. 그러면 깨달음의 구성요소란 무엇인가?

깨달음의 구성요소로 옮겨지는 단어는 bojjhaṅga와 sambojjhaṅga의 두 가지 술어이다. 이 두 단어는 뜻으로는 모두 깨달음의 구성요소이지만 그 쓰이는 용례가 다르다. 니까야 전체에서 깨달음의 구성요소가 합성어로 쓰이지 않고 단독으로 나타날 때는 모두 처음의 bojjhaṅga로 나타난다. 그러므로 '일곱 가지 깨달음의 구성요소[七覺支]'는 satta bojjhaṅga로 나타나지 satta sambojjhaṅga가 아니다.

그러나 sati-sambojjhaṅga(마음챙김의 깨달음의 구성요소, 念覺支)나 dhamma-vicaya-sambojjhaṅga(법을 간택하는 깨달음의 구성요소, 擇法覺支) 등으로 합성어로 나타날 때는 예외 없이 모두 두 번째인 sam-bojjhaṅga로 나타나고 있다. 이런 차이만 있을 뿐이지 bojjhaṅga와 sambojjhaṅga는 동의어이다.

그리고 이것은 『상윳따 니까야』 제2권 「감각접촉 경」(S14:2) §3 등에서 나타나고 있는 samphassa와 phassa의 용례와도 같다.(S14:2 §3의 주해를 참조할 것)

깨달음의 구성요소는 모두 일곱 가지로 정리되어 나타나고 이를 '일곱 가지 깨달음의 구성요소(satta bojjhaṅga)'라 부른다. 그래서 중국에서는 칠각지(七覺支)로 옮겼다. 이 일곱은 다음과 같다.

① 마음챙김의 깨달음의 구성요소(sati-sambojjhaṅga, 念覺支)

② 법을 간택하는 깨달음의 구성요소(dhamma-vicaya-sambojjhaṅga, 擇法覺支)

③ 정진의 깨달음의 구성요소(vīriya-sambojjhaṅga, 精進覺支)

④ 희열의 깨달음의 구성요소(pīti-sambojjhaṅga, 喜覺支)

⑤ 고요함의 깨달음의 구성요소(passaddhi-sambojjhaṅga, 輕安覺支)

⑥ 삼매의 깨달음의 구성요소(samādhi-sambojjhaṅga, 定覺支)

⑦ 평온의 깨달음의 구성요소(upekkhā-sambojjhaṅga, 捨覺支)[232]

『맛지마 니까야 주석서』(MA.i.84~85)는 다음과 같이 일곱 가지 깨달음의 구성요소들을 설명하고 있다.

"수행하지 않음에 위험(ādīnava)을 보고, 수행함에 이익(ānisaṁsa)을 보면서 바른 방법으로 반조하면서 마음챙김의 깨달음의 구성요소 등을 닦는다. 뜻(attha)에 따라, 특징(lakkhaṇa)과 역할(rasa)과 나타남(paccupa-ṭṭhāna)에 따라, 순서(kama)에 따라, 왜 그만큼인가(anūnādhika)에 따라 해설해보면 다음과 같다.

1. 먼저 뜻과 특징과 역할과 나타남에 따라 설하면 다음과 같다.

① 기억한다는 뜻(saraṇaṭṭha)에서 마음챙김(sati)이다. 특징은 확립함이다. 혹은 반복함이다. "마치 왕의 창고지기가 '이만큼의 금이 있고, 이만큼의 은이 있고, 이만큼의 재물이 있다.'라고 왕의 재물을 반복해서 생각하듯이, 그와 같이 마음챙김이 있을 때 유익함과 해로움, 비난 받아

---

232) 초기불전에서 칠각지는 반드시 이 순서대로 나타난다. 그런데 『불광사전』과 『한글 불교사전』에는 택법, 정진, 희, 경안, 사, 정, 염의 순서로 나타난다고 한다.

마땅함과 비난 받을 일이 없음, 저열함과 수승함, 흑백으로 상반되는 여러 법을 반복해서 생각한다. 이것이 네 가지 마음챙김의 확립이다."라고.(MinI.37) 역할은 대상에 깊이 들어감 혹은 잊어버리지 않음이다. 나타남은 대상과 직면함이다.

② 사성제의 법들(catusacca-dhammā)을 간택하기(vicināti) 때문에 법을 간택함[擇法, dhamma-vicaya)이라 한다. 즉 '이것은 괴로움이다.'라고 이렇게 검증한다는 말이다. 특징은 간택함이고, 역할은 밝게 비추는 것이다. 즉 법들의 진실한 고유성질을 덮는 어리석음을 흩어버린다. 나타남은 미혹하지 않음이다.

③ 적절한 방법으로(vidhinā) 일으켜야 하기(īrayitabba) 때문에 정진(viriya)이라 한다. 특징은 용감함(paggaha)이고, 역할은 굳건하게 지지함이고, 나타남은 가라앉음과 반대되는 것이다.

④ 만족하기(pīnayati) 때문에 희열(pīti)이라 한다. 특징은 충만함 혹은 만족함이고, 역할은 몸과 마음을 강하게 함이고, 나타남은 의기양양함이다.

⑤ 몸과 마음의 피로를 편안하게 하기(passambhana) 때문에 고요함[輕安, passaddhi]이라 한다. 특징은 고요함이고, 역할은 몸과 마음의 피로를 가시게 함이고, 나타남은 차분함이다.

복주서는 다음과 같이 부연 설명을 덧붙이고 있다. "'몸과 마음의 피로를 가시게 함'에서 '몸'은 느낌의 무더기, 인식의 무더기, 심리현상들의 무더기인 세 가지의 무더기를 말하고, '마음'이란 네 가지 정신의 무더기를 말한다. '피로'란 육체적 고통과 정신적 고통의 원인인 들뜸 등의 오염원을 말한다."(MAṬ.i.175)

⑥ 모으기(samādhāna) 때문에 삼매(samādhi)라 한다. 특징은 흩어지지 않음 혹은 산만하지 않음이고, 역할은 마음과 마음부수들을 결합시키는 것이고, 나타남은 마음이 계속해서 머무는 것이다.

⑦ 공평하기(ajjhupekkhana) 때문에 평온(upekkhā)이다. 특징은 식별함 혹은 공평하게 나름이고, 역할은 모자라거나 넘치는 것을 막음 혹은 편견을 끊는 것이고, 나타남은 중립적인 상태이다.

2. 순서(kama)에 따라 설하면, "비구들이여, 나는 마음챙김을 모든 곳에 이롭다고 말한다."라는 말씀이 있다. 그러므로 마음챙김의 깨달음의 구성요소는 나머지 모든 깨달음의 구성요소에 도움이 되기 때문에 제일 먼저 설했다.

3. 왜 그만큼인가(anūnādhika)라는 것은 '세존께서는 왜 일곱 가지만 설하셨는가?'라는 질문이다. 침체와 들뜸에 반대되는 것(līn-uddhacca-paṭipakkha)으로서, 모든 곳에 이로운 것(sabbatthika)으로서, 모자라지도 더하지도 않게(anūnā anadhikā) 이 일곱 가지만 설하셨다. 침체되어 있을 때에는 그와 반대되는 택법, 정진, 희열의 세 가지 깨달음의 구성요소를 닦는 것이 적당하고, 들떠있을 때에는 그와 반대되는 고요함, 삼매, 평온의 세 가지 깨달음의 구성요소를 닦는 것이 적당하고, 한 가지인 마음챙김의 깨달음의 구성요소는 모든 곳에 이롭다고 설하셨기 때문이다. 그래서 이 일곱 가지 깨달음의 구성요소만 설하신 것이다."(MA.i.84~85)

이 일곱 가지에 대한 설명은 아래 (2) 깨달음의 구성요소의 자양분(āhāra)에서 인용하고 있는 「자양분 경」(S46:51)과 주석서의 설명을 참조하기 바란다.

그러면 '깨달음의 구성요소[覺支]'로 옮긴 bojjhaṅga의 의미에 대해서 살펴보자. '깨달음의 구성요소'로 옮긴 bojjhaṅga는 bodhi+aṅga의 합성어이다. 주석서는 bodhiyā bodhissa vā aṅga로, 즉 ① 깨달음의 구성요소(bodhiyā aṅga)와 ② 깨달은 분의 구성요소(bodhissa aṅga)의 두 가지로 이 합성어를 풀이하고 있다.(SA.iii. 138)

여기에 대한 주석서의 설명을 직접 살펴보자.

"이것은 무슨 의미인가? '세간적이고 출세간적인 도'의 순간(lokiya-lokuttara-magga-kkhaṇa)에 일어나고, 게으름과 들뜸과 [갈애의] 확고함과 [사견의] 적집과 감각적 욕망의 즐거움과 자기 학대에 몰두하는 것과 단견과 상견의 천착 등의 여러 가지 재앙들의 반대편이 되는 마음챙김과 법의 간택과 정진과 희열과 고요함과 삼매와 평온이라 불리는 법들의 집합을 통해서 성스러운 제자는 깨닫는다. 그래서 깨달음이라 부른다. 깨닫는다는 것은 오염원들의 지속적인 흐름인 잠으로부터 일어난다는 말이니, 네 가지 성스러운 진리[四聖諦]를 꿰뚫거나 열반을 실현함을 뜻한다.

깨달음의 구성요소란 ① 이러한 법들의 집합으로 구성된 깨달음의 구성요소들을 말하나니, 禪의 구성요소, 도의 구성요소라는 용법과 같다. ② 그리고 이러한 법들의 집합을 통해서 깨달은 성스러운 제자도 깨달은 자[233]라 부른다. 이 경우에는 그 깨달은 자의 구성요소라고 해서 깨달음의 구성요소라 하는데 이것은 군대의 구성요소 전차병의 구성요소라는 용법과 같다. 그래서 주석가들은 '혹은 깨달은 인간의 구성요소라고 해서 깨달음의 구성요소라 한다.'라고 설명하였다."(SA.iii.138)

한편 『논장』의 『위방가』(Vbh)에 나타나는 '깨달음의 구성요소의 분석(Vbh.227~229)'이라는 항목에서는 『경장』 즉 『상윳따 니까야』의 ① 「계 경」(S46:3)에 나타나는 방법과 ② 「방법 경」(S46:52) (ii)에 나타나는 방법과 ③ 「히말라야 경」(S46:1) 등에 나타나는 '순수한 떨쳐버림을 의지함'이라는 세 가지 방법을 통해서 이 일곱 가지 깨달음의 구성요소를 설명하고 있다.

그런 뒤에 그것을 아비담마의 방법으로 분석하고 있는데, 중요한 것

233) 여기서 '깨달은 자'는 bodhi를 옮긴 것이다. 일반적으로 bodhi는 여성형 추상명사로 '깨달음'을 뜻하는데, 본 주석서에서는 이것을 남성명사로 간주하여 깨달은 자로 설명하고 있어서 이렇게 옮겼다.

은 이 칠각지를 오직 '출세간적인 도'로만 설명하고 있다는 사실이다. (Vbh.229~232) 이런 이유 때문에 『논장』의 주석서들(DhsA.217, VbhA. 310)은 위의 『상윳따 니까야 주석서』에 나타난 '세간적이고 출세간적인 도의 순간' 가운데서 '세간적이고'를 제외하고 '출세간적인 도의 순간'이라고만 설명하고 있다. 『논장』에서는 비단 이 칠각지뿐만 아니라 37보리분법(조도품) 전체를 출세간도에만 적용되는 것으로 설명하고 있는데, 이것은 4부 니까야에서 bodhi-pakkhiyā dhammā 즉 깨달음의 편에 있는 법(보리분법)으로 나타나기 때문에 이미 깨달음을 성취한 곳 혹은 이미 깨달음을 성취한 자의 편에 속하는 법들로 이해했기 때문일 것이다.

『청정도론』에서도 37보리분법은 7청정의 마지막 단계인 제22장 「지와 견에 의한 청정」에서 '예류도, 일래도, 불환도, 아라한도라는 네 가지 도에 대한 지혜'를 설명한 뒤에 XXII.33에 나타나고 있다. 즉 제14장부터 제17장에서 온·처·계·근·제·연을 철저하게 이해한 뒤에 제18장부터 제21장에서 이들 법이 무상이요 괴로움이요 무아임을 철저하게 통찰하여 염오가 일어나고, 이러한 도의 단계에 접어든 뒤에 다시 말하면 깨달음의 편 혹은 깨달음의 경지에 접어든 뒤에 일어나는 것이 37보리분법이라고 이해하고 있는 것이다.

「깨달음의 구성요소 상윳따」(S46)에서 깨달음의 구성요소에 대한 부처님의 정의는 「비구 경」(S46:5 §3)에 나타나고 있다. 이 경을 통해서 보자면 칠각지는 주석가들이 이해하듯이 '깨달음을 구성하고 있는' 요소로 설명되지 않고 있으며, 오히려 '깨달음으로 인도하는(bodhāya saṁvattanti)' 요소들로, 즉 '세간적인 도'로 설명되고 있다. 그리고 본 상윳따 「계(戒) 경」(S46:3)에서 칠각지가 순서대로 발생한다는 설명은 이러한 사실을 더 잘 뒷받침해 주고 있다. 이런 측면에서 보자면 초기불교 문헌에서 불교술어들은 일반적이고 실용적인 용법에서 아비담마나 주석서 문헌의 특별하고 전문적인 용법으로 진화해가고 있다고 여겨진다.

이러한 설명들을 종합해보면 니까야에서는 칠각지가 세간적인 도로 나타나고 있고, 『논장』에서는 출세간도로 이해되고 있으며, 주석서 문헌에서는 세간적이고 출세간적인 도로 설명되고 있다.

그리고 경전들에서 칠각지는 다섯 가지 장애와 반대되는 개념으로 나타난다. 예를 들면 『상윳따 니까야』 「덮개 경」(S46:37 §§3~4)에 의하면 다섯 가지 장애는 "덮개요 장애여서 이것은 마음을 압도하고 통찰지를 무력하게 만들지만" 칠각지는 "덮개가 아니요 장애가 아니며 마음의 오염원이 아니니 이를 닦고 많이 [공부]지으면 명지와 해탈의 결실을 실현함으로 인도한다."라고 나타난다. 여기에 대해서는 아래 (3)-①의 해당부분을 참조하기 바란다.

### (2) 깨달음의 구성요소의 자양분(āhāra)

한편 『상윳따 니까야』 「자양분 경」(S46:51)은 이러한 일곱 가지 깨달음의 구성요소를 늘리고 드세게 만드는 자양분[234]을 들고 있다. 칠각지를 이해하는 중요한 부분이기 때문에 이 부분에 해당되는 경의 전문(全文)과 여기에 해당되는 주석서의 중요한 부분을 인용한다. 주석서에 나타나는 자세한 설명은 저자가 「대념처경」(D22 = M10)과 주석서를 옮긴 『네 가지 마음챙기는 공부』 235~257쪽을 참조하기 바란다.

---

234) 『상윳따 니까야』 전체에서 '자양분'으로 옮기고 있는 원어는 āhāra인데 이것은 일반적으로 '음식'으로 옮겨지는 술어이다. 그런데 아래 주해에서 보듯이 이것이 전문적인 술어로 사용되면 조건[緣, paccaya]을 뜻하기 때문에 여기서는 자양분으로 옮기고 있음을 밝힌다.

① 마음챙김의 깨달음의 구성요소의 자양분

"비구들이여, 그러면 무엇이 아직 일어나지 않은 마음챙김의 깨달음의 구성요소를 일어나도록 하고 이미 일어난 마음챙김의 깨달음의 구성요소를 늘리고 드세게 만드는 자양분인가?

비구들이여, 마음챙김의 깨달음의 구성요소를 확립시키는 법들[235]이 있어 거기에 지혜롭게 마음에 잡도리하기[236]를 많이 [공부]지으면[237]

---

235) "'마음챙김의 깨달음의 구성요소를 확립시키는 법들(sati-sambojjhaṅga-ṭṭhānīyā dhammā)'이란 마음챙김의 대상이 되는 법들[즉, 네 가지 마음챙김의 토대 = 몸[身], 느낌[受], 마음[心], 법(法) - SAṬ]과 37가지 깨달음의 편에 있는 법들(보리분법, 조도품)과 9가지 출세간법들(예류도부터 아라한과까지의 네 가지 도와 네 가지 과와 열반)이다."(SA.iii.141)

236) '지혜롭게 마음에 잡도리함'은 중국에서 여리작의(如理作意)로 옮긴 yoniso-manasikāra이다. 주석서는 다음과 같이 설명한다.
"'지혜롭게 마음에 잡도리함[如理作意, yoniso manasikāra]'이란 [바른] 방법에 의해서 마음에 잡도리함(upāya-manasikāra)이고 길에 따라 마음(patha-manasikāra)에 잡도리함이고 [일어남에 대해서 마음에 잡도리함(uppādaka-manasikāra) - SA.iii.165]이다. 이것은 무상한 [것]에 대해서 무상이라고, 괴로운 [것]에 대해서 괴로움이라고, 무아인 [것]에 대해서 무아라고, 더러운 것[부정]에 대해서 부정이라고 마음에 잡도리하는 것이다."(MA.i.281)
지혜롭게 마음에 잡도리함은 초기불전의 여러 곳에서 강조되고 있는 덕목이다. 그래서 "지혜롭게 마음에 잡도리하기 때문에 아직 생겨나지 않은 번뇌들은 생겨나지 않고 이미 생겨난 번뇌들은 버려진다."(M2/i.7)고도 설하셨고, "지혜롭게 마음에 잡도리함을 반연하여(paccaya) 정견(正見)이 생겨난다."(M43/i.294)고도 하셨다. 그리고 『상윳따 니까야』 제2권 「위빳시 경」 등(S12:4~10)에서는 위빳시 부처님 등 칠불이 지혜롭게 마음에 잡도리함을 통해서 12연기를 통찰지로 관통하여(paññāya abhisamaya) 일어남과 사라짐에 대한 눈[眼], 지혜[智], 통찰지[慧], 명지[明], 광명[光]이 생겼다고 나타나고 있다.

한편 초기불전연구원에서는 이 술어를 문맥이나 역자에 따라 '근원적으로 마음에 잡도리함'이나 '지혜로운 주의' 등으로도 옮겼다. 그리고 manasikāra가 단독으로 나타날 때는 주로 '마음에 잡도리함'으로 옮겼으며, 동사 manasikaroti는 대부분 '마음에 잘 새기다.'로 옮겼다. 그리고 지혜롭게 마음에 잡도리함과 반대되는 ayoniso manasikāra는 『상윳따 니까야』에서 이것이 아직 일어나지 않은 마음챙김의 깨달음의 구성요소를 일어나게 하고 이미 일어난 마음챙김의 깨달음의 구성요소를 늘리고 드세게 만들고 수행을 성취하는 자양분이다."(S46:51 §9)

"나아가서 네 가지 법이 있어 마음챙김의 깨달음의 구성요소를 일어나게 한다. 그것은 (1) 마음챙기고 분명히 알아차림[正念·正知] (2) 마음챙김을 잊어버린 사람을 피함 (3) 마음챙김을 확립한 사람을 친근함 (4) 이것(마음챙김)을 확신함이다."(SA.iii.155)

② 법을 간택하는 깨달음의 구성요소의 자양분

"비구들이여, 그러면 무엇이 아직 일어나지 않은 법을 간택하는 깨달음의 구성요소를 일어나도록 하고 이미 일어난 법을 간택하는 깨달음의 구성요소를 늘리고 드세게 만드는 자양분인가?

비구들이여, 유익하거나 해로운 법들,238) 나무랄 데 없는 것과 나무라야 마땅한 법들, 받들어 행해야 하는 것과 받들어 행하지 말아야 하는

---

는 '지혜롭지 못하게 마음에 잡도리함'으로 옮기고 있으며(본경 §4와 주해 참조), 다른 곳에서는 '지혜롭지 못한 주의[非如理作意]'나 '근원을 벗어나서 마음에 잡도리함' 등으로도 옮겼다.

237) '많이 [공부]지음'은 bahulī-kāra를 옮긴 것인데 '많이 지음'으로 직역할 수 있다. 위의 다섯 가지 장애의 문맥에서는 '많이 지음'으로 옮겼고 여기 칠각지 등의 수행과 관계된 문맥에서는 모두 '많이 [공부]지음'으로 옮긴다.
한편 초기불전에서 이 단어는 bhāvitā bahulīkatā라는 문맥으로도 아주 많이 나타나는데 이 경우에도 '닦고 많이 [공부]짓는'으로 통일해서 옮기고 있음을 밝힌다.(『상윳따 니까야』「히말라야 경」1(S46:1) §4 등 참조)
한편 『상윳따 니까야』 전체에서 '공부짓다'와 '공부하다'로 옮기고 있는 동사는 sikhati이고, 이것의 명사 sikhā는 '공부' 혹은 '공부지음'으로 옮겼다. 예를 들면 『상윳따 니까야』 제2권 「깟사빠 상윳따」(S16) 등에 많이 나타나는 '공부짓다.'와 '공부지어야 한다.'는 모두 이 sikhati와 sikkhitabba의 번역이다.

238) 주석서는 여기에 나타나는 쌍들 가운데 첫 번째는 모두 유익한 법과 동의어이고 두 번째는 모두 해로운 법과 동의어라고 설명하고 있다.(SA.iii.141)

법들, 고상한 것과 천박한 법들, 흑백으로 상반되는 갖가지 법들239)이 있어 거기에 지혜롭게 마음에 잡도리하기를 많이 [공부]지으면 이것이 아직 일어나지 않은 법을 간택하는 깨달음의 구성요소를 일어나도록 하고 이미 일어난 법을 간택하는 깨달음의 구성요소를 늘리고 드세게 만들고 수행을 성취하는 자양분이다."(S46:51 §10)

"나아가서 일곱 가지 법들이 있어 법을 간택하는 깨달음의 구성요소를 일어나게 한다. 그것은 (1) 탐구함 (2) 토대(몸)를 깨끗하게 함 (3) 기능[五根]을 조화롭게 닦음 (4) 지혜 없는 사람을 피함 (5) 지혜로운 사람을 친근함 (6) 심오한 지혜로 행해야 할 것에 대해 반조함 (7) 이것(법의 간택)을 확신함이다."(SA.iii.156)

---

239) "'흑백으로 상반되는 갖가지 법들(kaṇha-sukka-sappatibhāgā dhammā)'이라고 했다. ① 검은 것(흑)은 검은 과보를 낳고(kaṇha-vipāka-dāna) 흰 것(백)은 흰 과보를 낳기 때문에 상반된다고 하는데 같은 과보를 가진 것들(sadisa-vipāka-koṭṭhāsā)이라는 뜻이다. ② 혹은 반대되는 부분을 가지고 있다고 해서(paṭipakkha-bhūtassa bhāgassa atthitā) 상반되는 것들이라고 한다. 검은 것은 흰 것과 반대되는 부분(paṭipakkha-bhāgā)이고 흰 것은 검은 것의 반대되는 부분이기 때문이다. ③ 혹은 배제한다는 뜻(sappaṭibāhit-aṭṭha)에서 상반되는 것들이라고 한다. 해로운 것은 유익한 것을 배제하고 자신의 과보를 낳고, 유익한 것은 해로운 것을 배제하고 자신의 과보를 낳기 때문이다. 이와 같이 흑백은 상반된다."(SA.iii.141)

한편 세존께서는 『맛지마 니까야』 「말소경」(M8)에서 해롭고 유익한 것으로 서로 상반되는 44가지 법들을 열거하신 뒤에 §13에서 "유익한 법[善法]들에 대해서 마음을 일으키는 것[發心]만으로도 큰 도움이 된다고 나는 설하나니 몸과 말로 따라 실천하는 것은 다시 더 말해서 무엇 하겠는가?"라고 말씀하고 계신다.

'법을 간택하는 깨달음의 구성요소(dhamma-vicaya-sambojjhaṅga)'에서 설하는 법의 간택(dhamma-vicaya)은 통찰지[慧, paññā]와 동일하다고 할 수 있다. 여기서 보듯이 깨달음의 구성요소로서의 이러한 통찰지가 처음 일어날 때는 바로 무상·고·무아의 삼특상을 꿰뚫어 아는 것이 아니라 유익하고 해로운 심리현상들(선법·불선법)을 제대로 구분하는 것이라 할 수 있는데 이러한 것은 첫 번째 깨달음의 구성요소인 마음챙김이 깊어질수록 더욱 분명하게 되는 것이다.

③ 정진의 깨달음의 구성요소의 자양분

"비구들이여, 그러면 무엇이 아직 일어나지 않은 정진의 깨달음의 구성요소를 일어나도록 하고 이미 일어난 정진의 깨달음의 구성요소를 늘리고 드세게 만드는 자양분인가?

비구들이여, [정진을] 시작하는 요소와 벗어나는 요소와 분발하는 요소[240]가 있어 거기에 지혜롭게 마음에 잡도리하기를 많이 지으면 이것이 아직 일어나지 않은 정진의 깨달음의 구성요소를 일어나도록 하고 이미 일어난 정진의 깨달음의 구성요소를 늘리고 드세게 만들고 수행을 성취하는 자양분이다."(S46:51 §11)

"11가지 법이 있어 정진의 깨달음의 구성요소를 일어나게 한다. (1) 악처 등의 두려움을 반조함 (2) 이점을 봄 (3) 가야 할 길의 과정을 반조함 (4) 탁발한 음식을 공경함 (5) [정법의] 유산의 위대함을 반조함 (6) 스승(부처님)의 위대함을 반조함 (7) 태생의 위대함을 반조함 (8) 동료수행자들의 위대함을 반조함 (9) 게으른 사람을 멀리함 (10) 부지런히 정진하는 자를 친근함 (11) 이것(정진)에 대해 마음을 기울임이다."(SA.iii.158)

④ 희열의 깨달음의 구성요소의 자양분

"비구들이여, 그러면 무엇이 아직 일어나지 않은 희열의 깨달음의 구성요소를 일어나도록 하고 이미 일어난 희열의 깨달음의 구성요소를 늘리고 드세게 만드는 자양분인가?

비구들이여, 희열의 깨달음의 구성요소를 확립시키는 법들[241]이 있

---

240) "'시작하는 요소[發勤界, ārambha-dhātu]'는 처음 시작한 정진(paṭhamārambha-vīriya)이다. '벗어나는 요소[出離界, nikkama-dhātu]'는 게으름(kosajja)에서 빠져나오는 것이기 때문에 그보다 더 강하다(balavatara). '분발하는 요소[勇猛界, parakkama-dhātu]'는 더욱더 높은 경지(paraṁ paraṁ ṭhānaṁ)로 나아가기 때문(akkamanatā)에 그보다 더 강하다. 이런 세 가지 구절을 통해서 정진(vīriya)을 설하셨다."(SA.iii.141)

241) "'희열의 깨달음의 구성요소를 확립시키는 법들(pīti-sambojjhaṅg-aṭṭhā-

어 거기에 지혜롭게 마음에 잡도리하기를 많이 지으면 이것이 아직 일어나지 않은 희열의 깨달음의 구성요소를 일어나도록 하고 이미 일어난 희열의 깨달음의 구성요소를 늘리고 드세게 만들고 수행을 성취하는 자양분이다."(S46:51 §12)

"나아가서 11가지 법이 희열의 깨달음의 구성요소를 일어나게 한다. (1) 부처님을 계속해서 생각함[隨念] (2) 법을 계속해서 생각함 (3) 승가를 계속해서 생각함 (4) 계를 계속해서 생각함 (5) 관대함을 계속해서 생각함 (6) 천신을 계속해서 생각함 (7) 고요함을 계속해서 생각함 (8) 거친 자를 멀리함 (9) 인자한 자를 섬김 (10) 신심을 일으키는 경들을 반조함 (11) 이것(희열)에 대해 마음을 기울임이다."(SA.iii.161)

⑤ 고요함의 깨달음의 구성요소의 자양분

"비구들이여, 그러면 무엇이 아직 일어나지 않은 고요함의 깨달음의 구성요소[242]를 일어나도록 하고 이미 일어난 고요함의 깨달음의 구성요소를 늘리고 드세게 만드는 자양분인가?

비구들이여, 몸의 고요함과 마음의 고요함[243]이 있어 거기에 지혜롭

---

nīyā dhammā)'이란 희열의 대상이 되는 법들(ārammaṇa-dhammā)을 말한다."(SA.iii.141)

242) '고요함의 깨달음의 구성요소'는 passaddhi-sambojjhaṅga를 옮긴 것이고 경안각지(輕安覺支)로 한역되었다. 초기불전연구원의 이전의 번역서들에서 이것은 '고요함의 깨달음의 구성요소'로도 옮기고 '편안함의 깨달음의 구성요소'로도 옮겼다. 『상윳따 니까야』에서는 passaddhi를 모두 '고요함'으로 통일해서 옮기고 있는데 『상윳따 니까야』 제4권 「한적한 곳에 감 경」(S36:11) §7의 다음 구절을 참조했기 때문이다. 그러나 passaddha는 문맥에 따라서 대부분 '편안한'으로 옮기고 있다.
"비구여, 여섯 가지 고요함(passaddhi)이 있다. 초선을 증득한 자에게는 말이 고요해진다. 제2선을 증득한 자에게는 일으킨 생각과 지속적인 고찰이 고요해진다. 제3선을 증득한 자에게는 희열이 고요해진다. 제4선을 증득한 자에게는 들숨날숨이 고요해진다. 상수멸을 증득한 자에게는 인식과 느낌이 고요해진다. 번뇌가 다한 비구에게는 탐욕[貪]이 고요해지고, 성냄[瞋]이 고요해지고, 어리석음[癡]이 고요해진다."

게 마음에 잡도리하기를 많이 지으면 이것이 아직 일어나지 않은 고요함의 깨달음의 구성요소를 일어나도록 하고 이미 일어난 고요함의 깨달음의 구성요소를 늘리고 드세게 만들고 수행을 성취하는 자양분이다." (S46:51 §13)

"나아가서 일곱 가지 법이 고요함의 깨달음의 구성요소를 일어나게 한다. 그것은 (1) 좋은 음식을 수용함 (2) 안락한 기후에 삶 (3) 편안한 자세를 취함 (4) 적절한 노력 (5) 포악한 사람을 멀리함 (6) 몸이 편안한 사람을 친근함 (7) 이것(고요함)에 대해 마음을 기울임이다."(SA.iii.162)

⑥ 삼매의 깨달음의 구성요소의 자양분

"비구들이여, 그러면 무엇이 아직 일어나지 않은 삼매의 깨달음의 구성요소를 일어나도록 하고 이미 일어난 삼매의 깨달음의 구성요소를 늘리고 드세게 만드는 자양분인가?

비구들이여, 사마타의 표상과 산란함이 없는 표상244)이 있어 거기에

243) "'몸의 고요함(kāya-passaddhi)'이란 세 가지 무더기들[三蘊, 즉 느낌(수), 인식(상), 심리현상들(행)]의 둔감함이 가라앉음(daratha-passaddhi)이다. '마음의 고요함(citta-pasaddhi)'이란 알음알이의 무더기[識蘊]의 둔감함이 가라앉음이다."(SA.iii.141)
여기서 보듯이 주석서 문헌들은 여기에 나타나는 '몸(kāya)'과 '마음(citta)'을 아비담마적인 관점에서 해석하여 몸을 수·상·행의 삼온인 심소법에 배대하고 있다. 아비담마에는 마음(citta)과 마음부수[心所, cetasikā]는 분명하게 대비가 되어 나타난다. 마음은 대상을 아는 것(ārammaṇaṁ cinteti)이라고 정의 되는데, 이러한 인식과정에서 마음은 대상을 아는 가장 중요한 요인이 되고 마음부수들은 보조적인 요인으로 작용하여 마음이 대상을 아는 것을 돕는 관계로 설명된다. 그래서 주석서는 본문의 몸과 마음을 이러한 심소법들과 심으로 해석하는 것이다.
그러나 본문은 문자적인 뜻 그대로 육체적인 몸과 마음으로 이해하여 육체적인 고요함과 정신적인 고요함으로 이해해도 무방할 것이다.

244) "'사마타의 표상(samatha-nimitta)'에서 사마타 자체도 사마타의 표상이고 대상(ārammaṇa) [즉, 닮은 표상(paṭibhāga-nimitta) – SAṬ]도 사마타의 표상이다. '산란함이 없는 표상(abyagga-nimitta)'은 이것과 동의어(vevacana)이다."

지혜롭게 마음에 잡도리하기를 많이 지으면 이것이 아직 일어나지 않은 삼매의 깨달음의 구성요소를 일어나도록 하고 이미 일어난 삼매의 깨달음의 구성요소를 늘리고 드세게 만들고 수행을 성취하는 자양분이다." (S46:51 §14)

"나아가서 11가지 법이 있어 삼매의 깨달음의 구성요소를 일어나게 한다. 그것은 (1) 토대들(몸)을 깨끗하게 함 (2) 모든 기능들을 고르게 조절함 (3) 표상에 대한 능숙함 (4) 적당한 때에 마음을 분발함 (5) 적당한 때에 마음을 절제함 (6) 적당한 때에 격려함 (7) 적당한 때에 평온하게 함 (8) 삼매에 들지 않은 사람을 멀리함 (9) 삼매에 든 사람을 친근함 (10) 禪과 해탈을 반조함 (11) 이것(삼매)에 대해 마음을 기울임이다."(SA.iii.163)

⑦ 평온의 깨달음의 구성요소의 자양분

"비구들이여, 그러면 무엇이 아직 일어나지 않은 평온의 깨달음의 구성요소를 일어나도록 하고 이미 일어난 평온의 깨달음의 구성요소를 늘리고 드세게 만드는 자양분인가?

비구들이여, 평온의 깨달음의 구성요소를 확립시키는 법들이 있어 거기에 지혜롭게 마음에 잡도리하기를 많이 지으면 이것이 아직 일어나지 않은 평온의 깨달음의 구성요소를 일어나도록 하고 이미 일어난 평온의 깨달음의 구성요소를 늘리고 드세게 만들고 수행을 성취하는 자양분이다."(S46:51 §15)

"다섯 가지 법이 있어 평온의 깨달음의 구성요소를 일어나게 한다. 그것은 (1) 중생에 대한 중립적인 태도 (2) 형성된 것들[行]에 대한 중립적인 태도 (3) 중생과 형성된 것들에 대해 애착을 가지는 사람을 멀리함 (4) 중생과 형성된 것들에 대해 중립을 지키는 사람을 친근함 (5) 이것(평

---

표상(nimitta)은 삼매를 이해하는데 핵심이 되는 단어이다. 닮은 표상에 대해서는 『청정도론』 IV.31 이하와 『아비담마 길라잡이』 제9장 §5의 [해설]과 제1장 §17의 [해설]을 참조할 것.

온)에 대해 마음을 기울임이다."(SA.iii.164)

### (3) 「깨달음의 구성요소 상윳따」(S46)의 개관

『상윳따 니까야』「깨달음의 구성요소 상윳따」(Bojjhaṅga-saṁyutta, S46)에는 모두 184개의 경들이 담겨 있다. 「깨달음의 구성요소 상윳따」에 포함된 184개의 경들은 모두 일곱 가지 깨달음의 구성요소[七覺支]에 관한 경들을 담고 있다. 그래서 본 상윳따를 「깨달음의 구성요소 상윳따」라 부르는 것이다.

본 상윳따에 포함된 184개의 경들은 모두 18개의 품 혹은 장으로 나누어져 정리되어 있다. 이 18개의 장은 다시 ① 제1장부터 제8장까지와 ② 제9장부터 제18장까지의 두 가지로 구분할 수 있다. 제1장부터 제8장까지는 모두 76개의 경들이 포함되어 있으며 제9장부터 제18장까지의 10개의 품에는 모두 108개의 경들이 포함되어 나타난다.

#### ① 제1장부터 제8장까지

제1장 「산 품」, 제2장 「병 품」, 제3장 「우다이 품」, 제4장 「장애 품」, 제5장 「전륜성왕 품」은 각각 열 개씩의 경들을 포함하고 있고, 제6장 「담론 품」은 6개의 경들을 포함하고 있다. 이렇게 해서 전체 56개 경들은 서로 반복되는 구절이 없는 개별적인 경들로 이루어져 있다. 보통 하나의 품에 10개 씩의 경들이 포함되는 것이 일반적인데, 제6품에는 특이하게 6개의 경들만이 포함되어 있다. 그것은 본 상윳따의 개별적인 경들은 이 56개로 끝나고 이 이후의 품들에 포함된 경들은 모두 반복되는 것들을 모은 것이기 때문이다.

제7장 「들숨날숨 품」에 포함된 10개의 경들과 제8장 「소멸 품」에 포함된 10개의 경들에는 해골이 된 것의 인식부터 소멸까지의 20개의 주제들이 나타나고 있다. 이들 20개 경들은 이처럼 주제만 다르고 그 내

용은 반복이 되고 있다.

76개 경들이 다 중요하지만 특히 「자양분 경」(S46:51)은 칠각지를 이해하는데 중요한 경이므로 정독할 것을 권한다.

한편 「깨달음의 구성요소 상윳따」의 「몸 경」(S46:2), 「오염원 아님 경」(S46:34), 「덮개 경」 등(S46:37~40), 「자양분 경」(S46:51), 「방법 경」(S46:52), 「상가라와 경」(S46:55), 「아바야 경」(S46:56), 「장애 경」(S46:137), 「장애 경」(S46:181) 등의 12개의 경들에서 칠각지는 다섯 가지 장애와 함께 나타나고 있는데, 이들 경에서 칠각지는 다섯 가지 장애와 반대되는 개념으로 나타난다. 예를 들면 「덮개 경」(S46:37 §§3~4)에 의하면 다섯 가지 장애는 "덮개요 장애여서 이것은 마음을 압도하고 통찰지를 무력하게 만들지만" 칠각지는 "덮개가 아니요 장애가 아니며 마음의 오염원이 아니니 이를 닦고 많이 [공부]지으면 명지와 해탈의 결실을 실현함으로 인도한다."고 나타난다.

한편 「장애 경」(S46:40 §§3~4)에 의하면 "다섯 가지 장애는 어둠을 만들고 안목을 없애버리고 무지를 만들고 통찰지를 소멸시키고 곤혹스러움에 빠지게 하고 열반으로 인도하지 못한다." 그러나 칠각지는 "안목을 만들고 지혜를 만들고 통찰지를 증장시키고 곤혹스러움에 빠지지 않게 하고 열반으로 인도한다."

다섯 가지 장애와 칠각지를 일어나게 하는 조건이나 원인에 대해서는 「자양분 경」(S46:51)이 잘 설명하고 있다. 이처럼 칠각지는 삼매와 깨달음을 방해하는 대표적인 불선법인 다섯 가지 장애와 반대편에 있으며, '깨달음을 구성하고 있는' 요소들이거나 '깨달음으로 인도하는' 요소들이기 때문에 깨달음의 실현에 관심이 많은 불자들은 본 상윳따에 나타나는 경들을 정독할 것을 권한다.

② 제9장부터 제18장까지

그리고 본 상윳따의 제9장부터 제18장까지의 열 개의 품들에는 모두 108개의 경들이 포함되어 나타나는데, 이들은 앞의 「도 상윳따」(S45) 해제 §5-(3)에서 설명한 다섯 가지 반복되는 품들과 관련이 있다. 결론적으로 말해서 본 상윳따에는 이 다섯 가지 반복되는 품들이 모두 두 번 나타나기 때문에 전체가 10장이 되고 경의 수도 54×2=108이 된 것이다. 조금 풀어서 설명하면 다음과 같다.

다섯 가지 반복되는 품들은 (1) 「강가 강의 반복」 (2) 「불방일 품」 (3) 「힘쓰는 일 품」 (4) 「추구 품」 (5) 「폭류 품」이다. 이들 품에는 모두 54개의 경들이 포함되어 있는데, 여기에 대해서는 앞의 「도 상윳따」(S45) 해제 §5-(3)을 참조하기 바란다.

이 다섯 가지 품들은 본 상윳따에서는 일차로 제9장부터 제13장까지 나타난다. 그리고 조금 바뀐 내용을 담은 다섯 가지 품들이 다시 제14장부터 제18장까지의 다섯 개 품들에 나타나서 모두 10장에 걸쳐서 108개의 경들이 나타나고 있다. 그러면 전반부 다섯 품들과 후반부 다섯 품들의 차이는 무엇인가?

전반부 다섯 품들에는 "떨쳐버림을 의지하고 탐욕의 빛바램을 의지하고 소멸을 의지하고 철저한 버림으로 기우는 마음챙김의 깨달음의 구성요소" 등으로 나타나지만, 후반부 다섯 품들에는 이 부분 대신에 "탐욕의 길들임으로 귀결되고 성냄의 길들임으로 귀결되고 어리석음의 길들임으로 귀결되는 마음챙김의 깨달음의 구성요소" 등으로 나타난다. 이것만 다르고 나머지 구문은 같다.

한편 부처님께서 같은 내용을 담은 이러한 다른 여러 경들을 설하신 것은 모두 깨달을 사람들의 개인적인 성향이 다르기 때문에 다르게 말씀하신 것이라는 주석서의 설명(SA.iii.133)은 여기에도 그대로 적용된다

하겠다.

이렇게 하여 「깨달음의 구성요소 상윳따」(S46)에는 이 다섯 가지 반복되는 품들이 모두 두 번씩 나타나서 10개의 품으로 확대되었고 그리하여 이 10개의 품들에만 모두 108개의 경들을 담고 있다.

# 제25장 도란 무엇인가 — 팔정도

## (1) 팔정도란 무엇인가

팔정도는 『상윳따 니까야』 「도 상윳따」(S45)의 주제이다. 문자적으로 팔정도(八正道)는 여덟 가지 바른 도라는 뜻이다. 그런데 니까야에서 팔정도는 항상 '여덟 가지 구성요소를 가진 성스러운 도[八支聖道, ariya aṭṭhangika magga]'로 나타난다.

여기서 '여덟 가지 구성요소를 가진 성스러운 도[八支聖道]'는 ariya aṭṭhaṅgika magga를 직역한 것이다. 니까야에서 팔정도의 표제어는 모두 이렇게 나타난다. 그런데 왜 이것이 우리에게는 팔정도로 정착이 되었을까? 이것은 한역 4아함에서 그 이유를 찾을 수 있을 것이다.

팔정도는 한역 『장아함』의 「십상경」(十上經, 『디가 니까야』 「십상경」(D34)에 해당함)에서는 현성팔도(賢聖八道)로 옮겨졌으며, 역시 『장아함』의 「산타나경」(散陀那經, 『디가 니까야』 「우둠바리까 사자후경」(D25)에 해당함)에서는 팔성도(八聖道)로 옮겨졌다. 그러나 한역 『중아함』과 『잡아함』과 『증일아함』에 포함된 여러 경에서는 거의 대부분 팔정도(八正道)로 옮겨져서 정착이 되었고 그 외 여러 단행본 경들과 대승경전들과 논서들에서도 팔정도(八正道)로 정착이 되었다. 그래서 우리에게도 팔정도로 완전히 정착이 된 것이다. 내용으로 볼 때 정견부터 정정까지 모두 정(正, sammā)을 강조하고 있기 때문에 팔정도로 의역한 것은 올바름[正]을 부각시킨 번역어라 할 수 있겠다.

저자는 본서 전체에서 경의 원문은 "여덟 가지 구성요소를 가진 성스러운 도[八支聖道=八正道]"로 직역을 하였지만 주해 등에서 팔정도를 언급할 때는 모두 우리에게 익숙한 '팔정도'라는 술어를 사용하고 있음을 밝힌다.

### (2) 도(magga)와 도닦음(paṭipadā)

팔정도의 내용을 구체적으로 파악하기 전에 먼저 살펴봐야 할 것이 '도'로 옮기고 있는 magga와 '도닦음'으로 옮기고 있는 paṭipadā의 차이점이다.

여기서 paṭipadā는 prati(~에 대하여)+√pad(*to go*)에서 파생된 여성명사로서 '그것을 밟고 지나가는 것'이란 의미에서 '길, 도, 도닦음' 등을 뜻한다. 이 paṭipadā는 일반적으로 道로 옮기는 magga와 동의어로 취급한다.

그러나 니까야에서 magga는 여기서 보듯이 팔정도의 표제어로 즉 ariya aṭṭhaṅgika magga로 나타나고 있다. 그리고 초기불전들에서 사성제의 도성제는 예외 없이 '괴로움의 소멸로 인도하는 도닦음(dukkha-nirodha-gāminī paṭipadā)'으로 나타나지만[245] 주석서 문헌들에서 사성제의 도성제는 대부분 magga-sacca(도의 진리, 道諦)로 줄여서 정착시키고 있으며 우리에게도 도성제로 정착이 되었다.

그리고 더 중요한 것은 니까야에서 magga는 도(道, magga)와 과(果, phala)의 문맥에서도 나타나고 있다. 즉 예류도, 일래도, 불환도, 아라한도의 도는 모두 magga로 나타나며 이를 토대로 증득된 예류과부터 아라한과까지의 과는 phala(결실, 열매)라 불린다.

---

245) 『상윳따 니까야』 제6권 「진리 상윳따」(S56)의 여러 경들을 참조할 것.

반면에 paṭipadā는 사성제 가운데 도성제의 내용을 말할 때 초기불전에서는 예외 없이 모두 '괴로움의 소멸로 인도하는 도닦음(dukkha-nirodha-gāminī paṭipadā)'으로 나타나고 있다. 그러나 주석서 문헌들에서는 대부분 이것을 magga-sacca(도의 진리, 道諦)로 부르고 있다.

그리고 중요한 것은 중도(中道)는 'majjhimā(중간) paṭipadā(도닦음)'의 역어라는 것이다. 중도의 도는 magga가 아니다. 『상윳따 니까야』 제6권 「초전법륜 경」(S56:11) §3 등에서는 "이러한 두 가지 극단을 의지하지 않고 여래는 중도를 철저하고 바르게 깨달았나니(ubho ante an-upagamma majjhimā paṭipadā tathāgatena abhisambuddhā)"라고 나타나고 있으며 이 중도의 내용은 §4에서 보듯이 바로 팔정도이다. 이곳 뿐만 아니라 초기불전 전체에서 중도는 항상 팔정도이다. 한 곳에서는 37보리분법을 중도라고 들고 있는데 물론 37보리분법은 팔정도를 정점으로 하는 수행체계이다. 이처럼 paṭipadā는 실천적 의미가 강하며, 위에서 보았듯이 paṭipadā는 실제로 길 위를 걸어가는 것, 혹은 실제 길을 밟고 지나가는 것(√pad, *to go*)을 뜻하는 어원에서 파생된 술어이기도 하다. 그래서 초기불전연구원에서는 이것을 '도닦음'으로 정착시킨 것이다.

그리고 상좌부에서 수행의 세 가지 과정으로 언급하는 ① 교학(빠리얏띠, pariyatti, 배움) ② 도닦음(빠띠빳띠, paṭipatti, 수행) ③ 통찰(빠띠웨다, paṭivedha, 꿰뚫음)의 두 번째인 paṭipatti도 같은 어원(prati+√pad)에서 파생된 단어이며 paṭipadā와 동의어이다.

이처럼 magga와 paṭipadā는 동의어로 간주하지만 magga는 도닦음을 통해서 증득된 도의 경지, 즉 예류도부터 아라한도까지의 문맥에서 많이 쓰이고 팔정도나 도성제의 표제어로 쓰이며, paṭipadā는 중도로 표방되는 실제적인 팔정도 수행 즉 도닦음을 강조하는 어법으로 쓰이고 있다.

### (3) 팔정도의 구성요소들에 대한 개관

그러면 이제 팔정도의 구성요소들 각각을 경전과 주석서의 설명에 입각하여 살펴보자.

팔정도는 여덟 가지 항목으로 구성되어 있는데 그것은 다음과 같다.

① 바른 견해[正見, sammā-diṭṭhi]
② 바른 사유[正思惟, sammā-saṅkappa]
③ 바른 말[正語, sammā-vācā]
④ 바른 행위[正業, sammā-kammanta]
⑤ 바른 생계[正命, sammā-ājīva]
⑥ 바른 정진[正精進, sammā-vāyāma]
⑦ 바른 마음챙김[正念,sammā-sati]
⑧ 바른 삼매[正定, sammā-samādhi]

이 여덟 가지 항목은 『상윳따 니까야』 「분석 경」(S45:8) 등에서 정확하게 정의하고 있다. 그것을 정리해보면 다음과 같다. 자세한 것은 『상윳따 니까야』 「분석 경」(S45:8)과 주해들을 참조하기 바란다.

첫째, 바른 견해[正見]는 "괴로움에 대한 지혜, 괴로움의 일어남에 대한 지혜, 괴로움의 소멸에 대한 지혜, 괴로움의 소멸로 인도하는 도닦음에 대한 지혜"(S45:8 §4)로 정의되고 있다. 한마디로 바른 견해는 사성제에 대한 지혜를 말한다.

그리고 『상윳따 니까야』 제2권 「깟짜나곳따 경」(S12:15)[246]에서 무엇이 바른 견해인가를 질문 드리는 깟짜나곳따 존자에게 부처님께서는

246) 본경은 팔정도인 중도를 설하신 경이 아니라 중(中, 가운데, majjha)으로 표현되는 바른 견해[正見]를 설하신 것이다.

"깟짜야나여, 모든 것이 있다는 것은 하나의 극단이다. 모든 것이 없다는 것은 두 번째 극단이다. 깟짜야나여, 여래는 이들 두 극단을 따르지 않고 중(中, 가운데)에 의지해서 법을 설한다."라고 명쾌하게 말씀하신 뒤 12연기의 유전문과 환멸문의 정형구로 이 중(中)을 표방하신다.(S12:15) 즉 연기의 가르침이야말로 바른 견해이다.

이처럼 바른 견해는 사성제에 대한 지혜와 연기의 가르침으로 정리된다. 그런데 사성제 가운데 집성제는 연기의 유전문(流轉門, anuloma, 苦의 발생구조)과 연결되고, 멸성제는 연기의 환멸문(還滅門, paṭiloma, 苦의 소멸구조)과 연결된다. 그러므로 사성제와 연기의 가르침은 같은 내용을 담고 있으며 이것을 바르게 보는 것이 팔정도의 정견이다.

그리고 『맛지마 니까야』 「바른 견해 경」(M9)에서 사리뿟따 존자는 ① 유익함[善]과 해로움[不善]을 꿰뚫어 앎 ② 네 가지 음식(자양분)과 그 집·멸·도를 꿰뚫어 앎 ③ 네 가지 성스러운 진리(사성제)를 꿰뚫어 앎 ④ 12연기를 꿰뚫어 앎의 넷을 바른 견해[正見]라고 설파하고 있다.

둘째, 바른 사유[正思惟]는 "출리(욕망에서 벗어남)에 대한 사유, 악의 없음에 대한 사유, 해코지 않음(不害)에 대한 사유"(S45:8 §5)로 정의된다. 여기서 사유로 옮기고 있는 saṅkappa는 생각이나 일으킨 생각으로 옮기고 있는 vitakka[尋]와 동의어이다.(『앙굿따라 니까야』 「사밋디 경」(A9:14) §1 참조) 주석서들도 이렇게 밝히고 있다.247)

바른 사유는 불자들이 세상과 남에 대해서 항상 지녀야 할 바른 생각을 말한다. 이를 적극적으로 표현하면 초기경들에서 부처님께서 강조하신 자애·연민·더불어 기뻐함·평온의 네 가지 거룩한 마음가짐[四梵住(사범주), 四無量心(사무량심)]을 가지는 것이라 할 수 있다.

---

247) saṅkappā ti vitakkā – SnA.i.201 등. 『아비담마 길라잡이』 7장 §33 [해설]도 참조할 것.

셋째, 바른 말[正語]은 "거짓말을 삼가고, 중상모략을 삼가고, 욕설을 삼가고, 잡담을 삼가는 것"(S45:8 §6)으로 정의하고 있다. 주석서는 "거짓말을 금하는 것 등도 거짓말 등을 삼가는 인식들의 다양함 때문에 처음에는 여럿이지만 [예류도 등을 통해서 성자가 되는] 도의 순간에는 이 네 경우에 대해서 일어난 해롭고 나쁜 행실을 가진 의도의 다리를 잘라버리기 때문에 이들은 더 이상 일어나지 않게 된다. 이처럼 도의 구성요소를 완성할 때는 오직 하나의 유익한 절제(kusala-veramaṇi)가 일어난다. 이것을 '바른 말[正語, sammā-vācā]'이라 한다."(DA.iii.802)라고 풀이하고 있다.

여기서 절제(veramaṇi 혹은 virati)는 주석서와 아비담마에서부터 쓰이는 전문술어로서 팔정도 가운데서 바른 말[正語], 바른 행위[正業] 바른 생계[正命]의 셋을 지칭한다. 절제에 대한 더 자세한 내용은 『아비담마 길라잡이』 제2장 §6을 참조하기 바란다.

넷째, 바른 행위[正業]는 "살생을 삼가고, 도둑질을 삼가고, 삿된 음행을 삼가는 것"(S45:8 §7)이다. 주석서는 "산목숨을 죽이는 것(살생)을 금하는 것 등도 산목숨을 죽이는 것 등을 삼가는 인식들의 다양함 때문에 처음에는 여럿이지만 도의 순간에는 이 세 경우에 대해서 일어난 해롭고 나쁜 행실을 가진 의도의 다리를 잘라버리기 때문에 이들은 더 이상 일어나지 않게 된다. 이처럼 도의 구성요소를 완성할 때에는 오직 하나의 유익한 절제가 일어난다. 이것을 '바른 행위[正業, sammā-kammanta]'라 한다."(DA.iii.803)라고 풀이하고 있다.

그런데 여기서 '삿된 음행을 삼가는 것'으로 옮긴 원어는 「분석 경」(S45:8 §7)에는 abrahmacariyā veramaṇī(순결하지 못한 삶을 삼가는 것)으로 나타나는데, 이것은 성생활을 완전히 금하는 것으로 비구와 비구니 계목에 속한다. 그러나 「대념처경」(D22) §21과 「진리의 분석 경」

(M141) §27과 『분별론』(Vbh.235) 등의 같은 부분에는 모두 kāmesu micchācārā veramaṇī(삿된 음행을 삼가는 것)으로 나타나고 있는데, 이것은 재가자들이 지키는 계목에 속한다. 출가자는 모든 성행위를 금하는 것이 삿된 음행을 삼가는 것이고 재가자는 부부관계 이외의 성행위를 금하는 것이 된다.

다섯째, 바른 생계[正命]는 "삿된 생계를 제거하고 바른 생계로 생명을 영위하는 것"(S45:8 §8)이다.

주석서는 "'삿된 생계(micchā-ājīva)'란 먹는 것 등을 위해 일어난 몸과 말의 나쁜 행실이다. '제거하고(pahāya)'라는 것은 없애고 라는 말이다. '바른 생계로(sammā-ājīvena)'라는 것은 부처님께서 칭송하신 생계를 통해서라는 말이다. '생명을 영위한다(jīvitaṁ kappeti).'는 것은 생명을 지속하고 유지한다는 말이다. 바른 생계는 음모 등을 삼가는 인식들의 다양함 때문에 처음에는 여럿이지만 도의 순간에는 이 [몸과 말로 짓는 살생·투도·사음·망어·기어·양설·악구의(DAṬ.ii.437)] 일곱 경우에 대해서 일어난 삿된 생계라는 나쁜 행실을 가진 의도의 다리를 잘라버리기 때문에 더 이상 일어나지 않게 된다. 이처럼 도의 구성요소를 완성할 때에는 오직 하나의 유익한 절제가 일어난다. 이것을 '바른 생계[正命, sammā-ājīva]'라 한다."(DA.iii.803)라고 설명하고 있다.

다른 경들의 설명을 보면 출가자는 무소유와 걸식으로 삶을 영위해야 하며 특히 사주, 관상, 점 등으로 생계를 유지해서는 안 된다. 출가자가 지켜야할 바른 생계 등의 계행은 『디가 니까야』 제1권 『계온품』에 포함된 「범망경」(D1) 등 13개의 경들에서 '짧은 길이의 계(모두 26가지로 계를 지님)'와 '중간 길이의 계(모두 10가지로 잘못된 행위를 하는 것을 멀리함)'와 '긴 길이의 계(모두 7가지로 삿된 생계를 멀리함)'로 상세하게 나타나고 있다.(「범망경」(D1 §§1.8~1.27 참조) 관심이 있는 분들의 일독을 권한다.

그리고 재가자는 정당한 직업을 통해서 생계를 유지해야 한다. 『앙굿따라 니까야』 「장사 경」(A5:177)은 재가자들이 해서는 안 되는 장사로 무기 장사, 사람 장사, 동물 장사, 술장사, 독약 장사의 다섯 가지를 들고 있다.

이처럼 바른 말, 바른 행위, 바른 생계를 실천하는 지계의 생활은 그 자체가 팔정도의 고귀한 항목에 포함되고 있는 실참수행임을 우리는 명심해야 한다.

여섯째, 바른 정진[正精進]은 "아직 일어나지 않은 사악하고 해로운 법[不善法]들을 일어나지 못하게 하기 위해서, 이미 일어난 사악하고 해로운 법들을 제거하기 위해서, 아직 일어나지 않은 유익한 법[善法]들을 일어나도록 하기 위해서, 이미 일어난 유익한 법들을 사라지지 않게 하고 증장시키기 위해서 의욕을 생기게 하고 정진하고 힘을 내고 마음을 다잡고 애를 쓰는 것"(S45:8 §9)이다. 그러므로 바른 정진은 해탈·열반과 향상에 도움이 되는 선법(善法)과 그렇지 못한 불선법을 정확히 판단하는 것이 전제되고 있다. 선법·불선법을 정확히 판단하지 못하고 무턱대고 밀어붙이는 것은 결코 바른 정진이 아니다.

팔정도의 여섯 번째인 바른 정진[正精進]은 37보리분법의 네 가지 바른 노력[四正勤]과 오근·오력의 두 번째인 정진의 기능[精進根]과 정진의 힘[精進力]의 내용이며, 정진은 칠각지의 세 번째인 정진의 깨달음의 구성요소[精進覺支]로도 나타나고, 네 가지 성취수단[四如意足]의 두 번째로 나타나기도 한다. 바른 정진은 본서 제20장 네 가지 바른 노력[四正勤, sammappadhāna]과 선법·불선법 편을 참조하기 바란다.

일곱째, 바른 마음챙김[正念]은 "몸에서 몸을 관찰하고, 느낌에서 느낌을 관찰하고, 마음에서 마음을 관찰하고, 법에서 법을 관찰하면서 세상에 대한 욕심과 싫어하는 마음을 버리고 근면하게, 분명히 알아차리고 마음챙기며 머무는 것”(S45:8 §10)이다.

바른 마음챙김이야말로 팔정도가 제시하는 구체적인 수행기법이다. 부처님께서는 나라는 존재를 먼저 몸뚱이[身], 느낌[受], 마음[心], 심리현상들[法]로 해체해서 이 중의 하나에 집중한 뒤, 그것을 무상하고 괴로움이요 무아라고 통찰할 것을 설하고 계신다. 마음챙김에서 중요한 것은 해체이다. 중생들은 무언가 불변하는 참 나를 거머쥐려 한다. 이것이 생사윤회의 가장 큰 동력인이다. 무엇보다도 나라는 존재를 해체해서 관찰하지 못하면 진아니 대아니 마음이니 하면서 무언가 실체를 세워서 이러한 것과 합일되는 경지쯤으로 깨달음을 이해하게 되고 이런 것을 불교의 궁극으로 오해하는 어처구니없는 일을 저지르게 되니 참으로 두려운 일이다.

바른 마음챙김의 구체적인 내용은 본서 제18장 네 가지 마음챙기는 공부[四念處]와 제19장 들숨날숨에 마음챙기는 공부[出入息念] 편을 참조하기 바란다.

여덟째, 바른 삼매[正定]는 초선과 제2선과 제3선과 제4선에 들어 머무는 것이다.(S45:8 §11) 이러한 바른 삼매 혹은 선(禪)의 경지에 들기 위해서는 감각적 욕망, 악의, 해태·혼침, 들뜸·후회, 의심이라는 다섯 가지 장애[五蓋]를 반드시 제거해야 한다. 이러한 장애들이 극복되어 마음의 행복과 고요와 평화가 가득한 경지를 순차적으로 정리한 것이 네 가지 선(禪)이며 이를 바른 삼매라 한다. 네 가지 禪은 본서 제22장 말미에 소개하고 있는 「분석 경」2(S48:10)의 §7과 본서 제28장 삼학과 오법온의 (4) 정학이란 무엇인가 편을 참조하기 바란다.

### (4) 부처님 최초의 설법은 팔정도다

「도 상윳따」(Magga-saṁyutta, S45)는 팔정도의 가르침을 담고 있는 중요한 곳이다. 주지하다시피 부처님 최초의 설법은 팔정도이다. 부처님의 최초의 설법을 담고 있는 「초전법륜 경」248)에는 이렇게 나타난다.

1. 이와 같이 나는 들었다. 한때 세존께서는 바라나시에서 이시빠따나의 녹야원에 머무셨다.

2. 거기서 세존께서는 오비구를 불러서 말씀하셨다.

3. "비구들이여, 출가자가 가까이 하지 않아야 할 두 가지 극단이 있다. 무엇이 둘인가?

그것은 저열하고 촌스럽고 범속하고 성스럽지 못하고 이익을 주지 못하는 감각적 욕망들에 대한 쾌락의 탐닉에 몰두하는 것과, 괴롭고 성스럽지 못하고 이익을 주지 못하는 자기 학대에 몰두하는 것이다. 비구들이여, 이러한 두 가지 극단을 의지하지 않고 여래는 중도(中道)를 완전하게 깨달았나니 [이 중도는] 안목을 만들고249) 지혜를 만들며, 고요함과 최상의 지혜와 바른 깨달음과 열반으로 인도한다."

4. "비구들이여, 그러면 어떤 것이 여래가 완전하게 깨달았으며, 안목을 만들고 지혜를 만들며, 고요함과 최상의 지혜와 바른 깨달음과 열반으로 인도하는 중도인가?

그것은 바로 여덟 가지 구성요소를 가진 성스러운 도[八支聖道]이니, 바른 견해[正見], 바른 사유[正思惟], 바른 말[正語], 바른 행위[正業], 바른 생계[正命], 바른 정진[正精進], 바른 마음챙김[正念], 바른 삼매[正定]이다.

---

248) 「초전법륜 경」(S56:11)은 『상윳따 니까야』 제56주제인 「진리 상윳따」(S56)에 포함되어 나타난다. 경을 결집한 스님들은 「초전법륜 경」의 주제를 사성제로 보았기 때문이다. 그러나 여기서 보듯이 「초전법륜 경」은 먼저 중도를 천명하고 있고 그 중도를 팔정도로 설명해내고 있으며, 이 가운데 바른 견해[正見]의 내용으로 사성제가 나타나고 있다.

249) 『상윳따 니까야』 제4권 「라시야 경」(S42:12) §4의 주해를 참조할 것.

비구들이여, 이것이 바로 여래가 완전하게 깨달았으며, 안목을 만들고 지혜를 만들며, 고요함과 최상의 지혜와 바른 깨달음과 열반으로 인도하는 중도이다."(『상윳따 니까야』 제6권 「초전법륜 경」(S56:11) §§1~4)

### (5) 팔정도의 중요성 – 팔정도는 최초설법이요 최후설법이다

먼저 경들을 인용한다.

"수밧다여, 어떤 법과 율에서든 여덟 가지 구성요소를 가진 성스러운 도[八支聖道]가 없으면 거기에는 사문이 없다. 거기에는 두 번째 사문도 없다. 거기에는 세 번째 사문도 없다. 거기에는 네 번째 사문도 없다.[250] 수밧다여, 그러나 어떤 법과 율에서든 여덟 가지 구성요소를 가진 성스러운 도[八支聖道]가 있으면 거기에는 사문이 있다. 거기에는 두 번째 사문도 있다. 거기에는 세 번째 사문도 있다. 거기에는 네 번째 사문도 있다.

수밧다여, 이 법과 율에는 여덟 가지 구성요소를 가진 성스러운 도가 있다. 수밧다여, 그러므로 오직 여기에만 사문이 있다. 여기에만 두 번째 사문이 있다. 여기에만 세 번째 사문이 있다. 여기에만 네 번째 사문이 있다. 다른 교설들에는 사문들이 텅 비어 있다. 수밧다여, 이 비구들이 바르게 머문다면 세상에는 아라한들이 텅 비지 않을 것이다."(『디가 니까야』 「대반열반경」(D22) §5.27)

"빤짜시카여, 나는 기억하노라. 나는 그때에 마하고윈다 바라문이었

---

250) "이 네 부류의 사문들 중에서 첫 번째 사문은 예류자를, 두 번째 사문은 일래자를, 세 번째 사문은 불환자를, 네 번째 사문은 아라한을 말한다."(MA.ii.4~5)
한편 『앙굿따라 니까야』 「사문 경」(A4:239)도 이 첫 번째 사문과 두 번째 사문과 세 번째 사문과 네 번째 사문은 각각 예류자, 일래자, 불환자, 아라한을 뜻한다고 설명하고 있다.

다. 나는 그 제자들에게 범천의 일원이 되는 길을 가르쳤다. 빤짜시카여, 나의 그런 청정범행은 [속된 것들을] 역겨워함으로 인도하지 못했고, 탐욕의 빛바램으로 인도하지 못했고, 소멸로 인도하지 못했고, 고요함으로 인도하지 못했고, 최상의 지혜로 인도하지 못했고, 바른 깨달음으로 인도하지 못했고, 열반으로 인도하지 못했다. 그것은 단지 범천의 세상에 태어남으로 인도하는 것이었다.

빤짜시카여, 그러나 지금 나의 이러한 청정범행은 전적으로 [속된 것들을] 역겨워함으로 인도하고, 욕망이 빛바램으로 인도하고, 소멸로 인도하고, 고요함으로 인도하고, 최상의 지혜로 인도하고, 바른 깨달음으로 인도하고, 열반으로 인도한다. 그것은 바로 이 여덟 가지 구성요소를 가진 성스러운 도[八支聖道]이니 그것은 곧 바른 견해[正見], 바른 사유[正思惟], 바른 말[正語], 바른 행위[正業], 바른 생계[正命], 바른 정진[正精進], 바른 마음챙김[正念], 바른 삼매[正定]이니라.

빤짜시카여, 이러한 청정범행은 전적으로 [속된 것들을] 역겨워함으로 인도하고, 욕망이 빛바램으로 인도하고, 소멸로 인도하고, 고요함으로 인도하고, 최상의 지혜로 인도하고, 바른 깨달음으로 인도하고, 열반으로 인도한다."(『디가 니까야』「마하고윈다경」(D19) §61)

즉 전생에 마하고윈다였을 때는 팔정도를 알지 못하였기 때문에 열반을 실현하지는 못하고 단지 범천의 세상에 태어나는 것만이 가능했다는 말씀이다. 그러나 금생에는 이제 열반을 실현한 부처님이 되어 이제부터 팔정도를 설하시어 천상으로 윤회하는 것조차 완전히 극복한 열반의 길을 드러내 보이신다는 말씀이다.

본경 외에도『디가 니까야』「마할리 경」(D6 §14)과「깟사빠 사자후 경」(D8 §13)과「빠야시 경」(D23 §31)에서는 팔정도를 불교에만 있는 가장 현저한 가르침으로 언급하고 있다. 특히 세존의 임종 직전에 마지막으로 세존의 제자가 된 수밧다 유행승에게 팔정도가 있기 때문에 불교 교단에는 진정한 사문이 있다고 하신, 위에서 인용한 「대반열반경」(D16 §5.27)의 말씀은 불교 만대의 표준이 되는 대사자후이시다. 이처럼 부처님께서는 최초설법(S56:11)도 중도인 팔정도로 시작하셨고 최후의 설법(D16 §5.27)도 팔정도로 마무리하셨다.[251]

### (6) 팔정도가 중도다

중도(中道)의 가르침은 부처님 최초의 설법이다. 위에서 인용한 「초전법륜 경」에서 보았듯이 중도는 바로 팔정도이다.

「초전법륜 경」뿐만 아니라 37보리분법 전체가 중도의 내용으로 나타나고 있는 『앙굿따라 니까야』 「나체수행자 경」 1/2(A3:151~152/i.295~297)를 제외한 모든 초기불전에서 중도는 반드시 팔정도로 설명이 되고 있다. 물론 37보리분법도 팔정도가 핵심이다. 이처럼 초기불전에서는 팔정도를 중도라고 천명하고 있지 그 어디에도 반야·중관학파의 기본 가르침인 『중론』에서 주장하는 공·가·중 삼관(空·假·中 三觀)[252]의 중을 중도라 부르지 않는다.

그리고 부처님께서 반열반하시기 직전에 찾아와서 마지막 제자가 된 수밧다 유행승에게 부처님께서는 "수밧다여, 어떤 법과 율에서든 팔정도가 없으면 거기에는 사문이 없다. 그러나 나의 법과 율에는 팔정도가 있다. 수밧다여, 그러므로 오직 여기(불교교단)에만 사문이 있다"(D16

---

251) 여기서 최후의 설법은 부처님의 마지막 유훈 다섯 가지를 뜻하는 것이 아니다. 이러한 유훈을 남기시기 직전에 찾아온 수밧다라는 유행승에게 하신, 위에서 인용한 말씀을 최후의 설법이라고 저자는 표현하여 설법과 유훈을 구분하고 있다. 마지막 유훈에 대해서는 『디가 니까야』 「대반열반경」(D16) §§6.1~6.7을 참조할 것.

252) 다음 페이지(379쪽)와 그곳의 254번 주해를 참조할 것.

§5.27)고 단언하셨다. 이처럼 부처님께서는 45년 설법의 최초와 최후 가르침으로 팔정도를 설하셨으며 이것이 바로 중도이다. 그러므로 중도를 바르게 이해하기 위해서는 먼저 부처님께서 초기불전에 정형화해서 분명히 밝히신 팔정도의 정형구를 정확하게 살펴봐야 한다.

### (7) 중도의 중요성

이상의 정형구에 대한 이해를 바탕으로 몇 가지 관점에서 다시 중도를 음미해보자.

첫째, 거듭 강조하거니와 중도는 팔정도이다. 대승불교에 익숙한 우리는 중도하면 일·이·거·래·유·무·단·상(一·異·去·來·有·無·斷·常)을 여읜 것으로 정의되는 팔불중도(八不中道)[253]나 공·가·중(空·假·中)으로 정리되는 『중론』의 삼제게(三諦偈, 24:18)[254]를 먼저 떠올리지만 초기경에서의 중도는 명명백백하게 팔정도이다. 특히 삼제게는 연기(緣起)적 현상을 공·가·중으로 통찰하는 것을 중도라고 설파하고 있기 때문에 『중론』에서 말하는 중도는 연기에 대한 통찰지이며 이것은 위에서 보듯이 팔정도의 첫 번째인 정견(正見)의 내용이다. 그러므로 용수 스님을 위시한 중관학파에서 주창하는 중도는 팔정도의 첫 번째인 정견을 말하는 것이지 팔정도로 정의되는 실천도로서의 중도

---

253) '팔불중도(八不中道)'는 중국 길장(吉藏) 스님의 『중관론소』(中觀論疏)에 여러 번 나타나는 대승불교 특히 한국불교에는 잘 알려진 술어이다.

254) "yaḥ pratītyasamutpādaḥ śūnyatāṁ tāṁ pracakṣmahe.
sā prajñaptirupādāya pratipatsaiva madhyamā.

因緣所生法 我說卽是空 亦爲是假名 亦名中道義

연기(緣起)인 것 그것을 우리는 공성(空性)이라고 말한다.
그것은 의존한 개념[假名]이며 참으로 중도(中道)이다."(『중론』24:18)

는 아니다.

저자는 CBETA로 '中道'를 검색해보았다. 아함 등 초기불교에 관계된 한역경전들을 제외한 여러 대승의 한역 경전과 논서들에서 중도는 『중관론소』(中觀論疏)의 팔불중도를 뜻하거나 역시 『중관론소』의 원리이변명위중도(遠離二邊名爲中道, 양변을 여읜 것을 중도라 한다)나, 『법보단경』의 즉리양변(卽離兩邊, 양변을 여읜 것)이나, 쌍리양변명위중도(雙離兩邊名爲中道, 양변을 둘 다 여읜 것을 중도라 한다)나, 『중론송』의 삼제게를 설명하는 산문에 나타나는 이유무이변고명위중도(離有無二邊故名爲中道, 유무의 양변을 여의었기 때문에 중도라 한다) 등등으로 나타나지 어디에도 중도를 팔정도로 설명한 곳은 저자가 전체를 다 찾아보지 않은 탓인지는 모르지만 아직 보지 못하였다. 이것은 반야·중관 계열의 경론에만 해당되는 것은 아니다. 유식 계열과 여래장 계열과 선종 계열의 경론들도 그러하다. 심지어 빠알리 주석서들까지도 유무의 양극단을 여읜 중간[中, majjha]을 중도(中道, majjhimā paṭipadā)로 설명하는 곳이 나타나기도 한다.(SA.ii.36)

그러므로 중도를 유무중도나 고락중도나 팔불중도로 이해하는 것은 후대 모든 불교에 다 적용되는 시대적인 상황인지도 모른다. 그리고 저자가 알고 있는, 나름대로 교학과 수행에 열심인 모든 한국의 구참 스님들도 다 이렇게 이해하고 있고 초기불교를 본격적으로 접하기 전에는 저자 또한 그랬다.

그런데 요즘은 초기불교가 한국에 급속히 뿌리내리면서 중도는 팔정도라고 인정하는 분들이 점차 많아지는 것 같아서 참으로 다행이다. 초기불교는 불교의 뿌리이다. 그러므로 이제는 중도를 견해나 철학으로만 보지 말고 부처님께서 고구정녕히 말씀하신 팔정도라는 실천체계로 이해해서 중도를 실천으로 받아들여야 한다는 것이 저자가 거듭해서 강조하고 있는 것이다.

둘째, 이처럼 중도는 철학이 아니라 실천이다. 우리는 중(中)의 의미를 철학적 사유에 바탕하여 여러 가지로 설명하기를 좋아한다. 그러한 설명은 오히려 실천체계로서의 중도를 관념적으로 만들어버릴 위험이 크다. 중도가 팔정도인 이상 중도는 부처님께서 팔정도의 정형구로써 정의하신 내용 그 자체를 실천하는 것을 말한다. 이것은 중도의 도에 해당하는 빠알리어 빠띠빠다(paṭipadā)가 실제로 길 위를(paṭi) 밟으면서 걸어가는 것(padā)을 의미하는 데서도 알 수 있다.

셋째, 중도로 표방되는 수행은 총체적인 것이다. 부처님께서는 도를 8가지로 말씀하셨지 어떤 특정한 기법이나 특정한 하나만을 가지고 도라고 하지 않으셨다. 그러므로 이러한 8가지가 총체적으로 조화롭게 개발되어나갈 때 그것이 바른 도 즉 중도다. 그러나 우리는 수행을 총체적으로 이해하고 실천하려 하지 않고 기법 즉 테크닉으로만 이해하려 든다. 그래서 간화선만이, 염불만이, 기도만이, 위빳사나만이 진짜 수행이라고 우기면서 극단으로 치우친다. 그렇게 되면 그것은 중도가 아니요 극단적이요 옹졸한 도일뿐이다.

넷째, 중도는 바로 지금・여기에 있다. 중도는 특정한 장소나 특정한 시간에만 존재하는 것이 아니다. 도는 참선하는 시간이나 염불하고 기도하고 절하는 시간에만 존재하는 것도 아니요, 사찰이나 선방이나 명상센터라는 특정 장소에만 있는 것도 아니다. 도는 모든 시간 모든 곳에 존재하는 것이다. 그러므로 도는 매순간 머무는 곳, 바로 '지금・여기(diṭṭhe va dhamme, *here and now*, 現法, 現今)'에서 실천되어야 하는 것이다. 그래서 임제 스님은 직시현금 갱무시절(直是現今 更無時節. 바로 지금・여기일 뿐 다른 호시절은 없다 - 『鎭州臨濟慧照禪師語錄』)이라 하였다.

다섯째, 중도는 한 방에 해치우는 것이 아니다. 수행 특히 팔정도에 관한한 초기불전에서 거듭 강조하시는 부처님의 간곡한 말씀은 "닦고(bhāveti) 많이 [공부]짓는 것(bahulīkaroti)"[255]이다. 그러므로 중도는 팔정도를 많이많이 닦는 것이다. 범부는 깨달음을 실현하기 위해서 중도인 팔정도를 실천하고 깨달은 분들은 팔정도로써 깨달음을 이 땅 위에 구현하신다. 예를 들면 주석서에서는 전자에 해당하는 경우를 예비단계의 도(pubbabhāga-magga — DA.ii.301) 혹은 예비단계의 도닦음(pubba-bhāga-paṭipadā — AA.iv.42; SA.ii.267)이라고 설명하고, 전자와 후자에 다 적용되는 것을 혼합된 도(missaka-magga)라 부른다. 여기서 혼합된 도란 예비단계의 도와 완성된 출세간도(lokuttara-magga)가 섞여 있는 것을 말하고 예비단계의 도란 출세간도를 얻기 위해서 닦는 그 이전 단계의 도를 뜻한다. 그래서 복주서는 "세간적인 것과 출세간적인 것이 혼합된 것(lokiya-lokuttara-missakā — SAṬ.iii.70)"이라고 설명하고 있다.

그러므로 중도는 한 방에 해치우는 극단적인 것이 아니라 우리가 거듭해서 닦아야 하고 구현해야 할 것이다.

부처님의 가르침은 직계 제자 때부터 사사나(sāsana, 교법, 명령)라 불렸다.[256] 실천으로서의 부처님 명령은 극단을 여읜 중도요 그것은 팔정도이다. '팔정도를 닦아서 지금·여기에서 해탈·열반을 실현하라.'는 부처님의 지엄하신 명령은 저 멀리 내팽개쳐버리고 우리는 부처님 가르

255) 『상윳따 니까야』 「절반 경」(S45:2) §3 등 「도 상윳따」(S45)의 도처에서 이것은 강조되고 있다.

256) 『상윳따 니까야』의 여러 곳뿐만 아니라 초기불전의 도처에서 부처님의 가르침은 '삿투 사사나(satthu sāsana, 스승의 교법, 『상윳따 니까야』 「욱까쩰라 경」(S47:14) §5 등)'으로도 일컬어졌고 '바가와또 사사나(bhagavato sāsana, 세존의 교법, 「왁깔리 경」(S22:87) §15 등)'이라는 등의 술어로 나타나고 있다. sāsana는 √śās(*to order, to teach*)에서 파생된 명사로 지금도 인도에서는 정부나 법원 등의 공공기관을 śāsana라 부른다.

침을 이용해서 자신의 명성이나 지위나 잇속을 충족시키기에 혈안이 되어 있지는 않은가.

### (8) 「도 상윳따」(S45)의 개관

이제 『상윳따 니까야』 「도 상윳따」(S45)를 전체적으로 개관해 보자.

팔정도의 가르침을 담고 있는 「도 상윳따」(S45)에는 180개의 경들이 포함되어 있는데 이들은 모두 16개 품으로 분류되어 나타난다. 이들은 크게 세 부분으로 나누어 볼 수 있다. ① 제1장 「무명 품」부터 제4장 「도닦음 품」까지와 ② 제5장 「외도의 반복」부터 제8장 「두 번째 하나의 법의 반복」까지와 ③ 제9장 「첫 번째 강가 강의 반복」부터 마지막인 제16장 「폭류 품」까지이다.

#### ① 제1장 「무명 품」부터 제4장 「도닦음 품」까지

「도 상윳따」(S45) 제1장 「무명 품」(Avijjā-vagga)부터 제4장 「도닦음 품」까지의 네 개 품에는 각각 열 개씩의 경들이 포함되어 있다. 제4장 「도닦음 품」까지에 포함되어 있는 40개의 경들은 서로 반복되는 구절이 없이 팔정도의 중요성을 설하고 있다. 40개 경들이 다 중요하지만 특히 「절반 경」(S45:2)과 「사리뿟따 경」(S45:3)에서 세존께서는 좋은 친구[善友]를 사귀어서 팔정도를 닦는 것은 출가하여 청정범행을 닦는 것의 전부라고 강조하고 계시는 것을 우리는 명심해야 할 것이다.

그리고 「분석 경」(S45:8)은 팔정도의 여덟 가지 항목을 정확하게 정의하고 있다. 이것은 위에서 살펴본 팔정도의 구체적인 내용과 그대로 일치한다.

한편 본 상윳따의 「참되지 못한 사람 경」2(S45:26)에는 바른 지혜와 바른 해탈이 첨가되어서 팔정도가 아닌 십정도가 나타나고 있다. 이 십정도는 이미 본서 제2권 「열 가지 구성 요소 경」(S14:29 §3)과 제3권

「아라한 경」1(S22:76 §6 {5})에도 나타나고 있으며 『앙굿따라 니까야』 「명지(明知) 경」(A10:105) 등에도 나타나고 있다.

『맛지마 니까야』 「큰 40가지 경」(M117/iii.76 §34)에 의하면 유학(有學)들은 바른 견해부터 바른 삼매까지의 여덟 가지 구성요소를 갖추고 있고, 무학인 아라한들은 바른 지혜(ñāṇa)와 바른 해탈(vimutti)까지 갖추어서 모두 열 가지 구성요소를 구족하고 있다고 한다. 그런데 본서 제6권 「아나타삔디까 경」1(S55:26 §10)에 의하면 이 두 가지는 예류자인 급고독 장자도 갖춘 것으로 나타나고 있다. 그리고 본서 「쭌다 경」(S47:13 §6)과 주해에 의하면 아직 예류자인 아난다 존자도 계・정・혜뿐만 아니라, 아라한만이 갖춘다는 해탈과 해탈지견까지 다 갖춘 것으로 나타나고 있다. 그러므로 니까야에 의하면 십정도(十正道)는 꼭 아라한들만이 갖추는 것은 아닌 듯하다.

그리고 S45:21~26과 S45:31~32의 여덟 개의 경에는 여덟 가지 삿된 도닦음과 여덟 가지 바른 도닦음이 대조되어 나타나고 있다. 팔정도는 불교수행의 핵심이자 생명이다. 팔정도가 없는 불교수행이란 생각조차 할 수 없다. 그러므로 이들 40개 경을 모두 정독할 것을 권한다.

② 제5장 「외도의 반복」부터 제8장까지

제5장 「외도의 반복」부터 제8장 「두 번째 하나의 법의 반복」까지는 여러 가지 반복을 포함하고 있는 경들로 이루어져 있다.

제5장 「외도의 반복」은 외도 유행승들이 비구들에게 무슨 목적을 위해서 사문 고따마 아래서 청정범행을 닦는가라고 물으면, X하기 위한 도가 있고 도닦음이 있다라고 대답해야 하고 그것으로 팔정도를 들어야 한다고 반복해서 말씀하시는 8개 경들로 이루어져 있다. 그래서 「외도의 반복」이라고 품의 명칭을 붙인 것이다. 그리고 이 X에 들어가는 주

제는 ① 탐욕의 빛바램 ② 족쇄 ③ 잠재성향 ④ 도정 ⑤ 번뇌 ⑥ 명지와 해탈 ⑦ 지와 견 ⑧ 완전한 열반이다.

제6장 「태양의 반복」에는 태양이 떠오를 때 여명이 앞장서고 그 전조가 되듯이, 비구에게 팔정도가 생길 때에는 X가 앞장서고 그 전조가 된다고 말씀하신다. 이 X에는 ① 선우 ② 계 ③ 열의 ④ 자신 ⑤ 견해 ⑥ 불방일 ⑦ 여실지견이 들어간다. 이 하나의 품 안에 각각 (i) 떨쳐버림을 의지함(Viveka-nissita)과 (ii) 탐욕을 길들임(Rāga-vinaya)이라는 작은 품이 들어가서 제6장에는 모두 14개의 경들이 포함되어 있다.

제7장 「첫 번째 하나의 법의 반복」도 (i) 떨쳐버림을 의지함(Viveka-nissita)과 (ii) 탐욕을 길들임(Rāga-vinaya)이라는 작은 품으로 구성이 되고 이 각각의 작은 품에 제6장의 7개 주제가 들어 있어 모두 14개의 경들이 포함되어 나타난다.

제8장 「두 번째 하나의 법의 반복」도 같은 방법으로 모두 14개의 경들이 포함되어 있다. 그러면 제7장과 제8장은 어떻게 다를까? 제7장에는 "하나의 법은 여덟 가지 구성요소를 가진 성스러운 도가 생길 때 많은 도움을 준다. 어떤 하나의 법인가? 그것은 좋은 X이다."가 반복이 되고, 제8장에는 "나는 아직 일어나지 않은 여덟 가지 구성요소를 가진 성스러운 도를 일어나게 하고 이미 일어난 여덟 가지 구성요소를 가진 성스러운 도를 수행의 완성에 이르도록 하는 다른 어떤 하나의 법도 보지 못한다. 비구들이여, 그것은 바로 X이다."가 반복되어 나타나는 것이 다르다.

③ 제9장 「첫 번째 강가 강의 반복」부터 제16장 「폭류 품」까지

그리고 제9장 「첫 번째 강가 강의 반복」부터 맨 마지막 품인 제16장

「폭류 품」까지를 설명하기 위해서는 『상윳따 니까야』 제5권의 큰 특징 하나를 먼저 설명해야 한다. 본서에 포함되어 있는 12개의 상윳따들 가운데서 아누룻다, 들숨날숨, 예류, 진리의 네 상윳따를 제외한 여덟 곳의 상윳따, 즉 37보리분법을 이루고 있는 7개 상윳따(S45부터 S51까지)와 「禪 상윳따」(S53)의 여덟 개의 상윳따에는 다음의 다섯 개 품이 공통적으로 나타나고 있다. 특히 「깨달음의 구성요소 상윳따」(S46)와 「힘 상윳따」(S50)에는 이 다섯 개 품이 두 번씩 나타나서 모두 10개의 품이 포함되어 나타난다.

이 다섯 품은 (1) 「강가 강의 반복」(Gaṅgā-peyyāla), (2) 「불방일 품」(Appamāda-vagga), (3) 「힘쓰는 일 품」(Balakaraṇīya-vagga), (4) 「추구 품」(Esanā-vagga), (5) 「폭류 품」(Ogha-vagga)이다.

자세한 내용은 생략한다. 관심있는 분들은 『상윳따 니까야』 제5권의 「도 상윳따」(S45)에 대한 해제를 참조하기 바란다.

제4편

# 초기불교의 주요 술어

# 제26장 사마타와 위빳사나[止觀]

## (1) 사마타와 위빳사나는 부처님의 직설이다

'사마타(samatha)'와 '위빳사나(vipassanā)'는 불교 수행을 대표하는 술어이며 특히 상좌부 불교의 수행 체계를 극명하게 드러내는 핵심 술어이기도 하다. 그리고 이 두 술어는 일찍이 중국에서 각각 지(止)와 관(觀)으로 정착되었다.257) 그래서 지와 관을 고르게 닦을 것을 강조하여 지관겸수(止觀兼修)로 정착되었고, 이것은 다시 선종에서 정혜쌍수(定慧雙修)로 계승되었다. 불교 2,600년사에서 내로라하는 논사들이나 수행자

---

257) '사마타(samatha, Sk. śamatha)'는 중국에서 止, 止住, 止息, 消滅, 滅, 禪定, 等靜, 舍摩他(지, 지주, 지식, 소멸, 멸, 선정, 등정, 사마타)로 번역되기도 하고 修觀, 停, 奢摩他, 奢摩陀, 定, 定心, 寂止, 寂滅, 寂靜(수관, 정, 사마타, 사마타, 정, 정심, 적지, 적멸, 적정)으로 번역되기도 하였다.
한편 '위빳사나(vipassanā, Sk. vipaśyanā)'는 內觀, 慧, 智慧, 正見, 毘婆舍那, 毘鉢舍那, 觀(내관, 혜, 지혜, 정견, 비파사나, 비발사나, 관) 등으로 번역되었다.
육조 혜능 스님의 전법제자요 『증도가』의 저자로 유명한 영가현각(永嘉玄覺, 665~713) 스님의 주요 저술에 『선종 영가집』(禪宗 永嘉集)이 있다. 이 책은 한글을 창제한 직후인 1464년에 세조가 친히 원문에 한글로 토를 달고 혜각 존자 신미(信眉) 등이 『선종영가집 언해』로 번역할 정도로 한국불교에 큰 영향을 미쳤다. 본서는 전체 10장으로 구성되어 있는데 그 가운데 수행의 핵심이 되는 제4장의 제목이 사마타(奢摩陀)이고 제5장의 제목은 비발사나(毘鉢舍那)이며 제6장은 우필차(優畢叉)이다. 여기서 우필차는 평온으로 옮겨지는 초기불교의 중요한 술어인 upekkhā의 음역이다. 이처럼 사마타와 위빳사나는 이미 중국에서 심도 깊게 이해되었다.
『선종 영가집』(혜업 스님 번역, 불광출판사, 1991)을 참조할 것.

들이 지와 관에 대해서 많은 말을 한 것을 봤기 때문에 현대를 살아가는 우리의 관심은 '후대 논사들이나 수행자들의 견해가 아닌 초기불전에서 부처님이 직접 사마타와 위빳사나를 설명하신 것이 있는가? 부처님께서는 사마타와 위빳사나를 어떻게 정의하셨는가?'하는 것으로 기울게 되었다 할 수 있다.

결론적으로 말해서 적지 않은 초기불전에서 세존께서는 사마타와 위빳사나를 분명하게 정의하고 계신다.

먼저 언급해야할 경이 『앙굿따라 니까야』 「영지(靈知)의 일부 경」(A2:3:10)이다. 이 경에서 부처님께서는 분명히 사마타를 마음(citta)과 마음의 해탈(심해탈, ceto-vimutti) 즉 삼매[定, samādhi]와 연결 지으시고, 위빳사나를 통찰지(paññā, 반야)와 통찰지를 통한 해탈(혜해탈, paññā-vimutti) 즉 통찰지[慧, paññā]와 연결 지으신다. 그리고 삼매는 욕망을 극복하는 수행이고, 통찰지는 무명을 극복하는 수행이라고 밝히고 계신다.

그리고 「삼매 경」1(A4:92) 등 세 개의 경들은 사마타와 위빳사나에 대한 답변을 명확하게 제공하고 있다. 이 세 개의 경들에 나타나는 "마음의 사마타"와 "통찰지라 [불리는] 법들에 대한 위빳사나"라는 표현에서 보듯이 사마타는 마음의 개발을 뜻하는 삼매와 동의어이고, 위빳사나는 통찰지와 동의어이다.

그래서 「삼매 경」3(A4:94)에서는 사마타를 얻기 위해서는 사마타를 체득한 분을 찾아가서 '도반이여, 어떻게 마음을 고정시켜야 합니까? 어떻게 마음을 안정시켜야 합니까? 어떻게 마음을 하나가 되게 해야 합니까? 어떻게 마음이 삼매에 들게 해야 합니까?'라고 물어야 한다고 설명하고 있다. 그리고 위빳사나를 얻기 위해서는 위빳사나에 통달한 분을 찾아가서 '도반이여, 형성된 것들[行]을 어떻게 보아야 합니까? 형성된 것들을 어떻게 명상해야 합니까? 형성된 것들을 어떻게 깊이 관찰해야 합니까?'라고 물어야 한다고 말씀하신다.

이처럼 사마타는 마음을 [하나의 대상에] 고정시키고 고요하게 하는 삼매를 개발하는 수행(삼매, 定, samādhi)이며, 위빳사나는 유위제법[行]을 명상하고 관찰하여 무상·고·무아를 통찰하는 수행(통찰지, 慧, paññā)이라고 부처님께서는 분명하게 밝히고 계신다.

마지막으로 우리의 관심을 끄는 것은, 사마타를 먼저 닦아야 하는가, 아니면 위빳사나를 먼저 닦아야 하는가, 아니면 둘 다를 동시에 닦아야 하는가이다. 이것도 사마타와 위빳사나에 관심을 가진 모든 사람들의 토론거리가 되고 있다. 『앙굿따라 니까야』 「쌍 경」(A4:170/ii.157)은 여기에 대한 명확한 지침을 준다.

「쌍 경」(A4:170)에서 세존께서는 초선을 의지해서도 번뇌가 다한 아라한이 되고, 제2선을 의지해서도, 제3선을 의지해서도, 제4선을 의지해서도 아라한이 되며, 나아가서 공무변처부터 비상비비상처까지의 각각을 의지해서도 번뇌 다한 아라한이 된다고 분명하게 밝히신 뒤 이 의미에 대해서 다시 자세하게 설명하고 계신다. 즉 초선부터 비상비비상처까지의 삼매를 반드시 모두 다 닦아야만 아라한이 되는 것은 아니라는 것이다. 아무튼 초선부터 상수멸까지의 모든 경지는 해탈·열반을 실현하고 깨달음을 실현하고 번뇌 다한 아라한이 되는 튼튼한 토대가 된다고 말씀하신다. 물론 마른 위빳사나를 하는 자[乾觀者, 건관자, sukkha-vipassaka] 즉 순수 위빳사나를 닦는 자(suddha-vipassaka, 『청정도론』 XVIII. 8)는 선의 습기(濕氣, 촉촉함)가 없이 마른 위빳사나를 닦아서 아라한이 될 수 있다.(DA.i.4)

결론적으로 말하면 사마타를 먼저 닦을 수도 있고, 위빳사나를 먼저 닦을 수도 있고, 사마타와 위빳사나를 함께 닦을 수도 있다는 것이다. 그것은 각 개인의 문제이지 어느 것을 먼저 닦아야 하는가는 정해진 것이 아니라는 것이다. 이처럼 『앙굿따라 니까야』를 위시한 초기불전은 사마타와 위빳사나에 대한 중요한 언급들을 포함하고 있다.

한편 『무애해도』(Ps.ii.96~97)에도 「쌍 경」(A4:170)처럼 ① "사마타를 먼저 닦고 위빳사나를 닦는(samatha-pubbaṅgamaṁ vipassanaṁ bhāveti)" 경우와 ② "위빳사나를 먼저 닦고 사마타를 닦는(vipassanā-pubbaṅgamaṁ samathaṁ bhāveti)" 경우와 ③ "사마타와 위빳사나를 쌍으로 닦는(samatha-vipassanaṁ yuganaddhaṁ bhāveti)" 경우를 들고 있다. 이들에 대해서 『앙굿따라 니까야 복주서』는 이렇게 주석하고 있다.

① "이것은 사마타 행자(samatha-yānika)를 두고 한 말이다. 그는 첫 번째로 근접삼매(upacāra-samādhi)나 본삼매(appanā-samādhi)를 일으킨다. 이것은 사마타이다. 그는 삼매와 이러한 삼매와 함께하는 법에 대해서 무상 등으로 관찰한다(vipassati). 이것은 위빳사나이다. 이처럼 첫 번째 사마타가 있고 그 다음에 위빳사나가 있다. 그래서 '사마타를 먼저 닦고 위빳사나를 닦는다'고 한 것이다."(AAṬ.ii.314)

② "이것은 위빳사나 행자를 두고 한 말이다. 그는 앞서 말한 사마타를 성취하지 않고 취착의 [대상이 되는] 다섯 가지 무더기[五取蘊]에 대해서 무상 등으로 관찰한다.(vipassati)"(*Ibid.*)

즉 초기불전에서 세존께서 고구정녕하게 강조하시는 것으로 많은 경들에서 거듭 나타나는 '오온의 무상 · 고 · 무아를 통찰하라.'는 가르침을 바로 실천하는 것이 위빳사나를 먼저 닦는 수행이라는 설명이다.

③ "사마타와 위빳사나를 쌍으로 닦는" 경우의 설명은 「쌍 경」(A4:170)의 주해를 참조하기 바란다.

이제 사마타와 위빳사나를 몇 가지 측면에서 비교해서 살펴보자.

### (2) 대상 – 개념과 법

첫째, 사마타든 위빳사나든 중요한 것은 대상을 명확하게 설정하는 것이다. 사마타의 대상은 표상(nimitta)이라는 개념[施設, paññatti]이고 위빳사나의 대상은 법(dhamma)이다. 이것이 사마타와 위빳사나를 구분 짓는 가장 중요한 잣대이다. 이 점을 명확히 해야 한다.

### (3) 집중과 통찰

둘째, 사마타는 대상(표상)에 대한 집중이고 위빳사나는 대상(법)에 대한 통찰이다. 사마타(samatha)는 마음이 표상에 집중되어 마음의 떨림이나 동요가 그치고(止) 가라앉아 고요한 상태를 말한다. 그래서 중국에서는 지(止)로 옮겼다. 위빳사나(vipassanā)는 '분리해서(vi) 보는 것(passana)'이라는 문자적인 뜻 그대로, 대상을 나타난 모양대로 보는 것이 아니라 법의 무상하고 고이고 무아인 특성을 여실지견하는 것을 말한다. 그래서 중국에서는 관(觀)으로 옮겼다. 이처럼 사마타는 표상이라는 대상에 집중하는 삼매[定] 수행이고 위빳사나는 법이라는 대상을 무상·고·무아로 통찰하는 반야[慧, 통찰지] 수행이다.

### (4) 닮은 표상과 삼특상

셋째, 사마타의 키워드는 닮은 표상이고 위빳사나의 키워드는 무상·고·무아이다. 『청정도론』은 사마타의 대상을 40가지 명상주제로 정리하고 있다. 이런 대상 가운데 하나에 마음을 집중하여 그 대상에서 익힌 표상을 만들고, 이것이 마침내 닮은 표상[相似影像, 상사영상, patibhaganimitta]으로 승화되어 흩어지지 않고 오롯하게 되어, 매순간의 마음들이 이 닮은 표상에 고도로 집중된 상태를 사마타라 한다. 위빳사나는 마음[心]·마음부수[心所]·물질[色]로 구분되는 71가지 구경법들 가운데 하나를 통찰하는 수행인데 이처럼 법을 통찰해 들어가면 제법의 무상이나 고나 무아를 철견(徹見)하게 된다.

### (5) 본삼매와 찰나삼매

넷째, 사마타는 마음이 닮은 표상이라는 대상에 집중된 상태이다. 『청정도론』을 위시한 모든 주석서 문헌에 의하면 이러한 집중은 근접삼매(upacāra-samādhi)와 본삼매(appanā-samādhi)라는 과정을 거쳐서 이루어진다. 『아비담마 길라잡이』 제9장에서는 다시 더 자세히 ① 준비단계의 수행 ② 근접[삼매]의 수행 ③ 본[삼매]의 수행으로 삼매 수행을 설명하고 있다.

여기서 ① 준비단계의 수행은 근접삼매가 일어나기 이전 초보단계의 수행을 말한다. 구체적으로는 다섯 가지 장애들이 억압되고 닮은 표상(paṭibhāga-nimitta)이 일어나는 순간 직전까지의 단계를 말한다. ② 근접[삼매](upacāra)는 다섯 가지 장애들이 억압되고 닮은 표상이 출현할 때 일어나 禪의 경지로 들어가는 인식과정에서 종성(種姓, gotrabhū)[258]

---

258) '종성(種姓)'으로 옮기는 고뜨라부(gotrabhū)는 종족의 성을 뜻하는 gotra와 √bhū(*to become*)에서 파생된 bhū가 합성된 단어로서 문자적인 뜻 그대로 성(姓)을 가지게 되는 경지라는 뜻이다. 초기불전에는 나타나지 않고 아비담마와 주석서 문헌에 나타나는 전문술어이다. 아비담마에서 종성의 마음은 두 번 나타나는데 첫째, 근접삼매에서 본삼매로, 즉 욕계에서 색계로 들어가는 바로 그 순간의 심찰나를 나타낸다. 둘째, 범부에서 예류자가 되는 순간의 심찰나를 뜻하는 전문술어로 쓰이기도 한다. 이런 의미에서 계통을 바꾸는 마음이라고 할 수 있겠다. 즉 첫째, 禪의 증득의 경우에 이것은 욕계의 범부 혈통에 속하는 마음들을 드디어 극복하고 고귀한(mahaggata) 마음의 혈통으로 들어가기 때문에 종성(고뜨라부)이라는 이름을 얻고, 둘째, 예류도(預流道)의 경우, 이 순간에 범부의 혈통이나 가문(puthujjana-gotra)에서 성자의 혈통이나 가문(ariya-gotra)으로 바뀌기 때문에 종성이라는 이름을 얻는다.

의 마음이 일어나는 순간까지를 뜻한다. ③ 그리고 이 종성의 마음 바로 다음에 일어나는 마음이 본[삼매](appanā)이며, 이것이 바로 초선부터 제4선까지의 경지이다.

그러나 위빳사나는 법을 대상으로 하여 이 법의 무상 · 고 · 무아를 통찰하는 수행이기 때문에 닮은 표상이라는 표상을 대상으로 하지 않는다. 그러므로 위빳사나 수행에는 본삼매가 없다. 그렇지만 고도의 집중이 없이 대상을 무상 · 고 · 무아로 통찰한다는 것은 불가능이다. 그러나 위빳사나 수행을 할 때의 고도의 집중을 본삼매라고는 부를 수 없다. 그래서 『청정도론』 등의 주석서 문헌들은 위빳사나 수행을 할 때 일어나는 고도의 집중을 '찰나삼매(刹那三昧)'259)라고 부르고 있다.

주석서에 의하면 찰나삼매는 순수 위빳사나를 닦을 때 나타나는 고도

---

이렇게 욕계마음에서 색계마음으로 경지가 바뀌거나 범부에서 성자로 그 경지가 바뀌는 찰나의 마음을 고뜨라부(種姓)라는 재미있으면서도 옛 도인들의 직관이 배어있는 술어를 사용하여 나타낸다. 고뜨라부라는 말은 근접삼매 즉 욕계로부터 본삼매 즉 색계로 들어가거나 범부에서 성자가 되는 것 등은 바로 우리의 성을 바꾸는 것과 같은 엄청난 일이며 이들의 경지에는 이처럼 큰 차이가 있다는 것을 시사해준다. 이들 용어에 대해서는 『아비담마 길라잡이』 제9장 §34의 [해설]과 제4장 §14의 [해설] 등을 참조할 것.

259) '찰나삼매(刹那三昧, khaṇika-samādhi)'는 『청정도론』 VIII.232에 '찰나심일경성(刹那心一境性, khaṇika-citt-ekaggatā)'으로 나타나는데 '순간적으로 마음이 한 끝에 집중됨'으로 직역할 수 있다.
『청정도론 복주서』는 "'순간적인 마음의 하나됨'이란 한 순간만 지속되는 삼매이다. 왜냐하면 그것도 대상에 간단없이 하나의 형태로 일어나면서 반대되는 법에 의해 억압되지 않고 마치 본삼매에 든 것처럼 마음을 흔들림 없이 고정시키기 때문이다."(Pm.235)라고 설명하고 있다.
'찰나삼매(khaṇika-samādhi)'는 주석서 문헌에 주로 나타나는데(예를 들면 SA.iii.200, S47:4 §4의 주해 참조) 복주서에도 많이 나타난다. 『맛지마 니까야 복주서』에는 "찰나삼매가 없는 위빳사나란 있을 수 없다."(MAṬ.i.182)로 나타나기도 한다.
찰나삼매에 대해서는 『청정도론』 VIII.232에 대한 주해와 『아비담마 길라잡이』 9장 §29의 해설을 참조할 것.

의 집중된 현상인데 이러한 찰나삼매는 사마타 수행을 통해서 나타나는 근접삼매에 필적하는 삼매라고도 하고 사마타 수행의 초선에 대비되는 삼매라고도 한다. 그러므로 이러한 순수 위빳사나의 경우도 삼매의 토대는 있기 마련이다. 아무튼 깨달음, 해탈・열반, 번뇌 다한 아라한의 경지는 반드시 초선부터 비상비비상처와 상수멸까지의 모든 삼매를 차례대로 다 닦아야만 실현되는 것이 아님을 세존께서는 본장 말미에 인용하고 있는 「선(禪) 경」(A9:36)을 통해서 분명하게 밝히고 계신다.

그리고 이처럼 삼매 수행을 먼저 하지 않고 바로 위빳사나 수행을 하는 수행자를 『청정도론』 XXI.112는 '마른 위빳사나를 하는 자[乾觀者, 건관자, sukkha-vipassaka]'라고 부르고 있다. 즉 순수 위빳사나를 닦는 자(suddha-vipassaka, 『청정도론』 XVIII. 8)는 선의 습기(濕氣, 촉촉함)가 없이 마른 위빳사나를 닦아서 아라한이 될 수 있는데 이를 주석서에서는 '마른 위빳사나를 통해서 번뇌가 다한 자(sukkhavipassaka-khīṇāsava, DA.i.4)'라고 부르고 있다.

### (6) 일시적인 해탈과 해탈

다섯째, 사마타의 고요함만으로는 해탈・열반을 실현할 수가 없다. 왜냐하면 사마타는 마음과 대상이 온전히 하나가 된, 밝고 맑고 고요함에 억눌려 탐・진・치가 잠복되어 있는 상태이기 때문에 사마타에서 나올 때는[出定] 다시 탐・진・치의 영향을 받기 때문이다. 그래서 이러한 상태를 경에서는 일시적인 해탈(samaya-vimutta, 『앙굿따라 니까야』 「일시적 해탈 경」 1(A5:149) 등)이라 한다. 그러므로 무상・고・무아를 통찰하는 위빳사나의 힘으로 이들의 뿌리를 멸절시켜야 영원히 다시는 일어나지 않게 되며 그래야 해탈・열반을 실현하게 된다. 그래서 무상・고・무아를 해탈의 세 가지 관문이라고 한다.

### (7) 지관겸수(止觀兼修)

여섯째, 이처럼 위빳사나의 지혜(통찰지)가 없이는 해탈이 불가능하다. 그러나 고요함과 고도의 집중이라는 사마타의 힘이 아니면 위빳사나의 지혜가 생기기란 결코 용이한 일이 아니다. 그래서 초기경에서 사마타와 위빳사나라는 술어는 거의 대부분 함께 나타나며 부처님께서는 이 둘을 부지런히 닦을 것을 강조하셨다. 그래서 중국에서도 지관겸수(止觀兼修)를 강조하였다.

### (8) 무엇을 먼저 닦을 것인가

일곱째, 사마타를 먼저 닦을 것인가 위빳사나를 먼저 닦을 것인가는 결국 인연 닿는 스승의 지도방법과 수행자 자신의 관심과 성향에 따라서 다를 수밖에 없을 것이다. 그렇지 않고 사마타를 반드시 먼저 닦아야 한다거나 위빳사나만을 닦아야 한다거나 하는 것은 독단적인 견해일 뿐이고, 이런 견해를 고집하면 진정한 수행자라 할 수 없을 것이다. 그러나 어떤 경우에도 수행은 무상・고・무아를 통찰하는 위빳사나로 귀결이 되는 것은 분명하다. 그리고 위빳사나는 무상・고・무아를 통찰하는 것 그 자체이지 결코 특정한 수행기법만을 말하는 것은 아니다.

『앙굿따라 니까야』의 「선(禪) 경」(A9:36)을 인용하면서 본장을 마무리한다.

**선**(禪) **경**(A9:36)
Jhāna-sutta

1. "비구들이여, 초선(初禪)을 의지해서도 번뇌가 다한다[260]고 나는

말한다. 비구들이여, 제2선을 의지해서도 번뇌가 다한다고 나는 말한다. 비구들이여, 제3선을 의지해서도 번뇌가 다한다고 나는 말한다. 비구들이여, 제4선을 의지해서도 번뇌가 다한다고 나는 말한다. 비구들이여, 공무변처를 의지해서도 번뇌가 다한다고 나는 말한다. 비구들이여, 식무변처를 의지해서도 번뇌가 다한다고 나는 말한다. 비구들이여, 무소유처를 의지해서도 번뇌가 다한다고 나는 말한다. 비구들이여, 비상비비상처를 의지해서도 번뇌가 다한다고 나는 말한다."

2. "'비구들이여, 초선(初禪)을 의지해서도 번뇌가 다한다고 나는 말한다.'라고 한 것은 무슨 이유로 그렇게 말했는가?

비구들이여, 여기 비구는 감각적 욕망들을 완전히 떨쳐버리고 해로운 법[不善法]들을 떨쳐버린 뒤 … 초선에 들어 머문다. 그는 거기서 일어나는 물질이건[261] 느낌이건 인식이건 심리현상들이건 알음알이건, 그 모든 법들[262]을 무상하다고 괴로움이라고 병이라고 종기라고 화살이라고 재난이라고 질병이라고 남[他]이라고 부서지기 마련인 것이라고 공한 것이라고 무아라고 바르게 관찰한다.

그는 이런 법들로부터 마음을 돌려버린다. 그는 이런 법들로부터 마음을 돌린 뒤 불사(不死)의 경지로 마음을 향하게 한다. '이것은 고요하고 이것은 수승하다. 이것은 모든 형성된 것들[行]이 가라앉음[止]이요,

---

260) "'번뇌가 다한다.(āsavānaṁ khayaṁ)'는 것은 아라한과(arahatta)를 말한다."(AA.ivi.195)

261) "'거기서 일어나는 물질(yadeva tattha hoti rūpagataṁ)'이란 그 초선의 순간에 토대(vatthu)로써 일어나거나, 혹은 마음에서 생긴 것(citta-samuṭṭhānika) 등으로써 물질이 일어나는 것을 말한다."(*Ibid.*)
후자는 업에서 생긴 물질과 마음에서 생긴 물질을 뜻한다. 업에서 생긴 물질 등은 『아비담마 길라잡이』 6장 §§9~15를 참조할 것.

262) "'그 모든 법들(te dhammā)'이란 물질 등 오온의 법들(pañcakkhandha-dhamma)을 말한다."(AA.iv.195)

모든 재생의 근거를 놓아버림[放棄]이요, 갈애의 소진이요, 탐욕의 빛바램[離欲]이요, 소멸[滅]이요, 열반이다.'라고. 그는 여기에 확고하게 머물러 번뇌가 다함을 얻는다.[아라한] 만일 번뇌가 다함을 얻지 못하더라도 이러한 법을 좋아하고 이러한 법을 즐기기 때문에 그는 다섯 가지 낮은 단계의 족쇄를 완전히 없애고 [정거천에] 화생하여 그곳에서 완전히 열반에 들어 그 세계로부터 다시 돌아오지 않는 법을 얻는다.[不還者]

비구들이여, 예를 들면 궁수나 궁수의 도제가 짚으로 만든 허수아비나 진흙더미로 연습을 한 뒤에, 나중에는 멀리 쏘고 전광석화와 같이 꿰뚫고 큰 몸을 쳐부수는 것과 같다.

그와 같이 비구는 감각적 욕망들을 완전히 떨쳐버리고 해로운 법[不善法]들을 떨쳐버린 뒤 … 초선에 들어 머문다. 그는 거기서 일어나는 물질이건 느낌이건 인식이건 심리현상들이건 알음알이건, 그 모든 법들을 무상하다고 괴로움이라고 병이라고 종기라고 화살이라고 재난이라고 질병이라고 남[他]이라고 부서지기 마련인 것이라고 공한 것이라고 무아라고 바르게 관찰한다.

그는 이런 법들로부터 마음을 돌려버린다. 그는 이런 법들로부터 마음을 돌린 뒤 불사(不死)의 경지로 마음을 향하게 한다. '이것은 고요하고 이것은 수승하다. 이것은 모든 형성된 것들[行]이 가라앉음[止]이요, 모든 재생의 근거를 놓아버림[放棄]이요, 갈애의 소진이요, 탐욕의 빛바램[離欲]이요, 소멸[滅]이요, 열반이다.'라고. 그는 여기에 확고하게 머물러 번뇌가 다함을 얻는다. 만일 번뇌가 다함을 얻지 못하더라도 이러한 법을 좋아하고 이러한 법을 즐기기 때문에 그는 다섯 가지 낮은 단계의 족쇄를 완전히 없애고 [정거천에] 화생하여 그곳에서 완전히 열반에 들어 그 세계로부터 다시 돌아오지 않는 법을 얻는다.

'비구들이여, 초선(初禪)을 의지해서도 번뇌가 다한다고 나는 말한다.' 라고 한 것은 이런 이유로 그렇게 말했다."

3. "'비구들이여, 제2선을 의지해서도 … 제3선을 의지해서도 … 제4선을 의지해서도 번뇌가 다한다고 나는 말한다.'라고 한 것은 무슨 이유로 그렇게 말했는가?

비구들이여, 여기 비구는 일으킨 생각과 지속적인 고찰을 가라앉혔기 때문에 … 제2선(二禪)에 들어 머문다. … 제3선(三禪)에 들어 머문다. … 제4선(四禪)에 들어 머문다. 그는 거기서 일어나는 물질이건 느낌이건 인식이건 심리현상들이건 알음알이건, 그 모든 법들을 무상하다고 괴로움이라고 병이라고 종기라고 화살이라고 재난이라고 질병이라고 남[他]이라고 부서지기 마련인 것이라고 공한 것이라고 무아라고 바르게 관찰한다.

그는 이런 법들로부터 마음을 돌려버린다. 그는 이런 법들로부터 마음을 돌린 뒤 불사(不死)의 경지로 마음을 향하게 한다. '이것은 고요하고 이것은 수승하다. 이것은 모든 형성된 것들[行]이 가라앉음[止]이요, 모든 재생의 근거를 놓아버림[放棄]이요, 갈애의 소진이요, 탐욕의 빛바램[離欲]이요, 소멸[滅]이요, 열반이다.'라고. 그는 여기에 확고하게 머물러 번뇌가 다함을 얻는다. 만일 번뇌가 다함을 얻지 못하더라도 이러한 법을 좋아하고 이러한 법을 즐기기 때문에 그는 다섯 가지 낮은 단계의 족쇄를 완전히 없애고 [정거천에] 화생하여 그곳에서 완전히 열반에 들어 그 세계로부터 다시 돌아오지 않는 법을 얻는다.[不還者]

비구들이여, 예를 들면 궁수나 궁수의 도제가 짚으로 만든 허수아비나 진흙더미로 연습을 한 뒤에, 나중에는 멀리 쏘고 전광석화와 같이 꿰뚫고 큰 몸을 쳐부수는 것과 같다.

그와 같이 비구는 일으킨 생각과 지속적인 고찰을 가라앉혔기 때문에 … 제2선(二禪)에 들어 머문다. … 제3선(三禪)에 들어 머문다. … 제4선(四禪)에 들어 머문다. …

그는 이런 법들로부터 마음을 돌려버린다. … 다시 돌아오지 않는 법을 얻는다.

'비구들이여, 제2선을 의지해서도 … 제3선을 의지해서도 … 제4선을 의지해서도 번뇌가 다한다고 나는 말한다.'라고 한 것은 이런 이유로 그렇게 말했다."

4. "'비구들이여, 공무변처를 의지해서도 번뇌가 다한다고 나는 말한다.'라고 한 것은 무슨 이유로 그렇게 말했는가?

비구들이여, 여기 비구는 물질[色]에 대한 인식(산냐)을 완전히 초월하고 부딪힘의 인식을 소멸하고 갖가지 인식을 마음에 잡도리하지 않기 때문에 '무한한 허공'이라고 하면서 공무변처에 들어 머문다. 그는 거기서 일어나는 느낌이건 인식이건 심리현상들이건 알음알이건, 그 모든 법들을 무상하다고 괴로움이라고 병이라고 종기라고 화살이라고 재난이라고 질병이라고 남[他]이라고 부서지기 마련인 것이라고 공한 것이라고 무아라고 바르게 관찰한다.

그는 이런 법들로부터 마음을 돌려버린다. … 다시 돌아오지 않는 법을 얻는다.

비구들이여, 예를 들면 궁수나 궁수의 도제가 짚으로 만든 허수아비나 진흙더미로 연습을 한 뒤에, 나중에는 멀리 쏘고 전광석화와 같이 꿰뚫고 큰 몸을 쳐부수는 것과 같다.

그와 같이 비구는 물질[色]에 대한 인식(산냐)을 완전히 초월하고 부딪힘의 인식을 소멸하고 갖가지 인식을 마음에 잡도리하지 않기 때문에 '무한한 허공'이라고 하면서 공무변처에 들어 머문다. …

그는 이런 법들로부터 마음을 돌려버린다. … 다시 돌아오지 않는 법을 얻는다.

'비구들이여, 공무변처를 의지해서도 번뇌가 다한다고 나는 말한다.'

라고 한 것은 이런 이유로 그렇게 말했다."

5. "'비구들이여, 식무변처를 의지해서도 … 무소유처를 의지해서도 번뇌가 다한다고 나는 말한다.'라고 한 것은 무슨 이유로 그렇게 말했는가?

비구들이여, 여기 비구는 식무변처를 완전히 초월하여 '아무것도 없다.'라고 하면서 무소유처에 들어 머문다. 그는 거기서 일어나는 느낌이건 인식이건 심리현상들이건 알음알이건, 그 모든 법들을 무상하다고 괴로움이라고 병이라고 종기라고 화살이라고 재난이라고 질병이라고 남[他]이라고 부서지기 마련인 것이라고 공한 것이라고 무아라고 바르게 관찰한다.

그는 이런 법들로부터 마음을 돌려버린다. … 다시 돌아오지 않는 법을 얻는다.

비구들이여, 예를 들면 궁수나 궁수의 도제가 짚으로 만든 허수아비나 진흙더미로 연습을 한 뒤에, 나중에는 멀리 쏘고 전광석화와 같이 꿰뚫고 큰 몸을 쳐부수는 것과 같다.

그와 같이 비구는 식무변처를 완전히 초월하여 '아무것도 없다.'라고 하면서 무소유처에 들어 머문다. …

그는 이런 법들로부터 마음을 돌려버린다. … 다시 돌아오지 않는 법을 얻는다.

'비구들이여, 무소유처를 의지해서도 번뇌가 다한다고 나는 말한다.'라고 한 것은 이런 이유로 그렇게 말했다."[263]

"비구들이여, 이와 같이 인식이 함께한 [선정의] 증득[等至]이 있는 한 완전한 지혜로 꿰뚫음이 있다.[264] 비구들이여, 그리고 비상비비상처의

---

263) "여기서는 왜 비상비비상처를 언급하지 않았는가? 미세하기 때문(sukhumattā)이다. 그 경지에서는 네 가지 정신의 무더기들(arūpa-kkhandhā)도 미세하여 명상(sammasana)을 할 수 없기 때문이다." (AA.iv.197)

증득과 상수멸의 이 두 경지는 증득에 능숙하고 증득에서 출정하는 것에 능숙한, 선(禪)을 닦는 비구들이 증득에 들었다가 출정한 뒤에 바르게 설명해야 하는 것[265]이라고 나는 말한다."[266]

---

264) '인식이 함께한 [선정의] 증득[等至](saññāsamāpatti)'을 주석서는 "마음이 함께한 증득(sacittaka-samāpatti)"(AA.iv.197)으로 설명하고 있다. 주석서의 설명을 인용하면 다음과 같다.
"마음이 함께한 증득(sacittaka-samāpatti)이 있는 한, 거친 법들을 명상하는 자에게 완전한 지혜로 꿰뚫음(aññā-paṭivedha)이 있고, 그는 아라한과를 얻는다. 그러나 비상비비상처는 미세하기 때문에 인식이 함께한 [삼매의] 증득(saññā-samāpatti)이라 말하지 않는다."(AA.iv.197~198)

265) "'바르게 설명해야 한다(samakkhātabba)'는 것은 '이것은 고요(santa)하고 수승(paṇīta)하다.'라고 궁극적으로(kevalaṁ) 설명해야 하고 칭송하고 찬양해야 한다는 말이다."(AA.iv.198)

266) 본경을 통해서 세존께서는 초선을 의지해서도 번뇌가 다한 아라한이 되고, 제2선을 의지해서도, 제3선을 의지해서도, 제4선을 의지해서도 아라한이 되며, 나아가서 공무변처부터 비상비비상처까지의 각각을 의지해서도 번뇌 다한 아라한이 된다고 분명하게 밝히신 뒤 이 의미에 대해서 다시 자세하게 설명하고 계신다. 즉 초선부터 비상비비상처까지의 삼매를 반드시 모두 다 닦아야만 아라한이 되는 것은 아니라는 것이다. 아무튼 초선부터 상수멸까지의 모든 경지는 해탈·열반을 실현하고 깨달음을 실현하고 번뇌 다한 아라한이 되는 튼튼한 토대가 된다고 말씀하신다.
물론 마른 위빳사나를 하는 자(sukkha-vipassaka, 乾觀者) 즉 순수 위빳사나를 닦는 자(suddha-vipassaka, 『청정도론』 XVIII.8)는 선의 습기가 없이 마른 위빳사나를 닦아서 아라한이 될 수 있는데 이를 주석서에서는 '마른 위빳사나를 통해서 번뇌가 다한 자(sukkhavipassaka-khīṇāsava, DA.i.4)'라고 부르고 있다.

# 제27장 해탈이란 무엇인가

(1) 들어가는 말

불교에서는 해탈이라는 말을 아주 많이 쓴다. 그러면 이 해탈이라는 술어는 초기불전에도 나타나는가? 나타나더라도 많이 나타나는가? 결론적으로 말하면 당연히 그렇다. 초기불전에도 나타나고 그것도 많이 나타난다.

초기불전에서 해탈의 의미로 많이 나타나는 술어는 ① 위뭇띠(vimutti)와 ② 위목카(vimokkha)의 둘을 들 수 있다. 이 두 술어는 vi(분리해서)+√muc(*to release*, muñcati)에서 파생된 명사이다. 분리해서 풀어놓은, 떼어놓은, 방출된, 포기된 등의 기본적인 뜻을 가지고 있다. 그래서 중국에서는 이 둘을 解脫·度脫·毘木底·毘目叉·遠離·離(해탈·도탈·비목저·비목차·원리·이) 등으로 옮겼다.

이 둘 가운데 위뭇띠(vimutti)가 일반적인 해탈의 의미로 쓰이는 술어이다. 그리고 이것은 이미 앞의 여러 곳에서 살펴보았듯이 해체해서 보기 - 무상·고·무아 - 염오-이욕-해탈-구경해탈지의 문맥에서 많이 나타나고, 오법온(五法蘊, 계·정·혜·해탈·해탈지견)으로도 나타난다. 위목카(vimokkha)는 주로 팔해탈267)로 나타나고 3해탈(무상 해탈·무원 해탈·공 해탈)로도 나타난다.

---

267) 팔해탈[八解脫, vimokkha]에 대해서는 본서 424쪽 이하를 참조할 것.

인도철학 전반과 산스끄리뜨 문헌에서 일반적으로 해탈을 뜻하는 단어는 vimokṣa(vimokkha의 산스끄리뜨)가 아니라 접두어 vi-가 붙지 않은 mokṣa(목샤)이며 이것의 빠알리어는 mokkha(목카)이다. 그런데 초기불전에서 vi-라는 접두어가 없는 mokkha라는 단어는 해탈이라는 전문술어로는 쓰이지 않는 듯하다.

이 mokkha라는 단어는 『상윳따 니까야』 「선 상윳따」(S34) 「삼매의 증득 경」 등(S34:1~10)에서 "네 명의 참선하는 자들 가운데서 으뜸이요 가장 뛰어나고 가장 훌륭하고 가장 높고 가장 탁월하다(aggo ca seṭṭho ca mokkho ca uttamo ca pavaro ca)"라는 문맥에서 나타나고, 『앙굿따라 니까야』 「숲 경」(A5:181) 등에서는 "숲에 머무는 자가 되는 이것이 으뜸이고 가장 뛰어나고 가장 훌륭하고 가장 높고 가장 탁월하다."로 나타난다. 그러나 여기서 mokkha는 해탈(vimutti)의 어근인 √muc(*to release*)에서 파생된 단어가 아니라 얼굴이나 입을 뜻하는 mukkha에서 파생된 형용사로 '훌륭한, 으뜸가는' 등의 뜻이다.

그러면 먼저 일반적인 해탈을 뜻하는 vimutti(위뭇띠)의 용례부터 살펴보자.

### (2) vimutti(위뭇띠)

위뭇띠는 초기불전에서 대략 아래 9가지 문맥에서 나타난다.

#### ① 염오-이욕-해탈-구경해탈지의 정형구로 나타난다

이것은 이미 본서 제7장과 제11장 등에서 오온과 12처의 염오-이욕-해탈-구경해탈지의 정형구를 통해서 충분히 살펴보았다. 여기서 염오-이욕-해탈-구경해탈지는 차례대로 강한 위빳사나-도-과-반조를 뜻한다. 주석서를 인용하면 다음과 같다.

"'염오(nibbidā)'란 염오의 지혜(nibbidā-ñāṇa)를 말하는데, 이것으로 강한 위빳사나(balava-vipassanā)를 드러내고 있다."(SA.ii.53. 「의지처 경」(S12:23) §4에 대한 주석)

"'탐욕의 빛바램(이욕, virāga)'이란 도(magga, 즉 예류도, 일래도, 불환도, 아라한도)이다. '탐욕이 빛바래므로 해탈한다.'는 것은 탐욕의 빛바램이라는 도에 의해서 해탈한다라는 과(果, phala)를 설하셨다. '해탈하면 해탈했다는 지혜가 있다.'라는 것은 여기서 반조(paccavekkhaṇā)를 설하셨다."(MA.ii.115)

다른 주석서들에서도 여기서 해탈은 과의 실현을 뜻한다고 주석서는 설명하고 있다.(SA.ii.268)

② 오법온[五法蘊, pañca dhamma-kkhandhā, 계·정·혜·해탈·해탈지견]의 정형구로 나타난다.

"어떤 다섯 가지 법이 실현해야 하는 것입니까? 다섯 가지 법의 무더기[法蘊]이니 계의 무더기, 삼매의 무더기, 통찰지의 무더기, 해탈의 무더기, 해탈지견의 무더기입니다."(『디가 니까야』「십상경」(十上經).§1.6⑽)

이처럼 오법온은 우리에게 잘 알려진 계·정·혜 삼학에다 해탈(vimutti)과 해탈지견(vimutti-ñāṇa-dassana)이 첨가된 것이다. 한편『디가 니까야』제3권「합송경」(D33) §1.11.(25)에서는 계·정·혜·해탈의 넷을 법의 무더기[法蘊, dhammakkhandha]라고 정리하고 있는데,『디가 니까야』「십상경」(D34) §1.6.⑩과『상윳따 니까야』「궁술 경」(S3:24),「존중 경」(S6:2),「쭌다 경」(S47:13) 등과『앙굿따라 니까야』「왓차곳따 경」(A3:57) §3 등에서는 해탈지견(解脫知見, vimutti-ñāṇa-dassana)까지 포함되어 다섯 가지 법의 무더기[五法蘊]로 최종으로 정리되어 나타난다.

주석서들의 설명을 살펴보자.

"여기서 계의 무더기부터 네 개의 무더기는 세간적인 것과 출세간적인 것(lokiya-lokuttarā)으로 설하셨다. 그러나 해탈지견(vimutti-ñāṇa-dassana)은 오직 세간적인 것(lokiyam eva)이다. 이것은 반조의 지혜(paccavekkhaṇa-ñāṇa)이기 때문이다."(SA.i.204)

반조의 지혜는 해탈의 경지에서 나와서 생기는 것이기 때문에 세간적인 것이라고 설명하고 있다. 『청정도론』에서는 ① 도에 대한 반조 ② 과에 대한 반조 ③ 버린 오염원들에 대한 반조 ④ 남아있는 오염원들에 대한 반조 ⑤ 열반에 대한 반조의 다섯 가지 반조를 들고 있다. 자세한 것은 『청정도론』 XXII.19 이하를 참조하기 바란다.

"'계(sīla)'는 네 가지 청정한 계이다. '삼매(samādhi)'는 위빳사나의 기초(vipassanā-pādakā)인 여덟 가지 증득(samāpatti)이다. '통찰지(paññā)'는 세간적이거나 출세간적인 지혜이다. '해탈(vimutti)'은 성스러운 과(ariyaphala)이다. '해탈지견(vimutti-ñāṇa-dassana)'은 19가지 반조의 지혜(paccavekkhaṇa-ñāṇa)이다."(MA.ii.147)

한편 『앙굿따라 니까야 주석서』는 계・정・혜는 세간적인 것과 출세간적인 것에 다 통용되는 혼합된 것(missaka)이고 해탈은 아라한과를 통한 해탈(arahattaphala-vimutti)이라고 설명하고 있다.(AA.iii.227; 280)

여기서 여덟 가지 증득은 초선부터 비상비비상처까지의 여덟 가지를 뜻한다. 그 외 네 가지 청정한 계는 『아비담마 길라잡이』 9장 §28의 두 번째 해설을 참조하고, 19가지 반조의 지혜는 「삼매 경」(A5:27) §10의 주해와 『청정도론』 XXII.19 이하와 『아비담마 길라잡이』 9장 §34의 해설을 참조하기 바란다.

### ③ 심해탈・혜해탈・양면해탈로 나타난다

초기불전에서 아주 많이 나타나는 술어에 마음의 해탈[心解脫, ceto-vimutti]과 통찰지를 통한 해탈[慧解脫, paññā-vimutti]과 양면해탈

(兩面解脫, ubhatobhāga-vimutti)이 있다.

마음의 해탈[心解脫]과 통찰지를 통한 해탈[慧解脫]은 대부분 "모든 번뇌가 다하여 아무 번뇌가 없는 마음의 해탈[心解脫]과 통찰지를 통한 해탈[慧解脫]을 바로 지금여기에서 스스로 최상의 지혜로 알고 실현하고 구족하여 머문다."(『앙굿따라 니까야』 「흐름을 따름 경」(A4:5) 등 여러 곳)라는 문맥에서 주로 나타난다.

그리고 양면해탈은 "비구들이여, 여기 어떤 사람은 물질을 초월한 무색계의 평화로운 해탈을 몸으로 체험하여 머물고, 또 그는 통찰지로써 번뇌들을 보아 그들을 완전히 제거한다. 비구들이여, 이를 일러 양면으로 해탈한 자라 한다."(『맛지마 니까야』 「끼따기리 경」(M70 §15))로 나타나는데, 이처럼 무색계의 증득과 통찰지의 둘 다를 갖춘 것을 양면해탈이라 한다.

그러면 주석서의 설명을 중심으로 이 세 술어의 의미를 살펴보자.

**㉠ 심해탈**(마음의 해탈)**과 혜해탈**(통찰지를 통한 해탈)

『상윳따 니까야 주석서』에 의하면 "마음의 해탈은 아라한과의 삼매이고 통찰지의 해탈은 아라한과의 통찰지이다."(SA.ii.175) 여기서 보듯이 마음은 삼매의 동의어로 마음의 해탈은 삼매 혹은 사마디[定]를 통한 해탈이고 통찰지의 해탈은 통찰지(반야)를 통한 해탈이다. 일반적으로 마음의 해탈은 4선-4처의 삼매를 통한 해탈을 뜻하고 통찰지의 해탈은 오온, 12처 등의 무상·고·무아를 수관하여 염오-이욕-소멸을 통한 해탈을 말한다.

한편 『디가 니까야 주석서』에서 통찰지를 통한 해탈에는 마른 위빳사나를 닦은 자(sukkha-vipassaka)와 네 가지 禪으로부터 출정하여 아라한과를 얻은 자들로 모두 다섯 가지 경우가 있다고 설명하고 있다. (DA.iii.879)

그리고 마음의 해탈이 단독으로 나타나는 경우는 거의 없으며 대부분 이렇게 통찰지의 해탈과 함께 나타난다. 그러나 통찰지의 해탈은 단독으로 나타나는 곳이 있다. 이와 관련해서 양면해탈(ubhatobhāga-vimutti)도 언급해야 하는데, 요약하면 양면으로 해탈한 자(ubhato bhāga-vimutta)는 무색계 삼매(공무변처부터 비상비비상처까지)와 더불어 아라한과를 증득한 자를 뜻하고, 통찰지를 통해서 해탈한 자(paññāvimutta)는 무색계 삼매 없이 아라한과를 증득한 자를 말한다.

㉡ 양면해탈

그러면 양면해탈에 대한 주석서의 설명들을 살펴보자.

"'양면해탈(兩面解脫, ubhatobhāga-vimutti)'이라는 것은 양면으로 사마타와 위빳사나의 반대가 되는 오염원(paccanīka-kilesa)들로부터 해탈한 것이다. 최종적으로(pariyosāna) 증득(samāpatti)을 통해 물질적인 몸(rūpa-kāya)으로부터 해탈하고, 성스러운 도(ariya-magga)를 통해 정신적인 몸(nāma-kāya)으로부터 해탈하는 것을 양면해탈이라고 알아야 한다."(AA.iv.207)

"'양면으로 해탈했다.(ubhatobhāga-vimutta)'는 것은 무색계의 증득으로써 물질적인 몸으로부터 해탈한 것과 도로써 정신적인 몸으로부터 해탈한 것 [둘 다를] 말한다. 여기에는 네 가지 무색계의 증득[等至, samāpatti]의 각각에서 나와 형성된 것(saṅkhāra)들을 명상한 뒤 아라한과를 얻는 것과 상수멸에서 나와 아라한과를 얻는 불환자의 것을 합하여 모두 다섯 종류가 있다."(DA.iii.889)

『인시설론 주석서』(PugA.194~195)에 의하면 『앙굿따라 니까야』 「양면해탈 경」(A9:45)과 「몸으로 체험한 자 경」(A9:43)과 「혜해탈 경」(A9:44)의 차이점은 다음과 같다. 우선 '양면으로 해탈한 자'와 '몸으로 체험한 자'의 경우, 여덟 가지 증득[等持, 초선부터 비상비비상처까지의 8가지 본삼매를 말함]을 얻은 비구가 통찰지를 중히 여기고 사마타로 명상하면서 어떤 특정한 무색계의 증득을 토대로 하여 위빳사나를 확립한 뒤 도와 과를 얻는 경우가 있는데, 그 중에서 예류과에서부터 아라한도까지 여섯 단계에 머물 때에는 그를 '몸으로 체험한 자'라 하고, 마지막 아라한과에 이를 때에는 '양면으로 해탈한 자'라고 한다. 그러므로 「양면해탈 경」(A9:45)과 「몸으로 체험한 자 경」(A9:43)의 본문에 '어떤 방법으로 그 경지가 있든지 간에, 그 방법대로 그 경지를 [정신의] 몸으로 체험하여 머문다.'라는 문구가 들어있다.

그러나 「몸으로 체험한 자 경」(A9:43)에는 '그가 통찰지로 그것을 꿰뚫어 안다.'는 문구가 나타나지 않는다. 반면에 '통찰지로 해탈한 자'에는 형성된 것들만을 명상하거나 혹은 네 가지 색계 禪 가운데 어떤 하나를 대상으로 명상하여 도와 과를 얻는 경우가 있는데, 그가 마지막 아라한과에 이를 때 '통찰지로 해탈한 자'라 부른다. 그러므로 본경의 본문에 '어떤 방법으로 그 경지가 있든지 간에, 그 방법대로 그 경지를 [정신의] 몸으로 체험하여 머문다.'라는 문구가 없다. 대신에 '그가 통찰지로 그것을 꿰뚫어 안다.'는 문구는 나타나고 있다.

양면해탈은 아래에서 전문을 인용하고 있는 『앙굿따라 니까야』「양면해탈 경」(A9:45)이 좋은 설명이 된다.

### **양면해탈 경**(A9:45)

Ubhatobhāgavimutta-sutta

1. "도반이여, '양면으로 해탈한 자(兩面解脫), 양면으로 해탈한 자'라고 합니다. 도반이여, 그러면 어떤 것이 양면으로 해탈한 자라고 세존께

서는 말씀하셨습니까?"

2. "도반이여, 여기 비구는 감각적 욕망들을 완전히 떨쳐버리고 … 초선(初禪)에 들어 머뭅니다. … 제2선에 들어 머뭅니다. … 제3선에 들어 머뭅니다. … 제4선에 들어 머뭅니다. 그리고 어떤 방법으로 그 경지가 있든지 간에, 그 방법대로 그 경지를 [정신의] 몸으로 체험하여 머물고, 그리고 그는 통찰지로 그것을 꿰뚫어 압니다. 도반이여, 이것이 양면으로 해탈한 자라고 세존께서는 방편으로 말씀하셨습니다."

3. "다시 도반이여, 비구는 물질에 대한 인식을 완전히 초월하고 … 공무변처에 들어 머뭅니다. … 식무변처에 들어 머뭅니다. … 무소유처에 들어 머뭅니다. … 비상비비상처에 들어 머뭅니다. 그리고 어떤 방법으로 그 경지가 있든지 간에, 그 방법대로 그 경지를 [정신의] 몸으로 체험하여 머물고, 그리고 그는 통찰지로 그것을 꿰뚫어 압니다. 도반이여, 이것이 양면으로 해탈한 자라고 세존께서는 방편으로 말씀하셨습니다.

다시 도반이여, 비구는 일체 비상비비상처를 완전히 초월하여 상수멸에 들어 머뭅니다. 그리고 그는 통찰지로써 [사성제를] 본 뒤 번뇌를 남김없이 소멸합니다. 그리고 어떤 방법으로 그 경지가 있든지 간에, 그 방법대로 그 경지를 [정신의] 몸으로 체험하여 머물고, 그리고 그는 통찰지로 그것을 꿰뚫어 압니다. 도반이여, 이것이 양면으로 해탈한 자라고 세존께서는 방편 없이 말씀하셨습니다."

### ㉢ 양면해탈과 혜해탈과 심해탈의 차이점

그러면 양면해탈과 통찰지를 통한 해탈과 마음의 해탈의 차이는 무엇인가? 주석서의 설명을 토대로 해서 다시 한 번 살펴보자.

먼저 양면해탈에 대한 주석서의 설명을 살펴보자.

"양면해탈(兩面解脫, ubhatobhāga-vimutta)이란 두 부분으로 해탈한 것이니 무색의 증득으로 물질의 무리[色身, rūpa-kāya]로부터 해탈하였고, 도에 의해서 정신의 무리[名身, nāma-kāya]로부터 해탈하였다는 [뜻이다]. 이 양면해탈은 공무변처 등의 어떤 경지로부터 출정(出定, uṭṭhāya)하여 아라한과(arahatta)를 얻는 것과 불환자가 된 뒤 멸진정(nirodha, 상수멸)으로부터 출정하여 아라한과를 얻는 것으로 모두 다섯 가지가 있다."(DA.ii.514)

이것은 위에서 보았듯이 양면해탈에 대한 주석서의 정리된 설명으로 잘 알려진 것이다. 여기서 보듯이 양면해탈은 반드시 사마타 수행을 통해서 공무변처부터 비상비비상처까지의 4무색정 가운데 하나에 들었다가 출정해서 아라한도를 증득하거나 멸진정에서 나와서 아라한과를 증득해야 한다. 물론 아라한도 등의 [네 가지] 도는 반드시 위빳사나를 통해야 가능하다. 이렇게 사마타를 통해서 4무색정 가운데 하나를 증득하고 위빳사나를 통해서 아라한이 되거나, 사마타를 통해서 4선(초선부터 제4선까지)-4처(공무변처부터 비상비비상처까지)를 거쳐 멸진정268)에 들었다가 나와서 아라한과를 증득하는 것을 양면해탈이라 한다. 그래서 "사마타를 닦음에 잘 확립된 뒤에 위빳사나로 인도함과 도로 인도함에 의해서 지속적으로 간다."(DAṬ.ii.148)라고도 설명하는 것이다.

한편 통찰지의 해탈[慧解脫]은 「마할리 경」(D6) §13의 주해에서 나타나듯이 색계4선 이하를 증득한 뒤 출정하거나 아예 禪의 증득 없이 마른 위빳사나를 통해서 아라한도를 증득하는 것을 말한다.

禪의 증득 없는 혜해탈의 좋은 보기가 『상윳따 니까야』 「수시마

268) 멸진정(滅盡定, nirodha-samāpatti) 혹은 상수멸(想受滅, saññāvedayita-nirodha)을 증득하는 방법은 『청정도론』 제23장에 상세히 설명되어 있으니 참조할 것.

경」(S12:70) §14에 나타난다. 여기서 비구들은 왜 그들이 아라한이 되었다는 구경의 지혜를 밝히면서도 신통을 나투지 못하는가라고 따져 묻는 수시마에게 "도반 수시마여, 우리는 통찰지를 통한 해탈[慧解脫]을 하였습니다."라고 대답한다. 주석서는 이것을 "'우리는 禪이 없는(nijjhānaka) 마른 위빳사나를 닦은 자(sukkha-vipassaka)들이어서 오직 통찰지(paññā-matta)로써 해탈하였다.'는 것을 보여준다."(SA.ii.126~127)라고 설명하고 있다. 그리고 복주서는 "여기서 오직 통찰지로써 해탈하였다는 것은 양면으로 해탈하지 않은 것(na ubhato-bhāga-vimuttā)이다."(SAṬ.ii.107)라고 설명하고 있다.

다섯 가지 신통은 반드시 삼매, 특히 제4선에 들어야 나툴 수 있다.(『앙굿따라 니까야』「삼매 경」1(A6:70) 참조) 그래서 제4선을 신통지(초월지)를 위한 '기초가 되는 선(padaka-jjhāna)'이라 한다.[269] 그래서 여기 「수시마 경」(S12:70)의 주석에서도 아라한과를 증득했다는 이 비구들에게 5신통이 없는 이유를 禪이 없는 마른 위빳사나를 닦았기 때문이라고 설명하고 있는 것이다.

마음의 해탈[心解脫]은 주석서를 통해서 보면 크게 두 가지 문맥으로 설명이 된다.

첫째는 "모든 오염원과 족쇄로부터 해탈한 아라한과의 마음과 동의어이다."(DA.i.313)라거나 "여기서 마음이란 아라한과와 함께 한 삼매이다. … 사마타의 과(果)가 마음의 해탈이다."(MA.i.164~65)라는 주석서들의 설명을 종합해 볼 때 마음의 해탈은 양면해탈과 동의어로 간주해야 한다.

둘째, "마음의 해탈이란 색계와 무색계에 속하는 마음의 해탈이다. 그래서 말하기를 여덟 가지 증득들 가운데 어떤 하나의 증득(AA.iii.153)이

269) 여기에 대해서는 『청정도론』 XII.57 이하를 참조할 것..

라고 하였다."(AAṬ.ii.321)라는 설명을 통해서보면 마음의 해탈은 단지 색계 네 가지 禪과 무색계 네 가지 선 가운데 하나의 경지를 얻은 것 즉 사마타의 경지를 말하기도 한다.

이처럼 마음의 해탈이 어떤 문맥에서 언급되고 있는가에 따라서 위의 두 가지 경우로 이해가 되는 것이다.

④ 표상 없는 마음의 해탈(animittā cetovimutti)

표상 없는 마음의 해탈(표상 없음을 통한 마음의 해탈, animittā cetovimutti)은 『상윳따 니까야』 「고닷따 경」(S41:7/iv.297) §3과 『디가 니까야』 「합송경」(D33) §2.2 (16)과 「십상경」(D34) §1.7 (7)과 『앙굿따라 니까야』 「자애 경」(A6:13) §6과 『맛지마 니까야』 「긴 방등경」(M43) §30 등에 나타난다.

특히 「고닷따 경」(S41:7)은 찟따 장자가 고닷따 존자에게 "무량한 마음의 해탈과 무소유의 마음의 해탈과 공한 마음의 해탈과 표상 없는 마음의 해탈"의 같은 점과 다른 점에 대해서 설명하는 경이다.

여기에 대해서 주석서는 이렇게 설명한다.

"여기서 문자가 서로 다른 것은 분명하다. 뜻으로 보면, '무량한 마음의 해탈(appamāṇā cetovimutti)'은 경지로는 고귀한(mahaggatā) 색계에 속하고 대상(ārammaṇa)으로는 중생과 개념(satta-paṇṇatti)을 대상으로 가진다.

'무소유(ākiñcaññā)의 마음의 해탈'은 경지로는 고귀한 무색계에 속하고 대상으로는 존재하지 않는 것(navattabba)을 대상으로 가진다.

'공한(suññatā) 마음의 해탈'은 경지로는 욕계에 속하고 대상으로는 형성된 것(saṅkhāra)들을 대상으로 가진다. 여기서 공함은 위빳사나와 동의어이다.

'표상 없는(animittā) 마음의 해탈'은 경지로는 출세간에 속하고(lokuttarā) 대상으로는 열반을 대상으로 가진다."(SA.iii.98)

그런 뒤에 다시 표상 없는 마음의 해탈을 이렇게 설명한다.

"'표상 없는 마음의 해탈'에는 13가지가 있으니, 그것은 한 가지 위빳사나와 네 가지 무색의 증득(āruppā)과 네 가지 도와 네 가지 과이다. 이 가운데 위빳사나는 영원하다[常]는 표상(nicca-nimitta)과 행복하다[樂]는 표상(sukha-nimitta)과 자아라는[我] 표상(atta-nimitta)을 제거하기 때문에 표상 없음이라 부른다. 네 가지 무색의 증득은 물질의 표상(rūpa-nimitta)이 존재하지 않기 때문에 표상 없음이라 부른다. 도와 과는 표상의 원인이 되는 오염원들이 존재하지 않기 때문에 표상 없음이며 열반도 표상 없음이다."(SA.iii.99)

다른 주석서들도 같은 내용을 담고 있다.

"표상 없는 마음의 해탈은 아라한과의 증득을 말한다. 이것은 탐욕의 표상 등과 형상의 표상 등과 항상함[常] 등의 표상이 존재하지 않기 때문에 표상 없음(animitta)이라 한다."(DA.iii.1036)

"'표상 없는 마음의 해탈'은 강한 위빳사나(balava-vipassanā)를 뜻한다. 그러나 『디가 니까야』를 암송하는 자들은 아라한과의 증득을 뜻한다고 설명한다. 이것은 탐욕의 표상 등과 형상의 표상 등과 항상함[常] 등의 표상이 존재하지 않기 때문에 표상 없음(animitta)이라 한다."(AA.iii.347)

⑤ 자애를 통한 마음의 해탈[慈心解脫, mettā cetovimutti] 등

자애를 통한 마음의 해탈도 여러 경에서 나타나는데 특히 『상윳따 니까야』 「자애가 함께 함 경」(S46:54)이 잘 알려져 있다. 『청정도론』 IX.119는 이 경을 「할릿다와사나 경」(Haliddavasana sutta)으로 부르면서 다음과 같이 인용하고 있다.

"비구들이여, 자애를 통한 마음의 해탈[慈心解脫]은 깨끗함이 정점이

라고 나는 설한다. … 비구들이여, 연민을 통한 마음의 해탈은 공무변처가 정점이라고 나는 설한다. … 비구들이여, 더불어 기뻐함을 통한 마음의 해탈은 식무변처가 정점이라고 나는 설한다. … 비구들이여, 평온을 통한 마음의 해탈은 무소유처가 정점이라고 나는 설한다."(S46:54/v.119~121)

한편『디가 니까야』「삼명경」(D13) 등 초기불전의 여러 경들에서는 "그는 자애[慈]가 함께한 마음으로 … 연민[悲]이 함께한 마음으로 … 같이 기뻐함[喜]이 함께한 마음으로 … 평온[捨]이 함께한 마음으로 한 방향을 가득 채우면서 머문다. 그처럼 두 번째 방향을, 그처럼 세 번째 방향을, 그처럼 네 번째 방향을, 이와 같이 위로, 아래로, 주위로, 모든 곳에서 모두를 자신처럼 여기고, 모든 세상을 풍만하고, 광대하고, 무량하고, 원한 없고, 고통 없는 자애가 함께한 마음으로 가득 채우고 머문다."(D13 §76, §78 등)로 네 가지 거룩한 마음가짐[四梵住, 四無量心, brahama-vihāra]이 정형화 되어 나타나고 있는데 이것이 각각 자애를 통한 마음의 해탈[慈心解脫] 등으로 불리고 있다.(D13 §77, §79)

주석서는 이렇게 설명한다.

"'자애를 통한 마음의 해탈'에서, 일체 중생들에게 이익을 펼치는 것(hita-pharaṇakā)이 자애다. 이러한 자애와 함께하는 마음은 다섯 가지 장애 등의 반대되는 법들로부터 해탈한다. 그래서 그것을 일러 마음의 해탈이라 한다. 혹은 특별히 일체 악의에 얽매이는 것(vyāpāda-pari-yuṭṭhāna)에서 해탈하였기 때문에 마음의 해탈이라고 알아야 한다. 여기서 자애는 앞의 부분에도 역시 있다."(AA.i.47)

"자애는 본삼매에도 있고 근접삼매에도 있다. 그래서 공통된다고 해서 '앞의 부분에도 역시 있다.'고 하였다. '역시'라는 말은 본삼매에도 적용된다는 뜻이다."(AAṬ.i.84)

"자애를 통한 마음의 해탈[慈心解脫]에 대해서 지혜로운 주의를 통해서 이것을 제거한다. 여기서 자애란 본삼매와 근접삼매에 다 적용된다. 마음의 해탈[心解脫]은 오직 본삼매이다. 지혜로운 주의[如理作意]는 앞서 설한 특징을 가진다. 이런 것을 많이 일으키기 때문에 악의가 제거된다."(DA.iii.778~79)

위에서 인용하였듯이 『상윳따 니까야』 「자애가 함께 함 경」(S46:54)과 그리고 『앙굿따라 니까야』 「하나의 모음」의 A1:20 §§6~9는 네 가지 거룩한 마음가짐[四梵住, 四無量心, brahama-vihāra]을 통한 마음의 해탈을 설하고 있다.[270] 경문을 인용하면 다음과 같다.

6. "비구들이여, 만약 비구가 손가락을 튀기는 순간만큼이라도 자애와 함께하는 마음의 해탈[慈心解脫]을 닦는다면 그를 비구라 부른다. …"

7. "비구들이여, 만약 비구가 손가락을 튀기는 순간만큼이라도 연민과 함께하는 마음의 해탈[悲心解脫]을 닦는다면 그를 비구라 부른다. …"

8. "비구들이여, 만약 비구가 손가락을 튀기는 순간만큼이라도 더불어 기뻐함과 함께하는 마음의 해탈[喜心解脫]을 닦는다면 그를 비구라 부른다. …"

9. "비구들이여, 만약 비구가 손가락을 튀기는 순간만큼이라도 평온과 함께하는 마음의 해탈[捨心解脫]을 닦는다면 그를 비구라 부른다. …"(A1:20 §§6~9)

⑥ 일시적인 마음의 해탈(sāmāyika cetovimutti) 혹은 일시적인 해탈(sāmāyika vimutti) 혹은 일시적인 해탈을 얻은 자(samaya-vimutta)

이것은 『상윳따 니까야』 제1권 「고디까 경」(S4:23)과 『앙굿따라 니

270) 네 가지 거룩한 마음가짐을 닦는 자세한 방법은 『청정도론』 IX장 전체에서 상세하게 설명되어 있으므로 참조할 것.

까야』 제3권 「일시적 해탈 경」 1(A5:149) 등에 나타난다.

먼저 「고디까 경」(S4:23)을 인용한다.

"일곱 번째로 고디까 존자는 방일하지 않고 근면하고 스스로를 독려하며 머물러서 일시적인 마음의 해탈에 도달했다.

그러자 고디까 존자에게 이런 생각이 들었다.

'여섯 번이나 나는 일시적인 마음의 해탈에서 멀어져 버렸다. 그러니 이제 나는 칼로 [자결을 하리라.]'"(S4:23)

「미가살라 경」(A6:44)의 한 부분을 인용한다.

"아난다여, 그러나 여기 어떤 사람은 친절하며 행복하게 산다. 동료 수행자들도 그와 함께 사는 것을 즐거워한다. 그리고 그는 [들어야 할 법도] 듣고, 정진을 행하여 [해야 할 바도] 하고, 견해로 [꿰뚫어야 할 것도] 꿰뚫고, 일시적인 해탈도 얻는다. 그는 몸이 무너져 죽은 뒤 특별함으로 향하게 되고 쇠퇴로 향하지 않는다. 그는 오직 특별함으로 갈 뿐 쇠퇴로 가는 자가 아니다."(A6:44)

주석서는 일시적인 마음의 해탈을 이렇게 설명한다.

"'일시적인 마음의 해탈(sāmāyika ceto-vimutti)'이란 증득하는 순간에(appitappita-kkhaṇe) 반대되는 법(paccanīka-dhamma)들로부터 해탈하고 그리고 대상에 확고하게 되는 세간적인 증득(lokiya-samāpatti)을 말한다."(SA.i.183)

"'일시적인 해탈을 얻은 자(samaya-vimutta)'란 오직 본삼매에 들어 있는 순간에만 억압된 오염원들로부터 해탈하기 때문에 일시적인 해탈이라 불리는 세간적인 해탈(lokiya-vimutta)을 통해 마음이 해탈한 자를 뜻한다."(AA.iii.292)

즉 예류부터 아라한까지의 성자의 경지는 아직 실현하지 못했지만 삼매에 든 순간에는 다섯 가지 장애로 대표되는 오염원들로부터 벗어났기 때문에 일시적인 해탈을 얻은 자라고 한다는 뜻이다. 그래서 『인시설론』에는 다음과 같이 설명하고 있다.

"어떤 사람이 일시적인 해탈을 얻은 자인가? 여기 어떤 사람은 때때로 여덟 가지 해탈[八解脫][271]을 몸으로 체험하면서 머문다. 그는 통찰지로 본 뒤 어떤 번뇌들은 완전히 없앤다. 이를 일러 일시적인 해탈을 얻은 사람이라 한다.

그러면 어떤 사람이 일시적이지 않은 해탈을 얻은 자(asamaya-vimutta)인가? 여기 어떤 사람은 때때로 여덟 가지 해탈[八解脫]을 몸으로 체험하면서 머물지 않는다. 그러나 그는 통찰지로 본 뒤 번뇌들을 완전히 없앤다. 이를 일러 일시적이지 않은 해탈을 얻은 사람이라 한다. 모든 성자들은 성스러운 해탈에 대해서 일시적이지 않은 해탈을 얻은 사람들이다."(Pug.11)

한편 『인시설론 주석서』는 일시적인 해탈을 얻은 자를 여덟 가지 증득[八等持]을 얻은 범부(aṭṭhasamāpattilābhī puthujjana)라고 표현하고 있고, 『인시설론』의 경문에 나타나는 "통찰지로 본 뒤 어떤 번뇌들은 완전히 없앤다."는 항목 때문에 예류자와 일래자와 불환자도 여기에 넣기도 한다고 설명하고 있다. 그리고 일시적이지 않은 해탈을 얻은 자를 마른 위빳사나를 통해서 번뇌 다한 자(sukkhavipassaka-khīṇāsava) 즉 순수 위빳사나로 아라한이 된 자라고 설명하고 있다.(PugA.178~179)

### ⑦ 확고부동한 해탈(akuppā vimutti) - 부동해탈지견

확고부동한 마음의 해탈(심해탈)이라는 표현도 초기불전의 여러 곳에서 다음의 정형구로 나타난다.

"'나의 해탈은 확고부동하다. 이것이 나의 마지막 태어남이며, 이제

---

271) 팔해탈에 대해서는 아래 424쪽의 vimokkha 부분을 참조할 것.

더 이상의 다시 태어남[再生]은 없다.'라는 지와 견이 일어났다."[272]

"(10) 어떤 한 가지 법이 실현해야 하는 것입니까(sacchikātabba)? 확고부동한 심해탈입니다. 이 한 가지 법이 실현해야 하는 것입니다."(D34; M30 §23)

'나의 해탈은 확고부동하다.'로 옮긴 원어는 akuppā me vimutti이다. 그런데 Ee에는 이 문장의 해탈(vimutti) 대신에 마음의 해탈[心解脫, ceto-vimutti]로 나타나고 있다. 이 정형구를 니까야 전체를 놓고 볼 때 Ee에는 대부분 마음의 해탈(ceto-vimutti)로 나타나고 있고 Be에는 해탈(vimutti)로 나타나고 있다. 그런데 마음의 해탈(ceto-vimutti)은 본삼매를 증득한 것으로만 쓰이고 있기 때문에 아라한과의 증득을 나타내는 이 정형구에서는 마음의 해탈(ceto-vimutti)이 타당하지 않아 보인다. 그래서 초기불전연구원에서는 이 문맥에서는 vimutti가 타당한 것으로 간주해서 '나의 해탈은 확고부동하다.'로 통일해서 옮기고 있다.

주석서는 이렇게 설명한다.

"'나의 해탈은 확고부동하다.'라는 것은 나의 아라한과를 통한 해탈(arahatta-phala-vimutti)은 확고부동하다는 이러한 지혜(ñāṇa)가 생긴 것을 말한다. 여기서 두 가지를 통해서 확고부동함(akuppatā)을 알아야 하나니 그것은 원인(kāraṇa)과 대상(ārammaṇa)을 통해서이다. ① 이것은 네 가지 도(catu magga)를 통해서 오염원들을 잘랐으므로(samucchinna-kilesa) 다시 되돌리지 못하기(anivattanatā) 때문에 원인에 의해서 확고부동하다. ② 확고부동한 법(akuppa-dhamma)인 열반을 대상으로 삼아서 생긴 것이기 때문에 대상에 의해서 확고부동하다."(SA.ii.154)

---

272) ñāṇañ ca pana me dassanaṁ udapādi. akuppā me vimutti ayaṁ antimā jāti natthi dāni punabbhavo ti – 「이전의 탐구 경」(A3:101) 등; 「네 가지 요소 경」(S14:30) 등; M26 등.

"확고부동한 마음의 해탈(akuppā cetovimutti)이란 아라한과의 해탈(arahattaphalavimutti)이다."(DA.iii.1057)

⑧ 명지와 해탈(vijjā-vimutti)

명지와 해탈은 vijjā-vimutti를 옮긴 것이다. Woodward는 여기서 vijjā-vimutti를 "*release by knowledge*(명지에 의한 해탈)"로 격한정복합어[依主釋, tat-puruṣa]로 옮겼는데 이는 잘못이다. 이미 『상윳따 니까야』 「객사(客舍) 경」(S45:159/v.52)에서 vijjā ca vimutti ca(명지와 해탈)로 병렬복합어[相違釋, dvandva]로 나타나고 있으며, 『디가 니까야』 「십상경」(D34) §3.4와 「탁발의 청정 경」(M151) §20과 「최상의 지혜 경」(A4:251) 등에서도 마찬가지이다.

명지와 해탈은 『상윳따 니까야』 「오염원 아님 경」(S46:34) 등에서 "비구들이여, 일곱 가지 깨달음의 구성요소는 덮개가 아니요 장애가 아니며 마음의 오염원이 아니니 이를 닦고 많이 [공부]지으면 명지와 해탈의 결실을 실현함으로 인도한다."(S46:34 등 네 개의 경)라는 정형구에서 나타나고, 「아난다 경」 1/2(S54:13~14)와 「출입식념 경」(M118)에서는 "들숨날숨에 대한 마음챙김을 통한 삼매라는 한 가지 법을 닦고 많이 [공부]지으면 네 가지 마음챙김의 확립을 완성하게 되고, 네 가지 마음챙김의 확립을 닦고 많이 [공부]지으면 일곱 가지 깨달음의 구성요소를 완성하게 되고, 일곱 가지 깨달음의 구성요소를 닦고 많이 [공부]지으면 명지와 해탈을 완성하게 된다."(S54:13 등)는 들숨날숨-사념처-칠각지의 문맥에서 나타난다.

주석서에서는 "'명지(vijjā)'는 도를, '해탈(vimutti)'은 과를 뜻한다."(Pm.237)고 밝히고 있다.

여기서 보듯이 명지가 단독으로 나타날 때는 주로 세 가지 명지[三明, tevijjā] 즉 숙명통, 천안통, 누진통을 뜻하지만 명지와 해탈(vijjā-vimutti)

이라는 합성어로 쓰이면 명지는 염오-이욕-해탈-구경해탈지의 정형구에서 이욕에 해당하는 도를 뜻하고 해탈은 과를 뜻한다.

그리고 명지와 해탈의 결실(vijjāvimutti-phala)로 나타나는 곳도 「한 사람 품」의 A1:13:6과 「몸에 대한 마음챙김 품」의 A1:21:8과 「무명 경」(A10:61) §4 등이 있다.

⑨ 해탈의 맛(vimutti-rasa)

그리고 『앙굿따라 니까야』에 '해탈의 맛(vimutti-rasa)'이라는 표현이 나타난다.

"비구들이여, 뜻의 맛과 법의 맛과 해탈의 맛을 얻는 중생들은 적고 얻지 못하는 중생들은 많다. 그러므로 비구들이여, 뜻의 맛과 법의 맛과 해탈의 맛을 얻으리라고 공부지어야 한다. 비구들이여, 이처럼 공부지어야 한다."(A1:19:1)

"'뜻의 맛(attha-rasa)'은 네 가지 사문의 과를 뜻하고, '법의 맛(dhamma-rasa)'은 네 가지 도를 뜻하고, '해탈의 맛(vimutti-rasa)'은 불사(不死)인 열반을 뜻한다."(AA.ii.39)

그리고 『앙굿따라 니까야』 「빠하라다 경」(A8:19)에는 "다시 빠하라다여, 예를 들면 큰 바다가 하나의 맛인 짠 맛을 가지고 있는 것처럼, 이 법과 율도 하나의 맛인 해탈의 맛을 가지고 있다. 빠하라다여, 이 법과 율은 하나의 맛인 해탈의 맛을 가지고 있는 이것이 이 법과 율의 여섯 번째 경이롭고 놀랄만한 것이다. 이것을 볼 때마다 비구들은 이 법과 율을 기뻐한다."(「빠하라다 경」(A8:19))로 나타나고 있다.

⑩ 해탈은 열반의 체험이다

이상으로 초기불전의 여러 문맥에서 나타나는 해탈에 대해서 살펴보았다. 다시 정리해보면 해탈은 가장 넓게는 네 가지 과(즉 예류과 일래과 불환과 아라한과)의 증득을 뜻하기도 하고 아라한과의 증득을 뜻하기도 하고 열반의 실현을 뜻하기도 한다. 이러한 성자의 경지를 체득하지 못하고서는 결코 그것을 해탈(vimutti, 아래 8해탈(vimokkha)과는 구분해야함)이라고 부르지 않는다.

그런데 네 가지 과는 한 찰나라도 열반에 들었다 나와야 한다. 혹은 다르게 표현하면 한 찰나라도 열반의 체험이 있어야 한다. 이러한 열반의 체험이 없으면 그 사람을 결코 예류자부터 아라한까지의 성자라고 부르지 않는다. 그러므로 해탈은 한 찰나라도 열반의 체험이 있어야 가능한 것이다. 열반의 체험을 해탈이라 부르는 것이다.

그러면 성자가 되면 항상 열반에 들어서 머무는가? 결코 그렇지 않다. 열반은 탐·진·치가 해소된 특수한 경지이다. 모든 성자들은 한 찰나라도 이러한 열반을 체험해야 성자가 되지만 항상 이 열반의 경지에 머무는 것은 아니다. 열반이라는 특수한 상태에서 나오면 예류자부터 아라한까지의 일반적인 삶의 현상이 진행되는 것이다. 특히 아라한은 모든 번뇌가 다 해소된 최고의 경지이지만 아라한이라고 해서 항상 열반의 상태에 머무는 것은 아니다. 아라한도 공양(식사)을 해야 하고 사람들을 만나고 소임을 보기 마련이다. 물론 아비담마와 주석서 문헌들은 이러한 아라한의 마음씀은 더 이상 의도가 없기 때문에 업지음이 아니며 '단지 작용만하는 마음'[273]이라고 설명한다. 그렇지만 이러한 상태를 모두 열반이라고는 결코 부를 수 없다.

아무튼 해탈은 한 찰나라도 열반의 체험이 있어야 가능한 것이다. 그러므로 열반의 체험이야말로 해탈(vimutti)인 것이다.

초기불전에는 vi+√muc의 과거분사인 vimutta도 많이 나타나지만

273) '단지 작용만 하는 마음(kiriya-citta)'에 대해서는 『아비담마 길라잡이』 제1장 §10과 §15의 [해설]을 참조할 것.

여기서는 논의하지 않는다.

### (3) vimokkha(위목카)

초기불전에서 vimokkha는 대부분 여덟 가지 해탈[八解脫]이라는 문맥으로 나타난다. 물론 이러한 팔해탈의 문맥에서 나타나지 않고 vimokkha가 단독으로 쓰일 때는 앞의 vimutti(위뭇띠)와 같은 뜻으로 쓰이기도 한다.

**① 여덟 가지 해탈[八解脫, vimokkha]**

경에 나타나는 '여덟 가지 해탈[八解脫, vimokkha]'의 정형구는 『앙굿따라 니까야』 「해탈 경」(A8:66)의 해당 경문과 주석서를 함께 옮겨 싣는다. 이 팔해탈의 정형구는 『디가 니까야』 제3권 「합송경」(D33) §3.1 ⑾과 「십상경」(D34) §2.1 ⑽에도 같이 나타나고 있다.

**해탈 경**(A8:66)
Vimokkha-sutta

1. "비구들이여, 여덟 가지 해탈[八解脫]이 있다. 무엇이 여덟인가?"

2. "색계[禪]을 가진 자가 색깔들을 본다. 이것이 첫 번째 해탈이다."

[주석서]: "'색계[禪]을 가진 자가 색깔들을 본다.(rūpī rūpāni passati)'고 하였다. 여기서 자신의 머리털 등에서 파란색 까시나(nīla-kasiṇa) 등을 통해 일어난 색계선(rūpa-jjhāna)을 'rūpa(색)'라 부르고, 그것을 가진 자를 'rūpī(색을 가진 자)'라고 한다. 밖으로도 파란 까시나 등의 물질을 禪의 눈으로 본다. 이것은 안과 밖의 대상인 까시나에 대해 禪이 일어난 사람의 색계 4종선(cattāri rūpa-avacara-jjhānāni)을 설하신 것이다." (AA.iv.146)

3. "어떤 자는 안으로 색계[禪]에 대한 인식이 없이 밖으로 색깔들을 본다. 이것이 두 번째 해탈이다."

[주석서]: "'안으로 색계[禪]에 대한 인식이 없다.(ajjhattaṁ arūpa-saññī)'는 것은 자신의 머리털 등에서 색계선이 일어나지 않았다는 뜻이다. 이것은 밖에서 준비를 지어서 오직 밖에서 禪이 일어난 사람의 색계선을 설하신 것이다."(*Ibid.*)

4. "청정하다고 확신한다. 이것이 세 번째 해탈이다."

[주석서]: "'청정하다고 확신한다.(subhanteva adhimutto hoti)'는 것은 지극히 청정한 파란색 까시나 등에서 일어난 禪을 말씀하신 것이다. 물론 본삼매(appanā) 속에서는 '청정하다'라는 생각도 붙을 수 없지만 지극히 깨끗하고 청정한 까시나를 대상으로 삼아 머무는 자는 '청정하다고 확신한다.'라고 말할 만하기 때문에 세존께서 그렇게 설법하셨다."(*Ibid.*)

5. "물질[色]에 대한 인식(산냐)을 완전히 초월하고 부딪힘의 인식을 소멸하고 갖가지 인식을 마음에 잡도리하지 않기 때문에 '무한한 허공'이라고 하면서 공무변처를 구족하여 머문다. 이것이 네 번째 해탈이다."

6. "공무변처를 완전히 초월하여 '무한한 알음알이[識]'라고 하면서 식무변처를 구족하여 머문다. 이것이 다섯 번째 해탈이다."

7. "식무변처를 완전히 초월하여 '아무것도 없다.'라고 하면서 무소유처를 구족하여 머문다. 이것이 여섯 번째 해탈이다."

8. "무소유처를 완전히 초월하여 비상비비상처를 구족하여 머문다. 이것이 일곱 번째 해탈이다."

9. "비상비비상처를 완전히 초월하여 상수멸(想受滅, 인식과 느낌의 그침)을 구족하여 머문다. 이것이 여덟 번째 해탈이다.

비구들이여, 이러한 여덟 가지 해탈이 있다."

이 가운데 공무변처부터 비상비비상처까지는 『청정도론』 X장(무색의 경지) 전체를 참조하고, 상수멸은 『청정도론』 XXIII.16~52의 멸진정의 증득 편을 참조하기 바란다.

『디가 니까야 주석서』는 이렇게 설명하고 있다.

"해탈(vimokkha)은 무슨 뜻에서 해탈이라 하는가? 벗어남(adhimuccana)의 뜻에서 해탈이라 한다. 그러면 이 '벗어남의 뜻'이란 무엇인가? 반대되는 법들로부터 잘 벗어난다는 뜻이며 대상을 즐기는 것을 잘 벗어난다는 뜻이다. 아버지의 무릎에서 사지를 늘어뜨리고 잠든 어린아이처럼 거머쥐고 있지 않은 상태(aniggahitabhāva)로 어떠한 의심도 없이(nirāsaṅkatā) 대상에 들어가는 것이라고 설하신 것이다. 그러나 이 뜻은 맨 마지막의 [여덟 번째] 해탈에는 적용되지 않는다. 처음의 7가지에만 있다."(DA.ii.512~13)

"벗어남의 뜻은 상수멸이라는 이 마지막 [여덟 번째] 해탈에는 없다. 이 [여덟 번째 해탈에는] 다만 해탈했음의 뜻(vimuttaṭṭha)만이 적용된다."(DAṬ.ii.153)

즉 상수멸은 마음과 마음부수 모두가 소멸된 경지이므로 반대되는 법들이니 대상이니 하는 것이 없다. 그러므로 이러한 것들로부터 벗어남이라는 해탈의 뜻은 적용되지 않고 오직 해탈했음이라는 근본적인 뜻만이 적용된다는 말이다.

② 세 가지 해탈의 관문(vimokkha-mukha)

vimokkha를 설명하면서 언급해야할 것이 세 가지 해탈 혹은 세 가지 해탈의 관문(vimokkha-mukha)이다.

『디가 니까야』 「합송경」(D33) §1.10 (51)과 『상윳따 니까야』 「공한 삼매 경」(S43:4)과 『앙굿따라 니까야』 「탐욕의 반복 경」(A3:163)에는 "'공한 삼매[空三昧, suññato samādhi]'와 '표상 없는 삼매[無相三昧,

animitta samādhi]'와 '원함 없는 삼매[無願三昧, appaṇihita samādhi]'"라는 구절이 나타난다.

이것은 『무애해도』에서 표상 없는 경지(animittā dhātu), 원함 없는 경지(appaṇihitā dhātu), 공한 경지(suññatā dhātu)로 표현되고 있다.(Ps.ii.48) 그리고 『무애해도』에서는 "① 확신[信解, adhimokkha]이 큰 자는 무상(無常)이라고 마음에 잡도리하면서 표상 없는[無相] 해탈을 얻는다. ② 고요함[輕安, passaddhi]이 큰 자는 괴로움이라고 마음에 잡도리하면서 원함 없는[無願] 해탈을 얻는다. ③ 영지(靈知, veda)가 큰 자는 무아라고 마음에 잡도리하면서 공(空)한 해탈을 얻는다.(Ps.ii.58)"라고 정착이 되어서 설명되고 있다.

그리고 이 셋은 『청정도론』에서는 세 가지 해탈의 관문(vimokkha-mukha)으로 표현되고 있기도 하다.(Vis.XXI.61)

그리고 『아비담맛타 상가하』에서는 세 가지 해탈(vimokkha)로 설명이 되고 있는데 인용하면 다음과 같다.

"세 가지 해탈이 있으니 ① 공한[空] 해탈 ② 표상이 없는[無相] 해탈 ③ 원함이 없는[無願] 해탈이다.

세 가지 해탈의 관문을 알아야 하나니 ① 공의 수관(隨觀) ② 표상 없음의 수관 ③ 원함이 없음의 수관이다."(『아비담마 길라잡이』 제9장 §27. 제9장 §47과 [해설]도 참조할 것.)

『디가 니까야 주석서』는 이 셋을 다음과 같이 설명하고 있다.

"이 세 가지 삼매는 그 유래(āgamana)와 역할(saguṇa)과 대상(ārammaṇa)의 셋을 통해서 설명된다.

① 먼저 유래에 의해서 설명하면, 어떤 비구가 무아(anatta)라고 천착하고(abhinivisitvā) 무아라고 꿰뚫은 뒤에(disvā) 무아라는 도의 출현을 얻을 때에(vuṭṭhāti) 그의 위빳사나는 공하다고 한다. 무슨 까닭인가? 공

하지 않음을 만드는(asuññatatta-kāraka) 오염원(kilesa)들이 [더 이상] 존재하지 않기 때문이다. [이러한] 위빳사나로부터 유래하기 때문에 [이러한] 도의 삼매(magga-samādhi)는 공하다고 한다.

다른 비구가 무상(anicca)이라고 천착하고 무상이라고 꿰뚫은 뒤에 무상이라는 도의 출현을 얻을 때에 그의 위빳사나는 표상이 없다고 한다. 무슨 까닭인가? 표상을 만드는 오염원들이 [더 이상] 존재하지 않기 때문이다(nimitta-kāraka-kilesa-abhāvā). [이러한] 위빳사나로부터 유래하기 때문에 [이러한] 도의 삼매는 표상이 없다고 한다. [이러한] 도로부터 유래하기 때문에 [이러한] 과(果)의 삼매는 표상이 없다고 한다.

다른 비구가 괴로움(dukkha)이라고 천착하고 괴로움이라고 꿰뚫은 뒤에 괴로움이라는 도의 출현을 얻을 때에 그의 위빳사나는 원하는 것이 없다고 한다. 무슨 까닭인가? 원함을 만드는 오염원들이 [더 이상] 존재하지 않기 때문이다.(paṇidhi-kāraka-kilesa-abhāvā) [이러한] 위빳사나로부터 유래하기 때문에 [이러한] 도의 삼매는 원하는 것이 없다고 한다. [이러한] 도로부터 유래하기 때문에 [이러한] 과(果)의 삼매는 원하는 것이 없다고 한다. 이것은 유래한 것을 통해서 설명한 것이다.

② 그런데 도의 삼매는 탐욕 등이 공하기 때문에 공이고, 탐욕의 표상 등이 존재하지 않기 때문에 표상이 없고, 탐욕 등을 원하는 것이 존재하지 않기 때문에 원함이 없다. 이것은 공덕을 가진 것을 통해서 설명한 것이다.

③ 열반은 탐욕 등이 공하고 탐욕 등의 표상과 원함이 존재하지 않기 때문에 공함이요 표상 없음이요 원함 없음이다. 이러한 대상을 가진 도의 삼매는 공하고 표상이 없고 원함이 없다. 이것은 대상을 통해서 설명한 것이다."(DA.iii.1003~1004)

한편 『앙굿따라 니까야 주석서』는 다음과 같이 설명하고 있다.

"공한 삼매 등의 세 가지 삼매를 통해 오직 위빳사나를 설했다. 왜냐하면 위빳사나는 영원함[常, nicca]을 천착함(abhinivesa), 영원함에 대한 표상(nimitta), 영원함을 원함(paṇidhi) 등이 없기 때문에 이러한 [세 가지] 이름을 얻는다."(AA.ii.386)

즉 공한 삼매 등으로 삼매라는 술어를 사용하고 있지만 그 내용상 위빳사나를 뜻한다는 말이다. 위빳사나는 이처럼 무상·고·무아를 통찰해서 각각 무상·무원·공(無相·無願·空)의 해탈을 실현하는 체계이다.274)

---

274) 공·무상·무원의 해탈에 대해서는 『청정도론』 XXI.66~73 이하와 『아비담마 길라잡이』 9장 §36을 참조할 것.
'표상 없는 마음의 삼매(animitta ceto-samādhi)'에 대해서는 『상윳따 니까야』 제4권 「표상 없음 경」(S40:9) §3의 주해를 참조할 것.

# 제28장 삼학과 오법온

## (1) 삼학과 오법온이란 무엇인가

### ① 삼학이란 무엇인가

삼학(三學, tisso sikkhā, sikkhattaya, tividhā sikkhā)은 세 가지 공부지음으로 옮길 수 있는데 계(戒, sīla)와 삼매[定, samādhi]와 통찰지[慧, paññā]를 공부짓는 것(sikkhā)을 뜻하며 중국에서 계·정·혜 삼학으로 정착이 되어 우리에게도 널리 알려진 덕목이다. 계학(戒學)은 도덕적인 삶을 뜻하고 정학(定學)은 삼매 수행을 말하고 혜학(慧學)은 통찰지를 의미한다.

이것은 이미 초기불전의 여러 곳에서 수행자가 공부지어야 하는 조목으로 강조되어 나타나고 있다. 그래서 『디가 니까야』 「합송경」(D33) §1.10 (47)에 "세 가지 공부지음(tisso sikkhā)이 있으니, 높은 계를 공부지음[增上戒學], 높은 마음을 공부지음[增上心學], 높은 통찰지를 공부지음[增上慧學]이다.(tisso sikkhā adhisīlasikkhā adhicittasikkhā adhipaññā-sikkhā)"로 언급되고 있다. 그리고 세존께서는 『앙굿따라 니까야』 「사문 경」(A3:81)에서도 다음과 같이 강조하신다.

"비구들이여, 사문에게는 세 가지 사문이 해야 할 일(samaṇa-karaṇīya)이 있다. 무엇이 셋인가? 높은 계를 공부짓고[增上戒學] 높은 마음을 공부짓고[增上心學] 높은 통찰지를 공부짓는 것[增上慧學]이다. 비구들이여, 이것이 세 가지 사문이 해야 할 일이다.

비구들이여, 그러므로 여기서 이와 같이 공부지어야 한다. '우리는 높은 계를 공부지음에 강한 열의를 가질 것이다. 높은 마음을 공부지음에 강한 열의를 가질 것이다. 높은 통찰지를 공부지음에 강한 열의를 가질 것이다.'라고. 비구들이여, 그대들은 참으로 이와 같이 공부지어야 한다."(A3:81)

그리고 『상윳따 니까야』 「아라한 경」 1(S22:76)에서도 부처님께서는 아라한들을 "삼학을 공부지은(tīsu sikkhāsu sikkhitā) 자들"이라고 표현하고 계신다.

그리고 무엇보다 중요한 것은 『디가 니까야』 제1권에 포함된 13개의 경들 가운데 「사문과경」(D2)부터 「삼명경」(D13)까지의 12개 경전들을 통해서 부처님께서는 불교의 큰 틀을 계·정·혜 삼학으로 설정하고 계시는데, 이를 모두 23개의 상세한 정형구를 통해서 전개하고 계신다.(23가지는 아래 §2를 참조할 것.) 특히 같은 『디가 니까야』 제1권에 속하는 「수바 경」(D10)에서 아난다 존자는 이 가운데 ①부터 ⑦까지를 계의 무더기[戒蘊, sīla-kkhandha]라고 정리하고 있고, ⑧부터 ⑮까지를 삼매의 무더기[定蘊, samādhi-khandha]라고 정리하고 있으며, ⑯부터 ㉓까지를 통찰지의 무더기[慧蘊, paññā-khandha]라고 정리하고 있다. 즉 여기서는 계학·정학·혜학의 학(學, 배움, sikkhā)이라는 표현 대신에 계온과 정온과 혜온이라는 '온(蘊, khandha)' 즉 무더기라는 표현을 사용하고 있다. 이 '온'은 바로 색·수·상·행·식을 오온으로 표현하는 '온'과 같은 술어이다.

물론 『맛지마 니까야』 나 『상윳따 니까야』 나 『앙굿따라 니까야』 와 같은 다른 니까야에서도 부처님 가르침을 계·정·혜나 계·정·혜·해탈, 혹은 계·정·혜·해탈·해탈지견으로 분류하여 설하시기도 하지만, 『디가 니까야』 에서처럼 계와 정과 혜의 항목을 3계-4선-8통[275] 으로 상세하게, 그것도 비유와 함께 모두를 다 집대성해서 23가지로 망라해서 설하는 경은 없다.

그리고 이러한 삼학은 계·정·혜의 구족(sampadā)과 계·정·혜·해탈·해탈지견의 구족이라는 표현으로 D8; M4; M24; M32 등과「구족 경」(A3:136)「이익 경」1(A5:17) 등의 『앙굿따라 니까야』의 여러 경에 나타나기도 한다.

이처럼 삼학은 학(sikkhā)으로도, 증상+학(增上+學, adhi+sikkhā)으로도, 온(khandha)으로도, 구족(sampadā)으로도 표현되어 초기불전의 여러 곳에서 나타나고 있다.

한편 주석서는 이 삼학 가운데 계학은『율장』에서, 정학은『경장』에서, 혜학은『논장』에서 주로 설해진 가르침이라고 설명하고 있다.[276]

그리고『디가 니까야 주석서』에는 "계라는 것은 오계와 십계인데 계목의 단속을 높은 계[增上戒]라 한다. 여덟 가지 증득[八等持]이 마음인

---

275) 이하 본문에 사용된 술어의 내용은 다음과 같다.
3계(戒, sīla): 짧은 길이의 계, 중간 길이의 계, 긴 길이의 계.
4선(禪, jhāna): 초선, 제2선, 제3선, 제4선.(4禪의 정형구는 본장 (4)를 참조할 것)
4처(處, āyatana): 공무변처, 식무변처, 무소유처, 비상비비상처.
3명(明, vijjā): 숙명통, 천안통, 누진통.
6통(通, abhiññā): 신통변화(신족통), 천이통, 타심통, 숙명통, 천안통, 누진통.
8통(通, abhiññā): 위 6통의 앞에 지와 견, 마음으로 이루어진 몸의 두 가지가 첨가된 것임.
상수멸(想受滅, saññāvedayita-nirodha): 인식과 느낌까지 완전히 소멸된 경지 = 멸진정(滅盡定).

276) tathā hi vinayapiṭake visesena adhisīlasikkhā vuttā, suttantapiṭake adhicittasikkhā, abhidhammapiṭake adhipaññāsikkhā — DA.i.19.

데 위빳사나의 기초가 되는 禪(vipassanā-pādaka-jjhāna)을 높은 마음[增上心]이라 한다. 업이 자신의 주인임에 대한 지혜가 통찰지인데 위빳사나의 통찰지를 높은 통찰지[增上慧]라 한다."(DA.iii.1003)라고 설명되어 나타난다.277)

다시 『맛지마 니까야 주석서』에는 "'계'는 네 가지 청정한 계이다. '삼매'는 위빳사나의 기초인 여덟 가지 증득이다. '통찰지'는 세간적이거나 출세간적인 지혜이다. '해탈'은 성스러운 과(ariya-phala)이다. '해탈지견'은 19가지 반조의 지혜(paccavekkhaṇa-ñāṇa)이다."(MA.ii.147)라고 나타나고 있다.

한편 『앙굿따라 니까야 주석서』는 계·정·혜는 세간적인 것과 출세간적인 것에 다 통용되는 혼합된 것(missaka)이고 해탈은 아라한과를 통한 해탈(arahattaphala-vimutti)이라고 설명하고 있다.(AA.iii.227; 280)

여기서 여덟 가지 증득은 초선부터 비상비비상처까지의 여덟 가지를 뜻한다. 그 외 네 가지 청정한 계는 『아비담마 길라잡이』 9장 §28의 두 번째 해설을 참조하고, 19가지 반조의 지혜는 『앙굿따라 니까야』 「삼매 경」(A5:27) §10의 주해와 『청정도론』 XXII.19 이하와 『아비담마 길라잡이』 9장 §34의 해설을 참조할 것.

그리고 전통적으로 팔정도를 삼학으로 나누어서 설명하기도 한다. 그래서 『상윳따 니까야 주석서』는 이렇게 설명한다.

---

277) '계목의 단속(pātimokkha-saṁvara)'에 대한 계의 설명은 『청정도론』 제1장에 나타나는데 『아비담마 길라잡이』 제9장 §28의 [해설]에서 잘 요약되어 있으니 참조하기 바란다.
'여덟 가지 증득[八等持, aṭṭha samāpatti]'은 4선-4처 즉 초선부터 제4선까지와 공무변처부터 비상비비상처까지의 8가지 禪의 경지를 말한다.
'업이 자신의 주인임(kammassakata)'은 『상윳따 니까야』나 『앙굿따라 니까야』의 몇 경에 나타나는데 설명은 『청정도론』 IX.23을 참조하기 바란다.

"'도(magga)'란 여덟 가지로 된 성스러운 도(팔정도)이니 깨달음을 위해서 닦는 것이다.(bodhatthāya bhāvayanto) 여기서 '계(sīla)'에는 바른 말, 바른 행위, 바른 생계수단이 포함되고, '삼매(samādhi)'에는 바른 정진, 바른 마음챙김, 바른 삼매가 포함되며, '통찰지(paññā)'에는 바른 견해와 바른 사유가 포함된다."(SA.i.170)

② 오법온이란 무엇인가

삼학 즉 세 가지 배움은 계·정·혜이다. 그리고 이 계·정·혜 삼학에다 해탈(解脫, vimutti)과 해탈지견(解脫知見, vimuttiñāṇa-dassana)을 더 하면 다섯 가지 법의 무더기 즉 오법온(五法蘊, pañca dhamma-kkhandhā)이 된다.

니까야의 「궁술 경」(S3:24) 「쭌다 경」(S47:13) 「왓차곳따 경」(A3:57) 등의 적지 않는 경에는 계의 무더기·삼매의 무더기·통찰지의·무더기·해탈의 무더기·해탈지견의 무더기(sīlakkhandha samādhikkhandha paññākkhandha vimuttikkhandha vimuttiñāṇadassanakkhandha)라는 표현이 나타나고, M24, M32, A5:65 등에는 계의 구족 … 해탈지견의 구족이라는 표현도 나타난다. 그리고 이 다섯은 「십상경」(D34) §1.6 (10)에서 pañca dhammakkhandhā(오법온, 다섯 가지 법의 무더기)라는 술어로 정착이 되고 있고, 「합송경」(D33) §1.11.(25)에서는 계·정·혜·해탈의 넷을 네 가지 법의 무더기[四法蘊, cattaro dhammakkhandhā]라고 정리하고 있다. 저자는 이 다섯을 '다섯 가지 법의 무더기[五法蘊]'로 옮기고 있다.

그럼 이제 초기불전에 나타나는 삼학의 계학부터 오법온의 마지막인 해탈지견까지 차례대로 살펴보자.

### (2) 『디가 니까야』 제1권에 나타나는 삼학

계・정・혜 삼학하면 초기불전에서 빼놓을 수 없는 것이 『디가 니까야』 제1권 『계온품』의 10개의 경들에서 정리하고 있는 삼학이다.

그러면 계・정・혜 삼학(三學)의 내용을 『디가 니까야』 제1권의 「사문과경」(D2) 등에 나타나는 23가지 항목에 대한 표제어를 중심으로 살펴보자.

「사문과경」(D2)은 출가자가 닦아야 할 것으로 3가지 계의 무더기와 감각대문의 단속 등의 공부지음을 들고(계학), 이것을 통해서 4가지 禪(정학)과 8가지 지혜(혜학)를 실현하는 것을 사문됨의 결실이라고 정리하고 있다. 이것을 정리해 보면 모두 23가지가 되는데 그것을 요약하면 다음과 같다.

① 여래가 이 세상에 출현한다. … 그는 법을 설하여 더할 나위 없이 완벽하고 지극히 청정한 범행(梵行)을 드러낸다.

② 이런 법을 장자나 장자의 아들이나 다른 가문에 태어난 자가 듣는다. … 머리와 수염을 깎고 물들인 옷을 입고 집을 떠나 출가한다.

③ 이와 같이 출가하여 계목의 단속으로 단속하면서 머문다. …

④ <짧은 길이의 계 - 모두 26가지로 계를 지님>

⑤ <중간 길이의 계 - 모두 10가지로 잘못된 행위를 멀리함>

⑥ <긴 길이의 계 - 모두 7가지로 삿된 생계를 멀리함>

⑦ 이와 같이 계를 구족한 비구는 어느 곳에서도 두려움을 보지 못한다. …

⑧ 비구는 감각의 대문을 잘 지킨다. …

⑨ 비구는 마음챙김과 알아차림을 잘 갖춘다. …

⑩ 비구는 [얻은 필수품으로] 만족한다. …

⑪ 그는 세상에 대한 욕심을 제거하여 욕심을 버린 마음으로 … 악의가 없는 마음으로 … 해태와 혼침을 버려 … 들뜸과 후회를 제거하여 … 의심을 건너서 머문다.(다섯 가지 장애의 극복)

⑫ 초선(初禪)을 구족하여 머문다. …
⑬ 제2선을 구족하여 머문다. …
⑭ 제3선을 구족하여 머문다. …
⑮ 제4선을 구족하여 머문다. …

⑯ 지(知)와 견(見)으로 마음을 향하게 하고 기울게 한다. …
⑰ 마음으로 만든 몸으로 마음을 향하게 하고 기울게 한다. …[278]
⑱ 신통변화[神足通]로 마음을 향하게 하고 기울게 한다. …[279]

---

278) '지와 견'과 '마음으로 만든 몸'의 정형구는 다음과 같다.
지와 견(ñāṇa-dassana, 위빳사나의 지혜):
"그는 지(知)와 견(見)으로 마음을 향하게 하고 기울게 한다. 그는 이와 같이 꿰뚫어 안다. '나의 이 몸은 물질로 된 것이고, 네 가지 근본물질[四大]로 이루어진 것이며, 부모에서 생겨났고, 밥과 죽으로 집적되었으며, 무상하고 파괴되고 분쇄되고 해체되고 분해되기 마련이다. 그런데 나의 이 알음알이는 여기에 의지하고 여기에 묶여 있다.'라고."(「사문과경」(D2) §83)
(이 정형구는 『청정도론』 XX.13 이하에 상세하게 설명되어 있는 '깔라빠에 대한 명상'과 XX.76 이하에 설명하고 있는 '정신의 칠개조를 통한 명상'에 견주어 볼 수 있다. 이런 점을 들어 주석서에서는 여기서 언급되는 지와 견을 위빳사나의 지혜라고 설명하고 있는 것이다. 『청정도론』의 해당부분을 참조할 것.)

마음으로 만든 몸(manomaya kāya):
"그는 마음으로 만든 몸(청정도론 XII.25에서는 "[자기의] 몸 안에서 마음으로 만든 [다른] 몸을 생기게 하기 때문에 마음으로 [다른 몸을] 만드는 (manomaya) 신통이라 한다."고 설명하고 있다.)으로 마음을 향하게 하고 기울게 한다. 그는 이 몸으로부터 형상을 가지고, 마음으로 이루어지고, 모든 수족이 다 갖추어지고, 감각기능[根]이 결여되지 않은 다른 몸을 만들어낸다."(「사문과경」(D2) §85)

279) 이하 육신통의 정형구는 다음과 같다.
① 신족통(神足通, 신통변화의 지혜, iddhividha-ñāṇa):

"그는 신통변화[神足通]로 마음을 향하게 하고 기울게 한다. 하나인 채 여럿이 되기도 하고 여럿이 되었다가 하나가 되기도 한다. 나타났다 사라졌다 하고 벽이나 담이나 산을 아무런 장애 없이 통과하기를 마치 허공에서처럼 한다. 땅에서도 떠올랐다 잠겼다 하기를 물속에서처럼 한다. 물 위에서 빠지지 않고 걸어가기를 땅 위에서처럼 한다. 가부좌한 채 허공을 날아가기를 날개 달린 새처럼 한다. 저 막강하고 위력적인 태양과 달을 손으로 만져 쓰다듬기도 하며 심지어는 저 멀리 범천의 세상에까지도 몸의 자유자재함을 발한다. 그는 이런 원인이 있을 때는 언제든지 이런 것을 실현하는 능력을 얻는다.

② 천이통(天耳通, 신성한 귀의 지혜, dibbasota-ñāṇa):
"그는 신성한 귀의 요소[天耳界, 天耳通]로 마음을 향하게 하고 기울게 한다. 그는 인간의 능력을 넘어선 청정하고 신성한 귀의 요소로 천상이나 인간의 소리 둘 다를 멀든 가깝든 간에 다 듣는다. 그는 이런 원인이 있을 때는 언제든지 이런 것을 실현하는 능력을 얻는다."

③ 타심통(他心通, 남의 마음을 아는 지혜, cetopariya-ñāṇa):
"그는 [남의] 마음을 아는 지혜[他心通]로 마음을 향하게 하고 기울게 한다. 그는 자기의 마음으로 다른 중생들과 다른 인간들의 마음을 꿰뚫어 안다. 탐욕이 있는 마음은 탐욕이 있는 마음이라고 꿰뚫어 알고 탐욕을 여읜 마음은 탐욕을 여읜 마음이라고 꿰뚫어 안다. 성냄이 있는 마음은 성냄이 있는 마음이라고 꿰뚫어 알고 성냄을 여읜 마음은 성냄을 여읜 마음이라고 꿰뚫어 안다. 어리석음이 있는 마음은 어리석음이 있는 마음이라고 꿰뚫어 알고 어리석음을 여읜 마음은 어리석음을 여읜 마음이라고 꿰뚫어 안다. 수축한 마음은 수축한 마음이라고 꿰뚫어 알고 흩어진 마음은 흩어진 마음이라고 꿰뚫어 안다. 고귀한 마음은 고귀한 마음이라고 꿰뚫어 알고 고귀하지 않은 마음은 고귀하지 않은 마음이라고 꿰뚫어 안다. 위가 있는 마음은 위가 있는 마음이라고 꿰뚫어 알고 위가 없는 마음은 위가 없는 마음이라고 꿰뚫어 안다. 삼매에 든 마음은 삼매에 든 마음이라고 꿰뚫어 알고 삼매에 들지 않은 마음은 삼매에 들지 않은 마음이라고 꿰뚫어 안다. 해탈한 마음은 해탈한 마음이라고 꿰뚫어 알고 해탈하지 않은 마음은 해탈하지 않은 마음이라고 꿰뚫어 안다. 그는 이런 원인이 있을 때는 언제든지 이런 것을 실현하는 능력을 얻는다."

④ 숙명통(宿命通, 전생을 기억하는 지혜, pubbenivāsānussati-ñāṇa):
"그는 전생을 기억하는 지혜[宿命通]로 마음을 향하게 하고 기울게 한다. 그는 수많은 전생의 갖가지 삶들을 기억한다. 즉 한 생, 두 생, 세 생, 네 생, 다섯 생, 열 생, 스무 생, 서른 생, 마흔 생, 쉰 생, 백 생, 천 생, 십만 생, 세계가 수축하는 여러 겁, 세계가 팽창하는 여러 겁, 세계가 수축하고 팽창하는 여러 겁을 기억한다. '어느 곳에서 이런 이름을 가졌고, 이런 종족이었고, 이런 용모를 가졌고, 이런 음식을 먹었고, 행복과 고통을 경험했고, 이런 수명의 한

계를 가졌고, 그곳에서 죽어 다른 어떤 곳에 다시 태어나 그곳에서는 이런 이름을 가졌고, 이런 종족이었고, 이런 용모를 가졌고, 이런 음식을 먹었고, 이런 행복과 고통을 경험했고, 이런 수명의 한계를 가졌고, 그곳에서 죽어 여기 다시 태어났다.'라고. 이처럼 한량없는 전생의 갖가지 모습들을 그 특색과 더불어 상세하게 기억해낸다. 그는 이런 원인이 있을 때는 언제든지 이런 것을 실현하는 능력을 얻는다."

⑤ 천안통(天眼通, 신성한 눈의 지혜, dibbacakkhu-ñāṇa):
"그는 중생들의 죽음과 다시 태어남을 [아는] 지혜[天眼通]로 마음을 향하게 하고 기울게 한다. 그는 청정하고 인간을 넘어선 신성한 눈[天眼]으로 중생들이 죽고 태어나고, 천박하고 고상하고, 잘생기고 못생기고, 좋은 곳[善處]에 가고 나쁜 곳[惡處]에 가는 것을 보고, 중생들이 지은 바 그 업에 따라 가는 것을 꿰뚫어 안다. '이들은 몸으로 못된 짓을 골고루 하고 입으로 못된 짓을 골고루 하고 또 마음으로 못된 짓을 골고루 하고, 성자들을 비방하고, 삿된 견해를 지니어 사견업(邪見業)을 지었다. 이들은 죽어서 몸이 무너진 다음에는 처참한 곳, 불행한 곳, 파멸처, 지옥에 태어났다. 그러나 이들은 몸으로 좋은 일을 골고루 하고 입으로 좋은 일을 골고루 하고 마음으로 좋은 일을 골고루 하고 성자들을 비방하지 않고 바른 견해를 지니고 정견업(正見業)을 지었다. 이들은 죽어서 몸이 무너진 다음에는 좋은 곳[善處], 천상세계에 태어났다.'라고. 이와 같이 그는 청정하고 인간을 넘어선 신성한 눈으로 중생들이 죽고 태어나고, 천박하고 고상하고, 잘생기고 못생기고, 좋은 곳[善處]에 가고 나쁜 곳[惡處]에 가는 것을 보고, 중생들이 지은 바 그 업에 따라 가는 것을 꿰뚫어 안다. 그는 이런 원인이 있을 때는 언제든지 이런 것을 실현하는 능력을 얻는다."

⑥ 누진통(漏盡通, 번뇌를 소멸하는 지혜, āsavakkhaya-ñāṇa)1:
"그는 모든 번뇌를 소멸하는 지혜[漏盡通]로 마음을 향하게 하고 기울게 한다. 그는 '이것이 괴로움이다.'라고 있는 그대로 꿰뚫어 안다. '이것이 괴로움의 일어남이다.'라고 있는 그대로 꿰뚫어 안다. '이것이 괴로움의 소멸이다.'라고 있는 그대로 꿰뚫어 안다. '이것이 괴로움의 소멸로 인도하는 도닦음이다.'라고 있는 그대로 꿰뚫어 안다. '이것이 번뇌다.'라고 있는 그대로 꿰뚫어 안다. '이것이 번뇌의 일어남이다.'라고 있는 그대로 꿰뚫어 안다. '이것이 번뇌의 소멸이다.'라고 있는 그대로 꿰뚫어 안다. '이것이 번뇌의 소멸로 인도하는 도닦음이다.'라고 있는 그대로 꿰뚫어 안다. 이와 같이 알고 이와 같이 보는 그는 감각적 욕망의 번뇌로부터 마음이 해탈한다. 존재의 번뇌로부터 마음이 해탈한다. 무명의 번뇌로부터 마음이 해탈한다. 해탈했을 때 해탈했다는 지혜가 있다. '태어남은 다했다. 청정범행은 성취되었다. 할 일을 다 해 마쳤다. 다시는 어떤 존재로도 돌아오지 않을 것이다.'라고 꿰뚫어 안다."
(「사문과경」(D2) §97, 「띠깐나 경」(A3:58) 등)

⑲ 신성한 귀의 요소[天耳界, 天耳通]로 마음을 향하게 하고 기울게 한다. …

⑳ [남의] 마음을 아는 지혜[他心通]로 마음을 향하게 하고 기울게 한다. …

㉑ 전생을 기억하는 지혜[宿命通]로 마음을 향하게 하고 기울게 한다. …

㉒ 중생들의 죽음과 다시 태어남을 [아는] 지혜[天眼通]로 마음을 향하게 하고 기울게 한다. …

㉓ 모든 번뇌를 소멸하는 지혜[漏盡通]로 마음을 향하게 하고 기울게 한다. … '태어남은 다했다. 청정범행은 성취되었다. 할 일을 다 해 마쳤다. 다시는 어떤 존재로도 돌아오지 않을 것이다.'라고 꿰뚫어 안다.

이미 밝혔듯이 같은 『디가 니까야』 제1권에 속하는 「수바 경」(D10)에서 아난다 존자는 이 가운데 ①부터 ⑦까지를 계의 무더기[戒蘊, sīlakkhandha]라고 정리하고 있고, ⑧부터 ⑮까지를 삼매의 무더기[定蘊, samādhi-khandha]라고 정리하고 있으며, ⑯부터 ㉓까지를 통찰지의 무더기[慧蘊, paññā-khandha]라고 정리하고 있다. 삼매의 무더기의 핵심은 마음챙김과 알아차림[正念·正知]의 구족과 다섯 가지 장애[五蓋]의 극복과 초선부터 제4선까지이며, 통찰지의 무더기는 지견과 마음으로 이루어진 몸과 육신통 즉 소위 말하는 8통이 된다.

이렇게 정리된 23가지 계·정·혜의 정형구들은 세 번째인 「암밧타 경」(D3)부터 『디가 니까야』 제1권 『계온품』의 마지막인 「삼명경」(D13)까지 모두 적용되고 있다. 물론 적용하는 데는 각 경의 주안점에

---

누진통2:
"그는 모든 번뇌가 다하여 아무 번뇌가 없는 마음의 해탈[心解脫]과 통찰지를 통한 해탈[慧解脫]을 바로 지금여기에서 스스로 최상의 지혜로 실현하고 구족하여 머문다."(「禪과 최상의 지혜 경」(S16:9), 「성취수단 경」2(A5:68))

따라서 조금씩의 차이는 있다. 그러나 전체 골격은 모두 이 23가지 계·정·혜의 정형구를 바탕으로 하고 있다. 자세한 것은 『디가 니까야』 제1권 해제 §2를 참조하기 바란다.

아무튼 경의 특성상 「뽓타빠다 경」(D9)과 「삼명경」(D13)에서만 23가지 정형구가 모두 언급되지 않을 뿐이지, 이 둘과 「범망경」(D1)을 제외한 『계온품』의 나머지 10개의 경들은 모두 23가지 정형구를 각 경의 특성에 맞게 모두 언급하고 있다. 이처럼 「범망경」과 「뽓타빠다 경」과 「삼명경」을 제외한 나머지 10개의 경들은 계·정·혜 삼학을 23가지로 정리한 정형구를 서로 공유하고 있는 체계로 『디가 니까야』 제1권인 『계온품』이 구성되어 있다.

그러면 이제 계학과 정학과 혜학에 대해서 살펴보고 다시 오법온(다섯 가지 법의 무더기)의 네 번째와 다섯 번째인 해탈의 무더기와 해탈지견의 무더기에 대해서도 차례대로 살펴보자.

### (3) 계학(戒學)이란 무엇인가 – 단속이 계이다

이미 초기불전의 여러 곳에서 계의 구족(sīla-sampanna)은 다음과 같이 정의되고 있다.

"비구들이여, 그러면 어떻게 비구는 계를 구족하는가?

비구들이여, 여기 비구는 계를 잘 지킨다. 그는 빠띠목카의 단속[280]

280) '빠띠목카(계목, 戒目)'는 pātimokkha를 음역한 것이다. 『청정도론』에서는 "여기서 빠띠목카란 학습계목의 계율(sikkhāpada-siila)을 뜻한다. 이것은 이것을 보호하고(pāti) 지키는 사람을 해탈케 하고(mokkheti), 악처 등의 고통으로부터 벗어나게 한다. 그래서 빠띠목카(pāṭimokkha)라고 한다."(Vis.I.43)고 설명하고 있다. 한편 '빠띠목카의 단속'으로 옮기고 있는 pātimokkha-saṁvara는 의미상 '빠띠목카를 통한 단속'의 뜻이 되겠는데 『청정도론』에서는 "빠띠목카삼와라(pātimokkha-saṁvara, 계목의 단속)라는 합성어는 빠띠목카가 바로 단속이라고 풀이된다."(*Ibid.*)라고 설명하고 있다. 그래서 그냥 '빠띠목카의 단속'으로 옮기고 있음을 밝힌다. 빠띠

으로 단속하면서 머문다. 바른 행실과 행동의 영역을 갖추고, 작은 허물에 대해서도 두려움을 보며, 학습계목을 받아 지녀 공부짓는다.

비구들이여, 이와 같이 비구는 계를 구족한다."(「빗나가지 않음 경」(A4:37))

여기서 계의 핵심은 바로 단속(saṁvara)이다. 냉장고의 핵심은 문단속이다. 문을 단속하지 못하면 냉장고 안에 보관되어있는 산해진미가 다 썩어문드러져 버린다. 그와 마찬가지로 자신을 단속하지 못하면 설혹 그의 안에 초선부터 제4선까지와 공무변처부터 비상비비상처까지의 여러 가지 삼매와 이러한 삼매를 토대로 한 여러 가지 신통을 갖추고 있거나 열 가지 위빳사나의 지혜와 무상 · 고 · 무아의 통찰을 통해서 성취되는 통찰지를 구족하고 있다하더라도 그것은 다 쓸모없는 것이 되어버린다. 아니 계라는 문단속이 없이 이러한 삼매와 통찰지를 구족하는 것은 불가능한 일이다. 이처럼 계는 단속을 핵심으로 한다.

그래서 「사문과경」(D2)에서도 "계를 구족한 비구는 계로써 잘 단속(sīla-saṁvara)하기 때문에 어느 곳에서도 두려움을 보지 못합니다."(D2 §63)라고 세존께서는 강조하고 계신다.

그리고 『청정도론』에서도 계는 "무엇이 계인가? 살생 등을 절제하는 자나, 소임을 충실하게 실천하는 자의 의도(cetanā) 등의 법들이 계다. 『무애해도』에서 이와 같이 설하셨기 때문이다. "무엇이 계인가? ① 의도(cetanā)가 계다 ② 마음부수(cetasika)가 계다 ③ 단속(saṁvara)이 계다 ④ 범하지 않음(avītikkama)이 계다."(Ps.i.44)"(Vis.i.17)라고 설명하고 있으며 바로 이 단속을 중심으로 계품인 『청정도론』 제1장을 전개해가고 있다. 『청정도론』 계품은 『아비담마 길라잡이』 제9장 §28 계청정(戒淸淨, sīla-visuddhi)에서 잘 요약되어 있으니 일독을 권한다.

---

목카(계목)의 단속은 『청정도론』 I.43 이하에 상세하게 설명되어 있다.

### (4) 정학(定學)이란 무엇인가 - 마음이 대상에 집중됨이다

『맛지마 니까야』 「짧은 방등경」(M44)에서 "마음이 한 끝에 집중됨이 바로 삼매다(cittassa ekaggatā ayaṁ samādhi)."(M44 §12)라고 정의하고 있듯이 이것은 이미 니까야의 여러 곳에서부터 삼매를 정의하는 구문으로 잘 알려져 있다. 중국에서는 心一境性(심일경성)으로 정착되었다. ekaggatā는 eka(하나)+agga(끝, 정점, 으뜸)+tā(추상명사형 어미)로 분석된다. 아래 『무애해도 주석서』의 설명에 나타나듯이 여기서 끝(agga)은 대상(ārammaṇa)을 뜻한다.

"'마음이 한 끝에 집중됨(cittassa ekaggatā)'이란 여러 대상으로 흩어짐이 존재하지 않기(nānārammaṇa-vikkhepa-abhāva) 때문에 하나의 대상(eka ārammaṇa)이라는 궁극적인 끝(agga uttama)에 [집중되어] 있다고 해서 하나의 끝(ekagga)이라 한다. 하나의 끝인 상태(ekaggassa bhāva)를 한 끝에 집중됨(ekaggatā)이라 한다. 그런데 이것은 마음이 한 끝에 집중됨이지 중생(satta)이 한 끝에 집중됨이 아니기 때문에 마음이 한 끝에 집중됨이라고 설한 것이다."(PsA.230)

초기불전에서 바른 삼매는 항상 아래의 정형구로 나타나는데 초선부터 제4선까지를 말한다.

"비구들이여, 그러면 무엇이 바른 삼매[正定]인가?

비구들이여, 여기 비구는 감각적 욕망들을 완전히 떨쳐버리고 해로운 법[不善法]들을 떨쳐버린 뒤, 일으킨 생각[尋]과 지속적인 고찰[伺]이 있고, 떨쳐버렸음에서 생긴 희열[喜]과 행복[樂]이 있는 초선(初禪)에 들어 머문다.

일으킨 생각과 지속적인 고찰을 가라앉혔기 때문에 [더 이상 존재하지 않으며], 자기 내면의 것이고, 확신이 있으며, 마음의 단일한 상태이고, 일으킨 생각과 지속적인 고찰은 없고, 삼매에서 생긴 희열과 행복이 있는 제2선(二禪)에 들어 머문다.

희열이 빛바랬기 때문에 평온하게 머물고, 마음챙기고 알아차리며 몸으로 행복을 경험한다. 이 [禪 때문에] '평온하고 마음챙기며 행복하게 머문다.'고 성자들이 묘사하는 제3선(三禪)에 들어 머문다.

행복도 버리고 괴로움도 버리고, 아울러 그 이전에 이미 기쁨과 슬픔이 소멸되었으므로 괴롭지도 즐겁지도 않으며, 평온으로 인해 마음챙김이 청정한[捨念淸淨] 제4선(四禪)에 들어 머문다.

비구들이여, 이를 일러 바른 삼매라 한다."(「분석 경」(S45:8) §11)[281]

위에서 보듯이 초선부터 제4선까지를 구성하고 있는 키워드는 다섯 가지 선의 구성요소(jhān-aṅga)와 평온[捨, upekkhā]의 여섯 가지이다.

그래서 주석서 문헌에서는 다섯 가지 禪의 구성요소(pañca jhānaṅga)라는 표현을 즐겨 쓰고 있다. 여기서 다섯 가지는 일으킨 생각[尋, vitakka], 지속적인 고찰[伺, vicāra], 희열[喜, pīti], 행복[樂, sukha], 심일경성(心一境性, 마음이 한 끝에 집중됨, cittassa ekaggatā, 집중, 定)이며, 한문으로는 尋·伺·喜·樂·定(심·사·희·락·정)이다.(「바라문 경」(S45:4) §6의 주해 참조)

전통적으로 위의 네 가지 禪은 심·사·희·락·정이라는 다섯 가지 심리현상들 혹은 마음부수법들[心所法]에다 평온[捨, upekkhā]의 심리현상을 더하여 여섯 가지를 가지고 설명하고 있다. 위에 소개한 네 가지 禪의 정형구에서 보듯이 네 가지 선 가운데 초선은 심·사·희·락·정의 다섯 가지 심리현상들을 특징으로 하고 있으며, 제2선은 이 가운데 심과 사가 가라앉고 희·락·정이 두드러진 상태이고, 제3선은 다시 희

281) 여기서 인용하고 있는 네 가지 선에 대한 정형구의 설명에 대해서는 본서 제22장 말미에 소개하고 있는 「분석 경」 2(S48:10)의 §7을 참조하기 바란다.

가 가라앉아 낙(樂)과 정(定, 삼매)만이 있는 상태이며, 제4선은 낙도 가라앉고 대신에 사(捨, 평온)가 확립되어 사와 정(定)만이 드러나는 상태이다.282)

그리고 『청정도론』을 위시한 모든 주석서 문헌에서 삼매의 키워드는 근접삼매(upacāra-samādhi)와 본삼매(appanā-samādhi)이다. 근접삼매와 본삼매는 삼매 수행을 이해하는 가장 중요한 술어이다. 그래서 『청정도론』은 "삼매는 두 종류인데 근접삼매와 본삼매이다. 이 두 가지로 마음이 삼매에 든다."(Vis.IV.32)라고 밝히고 있다. 그리고 『아비담마 길라잡이』도 삼매의 특징을 "근접삼매와 본삼매 — 이 두 가지 삼매를 마음청정이라 한다."(『아비담마 길라잡이』 제9장 §29)로 설명하고 있다. 그리고 제9장 §4에서는 "세 단계의 수행이 있으니 (1) 준비단계의 수행 (2) 근접[삼매]의 수행 (3) 본[삼매]의 수행이다."라고 삼매 수행을 설명하고 있다.

여기서 준비단계의 수행은 근접삼매가 일어나기 이전 초보단계의 수행을 말한다. 구체적으로는 다섯 가지 장애들이 억압되고 닮은 표상(paṭi-bhāga-nimitta)이 일어나는 순간 직전까지의 단계를 말한다. 근접[삼매](upacāra)는 다섯 가지 장애들이 억압되고 닮은 표상이 출현할 때 일어나 禪의 경지로 들어가는 인식과정에서 종성(種姓, gotrabhū)의 마음이 일어나는 순간까지를 뜻한다. 그리고 이 종성의 마음 바로 다음에 일어나는 마음이 본[삼매](appanā, 安止)이며(『아비담마 길라잡이』 4장 §14 참조) 이것이 바로 초선부터 제4선까지의 경지이다. 근접삼매와 본삼매의 설명은 『청정도론』 IV.32 이하에서 상세하게 나타나므로 일독을 권한다.

---

282) 여기에 대해서는 『아비담마 길라잡이』 1장 §18의 [해설], 특히 151쪽의 도표를 참조할 것.

한편 무색계선으로 불리는 공무변처부터 비상비비상처까지의 4처는 선의 경지로는 제4선과 같은 것으로 『청정도론』 등 주석서 문헌들은 설명한다. 왜냐하면 『청정도론』에서 "이 모든 경우에 선정의 각지는 둘뿐이니, 곧 평온과 집중[心一境]이다."(Vis.X.58)라고 설명하듯이 공무변처부터 비상비비상처까지의 4처는 삼매의 경지로는 평온과 집중만이 있는 제4선의 경지와 같기 때문이다.[283]

### (5) 혜학(慧學)이란 무엇인가 – 통찰지[般若, paññā]이다

#### ① 왜 통찰지로 옮겼나

중국에서 혜로 옮겨진 원어는 paññā인데 이것은 중국에서 반야(般若)로 음역되어 우리에게도 잘 알려져 있다. paññā는 pra(앞으로)+√jñā(*to know*)에서 만들어 진 여성명사이다. 그냥 피상적으로 대상을 분별해서 알거나(vijānati, 위자나띠) 뭉뚱그려 아는 것(sañjānāti, 산자나띠, 인식하다)을 넘어서서 앞으로 더 나아가서(pra-) 아는 것을 뜻한다. 이것이 통찰지(반야)의 가장 초보적인 의미라 하겠다.

그러면 왜 반야를 통찰지로 옮겼나? 초기불전연구원에서는 『청정도론』에 나타나는 다음 구절을 중시하였기 때문이다.

"통찰지의 특징, 역할, 나타남, 가까운 원인은 무엇인가? 통찰지의 특징은 법의 고유성질(sabhāva)을 통찰(paṭivedha)하는 것이다. 그것의 역할은 법의 고유성질을 덮어버리는 어리석음(moha)의 어둠을 쓸어버리는 것이다. 통찰지는 미혹하지 않음(asammoha)으로 나타난다. 통찰지의 가까운 원인은 삼매(samādhi)다. "삼매를 잘 닦은 자는 있는 그대로 알고 본다.(A.v.3)"라는 말씀이 있기 때문이다."(Vis.XIV.7)

---

283) 『청정도론』 X.5와 『아비담마 길라잡이』 제1장 §25의 해설을 참조할 것.

여기서 보듯이 반야는 paṭivedha(꿰뚫음, 통찰)를 특징으로 한다고 『청정도론』은 설명하고 있다. paṭivedha는 prati+√vyadh(*to pierce*)에서 파생된 명사로 꿰뚫음(*piercing, penetration* - PED)이라는 의미이다. 이 술어는 "비구들이여, 네 가지 성스러운 진리[四聖諦]를 깨닫지 못하고 꿰뚫지 못하였기 때문에, 나와 그대들은 이처럼 긴 세월을 [이곳에서 저곳으로] 치달리고 윤회하였다."(「꼬띠가마 경」1(S56:21) §3)라는 등으로 초기불전에 나타나고 있는데, 사성제를 꿰뚫지 못하는 것을 초기불전의 도처에서는 무명으로 정리하고 있고, 반대로 꿰뚫는 것을 명지(vijjā)로 정리하고 있으며 이것은 반야의 내용이기도 하다. 이처럼 꿰뚫고 통찰하는 것을 그 특징으로 가지는 것을 반야(paññā)라고 설명하고 있기 때문에 초기불전연구원에서는 이 반야를 '통찰지'로 옮기고 있다.

② 통찰지(paññā)와 지혜(ñāṇa)

그런데 대부분의 경우에 한국불교에서는 빤냐(paññā, 慧, 반야)와 냐나(ñāṇa 知, 智)를 똑같이 지혜로 옮기고 있어서 혼란의 여지가 있다. 물론 아비담마에서 이 둘은 같은 뜻으로 받아들이고 있지만 굳이 구분하자면 냐나는 빠린냐(pariññā, 통달지),[284] 아빈냐(abhiññā, 신통지, 최상의 지혜),[285] 안냐(aññā, 구경지, 구경의 지혜, 번뇌를 다 멸한 아라한의 경지의 지혜)[286],

---

284) ① 안 것의 통달지(ñāta-pariññā, 知遍知) ② 조사의 통달지(tīraṇa-pariññā, 審察遍知) ③ 버림의 통달지(pahāna-pariññā, 斷遍知)로 설명되는 '통달지(pariññā)'에 대해서는 『청정도론』 XX.3~5를 참조할 것.

285) '아빈냐(abhiññā, 신통지, 최상의 지혜)'에 대해서는 『앙굿따라 니까야』 제2권 「흐름을 따름 경」(A4:5) §1의 주해를 참조할 것.

286) '구경의 지혜(aññā)'를 얻는다는 말은 아라한과를 증득한다는 말이다. 주석서는 이렇게 설명한다.
"네 번째 도(아라한도)의 지혜 바로 다음에 구경의 지혜(aññā)가 생긴다. 즉 아라한과가 생긴다는 뜻이다."(AA.ii.348)
니까야의 도처에서 아라한과를 성취한 뒤에 "태어남은 다했다. 청정범행은 성취되었다. 할 일을 다 해 마쳤다. 다시는 어떤 존재로도 돌아오지 않을 것

빤냐(paññā, 통찰지) 등 초기경에 나타나는 고결한 지혜를 다 포함하는 개념이고 빤냐는 그 가운데 하나라고 할 수 있다.

초기불전연구원에서는 paññā를 과감히 통찰지(洞察智)로 옮기고 있다. 위에서 살펴보았듯이 경이나 아비담마에서 빤냐는 법의 고유성질[自性, sabhāva]을 통찰(paṭivedha)하는 것과 관련이 있고 무상·고·무아라는 법의 보편적 성질[共相, sāmañña-lakkhana]을 통찰하여 각각 無相·無願·空(무상·무원·공)의 해탈[287]을 실현하는 위빳사나와 깊이 관련되어 있기 때문이다. ñāṇa는 모두 지혜로 옮겼다.

③ 삼학의 혜학으로서의 통찰지

삼학의 문맥에 나타나는 통찰지[慧, paññā]는 혜학(sikkhā)으로도 나타나고 혜온(khandha)으로도 나타나고 증상혜학(增上慧學, adhipaññā-sikkhā, 높은 통찰지를 공부짓는 것)으로도 나타나고 혜의 구족(sampadā)으로도 나타난다.

그런데 이러한 혜학은 문맥에 따라서 다양하게 표현되고 있다. 이것을 정리해보면 다음과 같다.

ⓐ 위에서 이미 살펴보았듯이 『디가 니까야』 제1권의 10개 경들에서는 8통을 혜학으로 간주한다. 이런 문맥에서 보자면 『맛지마 니까야』에서는 삼명과 6신통을,[288] 그리고 『상윳따 니까야』에서는 6신통의 누

---

이다라고 꿰뚫어 안다.(khiiṇā jāti vusitaṁ brahmacariyaṁ kataṁ karaṇiiyaṁ nāparaṁ itthattāyāti pajānāmi)"는 이런 구문으로 자신의 깨달음을 드러내는 것을 『상윳따 니까야』 「깔라라 경」(S12:32)에서는 '구경의 지혜를 드러낸다.(aññaṁ vyākaroti)'고 표현하고 있다.

287) 공·무상·무원의 해탈에 대해서는 『청정도론』 XXI.70 이하와 『아비담마 길라잡이』 9장 §36을 참조할 것.

288) 『맛지마 니까야』 가운데 「원함 경」(M6) 등 7개 경들에는 6신통이 나타나고, 「두려움과 공포 경」(M4) 등 12개의 경들에는 삼명이 나타난다.

진통이 심해탈과 혜해탈의 정형구로 나타난다.

ⓑ 『맛지마 니까야』 「두려움과 공포 경」(M4)과 「삼명 왓차곳따 경」(M71) 등에 의하면 혜학은 전생을 기억하는 지혜[宿命通, pubbe-nivāsānussati-ñāṇa]와 신성한 눈의 지혜[天眼通, dibbacakkhu-ñāṇa]와 번뇌를 소멸하는 지혜[漏盡通, āsavakkhaya-ñāṇa]의 세 가지가 된다. 이것을 「띠깐나 경」(A3:58) 등 초기불전의 여러 곳에서는 삼명(三明, te vijjā)이라고 부른다.

ⓒ 그 외의 여러 경들에서는 6신통(6통)의 정형구가 혜학에 해당되는 구절에 나타난다.(예를 들면 『앙굿따라 니까야』 「오염원 경」(A5:23) 등) 그런데 6신통 가운데 맨 마지막인 누진통의 정형구는 일반적으로 다음의 두 가지 정형구로 나타난다.

ⓒ-1 "그는 '이것이 괴로움이다.'라고 있는 그대로 꿰뚫어 안다. '이것이 괴로움의 일어남이다.'라고 있는 그대로 꿰뚫어 안다. '이것이 괴로움의 소멸이다.'라고 있는 그대로 꿰뚫어 안다. '이것이 괴로움의 소멸로 인도하는 도닦음이다.'라고 있는 그대로 꿰뚫어 안다. '이것이 번뇌다.'라고 있는 그대로 꿰뚫어 안다. '이것이 번뇌의 일어남이다.'라고 있는 그대로 꿰뚫어 안다. '이것이 번뇌의 소멸이다.'라고 있는 그대로 꿰뚫어 안다. '이것이 번뇌의 소멸로 인도하는 도닦음이다.'라고 있는 그대로 꿰뚫어 안다.

이와 같이 알고 이와 같이 보는 그는 감각적 욕망의 번뇌로부터 마음이 해탈한다. 존재의 번뇌로부터 마음이 해탈한다. 무명의 번뇌로부터 마음이 해탈한다. 해탈했을 때 해탈했다는 지혜가 있다. '태어남은 다했다. 청정범행은 성취되었다. 할 일을 다 해 마쳤다. 다시는 어떤 존재로도 돌아오지 않을 것이다.'라고 꿰뚫어 안다."(「사문과경」(D2) 등)

ⓒ-2 그런데 『상윳따 니까야』와 『앙굿따라 니까야』에 나타나는 6

신통의 정형구는 대부분 "모든 번뇌가 다하여 아무 번뇌가 없는 마음의 해탈[心解脫]과 통찰지를 통한 해탈[慧解脫]을 바로 지금여기에서 스스로 최상의 지혜로 실현하고 구족하여 머문다."(「선(禪)과 최상의 지혜 경」(S16:9) 등)라는 해탈의 정형구가 누진통의 정형구로 나타나고 있다. 특히 『상윳따 니까야』에는 6신통의 정형구에 모두 이 정형구가 누진통의 정형구로 나타나고 있다.

일반적으로 6신통의 정형구 가운데 맨 마지막인 번뇌를 소멸하는 지혜[漏盡通, āsavakkhaya-ñāṇa]의 정형구는 위 ⓒ-1 "그는 '이것이 괴로움이다.'라고 있는 그대로 꿰뚫어 알고 … 다시는 어떤 존재로도 돌아오지 않을 것이라고 꿰뚫어 안다."로 나타난다. 특히 『디가 니까야』와 『맛지마 니까야』에는 거의 이 정형구가 나타난다.

그러나 심해탈과 혜해탈의 구족으로 나타나는 이 ⓒ-2의 정형구가 6신통의 누진통의 정형구로 나타나는 경우도 적지 않다. 특히 『상윳따 니까야』와 『앙굿따라 니까야』에는 대부분이 이 정형구로 나타나고 있다. 예를 들면 「불순물 제거하는 자 경」(A3:100)과 「공양받아 마땅함 경」 2(A6:2)와 『디가 니까야』 제3권 「십상경」(D34) §1.7 ⑽ 등을 들 수 있다. 그리고 이 ⓒ-2의 정형구는 아라한의 정형구로도 나타나고 있다. (「외움 경」 1(A3:85) 등)

이렇게 볼 때 8통과 6통과 3명을 넓은 의미의 혜학으로 볼 수 있다.

대개 경에서 4禪의 정형구는 6통의 정형구와 연결되어 나타나거나(예를 들면 「오염원 경」(A5:23) 등), 2가지 지혜 + 6통의 정형구와 연결되어 나타나거나(예를 들면 「사문과경」(D2) 등), 3명의 정형구와 연결되어 나타난다.(예를 들면 「띠깐나 경」(A3:58) 등) 그러나 「무사 경」 1(A5:75)에는 특이하게도 4禪이 누진통 하나와만 연결되어 나타나고 있다.

ⓓ 그런데 「실현해야 할 법 경」(A4:189)에서는 "비구들이여, 그러면 어떤 것이 통찰지로 실현해야 할 법들인가? 비구들이여, 번뇌들의 소멸

[漏盡][289]이 통찰지로 실현해야 할 법들이다."라고 누진통이 단독으로 나타나고 있다.

이뿐만 아니라 누진통의 정형구만 단독으로 나타나는 경들도 있다. 『앙굿따라 니까야』 「법에 머무는 자 경」 1/2(A5:74; 75)가 대표적인 것이다. 이 두 경에서는 계로써 육근을 단속하는 정형구를 언급하고 (§11), 다시 정(삼매)으로써 오개를 극복하고 초선부터 제4선까지를 들고 (§12), 혜로써 "그는 '이것이 괴로움이다.'라고 있는 그대로 꿰뚫어 안다. … 다시는 어떤 존재로도 돌아오지 않을 것이다라고 꿰뚫어 안다."라는 이 누진통의 정형구를 들고 있다. 물론 이 경에서는 계 · 정 · 혜라는 언급은 나타나지 않지만 『디가 니까야』 「사문과경」(D2) 등에서 나타나는 계 · 정 · 혜의 순서와 똑같이 나타나고 있다.

그런데 『청정도론』에서는 5신통을 삼매 수행[定學]의 이익으로 정품(定品)에 해당하는 XII장과 XIII장에 '다섯 가지 세간적인 초월지[神通智, abhiññā]'라는 이름으로 포함시키고 있다.

이렇게 보자면 8통이나 6통이나 3명 가운데 혜학의 핵심은 아무래도 누진통이요, 누진통의 핵심은 사성제를 통찰하는 것이요, 이것은 팔정도의 바른 견해의 내용이며 12연기의 무명은 4성제를 모르는 것이다. 이처럼 불교의 바른 견해와 명지와 통찰지는 모두 사성제를 아는 것으로 귀결된다 할 수 있으며, 이것이 혜학의 핵심이 되는 것이다.

④ 그 외 통찰지가 포함된 정형구

ⓐ 통찰지의 기능

"비구들이여, 그러면 어떤 것이 통찰지의 기능인가? 비구들이여, 여기 성스러운 제자는 통찰지를 가졌다. 성스럽고, 꿰뚫음을 갖추었으며, 바르게 괴로움의 소멸로 인도하는, 일어나고 사라짐으로 향하는 통찰지

289) 누진통(漏盡通) 즉 모든 번뇌를 소멸하는 지혜(āsavānaṁ khayañāṇa)를 말한다.

를 구족했다. 비구들이여, 이를 일러 통찰지의 기능이라 한다."(「분석 경」1(S48:9) 등)

"비구들이여, 그러면 어떤 것이 통찰지의 기능인가? 비구들이여, 여기 성스러운 제자는 통찰지를 가졌다. 그는 성스럽고, 꿰뚫음을 갖추었으며, 바르게 괴로움의 소멸로 인도하는, 일어나고 사라짐으로 향하는 통찰지를 구족했다. 그는 '이것이 괴로움이다.'라고 있는 그대로 꿰뚫어 안다. '이것이 괴로움의 일어남이다.'라고 있는 그대로 꿰뚫어 안다. '이것이 괴로움의 소멸이다.'라고 있는 그대로 꿰뚫어 안다. '이것이 괴로움의 소멸로 인도하는 도닦음이다.'라고 있는 그대로 꿰뚫어 안다. 비구들이여, 이를 일러 통찰지의 기능이라 한다."(「분석 경」2(S48:10))

여기서 보듯이 「분석 경」2에서는 앞의 정형구에다 사성제를 꿰뚫어 아는 정형구가 첨가된 것이 통찰지로 정의된다.

ⓑ 있는 그대로 바른 통찰지로 본다

그리고 초기경의 도처에 나타나는 정형구가 "있는 그대로 바른 통찰지로 본다.(yathābhūtaṁ sammappaññāya passati)"이다. 이 정형구는 주로 다음의 문맥에서 나타나고 있다.

이 정형구가 가장 많이 나타나는 곳은 연기각지가 조건발생이거나 되어가는 것 등으로 보는 것을 표현하는 아래와 같은 문맥이다.

"[오온은] 무아다. 무아인 것은 내 것이 아니고 그것은 나가 아니고 그것은 나의 자아가 아니라고 있는 그대로 바른 통찰지로 봐야 한다.

비구들이여, 이렇게 보는 잘 배운 성스러운 제자는 … 다시는 어떤 존재로도 돌아오지 않을 것이다.'라고 꿰뚫어 안다."(「무상인 것 경」(S22:15) 등 여러 경들)

"[육내처와 육외처는] 무상하다. 무상한 것은 괴로움이요, 괴로움인 것은 무아다. 무아인 것은 내 것이 아니고 그것은 나가 아니고 그것은 나의 자아가 아니라고 있는 그대로 바른 통찰지로 봐야 한다."(「무상경」(S35:1) 등 여러 경들)

"깟짜야나여, 세상의 일어남을 있는 그대로 바른 통찰지로 보는 자에게는 세상에 대한 없다는 관념이 존재하지 않는다. 깟짜야나여, 세상의 소멸을 있는 그대로 바른 통찰지로 보는 자에게는 세상에 대한 있다는 관념이 존재하지 않는다."(S12:15)

"비구들이여, 성스러운 제자는 이러한 연기(緣起)와 연기된[緣而生] 법들을 있는 그대로 바른 통찰지로 분명하게 보기 때문에 '나는 정말 과거에 존재했는가? 아니면 과거에 존재하지 않았는가? 나는 과거에 무엇이었을까? 나는 과거에 어떠했을까? 나는 과거에 무엇이 되었다가 무엇이 되었을까?'라고 하면서 과거로 치달려가는 그런 경우는 있지 않다.
그것은 무슨 이유 때문인가? 비구들이여, 성스러운 제자는 이러한 연기(緣起)와 연기된[緣而生] 법들을 있는 그대로 바른 통찰지로 분명하게 보기 때문이다."(S12:20)

이처럼 오온과 육내외처의 무상·고·무아 등과 연기각지(緣起各支)의 조건발생 등을 꿰뚫어 아는 것을 "있는 그대로 바른 통찰지로 분명하게 보는 것"으로 정형화하고 있다.

ⓒ 혜해탈의 정형구

한편 통찰지는 혜해탈(paññā-vimutti)의 정형구로도 많이 나타나는데 여기에 대해서는 위의 제27장 해당부분을 참조하기 바란다.

ⓓ 문 · 사 · 수(聞 · 思 · 修)의 통찰지

한편 『디가 니까야』 「합송경」(D33)에는 “또 다른 세 가지 통찰지가 있다. 그것은 ‘생각으로 얻은 통찰지(cintāmayā paññā)’, ‘들어서 얻은 통찰지(sutamayā paññā)’, ‘수행으로 얻은 통찰지(bhāvanāmayā paññā)’이다.”(D33) §1.10 (43)로 나타난다.

이 셋은 우리에게도 잘 알려진 통찰지의 분류이다. 주석서와 『청정도론』(XIV.14)은 『분별론』(Vbh)의 다음 구절을 인용하여 설명하고 있다.

“이 가운데서 어떤 것이 생각으로 얻은 통찰지인가? 직업적인 일의 분야나 기술의 분야나 지식의 분야에서 업이 자신의 주인임[業我]에 대한, 혹은 진리[四諦]에 수순함에 대한, 혹은 물질[色]은 무상하다거나, 느낌[受]은 … 인식[想]은 … 심리현상들[行]은 … 알음알이[識]는 무상하다라고 하는 이치에 대한 수순, 인내, 견해, 선호, 의견, 판단, 현상을 사유하기를 좋아함 등을 타인으로부터 듣지 않고 얻은 것을 ‘생각으로 얻은 통찰지(cintāmayā paññā)’라 한다. … 타인으로부터 들어서 얻은 통찰지를 ‘들어서 얻은 통찰지(sutamayā paññā)’라 한다. 체득한 자(즉 禪의 증득[等持], 道의 증득, 果의 증득을 이룬 자)의 통찰지는 모두 ‘수행으로 얻은 통찰지(bhāvanāmayā paññā)’라 한다.”(Vbh.324~25)

ⓔ 「대념처경」 등에서 동사 pajānāti(꿰뚫어 알다)가 강조됨

한편 「대념처경」(D22)이나 「염처경」(M10)이나 「염신경」(M119)이나 「출입식념경」(M118) 등 수행과 관계된 여러 경들에서 수행의 핵심은 신 · 수 · 심 · 법으로 분류되어 모두 21가지 혹은 44가지로 정리되는 마음챙김의 대상을 챙겨서 꿰뚫어 안다(pajānāti)는 표현이 가장 중요한 어법으로 등장한다. 이렇게 본다면 paññā의 동사인 pajānāti를 통해서 「대념처경」 등은 신 · 수 · 심 · 법으로 정리되는 대상에 대한 통찰지를 개발하는 수행이라 할 수 있을 것이다.

ⓕ 기타

그리고 성스러운 꿰뚫는 통찰지(ariya nibbedhikapañña)라는 표현이 「지혜의 토대 경」 1(S12:33) §6과 「조건 경」(S12:27) §16 등에 나타난다. 주석서는 "'성스러운(ariya)'이란 범부의 경지(puthujjana-bhūmi)를 넘어선 것(atikkanta)을 말한다. '꿰뚫는 통찰지를 얻음(nibbedhika-pañña)'이란 꿰뚫는 통찰지를 구족한 것(samannāgata)이다."(SA.ii.60; AA.iii.407)라고 설명하고 있다.

그리고 통찰지에 여러 수식어가 붙은 구절들도 나타난다.

"부처가 되면 무엇을 얻는가? 큰 통찰지를 가진다. 광활한 통찰지, 명쾌한 통찰지, 전광석화와 같은 통찰지, 예리한 통찰지, 꿰뚫는 통찰지를 가진다."(D30 §1.26; M111 §2; S2:29 §3 등)

그리고 이것은 『앙굿따라 니까야』 「하나의 모음」(A1:21:31)에서 "비구들이여, 하나의 법이 있어 그것을 닦고 많이많이 [공부]지으면 통찰지를 얻게 된다. … 통찰지의 증장을 얻게 된다. … 통찰지의 충만을 얻게 된다. … 큰 통찰지를 얻게 된다. … 광활한 통찰지를 얻게 된다. … 풍부한 통찰지를 얻게 된다. … 심오한 통찰지를 얻게 된다. … 비견할 수 없는 통찰지를 얻게 된다. … 광대한 통찰지를 얻게 된다. … 많은 통찰지를 얻게 된다. … 빠른 통찰지를 얻게 된다. … 신속한 통찰지를 얻게 된다. … 미소짓는 통찰지를 얻게 된다. … 전광석화와 같은 통찰지를 얻게 된다. … 예리한 통찰지를 얻게 된다. … 역겨워하는 통찰지를 얻게 된다."라고 하여 16가지로 확장된다.

『상윳따 니까야』 「큰 통찰지 경」 등(S55:62~74)에는 앞의 세 가지가 없이 "큰 통찰지를 얻게 된다.(S55:62) … 광활한 통찰지를 얻게 된다.(S55:63) … 풍부한 통찰지를 얻게 된다.(S55:64) … 심오한 통찰지를 얻게 된다.(S55:65) … 비견할 수 없는 통찰지를 얻게 된다.(S55:66) … 광대한 통찰지를 얻게 된다.(S55:67) … 많은 통찰지를 얻게 된다.(S55:68) … 빠른 통찰지를 얻게 된다.(S55:69) … 신속한 통찰지를 얻게 된다.(S55:70) … 미소짓는 통찰지를 얻게 된다.(S55:71) … 전광석화와 같은 통찰지를 얻게 된다.(S55:72) … 예리한 통찰지를 얻게 된다.(S55:73) … 꿰뚫는 통찰지를 얻게 된다.(S55:74)"로 13가지가 나타난다.

한편 주석서는 이 통찰지들을 16가지 큰 통찰지(soḷasa mahāpaññā)라고 부르고 있으며 이들은 세간적인 것이기도 하고 출세간적인 것이기도 하고 혼합된 것이기도 하다고 설명한다.(AA.ii.86)

그리고 이 통찰지의 정형구는 『무애해도』(Ps.ii.189~202)에서 완전한 문장으로 인용되어 모든 술어들이 초기 상좌부 불교에서 통용되던 전문술어들을 통해서 상세하게 설명되고 있다.

이상으로 삼학에 대해서 살펴보았다. 이 계 · 정 · 혜 삼학에다 아래의 해탈과 해탈지견을 더하면 오법온이 된다. 오법온에 대한 설명은 본 장의 (1)-②를 참조하기 바란다.

그럼 해탈의 무더기와 해탈지견의 무더기에 대해서 간략하게 살펴보자.

### (6) 해탈이란 무엇인가? - 열반의 체험이다

오법온에 나타나는 해탈은 vimutti의 역어이다. 해탈(vimutti)에 대해서는 이미 본서 제27장에서 상세하게 다루었다. 그곳을 참조하기 바란다. 다시 그곳의 설명을 요약해서 인용해 보면, 해탈은 가장 넓게는 네 가지 과(즉 예류과 · 일래과 · 불환과 · 아라한과)의 증득을 뜻하기도 하고 아라한과의 증득을 뜻하기도 하고 열반의 실현을 뜻하기도 한다. 이러한 성자의 경지를 체득하지 못하고서는 결코 그것을 해탈(vimutti, 여기서 해탈은 8해탈(vimokkha)과는 구분해야함)이라고 부르지 않는다.

그런데 네 가지 과는 한 찰나라도 열반에 들었다 나와야 한다. 혹은 다르게 표현하면 한 찰나라도 열반의 체험이 있어야 한다. 이러한 열반의 체험이 없으면 그 사람을 결코 예류자부터 아라한까지의 성자라고 부르지 않는다. 해탈은 한 찰나라도 열반의 체험이 있어야 가능하다. 그러므로 열반의 체험이야말로 해탈(vimutti)인 것이다.

### (7) 해탈지견이란 무엇인가? - 반조의 지혜이다

초기불전에서 '해탈지견(vimutti-ñāṇadassana)'은 D34 §1.6 (10); M32; M122; S3:24등의 모든 『상윳따 니까야』의 경들과 A3:57 등의 모든 『앙굿따라 니까야』의 경들에서 예외 없이 오법온의 문맥에서만 나타나고 있다. 그리고 계·정·혜·해탈의 경우처럼 이 문맥에서 해탈지견이 구체적으로 무엇을 뜻하는지에 대한 경전의 내용은 나타나지 않는다. 그러므로 해탈지견이 무엇을 뜻하는가는 주석서를 통해서 살펴볼 수밖에 없다.

여러 주석서(MA.ii.147; SA.iii.142; 224; AA.iii.227)에서 해탈지견은 반조의 지혜(paccavekkhaṇa-ñāṇa)를 뜻한다고 나타난다. 특히 몇몇 주석서에서는 "'해탈지견'은 19가지 반조의 지혜이다."(MA.ii.147; UdA. 233 등)라고 19가지 반조의 지혜가 언급되고 있다.

『청정도론』 XX.19~21에 의하면 반조에는 ① 도에 대한 반조 ② 과에 대한 반조 ③ 버린 오염원들에 대한 반조 ④ 남아있는 오염원들에 대한 반조 ⑤ 열반에 대한 반조의 다섯 가지가 있다. 아라한에게는 남아있는 오염원들에 대한 반조가 없기 때문에 예류자부터 아라한까지의 성자들의 반조에는 모두 4×5-1=19가지가 있게 된다.

『청정도론』을 인용하면 다음과 같다.

"① 그는 '참으로 내가 이 도로써 왔구나.'라고 도를 반조한다. ② 그 다음에 '이것이 내가 얻은 이익이구나.'라고 과를 반조한다. ③ 그 다음에 '참으로 이들이 내가 버린 오염원들이구나.'라고 버린 오염원들을 반조한다. ④ 그 다음에 '이들이 아직 남아있는 오염원들이구나.'라고 뒤의 세 가지 도(일래도, 불환도, 아라한도)로써 버릴 오염원들을 반조한다. ⑤ 마지막으로 '이 법을 대상으로 삼아 내가 이 법을 꿰뚫었다.'라고 불사인 열반을 반조한다. 이와 같이 다섯 가지 반조를 가진다. … 아라한의 경우 남아있는 오염원들을 반조함이 없다. 이와 같이 모두 19가지 반조가 있다. …"(Vis.XXII.20~21)

초기불전에는 해탈에 대한 반조의 지혜에 대한 표현이 세 가지로 나타난다. 하나는 여기서 설명하고 있는 ① 해탈지견(vimutti-ñāṇadassana)이요, 다른 하나는 앞의 여러 곳에서 강조하여 설명한 ② 구경해탈지(vimuttamiti ñāṇa, 해탈했다는 지혜)요, 다른 하나는 ③ 부동해탈지견(不動解脫知見, akuppa-vimutti-ñāṇa-dassana)이다.

① 해탈지견은 여기서 보듯이 계·정·혜·해탈·해탈지견의 문맥에서 나타나고 ② 구경해탈지는 염오-이욕-해탈-구경해탈지의 문맥에서 "해탈하면 해탈했다는 지혜가 있다. '태어남은 다했다. 청정범행(梵行)은 성취되었다. 할 일을 다 해 마쳤다. 다시는 어떤 존재로도 돌아오지 않을 것이다.'라고 꿰뚫어 안다."(D2 §97 등)로 정형화 되어 초기불전의 도처에 나타나고 있다. 그리고 ③ 부동해탈지견은 "나에게는 '나의 해탈은 확고부동하다. 이것이 나의 마지막 태어남이며, 이제 더 이상의 다시 태어남[再生]은 없다.'라는 지와 견이 일어났다."(S35:16) 등)로 초기불전의 여러 곳에 정형화 되어서 나타난다.

이 가운데 ② 구경해탈지와 ③ 부동해탈지견은 둘 다 아라한과에 대한 반조의 지혜를 뜻하며, 그래서 동의어라 해야 한다. 이 두 정형구가 강조하는 것도 구경해탈지의 핵심이 '태어남은 다했다. 청정범행(梵行)은 성취되었다. 할 일을 다 해 마쳤다. 다시는 어떤 존재로도 돌아오지 않을 것이다.'라는 선언이고, 부동해탈지견이 '나의 해탈은 확고부동하다. 이것이 나의 마지막 태어남이며, 이제 더 이상의 다시 태어남[再生]은 없다.'라는 단언이기 때문이다. 그리고 주석서들도 이 둘은 아라한과에 대한 반조의 지혜라고 설명하고 있다.

그러나 ① 해탈지견은 아라한과에 대한 반조일 뿐만 아니라 예류과와 일래과와 불환과에 대한 반조의 지혜도 되는 가장 넓은 의미로 쓰인다. 그래서 『청정도론』 등의 주석서 문헌은 해탈지견에는 모두 19가지가 있다고 설명하는 것이다. 이처럼 예류자 등이 되고나서 도와 과 등을 반조해보는 것이 해탈지견인 것이다. 그러므로 이 셋은 엄연히 다르다. 구경해탈지와 부동해탈지견은 아라한에게만 존재하는 지혜이고 해탈지견은 예류자부터 아라한에게 다 일어나는 지혜이다.

구경해탈지는 아라한에게만 속하는 것이기 때문에 저자는 '해탈했다는 지혜'로 직역할 수 있는 vimuttamiti ñāṇa를 구경해탈지로 구경이라는 의미를 살려서 옮긴 것이다.

# 제29장 일곱 가지 청정[七淸淨]

### (1) 칠청정(七淸淨, satta visuddhi)이란 무엇인가

상좌부 불교에서는 ① 계 청정 ② 마음 청정 ③ 견 청정 ④ 의심을 제거함에 의한 청정 ⑤ 도와 도 아님에 대한 지(知)와 견(見)에 의한 청정 ⑥ 도닦음에 대한 지와 견에 의한 청정 ⑦ 지와 견에 의한 청정의 일곱 가지를 전통적으로 칠청정(七淸淨, 일곱 가지 청정, satta visuddhi)이라는 술어로 부르면서 상좌부 교학과 수행체계를 설명하는 중요한 가르침으로 전승하고 있다. 그래서 『청정도론』에서는 이 칠청정을 다음과 같이 나무에 비유하고 있다.

"여기서 무더기(khandha, 蘊), 감각장소(āyatana, 處), 요소(dhātu, 界), 기능(indriya, 根), 진리(sacca, 諦), 연기(paṭiccasamuppāda, 緣起) 등으로 구분되는 법들이 이 통찰지의 토양(paññā-bhūmi)이다. 계 청정과 마음 청정 — 이 둘은 이 [통찰지의] 뿌리(mūla)이다. 견 청정, 의심을 제거함에 의한 청정, 도와 도 아님에 대한 지(知)와 견(見)에 의한 청정, 도닦음에 대한 지와 견에 의한 청정, 지와 견에 의한 청정 — 이 다섯은 [통찰지의] 몸통(sarīra)이다."(『청정도론』 XIV.32)

### (2) 「역마차 교대 경」(M24)과 칠청정

이 칠청정은 이미 니까야에 나타나고 있는데 『맛지마 니까야』 「역마차 교대 경」(M24)이 바로 그것이다. 여기서 사리뿟따 존자는 뿐나 만따니뿟따 존자의 경지를 알아보기 위해서 이 칠청정을 가지고 질문을 한다. 여기에 대해서 뿐나 존자는 다음의 비유를 들면서 이 칠청정의 각각의 역할에 대해서 다음과 같이 설명하고 있다.

11. "도반이여, 그러면 계 청정이 취착 없는 완전한 열반입니까?"

"그렇지 않습니다, 도반이여."

"도반이여, 그러면 마음 청정이 … 견 청정이 … 의심을 극복함에 의한 청정이 … 도와 도 아님에 대한 지견에 의한 청정이 … 도닦음에 대한 지견에 의한 청정이 … 지견에 의한 청정이 취착 없는 완전한 열반입니까?"

"그렇지 않습니다, 도반이여."

… …

14. "도반이여, 이것에 관해 이제 그대에게 비유를 하나 들겠습니다. 여기 이 비유로 어떤 지혜로운 사람들은 이 말의 뜻을 잘 이해할 것입니다. 도반이여, 예를 들면 사왓티에 살고 있는 꼬살라 왕 빠세나디에게 사께따에 어떤 긴급한 용무가 있다고 합시다. 이제 그를 위해 사왓티와 사께따 사이에 일곱 대의 역마차가 준비되어 있습니다. 이제 빠세나디 꼬살라 왕은 사왓티를 나오면서 내전의 문에 있는 첫 번째 역마차에 올라탑니다. 첫 번째 역마차로 이제 두 번째 역마차가 있는 곳에 도착하여 첫 번째 역마차를 보내고 두 번째 역마차에 올라탑니다.

두 번째 역마차로 이제 세 번째 역마차가 있는 곳에 도착하여 … 세 번째 역마차로 이제 네 번째 역마차가 있는 곳에 도착하여 … 네 번째 역마차로 이제 다섯 번째 역마차가 있는 곳에 도착하여… 다섯 번째 역마차로 이제 여섯 번째 역마차가 있는 곳에 도착하여 … 여섯 번째 역마차로 이제 일곱 번째 역마차가 있는 곳에 도착하여 여섯 번째 역마차를 보내고 일곱 번째 역마차에 올라탑니다. …"

15. "도반이여, 그와 같이 계 청정은 마음 청정을 위한 것입니다. 마음 청정은 견 청정을 위한 것입니다. 견 청정은 의심을 극복함에 의한 청정을 위한 것입니다. 의심을 극복함에 의한 청정은 도와 도 아님에 대한 지와 견에 의한 청정을 위한 것입니다. 도와 도 아님에 대한 지와 견에 의한 청정은 도닦음에 대한 지와 견에 의한 청정을 위한 것입니다. 도닦음에 대한 지와 견에 의한 청정은 지와 견에 의한 청정을 위한 것입니다. 지와 견에 의한 청정은 취착 없는 완전한 열반을 위한 것입니다. 도반이여, 이 취착 없는 완전한 열반을 위해 세존의 문하에서 청정범행을 닦는 것입니다."(M24 §§11~15)

이처럼 칠청정은 일곱 대의 역마차에 비유되어 이 일곱 대의 역마차를 바꿔 타면서 목적지에 도착하는 것처럼, 이 일곱 가지의 청정을 차례로 의지해서 수행자는 열반의 경지에 들게 된다고 설명하고 있다.

이 일곱 가지 청정은 다시 『디가 니까야』의 「십상경」(D34)에서는 두 가지 청정, 즉 통찰지에 의한 청정과 해탈에 의한 청정을 더하여 아홉 가지 청정으로 나타나고 있다. 그러나 다른 니까야에서 칠청정은 나타나지 않는다. 물론 예를 들면 「깔리 경」(A10:26) §3에는 도와 도 아님에 대한 지와 견(maggāmagga-ñāṇadassana)이 나타나듯이 개별적으로는 니까야에 나타나기도 한다. 아무튼 위의 인용에서 보았듯이 이 칠청정은 부처님 가르침을 체계적으로 설명하는 『청정도론』의 중요한 방법론으로 채용되고 있다.

『아비담마 길라잡이』 제9장 §§27~34를 토대로 간단하게 이 일곱 가지 청정을 설명하면 다음과 같다.

⑶ 칠청정의 설명

① 계 청정(sīla-visuddhi)이란 계목(戒目)의 단속에 관한 계, 감각기능[根]의 단속에 관한 계, 생계의 청정에 관한 계, 필수품에 관한 계의 네 가지 청정한 계를 훼손하지 않고 잘 지니는 것이다. 앞의 본서 제28장 가운데 계학의 설명을 참조할 것. 『청정도론』 전체 23장 가운데 제1장과 제2장이 이 계의 청정에 해당한다.

② 마음 청정(citta-visuddhi)이란 다섯 가지 장애를 극복하여 근접삼매와 본삼매를 증득하는 것이다. 본서 제28장의 정학의 설명을 참조할 것. 『청정도론』 제3장부터 제13장까지가 이 마음의 청정에 해당한다.

③ 견 청정(diṭṭhi-visuddhi)이란 존재를 구성하는 다섯 가지 무더기[五蘊] 등의 고유성질을 파악하는 통찰지이다. 『아비담마 길라잡이』에서 아누룻다 스님은 있는 그대로 본다는 것을 특징과 역할과 나타남과 가까운 원인으로 파악하는 것이라고 정의하고 있다. 이 특징 등의 네 가지는 이미 『아비담마 길라잡이』 제1장의 §3의 1번 해설에서 설명하였으니 참조하기 바란다.

이처럼 경에 나타나는 온・처・계의 가르침으로 나와 세상을 정확하게 이해하는 것이 견의 청정이다. 아비담마적으로 말한다면 82법으로 정리되는 구경법들을 특징과 역할과 나타남과 가까운 원인이라는 네 가지 측면에서 정확하게 이해하면서 아비담마를 공부하여, 나와 세상에 대한 잘못된 견해를 깨끗하게 하는 것 그 자체가 바로 견의 청정이라 하겠다. 『청정도론』 제14장부터 제18장까지가 이 견 청정에 해당한다.

④ 의심을 극복함에 의한 청정(kaṅkhā-vitaraṇa-visuddhi)은 정신・물질에 대한 조건을 파악하여 삼세에 대한 의심을 극복하여 확립된

지혜이다.

이것은 나와 세상을 구성하고 있는 정신·물질이 우연히 생긴 것도 아니며, 어떤 가상적인 원인에 의해서 생긴 것도 아니고, 신이 창조한 것은 더욱더 아니며, 모든 것은 상호의존이요 조건발생이라고 이해하는 것을 말한다.

특히 『청정도론』 XIX장에서는 업(『아비담마 길라잡이』 5장 §§18~33참조)에 대한 정확한 이해를 모든 정신과 물질에 적용시켜서 의심을 여의는 것을 강조하고 있다. 그래서 『청정도론』은 나를 이루는 오온, 즉 정신과 물질의 원인과 조건을 정확히 파악하여 모든 의심이 없어지면 그를 작은 수다원(須陀洹, sotāpanna, 예류자)이라 부른다고 격찬하고 있다.

앞의 견 청정이 아비담마의 제법을 정확하게 파악하는 것이라면, 이 의심을 극복함에 의한 청정은 『아비담마 길라잡이』 제8장에서 정리하고 있는 대로 24연을 정확하게 이해하여 이를 토대로 제법의 상호관계와 상호의존을 정확하게 파악하고, 아울러 괴로움의 발생구조와 소멸구조를 설하는 12연기를 위주로 한 연기의 가르침을 명확하게 이해하는 것이다. 이처럼 아비담마의 정확한 이해는 3번째와 4번째 청정에 해당된다. 『청정도론』 제19장이 이 의심을 극복함에 의한 청정에 해당한다.

**⑤ 도와 도 아님에 대한 지와 견에 의한 청정**(maggāmagga-ñāṇa-dassana-visuddhi)은 위빳사나를 닦을 때 일어난 ① 광명 ② 희열 ③ 경안 ④ 결의 ⑤ 분발 ⑥ 행복 ⑦ 지혜[智] ⑧ 확립 ⑨ 평온 ⑩ 욕구로 설명되는 위빳사나의 경계를 장애라고 파악함으로써 도와 도 아님의 특징을 정의하는 것을 말한다.

여기서 언급한 10가지 경계에 대한 설명은 『청정도론』 XX.107~121과 『아비담마 길라잡이』 제9장 §32를 참조할 것. 이 청정은 광명 등의 경계는 도가 아니요, 무상·고·무아로 통찰하는 것이 도라고 정확하게 알아 확립된 지혜를 말한다. 『청정도론』 제20장이 여기에 해당한다.

⑥ **도닦음에 대한 지와 견에 의한 청정**(paṭipadā-ñāṇa-dassana-visuddhi)은 일어나고 사라짐을 관찰하는 지혜(udayabbayānupassanā-ñāṇa)에서부터 진리에 수순하는 지혜(saccānulomika-ñāṇa)까지의 아홉 가지 지혜를 말한다.

일반적으로 위빳사나를 닦을 때 생기는 지혜는 모두 열 가지로 정리되는데 그것은 ① 명상의 지혜 ② 생멸의 지혜 ③ 무너짐의 지혜 ④ 공포의 지혜 ⑤ 위험의 지혜 ⑥ 역겨움의 지혜 ⑦ 해탈하기를 원하는 지혜 ⑧ 깊이 숙고하는 지혜 ⑨ 상카라[行]에 대한 평온의 지혜 ⑩ 수순하는 지혜이다. 이 가운데 첫 번째인 명상의 지혜는 도와 도 아님에 대한 지와 견에 의한 청정에 속하는 것으로 설명한다. 그래서 두 번째인 생멸의 지혜부터 열 번째인 수순하는 지혜까지의 나머지 9가지 지혜가 이 도닦음에 대한 지와 견에 의한 청정에 속한다.

이 도닦음에 대한 지와 견의 청정은 『청정도론』 21장에서 상세하게 설명되고 있으며 『아비담마 길라잡이』 9장 §33에서 정리되어 있다.

⑦ **지와 견에 의한 청정**(ñāṇa-dassana-visuddhi)은 네 가지 출세간도(즉 예류도부터 아라한도까지)를 말하는데 이것은 『청정도론』 제22장에 아주 상세하게 설명되어 있다. 위빳사나가 도와 과로써 완성되는 경지이다. 『청정도론』 XXII.2에서는 "예류도, 일래도, 불환도, 아라한도와 이 네 가지 도에 대한 지혜가 지와 견에 의한 청정이라 한다."고 이 청정을 정의하고 있다.

아무튼 『청정도론』을 위시한 주석서 문헌은 특히 이 칠청정의 과정을 깨달음을 실현하는 중요한 과정으로 설명하고 있다. 물론 이것은 계·정·혜 삼학의 전통적인 방법과 그대로 일치한다. 즉 ① 계 청정은 계학에 배대되고, ② 마음 청정은 정학에, ③ 견 청정 ④ 의심을 제거함에 의한 청정 ⑤ 도와 도 아님에 대한 지[知]와 견[見]에 의한 청정 ⑥ 도닦음에 대한 지와 견에 의한 청정 ⑦ 지와 견에 의한 청정은 혜학에 배대되는 것이다. 이처럼 혜학을 공부짓는 것을 다섯 단계로 더 세분해서 자세하게 언급하고 있는 것이 칠청정인 것이며, 이것은 통찰지[慧]를 완성하는 방법으로 초기불전에서부터 강조되는 위빳사나 수행의 구체적인 방법론이라 하겠다.

# 제30장 불교와 윤회

(1) 불교와 윤회

불교는 무아(無我, anatta)를 근본으로 하는 가르침이라고 한다. 그래서 초기불교에서부터 무상 · 고 · 무아는 삼특상(三特相, ti-lakkhana)이라고 불렸으며, 북방불교에서는 무상 · 무아 · 열반을 삼법인(三法印)이라 불렀으며, 『앙굿따라 니까야』 「무상 경」 등(A7:16~17)에서는 무상 · 고 · 무아 · 열반을 통찰하여 성자가 되는 것이 언급되어 나타나기도 한다.

초기경의 여러 곳에서 제법무아(諸法無我, sabbe dhammā anattā)는 강조되고 있으며(M35; S22:90 등), 오온에 대해서 20가지로 자아가 있다는 견해를 가지는 삿된 견해를 유신견(有身見, sakkāya-diṭṭhi)[290]이라 하는데(M44; S22:82; A6:14 등), 유신견은 열 가지 족쇄[結, saṁyojana][291] 가운데 으뜸이기도 하다.(A3:92 등) 이러한 유신견을 타파하지 못하면 그는

290) 경에 의하면 '유신견'은 (1)~(5) 오온을 자아라고 수관(隨觀)하는 것(rūpaṁ attato samanupassati) (6)~(10) 오온을 가진 것이 자아라고 [수관하는 것](rūpavantaṁ vā attānaṁ) (11)~(15) 오온이 자아 안에 있다고 [수관하는 것](attani vā rūpaṁ) (16)~(20) 오온 안에 자아가 있다고(rūpasmiṁ vā attānaṁ) [수관하는 것]이다.(S22:1 §§10~14 등 참조)

291) 초기불교에서는 깨달음을 실현한 예류자, 일래자, 불환자, 아라한의 성자(ariya)들을 10가지 족쇄(saṁyojana) 가운데 몇 가지를 풀어내었는가와 연결 지어서 설명한다. 열 가지 족쇄에 대해서는 본서 제31장과 『상윳따 니까야』 제1권 「얼마나 끊음 경」(S1:5)의 주해를 참조할 것.

비록 수승한 삼매의 경지를 체득하고 신통이 자재하다 하더라도 깨달음의 처음단계인 예류자도 될 수 없다.

이렇듯 무아는 불교의 근본 가르침이지만 윤회(輪廻, saṁsāra, vaṭṭa)도 초기불교의 도처에서 강조되어 나타나고 있다. 일견 무아와 윤회는 상호 모순되는 가르침인 듯하기도 하다. 그러다 보니 불교를 잘못 이해하는 자들은 무아이면서도 윤회를 한다는 것은 모순이라고 하면서 부처님은 윤회를 설하지 않으셨다고 주장하기도 한다.

### (2) 자아의 윤회와 무아의 윤회

먼저 힌두교에서 설명하는 윤회와 불교에서 설명하는 윤회를 정확하게 구분지어서 이해해야 한다는 점을 강조하고 싶다.

힌두교에서는 불변하는 아뜨만(자아)이 있어서 금생에서 내생으로 '재육화(再肉化, *reincarnation*)'하는 것을 윤회라 한다. 그래서 이것은 자아의 윤회라고 할 수 있다.

그러나 불교에서는 금생의 흐름[相續, santati]이 내생으로 연결되어 다시 태어나는 것, 즉 '재생(再生, *rebirth*)'을 윤회라고 부른다. '다시 태어남'은 puna-bbhava(puna = 다시, bhava = 존재함)라는 단어로 초기경의 도처에서 나타나고 있으며, 아라한은 이러한 다시 태어남 즉 재생과 윤회가 없다고 표현되고 있다. 그리고 다시 태어남의 원인을 갈애(taṇhā)로 들고 있으며 그래서 초기불전에서는 갈애를 '재생을 하게 하는 것(ponobhāvikā)'이라고 정의하고 있다.(아래 (4) 윤회의 원인 참조)

또한 주석서에서는 "5온・12처・18계(蘊・處・界)가 연속하고 끊임없이 전개되는 것을 윤회라 한다."[292]고 정의한다. 그러므로 불교에서 말

---

292) khandhānañca paṭipāṭi, dhātuāyatanāna ca. abbhocchinnaṁ vattamānā, saṁsāro ti pavuccati(DA. ii.496; SA.ii.97)
윤회란 무더기 등이 끊임없이 전개되어가는 연속이다.(khandhādīnaṁ avi

하는 윤회는 서로서로 조건지워져서 생멸변천하고 천류(遷流)하는 일체법의 연기적 흐름을 뜻한다고 할 수 있다. 이처럼 불교에서는 윤회의 주체가 없는(무아) 연기적 흐름을 윤회라고 멋지게 정의하고 있다. 그러므로 불교의 윤회는 무아의 윤회라 불러야 한다.

윤회의 원어는 삼사라(saṁsāra, saṁ+√sṛ, *to move*)인데 문자적으로는 '함께 움직이는 것, 함께 흘러가는 것'이라는 뜻이다. 이것은 자아의 재육화보다는 오히려 연기적 흐름에 가까운 의미를 가지고 있다. 그러므로 무아(연기)와 윤회는 아무 모순이 없다.

근본적인 입장에서 보자면 매찰나 전개되는 오온의 생멸자체가 윤회이다. 생사의 입장에서 보자면 한 생에서의 마지막 마음(죽음의 마음, 死心, cūti-citta)이 일어났다 멸하고, 이것을 조건으로 하여 다음 생의 재생연결식(再生連結識, paṭisandhi-viññāṇa)이 일어나는 것이 윤회이다.

많은 불자들이 힌두교의 재육화와 불교의 재생을 정확하게 구분짓지 못하고 있는 듯하여 안타깝다. 힌두교의 재육화는 자아가 새 몸을 받는 것(금생의 심장안의 허공에 머물던 자아가 내생의 몸의 심장안의 허공에 다시 들어가는 것)이지만, 불교의 재생은 갈애를 근본원인으로 한 오온의 흐름이요, 다시 태어남(재생)이다.

윤회는 『상윳따 니까야』 「시작을 알지 못함 상윳따」(S15)의 모든 경들에서 "무명에 덮인 중생들은 갈애에 속박되어 치달리고 윤회하므로 그 시작점을 꿰뚫어 알 수 없다"(S15:1 등)는 문맥 등 여러 곳에서 언급되고 있을 뿐만 아니라 부처님의 오도송이라고 알려진 『법구경』의 다음 게송도 윤회와 윤회의 종식을 명쾌하게 밝히고 있다.

"많은 생을 윤회하면서
집짓는 자를 찾아

---

-cchinna-ppavattā paṭipāṭi – SA. ii.156)

나는 부질없이 치달려왔다.
거듭되는 태어남은 괴로움이었다.

집 짓는 자여, 마침내 그대는 드러났구나.
그대 다시는 집을 짓지 못하리.
그대의 모든 골재들은 무너졌고
집의 서까래는 해체되었도다.
이제 마음은 업형성을 멈추었고
갈애의 부서짐을 성취하였다."(Dhp. {153~154})

그리고 만일 윤회가 없다고 한다면 초기불교의 교학체계는 그대로 모순에 빠지고 말 것이다. 예를 들면 초기불전의 도처에 나타나는 성자의 경지인 예류자·일래자·불환자·아라한의 구분과 가르침이 모두 거짓이 되어버린다. 즉 윤회가 없다고 한다면 최대 일곱 번 더 인간으로 태어나는 자로 정의되는 예류자의 가르침이 거짓말이 되어버리고, 한 번만 더 인간으로 태어나는 자로 정의되는 일래자의 가르침도, 다시는 인간으로 태어나지 않고 정거천에 태어나서 그곳에서 반열반에 든다는 불환자의 가르침도 모두 거짓말이 되어버린다.[293] 그리고 아라한에게 생기는 "태어남은 다했다. 청정범행은 성취되었다. 할 일을 다 해 마쳤다. 다시는 어떤 존재로도 돌아오지 않을 것이다."라는 본서의 도처에서 언급한 구경해탈지도 다 거짓말이 되고 만다.

그리고 초기불전 여러 곳에서 부처님께서는 인간이나 천상에 다시 태어나는 방법으로 보시와 지계를 말씀하셨고 한역『아함경』에서는 이를 시·계·생천(施·戒·生天)이라고 옮겼다. 이러한 부처님 말씀도 거짓

293) 예류자·일래자·불환자·아라한 등의 여러 성자의 경지에 대해서는 본서 제31장 (3)을 참조할 것. 그리고『앙굿따라 니까야』「족쇄 경」(A4:131)의 주해들과『상윳따 니까야』「계(戒) 경」(S46:3) §13의 주해 등도 참조할 것.

말이 되고 만다. 그 외에도 많은 보기를 들 수 있을 것이다. 물론 아라한은 더 이상 윤회를 하지 않는다. 그러나 아라한을 제외한 모든 존재들의 윤회를 부처님께서는 당연한 것으로 말씀하셨다.

### (3) 육도 윤회와 오도 윤회

그리고 지옥·축생·아귀·아수라·인간·천상에 윤회하는 '육도윤회(六道輪廻)'는 이미 초기경들에서부터 등장하고 있다. 육도(六道, 六度)는 부처님께서 직접 말씀하신 것이고, 이것은 윤회하는 세상을 말씀하신 것이기도 하면서 심리상태를 나타낸 것이기도 한다.

부처님은『맛지마 니까야』「대사자후경」(M12) §35 이하에서 다섯 가지 태어날 곳(gati, 가띠)을 말씀하셨는데 지옥·축생·아귀·인간·천신이 그것이다. 가띠(gati)를 중국에서는 취(趣)라고도 옮겼고 도(道)라고도 옮겼다.

한편『디가 니까야』「합송경」(D33) §3.2에서는 청정범행을 닦기에 적합하지 않은 경우를 언급하면서 아수라도 아울러 언급하고 있으며『상윳따 니까야』제1권「삭까 상윳따」(S11) 뿐만 아니라 초기경의 여러 곳에서 아수라는 언급되고 있다. 이처럼 5도에다 아수라를 넣으면 6도가 되는 것이다. 한역 경전들에는 5취, 6취, 5도, 6도가 고루 나타난다. 그런데『화엄경』(특히 60화엄)에는 이 네 단어가 모두 다 쓰이고 있으며, 후대로 올수록 육도로 정착이 되어 육도윤회로 우리에게 익숙하게 된 것이다.[294]

육도 가운데 지옥(niraya)은 천상과 해탈의 원인이 되는 공덕이 없고 행복이 없는 곳이라고 설명한다. 아귀(peta)는 아버지를 뜻하는 삐따

---

294) 『구사론』에서는 5취(五趣) 윤회로 나타난다.『아비달마 구사론』의 주해는 6취설은 독자부(犢子部)의 주장이고 유부나 상좌부는 5취를 정설로한다고 밝히고 있다. 권오민 역,『아비달마 구사론』제2권 373쪽을 참조할 것.

(pitā)에서 파생된 말이며, 베다의 조상신들과 관계가 있다. 후손이 올리는 제사음식을 바라는 존재라는 일차적인 의미에서 '굶주린 귀신(餓鬼)'으로 불교에서 정착되었다. 축생(tiracchana)은 '옆으로'라는 단어에서 파생되었는데, 동물들은 직립보행을 못하기 때문에 붙여진 이름이다. 아수라(asura)는 베다에서 항상 천신들과 싸우는 존재로 묘사가 되고 있어서 투쟁적인 신들을 일컫는 존재로 불교에 받아들여진 것이다. 인간(마눗사, manussa)은 마누(Manu)의 후손이란 뜻인데, 불교에서는 마음(mano)이 탐·진·치와 불탐·부진·불치로 넘쳐흐르기 때문(ussanna)에 붙은 이름이라고 설명한다. 천신(deva)은 빛나는 존재라는 뜻인데 사대왕천 이상의 세상에 거주하는 신들을 말한다.[295]

초기경에서 육도는 분명히 중생이 사는 세상(loka)을 뜻하고 있다. 그런데 이 중생이 사는 세상은 모두 심리상태의 반영이라고 아비담마 불교는 설명한다.[296] 지옥은 지옥과 어울리는 극도로 나쁜 심리상태를 가진 중생들이 나서 머무는 곳이다. 색계 천상들은 선(禪, jhāna)이라는 고도의 행복과 고요함과 집중이 있는 곳이라 한다. 그러므로 예를 들면 색계의 범중천은 이 천상과 어울리는 초선(初禪)의 심리상태를 가진 중생들이 나서 머무는 곳이다. 공무변처와 식무변처와 무소유처와 비상비비상처로 구성된 무색계 천상들은 무색계 삼매의 경지를 터득한 자들이 태어나서 머무는 곳이다. 이처럼 고통스럽거나 행복하거나 저열하거나 고상한 다양한 세상은 모두 다양한 심리상태들, 구체적으로 말하면 의도적 행위들의 반영이다. 이러한 의도적 행위를 불교에서는 업(業, kamma)이라고 한다.

그러므로 중요한 것은 우리는 매순간 고귀하고 아름다운 마음을 내도

295) 육도의 설명은 『아비담마 길라잡이』 418쪽 이하를 참조할 것.

296) 위 책 411~412쪽 참조.

록 노력해야 한다는 것이다. 지금 여기에서 내가 일으키고 있는 심리상태들이 결국은 내가 사는 이 세상을 만들어가는 것이며, 앞으로 태어날 세상을 결정짓기 때문이다.

### (4) 윤회의 원인

이처럼 부처님께서는 분명히 윤회를 설하셨고, 초기경의 도처에서 갈애(愛, taṇhā)와 무명(無明, avijjā)이 윤회의 원인이라고 밝히셨다. 그래서 부처님께서는 갈애(渴愛)를 '재생을 하게 하는 것(ponobhāvikā)'이라고 정의하셨다.[297] 그리고 생·노사로 표현되는 윤회의 괴로움의 발생구조와 소멸구조를 밝히고 있는 12연기에서는 무명을 윤회의 근본원인으로 들고 있기도 하다.

그래서 『상윳따 니까야』 제6권 「초전법륜 경」(S56:11 §6) 등은 다음과 같이 고집성제(苦集聖諦, samudaya-sacca, 괴로움의 원인의 진리)를 정의하고 있다.

"비구들이여, 그러면 무엇이 괴로움의 일어남의 성스러운 진리[苦集聖諦]인가? 그것은 갈애이니, 다시 태어남을 가져오고 환희와 탐욕이 함께하며 여기저기서 즐기는 것이다. 즉 감각적 욕망에 대한 갈애[欲愛], 존재에 대한 갈애[有愛], 존재하지 않음에 대한 갈애[無有愛][298]가 그것이

---

297) D22; S22:22 등.

298) "'감각적 욕망에 대한 갈애(kāma-taṇhā, 欲愛)'란 다섯 가닥의 감각적 욕망에 대한 탐욕의 동의어이다.
'존재에 대한 갈애(bhava-taṇhā, 有愛)'란 존재를 열망함에 의해서 생긴 상견(常見, sassata-diṭṭhi)이 함께 하는 색계와 무색계의 존재에 대한 탐욕과 禪을 갈망하는 것의 동의어이다.
'존재하지 않음에 대한 갈애(vibhava-taṇhā, 無有愛)'란 것은 단견(斷見, uccheda-diṭṭhi)이 함께 하는 탐욕의 동의어이다."(DA.iii.800)

다."(S56:11 §6)

윤회는 흐름[相續, santati]이다. 그것도 찰나생·찰나멸의 흐름이다. 매찰나 전개되는 오온의 생멸이 내생으로 찰나생멸하며 흐르는 것이 윤회다. 갈애와 무명이 있는 한 윤회의 흐름은 계속된다. 이것을 우리는 생사윤회라 한다. 물론 갈애로 대표되는 번뇌들이 다한 아라한에게는 더 이상 윤회는 없다. 그러나 그 외에는 불환과까지도 다시 태어남 즉 윤회는 있다.

윤회는 결코 방편설이 아니다. 갈애와 무명에 휩싸여 치달리고 흘러가는 중생들의 가장 생생한 모습이다. 그러므로 윤회는 힌두교 개념이고 불교는 윤회를 인정하지 않는다는 잘못된 주장에 현혹되면 안 된다. 부처님께서는 생·노사 혹은 생사로 대표되는 괴로움[苦]의 흐름인 윤회를 설하셨고, 윤회의 원인[集, 갈애]을 설하셨고, 윤회가 다한 경지[滅, 열반]를 설하셨고, 윤회가 다한 경지를 실현하는 방법[道, 팔정도]을 설하셨다. 그러므로 어설프게 '윤회는 없다, 부처님은 윤회를 설하지 않으셨다.'고 주장해서는 곤란하다.

# 제31장 족쇄를 푼 성자들(열 가지 족쇄와 네 부류의 성자)

## (1) 열 가지 족쇄

해체해서 봐야 깨닫고 성자가 되고 유신견이 극복된다. 초기불교에서는 깨달음을 실현한 예류자・일래자・불환자・아라한의 성자(ariya)들을 10가지 족쇄(saṁyojana)를 얼마나 많이 풀어내었는가와 연결 지어서 설명한다. 먼저 열 가지 족쇄를 간략히 살펴보면 다음과 같다.

① 유신견(有身見, sakkāya-diṭṭhi): 자아가 있다는 견해. 중생을 중생이게끔 기만하고 오도하는 가장 근본적인 삿된 견해로, 고정불변하는 자아 혹은 실체가 있다고 국집하는 견해이다. 경에서는 오온의 각각에 대해서 4가지로 자아 등이 있다고 여기는 것이라고 설명한다.[299]

② 계율과 의례의식[誓戒]에 대한 집착[戒禁取, sīlabbata-parāmāsa]: 형식적 계율과 의례의식을 지킴으로써 해탈할 수 있다고 집착하는 것.[300]

③ 의심[疑, vicikicchā]: 불・법・승, 계율, 연기법 등을 회의하여 의심하는 것.(『아비담마 길라잡이』 2장 §4의 해설 참조)

④ 감각적 욕망(kāma-rāga)[301]: 감각적 쾌락에 대한 욕망.

---

299) '유신견'에 대해서는 본서 제8장 (2)-①과 제30장 (1)의 주해 등과 「나꿀라삐따 경」(S22:1) §§10~14 및 주해와 『아비담마 길라잡이』 7장 §7의 해설을 참조할 것.

300) '계금취(戒禁取)'의 대표적인 예로 『맛지마 니까야』 「견서계경」(M57)을 들 수 있다. 『아비담마 길라잡이』 7장 §6의 해설도 참조할 것.

⑤ 적의(paṭigha): 반감, 증오, 분개, 적대감 등을 뜻하며 성내는 마음[嗔心]과 동의어이다.(『아비담마 길라잡이』1장 §5의 3번 해설 참조)

⑥ 색계에 대한 탐욕(rūpa-rāga): 색계 禪(초선부터 제4선까지)으로 실현되는 경지에 대한 집착.

⑦ 무색계에 대한 탐욕(arūpa-rāga): 무색계 禪(공무변처부터 비상비비상처까지)으로 실현되는 경지에 대한 집착.

⑧ 자만[慢, māna]: 내가 남보다 뛰어나다, 동등하다, 못하다 하는 마음.(「사밋디 경」(S1:20) §10과 주해 참조, 『아비담마 길라잡이』2장 §4 해설 참조)

⑨ 들뜸[掉擧, 도거, uddhacca]: 들뜨고 불안한 마음.(『아비담마 길라잡이』2장 §4 해설 참조)

⑩ 무명(無明, avijjā): 사성제를 모르는 것.(「분석 경」(S12:2) §15, 본서 제15장-(4)-① 참조)

이 가운데서 ① 유신견 ② 계율과 의식에 대한 집착 ③ 의심 ④ 감각적 욕망 ⑤ 적의, 이 다섯은 아래의 [욕계에서] 생긴 무더기 등을 결박하기 때문에 낮은 단계의 족쇄[下分結]라 부른다.(『청정도론』XXII.48) 그리고 ⑥ 색계에 대한 탐욕 ⑦ 무색계에 대한 탐욕 ⑧ 자만 ⑨ 들뜸 ⑩ 무명, 이 다섯은 위의 [색계와 무색계]에서 생긴 무더기 등을 결박하기 때문에 높은 단계의 족쇄[上分結]라 부른다.(*Ibid.*)

아비담마 문헌의 여러 곳에서는 열 가지 족쇄 가운데 처음의 셋을 보아서[見, dassana] 버려야 할 법들(dassanena pahātabbā dhammā)이라고 정리하고 있으며(Dhs.182), 나머지는 닦아서[修, bhāvanā] 버려야 할 법들이라고 설명하고 있다.(Dhs.183) 이러한 봄[見]과 닦음[修]은 다시 견도(見道, dassana-magga)와 수도(修道, bhāvanā-magga)라는 술어로 주석서 문헌

301) 주석서(AA.ii.140, AA.iii.358)는 '감각적 욕망(kāma-guṇa)'을 '다섯 가닥의 감각적 욕망(pañca-kāma-guṇa)'과 같은 것으로 설명한다. [눈·귀·코·혀·몸을 통한] 다섯 가닥의 감각적 욕망에 대한 정형구는 본서 제6장 (5)-②의 주해를 참조할 것.

들의 도처에 나타나고 있으며(MA.i.75 등), 견(見) 혹은 견도(見道)에 의해서 예류자가 되고, 수(修) 혹은 수도(修道)의 성취정도에 따라서 차례대로 일래자, 불환자, 아라한이 된다고 설명하고 있다.(Ps.ii.82 이하; Pm.299 등) 한편 이러한 견도와 수도는 후대의 여러 불교에서도 중요한 주제로 다루어지는데, 특히 북방 아비달마를 대표하는 『구사론』에서도 같은 방법으로 자세히 논의되고 있으며, 『성유식론』과 『유가사지론』 등의 유식 문헌에서도 역시 자세히 논의 되고 있다.

열 가지 족쇄에 대해서는 본서 제20장 (3)의 ⑧과 ⑨도 참조할 것.

### (2) 족쇄와 성자

예류자(sotāpatti)는 유신견, 계율과 의식에 대한 집착, 의심의 세 가지 족쇄가 완전히 풀린 성자이고, 일래자(sakadāgami)는 이 세 가지가 완전히 다 풀렸을 뿐만 아니라 감각적 욕망과 적의의 두 가지 족쇄가 아주 엷어진 성자이다. 불환자(anāgami)는 다섯 가지 낮은 단계의 족쇄가 완전히 다 풀려나간 성자이고, 아라한(arahan)은 열 가지 모든 족쇄를 다 풀어버린 성자이다.

유신견(有身見, sakkāya-diṭṭhi)은 오온을 나라고 내 것이라고 국집하는 견해이다. 초기불전의 도처에서 부처님께서는 존재를 온·처·계·근·제·연으로 분석하고 해체해서 설하셨다. 이렇게 해체하신 가장 중요한 이유는 이러한 존재에서 자아니 대아니 참 마음이니 우주니 실상이니 하는 따위의 실체가 있다는 관견(管見)을 척파하시기 위한 것이다. 실체가 있다고 국집하는 견해를 통틀어 유신견이라 할 수 있다. 이러한 유신견에서 벗어나지 못하면 제 아무리 날고 기어도 깨달음의 초보 단계인 예류자에도 미치지 못함을 우리는 위에서 보았다.

초기불교 교학은 존재를 온·처·계·근·제·연으로 해체해서 보아 이들에 대해서 염오-이욕-소멸, 혹은 염오-이욕-해탈-구경해탈지, 혹은 염오-이욕-소멸-고요-최상의 지혜-깨달음-열반을 실현하는 것이 핵심이다. 이렇게 해체해서 보는 구체적인 방법으로 부처님께서는 37보리분법을 말씀하셨고 그것은 팔정도로 귀결된다.

(3) **다른 분류에 의한 성자들의 경지**

일반적으로 초기불전에서 성자의 경지는 위에서 설명한 예류도, 예류과부터 아라한도, 아라한과까지의 사쌍팔배(四雙八輩)302)로 나타나고 있다. 그런데 이들 경지는 더 세분되기도 하고 다른 술어들을 사용하기도 하여 초기불전의 여러 곳에 나타난다. 그 가운데 종합적으로 살펴볼만한 경들과 주석서의 설명들을 모아본다.

먼저 『앙굿따라 니까야』 「사람 경」(A7:14)과 「밧달리 경」(M65/i.477~479)과 『디가 니까야』(D28) 등의 여러 경에는 성자를 양면으로 해탈[兩面解脫]한 자, 통찰지로 해탈[慧解脫]한 자, 몸으로 체험한 자, 견해를 얻은 자, 믿음으로 해탈한 자, 법을 따르는 자, 믿음을 따르는 자의 일곱 부류로 나누고 있다. 『인시설론 주석서』에 나타나는 이들에 대한 설명을 옮겨보면 다음과 같다.

"여덟 가지 증득[等至, 초선부터 비상비비상처까지의 8가지 본삼매를 말함]을

---

302) '사쌍팔배(四雙八輩)'는 cattāri purisayugāni aṭṭha purisapuggalā를 옮긴 것인데 이것은 초기경에 나타나는 "네 쌍의 인간들(cattāri purisa-yugā-ni)과 여덟 단계에 있는 사람들(aṭṭha purisa-puggalā)"(A4:34 등)을 중국에서 이렇게 번역하여 정착시킨 것이다. 여기서 사쌍(四雙)은 예류자·일래자·불환자·아라한을 말하고 팔배(八輩)는 이들을 각각 도와 과로 나누어서 예류도, 예류과부터 아라한도, 아라한과까지의 여덟 단계의 성자를 말한다.

얻은 비구가 통찰지를 중히 여기고 사마타로 명상하면서 어떤 특정한 무색계의 증득을 기초로 하여 위빳사나를 확립하여 도와 과를 얻는 경우가 있다. 그가 예류도에 머무는 순간에는 ①'법을 따르는 자(dhammā-nusāri)'라 하고, 예류과에서부터 아라한도까지 여섯 단계에 머물 때에는 ⑤'몸으로 체험한 자(kāyasakhi)'라 하고, 마지막 아라한과에 이를 때에는 ⑥'양면으로 해탈한 자(ubhatobhāgavimutti)'라 한다.

여덟 가지 증득을 얻지 못했거나 혹은 색계 4禪만을 얻은 자가 오직 통찰지를 중히 여기고 위빳사나(유위법들의 무상·고·무아를 통찰하는 것)로 명상하면서 상카라들만을 명상하거나 혹은 네 가지 색계禪 가운데 어떤 하나를 명상하여 도와 과를 얻는 경우가 있다. 그가 예류도에 머무는 순간에는 ① '법을 따르는 자(dhammānusārī)'라 하고, 예류과에서부터 아라한도까지 여섯 단계에 머물 때에는 ②'견해를 얻은 자(diṭṭhippatta)'라 하고, 마지막 아라한과에 이를 때에는 ③ '통찰지로 해탈한 자(paññā-vimutta)'라 한다.

여덟 가지 증득을 얻은 자가 믿음을 중히 여기고 사마타로 명상하면서 어떤 특정한 무색계의 증득을 기초로 하여 위빳사나를 확립하여 도와 과를 얻는 경우가 있다. 그가 예류도에 머무는 순간에는 ④ '믿음을 따르는 자(saddhānusārī)'라 하고, 예류과에서부터 아라한도까지 여섯 단계에 머물 때에는 ⑤'몸으로 체험한 자(kāyasakhi)'라 하고, 마지막 아라한과에 이를 때에는 ⑥ '양면으로 해탈한 자(ubhatobhāgavimutti)'라 한다.

여덟 가지 증득을 얻지 못했거나 혹은 색계 4禪만을 얻은 자가 오직 믿음을 중히 여기고 위빳사나로 명상하면서 상카라들만을 명상하거나 혹은 네 가지 색계禪 가운데 어떤 하나를 명상하여 도와 과를 얻는 경우가 있다. 그가 예류도에 머무는 순간에는 ④ '믿음을 따르는 자(saddhānusārī)'라 하고, 예류과에서부터 아라한도까지 여섯 단계에 머물 때에는 ⑦ '믿음으로 해탈한 자(saddhāvimutti)'라 하고, 마지막 아라한과에 이를 때에는 ③ '통찰지로 해탈한 자(paññāvimutti)'라 한다."(PugA.194~195)

이것을 정리해보면 모두 7가지가 된다.

① 법을 따르는 자(dhammānusārī): 예류도에 머무는 순간

② 견해를 얻은 자(diṭṭhippatta): 예류과에서부터 아라한도까지 여섯 단계

③ 통찰지로 해탈한 자(paññāvimutta): 아라한과

④ 믿음을 따르는 자(saddhānusārī): 예류도에 머무는 순간

⑤ 몸으로 체험한 자(kāyasakhi): 예류과부터 아라한도까지의 여섯 단계

⑥ 양면으로 해탈한 자(ubhatobhāgavimutti): 아라한과

⑦ 믿음으로 해탈한 자(saddhāvimutti): 예류과에서부터 아라한도까지 여섯 단계

한편『앙굿따라 니까야』「공양받아 마땅함 경」(A10:16)에는 성자의 경지가 모두 10가지로 나타나고 있다.

"비구들이여, 열 사람은 공양받아 마땅하고, 선사받아 마땅하고, 보시받아 마땅하고, 합장받아 마땅하며, 세상의 위없는 복밭[福田]이다. 무엇이 열인가?

여래·아라한·정등각, 벽지불, 양면으로 해탈[兩面解脫]한 자, 통찰지로 해탈[慧解脫]한 자, 몸으로 체험한 자, 견해를 얻은 자, 믿음으로 해탈한 자, 법을 따르는 자, 믿음을 따르는 자, 종성(種姓)이다."

양면으로 해탈한 자부터 믿음을 따르는 자까지에 대한 설명은 위의 『인시설론 주석서』를 참조할 것. 주석서는 종성을 다음과 같이 설명하고 있다.

"'종성(種姓, gotrabhū)'이란 공부지음을 성취하는(sikkhā-patta) 강한 위빳사나의 마음을 갖춘 자로 예류도를 성취하는 무간연(無間緣, anantara-paccaya)이 된다."(AA.iv.170)

아비담마에서 종성(種姓, gotrabhū)은 성자의 반열에 드는 순간의 마음인데, 첫 번째 성자의 경지인 예류도를 얻기 바로 전 찰나에 범부의 이름을 버리고, 성자라는 이름을 얻게 되는 찰나를 종성이라 부른다. 자세한 것은 『아비담마 길라잡이』 9장 §34 해설과 『청정도론』 XXII.5 이하를 참조하기 바란다.

여기서 보듯이 『앙굿따라 니까야』 「아홉의 모음」(A9)의 「공양받아 마땅함 경」(A9:10)과 「열의 모음」(A10)의 「공양받아 마땅함 경」(A10:16)은 아비담마에서 설하는 종성(gotrabhū)에 대한 경전적인 근거가 되는 경이다.

한편 『상윳따 니까야』 「한 번만 싹 트는 자 경」(S48:24)에는 모두 12가지의 성자의 경지가 나타난다.

"비구들이여, 이러한 다섯 가지 기능을 완전하게 하고 완성하기 때문에 ① 아라한이 된다. 이보다 더 약하면 ② 수명의 중반쯤에 이르러 완전한 열반에 드는 자가 되고, 이보다 더 약하면 ③ [수명의] 반이 지나서 완전한 열반에 드는 자가 되고, 이보다 더 약하면 ④ 노력 없이 쉽게 완전한 열반에 드는 자가 되고, 이보다 더 약하면 ⑤ 노력하여 어렵게 완전한 열반에 드는 자가 되고, 이보다 더 약하면 ⑥ 더 높은 세계로 재생하여 색구경천에 이르는 자가 되고, 이보다 더 약하면 ⑦ 일래자가 되고, 이보다 더 약하면 ⑧ 한 번만 싹 트는 자가 되고, 이보다 더 약하면 ⑨ 성스러운 가문에서 성스러운 가문으로 가는 자가 되고, 이보다 더 약하면 ⑩ 최대로 일곱 번만 다시 태어나는 자가 되고, 이보다 더 약하면 ⑪ 법을 따르는 자가 되고, 이보다 더 약하면 ⑫ 믿음을 따르는 자가 된다."(S48:24)

몇 가지 술어에 대한 주석서의 설명을 옮겨보면 다음과 같다.

"'수명의 중반쯤에 이르러 완전한 열반에 드는 자(antarā-parinibbāyi)'는 수명의 중반을 넘기지 않고(āyu-vemajjhaṁ anatikkamitvā) 완전한 열반에 드는 자인데 이것은 세 가지가 있다. ① 어떤 자는 1000겁(kappa)의 수명을 가진 무번천(Avihā)에 태어나는 날에 아라한과를 얻거나 첫 날에 얻지 못하면 처음의 100겁 안에 얻는다. 이것이 첫 번째 경우이다. ② 그렇지 못하면 200겁 안에 얻는다. 이것이 두 번째 경우이다. ③ 그렇지 못하면 400겁 안에 얻는다. 이것이 세 번째 경우이다."(SA.iii.143)

"'④ 노력 없이 쉽게 완전한 열반에 드는 자(asaṅkhāra-parinibbāyi)'란 노력 없이(appayoga), 피로함이 없이(akilamanta), 쉽게(sukhena) 열반에 드는 자란 말이다."(DA.iii.1030) "노력 없이(appayoga) 아라한과(arahatta)를 얻는 것을 말한다."(SA.iii.143)

"'⑤ 노력하여 어렵게 완전한 열반에 드는 자(sasaṅkhāra-parinibbāyi)'란 노력을 하여(sappayoga), 피로하고, 어렵게(dukkhena) 열반에 드는 자란 뜻이다."(DA.iii.1030)

한편 『앙굿따라 니까야』 「정력적인 노력 경」(A4:169/ii.155~156 §2)에서 세존께서는 "몸에 대해서 부정함을 관찰하면서 머물고, 음식에 혐오하는 인식을 가지고, 온 세상에 대해 기쁨이 없다는 인식을 가지고, 모든 형성된 것들에 대해서 무상하다고 관찰하고, 안으로 죽음의 인식이 잘 확립되어 있는" 자를 ⑤ 노력하여 어렵게 완전한 열반에 드는 자라고 설하고 계시고, 네 가지 禪을 잘 닦은 자를 ④ 노력 없이 쉽게 완전한 열반에 드는 자라고 말씀하고 계신다.

계속하여 『상윳따 니까야 주석서』의 설명을 인용하면 다음과 같다.

"'⑧ 한 번만 싹 트는 자(ekabījī)'란 예류자가 된 뒤에 한 번만 더 자기 존재(atta-bhāva)를 태어나게 한 뒤에 아라한됨을 얻는 자를 말한다." (SA.iii.238)

"'⑨ 성스러운 가문에서 성스러운 가문으로 가는 자(kolaṁ-kola)'란 두 번 혹은 세 번 윤회한 뒤에(saṁsaritvā) 괴로움의 끝(dukkhass'anta)을 만드는 자를 말한다."(*Ibid.*)

"'⑩ 최대로 일곱 번만 다시 태어나는 자(sattakkhattu-parama)'란 최대로 일곱 번만 다시 태어나지 여덟 번째 존재(bhava)란 없는 자를 말한다."(*Ibid.*)

예류자에 속하는 이 세 가지 유형은 『인시설론』(Pug.15~16)에서 정의되고 『인시설론 주석서』(PugA.195~197)에서 상세하게 설명되고 있다. 계속해서 『상윳따 니까야 주석서』의 설명을 살펴보자.

"⑪ 법을 따르는 자의 도는 예리하며(tikkha), 강한 지혜(sūra ñāṇa)를 수반한다. 그는 자극을 받지 않고(asaṅkhāra) 노력하지 않고(appayoga) 오염원들(kilesā)을 자르는데 마치 날카로운 칼(tikhiṇā asidhārā)로 파초의 줄기(kadali-kkhandha)를 자르는 것과 같다.

⑫ 믿음을 따르는 자의 도는 예리하지 않으며, 강한 지혜를 수반하지 않는다. 그는 자극을 받고(sasaṅkhāra) 노력하여 오염원들을 자르는데, 마치 무딘 칼로 파초의 줄기를 자르는 것과 같다. 그러나 오염원들의 소멸에 있어서 이들의 차이는 없다."(SA.iii.235)[303]

303) '법을 따르는 자(dhamma-anusari)'와 '믿음을 따르는 자(saddhānusari)'에 대해서는 『상윳따 니까야』 「눈[眼] 경」(S25:1) §§4~5와 주해들을 참조할 것.

후기

참고문헌

찾아보기

# 후기

저자가 빠알리 삼장의 한글 완역이라는 원을 품고 빠알리와 산스끄리뜨를 공부하기 위해서 1989년 3월에 인도로 유학을 떠난지 벌써 20년이 넘었다. 이렇게 하여 초기불교를 공부하고 초기불전을 한글로 옮기면서 저자가 항상 부끄럽고 죄송하게 생각해왔던 것이 있다. 그것은 초기불교를 전공하는 한국 사람이 한글로 지은 초기불교 서적, 그것도 아함이 아니라 니까야를 토대로 한 초기불교 교학서적이 없다는 점이었다. 그러면서 역량이 조금 더 갖추어지고 인연이 닿으면 언젠가는 저자 자신이 이 일을 감당해보리라고 다짐하였다.

이 발원은 저자가 『상윳따 니까야』를 본격적으로 옮기면서 조금씩 현실화 되었다. 저자가 『상윳따 니까야』 번역작업에 본격적으로 착수한 것은 2007년 12월이었다. 주로 태국에 머물면서 하루에 10시간 이상을 번역작업에만 매진하였다. 특히 주제별로 많은 경들을 담고 있는 『상윳따 니까야』의 주해작업은 저자에게 초기불교의 교학과 수행에 대한 체계적인 이해에 눈을 뜨게 해 주었고 어느 정도 자신감을 가지게 해주었다.

그러던 차에 마침 불교TV에서 '초기불교의 교학과 수행'이라는 주제로 강의요청이 들어와서 이미 마무리한 『상윳따 니까야』의 1차 번역과 1차 주해들을 토대로 하여 '초기불교의 교학과 수행'이라는 교재를 만들어서 2008년 11월부터 22회에 걸쳐서 불교TV 강의를 마무리할 수 있었다. 이 강의 교재가 본서의 초안이 된 셈이다.

그리고 2009년 11월에 『상윳따 니까야』를 전6권으로 출간하고 나서 겨울에 『상윳따 니까야』 전6권의 해제들을 바탕으로 초기불교의 교학과 수행에 대한 해설서를 본격적으로 만들어서 탈고하게 되었다. 그것은 A4용지로 250쪽에 달하는 많은 내용이었다. 그러다 이번에 이 자료를 책으로 출간하자는 대림스님의 제언을 받아들여 보름의 일정으로 다시 태국에 나가서 본서의 최종 교정과 편집 작업을 마무리하게 되었다.

이렇게 하여 저자가 품어오던 초기불교에 대한 의미 있는 해설서를 만들어보리라던 원이 이제 결실을 맺게 되었다.

본서의 편집과 마무리 작업을 하면서 감사드려야 할 분들이 많다. 먼저 초기불전연구원장 대림스님께 감사드린다. 한국에 있으면 법회다 강의다 해서 번역이나 저술작업에 매진할 수 없는 저자를 경책하여 태국에 나가서 본서를 마무리 짓도록 조언을 해주신 대림 스님이 없었으면 본서는 아직 저자의 노트북 깊은 곳에서 잠을 자고 있었을 것이다. 그리고 본서의 표지작업부터 인쇄작업 전반과 출판비용 마련에 이르기까지 대림스님의 노고가 배어있지 않은 데가 없다. 본서가 조금이라도 의미 있는 책이 되었다면 그것은 전적으로 대림스님의 공덕이다. 대림스님께 깊은 감사의 말씀을 전한다.

그리고 본서를 총괄적으로 교정을 봐주신 실상사 화림원의 혜진 스님께도 감사드린다. 모두 세 번에 걸친 혜진 스님의 열과 성을 다한 교정과 특히 색인 작업에 대한 도움은 저자에게 많은 도움과 격려가 되었다. 그리고 진지하게 교정을 봐주신 화엄학림의 진휴 스님과 종수 스님과 지금은 군법사로 재직중인 무진스님께도 감사드린다. 그리고 본서의 초안을 교재로 하여 함께 공부하면서 열띤 토론을 하면서 많은 제언을 해주신 실상사 화엄학림과 화림원의 스님들께도 감사드린다.

그리고 그동안 초기불전연구원에서 발간해온 책들을 크나큰 신심으로 꼼꼼하게 교정을 해 주신 울산 성광여고 교사이신 김성경 거사님께 깊은 감사의 말씀을 드린다. 거사님은 이번에도 본서의 교정을 보는 일을 기꺼이 맡아서 해주셨다. 열과 성을 다해주신 거사님의 꼼꼼한 교정이 본서의 최종본을 만드는데 큰 도움이 되었음은 당연하다. 아울러 함께 교정을 봐주신 정양숙 선생님께도 감사의 말씀을 드린다. 그리고 본서의 교정작업에는 향엄장 이현옥 불자님의 노고가 많이 들어있다. 교정에 전문적인 지식과 경험을 가진 향엄장 불자님의 꼼꼼한 교정도 본서를 다듬는데 큰 도움이 되었다. 향엄장 불자님께도 깊은 감사의 말씀을 전한다.

무엇보다도 역자가 편히 번역 작업에만 전념할 수 있도록 배려를 아끼지 않으시는 실상사의 회주이신 도법 스님, 주지이자 학장이신 해강 스님을 위시한 서른 분의 실상사 대중스님들과 종무소와 후원의 여러 불자님들께도 감사드린다. 실상사 대중이면서도 번역작업을 하기 위해서 많은 시간 태국에 나가서 머무는 저자를 큰 자비심으로 섭수해주시는 실상사 대중스님들이 계시기에 번역서가 아니라 처음으로 직접 저술하여 발간하는 이번 책도 결실을 맺을 수 있었다.

그리고 역경불사를 한다는 단 한 가지 이유 때문에 매달 후원금을 꼬박꼬박 보내주시는 초기불전연구원 후원회원 여러분들과 본원의 정신적 후원자인 초기불전연구원 인터넷 카페의 4,800명이 넘는 회원 여러분들께도 감사의 말씀을 전한다. 끝으로 아름다운 표지를 도안해서 본서를 빛나게 해주신 김인혜 디자이너 선생님과 인쇄에 관계된 제반사항을 잘 마무리해서 좋은 책으로 출판해주신 <문성인쇄>의 관계자 여러분들께 감사드린다.

마지막 손질을 마친 지금, 본서를 마무리 지으면서 스스로의 부처님 원음에 대한 이해와 확신이 깊어졌다는 기쁨도 크지만 혹여 부족하고 잘못된 이해로 부처님의 뜻이 잘못 전달되지는 않을지 두려움이 더 크다. 잘못된 부분이 있으면 독자 여러분들의 매서운 질정을 바라면서 저자의 후기를 접는다.

이 땅에 부처님의 정법이 오래오래 지속되기를 발원한다.

불기 2554(2010)년 7월
실상사 화림원에서

각묵 삼가 씀

# 참고문헌

## I. 니까야 및 그 주석서와 복주서 빠알리 원본

*The Dīgha Nikāya.* 3 vols. edited by Rhys Davids, T. W. and Carpenter, J. E.. First published 1890. Reprint. London. PTS, 1975.

*Dīgha Nikāya Aṭṭhakathā (Sumaṅgalavilāsinī)* 3 vols. edited by Rhys David, T. W. and Carpenter J. E. and Stede, W. PTS, 1886-1932.

*The Majjhimā Nikāya.* 3 vols. edited by Rhys Davids, T. W. and Carpenter, J. E.. First published 1890. Reprint. London. PTS, 1975.

*Majjhimā Nikāya Aṭṭhakathā (Sumaṅgalavilāsinī)* 3 vols. edited by Rhys David, T. W. and Carpenter J. E. and Stede, W. PTS, 1886-1932.

*The Saṁyutta Nikāya.* 5 vols. edited by Rhys Davids, T. W. and Carpenter, J. E. First published 1890. Reprint. London. PTS, 1991.

*Saṁyutta Nikāya Aṭṭhakathā (Sāratthappakāsinī)* 3 vols. edited by Rhys David, T. W. and Carpenter J. E. and Stede, W. PTS, 1886-1932.

*The Aṅguttara Nikāya.* 5 vols.

Vol. I and II, edited by Richard Morris, First published 1885. Reprint. London. PTS, 1961.

Vol III~V, edited by E. Hardy, First published 1897. Reprint. London. PTS, 1976.

*Aṅguttara Nikāya Aṭṭhakathā (Manorathapūraṇī)* 5 vols. edited by Max Walleser and Hermann Kopp, PTS, First published 1924-1956. Reprint. 1973-1977.

The Chaṭṭha Saṅghāyana CD-ROM edition (3th version). Igatpuri: VRI, 1998.

## II. 빠알리 삼장 번역본

Dīgha Nikāya: Rhys Davids, T.W. and C.A.F. *Dialogues of the Buddha*. 3 vols. London: PTS, 1899-1921 Reprinted 1977.

Walshe, Maurice. *Thus Have I Heard: Long Discourse of the Buddha*. London: Wisdom Publications, 1987.

각묵 스님, 『디가 니까야』 (전3권) 초기불전연구원, 2006, 2쇄 2008.

片山一郞, 『長部』 (대품 1권까지 3권), 동경, 2003-2004.

Majjhima Nikāya: Horner, I. B. *The Collection of the Middle Length Sayings*, PTS, 1954-59.

Ñāṇamoli Bhikkhu and Bodhi Bhikkhu. *The Middle Length Discourse of the Buddha*, Kandy: BPS, 1995.

片山一郞, 『中部』 (전6권), 동경, 1997-2002.

Saṁyutta Nikāya: Woodward, F. L. *The Book of the Kindred Sayings*, PTS, 1917-27.

Rhys Davids, C.A.F, and F.L. Woodward. *The Book of the Kindred Sayings*. 5 vols. London: PTS, 1917-30. Rhys Davids tr. 9(1917), 2(1922); Woodward tr. 3(1925), 4(1927), 5(1930).

Bodhi, Bhikkhu. *The Connected Discourses of the Buddha* (2 Vol.s). Wisdom Publications, 2000.

각묵 스님, 『상윳따 니까야』 (전6권) 초기불전연구원, 2009.

Aṅguttara Nikāya: Woodward and Hare. *Book of Gradual Sayings* (5 vols). London: PTS, 1932-38.

대림 스님, 『앙굿따라 니까야』 (전6권) 초기불전연구원, 2006~2007.

Vinaya Pitaka: Horner, I. B. *The Book of the Discipline*. 6 vols. London: PTS, 1946-66.

Dhammasangaṇi: Rhys Davids, C.A.F. *A Buddhist Manual of Psychological Ethics*. 1900. Reprint. London: PTS, 1974.

Vibhaṅga: Thittila, U. *The Book of Analysis* London: PTS, 1969.

Dhātukathā: Nārada, U. *Discourse on Elements*. London: PTS, 1962.

Puggalapaññatti: Law, B.C. *A Designation of Human Types*. London: PTS, 1922, 1979.

Kathāvatthu: Shwe Zan Aung and C.A.F. Rhys Davids. *Points of Controversy* London: PTS, 1915, 1979.

Paṭṭhana: U Nārada. *Conditional Relations* London: PTS, Vol.1, 1969; Vol. 2, 1981.

Atthasālinī (Commentary on the Dhammasāṅganī): Pe Maung Tin. *The Expositor* (2 Vol.s), London: PTS, 1920-21, 1976.

Sammohavinodanī (Commentary on the Vibhaṅga): Ñāṇamoli, Bhikkhu. *The Dispeller of Delusion*. Vol. 1. London: PTS, 1987; Vol. 2. Oxford: PTS, 1991.

Visuddhimagga: Ñāṇamoli, Bhikkhu. *The Path of Purification*. (tr. of Vism) Berkeley: Shambhala, 1976.

대림 스님, 『청정도론』 (전3권) 초기불전연구원, 2004, 3쇄 2009.

## III. 사전류

### (1) 빠알리 사전

*Pāli-English Dictionary (PED)*, by Rhys Davids and W. Stede, PTS, London, 1923.

*Pāli-English Glossary of Buddhist Technical Terms (NMD)*, by Ven. Ñāṇamoli, BPS, Kandy, 1994.

*A Dictionary of the Pali Language (DPL)*, by R.C. Childers, London, 1875.

*Buddhist Dictionary*, by Ven. Ñāṇatiloka, Colombo, 1950.

*Concise Pāli-English Dictionary (BDD)*, by Ven. A.P. Buddhadatta, 1955.

*Dictionary of Pāli Proper Names (DPPN)*, by G.P. Malalasekera, 1938.

*Critical Pāli Dictionary (CPD), by Royal Danish Academy of Sciences & Letters*

*A Dictionary of Pāli* (Part I: a - kh), by Cone, M. PTS. 2001.

(2) 기타 사전류

*Buddhist Hybrid Sanskrit Grammar and Dictionary (BHD)*, by F. Edgerton, New Javen: Yale Univ., 1953.

*Sanskrit-English Dictionary (MW)*, by Sir Monier Monier-Williams, 1904.

*Practical Sanskrit-English Dictionary (DVR)*, by Prin. V.S. Apte, Poona, 1957.

*Dictionary of Pāṇini* (3 vols), Katre S. M. Poona, 1669.

*A Dictionary of Sanskrit Grammar,* Abhyankar, K. V. Baroda, 1986.

*A Dictionary of the Vedic Rituals,* Sen, C. Delhi, 1978.

*Puranic Encyclopaedia,* Mani, V. Delhi, 1975, 1989.

*Root, Verb-Forms and Primary Derivatives of the Sanskrit Language,* by W. D. Wintney, 1957.

*A Vedic Concordance,* Bloomfield, M. 1906, 1990.

*A Vedic Word-Concordance* (16 vols), Hoshiarpur, 1964-1977.

*An Illustrated Ardha-Magadhi Dictionary* (5 vols), Maharaj, R. First Edition, 1923, Reprint: Delhi, 1988.

*Abhidhāna Rājendra Kosh* (*Jain Encyclopaedia,* 7 vols), Suri, V. First Published 1910-25, Reprinted 1985.

*Prakrit Proper Names* (2 vols), Mehta, M. L. Ahmedabad, 1970.

*Āgamaśabdakośa (Word-Index of Aṅgasuttāni),* Tulasi, A. Ladnun, 1980.

『梵和大辭典』 鈴木學術財團, 동경, 1979.

『佛敎 漢梵大辭典』 平川彰, 동경, 1997.

『パーリ語佛教辭典』雲井昭善 著, 1997

## IV. 기타 참고도서

Banerji, S. Chandra. *A Companion to Sanskrit Literature,* Delhi, 1989.

Basham, *History and Doctrines of the Ājivikas,* London, 1951.

Barua, B. M. *History of Pre-Buddhist Indian Philosophy,* Calcutta, 1927.

__________, *Inacriptions of Aśoka(Translation and Glossary),* Calcutta, 1943, Second ed. 1990.

Bhandarkar Oriental Research Institute, edited, *The Mahābhārata* (4 vols), Poona, 1971-75.

Bodhi, Bhikkhu. *A Comprehensive Manual of Abhidhamma* (CMA). Kandy: BPS, 1993. (Pāli in Roman script with English translation)

__________, *The Discourse on the All-Embracing Net of Views: The Brahmajāla Sutta(D1) and Its commentaries.* BPS, 1978.

__________, *The Discourse on the Fruits of Recluseship: The Sāmaññaphala Sutta(D2) and Its Commentaries,* BPS, 1989.

__________, *The Discourse on the Root of Existence: The Mūlapariyāya Sutta(M1) and its Commentaries,* BPS, 1980, 1992.

__________, *The Great Discourse on Causation: The Mahānidāna Sutta(D15) and its Commentaries,* BPS, 1984, 1995.

Brough, John. *The Gāndhāri Dharmapada,* London: Oxford Unieversity Press, 1962.

Bronkhorst, J. *The Two Traditions of Meditation in Ancient India,* Delhi, 1993.

Burlingame, E.W. *Buddhist Legends* (trans. of DhpA). PTS, 1921, 1969.

CBETA Chinese Electronic Tripitaka Collection, CD-ROM edition: Taisho Tripitaka(大正新修大藏經) Vol.1-55 & 85; Shinsan Zokuzokyo(Xuzangjing) Vol. 1-88, Chinese Buddhist Electronic Text Association(CBETA, 中華電子佛典協會), Taipei, 2008.

Chapple, Christopher. *Bhagavad Gita (English Tr.), Revised Edition* New York, 1984.

Collins, S. *Nirvana and Other Buddhist Felicities: Utopias of the Pali Imaginaire.* Cambridge, 1998.

________, *Selfless Persons: Imagery and Thought in Theravāda Buddhism.* Cambridge 1982.

Cone, Margret. "Patna Dharmapada." *Journal of the Pali Text Society* 13 (1989): 101-217.

Cowell, E.B. ed. *The Jātakas or Stories of the Buddha's Former Births,* 6 vols, 1895-1907. Reprint, 3 vols. PTS, 1969.

Cowell, E.B. and R.A. Neil, eds. *Divyāvadāna,* Cambridge 1886.

Deussen, Paul. *Sixty Upanisads of the Veda.* Delhi, 1980.

Dutt, Nalinaksha. *Buddhist Sects in India.* Delhi, 1978.

Eggeling, J. *Satapatha Brahmana* (5 Vol.s SBE Vol. 12, 26, 41, 43-44), Delhi, 1989.

Enomoto, Fumio. *A Comprehensive Study of the Chinese Saṁyuktāgama. Part 1: Saṁgītanipāta.* Kyoto 2994.

Fahs, A. *Grammatik des Pali,* Verlag Enzyklopadie, 1989.

Fairservis W. A. *The Harappan Civilization and Its Writing,* Delhi, 1992.

Geiger, W. *Mahāvaṁsa or Great Chronicle of Ceylon.* PTS.

________. *Cūḷavaṁsa or Minor Chronicle of Ceylon (or Mahāvaṁsa Part II),* PTS.

________. *Pali Literature and Language,* English trans. By Bata-krishna Ghosh, 1948, 3th reprint. Delhi, 1978.

Geiger, Wilhelm. A Pāli Grammar. Rev. ed. by K.R. Norman. PTS, 1994.

Gethin, R.M.L. *The Buddhist Path to Awakening, A Study of the Bodhi-Pakkhiyā Dhammā.* Leiden, 1992.

Gnanarama, Ven. P. *An Approach to Buddhist Social Philosophy,* BPS, 1996.

Gombrich, Richard F. *How Buddhism Began: The Conditioned Genesis of the Early Teachings.* London, 1996.

___________________. "Old Bodies Like Carts." *Journal of the Pali Text Society* 11(1987): 1-3.

Hamilton, Sue. *Identity and Experience: The Constitution of the Human Being according to Early Buddhism.* London, 1996.

Harvey, Peter. *The Selfless Mind: Personality, Consciousness, and Nirvāṇa in Early Buddhism.* Curzon, 1995.

_____________. "Signless Meditation in Pāli Buddhism." *Journal of the International Association of Buddhist Studies* 9(1986): 28-51.

Hinüber, Oskar von. *A Handbook of Pāli Literature*, Berlin, 1996.

_________________. *Selected Papers on Pāli Studies*, Oxford: PTS, 1994.

Hoernle, A.F.R. *Manuscript Remains of Buddhist Literature Fond in Eastern Turkestan.* Oxford 1916.

Horner I. B. *Early Buddhist Theory of Man Perfected*, 1937.

__________. *Milinda's Questions* (tr. of Mil). 2 vols. London: PTS, 1963-64.

International Buddhist Research & Information Center(IBRIC). *Ti-pitaka, The SLTP CD-ROM edition* , 2005. http://jbe.gold.ac.uk/ibric.html

Ireland, John D. *Saṁyutta Nikāya: An Anthology,* Part I (Wheel No. 107/109). Kandy: BPS, 1967.

______________. *Vaṅgīsa: An Early Buddhist Poet* (Wheel No. 417/418). Kandy: BPS, 1997.

Jacobi, H. *Jaina Sūtras* (SBE Vol.22), Oxford, 1884, Reprinted 1989.

Jambuvijaya, edited by Muni, *Āyāraṅga-Suttam*, Bombay, 1976.

___________________________, *Sūyagaḍaṅga-Suttam*, Bombay, 1978.

Jayatileke, K.N. Early Buddhist Theory of Knowledge. London, 1963.

Jayawardhana, Somapala. *Handbook of Pali Literature*, Colombo, 1994.

Jha, Ganganath. *Tattva-Kaumudi - Vacaspati Misra's Commentary on the Samkhya-Karika Text & English Translation.* Poona, 1965.

Jones, J.J., trans. *The Mahāvastu.* 3 vols. London, 1949-56.

Kangle, R. P. *The Kauṭilīya Arthaśāstra* (3 vols), Bombay, 1969.

Kloppenborg, Ria. *The Paccekabuddha: A Buddhist Ascetic.* BPS Wheel No. 305/307, 1983.

Lalwani, K. C. *Kalpa Sūtra*, Delhi, 1979.

Law, B.C. *History of Pali Literature.* London, 1933 (2 Vol.s)

Macdonell, A.A., and Keith. *Vedic Index of Names and Subjects.* 2 vols., 1912. Reprint, Delhi, 1958.

Mahāprajña, Yuvācārya, *Uvaṅga Suttāṇi* (IV, Part I), Ladnun, 1987.

Malalasekera, G. P. *The Pali Literature of Ceylon*, 1928. Reprint. Colombo, 1958.

Manné, Joy. "Categories of Sutta in the Pāli Nikāyas and Their Implications for Our Appreciation of the Buddhist Teaching and Literature." *Journal of the Pali Text Society* 15(1990): 29-87.

__________. "On a Departre Formula and its Translation." *Buddhist Studies Review* 10(1993): 27-43.

Masefield, Peter. *The Udāna Commentary* (tr. of UdA). 2 vols. Oxford: PTS, 1994-5.

Mills, Laurence C.R. "The Case of the Murdered Monks." *Journal of the Pali Text Society* 16(1992):71-75.

Müller, F. Max. *The Upanishads.* 2 vols. Reprint, Delhi, 1987.

Ñāṇamoli, Bhikkhu. *The Guide* (tr. of Nett). London:PTS, 1962.

________________. *The Life of the Buddha according to the Pali Canon.* 1972.

________________. *The Middle Length Discoursed of the Buddha* (tr. of Majjhima Nikāya, ed. and rev. by Bhikkhu Bodhi), Boston; Kandy: BPS, 1995.

________________. *Mindfulness of Breathing (ānāpānasati).* Kandy: BPS, 1964.

________________. *Minor Reading and the Illustrator of Ultimate Meaning* (tr. of Khp and KhpA). London: PTS, 1962.

________________, *The Path of Purification.* (tr. of Vism) Berkeley: Shambhala, 1976.

Ñāṇananda, Bhikkhu. *The Magic of the Mind: An Exposition of the Kālakārāma Sutta.* Kandy: BPS, 1974.

__________________. *Saṁyutta Nikāya: An Anthology,* Part II (Wheel No. 183/185). Kandy: BPS, 1972.

Naimicandriya, Commented by, *Uttarādhyayana-Sūtra,* Valad, 1937.

Nārada Mahāthera. *A Manual of Abhidhamma.* 4th ed. Kandy: BPS, 1980. (Pāli in Roman script with English translation)

Norman, K.R. *Collected Papers* (5 vols), Oxford, 1990-93.

___________. *Elders' Verses I* (tr. of Thag). London: PTS, 1969.

___________. *Elders' Verses II* (tr. of Thig). London: PTS, 1971.

___________. *Pāli Literature Including the Canonical Literature in Prakrit and Sanskrit of All the Hīnayāna Schools of Buddhism,* Wiesbaden, 1983.

Nyanaponika Thera. Ven. *Abhidhamma Studies*, Kandy: BPS, 1998.

______________________ *The Heart of Buddhist Medition.* London, 1962; BPS, 1992.

Nyanaponika Thera and Hellmuth Hecker. *Great Disciples of the Buddha: Their Lives, Their Works, Their Legacy.* Boston; Kandy: BPS, 1997.

Nyanatiloka Thera. *Guide through the Abhiddhamma Piṭaka,* Kandy: BPS, 1971.

Pruitt, William. *Commentary on the Verses of the Theris* (tr. of ThigA). Oxford: PTS, 1998.

_____________. edited by, Norman, K. R. translated by, *The Pātimokkha,* London: PTS, 2001.

Radhakrishnan, S. *Indian Philosophy*, 2 vols Oxford, 1991.

_______________. *Principal Upanisads*. Oxford, 1953, 1991.

Rāhula, Walpola Ven. *What the Buddha Taught*, Colombo, 1959, 1996.

______________. *History of Buddhism in Ceylon.* Colombo 1956, 1993.

Rewata Dhamma. *The First Discourse of the Buddha: Turning the Wheel of the Dhamma.* Boston, 1997.

Rhys Davids, C.A.F, and F.L. Woodward. *The Book of the Kindred Sayings* (tr. of Saṁyutta Nikāya). 5 vols. London: PTS, 1917-30. Rhys Davids tr. 9(1917), 2(1922); Woodward tr. 3(1925), 4(1927), 5(1930).

Rhys Davids, T.W. *Buddhist India.* 1903. Reprint, Delhi, 1997.

Rhys Davids, T.W. and C.A.F. *Dialogues of the Buddha* (tr. of Dīgha Nikāya). 3 vols. London: PTS, 1899-1921.

Senart, edited, *Mahāvastu.* 3 vols. Paris, 1882-97.

Soma Thera, *The Way of Mindfulness,* 5th ed. Kandy: BPS, 1981.

Thomas, E. J. *The Life of the Buddha,* 1917, reprinted 1993.

Thittila, Ashin. *The Book of Analysis* (tr. of Vibh). London: PTS, 1969.

Umasvami, Acharya. *Tattvarthadhigama Sutra.* Delhi, 1953.

Vasu, Srisa Chandra. *Astadhyayi of Panini* (2 Vol.s). Delhi, 1988.

Vipassana Reserach Institute. *Ti-pitaka, The Caṭṭha Saṅghāyana CD-ROM edition* (3th version). Igatpuri: VRI, 1998.

Walshe, Maurice. *The Long Discourses of the Buddha* (tr. of Dīgha Nikāya). Boston, 1987, 1995.

______________. *Saṁyutta Nikāya: An Anthology,* Part III (Wheel No. 318/321). Kandy: BPS, 1985.

Warren, Henry C. & Dhammananda Kosambi. *Visuddhamagga,* Harvard Oriental Series (HOS), Vol. 41, Mass., 1950.

Wijesekera, O.H. de A. *Buddhist and Vedic Studies.* Delhi, 1994.

Winternitz, M. *History of Indian Literature* (3 vols), English trans. by Batakrishna Ghosh, Revised edition, Delhi, 1983.

Witanchchi, C. *"ānanda." Encyslopaedia of Buddhism,* Vol. I fasc. 4. Coombo, 1965.

Warder, A.K. *Indian Buddhism,* 2nd rev. ed. Delhi, 1980.

Yardi, M.R. *Yoga of Patañjali.* Delhi, 1979.

각묵 스님, *Development of the Vedic Concept of Yogakśema.* 『현대와 종교』 20집 1호, 대구, 1997

_______, 「간화선과 위빳사나, 무엇이 같고 다른가」 『선우도량 제3호』 2003.

_______, 『금강경 역해 — 금강경 산스끄리뜨 원전 분석 및 주해』 불광사 출판부, 2001, 5쇄 2009.

_______, 『네 가지 마음챙기는 공부』 초기불전연구원, 2003, 개정판 3쇄 2008.

_______, 『디가 니까야』 (전3권) 초기불전연구원, 2006, 2쇄 2008.

_______, 「범본과 한역 <금강경>의 내용 검토」 『승가학보 제8집』 조계종 교육원, 2008.

_______, 「현대사회와 율장 정신」 동화사 계율학 대법회 제7회 발제문 2006.

_______, 『상윳따 니까야』 (전6권) 초기불전연구원, 2009.

권오민, 『아비달마 구사론』 (전4권) 동국역경원, 2002, 2쇄 2007.

_____, 『아비달마 불교』 민족사, 2003.

김묘주 옮김, 『성유식론 외』 동국역경원, 2006

김성철 옮김, 『중론』 불교시대사, 2004

김인덕 지음, 『중론송 연구』 불광출판부, 2000.

김윤수 옮김, 『주석 성유식론』 한산암, 2006.

나까무라 하지메 지음, 김지견 옮김 『불타의 세계』 김영사, 2005.

대림 스님/각묵 스님, 『아비담마 길라잡이』 (전2권) 초기불전연구원, 2002, 7쇄 2009.

대림 스님, *A Study in Paramatthamañjūsa (With Special Reference to Paññā)*, Pune University, 2001.(박사학위 청구논문)

_______, 『들숨날숨에 마음챙기는 공부』 초기불전연구원, 개정판 2쇄 2008.

________, 『앙굿따라 니까야』(전6권) 초기불전연구원, 2006~2007.
________, 『염수경 - 상응부 느낌편』 고요한소리, 1996.
________, 『청정도론』(전3권) 초기불전연구원, 2004, 3쇄 2009.
라다끄리슈난, 이거룡 옮김, 『인도 철학사』(전4권) 한길사, 1999.
마쓰타니 후미오, 이원섭 역, 『아함경 이야기』 1976, 22쇄 1997.
____________, 이원섭 역, 『불교개론』 현암사, 2001.
박인성, 『중론 연구』 민족사, 2000.
뿔라간들라 R. 이지수 역, 『인도철학』 민족사, 1991.
삐야다시 스님, 김재성 옮김, 『부처님, 그분』 고요한소리, 1990.
___________, 소만 옮김, 『마음 과연 무엇인가』 고요한소리, 1991.
사토우 미츠오, 김호성 역, 『초기불교교단과 계율』 민족사, 1991.
성철 스님, 『백일법문』(상, 하) 장경각, 1992.
에띠엔 라모뜨, 호진 스님 옮김, 『인도불교사』 1/2 시공사, 2006
이재숙, 『우파니샤드』(전2권) 한길사, 1996.
이지수, 「安慧의 <釋>에따른 唯識三十頌의 이해」 불교학보, 1998.
자응 스님 역, 『좌선삼매경』 불광사 출판부, 2005.
赤沼智善, 『漢巴四部四阿含互照錄』 나고야, 소화4년.
中華電子佛典協會, CBETA 電子佛典集(CD-ROM), 台北, 2008.
平川 彰, 이호근 역, 『印度佛敎의 歷史』(전2권) 민족사, 1989, 1991.
______, 권오민 옮김, 『초기・부파불교의 역사』 민족사, 1989.
______, 박용길 역, 『율장연구』 토방, 1995.
혜업 스님 역, 『선종 영가집』 불광사 출판부, 1991

# 찾아보기

**【숫자】**


10계 432.
10인-4연-5과 254, 268.
10지 연기 234, 258, 262.
11지 연기 233.
12연기(十二緣起, paṭicca-samuppā-da) 27, 38, 56, 58, 62, 68, 93, 128, 221 225, 232 260, 264 268, 370, 463, 472.
12처(十二處, āyatana) 27, 46, 62, 168, 184, 221.
16가지 큰 통찰지(soḷasa mahā-paññā) 454.
18계(十八界, dhātu)27, 39, 46, 193, 202 204.
22가지 기능[根, indriya] 163, 330
24가지 조건[緣, paccaya] 254, 268.
24연[緣, paccaya] 463.
2세1중인과(二世一重因果) 251.
2지 연기 57, 328, 264.
32가지 몸의 형태 285.
37보리분법(菩提分法, 助道品, bodhi-pakkhiya-dhammā) 24, 28, 31, 32, 38, 39, 40, 45, 48, 49, 50, 68, 76, 216, 217, 271, 275, 302, 332, 346 477.
3계-4선-8통 431.
3명 449.
3명과 6통 447.
3지 연기 237, 264.
4苦・8苦 90.
4부 니까야 21.
4선(禪, jhāna) 412.
4선-4처-상수멸 297.
4아함(āgama) 22.
4연(四緣, 네 가지 조건, paccaya)268
4위 82법 77.
4지 연기 237.
4처(處, āyatana, 공무변처부터 비상비비상처까지) 169, 412, 444.
5법온[五法蘊, pañca dhamma-kkha-ndhā] 216, 406.
5신통 413.
5위100법 77.
5위75법 77.

5지 연기 236, 264.
6내처 193.
6외처 193.
6인-4연-5과 254, 268.
6지 연기 236, 260.
6통 449.
7지 연기 236.
8지 연기 235, 262.
8통 439, 449.
9지 연기 234.

**【가】**

가(假) 222.
가까운 원인 281, 462.
가띠(gati) 470.
가라앉음 350.
가법(假法) 157, 220.
가유(假有) 157, 219, 220, 222, 223.
가이거(Gaiger, W) 19.
간타(gantha) 307.
간택(vicināti) 350.
간화선 344.
갈애(渴愛, taṇhā) 44, 48, 91, 96, 221, 246, 258, 271, 467, 468, 472.
갈애는 수분 259.
갈애에 대한 연기적 고찰 99.
갈애와 무명 256, 286, 473.
갈애의 멸진 43, 101.
갈애의 무리[六愛身, cha taṇhākāyā] 246.
갈애의 분류(taṇhā-vicaritāni) (열 가지~) 247.
감각기능[根] 251.
감각대상[六外處] 170.
감각장소[處, āyatana] 49, 286.
감각적 욕망 (다섯 가닥의 ~) 97.
감각적 욕망(kāma-rāga) 67, 474.
감각적 욕망에 대한 갈애[欲愛, kāma-taṇhā] 97, 246, 472.
감각적 욕망에 대한 취착[慾取, kām-upādāna] 248, 308.
감각적 욕망의 번뇌[慾漏, kāmāsava] 60, 90.
감각적 욕망의 폭류(kām-ogha) 305.
감각접촉[觸, phassa] 243, 245.
감각접촉의 무리[六觸身, cha phassa-kāyā] 245.
감성의 물질(pasāda-rūpa) 186.
감정적 · 정서적인 '단초(端初)' 115.
강하게(thirabhāva) 만드는 요소 343.
강한 위빳사나(balava-vipassanā) 55 140, 142, 156, 405, 415, 479.
같이 기뻐함[喜] 416.
개념(paññatti) 26, 183, 214.
개념[施設, paññatti] 78.
개념[施設, paññatti]의 해체 26, 110.
개념과 법 393.
개념이 아닌 것 72.
개념적 존재[施設, paññatti] 27, 38, 80 81, 156, 185, 201, 210, 215, 222, 286, 286.
개별적 특징[自相, paccatta-lakkhaṇa=sabhāva-lakkhaṇa] 113, 116, 119
개아(puggala) 116.
개아가 있다는 인식[人相, puggala-sañjñā] 120.
검증(vīmaṁsa) 319.

게으름(kosajja) 328, 329, 343, 346.
견 청정(diṭṭhivisuddhi) 462.
견도(見道, dassana-magga) 475.
견해(見) 120.
견해를 얻은 자(diṭṭhippatta) 477, 478
견해에 대한 취착[見取, diṭṭhupādāna] 248, 309.
견해의 전도 121.
견해의 폭류(diṭṭh-ogha) 305.
결과(과보)의 연결고리 260.
경계 463.
경에 따른 분류법(Suttanta-bhājanī-ya) 332.
경장(Sutta-piṭaka) 20, 82.
계 (긴 길이의 ~) 372.
계 청정(sīla-visuddhi) 462.
계·정·혜 68, 384, 216, 406, 430, 431, 435, 464.
계·정·혜·해탈·해탈지견 66.
계(界, 요소, dhātu) 75.
계(戒, sīla) 31, 40, 407, 430.
계목(戒目, paṭimokkha) 371.
계율[律, vinaya] 34.
계율과 의례의식에 대한 취착[戒禁取, sīlabbat-upādāna] 248, 309, 474.
계의 구족(sīla-sampanna) 440.
계의 무더기[戒蘊, sīlakkhandha] 66, 431.
계학(戒學) 430, 440.
고·집·멸·도 222.
고(苦)를 소멸 271.
고고성(苦苦性, dukkha-dukkhatā) 95.
고따마 싯닷타(Gotama Siddhatta, Sk. Gautama Siddhartha) 15.
고뜨라부(gotrabhū, 種姓) 305.
고멸도성제(苦滅道聖諦, dukkha-nir-odha-gāmini-paṭipadā ariya-sacca) 49, 91.
고멸성제(苦滅聖諦, dukkha-nirodha ariya-sacca) 49, 91.
고빠까 목갈라나 바라문 70.
고성제(苦聖諦, dukkha ariyasacca) 48, 91, 94, 218.
고성제의 내용 187.
고수(固守)의 모둠(parāmāsa-gocch-aka) 316.
고엔까(S. N. Goenka) 24.
고요함[輕安, passaddhi] 43, 291, 345 350.
고요함의 깨달음의 구성요소(passad-dhi-sambojjhaṅga, 輕安覺支)349
고요함의 깨달음의 구성요소의 자양분 359.
고유성질[自性, sabhāva] 40, 73, 75, 76, 201, 210, 212, 222, 276, 328, 444, 462.
고유성질을 가진 것 73.
고유성질을 가진 법(sabhāva-dham-ma) 185.
고유성질의 특징[自相, 자상] 217.
고의 특상 286.
고정관념 80, 121, 122, 194.
고정관념의 해체 80.
고제(苦諦, dukkha-sacca) 92.
고집성제(苦集聖諦, dukkha-samu-daya-sacca) 48, 91, 246, 472.
고통스런 괴로움의 성질[苦苦性, duk-kha-dukkhatā] 95.

고행(tapa) 15.
고향 동네(pettika visaya) 283.
곳차까(gocchaka) 303, 316.
공·가·중 삼관(空·假·中 三觀) 378, 379.
공(空)해탈(suññata vimokkha) 81, 154, 289.
공(空, śūnya) 28.
공(空, suññā) 113, 158, 214, 222.
공덕을 쌓음(kata-puññatā) 34.
공덕이 되는 행위(puñña-abhisaṅkhāra) 128.
공덕이 되지 않는 행위(apuñña-abhi-saṅkhāra) 128.
공무변처(空無邊處, ākāsanañcāyata-na) 391, 398, 416, 425.
공부지음(sikkhā) 34, 430.
공상[共相, sāmañña-lakkhaṇa] 216, 217, 218.
공양 38.
공의 직관 81.
공통되는 특징 215.
공평(ajjhupekkhana) 351.
공평하게 나름(sama-vāhita) 351.
공한 경지(suññatā dhātu) 427.
공한 마음의 해탈(suññatā cetovimu-tti) 415.
공한 삼매[空三昧, suññata samādhi] 427.
공한 세상(suñña loka) 191.
공함[空性, suññatā] 113, 201.
과(果)의 삼매(phala-samādhi) 428.
과(果, phala) 144.
과(phala) 406.
과보로 나타난 마음(vipākacitta) 242.
과보의 회전(vipāka-vaṭṭa) 308.
과의 고리 271.
관(觀, vipassanā) 389, 393.
관대함 35.
관찰[觀, vipassanā] 288.
관찰하다(vipassati) 392.
관통(abhisamaya) 59, 87, 93.
괴고성(壞苦性, viparinnāmadukkha-tā) 95, 154.
괴로운 느낌[苦受] 115.
괴로움[苦, dukkha] 37, 79, 96, 146, 428, 473.
괴로움의 멸진(dukkha-kkhaya) 322.
괴로움의 무더기[苦蘊, dukkha-kkha-ndha] 58, 256.
괴로움의 발생구조(유전문, anuloma) 328.
괴로움의 발생구조와 소멸구조 45, 225, 253, 472.
괴로움의 성스러운 진리[苦聖諦, duk-kha ariya-sacca] 44, 90.
괴로움의 세 가지 성질[三性, 苦性, du-kkhatā] 95.
괴로움의 소멸[苦滅, dukkhanirodha] 31, 100, 322.
괴로움의 소멸로 인도하는 도닦음의 성스러운 진리[苦滅道聖諦, duk-kha-nirodha-gāmini-paṭipadā ariya-sacca] 44, 91, 367.
괴로움의 소멸의 성스러운 진리[苦滅聖諦, dukkhanirodha ariyasacca] 43, 44, 91.
괴로움의 일어남의 성스러운 진리[苦集聖諦, dukkha-samudaya ariya-sacca] 44, 91, 246.

괴로움이 해결된 경지 96.
괴롭지도 즐겁지도 않은 느낌[不苦不樂受, adukkhamasukha-vedanā] 115.
교리(vāda) 248, 309.
교리문답 144.
교법 45.
교학(빠리얏띠, pariyatti, 배움) 45, 48, 75, 368, 376.
교학, 가르침 72.
교학과 수행 48, 50.
교학적인 단계 210.
교활(kerāṭika) 328.
구경법(paramattha-dhamma) 186, 394, 462.
구경의 지혜(aññā) 64, 286, 297.
구경의 지혜를 가지려는 기능[未知當知根 anaññātaññassāmītindriya] 165, 326.
구경의 지혜를 구족한 기능[具知根, aññ-indriya] 165, 326.
구경의 지혜의 기능[已知根, aññātāv-indriya] 165, 326.
구경해탈지(vimuttamiti ñāṇa, 해탈했다는 지혜) 55, 141, 457, 469.
구경해탈지의 정형구 173, 176, 180.
구나(guṇa, 덕스러운 행위) 72.
구부득고(求不得苦) 94.
구분교(九分教 navaṅga-satthusāsana) 73.
구족(sampadā) 432.
구차제멸(九次第滅, nava anupubba-nirodha) 117.
구차제정(九次第定) =구차제멸(九次第滅) 117.
구체적 물질(nipphanna-rūpa) 114.
구행(口行, vacī-saṅkhāra) 128.
국토세간(國土世間) 187.
궁극적 행복[至福, paramasukha] 31, 32, 33, 36, 38, 40, 44, 54, 96, 162, 302.
귀류논증(歸謬論證) 221.
균등함 328.
그만큼인가(anūnādhika) 349.
극단(anta) 61, 220, 368, 370, 381.
극락세계 34.
근·경·식·촉·수·상·사·애·심·사(根·境·識·觸·受·想·思·愛·尋·伺)99, 104.
근(根, indriya, 기능, 능력) 76, 346.
근본물질(bhūtarūpa) 114.
근본불교 16.
근본설일체유부비나야 22.
근접단계의 인식(upacārasaññā) 119.
근접삼매(upacārasamādhi) 392, 394, 396, 417, 444, 462.
금강경 120.
금구성언(金口聖言) 17.
금생의 행복 32, 33.
금생의 흐름[相續, santati] 467.
급고독 장자 35, 384.
기능 상윳따(S48)의 개관 329.
기능[根, indriya] 49, 163, 324, 330.
기법 381.
기세간(器世間) 187.
기술 34.
기억(saraṇa) 281, 349.
기초가 되는 선(padaka-jjhāna) 413.
길상(maṅgala) 33.
까시나(kasiṇa) 424.

깨끗함[淨, subha] 279.
깨달은 자 352.
깨달음(菩提, 보리, bodhi) 47, 68, 87, 276.
깨달음과 열반을 성취하는 수단 320.
깨달음을 실현하는 방법 54.
깨달음의 경지 353.
깨달음의 구성요소[覺支, bojjhaṅga] 286, 348, 352, 362.
깨달음의 구성요소의 자양분(āhāra) 354
깨달음의 내용 45.
깨달음의 편[菩提分, bodhipakkhiya] 275, 353.
깨달음의 편에 있는 법들[菩提分法, bodhipakkhiyā dhammā] 275.
꿰뚫는 통찰지(nibbedhikapañña) 453
꿰뚫어 안다(pajānāti) 453.
꿰뚫어 앎(pajānana) 343.
꿰뚫음(paṭivedha, 통찰) 48.
끝(agga) 442.
낄레사(kilesa, 오염원) 315.

【나】

나 자신 286.
나는 누구인가 46, 109, 152, 155.
나의 문제 184.
나타남(paccupaṭṭhāna) 349, 462.
남김없이 빛바래어 소멸함 102.
남의 마음을 아는 지혜[他心通] 439.
남자의 기능[男根, purisindriya] 165, 325, 332.
낮은 단계의 족쇄[下分結] 475.
내 것 · 나 · 나의 자아 147, 191.
내 것 · 나 · 나의 자아 아님 180, 191.
내 안에서(ajjhattaṁ) 286.
내생의 행복 32, 34.
냐나(知, 智, ñāṇa) 446.
넌더리 105.
네 가지 거룩한 마음가짐[四梵住, 四無量, cattaro brahma-vihārā] 370, 416.
네 가지 근본물질(사대, 四大, cattāro mahā-bhūtā) 244.
네 가지 마음챙기는 공부[四念處] 44, 354.
네 가지 마음챙김의 확립[四念處, catt-aro satipaṭṭhānā] 64, 275, 278, 285, 350.
네 가지 바른 노력[四正勤, samma-ppadhāna] 212, 275, 299.
네 가지 선(禪) 311, 374.
네 가지 성스러운 진리[四聖諦, cattā-ri ariyasaccāni] 33, 43, 46, 48, 87, 276, 352, 370, 444.
네 가지 성취수단[四如意足, cattāro iddhipādā] 275, 320.
네 가지 요소[四大, catu-dhātu] 206.
네 가지 음식(자양분, āhāra)과 그 집 · 멸 · 도 328, 370.
네 가지 자세[四威儀, catu-iriyā-patha] 285.
네 가지 출세간도(lokuttara-magga, 예류도부터 아라한도까지) 464.
네란자라 강둑 69.
노력 없이 쉽게 완전한 열반에 드는 자(asaṅkhāraparinibbāyi) 480.
노력의 의도적 행위(padhāna-saṅ-

khāra) 319.
노력하여 어렵게 완전한 열반에 드는 자(asaṅkhāraparinibbāyi) 480.
논장(Abhidhamma-piṭaka) 82.
높은 계를 공부지음[增上戒學, adhi-sīla-sikkhā] 132, 430.
높은 단계의 족쇄[上分結, uddham-bhāgiya-saṁyojana] 475.
높은 마음을 공부지음[增上心學, adhi-citta-sikkhā] 132, 430.
높은 통찰지를 공부지음[增上慧學, adhipaññā-sikkhā] 132, 430.
놓아버림의 관찰 295.
누진통(漏盡通, āsavakkhaya-ñāṇa, 번뇌를 소멸하는 지혜) 59, 60 322, 422, 439, 450.
눈·귀·코·혀·몸·마노 168.
눈의 감각장소(cakkhāyatana) 244.
눈의 감성(cakkhu-pasāda) 203.
눈의 대상 114.
느낌[受, vedanā] 95, 109, 114, 245, 285, 398.
느낌과 인식 128.
느낌의 무더기[受蘊, vedanā-kkhandha] 114.
느낌의 무리 (여섯 가지~) [六受身, cha vedanā-kāyā] 245.
늙음·죽음[老死, jarā-maraṇa] 251.
능력 164, 325.
능숙하지 못함(akosalla) 301.
능숙함(kosalla) 301.
니까야(Nikāya) 21.
니다나(nidāna, 인연) 227.
니와라나(nīvaraṇa, 장애) 309.
닛삿따닛지와따(nissatta-nijjīvatā, 개념이 아닌 것) 72.

**【다】**

다섯 가지 기능[五根, pañc-indriya] 163, 166, 275, 326, 328, 330, 342.
다섯 가지 낮은 단계의 족쇄[下分結, orambhāgiya saṁyojana] 313, 313.
다섯 가지 느낌[五受] 330, 332.
다섯 가지 마음의 오염원(cittassa upakkilesa) 315.
다섯 가지 무더기[五蘊]의 적집 153.
다섯 가지 무더기[蘊, pañca-kkhandha] 참: 오온 46.
다섯 가지 법의 무더기[五法蘊, dham-ma-kkhandha] 112, 434.
다섯 가지 禪의 구성요소(pañca jhānaṅga) 443.
다섯 가지 장애[五蓋, pañca-nīvaraṇa] 132, 301, 310, 354, 363, 374, 394, 444, 462.
다섯 가지 힘[五力, pañca-bala] 166, 275, 326, 334, 342.
다시 태어남[再有, punabbhava] 97, 258, 467.
다시는 돌아오지 않는 경지[不還果, anāgāmitā] 64.
닦다(bhāveti) 382.
닦아야 한다.(bhāvetabba) 107.
닦아야 할 인식 122.
닦음[修, bhāvanā] 88, 475.
단견(斷見, uccheda-diṭṭhi) 98, 219, 247.

단견과 상견 352.
단멸론 222, 223.
단속(saṁvara) 440, 462.
단지 작용만하는 마음(kiriya) 423.
단초(端初) 114, 118.
달콤함 · 위험함 · 벗어남(assāda, ādīnava, nissaraṇa) 175, 191.
달콤함(assāda) 57, 63, 181.
닮은 표상[相似影像, patibhaga-nimi-tta] 393, 394, 444.
담마(dhamma/Dhamma) 72, 82
닿음(phusanā) 295.
대법(對法, abhidhamma) 217.
대분지(大憤志) 344.
대상(ārammaṇa) 185, 203, 282, 283, 286, 393, 414, 420, 442.
대상과 직면함(visaya-abhimukha-bhāva) 281.
대상에 깊이 들어가는 것(apilāpana) 281.
대상에 대한 확립(upaṭṭhāna) 282.
대상을 거머쥐는 것(pariggahaka, 把持, 把握) 282.
대상을 아는 것(ārammaṇaṁ cinteti/vijānāti) 129, 133.
대승 220.
대신근(大信根) 344.
대아 155, 240, 374, 476.
대의정(大疑情) 344.
대인상(大人相, mahāpurisa-lakkha-ṇa) 35.
대지법(大地法) 243.
더러움(不淨, asubha) 279.
더미(rasi) 111, 161.
더불어 기뻐함을 통한 마음의 해탈 (muditā cetovimutti) 416.
덕스러운 행위 72.
덮개(nīvaraṇa) 참: 장애 354.
도 상윳따(S45)의 개관 382.
도(道, magga) 37, 44, 92, 106, 367, 406.
도(道, magga, 예류도, 일래도, 불환도, 아라한도) 140, 143.
도(道, magga)와 과(果, phala) 367, 464, 477.
도거(掉擧, uddhacca, 들뜸) 345.
도닦음(paṭipadā) 32, 44, 49, 92, 106, 218, 367, 368.
도닦음에 대한 지와 견에 의한 청정 (paṭipadā-ñāṇa-dassana-visud-dhi) 464.
도덕적 34.
도를 일으키신 분 71.
도성제(道聖諦) 92, 106, 218, 367.
도솔천(Tusitā) 42.
도와 도 아님에 대한 지와 견에 의한 청정(maggāmagga-ñāṇadassana-visuddhi) 463.
도와주는 상태(upakāra-bhāva) 276.
도의 경지 368.
도의 단계 353.
도의 삼매(magga-samādhi) 428.
도제(道諦, magga-sacca) 92.
동시생기(同時生起) 149.
동시적 연기 266, 267.
동요 346.
되돌아봄(paṭipassanā) 295.
두 가지 극단(dve antā) 61, 374.
두 번째 화살(dutiya salla) 117.
두루 청정함(pārisuddhi) 295.

들뜸[掉擧, 도거, uddhacca] 314, 328, 329, 475.
들뜸과 후회(uddhacca-kukucca) 67, 435.
들숨날숨 상윳따(S54)의 개관 296.
들숨날숨(ānāpāna) 128, 285.
들숨날숨에 대한 마음챙김(ānāpāna-sati, 出入息念) 64, 293.
들숨날숨에 마음챙기는 공부 292, 294.
들어서 얻은 통찰지(sutamayā paññā) 452.
등무간연(等無間緣 samanantara-pa-ccaya) 223.
땅의 요소[地界, pathavī-dhātu] 244.
떨쳐버림(viveka) 101, 364.
떨쳐버림을 의지함(viveka-nissita) 384.
뜻(attha) 349.
뜻의 맛(attha-rasa) 422.

【라】

라훌라 존자(āyasmā Rāhula) 293, 298.
룸비니 15, 17, 18.

【마】

마노[意, mano] 129, 131.
마노의 문(dvāra) 186.
마노의 역할 194.
마누(Manu) 471.
마라(Māra) 78, 285.
마른 위빳사나 391.
마른 위빳사나를 닦은 자(sukkha-vipassaka) 408, 413.
마른 위빳사나를 통해서 번뇌 다한 자(sukkhavipassaka-khīṇāsava) 396, 419.
마른 위빳사나를 하는 자(건관자, 乾觀者, sukkha-vipassaka) 391.
마스타니 후미오 16.
마음 깨쳐 성불한다 161.
마음 외에 부처란 없다[心外無佛] 162.
마음 청정(citta-visuddhi) 462.
마음 · 업 · 온도 · 음식 150.
마음[心, citta] 77, 129, 132, 150, 285, 319, 374, 390.
마음[心] · 마음부수[心所] · 물질[色] 394.
마음[意, mano] 471.
마음[意, mano]을 지키고 보호(守)하는 기능 283.
마음과 함께 하지 않는 현상들[心不相應行] 77.
마음부수법[心所法, cetasika-dhamma] 440, 443.
마음에 잡도리하지 않음 328.
마음에 잡도리함[作意, 주의, manasi-kāra] 167, 243, 328.
마음으로 만든 몸(manomaya kāya) 436.
마음은 찰나생 · 찰나멸 134.
마음을 경험함 294.
마음을 기쁘게 함 294.
마음을 집중함 294.
마음을 해탈케 함 294.

마음의 사마타(ceto-samatha) 390.
마음의 상카라[意行, manosaṅkhāra] 128.
마음의 오염원(cittassa upakkilesā) 132.
마음의 의도적 행위[意行, mano-saṅkhāra] 241.
마음의 작용[心行, citta-saṅkhāra] 294.
마음의 전도(citta-vipallāsā) 121.
마음의 정의 130.
마음의 찰나성 133.
마음의 하나됨[心一境性, cittassa ek-aggatā] 329.
마음의 해탈[心解脫, cetovimutti] 65, 390, 407, 413, 420, 448.
마음이 곧 부처[心卽是佛] 161.
마음이 자유자재한 경지(vasitā) 132.
마음이 한 끝에 집중됨[心一境性, cit-tassa ekaggatā] 132, 320, 440.
마음챙김[念, sati] 286, 329, 349.
마음챙김으로 왜 옮겼나 283.
마음챙김은 해탈을 의지함(satiyā vi-mutti paṭisaraṇa) 283.
마음챙김을 놓아버림(muṭṭha-sacca) 343.
마음챙김의 기능[念根, sati-ndriya] 166, 327, 334.
마음챙김의 깨달음의 구성요소[念覺支, sati-sambojjhaṅga] 349, 355.
마음챙김의 대상 285.
마음챙김의 토대(sati-paṭṭhāna) 278.
마음챙김의 확립 상윳따(S47)의 개관 289.
마음챙김의 확립[念處, satipaṭṭhāna] 26, 109, 278.
마음챙김의 힘(satibala) 342.
마지막 유훈 71.
마하깟사빠 존자(āyasmā Mahā-kassapa) 72.
마하나마(Mahānāma) 39.
마하승기율 22.
마하시 스님(Mahasi Sayadaw) 296.
만족하다(pīnayati) 350.
많이 [공부]짓다(bahulīkaroti) 382.
많이 배움(bahu-sacca) 34.
말리까 왕비(Mallikā devi) 152.
말의 상카라[口行, vacīsaṅkhāra]128
말의 의도적 행위[口行, vacī-saṅkhā-ra] 241.
망갈라(maṅgala) 33.
매듭(gantha) 307.
머묾[住, ṭhiti] 157, 222.
멸성제(滅聖諦, nirodha ariyasacca) 48, 92, 100, 218, 370.
멸제(滅諦, 소멸의 진리, nirodha-sacca) 92, 100.
멸진정(滅盡定, nirodha-samāpatti) 116, 122, 412, 412.
명근(命根, 생명기능, jīvitindriya)332
명상주제(kammaṭṭhāna) 393.
명색(名色, nāma-rūpa) 259.
명지(明知, vijjā) 422.
명지와 해탈(vijjā-vimutti) 297, 421.
명지와 해탈의 결실(vijjā-vimutti-phala) 354, 422.
명칭 26, 27, 214.
모둠(곳차까, gocchaka) 303.
모든 번뇌를 소멸하는 지혜[漏盡通] 439.

모든 법[諸法, 一切法, sabba-dhammā, sabbe dhammā] 73.
모든 존재[諸法, sabbe dhammā] 27.
모자라지도 더하지도 않게(anūnā an-adhikā) 351.
모태(gabbha) 256, 259.
모태에 듦(gabbhassa avakkanti) 256, 257.
목숨의 상카라(ayu-saṅkhara) 127.
몸(kāya) 307.
몸[身]·느낌[受]·마음[心]·법[法] 28, 280.
몸으로 체험한 자(kāya-sakhi) 410, 477, 478.
몸을 받음(kāyūpaga) 255.
몸의 매듭(kāya-gantha) 307.
몸의 상카라[身行, kāya-saṅkhāra] 128.
몸의 의도적 행위[身行, kāya-saṅkhāra] 241.
몸의 작용[身行, kāya-saṅkhāra] 294
무간연(無間緣, anantara-paccaya) 479.
무너짐[壞, bhaṅga] 157, 222.
무더기 상윳따(S22)의 개관 138.
무더기[蘊, khandha] 49, 79, 110, 111, 250, 286, 431.
무량한 마음의 해탈(appamāṇā ceto-vimutti) 414.
무명(無明, avijjā) 100, 221, 240, 343, 390, 446, 468, 472, 475.
무명, 행, 애, 취, 유 260, 262.
무명의 번뇌[無明漏, avijjāsava] 60, 90.
무명의 속박(avijjā-yoga) 307.
무명의 장애(avijjānīvaraṇa) 310.
무번천(Avihā) 481.
무상·고·무아 24, 27, 28, 31, 38, 40, 48, 56, 62, 68, 71, 110, 113, 154, 155, 173, 179 183, 191, 194, 201, 214, 215, 217, 221, 223, 271, 286, 286, 391, 393, 395, 397, 404, 429, 447, 452.
무상·고·무아·열반 24, 466.
무상·고·무아의 문답 144, 177.
무상·고·무아의 정형구 176.
무상·고·무아의 통찰 54, 80.
무상·무아·열반 24, 466.
무상·무원·공(無相·無願·空)의 해탈 429, 447.
무상(無相)해탈(animitta vimokkha, 표상 없는 해탈) 81, 154.
무상(無常, anicca) 134, 146, 428.
무상의 관찰 294.
무색계 삼매 65, 409.
무색계 禪(arūpa-jjhāna) 444, 475.
무색계(arūpāvacara) 414, 471.
무색계에 대한 탐욕(arūpa-rāga) 475
무색계의 존재(arūpa-bhava) 314.
무색계의 증득 477.
무색의 증득(āruppā) 415.
무소유(ākiñcaññā)의 마음의 해탈 414.
무소유와 걸식 372.
무소유처(無所有處, ākiñcaññāyatana) 398, 416, 425.
무아(無我, anatta) 146, 147, 223, 267, 428, 466.
무아와 윤회 467.

무애해(無碍解, paṭisambhidā) 73.
무외(無畏, vesārajja) 37.
무원(無願)해탈(appaṇihita vimokkha) 81, 154.
무위(無爲, asaṅkhata) 40, 43, 77.
무위법(無爲法, asaṅkhatadhamma) 77, 220.
무유애(無有愛, vibhava-taṇhā) 98.
무자성 81.
무주처열반 105.
문·사·수(聞·思·修, sutamayā cintāmayā bhāvanāmayā) 452.
문(門, dvāra) 185.
문지기(dovārika) 281.
물의 요소[水界, āpo-dhātu] 244.
물질[色, rūpa] 77, 109, 112, 150, 398.
물질의 대상(gocara) 186.
물질의 무더기[色蘊, rūpa-kkhandha] 112.
물질의 무리[色身, rūpa-kāya] 412.
물질의 표상(rūpa-nimitta) 415.
물질이 생기는 원인 150.
물질적인 몸(rūpa-kāya) 409.
미세한 물질(sukhuma-rūpa) 186, 203.
미신 328.
미혹하지 않음(asammoha) 350, 444.
미혹함(sammoha) 346.
믿음(saddhā) 31, 35, 39.
믿음과 통찰지의 균등함(samatā) 328
믿음으로 해탈한 자(saddhāvimutti) 477, 478.
믿음을 따르는 자(saddhānusārī) 334, 477, 478.
믿음의 기능[信根, saddhindriya] 166, 327, 334.
믿음의 힘[信力, saddhā-bala] 342.

**【바】**

바람의 요소[風界, vāyo-dhātu] 244.
바르게 깨달으신 분(正等覺者, Sammā sambuddha) 107.
바른 견해(정견)의 내용 93.
바른 견해[正見, sammā-diṭṭhi] 240, 369, 450.
바른 깨달음(sambodha) 43, 291.
바른 노력[正勤, sammāppadhāna] 299.
바른 도닦음(sammā-paṭipadā) 58, 384.
바른 마음챙김[正念,sammāsati] 369, 373.
바른 말[正語, sammā-vācā] 369, 371.
바른 사유[正思惟, sammā-saṅkap-pa] 369, 370.
바른 삼매[正定, sammā-samādhi] 311, 369, 374, 442.
바른 생계[正命, sammā-ājīva] 369, 372.
바른 정진[正精進, sammā-vāyāma] 300, 369, 373.
바른 지혜(ñāṇa) 383.
바른 해탈(vimutti) 383.
바른 행위[正業, sammā-kammanta] 369, 371.
바와나(bhāvanā, 수행) 45.

비왕가의 흐름(bhavaṅga-sota) 135.
밖의 감각장소[外入處, bāhirā āyatana] 170.
밖의 감각장소[外處, bāhira āyatana] 170, 173.
밖의(bahiddhā) 286.
반드시들(sādhārana) 151.
반드시들[遍行心所, sādhārana] 116, 122, 243.
반야·중관 28, 81, 156, 157, 214, 218, 378.
반야(般若) 444.
반야심경 49, 121, 154.
반열반(parinibbāna) 72.
반조(paccavekkhaṇā) 140, 406, 456.
반조의 지혜(paccavekkhaṇa-ñāṇa) 55, 142, 407, 433, 456.
받아들이는 마음(sampaṭicchana-citta) 131.
발생구조(유전문, anuloma) 229, 236.
방편 222.
방편설 473.
버려서 실현 104.
버려야 하는(pahātabba) 107.
번뇌[漏, āsava] 60, 90, 159, 304, 305, 473.
번뇌를 소멸하는 지혜[漏盡通, āsava-kkhaya-ñāṇa] 59, 89, 449.
번뇌와 취착의 대상 160.
범부(puthujjana) 240, 382.
범부의 오온 161.
범어불교 16.
범중천(梵衆天, Brahmapārisajjā) 42 471.
범천의 세상(Brahma-loka) 377.
범하지 않음(avītikkama) 440.
법(法) (물심의 현상으로서의~) 75.
법(法) (부처님 가르침(교학=진리=덕행)으로서의 ~) 75.
법(法, dhamma) 20, 37, 38, 45, 56, 69, 72, 110, 209, 222, 286, 301, 393.
법(法, dhamma) - 10가지 의미 74.
법(法, dhamma)에 대한 믿음 40.
법계연기 253, 270.
법공(法空) 157.
법과 율(dhamma-vinaya) 71, 376, 422.
법귀의(法歸依, dhammasaraṇa) 70.
법념처(法念處, dhamma-sati-paṭṭhāna) 295.
법들에 대한 위빳사나 390.
법등명(法燈明, dhamma-dīpa) 70.
법무아 80.
법무애해(法無碍解, dhamma-paṭisambhida) 73.
법보단경 380.
법유(法有) 157.
법을 간택하는 깨달음의 구성요소[擇法覺支, dhamma-vicaya-sambojjhaṅga] 211, 349, 356.
법을 간택함[擇法, dhamma-vicaya) 350.
법을 따르는 자(dhamma-anusāri) 334, 477.
법을 보는 자 71.
법을 섬으로 함 70.
법의 감각장소[法處] 186.
법의 고유성질 81, 157, 215, 221.
법의 눈[法眼, dhamma-cakkhu] 37,

199.
법의 맛(dhamma-rasa) 422.
법의 무더기[法蘊, dhamma-kkhan-dha] 406.
법의 바구니(Dhamma-Pitaka = Sutta-Pitaka, 經藏) 72.
벗어남 57, 63, 181, 181.
벗어남(adhimuccana) 426.
벗어남의 요소(nissaraṇīyā dhātu) 206.
베다(Veda) 470.
벽지불 293.
변행심소(遍行心所) 151.
변형(變形, ruppana, ruppati) 112, 113.
변화(viparinnāma) 113.
변화에 기인한 괴로움의 성질[壞苦性, vipariṇāma-dukkhatā] 95.
보리(菩提, bodhi) 276.
보리분법(菩提分法) 참: 37 보리분법 278.
보시(布施, dāna) 32, 34, 38, 41.
보시바라밀(布施婆羅蜜, dāna-pāra-mitā) 34.
보시와 지계 35, 469.
보이는 세상 187.
보편적 성질[共相, sāmañña-lakkha-na] 157, 216, 218, 447.
보편적 특징[共相, sāmañña-lakkha-ṇa] 113, 287.
보호(ārakkha) 281, 282, 329.
복밭[福田, puñña-kkhetta] 40, 106, 479.
본 단계의 인식(appanā-saññā) 119.
본삼매(appanā-samādhi) 392, 394, 444.
본삼매[安止, appanā] 98, 329, 394, 395, 417, 425, 444, 462.
본성(sabhāva)을 가진 것 186.
본성자리 214.
봄[見, dassana] 167, 328, 475.
봉사 34.
부동해탈지견(不動解脫知見, akuppa-vimutti-ñāṇa-dassana) 420, 457.
부분들로 해체함(bhāgaso pavibhaj-ja) 26, 109, 213.
부분상 27.
부서진다고 해서 세상이다 187.
부주의함 346.
부처님 출생 17.
부처님[佛, Buddha]에 대한 믿음 39.
부처님께서 직접 행하신 수행법 293.
부처님은 몇 세 때 출가 15.
부처님의 명령(sāsana) 214, 382.
부처님의 오도송 468.
부처님의 출생 18.
부처님의 탄생지 17.
부품들 79.
분명히 알아차림[正知, sampajañña] 285.
분발(paggaha) 166, 327, 329, 343.
분별망상 214.
분별상좌부 26, 110.
분석 26, 81, 156, 214, 352, 476.
분석과 직관 158.
분석과 해체 26, 110, 158.
분석적 24, 82, 157, 158.
분위(分位)연기 265.
불·법·승 35, 39, 474.

불·법·승·계 35.
불교(Buddha-sāsana, 부처님의 교법) 47.
불교의 근본주제 48.
불교의 목적 31.
불교의 뿌리 15, 24, 380.
불법(佛法, buddha-dhamma) 69.
불사(不死) 422.
불선법(不善法, 해로운 법, akusala-dhamma) 84, 97, 300, 301, 316, 363, 373.
불선법들의 모둠 303.
불설대안반수의경(佛說大安般守意經) 296.
불성 214, 240, 267.
불신 343.
불의 요소[火界, tejo-dhātu] 244.
불탐·부진·불치 316, 471.
불환과(anāgami-phala) 457, 473.
불환자(不還者, anāgami) 322, 334, 399, 412, 469, 474, 476.
붓다(Buddha) 47.
붓다고사(Buddhaghosa) 59, 226.
비법(adhamma) 301.
비상비비상처(nevasaññā-nāsaññā-yatana) 305, 391, 398, 425.
비심해탈(悲心解脫, karuṇa ceto-vi-mutti) 417.
비존재에 대한 갈애[무유애, 無有愛, vibhava-taṇhā] 참:무유애 98.
빠띠목카의 단속(pātimokkha-saṁvara) 440.
빠띠빳띠(paṭipatti, 도닦음) 48, 381.
빠띠웨다(paṭivedha, 통찰) 48.
빠리얏띠(pariyatti, 배움) 48, 72.
빠리와라(parivāra, 附錄, 補遺) 83.
빠린냐(pariññā, 통달지) 446.
빠세나디 꼬살라 왕 152.
빤냐(paññā, 慧, 반야) 참:통찰지 446.
빤냣띠[施設, paññatti] 참: 개념 156.
빤짜깡가(Pañcakaṅga) 115.
뿌리 15.
뿐나 만따니뿟따 존자(āyasma Puṇṇa Mantāṇiputta) 460.
쁘라상기까(Prasaṅgika) 221.

【사】

사고·팔고(四苦·八苦) 94.
사념처(四念處, cattāro satipaṭṭhānā) 64.
사대(四大, cattāri mahā-bhūtāni) 244.
사대를 분석함(catu-dhātu-vavatthāna) 285.
사대왕천(Cātu-mahārājikā) 42, 471.
사띠(sati, 마음챙김, 念) 281, 345.
사량 않음 180.
사량분별 26, 346.
사리뿟따 존자(āyasmā Sāriputta) 25, 88, 460.
사마타 행자(samatha-yānika) 392.
사마타(samatha, 止) 389, 412, 414.
사마타[止]와 위빳사나[觀](samatha-vipassanā) 216, 286, 390, 397, 409.
사마타의 대상 393.
사문(沙門, samaṇa) 376.
사문이 해야 할 일(samaṇa-karaṇī-

ya) 430.
사범주(四梵住, 四無量心, brahama-vihāra) 416.
사법인(四法印) 24.
사분율 22.
사사나(sāsana, 교법, 명령) 382.
사성제(四聖諦, cattāri ariya-saccāni) 36, 38, 44, 46, 47, 48, 49, 59, 87, 93, 217, 253, 271, 276, 286, 307, 350, 450.
사성제에 대한 무지(aññāṇa) 240.
사성제에 대한 지혜 369.
사성제에 대한 지혜(ñāṇa) 240.
사성제의 개관 90.
사성제의 관통 68.
사성제의 통찰 38, 60.
사심해탈(捨心解脫, upekkha ceto-vimutti) 417.
사쌍팔배(四雙八輩, cattāri purisa-yugāni aṭṭha purisapuggalā) 477
사여의족(四如意足, cattāro iddhipā-dā) 64, 321.
사유(saṁkappa) 370.
사주, 관상, 점 372.
사후세계 34.
산냐의 이론 134.
산란하지 않음(avikkhepa) 167, 327, 343.
산란함(vikkhepa) 343.
산만하지 않음 350.
삼귀의(ti-saraṇa) 38, 39.
삼매수행 120, 286, 394, 396, 444, 450
삼매[定, samādhi] 98, 101, 132, 141, 295, 319, 350, 390, 407, 430, 442, 444.
삼매를 성취하는 수단 320.
삼매를 통한 해탈 132.
삼매와 정진의 균등함 328.
삼매의 기능[定根, samādhi-indriya] 166, 327, 334.
삼매의 깨달음의 구성요소[定覺支, samādhisambojjhaṅga] 349, 360.
삼매의 무더기[定蘊, samādhi-khandha] 66, 431.
삼매의 성취 319.
삼매의 성취수단[如意足, iddhipāda] 132.
삼매의 힘[定力, samādhi-bala] 342.
삼명(三明, te vijjā) 448.
삼명(三明, tevijjā) 422.
삼법인(三法印) 24, 466.
삼보( 三寶, ti-ratana) 31, 39.
삼사라(saṁsāra, 윤회) 468.
삼세양중인과(三世兩重因果)251, 260.
삼십삼천(Tāvatiṁsā) 42.
삼업(三業) 128.
삼요자나(saṁyojana, 족쇄) 313.
삼장(三藏, Ti-piṭaka) 20, 82.
삼차결집 20.
삼특상(三特相, tilakkhana) 24, 194, 286, 466.
삼학(三學, tisso sikkhā, sikkhattaya, tividhā sikkhā) 68, 430, 433, 434.
삿된 견해 466.
삿된 도닦음 384.
상·락·아·정(常·樂·我·淨) 119.
상(相, saññā) 121.

상견(常見, sassata-diṭṭhi) 98, 219, 247.
상분결(上分結, uddhambhāgiyāni saṁyojanāni) 참: 높은 단계의 족쇄 313.
상사영상(相似影像, 닮은 표상, pati-bhaga-nimitta) 393.
상속(相續, santati) 134, 219, 220.
상수멸(想受滅, saññā-vedayita-nir-odha, 인식과 느낌의 그침) 101, 391, 402, 409, 426.
상좌부 389.
상좌부 논장(Abhidhamma-Pitaka) 23.
상좌부 불교 110.
상좌부 율장(Vinaya-Pitaka) 22.
상주론 222, 223.
상카라[行, saṅkhāra]의 네 가지 의미 127.
상호관계 254.
상호의존[緣, paccaya, paṭṭhāna] 254 268, 463.
색계·무색계에 대한 갈애 98.
색계(rūpāvacara) 414.
색계禪(rūpa-jjhāna) 425, 475, 478.
색계에 대한 탐욕(rūpa-rāga) 475.
색계와 무색계 98.
색계의 존재(rūpa-bhava) 314.
색계천상 471.
색구경천(色究竟天, Akaniṭṭhā) 480.
색깔 114, 424.
색법 127.
생·노·병·사 94.
생·노사 472.
생각으로 얻은 통찰지(cintāmayā pa-ññā) 452.
생계 372.
생멸(生滅, udayabbaya) 250, 255.
생명기능[命根, jīvit-indriya] 151, 165, 251, 326, 333.
생명의 상카라(jīvita-saṅkhāra) 127.
생사 105, 213, 473.
생사문제 27, 81, 214, 255, 270.
생사윤회 374.
석가모니 부처님 15.
석주(石柱, indakhīla) 18.
선(禪)의 증득 413.
선(禪, jhāna) 471.
선(禪, jhāna)수행 98.
선(禪, jhāna)의 경지 374.
선법·불선법의 판단 211.
선법(善法, kusala-dhamma, 유익한 법) 84, 300, 302, 373.
선법과 불선법 299.
선의 구성요소(jhān-aṅga) 443.
선의 습기(濕氣, 촉촉함) 391, 396.
설일체유부(說一切有部, Sarvāstivā-din) 23, 217.
설일체유부의 칠론 23.
성내는 마음[嗔心, dosa-citta] 475.
성냄의 길들임 364.
성냄의 소멸 43.
성문(聲聞, sāvaka) 293.
성생활 371.
성스러운 가문에서 성스러운 가문으로 가는 자(kolaṁ-kola) 334, 481.
성스러운 과(ariya-phala) 433.
성스러운 도(ariya-magga) 322, 409.
성자(聖者, ariya) 31, 276, 314, 419, 423, 466, 474, 477.

성자들이 가지는 세 가지 능력 165, 326.
성자의 경지 469.
성자의 기능 (세 가지 ~) 330.
성자의 율(ariyassa vinaya) 189.
성적등지(惺寂等持) 345.
성취(iddhi) 217.
성취수단 상윳따(S51)의 개관 321.
성취수단[如意足, iddhi-pāda] 217, 318.
성향(ajjhāsaya) 207.
세 가지 공부지음[三學, tisso sikkhā] 430.
세간적이고 출세간적인 도의 순간 (lokiya-lokuttara-magga-kkhaṇa) 352.
세간적인 도(lokiya-magga) 353.
세간적인 해탈(lokiya-vimutta) 419.
세계 27.
세계관 48, 59, 62, 168, 184.
세상(loka) 46, 182, 186, 189, 220, 471.
세상이란 무엇인가 168.
세속적 성취 217.
소멸[滅, nirodha] 37, 40, 43, 56, 58, 101, 143, 291, 364.
소멸구조[還滅門, paṭiloma] 58, 229, 236.
소멸의 관찰 294.
소멸의 진리[滅聖諦, nirodha-sacca] 58.
소승 220.
소승배 157.
속박(yoga) 305.
속행과정(javana-vīthi) 246.
송아지 길들이는 자 283.
수·상·행(受·想·行) 127, 150.
수·수·지·관·전관·청정(數·隨·止·觀·轉觀·淸淨) 296.
수·수·지·관·환·정(數·隨·止·觀·還·淨) 296.
수념처(受念處, vedanā-satipaṭṭhāna) 295.
수도(修道, bhāvanā-magga) 475.
수의(守意, sati) 283.
수자상(壽者相, jīva-saṁjñā) 120.
수카(sukha) 32.
수행(bhāvanā) 32, 45, 88, 381, 389.
수행기법 374.
수행삼경(修行三經) 280.
수행으로 얻은 통찰지(bhāvanāmayā paññā) 452.
숙명통[宿命通, pubbenivāsānussati-ñāṇa] 422, 439.
순간(khaṇa, 刹那, 찰나) 134.
순관(順觀) 229, 233.
순서(kama) 349, 351.
순수 위빳사나 395, 419.
순수 위빳사나를 닦는 자(suddha-vipassaka) 391.
순차적으로 발생 149.
순차적인 가르침(ānupubbi-kathā) 36.
숨이 계속해서 닿는 부분(phuṭṭha-phuṭṭha-okāsa) 296.
스승의 주먹[師拳, ācariya-muṭṭhi] 158.
승(僧, saṅgha)에 대한 믿음 40.
승의제(勝義諦, paramattha) 222.
시·계·생천(施·戒·生天, dāna-

katha sīlakatha saggakatha) 35, 36, 469.
식·명색·육입·촉·수와 생·노사는 과(果) 260.
식(識, viññāṇa) 259.
식무변처(識無邊處, viññāṇañcāyata-na) 398, 416, 425.
식별하다(vijānāti) 129.
식별함(vicinana) 351.
신·수·심·법(身·受·心·法) 24, 132, 286.
신·정진·염·정·혜(信·精進·念·定·慧) - 다섯 가지 기능[五根] 332, 347.
신념처(身念處, kāya-satipaṭṭhāna) 295.
신비적(mystic) 158.
신성한 귀의 요소[天耳界, 天耳通, dibba-sota-dhātu] 439.
신족통(神足通, iddhividha, 신통변화) 318.
신통 (다섯 가지 ~) 413.
신통(iddhi) 318.
신통변화[神足通, iddhi-vidha] 318.
신통을 성취하는 수단 320.
신통의 기적(iddhi-pāṭihāriya) 318.
신통의 토대가 되는 禪(iddhiyā pada-ka-jjhāna) 319.
신행(身行, kāya-saṅkhāra) 128.
실상 476.
실유(實有) 157, 218, 219, 222, 223.
실참(實參) 수행법 280.
실천관 59, 62.
실천체계 380.
실체(sāra) 80, 153, 374, 476.
실체가 없음(nissāra, asāra) 113, 134, 147, 162, 191, 201.
실체론 148, 162.
실현해야 하는(sacchikātabba) 107.
심·사·희·락·정(尋·伺·喜·樂·定) 443.
심·의·식(心·意·識)은 동의어 130, 194.
심념처(心念處, citta-satipaṭṭhāna) 295.
심리상태 471.
심리현상[法, dhamma] 286.
심리현상들[心所, cetasikā] 77, 443.
심리현상들[行, saṅkhāra] 109, 126, 398.
심리현상들의 무더기[行蘊, saṅkhāra-kkhandha] 126.
심법(心法, citta-dhamma) 127.
심불상응행(心不相應行) 77.
심상속(心相續, citta-dhāra, citta-srota) 135.
심소법(心所法, cetasikā dhammā) 77, 126, 127, 150, 170.
심소법들의 도움 130.
심오한(gambhīra, 혹은 아주 어려운) 가르침 225.
심일경성(心一境性, cittassa ekagga-tā) 442, 443.
심장토대(hadaya-vatthu) 244.
심해탈(心解脫, ceto-vimutti)65, 132 407.
심해탈과 혜해탈 322.
십불선업도(十不善業道, dasa aku-sala-kamma-patha) 301.
십송율 22.

십정도(十正道) 383.
쌍리양변 명위중도(雙離兩邊 名爲中道) 380.
씨앗의 비유 259.

**【아】**

아공(我空) 157.
아공법공(我空法空) 220.
아공법유(我空法有) 156, 220.
아귀(peta) 470.
아나빠나(ānāpāna, 出入息, 들숨날숨) 283.
아난다 존자(āyasmā Ānanda) 20, 70, 293, 298, 384.
아누사야(anusaya, 잠재성향) 311.
아뜨만(ātman, 자아) 467.
아라한(阿羅漢, arahan)161, 240, 322, 334, 376, 391, 469, 474, 476, 480.
아라한과(阿羅漢果, arahatta-phala) 48, 58, 142, 144, 409, 415, 457.
아라한과를 통한 해탈(arahattaphala-vimutti) 433.
아라한과의 삼매 408.
아라한과의 통찰지 408.
아뢰야식 133, 221.
아비다나 빠디삐까(Abhidhānappadī-pikā) 102.
아비달마 구사론 114.
아비담마 · 아비달마 214, 218.
아비담마(Abhidhamma, 對法, 勝法) 25, 82.
아비담마의 가르침 333.
아비담마의 방법 352.
아비담마의 분류법(Abhidhamma-bhājanīya) 332.
아비상카라(abhisaṅkhāra, 의도적 행위) 129.
아비위나야(Abhivinaya, 對律) 83.
아빈냐(abhiññā, 신통지, 최상의 지혜) 446.
아사와(āsava, 번뇌) 304.
아상(我相, 我想, ātma-saṁjñā) 120.
아쇼카 대왕 17.
아쇼카 대왕의 석주 15, 17.
아쇼카 문자 17.
아수라(asura) 470.
아아찰나(亞亞刹那) 222.
아찰나(亞刹那, *sub-moment*) 134, 157, 222.
아함(Āgama) 21, 25.
아홉 가지 공동묘지의 관찰(nava-sivathika) 285.
아홉 가지 구성요소를 가진 스승의 교법[九分敎, navaṅga-satthu-sāsa-na] 73.
아홉 가지 차례로 소멸함[九次第滅, nava anupubba-nirodhā] 101.
악의 없음에 대한 사유(avyāpāda-saṁkappa) 370.
악의(vyāpāda) 67, 435.
악취공(惡臭空) 157.
안 · 지 · 혜 · 명 · 광(眼 · 智 · 慧 · 明 · 光) 322.
안과 밖(ajjhattika-bāhira) 193, 170.
안과 밖으로 해체해서 보는 것 194.
안반(安般, ānāpāna) 283.
안세고(安世高) 스님 283, 296.

안의 감각장소[內處, ajjhattika āyata-na] 170, 173.
안주함(ṭhapanā) 295.
안팎의 감각장소[內外處, ajjhattika-bāhira āyatana] 173.
알음알이(식)와 마노(의)의 차이 194.
알음알이[識, viññāṇa] 109, 129, 130, 131, 150, 242, 258, 398.
알음알이는 씨앗 259.
알음알이와 정신·물질의 출현 255.
알음알이와 함께한 몸 256.
알음알이의 무더기[識蘊, viññāṇa-kkhandha] 129.
알음알이의 무리[六識身, cha viññā-ṇa-kāyā] (여섯 가지 ~) 242.
알음알이의 음식의 역할 259.
알음알이의 출현(viññāṇassa avakka-nti) 256.
앗냐(aññā, 구경지, 구경의 지혜, 번뇌를 다 멸한 아라한의 경지의 지혜) 446.
얕은 위빳사나(taruṇavipassanā) 141 142.
애별리고(愛別離苦) 94.
야마천(Yāmā) 42.
양면으로 해탈한 자(ubhato-bhāga-vimutti, 兩面解脫) 410, 477, 478.
양면해탈(兩面解脫, ubhato-bhāga-vimutti) 65, 68, 407, 409, 412.
어리석음[癡, moha] 119, 444.
어리석음의 길들임 364.
어리석음의 소멸 43.
억념(憶念, anussati, saraṇa) 281.
업(業, kamma) 128, 471.
업으로서의 존재[業有, kamma-bhava] 248.
업은 들판 259.
업의 회전(kamma-vaṭṭa) 308.
업지음 128, 423.
업형성(abhisaṅkharaṇa) 128, 241, 469.
업형성[력](saṅkhara) 126.
업형성의 의도적 행위(abhisaṅkhara-ṇaka-saṅkhāra) 241.
여덟 가지 구성요소를 가진 성스러운 도[八支聖道, ariya aṭṭhangika magga] 61, 106, 275, 366, 374.
여덟 가지 증득[八等持, aṭṭha samā-patti] 407, 432, 477.
여덟 가지 증득[八等持]을 얻은 범부(aṭṭhasamāpattilābhī puthujjana) 419.
여덟 가지 해탈[八解脫, aṭṭha vimok-khā] 419, 424.
여래장 214, 240, 267, 380.
여러 종류의 요소(dhātu)들 206.
여섯 가지 감각기능[六根, indriya] 330.
여섯 가지 밖의 감각장소들[六外入處, bāhira āyatana] 168, 181.
여섯 가지 신통의 지혜(육신통, chaḷ-abhiññā) 89.
여섯 가지 안의 감각장소들[六內入處, ajjhattika āyatana] 168, 181.
여섯 가지 안팎의 감각장소[六內外處, ajjhattika-bāhira āyatana] 182.
여섯 가지 인식 123.
여섯 감각장소[六入/六處, cha āyata-nā] 170, 188, 244.
여실지견(如實知見, yathā-bhūta-

ñāṇa-dassana) 142, 393.
여의족(如意足, iddhi-pāda, 성취수단) 217.
여인 278.
여자의 기능[女根, itthindriya] 165, 325, 332.
역관(逆觀) 229, 233.
역대삼보기(歷代三寶紀) 19.
역마차 교대 경 460.
역할(rasa) 194, 349, 462.
연(緣, 조건발생, paccaya, paṭicca-samuppāda) 76.
연결(anubandhanā) 295.
연기 (다양한 ~) 225.
연기(緣起, paṭicca-samuppāda) 39, 57, 225, 268, 379, 452.
연기[緣起, paṭiccasamuppāda] 49.
연기각지(緣起各支) 452.
연기관 48, 62.
연기된[緣而生] 법들(paccayuppanna-dhammā) 452.
연기의 가르침 46, 47, 370.
연기의 가르침의 특징 253.
연기의 개관 232.
연기적 고찰 103.
연기적 흐름 80, 468.
연민[悲, karuṇā] 416.
연민을 통한 마음의 해탈(karuṇā ceto-vimutti) 416.
연박(連縛)연기 265.
연이생(緣而生, paccayuppanna) 223 270.
열 가지 신통 318.
열 가지 유익한 업의 길[十善業道, dasa kusala-kamma-patha] 301.
열 가지 족쇄(結, saṁyojana) 240, 312, 466.
열 가지 해로운 업의 길[十不善業道, dasa akusala-kammapatha] 301.
열반(涅槃, nibbāna) 31, 36, 40, 43, 48, 56, 58, 91, 101, 162, 271, 291, 352, 363, 415.
열반의 동의어 100, 102.
열반의 상태 423.
열반의 실현(nibbāna-sacchikiriyā) 31, 33, 44, 98, 322.
열반의 체험 423.
열반의 행복(nibbāna-sukha = 궁극적인 행복) 32.
열의(chanda) 167, 299, 319, 328.
염·정·혜(念·定·慧, 마음챙김·삼매·통찰지) 216, 347.
염(念, sati) 283.
염세적 96.
염소치기의 니그로다 나무 69.
염오(厭惡, nibbidā, 넌더리, 역겨움, 구토) 27, 55, 56, 81, 139, 142, 210, 214, 291, 353, 405.
염오의 지혜(nibbidā-ñāṇa) 140.
염오-이욕-소멸 28, 31, 43, 54, 56, 58, 68, 80, 134, 141, 146, 271, 476.
염오-이욕-소멸(nibbidā-virāga-nirodha) 100.
염오-이욕-소멸-고요-최상의 지혜-깨달음-열반 476.
염오-이욕-해탈-구경해탈지 31, 40, 43, 54, 57, 58, 62, 68, 71, 80, 134, 139, 139, 144, 155, 183, 191, 223, 271, 404, 405, 422, 476.
염오-이욕-해탈-구경해탈지의 정형

구 176.
영원하다는 견해[常見, sassata-diṭṭhi] 305.
영원하다는 표상(nicca-nimitta) 415.
영지(靈知, veda) 427.
영혼[壽者, jīva] 80.
영혼이 아닌 것(nijjīva, 非命) 201.
영혼이 있다는 인식[壽者相/想, jīva-saññā] 120.
영혼이론[壽者相, 수자상] 214.
예류과(sotāpatti-phala) 35, 240, 457
예류자(sotāpatti) 134, 469, 474, 476, 482.
예비단계의 도(pubbabhāga-magga) 382.
오가(ogha, 폭류) 305.
오계(五戒, pañca sīla) 39, 40, 432.
오근·오력(五根·五力, pañcindriya, pañca-bala) 63, 300, 344, 346, 347.
오대광율 22.
오도 윤회 470.
오문(五門)인식과정(pañcadvāra-vīthi) 131.
오문전향(五門轉向, pañca-dvāra-āvajjana) 131.
오법온(五法蘊, pañca dhamma-kkhandhā) 68, 404, 434.
오분율 22.
오염원(kilesa) 311, 315, 409, 413, 482.
오온·오취온 93.
오온(五蘊, panca-kkhandha) 27, 39, 46, 62, 109, 127, 136, 153, 221, 251, 307, 431, 463.
오온개고(五蘊皆苦) 80.
오온과 오취온의 차이 159.
오온무아 80, 138, 147, 154, 162.
오온의 나타남(khandhānaṁ pātubhāva) 250.
오온의 무상·고·무아 138, 155.
오온의 상속(相續. santati) 152.
오온의 생멸 468, 472.
오온의 실체 없음(무아) 138.
오음성고(五陰盛苦) 94.
오중세간(五衆世間, 오온) 187.
오직 직관 224.
오취온(五取蘊, pañca upādāna-kkh-andha, 취착의 대상이 되는 다섯 가지 무더기) 94, 136, 159, 187, 249
온·처·계·근·연 31.
온·처·계·근·제·연(蘊·處·界·根·諦·緣) 28, 40, 49, 50, 75, 77, 110, 209, 220, 225, 353, 476.
온·처·계·연 27.
온·처·계·제·연 49.
온·처·계(蘊·處·界) 38, 58, 93, 462, 467.
온·처·연·제 49.
온(蘊, khandha, 무더기) 75, 431.
온몸을 경험함 294.
올바름[正, sammā] 366.
와서 보라는 것(ehipāsika) 158.
와지라(Vajirā) 비구니 78.
왁깔리(Vakkali) 71.
완전한 열반 481.
완전한 열반[般涅槃, parinibbāna] 480.

완전한 평화(nibbuti) 286.
왕기사 존자(āyasmā Vaṅgīsa)26, 78, 213.
외도(añña-titthi) 156, 220.
요가(yoga) 305.
요소(dhātu) (다양한 무리의 ~) 204.
요소[界, dhātu] 49, 200, 207.
요소[界, dhātu] (세 가지 ~) 205.
요소[界, dhātu] (일곱 가지 ~) 205.
요소들에 대한 개관 204.
요소들의 다양함(dhātu-nānatta) 201.
욕계(kāmāvacara) 98, 415.
욕계의 존재(kāma-bhava) 248.
욕망 390.
욕심 435.
욕애(欲愛, kāma-taṇhā) 97.
용감함(paggaha) 350.
용수 스님 218.
우나디 수뜨라 111.
우루웰라 69.
우빠다나(upādāna) 308.
우빨리 장자 36.
우빨리 존자(āyasmā Upāli) 20.
우유부단함 346.
우주 476.
우주로서의 세상[器世間, cakkavāḷa-loka] 189.
원리이변 명위중도(遠離二邊 名爲中道 380.
원속(遠續)연기 265.
원시불교 16.
원인(kāraṇa) 420.
원인, 조건 72.
원인과 결과의 반복적 지속 260.
원인의 모둠(hetu-gocchaka) 316.
원인의 연결고리 260.
원증회고(怨憎會苦) 94.
원초불교 16.
원함 없는 경지(appaṇihitā dhātu) 427.
원함 없는 삼매[無願三昧, appaṇihita samādhi] 427.
원함 없는(無願) 해탈(appaṇihita vimokkha) 289.
위(位) 77.
위나야(Vinaya, 律) 83.
위목카(vimokkha, 해탈) 404.
위뭇띠(vimutti, 해탈) 404.
위밧자(vibhajja, 해체) 26, 78, 213.
위밧자와딘(Vibhajjavādin, 해체를 설하는 자들) 26, 78, 110, 213.
위빳사나 행자 392.
위빳사나(taruṇa-vipassanā) (낮은(얕은) 단계의 ~) 155.
위빳사나(vipassanā) 213, 295, 329, 347, 389, 397, 412, 415, 428, 429, 447, 464, 465, 477, 478.
위빳사나의 경계(vipassan-upakkilesa) 463.
위빳사나의 기초(vipassanā-pādakā) 407, 433.
위빳사나의 대상 393.
위험(ādīnava) 57, 349.
위험함(ādīnava) 63, 181.
유가안은(瑜伽安隱, yoga-kkhema) 334.
유무의 양극단을 여읜 중간[中, majjha] 380.
유사 자아관 240.

유식 81, 133, 214, 243, 260, 380.
유신견(有身見, sakkāya-diṭṭhi) 119, 134, 138, 146, 240, 466, 474, 476.
유애(有愛, bhava-taṇhā) 98.
유위법(有爲法, saṅkhata-dhamma) 77, 127.
유위제법[行] 391.
유익하거나 해로운 법들 300.
유익한 법[善法, kusaladhamma] 89, 212, 299, 373.
유익한 심리현상[善法] 127, 151, 283.
유익한 업[선업, kusala-kamma] 34.
유익한 절제(kusala-veramaṇi) 371, 372.
유익함[善]과 해로움[不善] 370.
유일한 길(eka magga) 64.
유전문(流轉門, anuloma, 苦의 발생 구조) 93, 229, 253, 370.
유학(有學, sekha) 383.
유훈 70.
육내외처(六內外處, ajjhattika-bāhi-ra āyatana) 168, 169, 184, 194.
육도윤회(六道輪迴) 470.
육바라밀 32.
육상원융(六相圓融) 253, 270.
육신통(六神通, chaḷabhiññā) 321, 439, 448.
육조단경 344.
육처 상윳따(S35)의 개관 171.
육처(六處, saḷāyatana) 39, 168.
육처에 대한 가르침의 특징 184.
육체적 괴로움[苦, dukkha] 115.
육체적 즐거움[樂, sukkha] 115.
윤회(輪迴, saṁsāra, vaṭṭa) 305, 305, 307, 466, 467.
윤회가 다한 경지[滅, 열반] 473.
윤회로부터 벗어나는 구조(vivaṭṭa) 254
윤회의 괴로움 254.
윤회의 발생구조(vaṭṭa) 254.
윤회의 소멸구조 254.
윤회의 원인 472, 473.
윤회의 종식 468.
윤회의 주체 468.
율(律, vinaya) 20.
율의 바구니(Vinaya-Pitaka, 律藏) 72.
율장(Vinaya-piṭaka) 20, 22, 82.
으뜸가는 행복 33.
의기양양함 350.
의단 347.
의단독로(疑團獨露) 345.
의도(cetanā) 440.
의도적 행위(업, kamma) 34, 471.
의도적 행위(cetanā) 126, 152.
의도적 행위[行, saṅkhārā] 128, 129, 241.
의리선 344.
의심[疑, vicikicchā] 435, 474.
의심을 극복함에 의한 청정(kaṅkhā-vitaraṇa-visuddhi) 462.
의정(疑情) 346.
의처(意處, mano-āyatana) 193.
의행(意行, mano-saṅkhāra) 128.
이고득락(離苦得樂) 31, 44.
이세인과(二世因果) 262.
이세일중인과(二世一重因果)260, 264.
이시적 연기 266.
이욕(離欲, 탐욕의 빛바램) 55, 58,

143
이욕-소멸 57, 58.
이유무이변 고명위중도(離有無二邊故名爲中道 380.
이익(ānisaṁsa) 349.
이지적인 심리현상 118.
익힌 표상(uggaha-nimitta) 393.
인(因)과 과(果) (hetu phala) 260.
인간(마눗사, manussa) 471.
인간(人, puggala) 80.
인간과 천상 34.
인간관 48, 59, 62, 109.
인간의 행복(manussa-sukha = 금생의 행복) 32.
인간이 가진 능력 163.
인과동시(因果同時) 266.
인과의 중복된 반복(兩重因果, 양중인과) 242.
인드라(Indra) 164.
인드리야(indriya, 기능) 164.
인무아(人無我) 80.
인상(人相, pudgala-saṁjñā) 120.
인색의 족쇄(macchariya-saṁyojana) 314.
인생관 59.
인습적 표현(vohāra) 79, 250.
인식[想, saññā, 산냐] 109, 118, 153, 279, 281, 398, 425.
인식[想, saññā, 산냐] (여러 가지~) 122, 123, 124.
인식과정(vīthi-citta) 133, 394.
인식의 무더기[想蘊, saññā-kkhandha] 118.
인식의 전도[想顚倒, saññā-vipallāsa] 119, 121.
인식의 특징 119.
인연(nidāna) 225.
인연(nidāna) 상윳따라 부르는 이유 226.
인의 고리 271.
인천교(人天敎) 217.
일·이·거·래·유·무·단·상(一·異·去·來·有·無·斷·常) 379.
일곱 가지 깨달음의 구성요소[七覺支, satta bojjhaṅga] 275, 348, 362.
일래과(一來果, sakadāgami-phala) 457.
일래자(sakadāgami) 334, 469, 474, 476.
일시적이지 않은 해탈을 얻은 자(asamaya-vimutta) 419.
일시적인 마음의 해탈(sāmāyika ceto-vimutti) 418.
일시적인 해탈(sāmāyika vimutti) 396, 418.
일시적인 해탈을 얻은 자(samaya-vimutta) 418.
일심(一心) 240.
일어남·사라짐·달콤함·위험함·벗어남 175, 333.
일어남[生, uppāda] 157, 222.
일어남[集, samudaya] 37.
일으킨 생각[尋, vitakka] 128, 370, 443.
일차결집(一次結集, Paṭhama-mahā-saṅgīti) 20.
일체(一切, sabbe) 168, 182, 184, 220.
일체법(一切法, 諸法, sabbe dham-

mā) 73, 77, 468.
일체유(一切有, sarvāsti) 217.
일체유심조(一切唯心造) 162.
입(入, 處, āyatana) 169.
있는 그대로 알고 봄[如實知見, yathā-bhūta-ñāṇadassana] 141, 143.
잊어버리지 않음(asammosa) 350.
잊지 않는 것(asammosa) 281.

【자】

자귀의(自歸依, atta-saraṇa) 70.
자등명(自燈明, atta-dīpa) 70.
자량위(資糧位) 221.
자만[慢, māna] 475.
자만의 잠재성향(māna-anusaya)138, 147.
자상·공상 40.
자상(自相)을 통한 공상(共相)의 확인 216, 224.
자상(自相, sabhāva-lakkhaṇa, 고유성질) 210, 215, 217, 221.
자상-공상-해탈 217.
자설경 153.
자성(自性, sabhāva, 고유성질) 75.
자심해탈(慈心解脫, metta ceto-vimutti) 417.
자아[我, attā] 80, 113, 133, 153, 191, 279, 476.
자아가 있다는 견해 240.
자아가 있다는 인식[我相, ātma-sañj-ñā] 120.
자아라는 표상(atta-nimitta) 415.
자아에 속하는 것(attaniyā) 113, 191.
자아의 교리에 대한 취착(attavādupā-dāna) 248, 309.
자아의 윤회 467.
자아의 재육화 468.
자아의식(자만) 207.
자아이론(아상) 134, 214.
자애·연민·같이 함·평온 370.
자애[慈, mettā] 416.
자애로운 마음(metta-citta) 132.
자애를 통한 마음의 해탈[慈心解脫, mettā cetovimutti] 415.
자양분(āhāra) 354.
자연계 133.
자유자재(vasī, vasitā) 132, 319.
자주불교 25.
작용 128.
작은 수다원(cūḷa-sotāpanna) 463.
잠재성향(anusaya) 297, 311.
잠재의식( bhavaṅga) 131.
장단방원(長短方圓) 114.
장애(nīvaraṇa) 309, 354.
장애[蓋, nīvaraṇa] 286.
장엄된 것[華嚴] 28.
재가자(gihi) 36, 39, 372.
재가자의 도닦음(gahaṭṭha-paṭipadā) 38.
재생(再生, paṭisandhi, rebirth) 467.
재생연결(cuti-paṭisandhi) 307.
재생연결식(再生連結識, paṭisandhi-viññāṇa) 251, 256, 257, 258, 259, 468.
재생연결의 몸(paṭisandhi-kāya) 255
재생으로서의 존재[生有, upapatti-bhava] 248.
재생을 하게 하는 것(pono-bhāvikā)

467, 472.
재생의 근거(upadhi) 43.
재육화(再肉化, reincarnation) 467.
적의(paṭigha) 475.
적적성성(寂寂惺惺) 345.
전법륜(轉法輪, dhammacakka-pava-ttana) 70.
전변(轉變, parināma) 221.
전생을 기억하는 지혜[宿命通, pubbe-nivāsa-anussati-ñāṇa] 439.
전오식(前五識, pañca-viññāṇa) 242
전오식(pañca-viññāṇa) 131.
전찰나 223.
전체상(nimitta) 27.
전향(āvajjana) 131.
절대화 133, 161.
절제(niggaha) 329.
절제(veramaṇi 혹은 virati) 371.
절제하는 자(viramanta) 441.
정(正, sammā) 366.
정견(正見, sammā-diṭṭhi) 45, 379.
정신·물질[名色, nāma-rūpa] 243, 256, 462.
정신·물질의 출현(nāmarūpassa ava-kkanti) 257.
정신[名, nāma] 211, 243.
정신의 무리[名身, nāma-kāya] 412.
정신적 괴로움[憂, domanassa] 115.
정신적 생명기능[命根, jīvitindriya] 243.
정신적 요인 314.
정신적 즐거움[喜, somanassa] 115.
정신적인 몸(nāma-kāya) 409.
정정진(正精進, sammavāyāma) 212
정진(viriya) 299, 319, 350.
정진의 기능[精進根, vīriyindriya]166 300, 327, 334.
정진의 깨달음의 구성요소[精進覺支, vīriya-sambojjhaṅga] 300, 349, 358.
정진의 힘[精進力, vīriya-bala] 342.
정학(定學) 430, 440.
정혜쌍수(定慧雙修) 345, 389.
제(諦, 진리, sacca) 76.
제2선(二禪, dutiya-jhāna) 391, 398, 442.
제3선(三禪, tatiya-jhāna) 391, 398, 443.
제4선(四禪, catuttha-jhāna) 391, 398, 443, 444.
제4선의 특징 115.
제법(諸法)의 상호관계 230, 253, 265, 267, 270.
제법(諸法, sabbe dhammā) 221.
제법무아(諸法無我, sabbe dhammā anattā) 158, 215, 267, 466.
제법의 개별성과 독자성 221.
제법의 상속 219.
제사지내는 장소 169.
제의서(祭儀書, Brāhmaṇa) 문헌 169
제행개고(諸行皆苦, sabbe saṅkhārā dukkhā) 127, 215.
제행무상(諸行無常, sabbe saṅkhārā aniccā) 127, 215.
조건[緣, paccaya] 46, 189, 462.
조건발생 27, 46, 133, 189, 223, 463.
조건에 의해서 생겨난[緣而生, paṭicca samuppanna] 118.
조도품(助道品, bodhipakkhiyā dha-mmā) 45, 278.

조립 79.
조사하는 마음(santīraṇa-citta) 131.
조상신들 470.
족쇄(saṁyojana) 134, 297, 312, 314, 413, 474.
존재(오온)의 소멸 101.
존재[有, bhava] 248, 251.
존재관 59.
존재란 무엇인가 168.
존재론적인 실체 267.
존재에 대한 갈애[有愛, bhava-taṇhā] 122, 246, 472.
존재에 대한 욕망[bhava-rāga] 314.
존재의 번뇌[有漏, bhavāsava] 60, 90
존재의 상카라(bhava-saṅkhara) 127
존재의 폭류(bhav-ogha) 305.
존재일반 56, 77, 194, 209.
존재하지 않는 것(navattabba) 414.
존재하지 않음에 대한 갈애[無有愛, vibhava-taṇhā] 246, 472.
종・근・기(種・根・器) 133.
종성(種姓, gotrabhū) 394, 395, 444, 479.
종자 133.
종합 81, 214.
종합적인 시각 28.
좋은 곳[善處, sugati] 35.
좋은 친구[善友, kalyāṇa-mitta] 383.
주객을 초월 286.
주시(sallakkhaṇā) 295.
주인공 240.
주인이 없다(anissarā) 113.
죽음 307.
죽음의 마음[死心, cūti-citta] 468.
준비단계의 수행(parikamma-bhāvanā) 394, 444.
준비단계의 인식(parikamma-saññā) 119.
중(中, 가운데, majjhima) 222, 370, 370.
중간 길이의 계(majjhima-sīla) 372.
중관적인 입장 221.
중관학파 219.
중도(中道, majjhimā paṭipadā) 61, 70, 220, 368, 374, 378, 382.
중론 218, 222, 378.
중립 361.
중립적인 상태(majjhattatā) 351.
중생(satta) 78, 80, 116.
중생과 개념(satta-paṇṇatti) 414.
중생들의 죽음과 다시 태어남을 [아는] 지혜[天眼通, dibbacakkhu-ñāṇa] 439.
중생상(衆生相, sattva-saṁjñā) 120.
중생세간(衆生世間, satta-loka) 187, 187.
중생세상(satta-loka) 187.
중생이 없다(nissatta)는 뜻 201.
중생이 있다는 인식[衆生相, sattva-sañjñā] 120.
중성점기설(衆聖點記說) 19.
중중무진연기 253.
즉리양변(卽離兩邊 380.
즐거운 느낌[樂受, sukha-vedanā] 115.
증득[等至, samāpatti] 409.
증상혜학(增上慧學, adhipaññā-sikkhā) 447.
지(止, samatha) 389, 393.

지견(ñāṇa-dassana) 142.
지계(sīla) 32, 34.
지계바라밀(持戒婆羅蜜, śīla-pārami-tā) 34.
지관겸수(止觀兼修) 389, 397.
지관수행 286.
지금 · 여기(diṭṭhe va dhamme, here and now, 現法, 現今) 381.
지배하는(issara) 요소 343.
지속적인 고찰[伺, vicāra] 128, 443.
지옥(niraya) 470.
지와 견(知見, ñāṇa-dassana) 436.
지와 견에 의한 청정(ñāṇadassana-visuddhi) 464.
지정각세간(智正覺世間) 187.
지혜(ñāṇa) 301, 420, 446.
지혜로운 주의[如理作意, yoniso ma-nasi-kāra] 417.
직계제자들 25.
직관 81, 214.
직관적(intuitive) 157.
직관적인 시각 28.
직시현금 갱무시절(直是現今 更無時節 381.
직업 373.
진리[諦, sacca] 46, 49, 87, 222.
진리[諦] 286.
진리관 48, 59, 62.
진아 133, 155, 240, 374.
진아란 없다 155.
진여 267.
진인이론[人相, puggala-saññā] 214.
진정한 불자 38.
질투의 족쇄(issā-saṁyojana) 314.
집 · 멸 · 도 92.
집법즉멸법(集法卽滅法, yaṁ kiñci samudayadhammaṁ sabban taṁ nirodhadhammaṁ) 37, 199.
집성제(集聖諦, samudaya ariya-sacca, 일어남의 성스러운 진리) 92, 96, 218, 370.
집제(集諦, samudaya-sacca) 92.
집중 393.
집중(삼매, 사마타) 28.
집중[心一境, ekaggatā] 243.
집중[定, samādhi] 151.
집중[止, samatha] 286.
짧은 길이의 계(cūḷa-sīla) 372.

**【차】**

차유고피유 (此有故彼有, imasmiṁ sati idaṁ hoti) 229.
찰나(刹那)연기 265.
찰나(刹那, khaṇa) 157, 222.
찰나삼매(刹那三昧 khaṇikasamādhi, khaṇika-cittekaggata) 395.
찰나생 · 찰나멸 134, 150, 219, 220, 223, 286.
찰나생 · 찰나멸의 흐름 162, 472.
찰나성[無常] 80.
찰나와 상속 220.
찰나와 흐름 223.
찰나의 구명 134.
참 마음 476.
처(處, 감각장소, āyatana) 75, 169.
천당 34.
천상 세계 35.
천상(sagga) 34, 39.

천상의 행복(dibba-sukha = 내생의 행복) 32.
천신(deva) 42, 471.
천안통(天眼通, dibbacakkhu-ñāṇa) 422, 439.
천이통(天耳通, dibbasota-ñāṇa) 439.
철저하게 알아야 한다.(pariññeyya) 107.
철저한 버림(viveka) 101, 364.
청정범행(梵行, brahma-cariya) 139, 377, 383.
초기불교 16, 17, 20, 24.
초기불교 문헌 353.
초기불교 수행법 280.
초기불교의 핵심 26.
초선(初禪, paṭhama-jjhāna) 391, 396, 398, 442, 471.
초월지[神通智, abhiññā] 450.
초전법륜 경 70, 374.
촉・작의・수・상・사(觸・作意・受・想・思) 151.
총체적인 것 381.
최대로 일곱 번만 다시 태어나는 자(sattakkhattu-parama) 334,, 482.
최상의 지혜(abhiññā) 43, 291.
최소단위 157.
최소단위의 시간 222.
최초설법 374, 376, 378.
최초의 알음알이 256.
최후설법 376, 378.
추상적 물질(anipphanna-rūpa) 114.
축생(tiracchana) 470.
출가 383.
출가자(pabbajita) 36, 372.
출가자의 도닦음(pabbajita-paṭipadā) 38.
출리(욕망에서 벗어남)에 대한 사유(nekkhamma-saṁkappa) 370.
출리의 공덕(nekkhamme ānisaṁsa) 36.
출세간(lokuttara) 415.
출세간도(lokuttaramagga) 103, 352.
출정(出定, uṭṭhāya) 396, 408, 412.
출현(avakkanti) 256.
충만함 350.
취(趣) 470.
취온(取蘊, upādānakkhandha) 160.
취착 않음 180.
취착[取, upādāna] 240, 247, 286, 308.
취착[取, upādāna] (네 가지 ~) 248.
취착되기 마련인 것 159.
취착의 [대상이 되는] 다섯 가지 무더기[五取蘊, pañca upādāna-kkha-ndha] 94, 392.
취착의 대상(gocara) 160.
칠각지(七覺支, satta bojjhaṅga, 일곱 가지 깨달음의 구성요소) 63, 300, 349.
칠론(七論) 20.
칠청정(七淸淨, satta visuddhi, 일곱 가지 청정) 459, 464.
침체와 들뜸에 반대되는 것(līnuddha-cca-paṭipakkha) 351.

**【카】**

카나(khaṇa, 刹那, 찰나) 134.
칸다까(Khandhaka, 健度, 건도, 『대품』과 『소품』의 내용) 83.
캐시미르( Kasmīra) 23.
커닝엄(Cunningham) 장군 18.
쿳다까 니까야(Khuddaka Nikāya, 小部) 21.

**【타】**

타심통(他心通, ceto-pariya-ñāṇa) 439.
타화자재천(Paranimmitavasavatti) 42.
탐・진・치(lobha, dosa, moha) 48, 102, 105, 316, 396, 423, 471.
탐욕(lobha) 312.
탐욕의 길들임(rāga-vinaya) 364, 384.
탐욕의 빛바램[離欲, 이욕, virāga] 27 43, 56, 81, 101, 140, 214, 291, 294, 364, 406.
탐욕의 소멸(rāga-kkhaya) 43.
태어날 곳(gati, 가띠) 470.
태어남[生, jāti] 250, 250, 255.
택법각지(擇法覺支, dhamma-vicaya -sambojjhaṅga) 45, 211, 300.
테크닉 381.
통찰(paṭivedha, 빠띠웨다, 꿰뚫음) 329, 368, 393, 444.
통찰지(洞察智, 慧, paññā, 般若, 반야) 31, 32, 35, 38, 282, 286, 301, 390, 407, 430, 444, 446, 447, 451, 478.
통찰지로 해탈[慧解脫]한 자(paññā-vimutta) 477, 478.
통찰지를 통한 해탈[慧解脫, paññā-vimutti] 65, 390, 407, 448.
통찰지의 기능[慧根, paññindriya] 166, 327, 334, 450.
통찰지의 몸통(sarīra) 459.
통찰지의 무더기[慧蘊, paññā-khandha] 66, 431.
통찰지의 뿌리(mūla) 459.
통찰지의 토양(paññā-bhūmi) 49, 459
통찰지의 힘[慧力, paññā-bala] 342.
통찰하는 것(반야, 위빳사나) 28.
특징(lakkhaṇa) 113, 349, 462.

**【파】**

파생된 물질(upādā rūpa) 114, 165, 244, 325.
팔불중도(八不中道) 379, 380.
팔성도(八聖道) 366.
팔정도 수행 368.
팔정도(八正道, ariya aṭṭhaṅgika magga) 31, 32, 38, 62, 68, 70, 91, 93, 106, 208, 216, 240, 300, 322, 366, 368, 377, 378, 382, 433, 450, 473, 477.
팔정도의 구성요소들에 대한 개관 369
팔정도의 실현 61.
팔정도의 완성 38.

팔정도의 표제어 367, 368.
팔해탈(八解脫, aṭṭha vimokkhā)404.
편견을 끊는 것 351.
편안함[輕安, passaddhi] 141, 350, 427.
평온[捨, upekkhā] 115, 346, 351, 416, 443.
평온으로 인해 마음챙김이 청정한[捨念淸淨 upekhā-satipārisuddhi] 443
평온을 통한 마음의 해탈(upekkhā ceto-vimutti) 416.
평온의 깨달음의 구성요소[捨覺支, upekkhāsambojjhaṅga] 349, 361.
포살(uposatha) 38.
폭류(ogha) 305.
표상 없는 경지(animittā dhātu) 427.
표상 없는 마음의 해탈(animittā ceto-vimutti) 414, 415.
표상 없는 삼매[無相三昧, animitta samādhi] 427.
표상 없는[無相] 해탈 289.
표상 없음(animitta) 415.
표상(nimitta) 286, 393.


【하】


하분결(下分結, orambhāgiya saṁyojana) 313.
학(學, 배움, sikkhā) 431.
학문과 기술(sippa, vijjā, sikkha) 33.
한 번만 싹 트는 자(ekabījī) 334, 481.
한 쌍의 전오식(dvipañca-viññāṇa) 242.
한문불교 16.
함께 생긴 조건[俱生緣, sahajāta-paccaya] 267.
해로운 마음부수법들(akusala-cetasi-kā) 301.
해로운 법[不善法]들의 모둠 303.
해로운 법[不善法, akusaladhamma] 212, 297, 299, 373.
해로운 심리현상[不善法, akusala-dhamma] 127, 151.
해로운 업(불선업, akusala-kamma) 34.
해체(vibhajja) 26, 38, 78, 81, 109, 153, 154, 156, 184, 201, 209, 214, 286, 374, 469, 476.
해체를 설하는 자들(vibhajja-vādin) 78.
해체적인 시각 28.
해체하면 깨닫는다 183.
해체해서 보게 되면 154.
해체해서 보기 26, 28, 77, 81, 164, 191, 213, 325, 404, 474.
해체해서 보는 이유 80.
해코지 않음(不害)에 대한 사유(avi-hiṁsā-saṁkappa) 370.
해탈 · 열반 40, 54, 68, 156, 183, 191, 223, 286, 373.
해탈 · 열반 · 깨달음 27, 81, 214.
해탈 · 열반에 도움 302.
해탈 · 열반을 실현하는 방법 56, 209.
해탈 · 열반의 실현 254, 322.
해탈(vimokkha) 426, 427
해탈(vimutti) 55, 56, 139, 181, 406, 407, 420, 422, 455.
해탈(vimutti, vimokkha) 404, 424.

해탈과 해탈지견 384.
해탈은 열반을 의지함 283.
해탈은 열반의 체험 423.
해탈의 관문(vimokkha-mukha) 426.
해탈의 맛(vimutti-rasa) 422.
해탈의 무더기[解脫蘊, vimutti-kkha-ndha] 66.
해탈의 세 가지 관문 289, 396.
해탈의 지혜 56.
해탈지견(解脫知見, vimutti-ñāṇa-dassana) 406, 407, 456, 457.
해탈지견의 무더기[解脫知見蘊, vi-mutti-ñāṇadassana-kkhandha] 66.
해태와 혼침(thina-middha) 67, 435.
행(行, saṅkhāra, 상카라, 심리현상들) 126.
행고성(行苦性, saṅkhāra-dukkha-tā) 95.
행동의 영역(gocāra) 283.
행복[樂, sukha] 31, 141, 294, 346, 442, 443.
행복을 실현하는 토대 39.
행복하다는 표상(sukha-nimitta)415.
행복한 과보를 가져오는 것 301.
행온(行蘊, saṅkhārakkhandha) 126, 127.
향상 373.
헤뚜(hetu, 원인) 72.
헤아림(gaṇanā) 295.
현성팔도(賢聖八道) 366.
현양매구(懸羊賣狗) 267.
형상(rūpa) 114.
형색·소리·냄새·맛·감촉·법 168.
형색(形色, rūpa) 57, 114.
형색에 대한 갈애(rūpa-taṇhā) 246.
형성된 것[行, saṅkhāra] 43, 95, 102, 127, 390, 415.
형성된 것들[行]의 더미(saṅkhāra-puñja) 78.
형성된 괴로움의 성질[行苦性, saṅ-khāra-dukkhatā] 95.
형성된 세상(saṅkhāra-loka) 187.
형성된[有爲, saṅkhata] 118.
혜근·혜력(통찰지의 기능과 힘) 45.
혜근(慧根, 통찰지의 기능, paññindri-ya) 334.
혜온(慧蘊, paññā-khandha) 447.
혜의 구족(paññā-sampadā) 447.
혜학(慧學) 430, 444, 447.
혜해탈(慧解脫, paññā-vimutti) 65, 68, 407, 413.
혼침(middha) 345.
혼합된 [범주의] 길라잡이(missaka-saṅgaha) 316.
혼합된 것(missaka) 433.
혼합된 도(missaka-magga) 382.
화락천(Nimmānarati) 42.
화엄 28, 81, 214, 253.
확고부동한 마음의 해탈(akuppā ceto-vimutti) 420.
확고부동함(akuppatā) 420.
확립(upaṭṭhāna) 167, 279, 282, 327, 343.
확립함(patiṭṭhāna) 349.
확신[信解, adhimokkha] 166, 327, 343, 427.
확정된 가르침 89.
환멸(還滅, vivaṭṭanā) 295.
환멸문(還滅門, paṭiloma, 소멸구조)

38, 93, 229, 253, 370.
환희(pāmujja) 141.
후유(後有) 250.
후찰나 223.
흐름[相續, santati] 135, 152, 472.
흔들림 없는 행위(āneñja-abhisaṅ-khāra) 128.
희론(papañca) 222.
희론하는 인식(papañca-saññā) 120, 125.
희심해탈(喜心解脫, mudita ceto-vi-mutti) 417.
희열[喜, pīti] 141, 294, 346, 442, 443.
희열의 깨달음의 구성요소[喜覺支, pīti-sambojjhaṅga] 349, 358.
힌두교 467, 473.
힘[力, bala] 334, 342.

지은이 · 각묵스님

1957년 밀양 생. 1979년 화엄사 도광 스님을 은사로 사미계 수지. 1982년 범어사에서 자운 스님을 계사로 비구계 수지. 7년간 제방 선원에서 안거 후 인도로 유학, 인도 뿌나 대학교(Pune University)에서 10여 년간 산스끄리뜨, 빠알리, 쁘라끄리뜨 수학. 현재 실상사 한주, 초기불전연구원 지도법사

역·저서로 「금강경 역해」(2001, 12쇄 2023), 「아비담마 길라잡이」(전 2권, 대림 스님과 공역, 2002, 12쇄 2016, 전정판 4쇄 2021), 「네 가지 마음챙기는 공부」(2003, 개정판 9쇄 2022), 「디가 니까야」(전 3권, 2006, 8쇄 2022), 「상윳따 니까야」(전 6권, 2009, 7쇄 2023), 「니까야 강독」(I/II, 2013, 6쇄 2023), 「담마상가니」(전 2권, 2016), 「초기불교 입문」(2017, 4쇄 2023), 「위방가」(전 2권, 2018), 「이띠웃따까」(2020), 「우다나」(2021)

초기불교이해

2010년 8월 2일 초판 1쇄 인쇄
2024년 9월 3일 초판 9쇄 발행

지은이 | 각묵스님
펴낸이 | 대림스님
펴낸곳 | 초기불전연구원
경남 김해시 관동로 27번길 5-79
전화 (055)321-8579
홈페이지 | http://tipitaka.or.kr
http://cafe.daum.net/chobul
이 메 일 | chobulwon@gmail.com
등록번호 | 제13-790호(2002.10.9)
계좌번호 | 국민은행 604801-04-141966 차명희
하나은행 205-890015-90404 (구.외환 147-22-00676-4) 차명희
농협 053-12-113756 차명희
우체국 010579-02-062911 차명희

ISBN 978-89-91743-21-2(03220)

값 | 23,000원